BIBLIOTHÈQUE CHINOISE

Collection dirigée

par

ANNE CHENG

Professeur titulaire de la Chaire d'histoire intellectuelle de la Chine au Collège de France

MARC KALINOWSKI

Directeur d'études émérite à l'École pratique des Hautes Études

STÉPHANE FEUILLAS

Professeur de littérature et philosophie chinoises classiques à l'Université Paris-Diderot

WANG CHONG

BALANCE DES DISCOURS

Traités philosophiques

王充 論衡

BIBLIOTHÈQUE CHINOISE

Collection dirigée par Anne Cheng, Marc Kalinowski et Stéphane Feuillas
Édition bilingue (texte et traduction)

Parus

Yang Xiong, *Maîtres mots*, traduction par Béatrice L'Haridon.

La Dispute sur le sel et le fer (Yantielun), traduction par Jean Levi.

Dix-neuf poèmes anciens, traduction par Jean-Pierre Diény.

Su Shi, *Les Commémorations*, traduction par Stéphane Feuillas.

Wang Chong, *Balance des discours. Destin, Providence et Divination*, traduction par Marc Kalinowski.

Yi I, *Principes essentiels pour éduquer les jeunes gens (Kyŏngmong yogyŏl)*, traduction par Isabelle Sancho.

Écrits de Maître Wen (Wenzi), traduction par Jean Levi.

Écrits de Maître Guan (Guanzi), traduction par Romain Graziani.

Zhu Xi, Lu Jiuyuan, *Une controverse lettrée*, traduction par Roger Darrobers et Guillaume Dutournier.

Livres de morale révélés par les dieux, traduction par Vincent Goossaert.

Lu Jia, *Nouveaux discours*, traduction par Stéphane Feuillas et Béatrice L'Haridon.

Faxian, *Mémoire sur les pays bouddhiques* (*Foguo ji*), traduction par Jean-Pierre Drège.

Matteo Ricci, *Le Sens réel de « Seigneur du Ciel »*, traduction par Thierry Meynard.

Zhu Xi, *Mémoire scellé sur la situation de l'empire*, traduction par Roger Darrobers.

Yang Xuanzhi, *Mémoire sur les monastères bouddhiques de Luoyang*, traduction par Jean-Marie Lourme.

Liu Zhiji, *Traité de l'historien parfait (Shitong)* (dynastie Tang), traduction par Damien Chaussende.

Fujiwara no Akihira, *Notes sur de nouveau divertissements comiques*, traduction pa Francine Hérail.

Wang Shifu, *Le Pavillon de l'Ouest (Xixian ji)* (dynastie des Yuan), traduction pa Rainier Lanselle.

Trois pièces du théâtre des Yuan, traductio par Isabella Falaschi.

Du Fu, *Poèmes de jeunesse, Œuvre poé tique I*, traduction par Nicolas Chapuis

Écrits de Maître Xun (Xunzi), traductio par Ivan Kamenarović.

Notes diverses sur la capitale de l'Oues traduction par Jacques Pimpaneau.

Kang Youwei, *Manifeste à l'empereu adressé par les candidats au doctora* traduction par Roger Darrobers.

Le papier dans la Chine impériale : origines fabrication, usages, traduction par Jean Pierre Drège, préface d'Erik Orsenna.

Meou-tseu, *Dialogues pour dissiper l confusion,* traduction par Béatric L'Haridon.

Du Fu, *La Guerre civile (755-759), Œuvr poétique II*, traduction par Nicola Chapuis.

Lao-tseu, Confucius, *Les Deux arbre de la Voie (Le Livre de Lao-Tseu / Le Entretiens de Confucius)*, traduction pa Jean Levi.

Nakae Chômin, *Écrits sur Rousseau et le droits du peuple*, traduction par Edd Dufourmont et Jacques Joly.

Shen Zongqian, *Esquif sur l'océan de l peinture*, traduction par Yolaine Escande

BIBLIOTHÈQUE CHINOISE

WANG CHONG

BALANCE DES DISCOURS

Traités philosophiques

王充 論衡

TEXTE INTRODUIT, TRADUIT ET ANNOTÉ
PAR
Nicolas ZUFFEREY

PARIS
LES BELLES LETTRES
2019

La traduction de ce volume a été revue par Marc Kalinowski.
Cet ouvrage a été mis en page par Rudy Nimsguerns.
Les éditeurs tiennent à remercier Marie-José D'Hoop pour son concours en vue de cette édition.

95 bd Raspail 75006 Paris
www.lesbelleslettres.com

ISBN : 978-2-251-45027-8

INTRODUCTION

Le présent volume propose la traduction de vingt traités de la *Balance des discours* (*Lunheng* 論衡) du penseur chinois Wang Chong 王充 (27-97 ?). Il s'agit d'une traduction partielle de cette importante œuvre de la philosophie chinoise ancienne, qui compte quatre-vingt-cinq traités en tout. En 2011, Marc Kalinowski a proposé une traduction de vingt-cinq autres traités du *Lunheng*, déjà dans la collection Bibliothèque chinoise des éditions Les Belles Lettres[1]. Le présent recueil peut cependant se lire de façon indépendante. D'un point de vue thématique, il possède sa propre cohérence : comme son sous-titre le suggère, les traités traduits ici sont ceux qui paraissent les plus importants d'un point de vue « philosophique », par rapport à d'autres traités qui (selon une perspective moderne) relèvent plutôt d'autres types de discours ou champs disciplinaires, comme la politique ou la religion – même si la plupart des traités du *Lunheng* ont un intérêt philosophique.

Les champs disciplinaires auxquels nous sommes accoutumés, comme la philosophie, la religion, la politique, n'existent pas à proprement parler en Chine ancienne : ce sont les interprètes modernes qui ont délimité, dans l'immense réservoir de textes et de discours produits dans cette tradition, des domaines comparables aux disciplines occidentales.

1. Wang Chong, *Balance des discours : Destin, providence et divination*, trad. Marc Kalinowski, Paris, Les Belles Lettres, 2011 (ci-dessous : *Balance* 2011).

La question de la nature, voire de l'existence de la philosophie chinoise, a fait l'objet de nombreuses discussions, mais il ne fait pas de doute qu'on trouve en Chine ancienne des modes de réflexion et de débats, des penseurs, des courants, des œuvres et des thématiques qu'on peut à certains égards mettre sur le même plan que ceux de la philosophie occidentale. Dans les histoires contemporaines de la pensée chinoise ancienne, des courants de pensée comme le confucianisme ou le taoïsme, des penseurs comme Confucius (Kongzi 孔子, 551-479) ou le légiste Han Fei 韓非 (env. 280-233), des œuvres comme le *Zhuangzi* 莊子 ou le *Lunheng*, se voient attribuer un statut analogue aux écoles, philosophes et ouvrages canoniques de la pensée européenne.

Ce volume rassemble les traités dans lesquels Wang Chong dialogue avec d'autres penseurs, réfléchit à des thématiques couramment considérées comme importantes d'un point de vue philosophique (la nature humaine, la destinée, les formes de la connaissance, etc.), et plus généralement se rattache à la « grande tradition » des élites intellectuelles de l'époque.

La dynastie Han : le contexte historique

Wang Chong a vécu durant le Ier siècle de la dynastie des Han postérieurs (ou orientaux, 25-220) ; sa vie correspond approximativement aux règnes des empereurs Guangwu (r. 25-57), Ming (Mingdi, r. 57-75), Zhang (Zhangdi, r. 75-88) et He (Hedi, r. 88-106).

En Occident, c'est l'époque des empereurs Tibère, Néron et Domitien, et Wang Chong est un contemporain des historiens Plutarque et Tacite, des satiristes Juvénal et Pétrone, du naturaliste Pline l'Ancien, des philosophes Sénèque et Épictète, ou encore de l'apôtre Paul. Entre la Chine et Rome, marchands et biens circulent le long de la route de la soie, mais les deux empires demeurent largement ignorants de l'existence l'un de l'autre. L'empire Han compte un peu plus de 50 millions d'habitants, soit une population commensurable avec celle de l'Empire romain à la même époque ; et Luoyang, la capitale des Han postérieurs, a sans doute une population proche de celle de Rome, soit de l'ordre du million d'habitants.

On peut noter un certain nombre de similitudes entre l'empire Han et l'empire romain, en premier lieu bien sûr la domination durant plusieurs siècles sur un espace de taille comparable, aux deux extrémités du continent eurasiatique. On constate aussi dans les deux cas un certain pragmatisme quant à la vision du monde et du gouvernement ; une vision parfois proche des rapports entre politique et religion ; et en ce qui concerne la philosophie, en première apparence au moins, des apports qui relèvent moins de l'originalité que de la digestion : les Romains comme les Chinois de l'époque Han s'inscrivent dans l'héritage des débats très nourris des siècles antérieurs, la philosophie grecque pour les premiers, les « Cent écoles de pensée » des époques des Printemps et automnes (771-481) et des Royaumes combattants (475-221) pour les seconds.

Mais on doit aussi relever d'importantes différences : l'Empire romain, ouvert sur la mer, est beaucoup plus cosmopolite et hétérogène que son homologue chinois, qui ne doit guère composer qu'avec des peuples « barbares » qui, s'ils représentent une menace permanente aux frontières, voire à l'intérieur de celles-ci, ne l'influencent que marginalement pour ce qui concerne la culture – même si cette influence est sans doute plus importante qu'on ne le rapporte généralement dans les manuels officiels. L'Empire chinois est beaucoup plus centralisé et moderne que Rome, avec une entité administrative de base, la « commanderie » (*jun* 郡) qui n'a plus rien de féodal, et qu'on peut à bien des égards rapprocher des départements français modernes. L'Empire chinois est aussi, au moins pour ce qui est de l'époque de Wang Chong, plutôt bien gouverné : d'une façon générale, d'ailleurs, si la Chine ancienne a eu son lot de renversements de dynasties, de crises de succession et de souverains incapables, elle n'a guère connu de monarques excessifs comme Caligula ou Néron, par exemple. Le règne de l'empereur He, à la fin de la vie de Wang Chong, annonce cependant par certains traits le déclin de la dynastie, qui au IIe siècle sera de plus en plus dirigée par des souverains faibles, souvent très jeunes et manipulés par les clans « extérieurs », soit ceux des impératrices, ou par les eunuques de leur suite, qui confisquent le pouvoir à des fins privées.

Soulignons que, dès l'époque Han, une partie des fonctionnaires impériaux sont recrutés de façon standardisée, selon des procédures relativement objectives et transparentes : si les examens mandarinaux n'existent pas encore à proprement parler, on les trouve de manière embryonnaire, en particulier sous la forme de la « question de politique » (*duice* 對策), sorte de concours où les candidats doivent répondre à une question de l'empereur. Une autre allée vers le pouvoir est la recommandation d'hommes intègres ou talentueux, à comprendre moins dans une perspective de clientélisme que comme une pratique institutionnelle bien codifiée : très régulièrement, le gouvernement central requiert des gouverneurs locaux qu'ils lui désignent leurs administrés les plus brillants ou les plus vertueux, pour les intégrer dans la bureaucratie impériale. La pratique est susceptible de manipulations, mais dans les meilleurs cas elle garantit à l'Empire des forces utiles, tout en permettant un certain brassage social. Le système, en tout cas, est suffisamment ouvert pour qu'un lettré de province comme Wang Chong puisse y accéder.

L'une des conséquences les plus importantes de ces recrutements est qu'ils garantissent un salaire à une minorité non négligeable de lettrés, qui de ce fait considèrent de plus en plus le service à l'empire comme leur débouché naturel. Ces « lettrés », ce sont les *ru* 儒, qui existaient déjà avant l'époque impériale, mais qui s'imposent en tant que classe socioculturelle durant les Han ; ils s'inspirent pour la plupart de Confucius, et se définissent par leur maîtrise des Cinq Classiques du confucianisme (cf. *infra*). L'étude de ces textes, qui connaît un essor sans précédent durant la dynastie Han, n'est pas seulement une affaire littéraire ou philosophique : la maîtrise des Classiques est un moyen d'accéder à la carrière officielle. Wang Chong critique d'ailleurs avec virulence ces « lettrés vulgaires » (*suru* 俗儒) qui ne s'instruisent dans ces textes que pour obtenir des postes dans la bureaucratie impériale.

La situation diffère ici de ce qu'on observe dans le monde antique occidental, où le philosophe est moins consubstantiellement lié au pouvoir. Pour le lettré de l'époque Han, la carrière officielle est la norme, et la seule alternative est la retraite, qui peut prendre des formes diverses, depuis le congé provisoire jusqu'à l'exil à long terme, en passant par des formes plus ou moins sincères d'érémitisme. Wang Chong connaît dans sa vie de longs épisodes de retraite, et ce qui est frappant, c'est que chez lui comme chez tant d'autres, la retraite est présentée de façon négative : elle résulte d'un échec dans la carrière officielle, ou le sanctionne. L'archétype est celui du ministre ou du serviteur vertueux qui échoue à convaincre un souverain ou un supérieur moins sage que lui de mettre en œuvre ses idées, dans la lignée de Confucius lui-même, constamment en quête d'un prince prêt à mettre en œuvre ses idéaux – en vain.

En Chine ancienne, le lettré est donc fonctionnaire avant d'être philosophe, et même lorsqu'il est éloigné de l'administration impériale, il n'oublie pas cette dimension politique, qui est en quelque sorte sa première nature. Le « philosophe » chinois n'a pas le même statut que le philosophe grec, ou pour dire plus précisément, il n'y a pas à proprement parler de « philosophes » en Chine ancienne : on y trouve surtout des lettrés-fonctionnaires, qui peuvent certes exprimer des idées philosophiquement pertinentes, mais presque toujours dans une perspective de conseil ou de remontrance au prince. Cela explique bien sûr quelques-uns des traits fondamentaux de la pensée chinoise, comme son relatif pragmatisme et plus généralement, l'importance des thématiques ayant un lien avec le pouvoir, la morale politique et l'histoire des dynasties. La pensée de Wang Chong ne fait, de ce point de vue, pas exception.

L'époque de Wang Chong : le contexte intellectuel

Les derniers siècles de la dynastie des Zhou (env. 1046-256) avaient été marqués par l'affaiblissement de la royauté et la montée en puissance des vassalités régionales, qui peu à peu étaient devenus des États indépendants, en conflit quasiment permanent les uns avec les autres, surtout à la fin de l'époque des Printemps et automnes, et durant celle, bien nommée, des Royaumes combattants. Ces temps politiquement et militairement troublés entraînent une crise des valeurs, et la nécessité de proposer de nouvelles normes politiques et morales. C'est dans ce contexte que se développent les célèbres « Cent écoles » (*baijia* 百家) des « maîtres » de pensée (*zhuzi* 諸子) de la Chine ancienne – en réalité à peine une douzaine, dont les seules qui comptent vraiment sont le confucianisme, le moïsme (ou mohisme), le taoïsme, le légisme et les théories cosmologistes « du *yin*, du *yang* et des cinq agents » (*yin yang wu xing shuo* 陰陽五行說).

Dans ce contexte, Confucius joue un rôle fondateur ; il est le premier à articuler une pensée cohérente pour tenter de corriger les maux du temps, et les courants de pensée qui se développent durant les générations qui suivent sont en grande partie une réaction à ses idées. La philosophie de Confucius est à certains égards originale, mais il la présente comme un retour aux anciens, plus précisément à l'esprit des institutions du début des Zhou, principalement les règnes des rois Wen et Wu (XIe s.). On ne niera donc pas les dimensions conservatrices, voire réactionnaires, du confucianisme, qui se présente comme un idéal de moralisation de la vie politique, sociale et personnelle inspiré de ces sages souverains. Confucius se fait l'avocat de l'éducation et des rites, le but étant de cultiver un « homme de bien » (*junzi* 君子) qui, souverain éclairé ou sujet fidèle, contribue à mettre en place et à entretenir un régime politique moral et pacifié.

L'idéal de Confucius est celui de l'harmonie (*he* 和) : harmonie avec le monde, harmonie avec le groupe, harmonie avec soi-même. La société idéale est celle dans laquelle chacun trouve sa place et contribue à la paix de l'ensemble en jouant le rôle qui est le sien. Cette harmonie ne garantit pas seulement une vie sociale sereine, elle est la condition de l'alliance avec le Ciel, ce dernier étant à comprendre à la fois comme l'autorité morale qui confère à une famille royale (une dynastie) le mandat de régner (*tianming* 天命), et comme la nature en général, importante surtout comme force nourricière. Cette vision du Ciel possède en effet une dimension religieuse, mais on peut aussi l'interpréter de façon économique, voire écologique : dans un monde essentiellement paysan, tout dérèglement politique peut interférer avec les rythmes agricoles, avec des conséquences particulièrement funestes pour une société qui peine à trouver l'équilibre entre augmentation de la population et stagnation des ressources. L'harmonie sociale et politique est avant tout garante de bonnes récoltes : le souverain sage évite donc d'entraîner ses sujets dans des guerres ou de grands travaux susceptibles d'interférer avec les besoins de l'agriculture et de causer des famines. Il y a dans la philosophie chinoise un fond de pragmatisme qu'on ne saurait sous-estimer : le penseur chinois, confucéen ou autre, peut spéculer sur le ciel ou les étoiles, ses pieds n'en sont pas moins toujours attachés à la glèbe du sol nourricier.

Ces préoccupations ne sont pas propres à Confucius : l'idéal d'harmonie entre les hommes, entre le souverain et ses sujets, entre le souverain et le Ciel, entre les paysans et la nature, est partagé par tous les courants de pensée, et il est au cœur de l'idéologie impériale qui se met en place au deuxième siècle avant notre ère, et qui prévaudra jusqu'au début du XXe siècle. Encore aujourd'hui, dans la Chine communiste, cet idéal est au fondement du contrat censé unir le gouvernement à ses citoyens, et ce n'est pas un hasard si l'ancien président Hu Jintao (2002-2012) mit l'harmonie au centre de sa propagande, avec comme priorité, précisément, la construction d'une « société harmonieuse ».

Néanmoins, les anciens penseurs ne s'accordent pas sur les moyens de garantir cette harmonie. Au sein même du confucianisme, on trouve plus que des nuances entre les deux grands successeurs de Confucius que sont Mencius (Mengzi 孟子, IVe s.) et Xunzi 荀子 (IIIe s.). Mais ce sont les penseurs taoïstes qui manifestent le plus grand désaccord avec le confucianisme. Selon le *Laozi* 老子, ou « Livre de la Voie et de la Vertu », et le *Zhuangzi* (IVe-IIIe s.), l'harmonie sociale prévaut d'elle-même, spontanément (*zi ran* 自然), si on laisse faire les choses (c'est le concept de non-intervention, *wu wei* 無為), et il faut éliminer tout ce qui pourrait interférer avec la nature et le naturel : les taoïstes refusent donc les institutions politiques, les valeurs de civilisation, l'éducation et la morale, si importants dans le confucianisme, mais qui selon eux ne sont que des artifices voués à nous détourner de notre bonté intrinsèque ; leur idéal politique, c'est le village primitif et autarcique. Les légistes, au premier rang desquels Han Fei, insistent au contraire sur la nécessité de renforcer le rôle de l'État et le pouvoir du prince, mais comme les taoïstes ils n'ont guère d'estime pour la morale ou l'éducation ; ils lui préfèrent la loi et des châtiments impitoyables, selon eux seuls à même de garantir l'ordre : car lorsqu'il a peur, le peuple se tient à carreau, il ne se révolte pas et le monde est tranquille. Les idées légistes jouent un rôle certain dans la réussite du royaume de Qin (221-207), dont le souverain unifie les pays chinois en 221 avant notre ère, avec le titre de Premier empereur Qin (Qin shi huangdi) ; elles demeurent influentes durant la dynastie Han, qui lui succède en reprenant l'essentiel de ses institutions.

Les cosmologistes de la « doctrine du *yin*, du *yang* et des cinq agents » sont ceux qui thématisent le plus explicitement cette idée d'harmonie – dans les termes de M. Kalinowski, cette doctrine équivaut à une forme de « naturalisme philosophique fondé sur l'idée d'unité et de cohésion interne de l'ordre de la nature et de la société[2] ». Selon eux, le Ciel, la Terre et l'Homme forment une triade fondamentale dont le bon accord est la condition même de la marche du monde. L'action humaine, en particulier celle du souverain, interagit avec le Ciel, selon l'idée d'une « résonance entre le ciel et les hommes » (*tian ren ganying* 天人感應) : le Ciel, conçu comme conscient, voire anthropomorphe, répond au bon ou au mauvais gouvernement par des prodiges ou des catastrophes, par exemple des inondations et des sécheresses, qui sont autant de signes que le sage sait interpréter pour éventuellement infléchir la politique du souverain. Ce modèle s'accorde pour l'essentiel avec l'idée du mandat céleste développée par les Zhou et reprise par Confucius, même si les représentations du confucianisme pré-impérial sont beaucoup moins explicites quant à la nature du Ciel.

À la fin du IIe siècle avant notre ère, la dynastie érige la doctrine des lettrés en idéologie officielle : c'est la fameuse « promotion exclusive de l'art des lettrés » (*du zun ru shu* 獨尊儒術), que la postérité interprétera comme une victoire définitive du confucianisme sur les autres écoles de pensée. En réalité, ce « confucianisme », même s'il retient quelques-unes des idées fondamentales de Confucius, est la synthèse d'idées et de pratiques empruntées à divers courants de pensée, parfois très éloignées des idéaux du Maître. La « doctrine du *yin*, du *yang* et des cinq agents », largement étrangère au confucianisme pré-impérial, y occupe un rôle central : c'est le grand lettré Dong Zhongshu (env. 179-env. 104), très présent dans le *Lunheng*, qui aurait selon la tradition été l'artisan de cette synthèse, et donc

2. Cf. *Balance* 2011, p. XIII.

de cette victoire du « confucianisme »[3]. Dans la pratique, même si la sévérité de la loi est quelque peu modérée par rapport à celle de la dynastie Qin, et même si on peut observer une lente « confucianisation » des institutions, le gouvernement impérial s'inspire encore largement du légisme : plusieurs des grands souverains de la dynastie Han sont des autocrates pragmatiques qui ne gardent de la doctrine des lettrés que ce qui peut renforcer leur pouvoir, et principalement l'idée selon laquelle l'éducation et les rites sont les meilleurs garants de la stabilité sociale et de l'ordre. De fait, la synthèse entre moralisme confucéen et pratique légiste du pouvoir mise en place durant les premiers siècles de la dynastie dominera l'histoire du gouvernement impérial, et elle représente encore une clé pour comprendre le fonctionnement de l'État communiste au début du XXIe siècle.

Pour terminer cette très brève présentation, rappelons que les « écoles » philosophiques n'existent pas en tant que telles à l'époque pré-impériale, et que les catégories de légisme, de taoïsme, ou de confucianisme, que nous avons utilisées dans les paragraphes précédents, ne vont pas de soi, même sous les Han. Les terminaisons en « -isme » suggèrent des systèmes fermés de pensée, des « écoles philosophiques », au sens grec du terme, alors que ce qu'on peut observer en Chine ancienne, ce sont de simples mouvances, des constellations d'auteurs, des courants (*liu* 流) qu'il paraît abusif de vouloir distinguer absolument. Lorsque les auteurs de l'époque, et c'est le cas de Wang Chong, se réfèrent au « taoïsme », il s'agit souvent du taoïsme Huang-Lao, c'est-à-dire de la forme particulière que les idées taoïstes prennent sous les Han, et non pas des idées d'un Zhuangzi par exemple, d'ailleurs largement absent du *Lunheng*. En ce qui concerne le légisme, le mot *fajia* 法家, « école des lois », utilisé aujourd'hui

---

3. Le rôle effectif de Dong Zhongshu dans cette mesure, ainsi que la paternité de l'œuvre qui lui est traditionnellement attribuée, le *Chunqiu fanlu* sont sujets à caution et ont donné lieu à une importante littérature à l'époque contemporaine.

pour désigner ce courant de pensée, désigne sous les Han des spécialistes des lois (c'est-à-dire des juristes) plutôt que les avocats des idées de Han Fei. Quant au confucianisme, peut-être en raison de son statut omniprésent, il paraît encore plus difficilement identifiable : le mot « confucianiste » n'a tout simplement pas d'équivalent en Chine ancienne ; l'expression *rujia* 儒家, « école des lettrés » qui dans les histoires contemporaines de la pensée chinoise y correspond à peu près, renvoie sous les Han, de façon plutôt vague, aux « lettrés », qui certes maîtrisent les Classiques, mais qui sont avant tout, on l'a dit, une classe socioculturelle au service du pouvoir.

Les querelles sur les Classiques

C'est durant la dynastie Han que les Classiques (*jing* 經) acquièrent leur statut. Les lettrés Han considèrent généralement que les grands sages de l'Antiquité et surtout Confucius jouèrent un grand rôle dans la composition de ces textes (on décrit par exemple Confucius comme le compilateur du *Classique des poèmes* et comme l'auteur des *Printemps et automnes*), d'où leur statut immense et quasiment sacré. Sous les Han sont d'ailleurs créées des chaires des Classiques, dont le but est certes d'expliquer et d'enseigner ces textes, mais surtout de les exploiter pour servir les besoins de légitimation politique de la dynastie, d'où l'habitude de détourner leur sens à des fins idéologiques. Les Classiques sont sous les Han un enjeu de pouvoir, et l'objet de débats qui souvent n'ont pas grand-chose à voir avec leur signification originelle (s'il y a encore un sens à parler de la sorte) ; et les chaires des Classiques ne sont pas seulement pour les lettrés la possibilité d'une carrière prestigieuse, elles ont aussi un rôle de sanction officielle pour telle ou telle version de ces textes.

Les Cinq Classiques (*wu jing* 五經) sont : le *Classique des documents* (*Shujing* 書經 ou *Shangshu* 尚書), un recueil de textes historiques anciens ; le *Classique des poèmes* (*Shijing* 詩經), une anthologie de chants, poèmes et hymnes ; le *Classique des mutations* (*Yijing* 易經), un manuel de divination ; les *Printemps et automnes* (*Chunqiu* 春秋), une chronologie de la principauté de Lu couvrant les années 722 à 481 ; et le *Classique des rites*, soit selon les cas le *Mémoire sur les rites* (*Liji* 禮記) ou le *Cérémonial* (*Yili* 儀禮). En ce qui concerne les *Printemps et automnes*, soulignons l'importance de ses commentaires principaux, les commentaires Gongyang et Guliang, ainsi que le commentaire Zuo (*Zuozhuan* 左傳), qui dans les faits peut se lire comme une œuvre indépendante des *Printemps et automnes*. Ces ouvrages sont d'époques et de provenances diverses, et les exégètes contemporains s'accordent généralement sur le fait que même si leur base est parfois ancienne (sans doute le début des Zhou pour les premiers des *Poèmes*, par exemple), ils ne trouvent leur forme définitive qu'à l'époque Han. Et retenons que, si on parle de « cinq » Classiques, il faut sous les Han entendre ce nombre de façon collective – l'expression renvoie à des groupes ou types de textes plutôt qu'à des œuvres particulières bien définies : cela vaut surtout pour le *Classique des rites*, le *Classique des mutations* et les *Printemps et automnes*, mais tous les Classiques existent en différentes versions.

Sous les Han, les Classiques sont un enjeu de pouvoir, et un objet de débats entre les partisans des diverses versions de ces textes. Le conflit principal oppose les avocats des Classiques en « nouvelle écriture » (*jinwen* 今文) et ceux des Classiques en « ancienne(s) écriture(s) » (*guwen* 古文). Cette opposition est une conséquence de l'autodafé des livres de 213 AEC, sous le règne du Premier empereur Qin, à l'occasion duquel avaient été détruits des exemplaires des Classiques, ce pour prévenir les critiques des lettrés, qui se référaient à ces anciens ouvrages pour remettre en cause la nouvelle politique impériale. Il s'agissait donc d'une mesure de censure, qui visait à réduire la critique, mais aussi à asseoir une politique culturelle unifiée – outre les Classiques avaient été brûlés les ouvrages historiques des anciens royaumes, dont le caractère « national » ne s'accordait pas avec la volonté d'homogénéisation des Qin.

Selon la tradition, au début des Han, lorsque le climat est à nouveau plus favorable, des lettrés reconstituent de mémoire les Classiques : comme ces versions sont transcrites dans l'écriture officielle de l'époque (l'écriture de chancellerie, *lishu* 隸書), on les nommera « Classiques en nouvelle écriture » (*jinwen jing* 今文經) ; un peu plus tard, soit à partir du milieu du IIe siècle avant notre ère, des versions des Classiques datant de l'époque pré-impériale, soit d'avant l'autodafé des livres, sont retrouvées, la plupart dans l'ancienne demeure de Confucius : ces ouvrages étant rédigés dans les graphies pré-impériales, on les appellera « Classiques en ancienne(s) écriture(s) » (*guwen jing* 古文經). L'opposition *jinwen/guwen* ne se limite cependant pas à une question de graphies et de variantes textuelles : il s'agit parfois aussi de préférence pour des textes ou commentaires concurrents. Dans le cas des *Printemps et automnes* par exemple, les tenants du *jinwen* privilégient les commentaires Gongyang et Guliang, alors que les tenants du *guwen* préfèrent le commentaire Zuo.

Le conflit entre tradition *jinwen* et tradition *guwen* recoupe plusieurs aspects. Le premier désaccord est de nature exégétique : les partisans des versions *guwen* jugent que leurs versions sont les seules légitimes ; ils remettent en doute la fiabilité des versions *jinwen*, reconstituées de mémoire. Quant aux adeptes des versions *jinwen*, ils mettent en cause l'authenticité des versions *guwen*. Les divergences sont aussi philosophiques et idéologiques : selon la lecture qui prévaut aujourd'hui, les partisans du *jinwen* détourneraient le sens des Classiques, les considérant comme des messages ésotériques ou prophétiques destinés à la dynastie Han ; ils privilégieraient une vision religieuse du Ciel, qui interviendrait régulièrement dans les affaires humaines. À l'inverse, les partisans des versions *guwen* seraient plus rationnels ; ils auraient une lecture plus historique des Classiques. D'une façon générale, à l'époque Han, c'est plutôt la tradition *jinwen* qui domine, en particulier à l'époque de Wang Chong.

La question est complexe, on le voit, et il faut encore ajouter un certain nombre d'éléments qui ne contribuent pas à la simplifier. Tout d'abord, la portée de la destruction des livres en 213 a sans doute été exagérée ; même en y ajoutant les importantes destructions des guerres civiles (207-202) qui marquent la transition entre la dynastie Qin et la dynastie Han, il est certain que bien des versions des Classiques ont survécu, et ont pu servir de base à l'établissement des versions en « nouvelle écriture » : de ce point de vue, l'opposition entre textes *jinwen* et textes *guwen* n'est peut-être pas toujours aussi importante qu'on l'a dit. Par ailleurs, en ce qui concerne la période Han elle-même, si des débats existent certainement entre tenants du *jinwen* et tenants du *guwen*, ils ont sans doute été surestimés et mal évalués par la postérité. La dynastie Han a duré quatre siècles, et le statut des Classiques a beaucoup varié durant cette longue période, tout comme d'ailleurs les besoins du pouvoir, et il paraît dès lors rapide de réduire « la » dispute à quelques traits uniformes. La postérité, précisément, a joué un rôle très important dans la perception de l'opposition entre ces différents types de Classiques. Au IVe siècle de notre ère est probablement forgée une version en « ancienne écriture » du *Classique des documents*, qui sera validée comme la version officielle de ce Classique à l'époque Tang ; il faudra attendre le XVIIe siècle pour qu'on montre que cette version était un faux – un événement de ce type a contribué à jeter le discrédit sur les versions *guwen*. Sous les Song, sous les Qing, et encore au XXe siècle, l'opposition entre traditions *jinwen* et *guwen* demeure un enjeu philologique et idéologique, ce qui ne met pas forcément les exégètes dans une position favorable pour juger de la situation sous les Han même. À quoi on peut ajouter que les versions qui prédominent aujourd'hui (« versions reçues » ou « transmises ») ne s'accordent parfois avec aucune des versions plus anciennes, qu'elles soient en « nouvelle écriture » ou en « ancienne écriture ».

Les interprètes rapprochent généralement Wang Chong de la tradition des textes en « ancienne écriture » ; il y est même parfois rangé de façon catégorique. Quelques éléments vont dans ce sens, en particulier son scepticisme vis-à-vis de la « théorie de la résonance entre le ciel et les hommes », considérée comme typique des auteurs *jinwen*, sa préférence pour le *Zuozhuan*, et plus généralement son attitude « rationaliste » quant à l'histoire et aux anciens textes (cf. en particulier le traité 81, traduit ici même).

Mais on notera que Wang Chong ne se réfère jamais explicitement à ces disputes : l'expression *jinwen* n'apparaît tout simplement pas dans le *Lunheng*, et quant à l'expression *guwen*, d'ailleurs assez rare, il l'utilise pour ce qu'elle est, c'est-à-dire en référence aux anciennes écritures. Wang Chong traite certes des différentes versions des Classiques, mais il ne prend pas parti pour ou contre telle tradition ; il n'associe pas explicitement telle version d'un Classique à telle position idéologique. On notera encore que s'il égratigne à l'occasion le penseur Dong Zhongshu, considéré à tort ou à raison comme l'un des grands lettrés *jinwen*, il adopte généralement un ton élogieux à son égard. En un mot, on a le sentiment que pour Wang Chong, la querelle *jinwen/guwen* n'est pas véritablement un sujet.

La vie de Wang Chong

Wang Chong nous a laissé une autobiographie (*Lunheng*, 85, traduite ci-dessous), et l'histoire dynastique consacrée aux Han postérieurs, le *Livre des Han postérieurs* (Hou Han shu 後漢書), lui consacre une brève biographie[4]. Nous sommes donc

4. Cf. *Hou Han shu*, 49, « Wang Chong Wang Fu Zhongchang Tong liezhuan ».

mieux servis pour Wang Chong que pour la plupart des lettrés de l'époque, mais en réalité, ces sources sont insatisfaisantes et problématiques. L'autobiographie n'en est pas véritablement une : elle nous livre des informations quant à la famille de notre auteur, son enfance, et quelques-uns des postes qu'il occupa durant sa carrière, mais elle est surtout un manifeste dans lequel il défend son œuvre face à ses détracteurs. La biographie du *Livre des Han postérieurs* donne quelques renseignements supplémentaires, mais qui paraissent suspects. Ce qu'on sait de façon certaine de la vie de Wang Chong se limite donc à peu de choses.

Si la famille semble venir du nord-est de la Chine, elle s'établit avant la naissance de Wang Chong dans le pays de Wu, plus précisément à Kuaiji, dans l'actuel Zhejiang. Cette région deviendra des siècles plus tard l'une des principales régions économiques et culturelles de la Chine, et elle l'est encore aujourd'hui, avec Shanghai pour centre, mais au début de notre ère, elle est excentrée, très éloignée du berceau de la civilisation chinoise ; Luoyang, la capitale de l'empire, est distante d'un bon millier de kilomètres. Si la région produit un certain nombre de fonctionnaires et de lettrés, elle est décrite comme relativement arriérée. On se heurte d'ailleurs ici à une difficulté : Wang Chong n'eut qu'une carrière officielle médiocre, largement locale, et on peine à imaginer comment il put accéder dans ces conditions, de sa province reculée, à toutes les sources et idées auxquels il se réfère dans le *Lunheng*. Selon une tradition reprise dans la biographie du *Livre des Han postérieurs*, il aurait étudié à la capitale, et même fréquenté la famille des célèbres historiens Ban Biao 班彪 (3-54) et Ban Gu 班固 (32-92) ; c'est à cette occasion qu'il aurait eu accès aux textes des penseurs, qu'il aurait pris l'habitude de lire aux étalages des marchés, et de retenir par cœur grâce à sa très bonne mémoire. Ces années à la capitale expliqueraient bien des choses – mais lui-même n'en dit rien dans son autobiographie, qui par ailleurs rapporte des événements beaucoup moins spectaculaires : on ne comprend tout simplement pas une telle omission, étant donné l'importance qu'un séjour à la capitale représentait forcément dans la vie d'un lettré de province. Un autre trait du *Lunheng* plaide plutôt contre l'idée d'une familiarité de Wang Chong avec la vie intellectuelle de la capitale : l'œuvre témoigne d'une grande érudition, mais qui ne paraît pas toujours en phase avec les questions et débats véritablement contemporains. Les sources de Wang Chong sont les textes anciens, c'est-à-dire les Classiques et les œuvres des penseurs de l'époque pré-impériale, ainsi que certaines des œuvres de l'époque Han, jusqu'au début de notre ère ; pour le reste il paraît avoir été mêlé à un certain nombre de débats et discussions sur des sujets plus locaux : les thématiques liées au pays de Wu et à son histoire occupent une place relativement importante dans le *Lunheng*. On observe donc une contradiction entre un ancrage local qui paraît vraisemblable étant donné les données biographiques à disposition, et une forme d'encyclopédisme des connaissances qu'on peine à imaginer chez un lettré de province.

Ce qui est certain, c'est que l'essentiel de la vie de Wang Chong se déroule très loin des plaines centrales du nord-est de la Chine. Son parcours est typique des fonctionnaires locaux, avec les déménagements et postes modestes qui la jalonnent ; même à ce niveau, d'ailleurs, Wang Chong reconnaît que cette carrière n'a pas été un long fleuve tranquille :

> La deuxième année de l'ère Zhanghe, je renonçai à mon poste pour rentrer chez moi : j'allais sur mes soixante-dix ans, et il était temps de me retirer. J'ai connu une carrière plusieurs fois interrompue, qui ne m'a guère permis de réaliser mes aspirations ; ainsi vont les choses, on a parfois de la chance, et parfois pas[5].

5. *Lunheng*, 85.

Pour le reste, Wang Chong donne, sur un ton personnel assez touchant, quelques indications sur ses dernières années : les efforts qu'il fait pour préserver ses forces, sa solitude, les œuvres qu'il a écrites, le souci qu'il a de les transmettre à la postérité.

En réalité, l'autobiographie et la biographie du *Livre des Han postérieurs* ne nous renseignent pas sur les points les plus importants : à qui, concrètement, Wang Chong destine-t-il les traités du *Lunheng ?* Par qui sont-ils lus ? Plus généralement, qui sont ses interlocuteurs, voire ses contradicteurs ? À quels réseaux, intellectuels, culturels, éventuellement politiques, le rattacher ? Pour répondre à ces questions, on doit se contenter de quelques hypothèses à partir des traités du *Lunheng* eux-mêmes, en particulier les sujets qui intéressent Wang Chong, les auteurs qu'il mentionne, et sa rhétorique, révélatrice de son éducation, et parfois de son milieu.

Le caractère intransigeant de Wang Chong lui valut des inimitiés et des déconvenues, et de longues périodes de retraite forcée, que selon ses propres dires il mit à profit pour composer le *Lunheng.* Mais l'influence des échecs professionnels de Wang Chong sur le *Lunheng* ne se réduit certainement pas à ça : si dans le passage que nous venons de lire, Wang Chong paraît relativement philosophe quant à ses déboires, plusieurs traités du *Lunheng* témoignent d'une grande frustration, qui en tant que telle explique des traits importants de sa pensée, comme son pessimisme quant à la nature humaine, ainsi que son fatalisme ; nous y revenons plus bas.

Le Lunheng

Le *Lunheng*, tel qu'il nous est parvenu, se compose de quatre-vingt-cinq traités (en réalité quatre-vingt-quatre, puisque de l'un d'entre eux, nous n'avons plus que le titre), sans doute rédigés durant deux ou trois décennies – les commentateurs considèrent généralement que les premiers traités datent de l'ère impériale

Jianchu (76-84), et les derniers, des dernières années de la vie de Wang Chong, soit le milieu de l'ère Yongyuan (89-105). Le *Lunheng* est donc moins une œuvre en tant que telle, réalisée dans un but précis et dans un moment circonscrit, qu'une collection de traités produits en fonction des circonstances, et qui pour la plupart d'entre eux peuvent se lire de façon indépendante – il s'agit donc de « traités » plutôt que de « chapitres », ce dernier mot suggérant une organisation plus serrée de la matière que celle qu'on trouve dans le *Lunheng*. Wang Chong lui-même affirme avec fierté avoir rédigé « plus de cent traités[6] », un ordre de grandeur qui correspond au *Lunheng* tel que nous le connaissons. Il mentionne par leur nom quelques-uns de ces traités[7], ce qui indique qu'une partie au moins des titres sont de lui. Certains forment clairement des groupes, ainsi les « Neuf erreurs » (ou « Neuf types d'erreurs », *Jiu xu* 九虛, appelés ainsi parce que leurs titres se terminent tous par le mot *xu*, « erreur », « invention »)[8] ou les « Trois exagérations » (*San zeng* 三增)[9], ce qui indique que l'organisation du *Lunheng* est au moins partiellement imputable à Wang Chong lui-même. Ces éléments suggèrent que les traités du *Lunheng* sont bien de lui, et éventuellement, étant donné que le texte sous sa forme actuelle compte moins de cent traités, que quelques-uns ont été perdus. On peut aussi imaginer que notre version de l'œuvre puisse inclure des traités (ou parties de traités) que Wang Chong mentionne comme composés indépendamment[10], aujourd'hui perdus sous forme séparée, mais dont la matière aurait pu être partiellement reprise dans le *Lunheng*.

L'ordre des traités, tel qu'il s'est imposé dès les éditions anciennes, n'est pas d'une logique ou d'une cohérence parfaite, mais il n'est pas non plus explicable par le seul hasard.

6. *Ibid.*, 84.12.
7. Cf. *ibid.*
8. Cf. *ibid.*, traités 16-24.
9. Cf. *ibid.*, traités 25-27.
10. Cf. *ibid.*, 84.2.

La majorité des traités forment en effet des groupes thématiques, peut-être pas toujours aussi évidents que les « Neuf erreurs » et les « Trois exagérations » mentionnées ci-dessus, mais qui permettent tout de même de repérer une forme d'organisation dans la matière du *Lunheng*[11] :

- traités 1-15 : sur la destinée qui décide de la santé, de la longévité, mais aussi de la réussite sociale ; ainsi que des traités sur les signes (par exemple sur le visage) d'une bonne ou une mauvaise destinée ;
- traités 16-24 : les « Neuf erreurs », ou « Neuf types d'erreurs », en particulier quant à la théorie des correspondances et de la résonance ;
- traités 25-27 : les « Trois exagérations », principalement dans les anciens textes, y compris les Classiques ;
- traités 28-30 : trois chapitres de critiques contre Confucius, Han Fei, et Mencius, respectivement ;
- traités 31-32 : sur diverses conceptions, cosmographiques ou mythologiques, quant au ciel et au soleil ;
- traités 33-40 : sur les difficultés des lettrés et des sages dans la carrière officielle, leurs mérites par rapport aux simples fonctionnaires, et sur les intrigants et autres flatteurs dont ils sont souvent les victimes ;
- traités 41-55 : sur diverses croyances cosmologiques en vogue sous les Han, la théorie de la résonance et des correspondances, et les « signes » que le Ciel enverrait au souverain – ces traités sont à rapprocher des traités 16-24 ;
- traités 56-61 : sur la grandeur de la dynastie Han, sur les signes et présages favorables à celle-ci, et sur les accomplissements des lettrés Han ;
- traités 62-77 : sur toutes sortes de croyances, conceptions et superstitions quant au malheur et la mort, les fantômes, les sacrifices, les jours ou périodes fastes ou néfastes ;

11. Pour une liste complète des traités, cf. *Balance* 2011, p. CXLVII-CL.

– traités 78-80 : sur les sages ; ces traités sont à rapprocher des traités 33-40 ;
– traités 81-83 : sur des problèmes textuels, des erreurs dans les textes ; ces traités sont à rapprocher des traités 25-26, 28-30, et 61 ;
– traités 84-85 : deux traités d'autodéfense, de réponses à des détracteurs, avec une dimension autobiographique pour le second.

Le *Lunheng* est une œuvre ample, l'une des plus copieuses des œuvres de la Chine ancienne composées par un seul auteur. Avec ses 210 000 caractères, il est beaucoup plus long que d'autres textes majeurs de la pensée chinoise ancienne, par exemple le *Mencius* (34 600 caractères) ; il est deux fois plus long que le *Hanfeizi*, pourtant déjà imposant. Mais ce qui frappe plus encore que la longueur du *Lunheng*, c'est la variété des questions abordées : comme le montre la brève description des traités ci-dessus, il n'est en vérité pas grand-chose de la culture de l'époque que Wang Chong n'aborde pas, depuis les « superstitions » les plus populaires jusqu'à l'astronomie, en passant par la politique, très largement présente, les questions de nature épistémologique, la nature humaine ou encore la destinée. On soulignera en particulier l'intérêt de Wang Chong pour les spéculations de nature « scientifique » (de notre point de vue) : les traités 31 et 32, consacrés au soleil et au ciel, représentent ainsi une source importante pour l'histoire des théories astronomiques en Chine ancienne. En ce qui concerne les sources citées ou mentionnées dans le *Lunheng*, il s'agit en priorité des œuvres de l'époque pré-impériale, essentiellement les « Classiques » et les traités des « penseurs » (*zhuzi*), en second lieu de celles de la dynastie Han, avec une prédilection pour les sources « confucéennes ».

La réception de Wang Chong

L'histoire de la transmission du *Lunheng* est analogue à celle de nombre de textes produits en Chine ancienne. On ne dispose que de peu d'informations quant aux débuts de la diffusion de l'œuvre, et jusqu'à la fin de la dynastie Tang (618-907), les allusions au *Lunheng* sont peu nombreuses ; les premières éditions imprimées datent des Song (960-1279) ; on en connaît plusieurs versions, parfois sensiblement différentes les unes des autres.

Le *Lunheng* aurait commencé à se répandre près d'un siècle après la mort de Wang Chong, grâce à l'intervention de l'érudit Cai Yong 蔡邕 (132-192), qui serait tombé sur un manuscrit du texte lors d'un voyage à Wu, le pays de Wang Chong. Au IVe siècle, l'œuvre semble avoir eu une certaine influence ; le penseur et alchimiste Ge Hong 葛洪 (283-363) témoigne par exemple de son admiration pour Wang Chong. Durant la dynastie Tang, on voit se dessiner les deux attitudes contrastées qui perdurent encore aujourd'hui : la louange d'un côté, en particulier chez le célèbre lettré Han Yu 韓愈 (768-824), qui considère Wang Chong comme l'un des lettrés les plus doués de la dynastie Han ; et la condamnation de la part de ces confucéens bien-pensants qui dénoncent la lèse-majesté de Wang Chong, lui reprochant de manquer de piété filiale dans sa description peu flatteuse de ses ancêtres et de son père, et ne pouvant lui pardonner ses « Questions à Confucius » et ses « Critiques contre Mencius ». La première édition imprimée du *Lunheng* dont nous ayons connaissance date de 1045 ; elle est perdue en tant que telle, mais nous en disposons d'une copie japonaise partielle. Une autre édition, publiée en 1167, est également perdue ; elle nous est connue sous la forme d'une réédition tardive. Nous possédons en revanche plusieurs éditions publiées durant la dynastie Ming, dont l'édition « Tongjin caotang 通津草堂 » de 1535, sur laquelle se basent la plupart des versions postérieures du texte, en particulier les éditions de la dynastie Qing.

Au XXe siècle, les commentateurs se montrent dans leur majorité favorables à Wang Chong, dont le sens critique paraît très « moderne », proche de l'esprit de la philosophie occidentale, voire de la science moderne. L'Europe se montre pionnière dans l'intérêt pour le *Lunheng* : l'œuvre est en effet traduite intégralement en anglais dès le début du siècle (1907-1911) par le sinologue allemand Alfred Forke (1867-1944) ; elle est de la sorte accessible au public occidental bien avant la plupart des autres œuvres des penseurs de la Chine ancienne. Cette traduction, encore utilisable aujourd'hui, représente l'une des premières grandes réussites de la sinologie européenne contemporaine. En Chine, le célèbre intellectuel réformiste Hu Shi 胡適 (1891-1962), auteur d'une des premières histoires de la pensée chinoise ancienne, attache une importance particulière à Wang Chong, dont il loue l'esprit critique. Les années 1930 voient la parution de deux des meilleures éditions du *Lunheng* publiées à ce jour, celle de Liu Pansui 劉盼遂 (1932) et celle de Huang Hui 黃暉 (1938).

Cette reconnaissance précoce, cependant, s'explique par la volonté de trouver dans la tradition chinoise des germes de modernité et de science plutôt que par un réel intérêt pour la pensée de Wang Chong en tant que telle. À vrai dire, le statut du *Lunheng* dans l'histoire de la philosophie chinoise est paradoxal. D'un côté, on vient de le voir, les historiens contemporains ont rapidement reconnu son importance, et il figure toujours en très bonne place dans les manuels d'histoire de la philosophie chinoise ; d'un autre côté, sa pensée n'a que peu été étudiée pour elle-même. Wang Chong a été abondamment mentionné, loué, voire encensé, mais toute cette littérature n'apporte pas grand-chose à notre connaissance de notre auteur ou de sa pensée ; ce trait est exacerbé jusqu'à la caricature dans les années 1970, au moment du mouvement critique « contre Lin Biao et Confucius » (*pi Lin pi Kong* 批林批孔), où l'on voit des dizaines d'articles, signés parfois par des ouvriers (!), faire l'apologie du « matérialisme », de l'« athéisme » et de l'« anticonfucianisme » de Wang Chong. Même si, à partir des années 1980, sont parus un certain nombre de travaux, sinon innovants, du moins utiles, comme de nouvelles éditions annotées du *Lunheng*, ou des traductions en chinois moderne, on doit constater que Wang Chong, peut-être plus encore que d'autres penseurs de la Chine ancienne, est resté prisonnier des catégories du marxisme : la libéralisation de la vie scientifique à partir de la fin des années 1970 a été plus bénéfique à des auteurs qui, au contraire, avaient été lourdement critiqués durant les décennies précédentes, comme Confucius, Mencius ou Dong Zhongshu.

À Hong Kong et à Taiwan, la situation a été légèrement meilleure ; en particulier, étant donné la proximité d'une partie du monde académique chinois hors de la République populaire avec le confucianisme, les regards sur notre auteur n'ont pas toujours été aussi complaisants qu'en Chine ou qu'en Occident. Nous mentionnerons dans ce registre les jugements de l'intellectuel confucianiste Xu Fuguan 徐復觀 (1902 ?-1982), qui sont intéressants, précisément, parce qu'ils sont très critiques de Wang Chong.

En Occident, l'auteur du *Lunheng* a suscité une attention relativement parcimonieuse : depuis la traduction de A. Forke, qui date de plus d'un siècle, une quinzaine d'études seulement ont été consacrées à Wang Chong[12], auxquelles on peut ajouter une poignée d'autres qui lui accordent une certaine attention. C'est peu en comparaison de penseurs majeurs de la Chine ancienne, comme Confucius ou Mencius, voire Xunzi et Han Fei, auxquels l'auteur du *Lunheng* est parfois comparé.

La situation est d'autant plus paradoxale que Wang Chong est presque unanimement présenté comme une figure originale, et comme l'un des penseurs principaux de la dynastie Han,

12. Cf. notre bibliographie ci-dessous. Il s'agit principalement d'articles.

période charnière dans l'histoire de la pensée chinoise. Tous les chercheurs sur la Chine ancienne, à un moment ou un autre, sont amenés à se plonger dans le *Lunheng*, ou au moins à en lire tel ou tel passage ; et même lorsque le contact avec ce considérable opus est bref, il suffit le plus souvent à susciter l'étonnement, voire l'admiration. Le *Lunheng* figure en bonne place sur les étagères de n'importe quelle bibliothèque sinologique, et il est largement cité ou invoqué – et c'est précisément là que réside le problème : le *Lunheng* est beaucoup plus utilisé que lu en tant que tel, il est moins étudié pour lui-même, comme un texte à part entière, qu'exploité comme une source d'information sur la culture chinoise ancienne. Pour dire les choses de façon plus radicale, le *Lunheng* a pour le sinologue moins le statut d'une œuvre philosophique que celui d'une sorte d'encyclopédie des savoirs et des idées de la Chine antique : à certains égards, il annonce le genre des « livres par catégories » (*leishu* 類書) qui seront produits en nombre dans la tradition chinoise, soit ces vastes recueils de citations rassemblant, de façon systématique, l'essentiel du savoir sur les principaux sujets importants pour les lettrés, en particulier pour la préparation des examens impériaux.

Revenons à l'histoire de la philosophie, et aux jugements sur la pensée de Wang Chong. Ces jugements, nous l'avons souligné, sont généralement favorables, mais plutôt conventionnels. Quelques étiquettes considérées comme positives dans le contexte de la modernité et de l'occidentalisation reviennent fréquemment pour le caractériser : que ce soit en Chine ou en Occident, on présente inlassablement Wang Chong comme un penseur « matérialiste », « athée », « rationaliste », ou encore « sceptique », « critique » et « iconoclaste ». Dans la mesure où ces étiquettes, empruntées à la tradition occidentale, sont étrangères au contexte chinois, elles sont mal adaptées ; elles sont parfois trompeuses ; et en suggérant qu'on peut ramener n'importe quel système de pensée aux catégories de la philosophie européenne, elles contribuent à donner l'impression que les autres traditions de pensée, comme la pensée chinoise, ne sont au mieux que des copies appauvries de notre philosophie. En même temps, ces qualificatifs ne sont pas complètement hors de propos ; même s'ils sont imparfaits, ils signalent quelques-unes des caractéristiques de la pensée de Wang Chong ; ils ont l'avantage d'être familiers au lecteur occidental, et peuvent représenter un bon point de départ pour montrer, d'un point de vue comparatif, ce qui rapproche et au contraire sépare des penseurs ou des idées qui paraissent entretenir une certaine ressemblance, au-delà des siècles et de l'éloignement géographique.

A. Forke, dans la préface à sa traduction du *Lunheng*, juge « qu'on peut qualifier Wang Chong de matérialiste[13] ». Cette caractérisation a été reprise par la critique marxiste de la pensée chinoise, et dans les manuels produits en République populaire, jusqu'à aujourd'hui, l'auteur du *Lunheng* est immanquablement loué comme une grande figure du « matérialisme » et de l'« athéisme » de la Chine ancienne – on retrouve par exemple ces qualificatifs tout au début de l'article sur Wang Chong dans Baidu, la principale encyclopédie chinoise sur Internet, qui présente notre auteur comme « un philosophe matérialiste et athée combattant de l'époque des Han postérieurs ». Les jugements de ce type doivent se comprendre dans le contexte de la vision marxiste de l'histoire ancienne qui prévaut dans les histoires officielles, qui tendent à séparer radicalement les « bons » et les « mauvais » auteurs selon des critères politiques plutôt que philosophiques : d'un côté, les penseurs « matérialistes », comme Xunzi, Han Feizi ou encore Wang Chong, considérés comme « progressistes », voire « révolutionnaires » ; de l'autre, les penseurs « idéalistes », par exemple Mencius et Dong Zhongshu, jugés « féodaux » et « réactionnaires ». De ce point de vue, le « matérialiste » Wang Chong fait partie de la bonne catégorie.

---

13. Cf. A. Forke, *op. cit.*, vol. 1, p. 1 : « Wang Ch'ung, whom we may well call a *Materialist...* »

En réalité, les concepts d'idéalisme et de matérialisme n'ont guère de sens lorsqu'on les applique à la tradition chinoise ancienne, tout simplement parce qu'aucun penseur chinois n'y contraste le monde « spirituel » et le monde « matériel » à la manière d'une certaine philosophie européenne ; les historiens chinois ne s'y trompent pas – une fois leurs devoirs rendus à l'orthodoxie marxiste, les meilleurs d'entre eux oublient ces étiquettes pour aborder les auteurs selon les catégories indigènes de la pensée chinoise.

Pour Wang Chong comme pour la plupart des anciens penseurs chinois, que ce soit explicitement ou implicitement, il n'y a pas opposition, mais continuité, entre ce qui (du point de vue occidental) relève du spirituel et ce qui relève du matériel : tout être vivant se compose de *qi* 氣, c'est-à-dire de fluides, ou d'énergies, dont certains, plus grossiers (*cu* 粗), correspondent à la matière physique en tant que telle, et d'autres, plus « subtils » (*jing* 精), sont associés à la vie, à la pensée, à l'âme. Entre ces *qi* plus ou moins subtils, il y a moins un contraste de nature qualitative qu'une différence de degré : tous découlent des fluides originaux (*yuanqi* 元氣), qui sont à la source de toutes choses, et qui continuent de les informer. Jusqu'à la fin de la dynastie Han et l'arrivée du bouddhisme, aucun penseur chinois ne remet véritablement en cause ce modèle, et les idées du *Lunheng* sur le sujet ne font pas exception.

Wang Chong, cependant, mérite peut-être l'étiquette de « matérialiste » dans le sens où il insiste sur l'impossibilité pour l'esprit ou l'âme de subsister sans le support du corps. Le spirituel (*shen* 神) correspond à un état particulier du *qi*, qui dépasse certes la matière, mais qui ne peut exister indépendamment de celle-ci :

> La mort, c'est comme l'extinction d'un feu. Éteint, celui-ci ne produit plus aucune lumière ; mort, l'homme n'est plus doué de connaissance. Les deux phénomènes sont semblables, et ceux qui, discutant de cette question, affirment que les morts

> sont capables de connaissance, se trompent. Entre un homme qui va mourir, et un feu qui va s'éteindre, quelle différence ? Le feu éteint, ne demeure que la bougie ; l'homme mort, ne demeure que son corps : dire que les morts sont capables de connaissance, c'est croire qu'une bougie éteinte peut donner encore de la lumière[14].

Pour Wang Chong, le « spirituel » dépend donc du « matériel » et, en un sens, se réduit à ce dernier. Ses convictions en l'espèce, par rapport aux penseurs de son temps, ne sont pas forcément originales : elles sont simplement plus explicites, ou plus abouties, que celles de ses contradicteurs. L'idée d'une masse originelle d'où procèdent toutes choses, depuis les réalités les plus physiques jusqu'aux phénomènes les plus spirituels, est largement partagée en Chine ancienne, au-delà des différences entre auteurs et courants philosophiques. D'une façon générale, la pensée chinoise n'a pas opposé le corps et l'âme à la manière de la philosophie occidentale ou de la théologie chrétienne. Si une bonne partie de la pensée européenne peut être qualifiée de dualiste, la pensée chinoise est essentiellement moniste, tout procédant en définitive du même *qi.* Au passage, soulignons que cette vision des choses s'accorde avec le matérialisme de la science occidentale contemporaine, qui rend de plus en plus compte des phénomènes « psychiques » par l'électricité ou la chimie.

Une autre étiquette fréquemment accolée à Wang Chong est celle d'« athée ». Ce mot étant pour les historiens marxistes un quasi-synonyme du mot « matérialiste », il nous ramène aux considérations ci-dessus sur les liens entre histoire de la pensée et idéologie en Chine continentale. Le mot chinois pour « athéisme », *wushenlun* 無神論, renvoie étymologiquement à l'absence d'« esprits » (*shen*) plutôt qu'à celle d'un Dieu unique au sens occidental, et il convient assez bien pour

14. *Lunheng*, 62.

caractériser la position de Wang Chong, qui se montre très critique vis-à-vis de l'idée d'un « Ciel » susceptible d'obéir aux prières humaines, et qui nie farouchement la possibilité d'une forme de survie après la mort. De ce point de vue, on peut contraster sa pensée avec celle de Mencius, et surtout avec celle de Dong Zhongshu, qui pose l'existence d'un « Ciel » quasiment anthropomorphe, capable de « réagir » à l'action humaine par des signes positifs ou négatifs, en particulier selon la doctrine de la « résonance entre le ciel et les hommes » mentionnée ci-dessus.

Remarquons cependant que la notion de « ciel » / « Ciel » (*tian* 天) est polymorphe en Chine ancienne, et que dans nombre de textes on ne sait guère si on a affaire au ciel naturel (souvent utilisé comme métaphore pour désigner la nature en général), ou à un être supérieur assimilable à une divinité – le « Ciel », avec une majuscule. Confucius entretient certainement des convictions de nature religieuse, mais de façon significative il s'y réfère peu : les *Entretiens* disent même que le Maître répugnait à parler de ces sujets[15]. Chez la majorité des penseurs de l'époque pré-impériale, les idées de nature « religieuse » (au sens occidental de ce mot) ne sont pas centrales : la différence entre ceux qui invoquent des entités supérieures, qu'il s'agisse du Ciel ou de divinités, et ceux qui n'y croient pas, ou s'abstiennent d'en parler, ne représente pas un critère pour définir ou opposer les courants philosophiques. L'idée de divinités joue un rôle chez Mozi (Mo Di 墨翟, env. 470-391), dans le taoïsme (surtout à partir de la fin de la dynastie Han), et également, on vient de le souligner, chez certains confucianistes. Mais des œuvres rattachées aux mêmes courants de pensée, comme le taoïste *Zhuangzi* ou le confucianiste *Xunzi*, affichent au contraire beaucoup de scepticisme vis-à-vis de ces conceptions. Si l'on peut donc éventuellement qualifier Wang Chong d'« athée »,

15. Cf. *Lunyu*, 7.21 et 11.12.

ce jugement fausse un peu les perspectives en suggérant des délimitations qui n'existent tout simplement pas dans la pensée chinoise ancienne.

Une autre question qui a agité les historiens marxistes est celle de l'affiliation philosophique de Wang Chong : à laquelle des écoles de pensée de la Chine ancienne le rattacher ? Le confucianisme étant selon la vision officielle associé au « féodalisme », au conservatisme, voire à l'impérialisme, il était tentant, voire nécessaire, pour ces historiens de rapprocher Wang Chong d'autres courants philosophiques, en particulier le légisme ou le taoïsme ; encore aujourd'hui, à une époque où pourtant le confucianisme est largement réhabilité, Wang Chong est souvent présenté comme taoïste[16]. Lorsque les manuels chinois abordent d'une façon un peu plus subtile la question, ils indiquent que les sources d'inspiration de Wang Chong sont diverses, que sa pensée emprunte à plusieurs courants de pensée, voire représente une forme de synthèse, éventuellement à dominante taoïste ou légiste, d'idées antérieures. Les auteurs rapprochent par exemple du légisme son pessimisme de fond quant à la nature humaine, ou sa conviction que la poursuite d'idéaux de nature morale n'est possible qu'après la satisfaction des besoins matériels élémentaires. L'insistance de Wang Chong sur la spontanéité naturelle, sa vision du ciel comme dépourvu d'intention, ou encore son intérêt pour les techniques de longévité, l'apparenteraient en revanche plutôt au taoïsme.

Mais de là à faire de Wang Chong un taoïste ou un légiste, il y a un pas que nous ne ferons pas, en particulier parce que ces idées ne sont pas spécifiques au légisme ou au taoïsme. L'idéal de non-intervention et de spontanéité est également important chez Confucius, même s'il se décline sous une forme moins extrême que dans le *Laozi* ou dans le *Zhuangzi*. Quant au pessimisme du *Lunheng* à propos de la nature humaine, il peut tout aussi bien être rapproché du confucianiste Xunzi que du

16. *Siku quanshu*, « Qianlong du *Lunheng* ».

légisme. De fait, Xunzi est sans doute le penseur de l'époque pré-impériale dont Wang Chong se rapproche le plus, or ce penseur s'inscrit clairement dans l'héritage de Confucius, même si sur certains points importants il se démarque de la pensée du Maître. La situation de Wang Chong est comparable : ses idées diffèrent parfois de celles de Confucius, et il se permet même de critiquer ce dernier, mais ses idéaux, ses motivations, ses modèles, le rattachent bien plus au confucianisme qu'à d'autres courants de pensée.

Wang Chong, le confucianisme et Confucius

Redisons que les étiquettes de « confucianisme », de « légisme » et de « taoïsme » sont très imparfaites pour caractériser la vie intellectuelle durant la dynastie Han, et que Wang Chong ne se serait certainement reconnu ni comme « taoïste », ni comme « légiste », ni même, sans doute, comme « confucianiste ». Si on s'en tient aux catégories qui avaient explicitement cours à son époque, cependant, la question du rattachement philosophique de Wang Chong devient beaucoup plus simple : Wang Chong se considère indéniablement comme un lettré (un *ru*), soit comme un lettré formé aux Cinq Classiques. Son éducation, ses modèles, ses ambitions, l'inscrivent dans cette classe, tout comme ses attaques contre les fonctionnaires ordinaires (*li* 吏), recrutés pour leurs compétences pratiques, qui sont les grands rivaux des lettrés en ce qui concerne les emplois dans la bureaucratie impériale.

Certes, Wang Chong critique à l'occasion les lettrés, leur reprochant par exemple de manquer de sens pratique, et les opposant sur ce point aux simples fonctionnaires, dont les compétences paraissent plus immédiatement applicables. Il critique aussi certains types de lettrés, et surtout ces « lettrés vulgaires » (*suru*, *shiru* 世儒) qui n'étudient pas les Classiques par idéal, mais parce qu'ils sont un bon moyen d'accéder à des postes dans l'administration impériale. Mais toutes ces critiques, Wang Chong les adresse de l'intérieur, avec d'ailleurs souvent une dimension d'autodéfense, et de rappel des valeurs que, selon lui, les lettrés ne devraient pas oublier. Lui-même se considère comme un « lettré-auteur » (*wenru* 文儒), comme un « lettré érudit » (*tongru* 通儒), ou encore comme un « grand lettré » (*hongru* 鴻儒). Si une catégorie est pertinente pour situer Wang Chong dans le contexte intellectuel de l'époque, c'est donc bien celle de « lettré », et non pas des étiquettes qui nous sont plus familières, mais qui sociologiquement ou culturellement ne correspondent pas à grand-chose dans les représentations de l'époque Han.

Sous les Han, les lettrés se définissent largement par leur initiation aux Cinq Classiques, et dans la mesure où ces textes canoniques sont étroitement associés à Confucius, on ne peut nier un lien entre les lettrés et ce dernier : même s'ils ne respectent pas forcément à la lettre les idées du Maître, ils s'inscrivent clairement dans son héritage, affichant le même idéal moralo-politique de l'« homme de bien », attachant la même importance à l'éducation et à la culture, et se reconnaissant dans un fonds commun de références et de modèles, comme l'âge d'or du début de la dynastie Zhou. Les lettrés s'inscrivent donc dans l'héritage de Confucius, mais ils ne sont pas à proprement « confucianistes » ; leurs liens avec la politique les obligent à des accommodements, et les plus grands lettrés n'hésitent pas si nécessaire à exploiter les idées du Maître à leur façon, ou selon les besoins de leur époque, voire à les dénaturer si nécessaire. À l'époque Han, on fait de Dong Zhongshu le patriarche de ces lettrés (*ruzong* 儒宗), ce qui n'empêche pas que certaines des idées de ce dernier sont étrangères à la philosophie de Confucius. De la même manière, le fait que certaines des idées de Wang Chong ne s'accordent pas avec celles de Confucius ne suffit donc pas à l'exclure de la classe des lettrés.

Il est cependant un aspect par lequel Wang Chong se distingue des autres lettrés Han : il se permet de critiquer le Maître dans un traité intitulé « Questions à Confucius » (cf. *infra*, 28 « Wen Kong »), dans lequel il s'en prend parfois en termes sévères à ce dernier, l'accusant de se contredire, d'avoir des idées mal arrêtées sur certains sujets, de s'exprimer d'une façon incompréhensible, voire incohérente, ou encore d'émettre des jugements excessifs ou qui passent à côté de leur objet. Plus grave encore, Wang Chong reproche à Confucius de n'être qu'un « beau parleur » (*ning* 佞), de se comporter de manière aussi vile (*zhuo* 濁) que le vulgaire (*suren* 俗人), et en fin de compte d'être prêt à sacrifier ses nobles idéaux sur l'autel de sa carrière. Ces jugements sur Confucius, et par ailleurs les « Critiques » que Wang Chong adresse à Mencius (cf. *infra*, traité 30, « Ci Meng »), ont parfois choqué en Chine ancienne, et suscité quelques condamnations brutales, par exemple celle du grand empereur Qianlong (r. 1736-1795) :

> Confucius et Mencius furent les sages de mille générations. On peut peut-être poser des questions à Mencius, mais certainement pas l'attaquer ; mais Wang Chong osa le critiquer et, de plus, il se permit d'interroger Confucius ! En quoi cela diffère-t-il des idées subversives d'un Li Zhi à la fin de la dynastie Ming[17] ?

Wang Chong s'en prend également à Dong Zhongshu, le grand patron des lettrés durant la dynastie Han et, selon la tradition, l'architecte de la victoire du confucianisme au début de l'époque impériale. On reprocha également à Wang Chong de pécher contre la piété filiale, valeur cardinale du confucianisme, en brossant au début de son « autobiographie » (cf. *infra*, traité 85) un tableau peu flatteur de ses ancêtres. On comprend donc qu'une certaine postérité bien-pensante, à

---

17. *Siku quanshu*, « Qianlong du *Lunheng* ».

l'image de l'empereur Qianlong, ait pu exclure Wang Chong de l'orthodoxie lettrée, et qu'au XXe siècle, nombre d'historiens eurent quelques arguments pour le présenter comme un penseur « anticonfucianiste », et le rattacher à d'autres courants de pensée comme le taoïsme ou le légisme.

Mais en réalité, si l'on fait abstraction de ses « Questions à Confucius », Wang Chong manifeste à l'égard du Maître une admiration et une fidélité quasiment sans faille. Le nom de Confucius apparaît plus de six cents fois dans le *Lunheng*, et les *Entretiens* sont cités près de cent cinquante fois : dans l'immense majorité des cas, Confucius y apparaît sous un jour très favorable. Wang Chong le considère comme un « grand homme », « le patriarche de la morale et de la vertu », « le plus éminent des penseurs », en un mot comme un « saint », « dont la vertu peut se comparer à celle du ciel ou de la terre ». Dans maint passage, Wang Chong invoque Confucius comme l'autorité ultime, dont l'opinion suffit en tant que telle pour valider ou infirmer l'idée dont il discute.

Quant au traité « Questions à Confucius », il ne remet nullement en cause les idées de Confucius : ce que Wang Chong reproche à Confucius, ce n'est pas ses idéaux ou ses idées, mais de ne pas s'y tenir suffisamment. Il le critique parce que ses actes contredisent parfois ses paroles, ou parce qu'il ne s'exprime pas toujours avec suffisamment de cohérence ou de clarté. Au début du traité, le ton est d'ailleurs modéré, voire louangeur : c'est que le but de Wang Chong n'est pas de s'en prendre à Confucius, mais d'inciter ses contemporains à plus d'esprit critique. S'il s'en prend à Confucius, c'est parce qu'il veut montrer que les plus grands sages sont susceptibles de commettre des erreurs, ou de s'exprimer de façon insatisfaisante, et que la révérence qu'on leur doit n'implique pas qu'on oublie tout esprit critique. En d'autres termes, la cible de Wang Chong est beaucoup moins Confucius lui-même que les lettrés de son temps, coupables d'avoir placé le vieux sage sur un piédestal inaccessible. Le début du traité est tout à fait clair quant aux buts de Wang Chong :

> Nos lettrés et étudiants aiment à croire leurs maîtres et à honorer le passé ; ils considèrent que les discours des saints et des sages ne sauraient contenir la moindre erreur, et mettent toute leur énergie à les commenter et les étudier ; ils se montrent incapables de les remettre en question. Or même dans leurs écrits, rédigés pourtant avec le plus grand soin, les saints et les sages ne réussirent pas toujours à respecter la vérité ; alors à plus forte raison, comment auraient-ils pu ne jamais se tromper dans leurs paroles improvisées ? Et pourtant nos lettrés sont incapables de remettre leurs paroles en question ; et même lorsque les anciens textes ne se trompent pas, leurs idées sont parfois profondes et difficiles, et nos lettrés se montrent tout aussi incapables de poser des questions. […] Dans le domaine du savoir, le danger n'est pas le manque d'hommes talentueux, mais leur difficulté à s'affranchir de leurs maîtres pour établir la vérité dans leurs doctrines, pour y séparer le vrai du faux. Cet esprit critique ne doit pas forcément s'exercer à l'égard des sages tant qu'ils sont vivants ; et pour expliquer leurs doctrines, pour oser les remettre en question, il ne faut pas forcément avoir leur permission. Si certaines des paroles de Confucius sont incompréhensibles, en quoi poser aujourd'hui des questions serait-il immoral ? Si quelqu'un dispose de suffisamment d'intelligence pour perpétuer la sainte entreprise du Maître, en quoi nuit-il aux justes principes en critiquant ses propos ? Pour critiquer certaines des paroles de Confucius et remettre en cause ses écrits, il faut certes de grands talents et de vastes connaissances ; mais si je parviens à résoudre certaines questions, mes critiques devront forcément m'attirer des louanges[18].

De fait, si Wang Chong égratigne Confucius, c'est en raison même de la sainteté de ce dernier : pour prouver que personne ne saurait échapper à la critique, quel meilleur exemple que le Maître lui-même ? Si Confucius lui-même a commis des erreurs,

18. *Lunheng*, 28.

cela signifie qu'aucune pensée, aucune idée, quelle que soit son origine, ne saurait être acceptée telle quelle, aveuglément et sans réflexion. Notons encore que le titre du traité, même s'il vaudra à Wang Chong les foudres de la postérité, n'est guère agressif : si Wang Chong « critique » Mencius et « réfute » Han Fei (traité 29, « Fei Han »), il se contente de « poser des questions » à Confucius.

Les deux autres penseurs confucéens auxquels s'en prend Wang Chong dans le *Lunheng* sont Mencius, précisément, et Dong Zhongshu. Pour ce qui est de Mencius, les critiques que Wang Chong lui adresse sont plus profondes que celles qu'on trouve dans le « Questions à Confucius », mais elles ne remettent pas non plus en cause les fondements de sa philosophie. En ce qui concerne Dong Zhongshu, Wang Chong ne lui consacre pas de traité, et ses commentaires sont plus diffus ; il ne le contredit véritablement que sur deux points, d'une part l'idée d'une résonance entre le ciel et les hommes, et d'autre part sa responsabilité dans l'élaboration de rituels prévoyant l'installation de dragons de terre pour attirer la pluie. Sous une forme aussi radicale, ces conceptions sont étrangères au confucianisme pré-impérial, et le fait de les rejeter est plutôt une indication de la fidélité de Wang Chong aux idées de Confucius. Pour le reste, Wang Chong professe une admiration certaine pour Dong Zhongshu : un peu paradoxalement, il contribue peut-être même à l'installer sur le piédestal où il restera pour la postérité. Le rôle de Dong Zhongshu dans la promotion du confucianisme fait l'objet de débats, mais il est certain que son statut ne s'affirme véritablement que sous les Han postérieurs : Wang Chong paraît l'un des premiers à le qualifier de « patron des lettrés », ce qui est piquant pour un personnage que la critique contemporaine en Chine s'acharnera à considérer comme l'une des principales cibles du *Lunheng*.

On peut aussi se demander si Wang Chong, en produisant ces traités contre Confucius et Mencius, ou en s'en prenant à Dong Zhongshu, était conscient de commettre un crime de lèse-majesté : dans la lointaine province où il vit, Confucius n'avait sans doute pas encore le statut qu'il commence à acquérir à la capitale. Même sous les Han postérieurs, le confucianisme est loin de s'être imposé partout et d'avoir pénétré toutes les couches sociales, et cela explique peut-être aussi certains passages du *Lunheng* qui tranchent avec les impératifs de la morale confucéenne.

En résumé, on peut dire que Wang Chong est un lettré formé aux Classiques, ce qui sous les Han présuppose une certaine adhésion aux idées et idéaux de Confucius ; qu'il est plus proche du « confucianisme » que d'autres courants de pensée pré-impériaux, comme le taoïsme ou le légisme ; et que, même s'il critique Confucius, Mencius et Dong Zhongshu, il le fait d'un point de vue « confucianiste ». Wang Chong paraît même à certains égards plus fidèle aux idéaux et à l'esprit du confucianisme que la plupart des lettrés Han, y compris Dong Zhongshu, qui pour promouvoir cette doctrine la mâtinent d'idées empruntées à d'autres courants de pensée, particulièrement la cosmologie « du *yin*, du *yang*, et des cinq agents », à laquelle Wang Chong consacre plusieurs traités très critiques.

Wang Chong, penseur critique

Au XXe siècle, les interprètes jugent de façon positive les dimensions polémiques du *Lunheng*, y voyant une forme d'esprit critique, de nature presque scientifique, rare en Chine ancienne. De fait, le contraste est frappant entre la majorité des œuvres de la pensée chinoise, souvent très conservatrices (et qui même lorsqu'elles promeuvent de nouvelles idées, le font sous couvert du respect de la tradition), et l'œuvre de Wang Chong, qui assume explicitement une posture critique vis-à-vis de ses devanciers. Si l'on prend le mot « critique » dans son sens commun, comme désignant l'attitude de celui qui n'accepte aucune idée, opinion ou croyance *a priori*, sans la soumettre à une réflexion ou un questionnement, Wang Chong mérite indubitablement le qualificatif. Cela est apparent dans le titre de l'œuvre elle-même, *Lunheng*, traduit ici par « Balance des discours », mais qu'on pourrait tout aussi bien traduire par « Discussions critiques ». Ce but critique, Wang Chong se le donne explicitement :

> Si donc j'ai composé ma *Balance des discours*, c'est que la majorité de nos livres écrivent n'importe quoi, au mépris des faits et de la réalité : si l'on ne dénonce pas leurs mensonges, ces livres séduiront de plus en plus largement, et la vérité sera définitivement perdue. Mes traités ont pour but de peser les idées qu'on trouve dans ces ouvrages, afin d'établir leur vérité ou leur fausseté ; je n'ai pas voulu séduire par des fioritures de style, ou présenter des histoires extraordinaires. Les erreurs à la mode : voilà ma seule motivation, et j'ai consacré toute mon énergie à dénoncer cette disposition du vulgaire à s'enticher de théories scabreuses et de traités mensongers [19].

Le *Lunheng* se présente en premier lieu comme une entreprise de nature épistémologique :

> Le but de mon œuvre, c'est précisément la quête de la vérité et la dénonciation des erreurs [20].

La quête de la vérité possède une dimension positive, à savoir la production d'un savoir « vrai », c'est-à-dire, dans l'esprit de Wang Chong, conforme aux faits, et une dimension négative, critique, voire polémique, soit la dénonciation de l'erreur, sous toutes ses formes. Ces deux dimensions sont liées, même si Wang Chong ne les confond pas, mais le lecteur du *Lunheng* éprouve parfois le sentiment qu'en définitive la

19. *Ibid.*, 84.1.
20. *Ibid.*, 84.2.

critique en tant que telle prime sur toute autre considération : Wang consacre trop de temps et d'énergie à discuter les idées d'autrui pour pouvoir véritablement mettre en avant les siennes propres, et pour proposer une philosophie originale et cohérente. Au contraire, il n'hésite pas à se contredire lorsque cela sert ses besoins immédiats dans la discussion, parfois de manière presque sophistique.

On peut de ce point de vue contraster la pensée de Wang Chong avec celle d'un Xunzi ou d'un Han Fei. Ces deux auteurs, également remarquables pour leur indépendance d'esprit et leur sens critique, rejettent aussi nombre de croyances et de pratiques qui avaient cours en Chine ancienne ; mais ils n'oublient pas leur but premier, qui est la promotion de leurs propres idées : chez eux, la critique est un moyen pour mieux asseoir leur philosophie. Chez Wang Chong, le lecteur éprouve le sentiment que la critique en tant que telle est, sinon une fin en soi, du moins le principe qui préside à l'organisation de la matière. En effet, avant de proposer ses propres idées, Wang Chong commence presque toujours par présenter les positions adverses, et cette stratégie est symptomatique des forces et des limites du *Lunheng*, qu'on peut admirer, précisément, pour cet esprit critique qui nous paraît très moderne, mais où l'on peine à dégager une pensée originale. En d'autres termes, le *Lunheng* relève moins de l'action que de la réaction – la réaction à l'erreur et au mensonge, avec pour résultat que la philosophie de Wang Chong paraît moins construite que celle d'autres penseurs chinois anciens.

Une conséquence de cette stratégie est en effet que les arguments de Wang Chong ne sont pas toujours arrêtés ; sa priorité étant de nature polémique, Wang Chong fait flèche de tout bois dans le débat, assez souvent au prix de la cohérence des idées : en particulier, il n'hésite pas à se contredire si cela peut servir son propos dans la discussion. Le *Lunheng* abonde en contradictions, et de ce point de vue aussi, l'œuvre est unique dans la tradition chinoise. Cette faiblesse est d'autant plus étonnante que Wang Chong sait exactement ce qu'est une contradiction ; il est prompt à en dénoncer les exemples chez les autres, et il dispose pour le faire d'un vocabulaire à la fois précis et varié : l'expression *xiang wei* 相違, « s'opposer mutuellement », « se contredire », par exemple, apparaît près de vingt fois dans l'ouvrage. Dans le traité 28 (traduit ci-dessous), Wang Chong fait sur ce plan la leçon à Confucius lui-même chez lequel il croit trouver de nombreuses contradictions, ce qui l'amène à l'observation générale suivante :

> Que ce soit dans leurs paroles ou leurs écrits, les sages se contredisent souvent d'un endroit à l'autre, mais nos lettrés ne le comprennent pas[21].

Certes, une partie des contradictions du *Lunheng* peut s'expliquer par le fait que les traités ont été produits à des moments différents, et donc que sur certains sujets la pensée de leur auteur ait pu évoluer. On peut aussi excuser Wang Chong de ne pas parvenir à des conclusions bien fixées à propos de sujets épineux, par exemple la difficile question de la nature humaine, sur laquelle il avoue lui-même sa perplexité. Mais dans d'autres cas, les contradictions paraissent moins compréhensibles.

Le confucianiste contemporain Xu Fuguan interprète une partie des contradictions du *Lunheng* comme la conséquence de l'opportunisme d'un auteur qui serait prêt à toutes les compromissions pour plaire au pouvoir, y compris à se contredire si cela peut servir ses intérêts. Ainsi, si Wang Chong ne croit pas que le Ciel puisse réagir à l'action humaine par des prodiges ou des catastrophes, il produit quand même une liste de signes favorables à la dynastie Han, par exemple l'apparition d'animaux considérés comme propices, comme

21. *Ibid.*, 28.

le phénix, ce qui peut évidemment sembler contradictoire[22] : pour Xu Fuguan, Wang Chong agirait ainsi pour flatter la cour, se faire remarquer et obtenir un poste. Sous une forme aussi sévère, ce jugement est difficile à étayer, et on n'ira pas aussi loin que Xu Fuguan. En revanche, on ne peut nier que Wang Chong, à des fins rhétoriques, aime à invoquer tous les arguments possibles pour venir à bout d'une position adverse, et ce même si certains d'entre eux ne s'accordent pas avec d'autres pages du *Lunheng*. Dans le traité « De l'arrivée des tigres », Wang Chong critique l'idée selon laquelle l'apparition de ces animaux serait la sanction d'une mauvaise politique ; et il consacre de nombreux passages du *Lunheng* à nier l'existence des esprits. Mais dans le traité qu'il consacre aux « exorcismes domestiques », il écrit :

> Une mauvaise administration engendre une prolifération de tigres et de loups, le désordre social favorise les activités criminelles : de même, la présence d'un esprit dans une maison est liée au caractère funeste du destin de ceux qui y habitent[23].

Wang Chong fait ici un lien entre mauvais gouvernement et arrivée d'animaux féroces, et feint de croire aux esprits, tout simplement parce que cela sert son but immédiat dans la discussion présente, qui est de prouver que les sacrifices domestiques ne servent à rien pour venir à bout de ces apparitions funestes. S'il n'est en général pas trop compliqué de cerner la véritable position de Wang Chong, ce procédé rhétorique affaiblit tout de même sa pensée, voire donne

22. Cf. *ibid.*, 57, « Xuan Han ». Notons qu'en l'occurrence, la contradiction n'est qu'apparente : Wang Chong ne croit pas que certains signes soient produits volontairement par le Ciel, mais dans certains passages du *Lunheng*, il semble accepter l'idée que certains signes, favorables ou défavorables, puissent apparaître spontanément, en quelque sorte naturellement, en réaction à une bonne ou à une mauvaise politique.

23. *Ibid.*, 75, « Jie chu », trad. *Balance* 2011, p. 266.

l'impression d'un certain relativisme, ce qui est d'autant plus paradoxal étant donné, précisément, la « quête de la vérité » qu'il donne lui-même comme sa priorité. Pour dire les choses autrement, le lecteur du *Lunheng* éprouve parfois le sentiment que le but de Wang Chong est moins la vérité en tant que telle que la réfutation de la position de l'adversaire, et ce parfois au prix de la vérité elle-même.

Indépendamment de ces difficultés, la posture épistémologique de Wang Chong paraît en porte-à-faux avec une culture traditionnelle qui tend à tout soumettre à des priorités de nature pratique ou morale. De fait, certains interprètes contemporains reprochèrent à *Lunheng* de ne pas comprendre quelques-unes des intuitions fondamentales de la philosophie chinoise ancienne, en particulier le lien essentiel entre théorie et pratique, entre connaissance et morale, entre idées et idéologie. Xu Fuguan émet le jugement suivant :

> Les recherches de Wang Chong s'ordonnent dans deux directions : 1. la lutte contre l'erreur 2. la volonté d'appréhender le savoir dans sa totalité. Au départ, dans les deux cas, nous avons un esprit soucieux de connaissance avant tout. La plupart des penseurs Han partent de la morale et bâtissent leur système de pensée en fonction des exigences de la morale. Chez Wang Chong, le point de départ est la quête de la connaissance, il se soumet aux exigences de celle-ci et fait peu de cas de la morale[24].

En d'autres termes, Wang Chong serait prêt à sacrifier la morale sur l'autel de la vérité et de la connaissance. Le cas le plus emblématique est sans doute le début de son « Autobiographie », dans laquelle il nous brosse un tableau peu reluisant de ses ancêtres :

24. *Liang Han sixiang shi*, vol. 2, p. 582.

> L'un de mes ancêtres, Wang Yong, était un impulsif qui traitait les gens au mépris de tous les principes ; lors d'une période de disette, il recourut à la violence pour survivre, blessant et tuant, et se faisant de nombreux ennemis. Craignant que ceux-ci ne profitent des désordres du temps pour se venger, mon grand-père, Wang Fan, déménagea toute la famille dans la commanderie de Kuaiji, s'installant dans la sous-préfecture de Qiantang et y vivant de petit commerce. Il eut deux fils, Wang Meng, l'aîné, et Wang Song, le cadet, mon père, qui exacerbèrent encore le tempérament violent de la famille, rudoyant les gens de Qiantang et finissant par s'attirer l'inimitié des grands clans du lieu ; ils durent à nouveau s'en aller, s'établissant enfin à Shangyu[25].

Wang Chong dit sans doute la vérité, mais cette vérité, précisément, n'est pas compatible avec les devoirs de la piété filiale, qui dans un cas comme celui-ci préconisent tout simplement le silence[26]. Ailleurs dans le *Lunheng*, Wang Chong exprime quelques jugements qui confinent au cynisme – ainsi par exemple sur la nature humaine :

> Lorsque les hommes acceptent un poste, ils invoquent les rites et la morale, ils disent vouloir mettre en œuvre leurs idéaux, mais leur but principal est de toucher un salaire ; il en est de même lorsqu'ils se marient : ils prétextent les rites et la morale, ils disent vouloir servir leurs parents, mais ils songent surtout à satisfaire leurs désirs sexuels[27].

---

25. *Lunheng*, 85.1.

26. Cf. le passage suivant des *Entretiens* de Confucius : « Le duc de She dit à Confucius : Il y avait dans mon pays un certain Gong dit le Probe. Son père s'étant approprié un mouton, il témoigna contre lui. Confucius : Dans mon pays, nous voyons les choses différemment : le fils protège son père, comme le père son fils. Voilà qui pour nous tient davantage de la probité » (*Lunyu*, 13.18, trad. Anne Cheng, *Entretiens de Confucius*, p. 106-107).

27. *Lunheng*, 28.19.

De tels passages pèchent contre le moralisme confucéen tel qu'il commence à s'imposer durant la dynastie Han, et on peut comprendre qu'ils aient pu indigner en Chine ancienne, et encourir les foudres de certains confucianistes contemporains.

Ces quelques passages, cependant, ne doivent pas oblitérer l'essentiel. Contrairement à l'opinion de Xu Fuguan, la quête de la vérité chez Wang Chong n'est pas un objectif en soi, elle possède aussi une dimension morale – mieux, elle est un impératif éthique. L'auteur du *Lunheng* pose clairement le lien entre erreur et faute morale, et lui-même se voit comme un réformateur des mœurs :

> Car telle est la mission du sage dans ce monde : lorsqu'il occupe un poste à la cour, il s'attache avec la plus grande loyauté à promouvoir la civilisation et il en fait rejaillir la gloire sur la dynastie ; mais lorsqu'il se retire, il s'attache à critiquer les idées en vogue, afin d'édifier les foules. Car les gens sont incapables de se réformer par eux-mêmes : il faut des sages pour rappeler les grands principes et dénoncer les erreurs ; et sans des lettrés pour réfléchir, les égarés ne pourront prendre conscience de leurs fautes[28].

Cette profession de foi rejoint l'idéal confucéen de la culture et de l'éducation. Wang Chong n'écrit pas les traités du *Lunheng* pour se divertir, et ses critiques ne sont pas gratuites ; il est mû par la nécessité, par une aversion viscérale pour le mensonge et l'erreur :

> Le mensonge l'emporte sur la vérité, les faits sont oblitérés par l'artifice, et plus personne n'y voit clair ; lorsque je vois le rougeâtre contaminer la pure pourpre, ou la brique se mélanger au jade, l'émotion me gagne : comment pourrais-je le supporter ? Préoccupé par les mœurs de notre temps, je réagis comme ce suivant du pays de Wei qui, inquiet pour

28. *Ibid.*, 84.1.

> son maître et cédant à l'impulsion de son cœur, outrepassa ses fonctions pour maîtriser son attelage ! Mon souci est tel qu'il contrarie mes fluides vitaux, qu'il oppresse mon âme, qu'il bouleverse la sérénité de mon esprit, menaçant mes années de vie, affectant ma nature profonde : c'est un plus grand mal que celui qui emporta Yan Hui, et une atteinte aux règles de vie de l'empereur Jaune et de Laozi ! Voilà qui n'est tolérable pour personne, et voilà pourquoi j'ai rédigé ma *Balance des discours* : je ne pouvais tout simplement pas faire autrement[29] !

L'erreur est une forme de maladie, dans la mesure où elle résulte de la faiblesse de l'âme humaine, prompte à se laisser abuser. Mais de manière plus inattendue, Wang Chong la conçoit presque comme une maladie au sens biologique : pour l'auteur du *Lunheng,* il y a un lien consubstantiel entre connaissance, morale et santé, et dire la vérité est une hygiène de vie, au sens moral du terme, mais également au sens médical.

Wang Chong a parfois été considéré comme un auteur sceptique, mais il s'agit moins d'un scepticisme fondamental quant aux possibilités de la connaissance, que d'un certain pessimisme quant à la nature humaine, qui s'enthousiasme plus facilement pour les belles histoires que pour la vérité nue. On ne trouve pas en Chine ancienne de penseurs sceptiques à la manière d'un Pyrrhon d'Élis, par exemple, et à part dans quelques passages du *Zhuangzi*, la possibilité de la connaissance en tant que telle n'est guère remise en question. Le mot « scepticisme » n'a d'ailleurs pas d'équivalent dans la pensée chinoise ancienne ; les mots qui expriment communément le doute (*yi* 疑, *huo* 惑) le font de façon négative, décrivant la confusion ou l'hésitation de celui qui ne sait pas : il ne s'agit pas de la suspension du jugement, du doute philosophique, tels qu'ils ont été systématisés dans la philosophie européenne. De

29. *Ibid.*

façon révélatrice, les doutes de Wang Chong ne débouchent d'ailleurs pas sur une remise en question des fondements de la morale ou de l'ordre social – ainsi par exemple, lorsqu'il ne parvient pas à régler l'épineuse question de la nature humaine, bonne selon certains, mauvaise selon d'autres :

> On peut utiliser toutes ces idées dans l'éducation, afin de ramener les gens aux grands principes et à la vertu ; mais pour ce qui est de comprendre parfaitement le principe de la nature humaine, on est encore loin du compte[30].

Wang Chong reconnaît la difficulté de la question de la nature humaine, et exprime un doute quant à la possibilité de trancher entre les diverses opinions sur le sujet. Mais autant que son attitude prudente, ce qui frappe dans ce bref passage, c'est son pragmatisme : Wang Chong ne sait pas si l'homme est fondamentalement bon ou mauvais, mais cela n'ébranle aucunement ses certitudes quant à l'utilité de l'éducation et de la morale.

Dans le passage suivant, Wang Chong insiste sur le fait que certaines choses sont inconnaissables par la seule raison, mais à nouveau, cela ne débouche pas sur un scepticisme de principe, mais plutôt sur un encouragement à recourir à d'autres moyens pour atteindre la vérité – en l'occurrence, l'étude ou l'information auprès d'autrui :

> Ma propre expérience me porte à considérer que seules les choses qui s'offrent effectivement à nous peuvent être connues pour peu que nous nous appliquions à y réfléchir ; celles qui ne nous sont pas accessibles ne le seront sous aucune condition, à moins d'en passer par l'étude et l'enquête. Acquérir des connaissances sans étudier, comprendre sans s'informer : cela ne s'est jamais vu, pas plus hier qu'aujourd'hui ! Il suffit en somme qu'une chose, même la plus impénétrable,

30. *Ibid.*, 13.9.

> reste dans la limite du connaissable pour que nous puissions l'appréhender sans difficulté par un effort soutenu de réflexion, alors que nous aurons beau remuer ciel et terre pour étudier et nous informer, nous ne parviendrons à rien si la chose à connaître, aussi insignifiante soit-elle, est hors de portée. C'est pourquoi les esprits les plus clairvoyants, malgré une intelligence rare et un immense talent, n'échappent pas à cette nécessité d'étudier et de s'informer pour acquérir des connaissances et réaliser leurs ambitions[31].

Redisons-le, Wang Chong est moins sceptique sur les possibilités de l'intelligence qu'il est pessimiste quant au tempérament humain, prompt à se laisser séduire par l'exagération, l'affabulation et le mensonge : l'erreur et les difficultés de la connaissance s'expliquent avant tout par des tares de nature morale, comme la paresse ou la crédulité. Et par conséquent, la lutte contre l'erreur relève bien de l'édification morale, au même titre que l'éducation et les rites.

La quête de la vérité de Wang Chong, son esprit critique, son pessimisme quant à la possibilité de tout connaître, ne débouchent donc pas sur une remise en question de la morale traditionnelle et des valeurs du confucianisme. Wang Chong n'est pas un iconoclaste : il rejette beaucoup de mensonges ou d'idées fausses, mais pour l'essentiel il demeure fidèle à la pensée de Confucius. On peut même considérer que ses critiques représentent une forme de purification du « confucianisme », qui avait été largement dévoyé sous les Han par les besoins du pouvoir, et encombré d'idées étrangères à Confucius.

On ne suivra donc pas l'empereur Qianlong ou, plus près de nous, Xu Fuguan, lorsqu'ils remettent en question la moralité de Wang Chong. Sur le fond, on ne peut d'ailleurs que donner raison à l'auteur du *Lunheng :* l'éthique se marie mal avec le mensonge, et à l'inverse, la vérité et le savoir,

31. *Ibid.*, 78.11, trad. *Balance* 2011, p. 203.

même le plus gratuit en apparence, sont des composantes importantes de l'accomplissement moral, de l'harmonie privée et sociale, et d'une vie politique saine. Une des faiblesses du confucianisme, c'est précisément que dans certains cas, il sacrifie la connaissance sur l'autel de la moralité, en particulier lorsque la vérité va à l'encontre de la piété filiale, comme nous l'avons vu ci-dessus.

Même si l'esprit critique du *Lunheng* obéit à des motivations morales, et ne peut se réduire à une quête « scientifique » de la vérité, il n'en est pas moins remarquable. Wang Chong est le seul auteur de la Chine ancienne à avoir produit une œuvre critique d'une telle ampleur : de ce point de vue, le *Lunheng* est un monument à part dans la tradition chinoise. Globalement, l'entreprise est un succès : Wang Chong parvient à montrer la fausseté de centaines des croyances, d'idées ou de pratiques qui ont largement cours à son époque ; il propose des explications simples et souvent correctes pour de nombreux phénomènes que ses contemporains interprètent trop rapidement comme magiques ou surnaturels. Bien entendu, l'état du savoir à l'époque, parmi d'autres facteurs, est tel que certaines de ses propres explications sont incorrectes. Cela n'a guère d'importance ; ce qui compte, c'est que Wang Chong a montré un chemin, qui malheureusement n'a pas été suffisamment emprunté par sa postérité : si celle-ci avait plus souvent suivi son exemple, et accordé plus de poids à une réflexion indépendante, la pensée, la science et peut-être l'histoire de Chine elle-même auraient connu d'autres développements.

L'érudition, la clarté de l'expression et le refus des artifices littéraires

Plusieurs traits caractéristiques du *Lunheng* découlent du projet critique de Wang Chong. C'est en particulier le cas de l'érudition et de la clarté de l'expression, deux exigences qu'il présente explicitement comme essentielles à la quête de la vérité.

L'érudition de Wang Chong frappa même ses détracteurs : il aborde la plupart des sujets qui représentent un enjeu à son époque, cite d'innombrables personnages et textes, et discute d'une profusion d'histoires, de légendes et de mythes. Comme nous l'avons dit, on peut considérer le *Lunheng* comme une sorte d'encyclopédie des idées et croyances qui ont cours durant la dynastie Han.

Pour Wang Chong, l'érudition n'est pas une accumulation gratuite de connaissances : c'est l'une des conditions du savoir et de l'établissement de la vérité, puisque de vastes connaissances permettent de se référer aux autorités anciennes, d'invoquer les sources pertinentes, ou plus simplement de multiplier les approches, les analogies et les exemples. Wang Chong consacre un traité à l'érudition (38, « Bie tong »), dans lequel il la compare à la lumière :

> Nous ouvrons des portes dans les murs des maisons afin que la lumière du soleil puisse y pénétrer, mais si nous ne perçons pas en plus des fenêtres et des lucarnes, cette lumière ne saurait atteindre les coins les plus reculés de la maison. On peut comparer la compréhension d'un Classique à la puissante lumière qui entre par la porte, et le secours des autres textes à celle qui passe par les fenêtres – si ce n'est que la lumière qu'apportent les œuvres des penseurs est bien autre chose que celle qui passe par les fenêtres d'une maison[32] !

L'érudition devient même un critère qualitatif permettant de hiérarchiser les différents types de lettrés :

> Celui qui est capable d'expliquer un Classique est un simple lettré, celui qui maîtrise à la fois les ouvrages du passé et du présent est un lettré généraliste, celui qui s'appuie sur

32. *Ibid.*, 38.

> ces ouvrages pour rédiger des mémoires qu'il soumet à la cour est un auteur, celui qui s'appuie sur sa propre réflexion pour rédiger des traités bien organisés est un savant. Le lettré l'emporte sur le vulgaire, le lettré généraliste l'emporte sur le simple lettré, l'auteur l'emporte sur le lettré généraliste, et le savant l'emporte sur l'auteur[33].

Ce passage s'en prend implicitement à la trop grande spécialisation d'une majorité de lettrés de l'époque, qui concentrent leur étude sur les Classiques, voire sur un seul de ceux-ci. Wang Chong juge cette habitude dommageable :

> Certains sont d'avis qu'il faut se cantonner dans l'étude d'un seul Classique, et qu'il n'est pas nécessaire de posséder un savoir plus large. Mais les disciples de Confucius étudiaient les Cinq Classiques, et c'est seulement lorsqu'ils les maîtrisaient tous que leurs compétences étaient reconnues comme suffisantes. Yan Yuan [un disciple de Confucius] a dit : « Le Maître m'a élargi l'esprit grâce aux lettres[34]. » Avoir un esprit large, c'est le fait d'un homme intelligent et doué : Yan Yuan aurait-il utilisé le mot « large » s'il n'avait maîtrisé qu'un seul Classique[35] ?

Le *Lunheng* offre maints exemples de l'avantage de l'érudition, voire de l'encyclopédisme, dans la réflexion et la discussion. Wang Chong a énormément lu et énormément retenu, et il mobilise constamment sa connaissance des textes dans la discussion. Ainsi, à propos de la légende selon laquelle Confucius aurait visité soixante-dix pays différents :

> Selon les chapitres des *Entretiens* et les œuvres des penseurs, Confucius s'en retourna de Wei à Lu, il souffrit la faim à Chen, et on effaça les traces de ses pas à Wei ; il perdit

33. *Ibid.*, 39.
34. *Lunyu*, 9.11.
35. *Lunheng*, 38.

> le goût de la viande à Qi, et on abattit l'arbre sous lequel il avait enseigné à Song – à quoi on peut ajouter les pays de Bi et de Dunmou, soit en tout moins de dix pays. Parler de soixante-dix pays ne correspond donc pas à la réalité[36].

Ou encore, à propos des légendaires monts Kunlun :

> Le Grand annaliste [c'est-à-dire l'historien Sima Qian] écrivit : « Selon les *Annales de Yu*, "le fleuve Jaune naît dans les monts Kunlun, qui s'élèvent à deux mille cinq cents *li* de hauteur ; c'est là que le soleil et la lune se dérobent l'un à l'autre pour donner leur lumière ; au sommet se trouvent une fontaine de jade et un étang de fleurs". Mais lors de son expédition en Bactriane, Zhang Qian remonta jusqu'aux sources du fleuve Jaune : put-il observer ces monts Kunlun dont parlent les Annales de Yu ? Pour ce qui est des neuf contrées, des montagnes et des rivières, c'est le *Classique des documents* qui s'approche le plus de la vérité. Quant aux créatures étranges mentionnées dans les *Annales de Yu* et le *Classique des montagnes*, je n'ose me prononcer. » Lorsque le Grand annaliste dit qu'il n'ose se prononcer, cela signifie qu'il juge que ces textes sont des inventions. La hauteur des monts Kunlun, la source de jade, l'étang de fleurs, voilà des choses dont tout le monde a entendu parler, mais Zhang Qian y est allé en personne et il n'a rien vu de tel. Le « Tribut de Yu » énumère sans exception les montagnes et les rivières des neuf provinces, les créatures prodigieuses, les jades et métaux précieux, mais il ne fait aucune mention d'une source de jade ou d'un étang de fleurs au sommet des monts Kunlun. Si l'on se base sur les dires du Grand annaliste, ce qui est rapporté dans le *Classique des montagnes* et les *Annales de Yu* relève donc de la pure invention[37].

Dans ce passage, on remarque à la fois la variété des sources sollicitées par Wang Chong, mais aussi la façon pondérée

36. *Ibid.*, 26.6.
37. *Ibid.*, 31.3.

dont il en use : il sait que toutes les sources ne se valent pas, et que certains auteurs sont plus fiables que d'autres. L'encyclopédisme de Wang Chong n'est pas un simple étalage de connaissances : c'est parce qu'il est réfléchi qu'il contribue à l'établissement de la vérité.

Une autre condition de la connaissance, c'est la clarté de l'expression. Wang Chong préconise inlassablement d'écrire comme on parle, sans compliquer les choses, sans les embellir ou les exagérer. Selon ses propres dires, Wang Chong ne s'adresse pas uniquement aux élites lettrées, d'où le souci de rédiger d'une façon accessible au plus grand nombre :

> Espérant que le vulgaire puisse se réformer en lisant mes traités, je les ai rédigés dans un style clair et accessible, et certains m'en font le reproche, les jugeant trop simples. Mais si on s'adresse à des enfants en invoquant les Classiques, ou à des paysans avec des mots raffinés, ils n'y comprendront rien et se braqueront[38] !

Wang Chong ne nous renseigne guère quant au « vulgaire » auquel il s'adresse, mais il est vraisemblable qu'il s'agit moins du petit peuple que de lettrés de province, notables locaux et autres représentants des élites régionales, modérément cultivés mais incapables de goûter un style trop recherché. À la capitale, il est de bon ton pour certains de cultiver l'hermétisme, par exemple dans le poème descriptif de type *fu*, un genre qui accumule les caractères rares et les expressions difficiles, mais aussi dans les gloses de textes anciens, voire dans les mémoires adressés à la cour. Ces artifices représentent sans doute pour les classes les plus éduquées un moyen de se démarquer, de se construire une identité de groupe, par opposition à d'autres élites comme les grandes familles qui gravitent autour de l'empereur. Quelques auteurs vont jusqu'à assimiler la difficulté

38. *Ibid.*, 85.6.

du style à la profondeur de la pensée, comme par exemple le penseur Yang Xiong, lui-même réputé pour son écriture particulièrement abstruse :

> On me demande si les Classiques des anciens saints ne pourraient pas être plus faciles à comprendre. Mais c'est impossible : le ciel ne couvrirait pas tant de choses s'il pouvait être facilement mesuré, et la terre n'en porterait pas d'aussi nombreuses si elle pouvait être facilement sondée ! Or elles sont nombreuses, les choses entre ciel et terre, et nombreuses aussi, les idées contenues dans les Cinq Classiques[39] !

Dans ce contexte, on comprend que le style du *Lunheng* ait pu paraître rustique, et que des détracteurs aient voulu voir dans ce trait la preuve d'une pensée superficielle :

> Les discours du bon orateur doivent être profonds, et il en est de même des écrits du bon auteur. Prenons le texte des Classiques ou les enseignements des anciens sages : ils sont denses et élégants, et difficiles à comprendre à la première lecture ; les lecteurs d'aujourd'hui ont besoin de commentaires pour les appréhender. C'est qu'avec leur immense génie, les sages ne pouvaient s'exprimer comme le vulgaire. Pour trouver le jade perdu au milieu des pierres ou la perle cachée dans le ventre du poisson, il faut le talent du lapidaire ou du joaillier. Les matières précieuses se dérobent au regard, et de la même façon les doctrines vraies doivent se présenter dans un style profond et insondable. La « Critique des mœurs » avait pour but d'éclairer le peuple, d'où son style simple ; mais pourquoi avoir adopté le même style dans les traités de la *Balance des discours* ? Serait-ce que leur auteur soit si dénué de talent que son style soit si peu profond ? Comment peut-il différer à ce point du modèle des Classiques[40] ?

39. *Fa yan*, « Wen shen pian ».
40. *Lunheng*, 85.8.

Wang Chong se défend avec vigueur. En ce qui concerne la difficulté des Classiques, il propose une explication qui relève de l'évidence, mais dont on doit souligner la lucidité dans un contexte de révérence aveugle aux anciens et à leurs œuvres :

> Les anciens Classiques et les paroles des sages ont été composés à des époques et dans des langues différentes de la nôtre ; au moment où ils ont été produits, leurs œuvres ne se voulaient pas difficiles ou incompréhensibles. Si par la suite on n'a plus compris, c'est en raison de l'éloignement des époques et des langues, et non pas parce que les anciens auraient été des génies. Lorsqu'on ne comprend pas un texte, on devrait le juger maladroit plutôt que brillant[41].

Contrairement à ses adversaires, Wang Chong voit dans la clarté du style l'un des principaux critères pour juger de la qualité d'un texte :

> En parlant, on doit viser à être compris, et il en est de même lorsqu'on écrit. Les grands esprits écrivent avec style, mais chaque phrase doit être intelligible et le message, toujours évident. Leurs lecteurs sont comme des aveugles ou des sourds qui retrouveraient la vue ou l'ouïe. [...] Les écrits procèdent de la parole, et comme cette dernière ils peuvent être faciles à comprendre ou au contraire abstrus : lesquels sont les plus susceptibles de convaincre ? La parole a pour but d'exprimer la pensée, et par crainte qu'elle ne se perde, nous la couchons par écrit. Parole et textes ont donc le même but, alors pourquoi devrions-nous masquer notre pensée lorsque nous écrivons ? Pour juger d'une affaire douteuse, pour administrer un cas problématique, préférera-t-on le fonctionnaire confus et incompréhensible, ou au contraire celui qu'on comprend parfaitement ? [...] Un bon auteur se donne du mal pour être compréhensible, il ne cherche pas par facilité à donner du fil à retordre à ses lecteurs, de la même façon qu'un bon orateur

---

41. *Ibid.*

> ne cultive pas l'hermétisme et s'efforce au contraire d'être intelligible pour son auditoire. Mencius pouvait identifier un sage à la clarté de la pupille de ses yeux ; de même, on peut juger de la qualité d'un texte à sa clarté[42].

Pour Wang Chong, la clarté de l'expression n'est pas seulement une question de style : elle est une condition de la connaissance, voire une forme d'honnêteté intellectuelle, au sens épistémologique bien sûr, mais aussi au sens moral. Aucun autre auteur que Wang Chong, en Chine ancienne, n'a autant insisté sur ce point, et cela est à relever : l'exigence de clarté relève chez lui non seulement d'une démarche herméneutique, garante de connaissance, mais elle correspond aussi à une vision ouverte, universelle, presque démocratique, de l'accès au savoir. En cela, Wang Chong s'oppose frontalement à l'élitisme de certains de ses contemporains, et retrouve l'esprit de Confucius, qui prônait une éducation accessible à tous.

L'exigence de clarté va de pair avec le refus des artifices littéraires. Wang Chong s'en prend particulièrement à l'exagération et à ces figures de style qui déforment la vérité et donc nuisent à la connaissance. Le danger d'embellissements rhétoriques comme l'exagération, c'est qu'ils finissent avec le temps par être pris à la lettre. Wang Chong se montre très conscient de ce danger :

> Sous le règne de l'empereur Guangwu, le gentilhomme de palais Fen Guang, de Runan, adressa un mémoire à l'empereur, disant : « À l'époque de l'empereur Wen, le souverain vivait au palais de Claire lumière, et dans tout l'empire il n'y eut que trois crimes à juger. » Le but de cette description était de prouver la grandeur de l'empereur Wen. Mais l'empereur Guangwu rétorqua : « L'empereur Wen ne vivait pas au palais de Claire lumière, et sous son règne il y eut plus de trois crimes à juger. » […] Fen Guang rédigea son mémoire

---

42. *Ibid.*

> à l'époque Han, c'est-à-dire durant la présente dynastie, et il exagéra pourtant les mérites de l'empereur Wen au mépris des faits : à plus forte raison peut-on s'écarter de la vérité pour les souverains de l'Antiquité, beaucoup plus éloignés de nous, et encensés *a posteriori* par les sages dans les Classiques. Si la louange de Fen Guang n'avait pas été réfutée par l'empereur Guangwu, elle aurait été consignée par écrit dans les Classiques des lettrés et se serait transmise telle quelle aux générations lointaines. Les gens n'auraient pas compris qu'il s'agissait d'une exagération ; ils auraient réellement cru que l'empereur Wen avait vécu au palais de Claire lumière et que sous son règne il n'y avait eu que trois crimes à juger[43].

L'exagération est d'autant plus dangereuse que, selon Wang Chong, elle plaît naturellement au public :

> Les gens ont pour défaut d'exagérer les faits en parlant et de les enjoliver dans leurs écrits ; ils embellissent les belles actions, ils amplifient les moindres fautes. Pourquoi cela ? Parce que le vulgaire aime l'extraordinaire, et qu'il faut donc de l'extraordinaire pour qu'une histoire soit efficace. Que ce soit dans la louange ou dans la critique, si on n'exagère pas, l'auditeur ne se laisse pas convaincre. La plus petite rumeur doit être multipliée par dix, et cent choses vues deviennent mille ; l'affaire la plus simple est disséquée en cent parties, et l'histoire la plus limpide est racontée avec mille détours[44].

Wang Chong consacre des traités entiers, en particulier les « Trois exagérations », à dénoncer les amplifications et embellissements stylistiques, quels qu'ils soient, où qu'ils soient, parfois avec une raideur presque comique :

---

43. *Ibid.*, 27.9. Un faible nombre de criminels est la marque d'un âge d'or, où personne n'a besoin d'enfreindre les lois pour vivre correctement.
44. *Ibid.*, 27.1.

> Les livres des lettrés disent : « Youji de Yang, du pays de Chu, était si habile à l'arc que lorsqu'il tirait sur une feuille de peuplier, il la touchait cent fois sur cent. » On veut ainsi louer l'habileté de Youji au tir à l'arc. Mais s'il a sans doute pu toucher la feuille de sa flèche, prétendre qu'il ait pu la toucher cent fois sur cent est une exagération. Car lorsqu'on tire à plusieurs reprises sur une feuille, celle-ci se trouve si abîmée qu'elle ne peut plus servir de cible. En outre, lorsqu'on prend pour cible les feuilles d'un peuplier, le feuillage de cet arbre étant dense, on touchera de toute façon l'une de ses feuilles, qu'on le veuille ou non. Pour le tir de Youji, on aura donc forcément chargé quelqu'un de monter dans l'arbre pour cueillir des feuilles, puis de les disposer au sol, de sorte qu'elles puissent servir de cibles les unes après les autres. Mais quelques dizaines de tirs durent suffire à Youji pour montrer son adresse ; il est évident qu'il n'eut pas à tirer cent fois pour en convaincre les spectateurs[45].

Voilà qui ne laisse guère de place aux explorations stylistiques ; c'est que fondamentalement, les figures de style sont réservées à la poésie :

> Que ce soit à l'oral ou à l'écrit, dans les réflexions des penseurs comme dans des actes de fonctionnaires, ce qui importe, c'est l'intelligibilité et une bonne communication ; laissons donc les figures de style et l'hermétisme à la poésie[46] !

Wang Chong doit cependant reconnaître que certaines figures de style ont une efficacité rhétorique. Lui-même ne peut ignorer l'exemple des Classiques sur ce plan :

> Les Classiques, pour leur part, doivent-ils respecter les faits ? Après tout, personne ne l'emporte sur les sages pour ce qui est de la circonspection dans l'expression, et leurs

45. *Ibid.*, 26.2.
46. *Ibid.*, 85.8.

> Classiques ont été transmis à travers les âges sans la moindre altération. Mais pourtant on y trouve aussi des amplifications et des exagérations. Ces exagérations, cependant, ont leur raison d'être ; elles ne découlent pas d'un laisser-aller coupable, et si l'on étudie les Classiques, c'est justement pour montrer que leurs amplifications diffèrent de celles du vulgaire. Ces exagérations peuvent être de diverses sortes, mais d'une façon générale elles visent à rendre les leçons plus saillantes, afin que le lecteur le plus borné comprenne en profondeur et soit éclairé en les consultant[47].

Dans sa propre écriture, Wang Chong se montre fidèle à ses exigences : le *Lunheng* est rédigé dans un style généralement simple et direct. Les phrases et le raisonnement sont bien structurés, le vocabulaire n'est pas inutilement recherché et le sens paraît dans la règle immédiatement accessible. Cela ne signifie pas que le *Lunheng* soit toujours d'une lecture facile, mais lorsqu'on ne comprend pas, c'est dans la majorité des cas pour des raisons qui ne sont pas imputables à son auteur. En particulier, le *Lunheng* n'a pas été épargné par les problèmes de transmission typiques de la plupart des œuvres qui nous sont parvenues de la Chine ancienne, à savoir des lacunes textuelles, des caractères corrompus, des inversions de mots et des interpolations. Le lecteur contemporain est par ailleurs confronté aux défis de la distance temporelle et culturelle : le chinois classique est une langue dense, et l'absence de contexte peut peser de façon importante sur l'intelligibilité d'un texte. Wang Chong fait par ailleurs vraisemblablement usage de tournures locales ou familières – ses détracteurs, en tout cas, lui en font le reproche. Bref, le sens se dérobe ou demeure douteux dans nombre de passages, comme en témoignent les multiples corrections et les interprétations parfois hypothétiques proposées par les exégètes. Mais répétons-le, cela n'est pas

47. *Ibid.*, 27.1.

à mettre au passif de Wang Chong : le *Lunheng*, étant donné les circonstances, reste d'une lecture beaucoup plus aisée que d'autres œuvres de l'époque qui privilégient la forme sur le fond, voire cultivent l'obscurité.

Wang Chong nous facilite d'ailleurs la tâche par des procédés rhétoriques qui ne sont pas de la première élégance, mais qui rythment son argumentation et contribuent à structurer le texte. Ainsi, quand il critique une opinion ou s'attaque à une croyance, il procède volontiers par accumulation et répétition : il commence par citer de façon littérale l'une de ses sources, puis dans un deuxième temps la paraphrase dans ses propres mots, et enfin la discute en en reprenant systématiquement les principaux éléments : le résultat, c'est qu'on dispose de plusieurs versions de la même matière, avec la possibilité de recoupements qui permettent de lever bien des difficultés de compréhension. Wang Chong aime également à alterner, presque sous forme de dialogue, les arguments de ses contradicteurs (parfois purement rhétoriques) et les siens propres, séparés par les mots *yue* 曰, « on dit », *you yue* 又曰, « on me dit encore », ou *wen yue* 問曰, « on me demande ». Il utilise jusqu'au tic les phrases *he yi yan zhi* 何以驗之 ?, *he yi ming zhi* 何以明之 ?, *he yi xiao zhi* 何以效之 ?, « comment le prouver ? », « comment le montrer ? », ou *shi xu ye* 是虛也, « cela est faux », *you xu ye* 又虛也, « c'est encore faux ». Dans plusieurs traités, Wang Chong va jusqu'à numéroter les arguments : *yi ye* 一也, « et de un ! », *er ye* 二也 « et de deux ! », etc. Enfin, comme bien des auteurs de la Chine ancienne, il affectionne le parallélisme de propositions symétriques, et privilégie certains rythmes, par exemple la succession de périodes de quatre caractères. Tous ces procédés représentent autant de balises qui facilitent la tâche du lecteur.

C'est que pour Wang Chong, l'accumulation quantitative possède une valeur de preuve en tant que telle. On peut bien sûr ne pas partager ce point de vue, et juger qu'un bon argument vaut mieux qu'une cascade d'exemples, de contre-exemples, d'analogies et de comparaisons ; mais pour l'interprète, le rabâchage et la redondance offrent des clés de lecture précieuses. Répétons d'ailleurs que, si on peut trouver à redire au style parfois laborieux du *Lunheng*, il s'agit dans la règle d'un choix assumé et explicite, ce qui en soi témoigne d'une attitude critique quant à la langue elle-même et à son efficacité, et quant à la nécessité de l'adapter au public et aux buts visés.

Rationalisme, régularités naturelles et naturalisme

Wang Chong a souvent été présenté comme un penseur « rationaliste », mot qui comme quelques-unes des étiquettes que nous avons discutées ci-dessus, possède des significations variées, dont certaines, et surtout les plus précises, paraissent mal adaptées au contexte de la culture chinoise traditionnelle. Même si on prend le concept dans un sens large, comme décrivant l'attitude de celui qui privilégie le raisonnement dans l'argumentation, il est douteux qu'on puisse l'utiliser dans le cadre de la philosophie chinoise ancienne, tout simplement parce que cette dernière ne dispose pas d'un mot correspondant à notre mot « raison », et parce que dans la règle elle ne contraste pas radicalement le raisonnement à d'autres modes de connaissance comme l'observation des sens ou l'expérience.

Si Wang Chong mérite cependant quand même peut-être l'étiquette de « rationaliste », c'est parce qu'il fait indubitablement du raisonnement le critère ultime de la connaissance. Comme le dit Michael Loewe, l'un des grands spécialistes de la dynastie Han, cette période voit « l'émergence d'une approche rationaliste, mise en avant de façon convaincante par Wang Chong, [...] qui se donne pour but de trouver une explication rationnelle aux phénomènes qu'on observe dans le ciel ou sur la terre[48] ». Et effectivement,

48. *The Cambridge History of China*, vol. 1, p. 698.

si Wang Chong ne répugne pas à d'autres types de preuves, en particulier l'argument d'autorité, il privilégie toujours les conclusions de la réflexion lorsque celles-ci lui paraissent suffisantes. Il accumule les justifications de toutes sortes, et leur multiplication même est l'une des armes de sa rhétorique argumentative ; mais précisément, les arguments non rationnels sont invoqués à des fins de renforcement rhétorique, ils ne se substituent en général pas au raisonnement en tant que tel.

La pensée chinoise ancienne n'oppose pas radicalement les sens à la raison, ou le monde phénoménal à l'abstraction – c'est une des forces et une des faiblesses de cette philosophie de voir des continuités là où la philosophie occidentale a plutôt eu tendance à contraster les objets de la connaissance. À l'époque de Wang Chong, l'intelligence est présentée comme une vue ou une ouïe extraordinaire, comme une extension des sens plutôt que comme une faculté clairement distincte d'eux. On décrit Confucius comme étant doté d'une vue extraordinaire, et le Sage comme celui qui saisit l'essence des choses ou prévoit l'avenir grâce à une sensibilité exacerbée : il voit plus loin que les autres, il identifie le premier, dans la masse des phénomènes, les signes pertinents pour les interpréter, et donc anticiper les problèmes. On le compare couramment au bon médecin, capable de discerner les signes de la maladie avant le malade lui-même : le savoir du Sage comme celui du bon médecin relève de la clairvoyance plutôt que d'une faculté clairement distincte comme l'intelligence. Entre la vision, la prévision, la divination, la planification, il y a gradation plutôt que différence de nature ; dans les mots du sinologue F. Jullien, « l'intelligible ne s'oppose pas au sensible, mais le prolonge et l'approfondit[49] ».

Par rapport à ces conceptions, Wang Chong paraît mieux conscient des limites de la connaissance sensible, et plus généralement, du fait que la connaissance ne peut se réduire

49. *Procès et création*, p. 280.

aux sens. Dans l'extrait cité ci-dessus (78.11), sur la difficulté de la connaissance, on a vu comment il distinguait plusieurs objets de connaissance : ceux qui sont connus par les sens (principalement la vue et l'ouïe), ceux qui demandent (en plus) réflexion, et ceux qui en définitive échappent à la connaissance. L'opposition entre connaissance sensible et intelligence est encore plus explicite dans le bref passage suivant :

> Prévoir l'avenir, ça n'est pas être doué d'une vue ou d'une ouïe extraordinaire : c'est réfléchir sur des indices, et raisonner par analogie[50].

Fondamentalement, pour Wang Chong, le recours à la raison, à la réflexion, est indispensable pour parvenir à la vraie connaissance :

> Il faut le cœur du sage, et le recours à la comparaison, pour établir la vérité des choses. Lorsqu'on juge sans concentration, sans idées claires, en se fondant sur les seules apparences extérieures, lorsque l'on se fie à ce que l'on entend ou voit au-dehors, au lieu de délibérer en son for intérieur, alors on juge avec ses oreilles et ses yeux, on ne décide pas au moyen de son cœur. Juger avec ses oreilles ou ses yeux, c'est discuter et prouver à partir d'illusions, et c'est de là que procèdent les erreurs. Voilà pourquoi celui qui juge ne doit pas s'appuyer sur ses seuls yeux et oreilles, mais doit plutôt mobiliser son cœur[51].

Dans cet extrait comme dans d'autres textes chinois anciens, ce n'est pas la tête, ou le cerveau, qui est présentée comme le siège de la réflexion et de l'intellect, mais plutôt, de manière peut-être simplement métaphorique, le « cœur » (ici *xin yi* 心意, soit littéralement, les « pensées du cœur »). Cela importe peu

---

50. *Lunheng*, 78.
51. *Ibid.*, 67.

ici : ce qui compte, c'est que Wang Chong contraste clairement ce qui relève des sens et ce qui relève de la réflexion. De multiples passages du *Lunheng* traitent d'ailleurs des erreurs et illusions des sens, que ce soit les plus simples, comme celles dues à la distance (un objet éloigné semble se déplacer moins vite qu'un objet proche), ou les plus spectaculaires, comme les apparitions de fantômes :

> Les fantômes qui apparaissent en ce monde ne résultent pas de la transformation des esprits vitaux après la mort ; ils sont toujours causés par les souvenirs qui nous restent du défunt[52]. Comment expliquer leur apparition ? Par la maladie : lorsque les gens sont malades, ils sont sujets à l'angoisse, et c'est à ce moment que les fantômes leur apparaissent ; les gens n'ont pas ces angoisses lorsqu'ils ne sont pas malades. Lorsqu'on est malade et couché, on est sujet à des angoisses, angoisses qui s'accompagnent de restes de souvenirs, et l'œil voit des fantômes alors qu'il n'y a rien[53].

Les sens peuvent donc être abusés, en raison de leur fonctionnement propre, ou par la maladie, et il faut l'exercice de la réflexion et le raisonnement pour rétablir la vérité.

L'une des principales tâches que se sont données la philosophie et la science occidentales, c'est la découverte de lois, en particulier les lois de la nature. La philosophie occidentale moderne pose d'ailleurs un lien consubstantiel entre la raison humaine et les lois du monde : c'est la raison qui abstrait les concepts généraux et les lois à partir des phénomènes infiniment divers et changeants qui se donnent à l'expérience sensible.

---

52. En chinois, *si nian cun xiang* 思念存想, soit vraisemblablement : « les pensées conservées de ceux dont on se souvient ». Le binôme *cunxiang* est susceptible d'autres interprétations : on pourrait le comprendre comme signifiant « concentration » ou « imagination ».

53. *Lunheng*, 61.

La conscience de lois ou de régularités est en vérité inscrite dans le vécu humain le plus fondamental, et une société essentiellement agricole, comme la société chinoise ancienne, n'échappe évidemment pas à l'idée que le monde est régi par des règles, des cycles, qui dans les faits ont la même importance, que les « lois » des sciences occidentales. La croyance dans le miracle ou le prodige, que Wang Chong dénonce chez ses contemporains, présuppose elle-même la conscience de régularités, puisque c'est par rapport à celles-ci que le phénomène exceptionnel frappe. En ce sens, entre le crédule qui accepte le prodigieux et le sceptique qui le rejette, la différence n'est pas essentielle : la vision du monde la plus « primitive » ou la plus « superstitieuse », selon les critères de la science moderne, obéit également à une forme de rationalité. L'adversaire de Wang Chong qui explique une sécheresse ou une inondation comme la sanction d'un ciel mécontent trouve lui aussi une logique, une rationalité, une règle, pour expliquer un événement en première apparence extraordinaire. La théorie de la « résonance entre le ciel et les hommes », que critique Wang Chong, est aussi rationnelle que la science moderne qui explique de façon naturelle les dérèglements climatiques.

Où Wang Chong rejoint l'esprit de la science moderne, c'est par l'extension qu'il accorde à la loi naturelle ou, puisque le concept n'a pas d'équivalent exact en chinois classique, aux règles ou régularités du monde. À un niveau fondamental, pour Wang Chong, comme pour la plupart des anciens penseurs chinois, le monde obéit à un agencement, une structure, un principe, qui lui impose un mode de fonctionnement : il s'agit du *li* 理, notion qui renvoie à la fois à la rationalité essentielle des choses et à ses manifestations au niveau sensible. Concrètement, les phénomènes obéissent à des « constantes », *chang* 常, mot qui se réfère d'ailleurs à la répétition plutôt qu'au caractère nécessaire de lois. Wang Chong s'inspire peut-être ici de *Xunzi*, qui avait thématisé d'une manière très clair le concept :

> La voie du ciel suit des constantes [*chang*], et ni un sage comme Shun, ni un tyran comme Jie ne peuvent rien y changer[54].

Pour Wang Chong, les régularités naturelles suffisent à rendre compte des phénomènes en première apparence les plus extraordinaires, et l'une des tâches du raisonnement, c'est précisément de ramener l'extraordinaire à l'ordinaire, l'irrégulier au régulier, le surnaturel au naturel.

On constate dans le *Lunheng* un véritable effort de définition des règles à l'œuvre dans le monde, et la première de ces règles est la stabilité. Wang Chong observe dans le fonctionnement des êtres et des choses des constantes qui ne souffrent pas d'exceptions ; les hommes, les animaux, les plantes, appartiennent à des espèces (*lei* 類) qui se comportent selon des modes qui leur sont propres et ne connaissent pas d'exception, ce indépendamment des époques ou des circonstances. Wang Chong s'acharne à montrer que le monde est moins changeant que ses contradicteurs ne le pensent, et que les choses telles qu'on les connaît à l'époque Han sont les mêmes que celles d'âges d'or anciens comme le début de la dynastie Zhou :

> La longévité des animaux domestiques, la taille des différentes céréales, les insectes et les plantes, les métaux et les minerais, les pierres précieuses et les jades, les bêtes qui volent et celles qui rampent, celles qui marchent et celles qui respirent, n'ont pas changé par rapport aux temps passés : leurs formes sont demeurées les mêmes. L'eau et le feu d'hier sont les mêmes que ceux d'aujourd'hui. Admettons l'hypothèse que le *qi* de l'eau et celui du feu aient changé par rapport à autrefois : mais l'eau qui était pure, est-elle devenue trouble ? Le feu, qui était brûlant, est-il devenu froid[55] ?

54. *Xunzi*, 17, « Tian lun ».
55. *Lunheng*, 56.

Pour l'auteur du *Lunheng*, le monde est essentiellement stable, et les êtres ne changent que dans la mesure où cela correspond à leur mode de fonctionnement naturel : vieillir est la règle parmi les « espèces à sang », et donc aucun homme ne saurait échapper à une telle transformation. À l'inverse, les changements qui ne sont pas dans la nature d'une espèce sont impossibles. Un être humain, par exemple, ne peut pas se faire pousser des ailes pour devenir immortel et s'envoler vers le ciel :

> L'homme n'est qu'un être parmi les autres, et même s'il est prince, il ne fait pas exception : tous les êtres meurent, comment donc un homme pourrait-il devenir immortel ? Grâce à leurs ailes, les oiseaux peuvent voler mais ils ne peuvent monter au ciel[56]. L'homme n'ayant pas d'ailes, comment pourrait-il voler ? Aurait-il des ailes qu'il ne pourrait faire mieux que les oiseaux ; à plus forte raison, comment pourrait-il espérer, sans ailes, atteindre le ciel ? Si l'on examine les animaux capables de voler, on remarque qu'ils ont tous des ailes ; ceux qui sont capables de courir, des jambes ou des pattes. Les animaux capables de courir ne peuvent voler, et ceux qui peuvent voler ne peuvent courir : c'est que leur nature et le *qi* qu'ils ont reçus, ainsi que la forme de leurs corps, ne sont pas les mêmes. Par nature, l'homme est fait pour courir, il naît donc sans plumes et sans ailes, et il grandit et vieillit sans transformation extraordinaire. On nous dit que les spécialistes du *dao* étudient l'art de l'immortalité, qu'au beau milieu de leur vie des ailes leur poussent, et qu'ils sont dès lors capables de voler. Mais si les choses pouvaient ainsi changer de nature, le fer, le bois, l'eau, le feu dont ils sont faits devraient pouvoir se transformer aussi[57].

Le monde est stable parce que les êtres sont organisés en des espèces différentes et séparées, avec leurs caractéristiques propres, leurs constantes, qui ne connaissent pas d'exception. Toujours pour réfuter l'existence des immortels, Wang Chong écrit :

---

56. Considéré ici comme le lieu physique où résideraient les immortels.
57. *Lunheng*, 24.

> Parmi les êtres appartenant à des espèces à sang, il n'y en a pas qui ne soient pas nés un jour, et parmi les êtres qui naissent, il n'en est pas qui ne mourront pas. De la naissance, on peut déduire la mort[58].

On trouve d'autres règles de ce type dans le *Lunheng* :

> Entre ciel et terre, parmi les créatures à sang, aucune ne connaît par nature[59].

> Parmi les choses contenant du *qi*, il n'en est aucune qui ne croisse pas[60].

On peut interpréter la pensée de Wang Chong comme une vaste tentative de ramener l'extraordinaire à l'ordinaire, ce en fonction des règles qui régissent les différentes espèces. Cette entreprise présuppose la réflexion intellectuelle, seule capable d'identifier ces constances dans le monde divers, mouvant et parfois trompeur des phénomènes. C'est en ce sens que la philosophie de Wang Chong peut être qualifiée de « rationaliste ». Et dans la mesure où Wang Chong s'efforce de tout expliquer selon des règles naturelles, on peut qualifier son rationalisme de « naturaliste ».

Pessimisme et fatalisme

Le *Classique des mutations* pose le ciel, la terre et l'homme comme les « trois entités » (*san cai* 三才) fondamentales[61] ; pour Dong Zhongshu, l'homme, qui « est ce qu'il y a de plus noble dans le monde », « forme une triade avec le ciel

58. *Ibid.*
59. *Ibid.*, 78.
60. *Ibid.*, 31.
61. Cf. *Yijing*, « Xici xia » et « Shuo gua ».

et la terre[62] ». Selon ces conceptions, très influentes sous les Han, l'homme possède un statut à part dans l'univers, et son rôle est immense. La doctrine de la « résonance entre le ciel et les hommes » est en effet optimiste quant aux effets de l'action humaine. En particulier, un gouvernement qui veille à ne pas interférer avec les rythmes naturels contribue au bon fonctionnement de la nature et garantit par là même de bonnes récoltes : selon ce modèle, l'homme concourt d'une façon décisive à l'harmonie universelle, et est en définitive maître de son destin.

Rien de tout cela chez Wang Chong : l'homme, en tant que « créature à sang », n'est qu'un animal comme les autres :

> L'homme n'est qu'un être parmi les autres, et en tant que tel, sa nature ne diffère pas de celle des autres êtres[63].

L'homme est donc à peine plus noble que les animaux, et par extension, pas plus que les autres créatures, il ne saurait échapper à la mort, ou avoir une influence privilégiée sur le ciel. Le ciel, que Wang Chong réduit à la nature, est inconscient ; il n'a pas produit volontairement les hommes, qui naissent d'eux-mêmes, « spontanément », comme tous les autres êtres vivants. Il en résulte que, contrairement à ce que prétend la doctrine de la « résonance entre le ciel et les hommes », le ciel ne saurait réagir particulièrement à l'action humaine. Pour Wang Chong, l'homme n'est pas plus capable que les plantes ou les insectes de faire réagir (*ying* 應) le ciel, c'est-à-dire de le mouvoir ou de l'émouvoir (*gan* 感), tout simplement parce que les créatures de ce monde obéissent à un fonctionnement propre, et sont d'un ordre radicalement différent de lui :

62. *Chunqiu fanlu*, 56 et 87.
63. *Lunheng*, 24.

> Les hommes sont nés du ciel comme les poux naissent sur leurs corps : l'homme n'a aucune affection pour ses poux, et de même le ciel n'a pas voulu donner naissance aux hommes. Pourquoi cela ? Parce que des espèces différentes ont des natures différentes, des sentiments et des désirs qui ne s'accordent pas[64].

Dans le passage suivant, Wang Chong fait descendre l'homme du piédestal sur lequel les cosmologistes l'ont installé :

> Lorsqu'il va pleuvoir, les courtilières quittent leurs trous, les vers sortent de terre, les cordes des luths se détendent, et les vieilles maladies se réveillent. Voilà qui montre bien comment les choses sont émues par le ciel. Avant un coup de vent, les oiseaux s'agitent, et lorsqu'il va pleuvoir, les insectes se démènent dans leurs trous : ils sont agités par le *qi* du vent et de la pluie. L'homme est entre ciel et terre comme des puces ou des poux dans les replis d'un vêtement, comme des vers ou des fourmis dans une anfractuosité. Ces puces, poux, vers, fourmis peuvent-ils, par leur docilité, ou par leur résistance, exercer une quelconque influence sur le *qi* des vêtements ou des trous qu'ils habitent ? Ils ne le peuvent pas : soutenir que l'homme, seul, le pourrait, c'est ne pas comprendre les règles des choses et du *qi*[65].

Le contraste est ici complet avec Dong Zhongshu et la cosmologie impériale, qui font la part belle à l'influence d'une bonne politique sur la marche du monde. La position de Wang Chong tranche également avec l'idée, largement acceptée même si elle demeure le plus souvent implicite, selon laquelle l'individu est maître de sa destinée. Pour l'auteur du *Lunheng*, de la même façon que le gouvernement, bon ou mauvais, ne saurait toucher le ciel, l'action personnelle demeure en définitive

64. *Ibid.*, 15.
65. *Ibid.*, 43.

incapable de modifier la destinée individuelle. Dans toutes ses dimensions, l'homme est le jouet de forces qui le dépassent, il est une créature totalement impuissante, que ce soit dans ses rapports à la nature ou à la société, et dans sa vie personnelle.

Ce trait est renforcé par la vision très large que Wang Chong se fait de la « loi naturelle » : non seulement l'homme ne vaut guère plus que les animaux et est soumis comme eux aux lois de la nature, mais en plus le champ d'application de ces lois est conçu de façon si large qu'elles ne laissent plus la moindre place à ce qu'on appellerait aujourd'hui l'autonomie individuelle ou la responsabilité morale. Wang Chong ramène le spirituel à la matière, nous l'avons vu, et dans la même logique il considère que la vie dans toutes ses dimensions s'explique par le « lot reçu au départ » (*chu bing* 初禀), c'est-à-dire la nature dont on est doté à la naissance ; et cette nature détermine non seulement les aspects physiques, comme la santé ou la longévité, mais également les qualités intellectuelles ou morales, comme la perspicacité ou la sagesse, et même la réussite sociale, comme le fait de s'enrichir ou de connaître une belle carrière administrative.

En effet, tout homme est dès le ventre de la mère une combinaison de *qi*, de fluides et d'énergies, qui conditionnent tout ce qui adviendra de lui, et ce jusqu'à sa destinée en tant que telle :

> La destinée est déterminée dans le corps de la mère, de la même façon que le sexe des oiseaux est déjà fixé dans l'œuf[66].

> La réussite avec ses supérieurs, les ennuis que l'on rencontre dans sa carrière, dépendent de la destinée. Il y a une destinée qui décide de la vie et de la mort, ainsi que de la longueur de la vie ; et il y en a une qui décide de la richesse ou de la pauvreté, des honneurs et des humiliations.

66. *Ibid.*, 12.

> Elle touche les princes et les ducs comme les plébéiens, les saints et les sages comme les imbéciles : parmi les êtres appartenant aux genres à tête et à yeux, ou à sang, aucune ne saurait être sans destinée[67].

La situation politique d'un État est déterminée par une règle du même type :

> L'ordre ou le désordre d'une époque ne dépend pas du gouvernement, mais du moment. La tranquillité ou les problèmes d'une dynastie ne sont pas fonction de la civilisation, mais de rythmes. […] On a une éclipse de soleil tous les quarante-deux mois, et une éclipse de lune tous les cinq ou six mois. Les éclipses dépendent de rythmes, et non pas de la politique. Il en est de même pour toutes les transformations et catastrophes, qui ne sont pas liées à la politique menée par le souverain[68].

En termes modernes, on peut dire que Wang Chong, parce qu'il soumet tout au règne de la loi naturelle, explique par un déterminisme d'ordre biologique des phénomènes qui selon la vision dominante, que ce soit en Chine ancienne ou en Occident, relèvent de l'autonomie personnelle. Mais si la position de Wang Chong peut paraître extrême, elle ne diffère pas sur le fond des conclusions de ces scientifiques contemporains qui tentent d'expliquer par la chimie les phénomènes mentaux, ou par les gènes les comportements criminels. Il y a pour l'auteur du *Lunheng* la même difficulté que pour la science moderne à ménager un espace à la liberté et à la responsabilité individuelle – concepts qui, d'ailleurs, n'ont pas d'équivalent exact en chinois classique.

Le pessimisme de Wang Chong quant à l'autonomie de l'agent par rapport à sa destinée possède une cohérence

67. *Ibid.*, 3.
68. *Ibid.*, 53.

philosophique indéniable ; il est la conséquence de ses vues quant à la primauté du matériel sur le spirituel, quant au statut de l'homme dans le monde, et quant à la toute-puissance des régularités naturelles. Mais ce pessimisme s'explique aussi par les échecs personnels de Wang Chong, et plus généralement, par la conscience que son cas n'est pas isolé : les plus grands souverains connaissent des échecs, les plus grands sages, comme Confucius, subissent un sort fondamentalement injuste, les uns et les autres se montrent en définitive impuissants à infléchir un cours des choses qui de ce fait paraît inflexible et tout-puissant par rapport à l'action humaine. De là à conclure que tout est déterminé par une destinée qui nous échappe, il n'y a qu'un pas.

Les échecs professionnels de Wang Chong nourrirent probablement ses conceptions philosophiques, et l'historien Xu Fuguan voit dans ce trait une véritable clé pour comprendre la pensée du *Lunheng* :

> Les expériences personnelles de Wang Chong eurent sur sa pensée, telle qu'il nous la livre dans le *Lunheng*, une influence telle qu'on ne trouve pas de cas comparable chez les autres penseurs chinois, anciens ou modernes[69].

Ce jugement est excessif ; il surestime la particularité du cas de Wang Chong, puisque dans une certaine mesure toute philosophie résulte d'une expérience personnelle. Mais il n'en dit pas moins quelque chose d'important pour comprendre, sinon la pensée de notre auteur en tant que telle, du moins les motivations d'un lettré dont la vie fut en définitive, par ses échecs mêmes, assez banale, et représentative de celle de tant d'hommes aux ambitions frustrées en Chine ancienne.

Si Wang Chong avait été autre qu'il ne fut, s'il avait été un lettré satisfait, il n'aurait jamais rédigé cette immense critique

69. Xu Fuguan, *op. cit.*, p. 563.

qu'est le *Lunheng*, parce qu'il n'aurait pas eu d'échecs à exorciser, parce qu'il n'aurait pas eu à se défendre. Et s'il avait réussi une brillante carrière officielle, s'il avait vécu proche de la cour et du pouvoir, il aurait difficilement disposé du temps et de la liberté nécessaires pour rédiger les traités du *Lunheng*. Indépendamment de ses autres qualités, l'œuvre de Wang Chong est précieuse parce qu'elle nous donne à sentir la déception d'un lettré exilé aux marges de la carrière officielle, et nous montre *a contrario* à quel point cette carrière et les allées du pouvoir étaient le but normal de la vie pour une majorité de lettrés, dès les premiers siècles de l'Empire.

Notes introductives
aux traités de la *Balance des discours*
traduits dans le présent recueil

Traité 7 : Des métamorphoses (« Wu xing » 無形篇第七)

Dans ce traité, Wang Chong réfute plusieurs types de croyances concernant le corps humain et ses métamorphoses : la conception, courante dans le taoïsme Han, selon laquelle la prise de médicaments magiques ou la pratique de techniques ésotériques permettrait de se transformer en immortel, ou plus simplement de prolonger indéfiniment sa vie ; des légendes plus frustes selon lesquelles des humains se seraient transformés en animaux ; et d'autres conceptions selon lesquelles il serait possible d'augmenter sa longévité naturelle. Nous avons vu dans l'introduction l'importance que Wang Chong attache aux « régularités » (*chang* 常) naturelles : les hommes appartiennent à l'espèce des « créatures à sang », qui toutes naissent, se développent et meurent. S'ils connaissent donc des changements, en particulier en vieillissant, ceux-ci obéissent à des règles ; en particulier, aucune personne ne saurait se transformer en animal, se faire croître des ailes pour voler comme un oiseau, ou vivre au-delà de ce qui est prévu par la longévité « normale » de l'espèce. Pour Wang Chong, tout est déterminé par le *qi* originel reçu à la naissance ; cette question fait d'ailleurs l'objet du traité 8, traduit plus bas. Chacun se voit en effet doté dès le départ d'un « lot de vie » qui détermine la santé, la longévité, l'apparence physique, soit de façon générale tous les caractères essentiels liés à l'espèce (*lei* 類). Certains animaux connaissent des métamorphoses spectaculaires, comme les papillons, mais cela est dû à leur nature, qui n'est pas la même que celle des hommes. Il en est de même de la longévité, qui varie selon les espèces ; celle de l'homme est plutôt longue (Wang Chong compare avec d'autres animaux), mais à nouveau la prise de plantes magiques ou d'autres techniques ne sauraient la prolonger indéfiniment.

Ce traité, plutôt bien réussi, est typique du « matérialisme » de Wang Chong.

Traité 8 : Amender sa nature (« Shuai xing » 率性篇第八)

Nous avons traduit par « Amender sa nature » le titre de ce traité. Le sens courant de *shuai xing* 率性 est « suivre sa nature », ou « disposition naturelle » ; mais ici, le mot *shuai* est à prendre dans le sens de « mener », « guider », « amender », comme le montre le contexte du chapitre, ainsi que la façon concrète dont le caractère est utilisé dans plusieurs composés, notamment *shuai mian* 率勉, « guider et exhorter », qui apparaît à plusieurs reprises dans le texte. Notons que sous les Ming et les Qing, l'Académie impériale abritait un *Shuaixingtang*, « Collège pour guider la nature humaine ». En ce qui concerne le mot *xing* 性, « nature », il s'agit d'une notion d'une très grande importance philosophique, qui a donné lieu à de nombreuses études[1].

Ce traité et le traité 13, « De la nature humaine », traduit plus bas, abordent la question de la nature humaine dans ses dimensions morales : l'homme est-il naturellement bon, ou naturellement mauvais ? Le traité 13 fait le point sur les diverses conceptions des penseurs pré-impériaux et Han à ce sujet. Dans le présent traité, il est question du rôle de l'éducation, que Wang Chong juge indispensable pour entretenir de bonnes dispositions, ou même pour améliorer ton tempérament naturel :

1. Pour une bonne présentation de cette notion, cf. *Balance* 2011, p. LXXVIII.

selon ce traité en effet, une bonne éducation pourrait transformer les hommes les plus pervers en sages, d'où son titre, qui suggère qu'on peut changer sa nature même. Cet optimisme contredit la majorité des autres traités du *Lunheng* (cf. par exemple le traité 12 ci-dessous), dans lesquels Wang Chong fait au contraire preuve d'un déterminisme total quant au « lot » reçu par chacun à la naissance, qui selon lui conditionne le destin individuel dans toutes ses dimensions, non seulement physiques, mais également sociales et morales. Dans le traité 13, d'ailleurs, il reconnaît lui-même que certaines personnes ont une nature si mauvaise que la meilleure éducation ne saurait les changer (cf. *infra*, 13.3).

Wang Chong s'accorde avec Confucius, Mencius et Xunzi sur le pouvoir de l'éducation, des bons maîtres et des bons modèles, et plus généralement du milieu dans lequel l'enfant grandit ; l'enfance, précisément, est le moment fondamental où tout se décide. Il invoque l'exemple de Confucius, et parvient à la conclusion, sans doute provocante à son époque, selon laquelle les disciples de celui-ci seraient demeurés bien médiocres sans un Maître de cette qualité. En ce qui concerne le pouvoir de l'éducation, il use de métaphores variées, qui ne sont guère originales, mais qui n'en sont pas moins révélatrices de ses convictions : il compare par exemple la nature humaine à un sol, qui peut être fertile ou infertile – cette analogie indique bien le lien entre nature humaine et nature tout court. Il estime que les animaux ne sont pas radicalement différents des hommes, puisque eux-mêmes sont susceptibles d'être dressés. À nouveau, cette idée paraît contredire d'autres passages du *Lunheng*, dans lesquels il insiste au contraire sur les différences irréductibles entre les espèces, mais il est vrai que l'idée d'une continuité entre espèces, et surtout entre espèces proches, est assez commune en Chine ancienne.

Ces contradictions apparentes s'expliquent sans doute par la priorité de Wang Chong ici, qui est de montrer l'importance de l'éducation, quelles que soient les circonstances ou les personnes concernées. À la fin du traité 13 ci-dessous, dans lequel il a présenté les différentes théories de ses devanciers sur la nature humaine, il parvient d'ailleurs à la conclusion qu'on ne peut trancher entre elles (et c'est son mérite de le reconnaître), mais qu'« on peut utiliser toutes ces idées dans l'éducation » : en définitive, la vérité sur la nature humaine importe moins que la leçon principale, à savoir que l'éducation est à la fois utile et nécessaire.

Notons enfin que ce traité fait allusion à la folie, ce qui n'est pas fréquent dans les textes chinois anciens ; la nature du fou, précisément, est irrémédiablement altérée et, fait unique parmi les humains, elle ne peut plus être amendée.

Traité 12 : Le lot de départ (« Chu bing » 初禀篇第十二)

Le « lot de départ », c'est ce dont chacun est doté à la naissance (voire dans le ventre de la mère), et qui décide de tout ce qui lui adviendra par la suite, que ce soit physiquement (l'apparence, la santé, la longévité), moralement (la sagesse, l'intelligence) et même socialement (la réussite, les honneurs, la richesse). Il y a donc identité entre le lot de départ et la destinée, et c'est d'ailleurs le même mot (*ming* 命) que Wang Chong utilise pour qualifier ces deux notions.

Dans ce traité, Wang Chong s'intéresse aux dimensions sociales de la destinée, plus particulièrement le fait d'accéder aux plus grands honneurs ou aux plus hauts postes : dans tous les cas, cette réussite s'explique par le lot de départ, et Wang Chong refuse catégoriquement que le Ciel ou toute autre puissance puisse modifier de quelque façon que ce soit un sort commandé dès la naissance. Il développe son argumentation à partir d'une légende courante sous les Han, selon laquelle des signes magiques auraient annoncé aux fondateurs de la dynastie Zhou, les rois Wen et Wu, la volonté du Ciel de leur confier le mandat souverain : pour Wang Chong, s'ils devinrent rois, cela était écrit à leur naissance, et le Ciel n'avait pas à intervenir pour qu'ils accèdent à leur position. La même chose vaut pour l'homme destiné à devenir haut fonctionnaire, ou pour celui qui est destiné à devenir riche, et si certains paraissent manifester des signes prodigieux, annonciateurs de leur bonne fortune, ces signes sont également inscrits dans leur corps dès la naissance. Ce lot de départ est d'ordre matériel (il s'agit du *qi*), et qu'il concerne la santé ou la réussite sociale, il est aussi déterminant que le sexe de l'oiseau, fixé dès l'œuf une fois pour toutes ; il ne saurait donc être changé.

Wang Chong insiste aussi sur la puissance de la spontanéité naturelle, qui est la « voie du ciel » (*tian dao* 天道), c'est-à-dire la façon dont la nature fonctionne : celle-ci n'a pas à *vouloir* que les êtres naissent ou se développent d'une certaine manière, ils le font d'eux-mêmes. Cette idée est particulièrement importante dans le taoïsme, et certains interprètes ont invoqué ce traité comme la preuve du « taoïsme » de Wang Chong. Mais en réalité, l'idée de spontanéité, la conviction que la non-intervention est plus efficace que l'action, se retrouve à différents degrés chez la plupart des penseurs de la Chine ancienne, y compris chez Confucius lui-même, qui affirme par exemple que « celui qui gouverne par la Vertu est comparable à l'étoile polaire, immuable sur son axe, mais centre d'attraction de tous les astres[2] ».

Pour Wang Chong, les entreprises des sages rois s'accordent naturellement avec les desseins du ciel, et ce dernier n'a pas à intervenir ; il ne le pourrait d'ailleurs pas, parce que pour l'auteur du *Lunheng*, le « ciel » se réduit à la nature, ou aux principes de fonctionnement de la nature. Wang Chong réfute l'idée d'un « Ciel » conscient (il affirme explicitement que le ciel n'a ni tête ni visage), qui répondrait à l'action humaine par des signes. Ce traité est donc également une attaque contre la théorie de la résonance entre le ciel et les hommes, même si Wang Chong se montre plus explicite sur le sujet dans d'autres parties du *Lunheng*.

---

2. *Lunyu*, 2.1, trad. modifiée de A. Cheng, *Entretiens de Confucius*, p. 33.

Le déterminisme de Wang Chong peut paraître extrême ; si l'homme moderne accepte assez facilement l'idée d'un certain déterminisme physique (une bonne constitution de départ), voire que certaines facultés ou qualités, comme l'intelligence ou la patience, sont en partie innées, il est beaucoup moins enclin à admettre que la réussite sociale, par exemple, soit fixée dès le départ, en particulier parce que cette idée va à l'encontre de conceptions fondamentales quant à la responsabilité individuelle, et plus généralement la morale. En même temps, comme nous l'avons dit dans l'introduction, le déterminisme de Wang Chong se rapproche de certaines explications de la science moderne quant au poids de l'hérédité ou des gènes, ce y compris dans le domaine psychologique, ou encore quant aux prédispositions « naturelles » qui poussent certains à agir dans tel ou tel sens, et parfois à se comporter d'une façon vicieuse. Si Wang Chong nous dérange ici, c'est bien par la modernité de sa pensée.

Traité 13 : De la nature humaine (« Ben xing » 本性篇第十三)

Dans ce traité, Wang Chong aborde frontalement la vieille question de la nature humaine, qui a beaucoup interpellé les penseurs chinois ; il passe en revue les différentes opinions de ses devanciers sur le sujet, et de ce point de vue, ce traité représente une synthèse d'une valeur indéniable.

Selon certains, au premier rang desquels le confucianiste Mencius, la nature humaine est bonne (13.3), mais elle doit être entretenue et développée par une bonne éducation, par les rites, par de bons exemples, faute de quoi l'homme sombre dans le vice. Soulignons que si la conviction de départ est analogue, Mencius accorde à la culture un rôle diamétralement opposé à celui, négatif, que lui donnera Jean-Jacques Rousseau. À l'inverse, pour Xunzi (13.5), la nature humaine est mauvaise, et il faut les correctifs de la culture pour la transformer. Le courant légiste, et en particulier le penseur Han Fei, qui fut d'ailleurs un disciple de Xunzi au milieu du IIIe siècle AEC, croit comme ce dernier que la nature humaine est mauvaise, mais il parvient à une conclusion très différente : elle ne saurait être améliorée par l'éducation et les rites, la seule chose qu'on peut faire, c'est dresser, et surtout faire peur, au moyen de punitions impitoyables. On voit donc que la ligne de partage entre écoles, ici, n'est pas sur la conception que les auteurs se font de la nature humaine, mais bien sur ses conséquences pratiques : Mencius et Xunzi divergent sur la question de la nature humaine, mais ils parviennent tous les deux à la conclusion que l'éducation et les rites, et plus généralement la civilisation, sont indispensables. Alors que Han Fei a beau suivre Xunzi sur la question de la nature humaine, il est bien légiste dans son hostilité envers la culture et l'éducation.

On trouve également des positions intermédiaires, que Wang Chong examine les unes après les autres : celle de Shi Shuo (13.2), selon laquelle la nature humaine peut être bonne ou mauvaise ; celle de Gaozi, qui la juge indifférenciée, comparable à de l'eau qui coule là où les circonstances la poussent (13.4) ; celle de Lu Jia, en définitive proche de celle de Mencius (13.7) ; celle de Dong Zhongshu et celle de Liu Xiang, qui estiment que par nature l'homme est à la fois bon et mauvais (13.7 et 13.8).

La méthode de Wang Chong dans ce traité est à la fois caractéristique et particulière. Comme dans bien d'autres discussions du *Lunheng*, Wang Chong commence par présenter les théories sur la question, avant de les discuter ; en d'autres termes, il procède par réaction plutôt qu'en émettant d'abord son propre point de vue. Mais sur une question dont il reconnaît qu'elle est difficile, il se montre beaucoup plus prudent que sur d'autres sujets : il reconnaît des mérites à la plupart des positions qu'il discute, et se garde bien de trancher ; son ton est modéré, même si ses arguments font souvent mouche.

Si Wang Chong ne parvient à aucune conclusion, ce traité est particulièrement réussi : il s'agit d'un véritable traité, avec une introduction et une conclusion, qui aborde une question philosophique importante avec rigueur, de façon systématique, et sans doute, du point de vue de Wang Chong en tout cas, de façon complète, comme le suggère le fait que les auteurs sont présentés dans un ordre chronologique : Shi Shuo (vers 500 AEC), Mencius (env. 372-289), Gaozi (IVe s.) et Xunzi (env. 298-235) pour l'époque pré-impériale ; puis Lu Jia (240 ?-170), Dong Zhongshu (fl. 130 AEC) et Liu Xiang (79-8) pour l'époque Han. Le « De la nature humaine » représente une source importante pour l'une des grandes questions de la pensée chinoise ancienne ; il est également instructif sur d'autres sujets importants, par exemple les émotions, les coutumes, et bien sûr, le rôle prépondérant de l'éducation.

Traité 16 : Des erreurs dans les livres (« Shu xu » 書虛篇第十六)

Dans ce traité, comme l'indique le titre, Wang Chong discute d'histoires tirées de « livres » (*shu* 書), mot qui n'est pas très clair : d'une façon générale, les mots désignant les livres ou les textes (*shu* 書, *rushu* 儒書, *zhuan* 傳, etc.) ne sont pas utilisés d'une façon très arrêtée dans le *Lunheng*. Le passage introductif laisse entendre que Wang Chong remet en question la véracité d'histoires tirées des Classiques eux-mêmes, mais les anecdotes dont il discute proviennent plutôt des textes de penseurs ou d'ouvrages de nature historique. On note d'ailleurs que les erreurs des Classiques forment la matière du traité 27, « Des exagérations dans les Classiques » (traduit ci-dessous). Comme dans la majorité des cas, les histoires que Wang Chong discute ici sont mentionnées dans plusieurs sources antérieures, il est difficile de savoir sur quel texte précis il se base.

En réalité, ce traité discute d'histoires et de légendes de nature et de provenance très diverses, sans qu'on puisse véritablement dégager une logique dans l'agencement de la matière ; de ce point de vue, il se rapproche des « Trois exagérations » (traités 25-27, traduits ci-dessous), dont la matière ne paraît pas non plus très organisée. Ces traités se distinguent donc de la majorité des traités du *Lunheng*, clairement thématiques. Leurs titres imprécis indique bien leur nature très générale ; on opposera ainsi, dans la série des neuf traités sur les erreurs (16-24, « Jiu xu »), le présent traité (16) aux suivants, par exemple « Erreurs au sujet des dragons » (22) ou « Erreurs au sujet du tonnerre » (23), dont les titres sont beaucoup plus explicites et la matière, plus cohérente.

Une hypothèse est que Wang Chong rédigea ces traités plus hétéroclites au fur et à mesure de ses lectures, d'où cette impression de pêle-mêle ; l'esprit de ces textes serait de ce point de vue un peu le même que celui des « notes au fil du pinceau » (*biji* 筆記) si importants à partir de la dynastie Song.

En tout cas, les histoires rassemblées dans ce chapitre ne paraissent n'avoir que peu de points communs, outre le fait d'avoir été rapportées dans des sources écrites, et bien sûr d'être douteuses aux yeux de Wang Chong. Pour le reste, il est difficile de comprendre pourquoi elles sont rassemblées ici plutôt que dans d'autres traités qui abordent une matière analogue ; l'ordre des histoires ne paraît pas non plus chronologique. Tout au plus peut-on constater qu'une partie des sources vraisemblables de Wang Chong (le *Yue jue shu*, le *Wu Yue chunqiu*), ainsi que des anecdotes discutées (16.4, 16.5, 16.6, 16.7) ont une dimension locale, et concernent la patrie de Wang Chong, en particulier la commanderie de Kuaiji.

Dans la majorité des cas, Wang Chong fait preuve de beaucoup de bon sens, et ses critiques font mouche. Quelques passages sont particulièrement intéressants : l'analogie entre la vue et l'ouïe en ce qui concerne la distance de la perception (16.3), l'idée selon laquelle les noms géographiques n'ont pas forcément de signification (16.5), ou encore l'explication de l'erreur par des glissements de sens lors de la transmission d'une histoire (16.11). Les anecdotes concernant le duc Huan de Qi (16.10, 16.11), en particulier celle selon laquelle il aurait reçu des princes en audience en portant son épouse sur le dos, ainsi que la discussion qu'en fait Wang Chong, sont pittoresques.

Traité 25 : Des exagérations dans les histoires (« Yu zeng » 語增篇第二十五)

La matière de ce traité ne diffère pas fondamentalement de celle du traité 16 ci-dessus, et on peut renvoyer le lecteur à la note introductive à ce dernier. Les sources de Wang Chong paraissent également être en priorité des œuvres de la dynastie Han, et non pas les Classiques ou des écrits de penseurs pré-impériaux. Et comme dans le traité précédent, il est dans la plupart des cas difficile d'identifier la source précise utilisée par Wang Chong. Le mot *yu* 語 du titre, que nous avons traduit par « histoires », pourrait suggérer que les histoires discutées ici possèdent une dimension orale, mais celle-ci est difficile à établir ; peut-être indique-t-il simplement que ces histoires circulaient largement sous les Han.

Il est question ici d'« exagérations », alors que le titre du traité 16 faisait référence à des « erreurs ». De fait, quelques-unes des histoires rapportées ci-dessous relèvent de l'exagération, parfois même avec une dimension quantitative. Mais ce n'est pas toujours le cas, et de toute façon, pour Wang Chong, de l'exagération à l'invention pure, il n'y a qu'un pas : l'exagération est pour lui l'une des principales sources de l'erreur en tant que telle.

Outre le fait que les histoires que Wang Chong discute dans ce traité apparaissent toutes dans des textes Han, un autre point commun est qu'elles concernent des souverains : les tyrans Jie et Zhou, le roi Wen (et Confucius), le duc de Zhou, les mythiques rois Yao et Shun, et finalement le Premier empereur Qin. La séquence des histoires n'est pas plus chronologique que dans le traité précédent. Les quatre premières histoires portent sur les excès de nourriture et de boisson, de façon parfois amusante ; en particulier, la discussion que fait Wang Chong des festins du tyran Zhòu a quelque chose de raide qui la rend comique au second degré.

Dans sa réfutation de la légende selon laquelle le tyran Zhòu aurait eu une force surhumaine (25.2), Wang Chong fait un bel usage du principe de non-contradiction. La discussion sur l'autodafé des livres et l'exécution des lettrés (25.7) est importante d'un point de vue historique, Wang Chong étant sans doute le premier auteur à séparer ces deux événements, traditionnellement liés et expliqués de la même façon par la postérité confucianiste.

Traité 26 : Des exagérations des lettrés (« Ru zeng » 儒增篇第二十六)

Ce traité est très proche pour ce qui est de la variété de la matière et de son caractère hétérogène des traités 16 et 25 ci-dessus ; le lecteur pourra se référer aux remarques introductives du traité 16.

Le titre fait référence aux lettrés (*ru*), mot à prendre ici dans un sens général, et non pas comme une référence au « confucianisme ». En effet, si quelques-unes des sources invoquées par Wang Chong ici sont peut-être confucianistes (*Entretiens de Confucius*, *Zuozhuan*, *Liji*), d'autres ne relèvent pas de la même veine ; en particulier, ce traité discute de légendes rapportées par des sources historiques (les *Mémoires historiques* de Sima Qian), ou encore le *Huainanzi*, généralement rattaché à la mouvance taoïste. Toutes les histoires discutées ici n'ont pas non plus une connotation morale telle qu'on pourrait les rattacher à Confucius et à ses idéaux ; certaines relèvent clairement de la simple anecdote.

Traité 27 : Des exagérations dans les Classiques (« Yi zeng » 藝增篇第二十七)

Ce traité s'inscrit dans la même veine que les précédents, la seule différence étant que les histoires qui y sont discutées sont presque toutes tirées des Classiques.

Étant donné le statut de ces œuvres, Wang Chong doit faire preuve de plus de prudence que lorsqu'il s'en prend à des textes moins nobles, par exemple les œuvres produites par des lettrés de la dynastie Han ; comme il professe lui-même de l'admiration pour les Classiques, il est d'ailleurs sans doute moins enclin à les critiquer trop sévèrement. En tout cas, il a soin dans le passage introductif d'expliquer les exagérations que l'on trouve dans les Classiques comme des embellissements rhétoriques destinées à mieux faire passer la force du message, plutôt que de les rejeter comme des artifices nuisibles, ce qu'il fait pour les exagérations qu'on trouve dans d'autres types de textes. Le ton est donc moins rigide ici que dans les traités traduits ci-dessus : Wang Chong tente surtout d'expliquer le sens de ces exagérations.

À la fin du traité, Wang Chong n'en revient pas moins sur l'un des leitmotivs du *Lunheng*, à savoir le danger de l'exagération : avec le temps, en effet, il est difficile de contrôler les faits, et ce qui au départ n'était qu'un procédé rhétorique finit par passer pour la vérité elle-même. Le danger est d'autant plus grand pour la matière des Classiques, étant donné, précisément, le statut de ces œuvres.

Traité 28 : Questions à Confucius (« Wen Kong » 問孔篇第二十八)

Avec ce traité et les deux qui suivent (« Réfutation de Han Fei » et « Critiques contre Mencius »), Wang Chong inscrit pleinement son œuvre dans la « grande tradition » de la pensée chinoise ancienne, puisqu'il s'en prend à trois des plus grands penseurs de l'époque pré-impériale, à commencer par Confucius lui-même.

Ce traité, l'un des plus célèbres du *Lunheng*, a valu des critiques sévères à Wang Chong, à une époque où critiquer le Maître relevait du crime de lèse-majesté. Nous renvoyons le lecteur à l'introduction pour l'explication des motivations de Wang Chong, et plus généralement pour son rapport à Confucius et au confucianisme. Redisons ici que le sens critique de Wang Chong est particulièrement remarquable étant donné, précisément, le statut de Confucius.

Dans ce traité, Wang Chong discute de quinze passages des *Entretiens* qu'il juge problématiques ; s'y ajoute un passage du *Liji*, mais ce passage peut être considéré comme une continuation du passage précédent (28.15) qui traitait de la même question. L'ordre des passages suit celui de nos éditions des *Entretiens* ; on peut donc considérer ce traité comme un commentaire systématique du *Lunyu*, même s'il est incomplet. On notera que pour certains passages, l'interprétation de Wang Chong diffère des gloses modernes courantes.

Wang Chong reproche essentiellement à Confucius de mal s'exprimer et de se contredire – en effet, dans plusieurs cas, il peut opposer au passage qu'il critique un autre passage des *Entretiens* dans lequel Confucius donne une réponse correcte ou se comporte correctement (selon Wang Chong bien sûr). Le dernier passage est un peu particulier, puisque, à partir d'une réponse de Confucius que Wang Chong interprète de façon discutable, il remet en cause la moralité même du Maître : ce passage qui clôt le traité laisse une impression de sévérité qui n'est pas présente au début, où Wang Chong a soin d'insister sur la grandeur de Confucius. On constate d'ailleurs une sorte de gradation dans la rigueur du ton, comme si l'accumulation des incohérences que Wang Chong croit trouver chez son illustre devancier finissait par l'agacer – c'est en tout cas à la fin qu'on trouve les sentences les plus rudes. Pour le reste, reconnaissons que Wang Chong fait preuve d'une certaine lourdeur, voire d'injustice, dans la lecture qu'il propose de certains mots des *Entretiens* : il reprend Confucius sur des détails, interprète certains passages de façon grossièrement défavorable au Maître, ou lui fait des procès d'intention peu fondés.

Sur un point fondamental cependant, on constate une vraie divergence entre Confucius et Wang Chong. Confucius a coutume d'ajuster ses réponses à ses interlocuteurs, et il s'adapte lui-même à des circonstances changeantes ; il le fait consciemment, et justifie d'ailleurs à plusieurs reprises cette pratique, en particulier pour des raisons pédagogiques. D'une façon générale, l'idée qu'il est nécessaire d'adapter ses discours et son comportement à des situations changeantes est très importante dans la pensée chinoise ancienne, et si Confucius agit ainsi, ce n'est pas, comme le suggère Wang Chong, par manque de cohérence, ou parce que dans certains cas il serait prêt à renier ses idéaux, mais parce qu'il est convaincu que la vérité ne peut être complètement indépendante des circonstances. À l'inverse, Wang Chong se fait une idée beaucoup plus absolue de la vérité et du discours ; il prône une plus grande cohérence dans la discussion des questions et dans la définition des concepts : il peine à comprendre la subtilité de Confucius sur ce plan.

Les deux positions ont leurs forces et leurs faiblesses ; celle de Confucius peut être avantageuse dans l'enseignement, mais elle peut donner une impression de relativisme ; celle de Wang Chong a l'avantage de la clarté, mais elle n'est pas forcément la plus efficace pédagogiquement.

Les reproches que Wang Chong adresse à Confucius sur ce plan paraissent par ailleurs un peu étonnants, étant donné que lui-même, malgré l'intransigeance dont il fait preuve ici, ne se montre pas toujours d'une grande cohérence dans le *Lunheng* ; en particulier, il n'a pas de scrupules à se contredire lorsque cela sert son argumentation. De façon piquante, le présent traité, dans lequel il reproche à Confucius d'être inconséquent, contredit de multiples autres passages du *Lunheng* dans lesquels, au contraire, Wang Chong loue le vieux Maître, cite les *Entretiens* à l'appui de ses propres thèses, voire invoque l'avis de son illustre devancier comme argument d'autorité.

Traité 29 : Réfutation de Han Fei (« Fei Han » 非韓篇第二十九)

La pensée légiste en général, et Han Fei en particulier, part du postulat que la nature humaine est mauvaise, et que le seul moyen de garantir l'ordre est l'application d'un code de lois clair, avec des châtiments impitoyables. Pour les légistes, ces dispositions suffisent, et le souverain le plus efficace est le despote impitoyable qui les met en œuvre avec le plus de rigueur. L'éducation et la vertu sont inutiles, voire nuisibles, et Han Fei s'oppose sur ce point explicitement aux lettrés confucianistes, qui au contraire privilégient la morale et les rites, parfois même contre la loi, qu'ils jugent trop rigide. Plus généralement, les légistes s'opposent à tout ce qui relève de la culture ; ils se méfient des ouvrages anciens, en particulier les Classiques, qui entretiennent l'idée que des modèles alternatifs sont possibles, et peuvent servir de sources d'inspiration pour critiquer le pouvoir. C'est dans cet esprit que le Premier empereur des Qin, en 213 AEC, fait détruire les livres, dans un autodafé qui horrifie les lettrés.

Dans ces conditions, on comprend que la chute de la dynastie Qin, en 207, apparaisse aux lettrés comme une forme de sanction contre une politique immorale, et en même temps comme la preuve de la perversité des idées légistes. Les premiers souverains Han assouplissent quelque peu la rigueur du code pénal des Qin, mais ils en reprennent l'esprit, et les lettrés du début de la dynastie écrivent inlassablement pour tenter de persuader la cour d'adopter une politique inspirée de Confucius et de son idéal du « saint », c'est-à-dire du souverain vertueux. Face à un pouvoir soucieux de pragmatisme, il leur faut cependant insister sur l'utilité de la morale confucéenne, et procéder à un certain nombre d'ajustements. Selon la tradition, c'est le penseur Dong Zhongshu, au IIe siècle avant notre ère, qui effectue la synthèse qui séduit finalement le pouvoir : s'il s'inspire pour l'essentiel du moralisme confucéen, il ne nie pas la nécessité de châtiments sévères, et ne remet pas en cause l'idée du pouvoir absolu du souverain ; il mêle par ailleurs à sa vision de la politique des conceptions héritées des cosmologistes, en particulier l'idée d'une résonance entre l'homme (c'est-à-dire le bon ou le mauvais gouvernement) et le Ciel.

Finalement, l'empereur Wu adopte la « doctrine des lettrés » (*rushu*) basée sur ces principes comme seule idéologie officielle. Notons que le rôle effectif de Dong Zhongshu, et la réalité même de ce changement de cap politique, ont donné lieu à beaucoup de débats, mais c'est ainsi que les choses sont présentées dans les sources ultérieures, en particulier à l'époque de Wang Chong.

Cette « Réfutation de Han Fei », rédigée plus de deux siècles après la fondation de la dynastie Han, s'inscrit dans la continuité de cette rivalité entre confucianisme et légisme. Comme d'autres lettrés avant lui, Wang Chong reproche à Han Fei d'avoir une vision trop simple de la nature humaine, et surtout, en rejetant l'éducation et la morale, de priver le gouvernement d'un bon moyen de garantir l'ordre ; il montre de façon convaincante quelques-unes des limites et des contradictions de la pensée légiste. Le point de vue de Wang Chong est clairement confucianiste, mais avec une reconnaissance de la nécessité de la violence d'État qui est une concession au légisme.

On notera que le ton du traité n'est pas particulièrement mordant : Wang Chong s'oppose à quelques-unes des idées centrales de Han Fei, mais il n'a pas pour lui les mots durs qu'il a eus pour Confucius et Mencius dans les traités précédents. Peut-être ce traité annonce-t-il l'esprit du IIe siècle, où de plus en plus de conseillers politiques voient dans un retour au légisme la seule solution au délitement du pouvoir politique.

Traité 30 : Critiques contre Mencius (« Ci Meng » 刺孟篇第三十)

Même si le titre de ce traité est plus sévère que le titre de celui qui est consacré à Confucius (« Questions à Confucius », cf. *supra*), la veine en est la même. Dans les deux traités, la critique se fait clairement de l'intérieur : Wang Chong ne remet en cause aucune des idées centrales du confucianisme. Et comme dans le traité consacré à Confucius, certaines des critiques de Wang Chong paraissent légitimes (30.3, 30.6), et d'autres, plus sévères. Wang Chong reproche à Mencius, comme il l'avait fait pour Confucius, de mal s'exprimer, éventuellement de se contredire, ou de contredire par ses actes ses propres principes moraux. Mencius n'échappe pas non plus à quelques jugements ou questions sur sa moralité.

Ce traité est relativement court, et par ailleurs certaines des objections de Wang Chong relèvent de la chicanerie ; en définitive, Mencius ressort à peine égratigné de ce traité, qui paraît moins réussi que les deux précédents.

Dans le dernier passage, consacré à la destinée, Wang Chong fait valoir ses propres vues, beaucoup plus extrêmes que celles de Mencius ; cela n'est pas étonnant, étant donné l'importance du sujet dans le *Lunheng*.

Traité 31 : Du ciel (« Tan tian » 談天篇第三十一)
Traité 32 : Du soleil (« Shuo ri » 說日篇第三十二)

Les traités « Du ciel » et « Du soleil » forment un tout. Contrairement à ce que leurs titres suggèrent, la matière n'y est pas répartie de façon nette : dans le premier des deux traités, il est également question de géographie terrestre, et dans le second, le ciel occupe une place importante. Les deux traités présentent, dans un certain désordre, à la fois des représentations qui relèvent de l'astronomie, et d'autres qui de notre point de vue appartiennent à la mythologie – redisons que les disciplines ou domaines du savoir ne sont pas séparés d'une façon nette en Chine ancienne.

Pour comprendre les discussions et enjeux de ces deux traités, il est nécessaire de présenter brièvement les deux principales théories cosmographiques de l'époque Han, soit la théorie du « ciel couvrant » (*gaitian shuo* 蓋天說) et la théorie du « ciel sphérique » (*huntian shuo* 渾天說)[3].

3. Pour ces théories, cf. Henri Maspero, *L'Astronomie chinoise avant les Han* et *Les Instruments de mesure et d'observation utilisés par les astronomes chinois* ;

La théorie du ciel couvrant connaît plusieurs variantes, qui cependant s'accordent sur l'essentiel, à savoir que le la terre et le ciel sont deux corps parallèles. La terre est plate et carrée, le ciel, rond, est souvent représenté comme un dais concave, qui recouvre le monde comme une cloche, mais dans les faits, la partie qui recouvre la terre peut être considérée comme parallèle à celle-ci – Wang Chong, pour sa part, affirme à plusieurs reprises que le ciel est plat. Au-dessus du centre de la terre se trouve le pôle céleste, qui est parfois représenté comme un pilier soutenant la voûte céleste ; il est l'axe immobile autour duquel tourne le ciel ; il est parfois représenté de façon inclinée. Le centre du monde (la Chine) ne se trouve pas sous ce pôle, mais au sud de celui-ci ; le pôle céleste correspond donc pour eux à la direction nord, mais on ne peut à proprement parler de « pôle nord », puisque dans un modèle de terre plate, il n'y a pas de pôle sud qui lui serait opposé.

Les astres sont conçus comme arrimés au ciel, mais les astres mobiles (le soleil, la lune et les planètes) le sont d'une façon relativement libre, puisqu'ils ont leurs mouvements propres, qui se superposent à la rotation céleste. Wang Chong compare ces astres à des fourmis, et le ciel à une meule : la meule tourne, et en même temps qu'elles tournent avec elles, les fourmis courent sur la meule. Pour comprendre la marche des astres mobiles, il faut donc prendre en compte leur mouvement propre, mais aussi celui du ciel étoilé contre lequel ils se déplacent.

Le soleil se déplace autour du pôle céleste selon des trajectoires circulaires qui varient selon le moment de l'année,

---

Joseph Needham, *Science and Civilisation in China*, vol. 3, *Mathematics and the Sciences of the Heavens and the Earth*, p. 210 *sq*. ; Marc Kalinowski, « Le calcul du rayon céleste dans la cosmographie chinoise » ; Christopher Cullen, *Astronomy and Mathematics in Ancient China*. Je remercie chaleureusement Marc Kalinowski pour l'aide qu'il m'a apportée dans la compréhension de ces deux traités ; une partie des notes et références à ma traduction lui sont redevables, mais bien entendu les éventuelles erreurs restent miennes.

la plus proche correspondant au solstice d'été, la plus longue, au solstice d'hiver. Pour l'observateur chinois, le pôle se situant au nord, le soleil qui s'en rapproche en été apparaît donc plus haut dans le ciel, et sa course dans le ciel est plus longue, d'où une période diurne allongée ; l'inverse est évidemment vrai l'hiver. Le lever et le coucher du soleil et de la lune sont des illusions d'optique : selon la théorie, ces astres disparaissent à la vue de l'observateur à mesure qu'ils s'éloignent, et l'horizon où on a l'impression que le ciel et la terre se touchent est simplement la ligne de disparation au-delà de laquelle les astres sont trop éloignés pour être encore visibles.

La zone du ciel dans laquelle le soleil se déplace (soit le « pourtour du ciel », correspondant dans l'esprit à notre écliptique) est par ailleurs divisée en 365,25 degrés (Wang Chong arrondit à 365 degrés), chaque degré correspondant au déplacement du soleil contre le ciel durant un jour (soit la distance angulaire qu'il franchit en un jour). La bande zodiacale est également divisée en 28 mansions (également appelées « loges »), de largeur variée, qui correspondent un peu aux constellations zodiacales occidentales. Chaque mansion est repérée par une étoile déterminatrice qui marque la limite occidentale de la mansion ; lorsqu'un astre atteint le méridien de cette étoile, on dit qu'il entre dans la mansion en question.

Pour ce qui est des dimensions, selon les variantes, le ciel se trouve à 80 000 ou 100 000 *li* de la terre (Wang Chong parle de 100 000 *li*). La capitale de l'empire, Luoyang, est éloignée, selon Wang Chong, de plus de 30 000 *li* du pôle, mais d'autres sources Han proposent des chiffres beaucoup plus élevés ; en direction du sud, Luoyang est selon Wang Chong distante de 20 000 *li* des points qui se trouvent exactement sous le soleil à midi en été, qu'il faut comprendre, implicitement, comme marquant la limite du monde. Les territoires situés de l'autre côté du pôle céleste s'étendent également sur une distance d'environ 50 000 *li*, avec donc un total de 100 000 *li* pour la distance totale nord-sud. Comme Wang Chong estime de la même manière à 100 000 *li* la distance est-ouest du monde, la terre correspond à un carré de 100 000 *li* de côté.

La théorie du « ciel couvrant » est la théorie dominante durant les trois premiers siècles de la dynastie Han, et c'est celle que privilégie Wang Chong. Mais il existe à l'époque une autre théorie, celle du « ciel sphérique », qui s'affirme peu à peu et s'impose à partir du IIe siècle de notre ère. Selon cette théorie, le ciel est une sphère au milieu de laquelle se trouve la terre ; on peut donc rapprocher la théorie du ciel sphérique de la cosmographie géocentrique de la Grèce ancienne, avec cette différence que la terre elle-même, dans certaines versions de la théorie du ciel sphérique, demeure plate comme dans la théorie du ciel couvrant. Une partie de la sphère céleste se trouve au-dessus de la terre, et est donc visible pour l'observateur céleste ; l'autre partie se trouve en dessous, sous l'horizon, et est donc invisible à l'observateur. La sphère céleste nous apparaît grâce aux étoiles fixes ; elle tourne autour de la terre. Les astres mobiles se meuvent sur le fond du ciel, et la disparition du soleil et de la lune correspondent aux moments où ceux-ci se trouvent sous l'horizon (dans la partie du ciel qui se trouve sous la terre). Le lettré Zhang Heng (78-139), qui perfectionne la théorie du ciel sphérique, compare le monde à un œuf (rond), le ciel et les étoiles correspondant à la surface de l'œuf, et la terre, au jaune de cet œuf ; il juge que la sphère céleste n'est pas solide, mais faite de *qi*, et qu'au-delà s'étend un espace infini et inconnaissable.

On notera que la théorie du ciel couvrant est liée à l'usage du gnomon ; on l'appelle d'ailleurs aussi théorie *Zhou bi* 周髀, soit du « gnomon des Zhou ». À l'époque Han, la source la plus élaborée sur le système du ciel couvrant est le *Zhoubi suanjing* 周髀算經 (« Classique du calcul du gnomon des Zhou »), vraisemblablement compilé sous les Han occidentaux ; Wang Chong ne s'y réfère pas, et les nombres et représentations qu'il propose sont parfois sensiblement différents, peut-être parce qu'à certains égards il est déjà influencé par la théorie du ciel sphérique. Quant à cette dernière, elle est liée à l'usage de la sphère armillaire, inventée au IIe siècle de notre ère par Zhang Heng.

Les mots « ciel couvrant » (*gaitian*) et « ciel sphérique » (*huntian*) n'apparaissent pas dans le *Lunheng*, mais il est clair que Wang Chong, dans ce traité, se fait l'avocat de la première théorie, et ce en partie contre la vision des tenants du « ciel sphérique » ; à son époque, la théorie du ciel sphérique a cependant déjà d'importants soutiens, et elle s'imposera définitivement à la fin des Han : le combat de Wang Chong pour la théorie du ciel couvrant est donc un combat d'arrière-garde, et certaines de ses explications (en particulier en ce qui concerne les éclipses) sont clairement moins convaincantes que celles des adversaires qu'il prétend réfuter. Mais dans le cadre de la théorie du ciel couvrant, il a le mérite de proposer quelques explications correctes, et de faire des comparaisons très éclairantes ; d'une façon générale, même s'il se trompe dans plus d'un passage, il fait preuve de beaucoup de bon sens, et même d'une certaine expertise technique. Ce n'est peut-être pas là le plus important : ce qui est beaucoup plus remarquable, c'est la façon dont les penseurs Han élargissent le champ de la pensée pour y inclure des questions techniques ou scientifiques qui à l'époque pré-impériale étaient plutôt le domaine de spécialistes. En cela, les penseurs Han, et Wang Chong en est de ce point de vue un parfait représentant, se rapprochent de l'esprit de la philosophie grecque, qui inclut naturellement les sciences physiques dans ses objets de réflexion.

Traité 61 : Textes perdus (« Yi wen » 佚文篇第六十一)

Le titre de ce traité se réfère aux conséquences de l'autodafé des livres de 213 AEC, sous le règne du Premier empereur des Qin : la confiscation et la destruction de certains exemplaires des Classiques, leur reconstruction au début des Han, et la découverte d'anciennes versions cachées qui avaient pu survivre aux destructions ; il en résulte l'existence, sous les Han, de plusieurs versions des Classiques, avec des controverses sur la valeur respective de ces versions, et des tentatives de reconstruction plus ou moins fidèles. Nous renvoyons le lecteur à l'introduction pour la querelle entre tenants des Classiques en « écriture ancienne » et en « écriture nouvelle ».

Mais en réalité, même si le traité commence avec la découverte d'anciennes versions des Classiques dans la vieille demeure de Confucius, il glisse très vite vers son sujet principal, qui est la grandeur de la dynastie Han en ce qui concerne les auteurs et leurs œuvres. Dès le premier passage, Wang Chong insiste sur le fait que la découverte des manuscrits dans la demeure de Confucius avait été accompagnée de signes favorables, prouvant que la dynastie Han méritait de retrouver ces textes – notons au passage que, dans le reste du *Lunheng*, Wang Chong se montre très sceptique quant à des signes de cette sorte. Dans un registre plus audacieux, il loue le lettré Zhang Ba, pourtant coupable d'avoir forgé de toutes pièces, au Ier siècle avant notre ère, une version du *Classique des documents* : cette version trouva cependant grâce aux yeux de l'empereur, et pour Wang Chong, le fait qu'un lettré Han puisse produire un faux de cette qualité est une autre preuve de la grandeur de son époque, capable de produire des œuvres pouvant rivaliser avec les Classiques anciens.

Wang Chong revient régulièrement à la dynastie des Qin et à son attitude négative vis-à-vis des lettres, puisque c'est bien par contraste avec cette dernière que la dynastie Han brille : tandis que les Qin faisaient brûler les livres, la dynastie Han les retrouve, les reconstitue, leur donne un statut immense, et entretient un climat favorable à la floraison de bons auteurs. Une telle dynastie mérite donc d'être louée à l'égal des temps anciens, ce que fait Wang Chong ici, et dans d'autres traités du *Lunheng*.

Pour Wang Chong, la prospérité des lettres est le signe le plus spectaculaire de la grandeur d'une époque : il fait le lien entre signes d'écriture, textes et civilisation, tous dénotés par le caractère *wen* 文 (61.4), et on peut lire tout le traité comme une variation sur le *wen* dans toutes ses dimensions, depuis le caractère d'écriture jusqu'aux signes célestes ou constellations dans le ciel nocturne, en passant par les signes naturels, les textes et la civilisation en général. De ce point de vue, le traité est organisé d'une manière plus serrée que cela peut paraître à la première lecture.

En faisant l'éloge des œuvres produites durant la dynastie Han, Wang Chong, comme souvent dans le *Lunheng*, songe aussi à ses intérêts propres : son but est de défendre ses propres écrits contre les lettrés de son temps, qui selon lui ont tant les pieds dans le passé qu'ils passent à côté de la grandeur des productions littéraires de leurs contemporains. Dans le dernier passage du traité, Wang Chong compare le *Lunheng* au *Classique des poèmes*, et rappelle en une formule percutante l'esprit de sa démarche : la « lutte contre l'erreur ».

Traité 80 : Définition des sages (« Ding xian » 定賢篇第八十)

Wang Chong distingue généralement dans le *Lunheng* les saints (*sheng* 聖) et les sages (*xian* 賢) ; les premiers, qui atteignent à la perfection morale, sont de ce fait rares, et donc relativement bien identifiés : il s'agit de quelques souverains mythiques comme Yao et Shun, des rois Wen et Wu, fondateurs de la dynastie Zhou, du duc de Zhou et de Confucius ; le mot « saint » peut sembler trop connoté pour être utilisé dans le contexte de la Chine ancienne, mais comme on y trouve des formes de dévotion presque religieuse vis-à-vis de ces souverains et de Confucius, il convient mieux qu'il n'y paraît.

Les sages, qu'on peut considérer comme des saints de deuxième catégorie, sont beaucoup plus nombreux, et si l'on en croit Wang Chong, ils sont aussi beaucoup plus difficiles à reconnaître, entre autres raisons parce qu'il n'y a pas d'accord sur leur définition.

Dans ce traité, plutôt bien organisé, Wang Chong examine successivement, en les numérotant, une petite vingtaine d'opinions sur la question, qu'il rejette toutes. Il réfute l'idée qu'on reconnaîtrait les sages à leur réussite professionnelle, au fait qu'ils soient socialement reconnus, ou qu'ils réussissent dans leurs entreprises (80.2-80.9). Il refuse la conception selon laquelle le sage se manifesterait par sa piété filiale ou sa loyauté vis-à-vis de ses supérieurs (80.10). Les sages ne sont pas non plus des ermites ou des taoïstes qui refusent tout poste pour préserver leur intégrité (80.11-80.14, 80.22), pas plus qu'ils ne sont ces justes capables de tout sacrifier pour remplir les devoirs de l'amitié ou de la fidélité (80.15). La sagesse ne se définit pas non plus par la connaissance des Classiques ou l'érudition (80.16-80.17), par des talents de stratège (80.18), ou encore par l'éloquence ou la beauté du style (80.19-80.21).

En résumé, ni la réussite sociale, ni des qualités morales isolées comme la piété filiale (confucianiste) ou le détachement par rapport à la politique (associé au taoïsme ou à l'érémitisme), ni encore des qualités intellectuelles comme l'érudition ou l'éloquence ne suffisent à définir la sagesse. Notons qu'au-delà de leur variété, et malgré les apparences, tous ces types ont un lien avec la politique et les allées du pouvoir. Cela est même vrai d'une posture *a priori* apolitique comme l'érémitisme : sous les Han postérieurs (il est vrai surtout au IIe siècle, soit après Wang Chong), certains ambitieux font croire en leur désintéressement en se retirant du monde, espérant de la sorte se faire remarquer et décrocher des fonctions officielles importantes.

Après avoir rejeté toutes ces conceptions sur la sagesse, Wang Chong propose ses propres critères : le sage se reconnaît à la bonté de son cœur, bonté qui transparaît dans ses paroles, dont la sincérité doit être validée par un comportement correspondant. On peut ne pas partager l'optimisme de Wang Chong, selon lequel il serait facile de reconnaître les sages en appliquant ces critères ; on peut aussi juger que sa définition est un peu tautologique, vague, voire banale. Mais en réalité, sa solution ne manque pas de subtilité ; en particulier, elle représente une tentative de dépasser les apparences, en insistant sur la dimension essentiellement intérieure de la sagesse, tout en proposant des critères pour pouvoir la reconnaître à l'extérieur.

Il s'agit en tout cas d'une vision très « confucianiste » de la sagesse, avec l'accent sur les composantes morales de celle-ci, ce un peu à rebours de l'époque si on en croit la plupart des acceptions dont Wang Chong discute dans ce traité. Le mot *xian*, au sens courant, implique d'ailleurs des qualités intellectuelles ; à l'époque Han, et dans d'autres passages du *Lunheng* même, il désigne souvent un homme simplement plus talentueux que les autres.

Ce traité doit se comprendre dans un contexte où le recrutement de talents est considéré comme l'une des principales conditions du succès, que ce soit sur le champ de bataille ou dans le gouvernement. Depuis l'époque des Royaumes combattants au moins, une partie des postes officiels ne sont pas remplis par des membres de la noblesse, mais par des hommes jugés à tort ou à raison comme les plus capables pour ces fonctions, et pour contribuer à une bonne politique. De ce point de vue, sous les Han, le cas exemplaire est celui de Liu Bang (256-195), le fondateur de la dynastie et son premier souverain (empereur Gaozu, r. 202-195) : par lui-même, Liu Bang n'est peut-être pas à la hauteur de son jeune rival Xiang Yu (232-202), mais il l'emporte tout de même sur lui, parce qu'il sait s'entourer d'hommes capables, et les conserver à son service en les traitant avec respect.

En particulier, comme le rappelle Wang Chong lui-même ici-même (80.7), Liu Bang peut compter sur Xiao He (?-193), l'un de ses principaux conseillers : le cas est intéressant en raison de la relative discrétion du personnage et de ses hauts faits, par rapport aux grands généraux qui assistent Liu Bang. Par ses mérites qui ne sont pas aussi spectaculaires que ceux du célèbre homme de guerre Han Xin (231-196), par exemple, Xiao He correspond en un sens à la conception que Wang Chong se fait de la sagesse, même si bien sûr les mérites de Xiao He sont moins moraux que stratégiques.

La relative discrétion du sage telle qu'elle est mise en avant dans ce traité renvoie en fait à l'effacement de Wang Chong lui-même : la caractérisation qu'il propose de la sagesse reflète en effet la frustration d'un homme qui se considère comme doué, mais dont on ne reconnaît pas les talents, et qui reste ignoré dans sa province. Car bien sûr, le « sage » selon Wang Chong, c'est lui-même, qui aspire à servir, qui estime disposer des qualités morales et intellectuelles pour le faire, mais qui échoue à accéder aux échelons supérieurs de la hiérarchie, là où précisément il pourrait donner la pleine mesure de sa vertu et de ses compétences. On sent aussi un certain ressentiment vis-à-vis de ces lettrés ou ministres qui occupent des positions en vue sans le mériter. On n'ignorera donc pas les arrière-pensées de ce traité du *Lunheng*.

C'est que les apparences sont trompeuses : dans ce traité, Wang Chong insiste sur le fait qu'elles le sont en tout premier lieu pour les premiers concernés, à savoir les souverains qui cherchent à recruter des sages – cela renvoie évidemment au climat souvent délétère de la cour impériale, et sans doute des administrations provinciales, remplies d'intrigants, de flatteurs, de beaux parleurs, qui mentent, travestissent la réalité, trompent leur monde pour se faire valoir ou se débarrasser de rivaux. Mais plus fondamentalement, la méfiance que Wang Chong manifeste vis-à-vis des apparences correspond à une attitude épistémologique omniprésente dans le *Lunheng* : par nature, l'homme est enclin à se laisser séduire par les aspects extérieurs, par exemple par une belle forme ou un beau style, plutôt que par la réalité profonde sous la surface des choses.

Toujours dans la même veine, Wang Chong insiste sur les méthodes qui doivent guider et informer l'action (80.8) : elles peuvent paraître moins spectaculaire que l'action en tant que telle, mais sans méthode, l'action est moins efficace, voire impossible. Derrière les succès des généraux de Liu Bang, il faut les méthodes et stratégies d'un Xiao He. On n'est pas très loin ici de l'idée, principalement développée dans le taoïsme, selon laquelle l'action efficace présuppose des conditions qui se dérobent au regard, mais qui n'en sont pas moins indispensables. Selon le *Laozi* (chap. 11), un récipient ne vaut que par son vide interne, une roue a besoin du vide du moyeu pour tourner – et de même, pour Wang Chong on ne saurait juger de la réussite, sociale ou autre, sans tenir compte des vrais sages qui, en arrière-plan, la rendent possible.

Traité 81 : Rectification des doctrines (« Zheng shuo » 正說篇第八十一)

Le titre imprécis de ce traité masque le caractère relativement homogène de sa matière, à savoir différentes théories concernant la composition et la transmission des Classiques. En particulier, Wang Chong discute et réfute des conceptions plus ou moins ésotériques sur la composition de ces anciens textes, certains de ses contemporains trouvant par exemple des messages cachés dans le nombre des chapitres du *Classique des poèmes*, du *Classique des documents* ou des *Printemps et automnes*. Wang Chong explique pour sa part le nombre des chapitres ainsi que d'autres traits des Classiques simplement par la nature des questions qu'ils abordent, ou par l'histoire de leur transmission, en particulier les pertes dues à l'autodafé des livres de 213 AEC, et l'histoire tumultueuse de leur reconstruction à partir des versions redécouvertes au début de la dynastie Han. Même si Wang Chong n'aborde pas frontalement la question, ce traité a aussi pour arrière-plan la controverse sur les textes en nouvelle (*jinwen*) et en ancienne écriture (*guwen*), qui joue un rôle important à certaines époques durant la dynastie Han, les positions qu'il critique semblant typiques de la tradition *jinwen.*

Ce traité est donc important pour l'histoire des textes en Chine ancienne, même si l'information dont dispose Wang Chong paraît parfois lacunaire, voire fautive.

Wang Chong rejette également l'idée selon laquelle le nom des *Printemps et automnes* serait chargé d'un sens particulier ;

il en profite pour rappeler que bien des noms propres interprétés de façon grandiloquente, en particulier ceux des souverains mythiques de l'Antiquité, ont simplement une origine géographique – ici comme ailleurs dans le *Lunheng*, Wang Chong professe en l'espèce des idées qu'on peut rapprocher des théories occidentales sur l'arbitraire du nom ou du signe, ce qui n'est pas rien dans une tradition qui tend à sanctifier les caractères d'écriture et à leur conférer des sens prestigieux.

Ce traité est typique de cette attitude critique qu'on retrouve dans tant de discussions du *Lunheng* : Wang Chong tente inlassablement de revenir aux faits (ou à ce qu'il en connaît), pour privilégier, de manière généralement convaincante, des explications simples et qui relèvent du bon sens. Il insiste sur la crédulité des interprètes, qui perdent tout sens critique lorsqu'ils sont confrontés à des textes qui avec le temps ont acquis un statut qui relève du sacré. Wang Chong est pour sa part parfaitement conscient des effets du temps, et surtout de ses effets pervers : la durée d'une tradition suffit en tant que telle à valider des explications erronées, qu'on ne saurait plus questionner en raison de leur ancienneté même.

Wang Chong, lui, réintroduit l'histoire dans l'interprétation des faits, ce à l'encontre d'une tradition exégétique qui tend à l'inverse à essentialiser définitivement les textes anciens et les événements passés. Pour l'auteur du *Lunheng*, les Classiques, précisément, ont eu une histoire ; ils n'ont pas été donnés une fois pour toutes, ils ne se sont pas transmis sans dommages, et l'histoire de cette transmission a pesé sur leur nature en tant que telle : elle en a altéré la forme, avec pour conséquence que ces textes ne sont pas plus intouchables que d'autres. Cette réintroduction de l'histoire peut paraître banale, mais elle ne l'est pas si l'on prend en compte le caractère sacré de la tradition pour l'exégèse Han ; fondamentalement, elle contribue à remettre en question la vision dominante de l'histoire en Chine ancienne, souvent conçue d'une façon très statique : pour Wang Chong, implicitement, l'histoire n'est ni simple, ni linéaire, ni régulière, elle connaît des accidents qu'il faut prendre en compte dans l'interprétation des faits.

Traité 82 : Justification des œuvres des penseurs (« Shu jie » 書解篇第八十二)

Le titre de ce traité peut paraître imprécis : littéralement, *shu jie* 書解 signifie « Explications sur les livres », ou « Des écrits » ; A. Forke traduit par « On literary work », ce qui correspond assez bien au contenu du traité. La difficulté est le mot *shu* 書, qui ici n'est pas à prendre dans un sens général, contrairement à ce qui est parfois le cas en chinois classique, et même ailleurs dans le *Lunheng*. Le mot *shu* désigne en effet dans ce traité les œuvres de création ou de réflexion individuelle, par opposition aux Classiques eux-mêmes, d'une part, et aux commentaires sur ces Classiques d'autre part.

Cela transparaît bien au travers des exemples donnés par Wang Chong tout au long du traité, et surtout dans les discussions des deux derniers passages (82.5, 82.6) ; concrètement, les « livres » mis en avant ici sont donc principalement les œuvres des penseurs de l'époque pré-impériale et des Han – sont mentionnés Guan Zhong, Shang Yang, Han Fei, Lu Jia, Yang Xiong, Liu Xiang, le *Huainanzi,* etc., ainsi que quelques auteurs qui ne sont pas des penseurs, comme le poète Sima Xiangru et l'historien Sima Qian. Les penseurs eux-mêmes appartiennent à des traditions philosophiques hétérogènes, principalement ce qu'on appellera plus tard le confucianisme et le légisme ; c'est que le point de vue de Wang Chong ici n'est pas tant philosophique que littéraire, au sens presque social du terme : Wang Chong oppose ceux qui « créent » et ceux qui se contentent de commenter – d'un côté, les lettrés-auteurs (*wenru* 文儒), qui expriment avec style des idées originales ; de l'autre les simples exégètes des Classiques, qu'il met clairement au deuxième rang, les appelant *shiru* 世儒, « lettrés-dans-le-monde » – on pourrait presque traduire par « lettrés mondains », Wang Chong les accusant de se plonger dans l'étude des Classiques pour obtenir des postes dans l'administration impériale.

Dans le dernier passage du traité, Wang Chong va jusqu'à donner la préséance aux traités des penseurs sur les Classiques eux-mêmes : selon lui, les œuvres des penseurs sont les « racines » des Classiques, ces derniers n'étant que des ramifications produites à partir d'autres textes.

Le traité représente une défense des lettrés-auteurs, dont Wang Chong se considère comme un éminent représentant : comme les traités 84 et 85 (traduits ci-dessous), dont il est proche sur le fond et la forme, on peut donc le lire comme une autodéfense contre les détracteurs de son œuvre, que ceux-ci soient réels ou imaginaires.

Traité 83 : Notes sur les œuvres des penseurs (« An shu » 案書篇第八十三)

Le mot *shu* 書 du titre désigne en priorité dans ce traité les œuvres des penseurs, par opposition aux Classiques ; ce traité forme donc une paire avec le précédent, ou simplement le complète, peut-être à l'origine de façon provisoire ou non achevée. En effet, ce traité consiste plus en une collection de notes éparses, relativement hétérogènes, qu'en un tout cohérent. Le premier passage discute de l'échec du courant de pensée moïste, puis il est question du peu d'utilité des idées de sophistes comme Gongsun Long, de quelques partis pris des *Mémoires historiques* de Sima Qian avec lesquels Wang Chong n'est pas d'accord, des sacrifices pour faire tomber la pluie prônés par Dong Zhongshu, d'une prophétie concernant le rôle de ce dernier quant aux écrits confucéens, puis d'un vibrant plaidoyer en faveur des penseurs contemporains, en particulier Huan Tan ; le traité se termine par deux brefs passages qui paraissent non achevés, corrompus peut-être, en tout cas difficiles à interpréter, ce qui conforte l'idée que ce traité n'est pas abouti. On ajoutera que toute cette matière se retrouve partiellement ailleurs dans le *Lunheng* (le jugement sur le moïsme dans le « Pour des funérailles simples », les critiques contre Dong Zhongshu dans d'autres passages qui traitent des sacrifices pour faire tomber la pluie, les commentaires sur les penseurs Han dans le traité qui précède), ou aurait aisément pu y être déplacée. Enfin, Wang Chong se contredit à plusieurs reprises dans ce traité, et certaines des opinions qu'il y exprime vont par ailleurs à l'encontre de quelques-unes de ses idées fondamentales, telles qu'elles sont longuement défendues ailleurs dans le *Lunheng*. Tout cela concourt à donner une impression de brouillon, et peut-être faut-il voir dans ces pages de simples notes de lectures, ce qui d'ailleurs pourrait donner quelques pistes quant à la façon dont fut rédigé l'ouvrage dans son ensemble.

Indépendamment de ces faiblesses, ce traité s'inscrit comme le précédent dans la « grande tradition » de la pensée chinoise, avec des références à ce qu'on appellera plus tard confucianisme, moïsme et légisme, soit trois des grands courants philosophique anciens. La matière du traité l'ancre par ailleurs clairement dans les débats plus propres à la dynastie Han, et surtout les controverses sur les Classiques : on y voit ainsi Wang Chong privilégier le commentaire Zuo (*Zuozhuan*) contre les autres « commentaires » des *Printemps et automnes*, ce qui indique une proximité entre notre auteur et la tradition des textes en « écriture ancienne » (*guwen*), auquel on associe parfois aussi Huan Tan, également loué dans le chapitre ; au contraire, Wang Chong critique ici Dong Zhongshu, qui est plutôt rapproché de la tradition des ouvrages en « écriture nouvelle » (*jinwen*).

Soulignons encore que ce traité mentionne plusieurs auteurs issus de la région natale de Wang Chong (83.7), ce qui pourrait suggérer un ancrage local à la pensée du *Lunheng*.

Traité 84 : Réponses aux critiques (« Dui zuo » 對作篇第八十四)

Littéralement, ce titre signifie « composé (*zuo* 作) en réponse (*dui* 對) » ; notre traduction par « Réponses aux critiques » est libre. À noter que, étant donné que dans ce traité Wang Chong se défend contre ceux qui lui font le reproche de faire œuvre de « création » (qui se dit également *zuo*) dans le *Lunheng*, ce titre pourrait se traduire aussi par « Réponses au sujet de la création », ou « Réponses à ceux qui me font le reproche de faire œuvre de création ».

Comme son nom l'indique, ce traité relève de l'autodéfense ; de ce point de vue, on peut le rapprocher du traité 82, « Justification des œuvres des penseurs », et surtout de l'« Autobiographie » qui suit et clôt le *Lunheng*, largement consacrée elle aussi à réfuter les objections de détracteurs. Ce traité pourrait être une première postface au *Lunheng*, à laquelle Wang Chong aurait ajouté, sur le tard, l'« Autobiographie ».

Le « Réponses aux critiques » est certainement l'un des traités les plus importants et les mieux réussis du *Lunheng*. Il se divise en deux parties. Dans la première (84.1), Wang Chong donne les raisons de son entreprise : s'inscrivant dans la continuité de Confucius et d'autres devanciers, il indique que s'il a rédigé les traités du *Lunheng*, c'est pour contribuer à ramener les gens dans le droit chemin : selon lui, la vérité est bafouée, et il est important de dénoncer ces mensonges et erreurs auxquels tout le monde croit. Wang Chong fait donc un lien explicite entre vérité de la connaissance et moralité : il ne rechercherait pas la vérité pour elle-même, à tout prix, et même au prix de la vertu, mais parce qu'une société fondée sur le mensonge ou l'erreur ne peut selon lui tout simplement pas être morale. Si l'argument est largement correct, il a probablement aussi une dimension stratégique : jusqu'au XXe siècle, Wang Chong a été accusé par certains détracteurs de faire passer la quête de la vérité avant toute autre considération, voire avant les devoirs de la morale – nous renvoyons le lecteur à l'introduction pour une discussion sur le sujet.

La deuxième partie est plus défensive : Wang Chong se défend contre ceux qui l'accusent d'avoir fait œuvre de création en rédigeant le *Lunheng*. Ce reproche peut paraître étonnant, mais sous les Han, certains lettrés jugent que la « création », c'est-à-dire la production d'idées nouvelles, est par principe réservée aux « saints », au premier rang desquels Confucius. Les saints ont donc rédigé les Classiques, qui seuls peuvent légitimement prétendre au titre de « créations » ; quant aux simples lettrés, quels que soient leurs talents, ils doivent se contenter de commenter les productions des saints. La rédaction d'une œuvre comme le *Lunheng* relève donc de l'arrogance, voire de la lèse-majesté, puisque c'est s'arroger le privilège des anciens saints en se plaçant à leur niveau. Wang Chong répond en deux temps : premièrement, le *Lunheng* n'est pas une œuvre de création, mais de discussion (*lun* 論), qui s'inscrit dans une longue tradition de textes critiques analogues ; et deuxièmement, si une œuvre est utile, il ne faut pas la condamner, même si elle est de la création, car sinon on devrait condamner des inventions indispensables comme l'écriture ou le char.

Pour montrer l'utilité du *Lunheng*, Wang Chong le met sur le même plan que des mémoires adressés à la cour, qui ont souvent une dimension critique de la politique ou de l'administration de l'Empire ; Wang Chong affirme lui-même que certaines de ses autres œuvres vont dans ce sens, et il ne fait pas de doute que plusieurs traités du *Lunheng* sapent quelques-uns des fondements de l'idéologie de la dynastie – par exemple son refus de l'idée selon laquelle le Ciel réagirait à un bon ou à un mauvais gouvernement. Le *Lunheng* possède donc une dimension subversive, et c'est sans doute pour cette raison que la fin du traité insiste sur ses côtés positifs, en particulier les chapitres dans lesquels Wang Chong fait l'apologie de la dynastie, qui ne peuvent que plaire au pouvoir.

Ces « Réponses aux critiques » peuvent donc se comprendre à plusieurs niveaux. Au plan philosophique, Wang Chong affirme la dimension morale de la vérité, et justifie avec force l'importance de la réflexion individuelle : il s'agit d'une conviction particulièrement précieuse à une époque souvent écrasée par le poids de la tradition. Sur un plan stratégique, la défense de Wang Chong doit se comprendre dans le contexte des rapports des lettrés au pouvoir : ce dernier pouvant se montrer susceptible, l'auteur du *Lunheng* veut peut-être prévenir les ennuis que son œuvre pourrait lui attirer. Et bien sûr, on ne négligera pas la possibilité de motivations encore plus personnelles : en insistant sur l'utilité du *Lunheng*, Wang Chong veut peut-être aussi se faire remarquer positivement par le pouvoir. Selon la biographie de Wang Chong dans le *Livre des Han*, notre auteur, déjà âgé, aurait été convoqué à la capitale ; c'est là une histoire douteuse, mais elle suggère que jusqu'à la fin de sa vie, le lettré chinois pouvait nourrir quelques espoirs de voir ses talents enfin reconnus.

Traité 85 : Autobiographie (« Zi ji » 自紀篇第八十五)

La traduction du titre du dernier traité du *Lunheng* par « Autobiographie » est à vrai dire très libre : littéralement, ce titre signifie « Écrit par moi-même », « Écrit sur moi-même », ou plus simplement, « De moi-même » ; il ne suggère pas une description de vie, une autobiographie au sens où nous l'entendons couramment, et qui n'existe d'ailleurs pas en tant que genre à l'époque de Wang Chong. Et de fait, une partie seulement du traité est de nature autobiographique, plus précisément les premiers passages (85.1-85-6) et le tout dernier (85.15) ; et dans certains de ces passages mêmes, le ton est parfois plus défensif que strictement biographique.

Nous avons mentionné dans l'introduction que malgré l'existence de ce traité, les données concernant la vie de Wang Chong demeurent lacunaires. Manquent en particulier des précisions quant à la carrière professionnelle de notre auteur, ce qui pourrait s'expliquer par le caractère terne de celle-ci : une vie relativement effacée de fonctionnaire-lettré de province, sans même les événements plus saillants comme un séjour à la capitale ou une convocation par l'empereur, tels qu'ils sont mentionnés dans la douteuse biographie consacrée à Wang

Chong dans le *Livre des Han postérieurs.* Les contradictions entre cette dernière source et l'« Autobiographie » sont en tout cas patentes. Manquent également des informations sur la vie privée de Wang Chong, par exemple sur sa descendance, qui auraient peut-être permis quelques hypothèses quant à la conservation et la première transmission de l'œuvre. Manquent surtout des données sur les circonstances exactes de la rédaction du *Lunheng*, et plus généralement sur le milieu culturel dans lequel évoluait Wang Chong : à qui l'auteur adresse-t-il son œuvre ? Quels sont ses interlocuteurs, ses réseaux ? Où trouve-t-il ses sources, ses livres, ses informateurs ? Quand et dans quelles occasions les traités du *Lunheng* sont-ils rédigés ? Nous ne savons même pas si les contradicteurs de Wang Chong, avec lesquels il entre en discussion ici et dans bien d'autres traités, sont réels, ou simplement des interlocuteurs rhétoriques.

Bref, pour inscrire le *Lunheng* dans un contexte culturel précis, nous en sommes réduits à quelques remarques difficiles à interpréter, par exemple sur la nature « vulgaire » du lectorat de Wang Chong, et à quelques indications concernant des traités particuliers, ou d'autres textes produits par notre auteur, dans la continuité des explications données dans le « Réponses aux critiques » traduit ci-dessus.

Malgré tout, d'un point de vue autobiographique, ce traité reste précieux : il représente l'une des rares descriptions d'une enfance dans les sources chinoises anciennes ; et à l'autre bout d'une vie relativement longue, la conclusion, sur les difficultés et sur la nostalgie de la vieillesse, est touchante par le ton. Les passages 85.3 à 85.5 ouvrent quelques fenêtres sur le caractère d'un auteur, et même s'ils sont assez conventionnels dans leur moralisme, ils n'en sont pas moins frappants par leur dimension personnelle.

L'essentiel du chapitre relève cependant de la justification, de la défense face à des critiques. Wang Chong répond à deux types d'objections, d'une part sur la forme du *Lunheng*, d'autre part sur son statut en tant qu'auteur. Certains lui reprochent un style trop simple, qui signalerait le manque de profondeur de ses idées ; d'autres semblent lui en vouloir pour des maladresses, ou encore pour une écriture trop prolixe : il répond à ces contradicteurs en insistant sur la primauté du fond sur la forme, et sur l'importance et l'urgence de sa quête de la vérité, qui prime sur toute considération stylistique. On l'interroge également sur sa légitimité en tant qu'auteur : comme il ne vient pas d'une grande famille lettrée, et qu'il ne peut guère se prévaloir d'une carrière officielle réussie, quel crédit accorder à son œuvre et à ses idées ? L'argument peut nous sembler étrange, mais il renvoie aux réalités des cloisonnements sociaux, et sans doute à la construction de l'identité des élites sous les Han. Les réponses de Wang Chong paraissent presque banales, mais elles remettent en cause les frontières entre les classes, et possèdent une dimension presque démocratique dans leur conviction que le talent littéraire ou philosophique ne dépend pas du milieu.

Notes sur les conventions utilisées dans le présent volume

Le texte suivi est celui de l'édition *Lunheng jiaoshi* 論衡校釋, de Huang Hui 黃暉, dans l'édition Zhonghua shuju (1990). Les corrections textuelles proposées correspondent aux corrections de cette édition (soit dans le texte même, soit dans les notes, que ce soit celles de Huang Hui ou d'autres commentateurs qu'il mentionne) et ne font dans la règle pas l'objet de mention particulière ; les rares autres corrections proposées font l'objet d'une note.

Dans le texte chinois, les parenthèses indiquent des suppressions de caractères, et les crochets indiquent des ajouts :

(X)	indique que le caractère X doit être supprimé
[X]	indique que le caractère X doit être ajouté
(X)[Y]	indique que le caractère X doit être remplacé par le caractère Y
□□	indique des lacunes, chaque carré représentant un caractère manquant

La division du texte en paragraphes suit généralement les éditions courantes, sauf dans les cas où l'argumentation de Wang Chong paraissait imposer un autre découpage.

La transcription utilisée est la transcription dite *pinyin.* Nous n'indiquons pas les tons du *pinyin*, sauf dans le cas du tyran Zhòu, pour le distinguer de la dynastie Zhou.

Pour la traduction de noms d'ouvrages, de noms propres, de titres officiels, nous avons généralement suivi les usages du premier volume de la *Balance des discours* ; étant donné l'importance des Classiques, par opposition aux autres textes, dans les chapitres traduits ici, nous avons cependant choisi de rendre le mot *jing* 經 par « Classique » (au lieu de « Livre »), même si à l'occasion cette traduction peut être anachronique.

Les noms d'ouvrages sont indiqués en traduction dans le texte et dans tous les cas où la traduction est parlante pour le lecteur non sinisant ; ils sont indiqués en chinois (*pinyin*) dans les références en notes de bas de page.

Nous avons renoncé à traduire quelques mots chinois difficiles à rendre en français, ou passés dans l'usage occidental, en particulier le mot *qi*, « vapeur », « souffle », « énergie ».

En cas d'ambiguïté, les indications de dates sont suivies de AEC, « avant l'ère commune » (ou « avant l'ère chrétienne ») ou EC, « ère commune » (ou « ère chrétienne »).

Les renvois au premier volume de la *Balance des discours. Destin, providence et divination* (trad. Marc Kalinowski) se font sous la forme *Balance* 2011.

Repères chronologiques

Les Trois Augustes et les Cinq Souverains : époque des souverains mythiques et légendaires comme Fuxi, l'inventeur des huit trigrammes, l'empereur Jaune, patron des arts du Tao sous les Han, les souverains Yao et Shun de la tradition canonique.

Les Trois Dynasties, ou époque des anciennes royautés :

Les Xia : Yu le Grand succède à Shun et fonde la première dynastie royale avec son fils Qi.

Les Shang (ou Yin) : l'ancêtre fondateur est Tang le Victorieux, assisté de son ministre Yi Yin (apparition des premiers documents écrits vers 1250 avant notre ère).

Les Zhou occidentaux (1050-771), dont la capitale se trouvait dans l'actuelle région de Xi'an au Shaanxi dont les fondateurs sont les rois Wen et Wu, assistés du duc de Zhou et du Grand-duc Wang.

Les Zhou orientaux (770-256) : la capitale se déplace vers l'est, dans l'actuelle région de Luoyang, les rois Zhou n'exercent plus qu'un pouvoir de principe.

Les Printemps et automnes, ou époque des cinq hégémons (770-481).

Les Royaumes combattants, ou époque des sept États indépendants (480-221) ; l'un d'eux, le royaume de Qin, finit par conquérir les six autres : le royaume de Han en 230, le royaume de Wei en 225, le royaume de Chu en 223, le royaume de Zhao en 222, le royaume de Yan en 222 et le royaume de Qi en 221.

DYNASTIE QIN (221-206), dont la capitale était à Xianyang (région de l'actuelle Xi'an) : suite aux guerres d'unification de la période précédente, le roi Zheng de Qin (r. 246-210) fonde le premier empire chinois en s'arrogeant le titre de Premier Auguste Empereur en 221.

Premier Empereur : 221-210.
Second Empereur : 209-207.

DYNASTIE DES HAN ANTÉRIEURS, capitale Chang'an (206 AEC-9 EC).

Empereur Gaozu (Liu Bang), fondateur de la dynastie : 202-195.
Empereur Hui : 195-188.
Impératrice douairière Lü : 188-180.
Empereur Wen : 180-157.
Empereur Jing : 157-141.
Empereur Wu : 141-87.
Empereur Zhao : 87-74.
Empereur Xuan : 74-49.
Empereur Yuan : 48-33.
Empereur Cheng : 33-7.
Empereur Ai : 7-1.
Empereur Ping : 1 AEC-6 EC.

DYNASTIE XIN (interrègne de Wang Mang) : 9-23.
DYNASTIE DES HAN POSTÉRIEURS, capitale Luoyang (25-220).

Empereur Guangwu (Liu Xiu) : 25-57 (*naissance de Wang Chong en 27*).
Empereur Ming : 57-75.
Empereur Zhang : 75-88.
Empereur He : 88-106 (*mort de Wang Chong vers 100*).

Le dernier empereur, Xiandi, accède au pouvoir en 189 et abdique en 220.

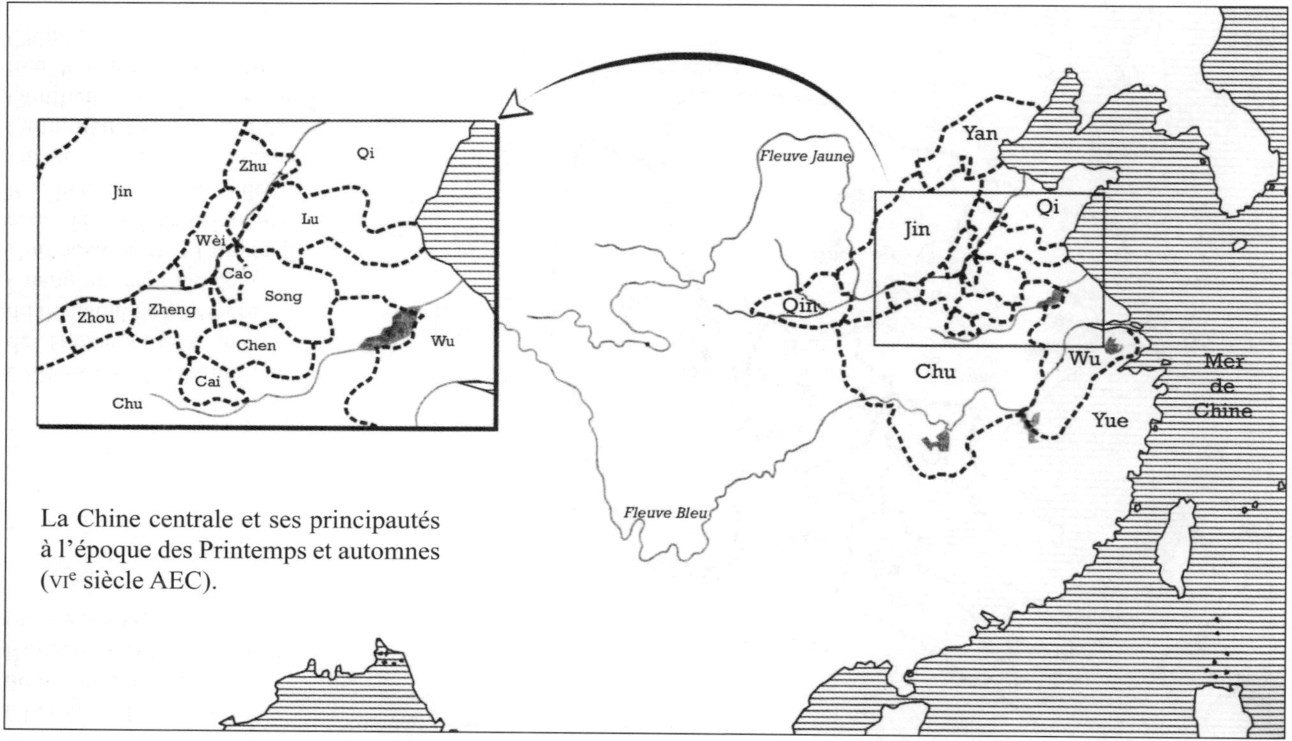

La Chine centrale et ses principautés à l'époque des Printemps et automnes (VIe siècle AEC).

Ci-contre : Les pays du milieu à la fin des Royaumes combattants (IIIe siècle AEC).

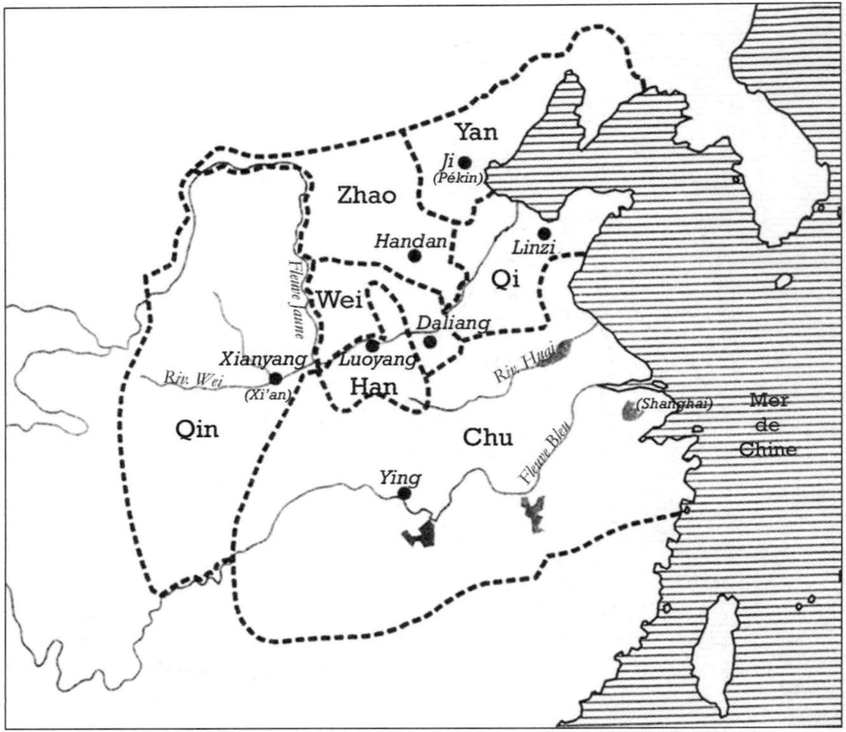

Ci-dessous : La Chine des Han aux alentours du Ier siècle de notre ère : Chang'an, capitale des Han postérieurs ; Luoyang, capitale des Han orientaux ; Pei, lieu de naissance de Gaozu, fondateur des Han ; Qufu, lieu de naissance de Confucius ; Guiji (ou Kuaiji), lieu de naissance de Wang Chong.

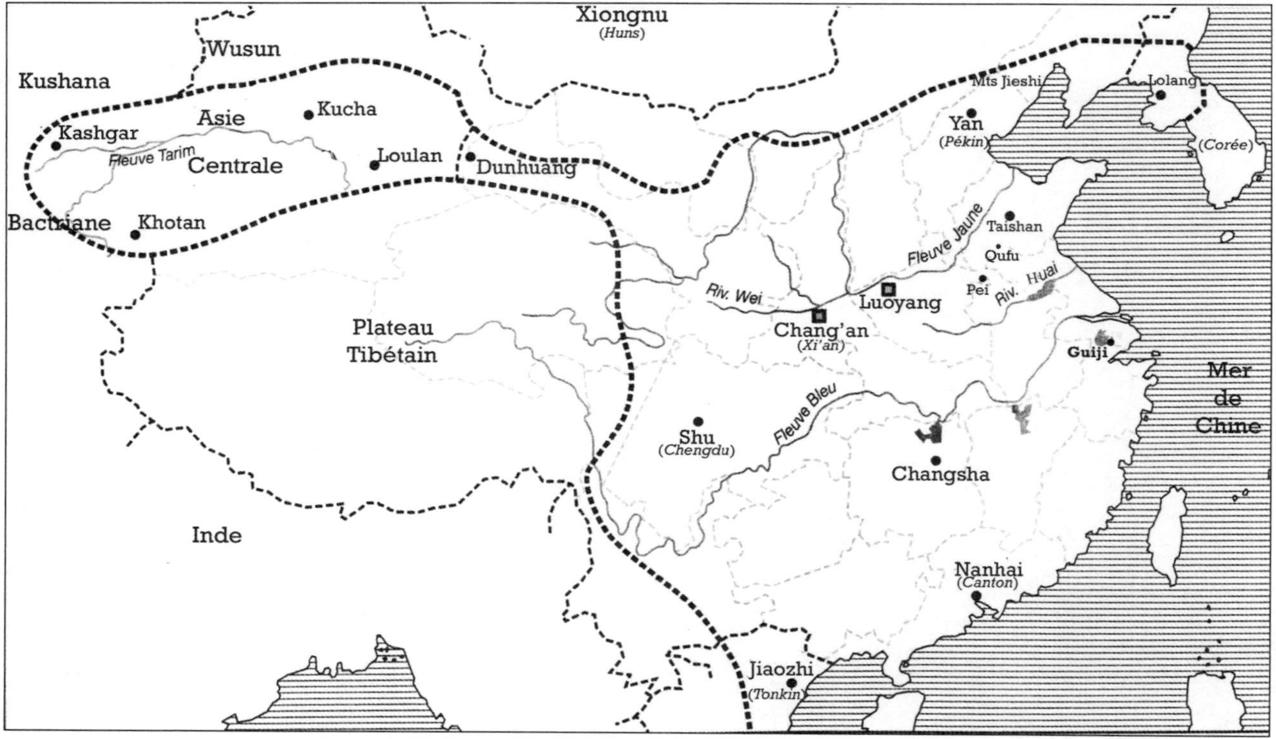
Xiongnu
(Huns)
Wusun
Kushana
Asie
Centrale
Kucha
Kashgar
Fleuve Tarim
Loulan
Dunhuang
Bactriane
Khotan
Mts Jieshi
Lolang
Yan
(Pékin)
(Corée)
Taishan
Fleuve Jaune
Qufu
Pei
Riv. Huai
Riv. Wei
Luoyang
Chang'an
(Xi'an)
Plateau
Tibétain
Guiji
Mer
de
Chine
Fleuve Bleu
Shu
(Chengdu)
Changsha
Inde
Nanhai
(Canton)
Jiaozhi
(Tonkin)

BALANCE DES DISCOURS

Traités philosophiques

王充論衡

無形篇第七

1. 人稟元氣於天, 各受壽夭之命, 以立長短之形, 猶陶者用 (土) 〔埴〕為簋 (廉) 〔廡〕, 冶者用銅為柈杅矣。器形已成, 不可小大；人體已定, 不可減增。用氣為性, 性成命定。體氣與形骸相抱, 生死與期節相須。形不可變化, 命不可減加。以陶冶言之, 人命短長, 可得論也。

或難曰：陶者用埴為簋 (廉) 〔廡〕, 簋 (廉) 〔廡〕壹成, 遂至毀敗, 不可復變。若夫冶者用

1. « *Qi* » : au sens concret, le mot désigne l'air, les souffles naturels, la vapeur – l'étymologie du caractère (discutée) suggère la vapeur de cuisson du riz. Dans les textes philosophiques ou médicaux, le caractère renvoie aussi aux fluides ou énergies qui se combinent pour former et informer toutes choses ; nous renonçons à traduire ce mot, qui n'a pas d'équivalent satisfaisant en français.

2. « Lot de vie » : nous traduisons ainsi le mot *ming* 命, « destinée », pour suggérer la dimension très quantitative et matérielle du concept dans ce chapitre.

Des métamorphoses
(Traité 7, « Wu xing »)

1. Les hommes reçoivent du ciel un *qi* originel[1], et à chacun échoit un lot de vie[2] qui décide s'il vivra longtemps ou pas ; c'est aussi ce *qi* originel qui détermine sa taille, grande ou petite. C'est comme le potier qui utilise de l'argile pour faire vases et amphores, ou le forgeron qui utilise du bronze pour faire assiettes et bols : une fois ces récipients formés, ils ne peuvent plus être réduits ou agrandis ; une fois le corps humain déterminé, il ne peut plus être diminué ou augmenté. La nature humaine procède du *qi*, une fois celle-ci déterminée, le lot de vie est fixé. Le *qi* corporel informe la forme physique, et les dates de vie et de mort dépendent des cycles naturels. Une fois formé, le corps ne peut plus changer, et le lot de vie ne peut plus augmenter ou diminuer. La comparaison avec le potier et le forgeron est appropriée pour discuter de la longévité[3].

À quoi l'on pourra rétorquer : certes, lorsque le potier a fabriqué avec de l'argile vases et amphores, il ne peut plus rien y changer, ce jusqu'à la destruction de ces récipients ; mais lorsque le forgeron a fondu le bronze pour produire

3. Le raisonnement par analogie est très important chez Wang Chong. Étant donné l'importance des relations, correspondances et corrélations dans la pensée chinoise ancienne, l'analogie possède une force particulière : elle est plus qu'une simple comparaison, elle a souvent valeur de preuve, même lorsque (comme ici) les éléments comparés n'entretiennent (de notre point de vue) aucune relation entre eux.

銅為柈杅, 柈杅雖已成器, 猶可復爍, 柈可得為尊, 尊 (不) 〔亦〕可為簋。人稟氣於天, 雖各受壽夭之命, 立以形體, 如得善道神藥, 形可變化, 命可加增。

曰 : 冶者變更成器, 須先以火燔爍, 乃可大小短長。人冀延年, 欲比於銅器, 宜有若鑪炭之化乃易形, 形易壽亦可增。人何由變易其形, 便如火爍銅器乎 ?

2. « 禮 » 曰 : 「水潦降, 不獻魚鼈。」何則 ? 雨水暴下, 蟲蛇變化, 化為魚鼈。離本真暫變之蟲, 臣子謹慎, 故不敢獻。人願身之變, 冀若蟲蛇之化乎 ? 夫蟲蛇 (未) 〔之〕化者, 不若不化者。蟲蛇未化, 人不食也 ; 化為魚鼈, 人則食之。〔見〕食則壽命乃短, 非所冀也。

4. Il s'agit ici d'une référence au *Classique des rites* (*Lijing*), qui sous les Han peut désigner le *Yili* ou comme ici, le *Liji.* Rappelons que les trois grands rituels du confucianisme, soit le *Zhouli* (« Rituel des Zhou »), le *Yili* (« Cérémonial ») et le *Liji* (« Mémoire sur les rites ») trouvent leur forme définitive sous les Han, et sans doute très tardivement en ce qui concerne le *Liji*.

ses assiettes et bols, il peut les refondre, même lorsqu'ils sont déjà formés : une assiette peut ainsi être transformée en coupe, et une coupe, en vase. Les hommes reçoivent leur *qi* du ciel, et même si à chacun échoit un lot de vie qui décide de sa longévité, et un corps d'une certaine taille, en recourant à des méthodes et remèdes magiques ils peuvent transformer leur corps et augmenter leur longévité.

Je réponds : si le forgeron souhaite transformer un récipient, il doit d'abord le faire fondre en le chauffant ; c'est seulement alors qu'il peut le rendre plus grand ou plus petit. Et comme pour ces récipients de bronze, pour prolonger sa vie, l'homme devrait se transformer par le feu et le charbon ; alors seulement il pourrait changer de corps, et son corps une fois changé, augmenter sa longévité. Mais par quel moyen comparable à celui du feu qui fond des récipients de bronze peut-on transformer son corps ?

2. Les *Rites*[4] disent : « Lorsqu'il a plu à verse, on n'offre pas de poissons et de tortues à son prince[5]. » En effet, pendant les grosses pluies, insectes et serpents se transforment en poissons et tortues, et un sujet avisé ne saurait offrir des animaux ayant perdu provisoirement leur vraie nature. Les hommes qui souhaitent transformer leur corps espèrent-ils une métamorphose analogue à celle de ces insectes et serpents ? Mais il vaut mieux ne pas se transformer plutôt que se métamorphoser comme ces derniers : avant qu'insectes et serpents se transforment, on ne les mange pas, alors qu'on les mange une fois qu'ils se sont changés en poissons et tortues. Or il n'est guère souhaitable de voir sa vie raccourcie pour avoir été mangé.

5. *Liji*, 1, « Qu li, shang ».

歲月推移, 氣變物類, 蝦蟆為鶉, 雀為蜄蛤。人願身之變, 冀若鶉與蜄蛤魚鼈之類也？人設捕蜄蛤, 得者食之。雖身之 (不) 化, 壽命不得長, 非所冀也。

魯公牛哀寢疾, 七日變而成虎；鯀殛羽山, 化為黃能, 願身變者, 冀〔若〕牛哀之為虎, 鯀之為能乎？則夫虎能之壽, 不能過人, 天地之性, 人最為貴, 變人之形, 更為禽獸, 非所冀也。凡可冀者, 以老翁變為嬰兒, 其次, 白髮復黑, 齒落復生, 身氣丁彊, 超乘不衰, 乃可貴也。徒變其形, 壽命不延, 其何益哉？

3. 且物之變, 隨氣, 若應政治, 有所象為, 非天所欲壽長之故, 變易其形也, 又非得神草珍藥食

6. Il s'agit de croyances courantes en Chine ancienne, et reprises dans diverses sources comme le *Mozi*, le *Liji*, ou encore le *Liezi.*

7. Nous corrigeons le texte chinois selon l'édition *Xinbian Lunheng* (p. 188).

8. Gongniu Ai : personnage de l'époque des Printemps et automnes, il se serait transformé en tigre et aurait dévoré son frère venu lui rendre visite ; cf. *Huainanzi*, 2, « Chu zhen xun ».

Selon des cycles annuels ou mensuels, le *qi* commande que certaines espèces se transforment en d'autres : ainsi le crapaud devient-il caille, et le moineau, huître[6]. Les hommes espérant se transformer pensent-ils à une métamorphose de ce type ? Mais si les gens attrapent ces cailles ou ces huîtres, ils les mangent ; et bien que ces animaux se soient transformés[7] ils ne gagnent rien en longévité, et donc n'ont rien d'enviable.

Après sept jours de maladie, Gongniu Ai, de Lu, se serait métamorphosé en tigre[8] ; et Gun se serait transformé en ours après avoir été mis à mort[9]. Ces gens qui aspirent à se métamorphoser souhaitent-ils devenir tigres comme Gongniu Ai ? Ou devenir ours comme Gun ? Mais la longévité des tigres ou des ours ne dépasse pas celle de l'homme qui, parmi toutes les créatures tenant leur nature du ciel et de la terre, est la plus noble : pour un homme, il n'est donc pas souhaitable de se changer en animal. Ce qui est souhaitable, c'est redevenir enfant lorsqu'on est âgé, ou à défaut, que les cheveux blancs redeviennent noirs, que les dents tombées repoussent, que le *qi* du corps se renforce, et qu'on soit capable de se mettre en selle avec agilité. À quoi bon se métamorphoser si cela ne prolonge en rien la longévité ?

3. En outre, les transformations subies par les êtres répondent à des transformations de *qi*, de la même façon que des phénomènes extraordinaires se produisent en réaction à la façon dont l'empire est gouverné[10]. Or lorsque des êtres se métamorphosent, ce n'est pas parce que le ciel voudrait

9. Gun : personnage légendaire, père du non moins légendaire souverain Yu, qui selon la tradition aurait fondé la dynastie Xia. Gun aurait été exécuté par Shun, et son âme se serait transformée en ours ; cf. *Zuozhuan*, « Zhaogong », 7e année.

10. Ce que veut dire Wang Chong, c'est que les transformations de *qi* ne se produisent pas sans raison, mais obéissent à des règles : en tant que phénomènes extraordinaires, elles devraient être la conséquence de la volonté du ciel, de la même façon que les signes fastes ou néfastes qui sanctionnent une bonne ou une mauvaise politique.

之而變化也。人恒服藥固壽, 能增加本性, 益其身年也。遭時變化, 非天之正氣, 人所受之真性也。天地不變, 日月不易, 星辰不沒, 正也。人受正氣, 故體不變。

時或男化為女, 女化為男, 由高岸為谷, 深谷為陵也, 應政為變, 為政變, 非常性也。漢興, 老父授張良書, 已化為石, 是以石之精為漢興之瑞也, 猶河精為人持璧與秦使者, 秦亡之徵也。

4. 蠶食桑老, 績而為繭, 繭又化而為蛾, 蛾有兩翼, 變去蠶形。蠐螬化為復育, 復育轉而為蟬,

11. « Juste *qi* » (*zheng qi* 正氣) : peut-être à mettre en parallèle avec le « destin juste » (*zheng ming* 正命), soit celui qui est favorable par nature, et qui correspond à une vie de cent ans ; cf. *Lunheng*, 6.7 et 6.12 (*Balance* 2011, p. 20, p. 22). Le texte de ce paragraphe est difficile (ou corrompu), notre traduction est par endroits conjecturale. Mais le sens général ne fait aucun doute : ici comme ailleurs dans le *Lunheng*, Wang Chong juge que rien ne saurait modifier notre nature essentielle.

12. Wang Chong se réfère sans doute aux effets de tremblements de terre ou d'inondations, probablement avec une connotation sexuelle : dans le taoïsme, la vallée (*gu* 谷) renvoie volontiers au vide créateur de la matrice féminine ; cf. *Laozi*, 6, 39, etc.

13. En Chine ancienne, les tremblements de terre et autres calamités étaient volontiers interprétés comme des sanctions célestes invitant le souverain à changer de politique. Wang Chong critique cette idée dans plusieurs chapitres du *Lunheng*, mais il la reprend ici à des fins rhétoriques.

prolonger leur vie, et ces transformations ne s'expliquent pas non plus par la consommation de plantes magiques ou de remèdes précieux. La prise de remèdes pour augmenter la longévité permet de renforcer sa nature et d'accroître ses années de vie, mais ce n'est qu'un changement provisoire : il ne s'agit pas d'un changement du juste *qi* tel qu'on l'a reçu du ciel ; car ni le ciel ni la terre, ni le soleil ni la lune, ni les étoiles et planètes ne sauraient transformer la nature véritable reçue par chacun en naissant. Parce qu'on a reçu ce juste *qi*, on ne peut transformer son corps[11].

Il arrive qu'un homme se transforme en femme, ou qu'une femme se transforme en homme, de la même façon qu'une pente abrupte peut devenir vallée ou qu'une vallée profonde peut devenir montagne[12] ; mais là aussi ces changements répondent à la façon dont l'empire est gouverné[13] et ne sauraient affecter la nature constante des choses. Ainsi, au moment de la fondation de la dynastie Han, un vieillard offrit à Zhang Liang un traité[14], puis se transforma en pierre, l'essence de la pierre étant un présage favorable pour la fondation des Han. De même, l'esprit du fleuve Jaune se transforma en homme pour remettre le jade qu'il tenait en main à un émissaire Qin, ce qui était un signe annonçant la fin de la dynastie Qin[15].

4. Les vers à soie mangent des feuilles de mûriers, une fois adultes ils filent leurs cocons, et à la suite d'un nouveau changement deviennent papillons ; les papillons possèdent deux ailes et ont donc un corps transformé par rapport aux

14. Zhang Liang (?-186 AEC) : stratège et homme d'État qui joua un rôle important dans le renversement des Qin et la fondation des Han ; selon les *Mémoires historiques*, au tout début de sa carrière, un mystérieux vieillard, le « Génie de la Pierre Jaune », lui aurait donné un traité de stratégie militaire. Cf. *Shiji*, 55.

15. Plusieurs sources anciennes rapportent cette histoire ; cf. par exemple *Shiji*, 6. Le texte parle ici littéralement de « l'essence du fleuve Jaune » (*hejing* 河精), les autres sources parlent de « l'esprit du Fleuve » (*jiangshen* 江神), c'est-à-dire le fleuve Bleu : Yangzi ou Yang-tsé.

蟬生兩翼，不類蠐螬。凡諸命蠕蜚之類，多變其形，易其體；至人獨不變者，稟得正也。生為嬰兒，長為丈夫，老為父翁，從生至死，未嘗變更者，天性然也。天性不變者，不可令復變；變者，不可〔令〕不變。

若夫變者之壽，不若不變者。人欲變其形，輒增益其年，可也。如徒變其形，而年不增，則蟬之類也，何謂人願之？

龍之為蟲，一存一亡，一短一長，龍之為性也，變化斯須，輒復非常。

由此言之，人，物也，受不變之形，〔形〕不可變更，年不可增減。

16. Le mot *qicao* 蠐螬 désigne généralement la larve du scarabée ; cf. aussi *Lunheng*, 62.

vers. Les larves de cigales se transforment en nymphes, qui elles-mêmes deviennent des cigales ; les cigales ont deux ailes et ne ressemblent pas aux larves[16]. Les espèces qui par nature rampent ou volent transforment souvent leur corps et leur apparence. En ce qui concerne l'homme, s'il est le seul à ne pas changer de la sorte, c'est en raison du juste *qi* qu'il a reçu à la naissance : c'est la nature qu'il a reçue du ciel qui veut qu'il naisse bébé, qu'il croisse et devienne adulte, qu'il vieillisse et devienne vieillard, mais que de la naissance à la mort, il ne connaisse aucune métamorphose. On ne peut transformer ceux dont la nature veut qu'ils ne se transforment pas ; et on ne peut empêcher de se transformer les créatures dont la nature commande qu'elles se transforment.

Mais pour ce qui est de la longévité, les créatures qui se métamorphosent ne valent pas celles qui ne se transforment pas. On comprendrait que l'homme veuille se métamorphoser si cela lui permettait d'accroître sa longévité ; mais pourquoi souhaiterait-il une simple transformation, sans prolongation de la vie, comme c'est le cas pour les espèces comme la cigale ?

Un animal comme le dragon peut apparaître ou disparaître, et devenir court ou long : c'est sa nature qui fait qu'il se transforme ainsi en un instant, et que son corps ne connaisse aucune constance[17].

On conclura de ce qui précède que l'homme, en tant que créature dotée d'un corps qui ne peut se transformer, ne peut connaître de telles métamorphoses, et ne saurait donc augmenter ou diminuer ainsi le nombre de ses années.

17. Constance : *chang* 常. Le mot désigne chez Wang Chong les régularités naturelles, qui ont presque la valeur des lois naturelles de la science moderne.

5. 傳稱高宗有桑穀之異, 悔過反政, 享福百年, 是虛也。傳言宋景公出三善言, 熒惑卻三舍, 延年二十一載, 是又虛也。又言秦繆公有明德, 上帝賜之十九年, 是又虛也。〔傳〕稱赤松、王喬好道為仙, 度世不死, 是又虛也。

假令人生立形謂之甲, 終老至死, 常守甲形。如好道為仙, 未有使甲變為乙者也。夫形不可變更, 年不可減增。何則 ? 形、氣、性, 天也。(形)〔性〕為春, 氣為夏。人以氣為壽, 形隨氣

18. Gaozong : nom de temple du roi Wuding des Shang, qui régna vers 1200 avant notre ère. « Un mûrier et du millet » : cette apparition simultanée dans la cour royale était considérée comme un mauvais présage ; selon une autre interprétation courante, le binôme *sanggu* 桑穀 ne désignerait pas un mûrier et du millet, mais deux différentes espèces de mûriers. Plusieurs sources anciennes rapportant ce phénomène ne le situent pas sous le règne de Wuding, mais sous celui du septième roi de la dynastie, Taimou (Damou, XIVe s.) ; cf. *Shiji*, 3.

19. Le duc Jing de Song (r. 516-469). Song : pays de l'époque des Printemps et automnes (actuel Henan).

20. Le duc Mu de Qin (r. 659-621) : l'un des hégémons de l'époque des Printemps et automnes ; sous son règne, le pays de Qin connut une importante expansion territoriale.

5. Les livres relatent que sous le règne de Gaozong, un mûrier et du millet poussèrent de façon anormale dans l'enceinte du palais[18] ; le roi s'amenda et réforma sa façon de gouverner, ce qui lui valut de bénéficier de cent ans de vie supplémentaire ; cela est faux. Les livres relatent aussi que le duc Jing de Song prononça trois bonnes paroles pour son peuple, avec pour résultat que Mars rétrograda de trois constellations, et que le duc obtint vingt et un ans supplémentaires de règne[19] ; cela est également faux. Les textes racontent encore que comme le duc Mu de Qin faisait preuve d'une vertu parfaite, le Seigneur d'en haut lui offrit dix-neuf ans de vie supplémentaire[20] ; cela encore est faux. Ils rapportent en outre que Chisong et Wang Qiao cultivèrent la Voie pour devenir immortels et qu'ils survécurent durant des générations[21], ce qui est également faux.

Si l'on appelle « A »[22] le corps d'un homme à sa naissance, il gardera ce corps « A » durant toute sa vie et jusqu'à la vieillesse et la mort ; ceux qui pratiquent la Voie pour devenir des immortels ne sauraient donc transformer leur corps « A » en un corps « B ». Car le corps ne peut se transformer, et on ne peut ainsi augmenter ou diminuer sa longévité. Pourquoi en est-il ainsi ? Parce que le corps, le *qi* et notre nature nous viennent du ciel[23]. On peut rapporter la nature humaine au printemps, et le *qi*, à l'été : la longévité dépend du *qi*, et le corps dépend du *qi* pour son développement[24].

21. Chisong : maître des pluies sous le règne du mythique souverain Shennong, il serait devenu immortel ; Wang Qiao, ou Wang Ziqiao : fils du roi Ling des Zhou (r. 571-545), il serait devenu immortel.

22. « A », « B » : Wang Chong utilise les deux premiers termes du cycle décimal des dix troncs célestes, *jia* 甲 et *yi* 乙.

23. C'est-à-dire, dans ce contexte, de la nature.

24. En lisant *xing*, « nature » au lieu de *xing*, « corps », dans le texte chinois au début de la phrase. Wang Chong fait une analogie avec les plantes, qui poussent en été, mais dont la croissance est décidée au printemps, au moment où elles sont semées.

而動。氣性不均, 則於體不同。午壽半馬, 馬壽半人, 然則牛馬之形與人異矣。稟牛馬之形, 當自得牛馬之壽, 牛馬之不變為人, 則年壽亦短於人。世稱高宗之徒, 不言其身形變異, 而徒言其增延年壽, 故 (有)〔不〕信矣。

形之□血氣也, 猶囊之貯粟米也。一石囊之高大, 亦適一石。如損益粟米, 囊亦增減。人以氣為壽, 氣猶粟米, 形猶囊也。增減其壽, 亦當增減其身, 形安得如故？

如以人形與囊異, 氣與粟米殊, 更以苞瓜喻之。苞瓜之汁, 猶人之血也；其肌, 猶肉也。試令人損益苞瓜之汁, 令其形如故, 耐為之乎？人不耐損益苞瓜之汁, 天安耐增減人之年？人年不可增減, 高宗之徒, 誰益之者, 而云增加？

25. La calebasse : Wang Chong semble se référer au fruit, et non pas au récipient, mais à vrai dire son argumentation dans les phrases qui suivent n'est pas limpide.

Comme les espèces varient en ce qui concerne leur *qi* et leur nature, leurs corps ne sont pas les mêmes. La longévité d'un bœuf équivaut à la moitié de celle d'un cheval, et celle d'un cheval représente la moitié de celle d'un homme ; et donc le corps du bœuf et celui du cheval diffèrent de celui de l'homme. Les créatures qui reçoivent un corps de bœuf ou de cheval ont par nature la longévité d'un bœuf ou d'un cheval ; ces animaux ne sauraient se transformer en hommes, et donc leur longévité est plus courte que celle de l'homme. Lorsque les gens parlent de Gaozong et de ses pairs, ils décrivent l'accroissement de leur longévité sans mentionner une quelconque métamorphose de leurs corps, et ne sont donc pas crédibles.

On peut comparer le sang et le *qi* contenus dans le corps au millet ou au riz contenu dans un sac : un hectolitre de millet ou de riz correspond à un sac de taille correspondante. Lorsqu'on réduit ou augmente la quantité de grain, la taille du sac diminue ou grossit en conséquence. Chez les hommes, la longévité dépend du *qi* ; le *qi* est au grain ce que le corps est au sac. Si leur longévité se trouvait augmentée ou diminuée, il en irait de même de leur corps – comment ce dernier pourrait-il garder sa taille d'origine ?

Mais peut-être jugera-t-on que le corps humain diffère par trop d'un sac, et que le *qi* diffère par trop du grain ; comparons alors avec la calebasse[25] : le jus contenu dans une calebasse correspondrait alors au sang de l'homme, et la coque de la calebasse correspondrait à sa chair. Vouloir diminuer ou augmenter la quantité de jus dans une calebasse tout en préservant sa forme d'origine, voilà qui est impossible ! Si l'homme ne saurait diminuer ou augmenter le jus d'une calebasse, comment le ciel pourrait-il augmenter ou diminuer la longévité d'un homme ? Et s'il est impossible d'augmenter ou de diminuer la longévité d'un homme en transformant son corps, qui aurait réussi ainsi à augmenter celle de Gaozong et de ses pairs, comme on le raconte ?

如言高宗之徒, 形體變易, 其年亦增, 乃可信也。今言年增, 不言其體變, 未可信也。何則 ? 人稟氣於天, 氣成而形立, (則)〔形〕命相須, 以至終死, 形不可變化, 年亦不可增加。以何驗之 ? 人生能行, 死則僵仆, 死則氣 (減)〔滅〕, 形消而壞。稟〔氣〕生人, 形不可得變, 其年安可增 ?

6. 人生至老, 身變者, 髮與膚也。人少則髮黑, 老則髮白, 白久則黃。髮之變, 形非變也。人少則膚白, 老則膚黑, 黑久則黯, 若有垢矣。髮黃而膚為垢, 故 «禮» 曰 : 「黃耇無疆。」髮〔膚〕變異, 故人老壽遲死, 骨肉不可變更, 壽極則死矣。

26. À la mort, le *qi* se dissipe et le corps se décompose ; mais pendant la vie, le *qi* reçu à la naissance informe le corps et donc celui-ci ne peut se transformer.

27. Il ne se transforme pas à la manière de certains animaux, mentionnés ci-dessus, ou des immortels dont il est question dans le paragraphe suivant, qui selon la tradition se verraient littéralement pousser les ailes.

On pourrait croire à un accroissement de la longévité de ces personnages si on mentionnait en même temps une métamorphose corporelle ; mais il est question d'un accroissement d'années sans aucune indication d'une telle métamorphose, et donc ces histoires ne sont pas crédibles. Pourquoi cela ? Parce que l'homme reçoit son *qi* du ciel, qu'une fois ce *qi* constitué, le corps est formé, et que désormais ce corps et le lot de vie sont mutuellement dépendants, ce jusqu'à la mort. Le corps ne peut se transformer, et les années ne peuvent être augmentées. Comment le prouver ? Vivant, l'homme peut se mouvoir ; mort, il tombe raide, parce qu'à la mort le *qi* se dissipe, avec pour conséquence que le corps est détruit et se décompose. L'homme naît avec un certain *qi* et son corps est désormais formé[26] : comment pourrait-il dès lors accroître ses années de vie ?

6. De la naissance à la mort, la personne ne connaît de changements que ceux des cheveux et de la peau. Les cheveux du jeune homme sont noirs, lorsqu'il vieillit ils blanchissent, voire avec le temps deviennent jaunes. Mais si les cheveux changent, le corps ne se transforme pas[27]. La peau du jeune homme est blanche, elle fonce à mesure qu'il vieillit, et avec le temps devient sombre, comme couverte de poussière. Cheveux jaunis et peau grisâtre – voilà pourquoi le *Cérémonial* dit : « Cheveux jaunes et peau grisâtre sont la marque d'un très grand âge[28]. » Si un homme a les cheveux et la peau qui ont changé de la sorte, c'est qu'il a vécu longtemps et qu'il mourra à un âge avancé ; mais ses os et sa chair ne se sont pas transformés, et une fois au terme de sa longévité il mourra quand même.

28. *Yili*, 1, « Shi guan li ».

7. 五行之物, 可變改者, 唯土也。埏以為馬, 變以為人, 是謂未入陶竈更火者也。如使成器, 入竈更火, 牢堅不可復變。今人以為天地所陶冶矣, 形已成定, 何可復更也？

8. 圖仙人之形, 體生毛, 臂變為翼, 行於雲, 則年增矣, 千歲不死。此虛圖也。世有虛語, 亦有虛圖。假使之然, 蟬蛾之類, 非真正人也。

海外三十五國, 有毛民、羽民, 羽則翼矣。毛羽之民, 土形所出, 非言為道身生毛羽也。禹、益見西王母, 不言有毛羽。不死之民, 亦在外國, 不言有毛羽。毛羽之民, 不言不死；不死之民,

29. Sur les cinq agents ou cinq éléments (*wuxing* 五行), à savoir l'eau, le bois, le feu, la terre et le métal, cf. *Balance* 2011, p. LXIII.

30. Ou éventuellement : ce ne seraient pas des « hommes vrais », c'est-à-dire des immortels, en lisant *zhenren* 真人 à la place de *zhen zheng ren* 真正人.

31. Cf. *Huainanzi*, 4, « Dixing xun » pour une liste de ces pays largement imaginaires.

32. Littéralement : « c'est la configuration de la terre qui les produit ainsi ».

33. Contrairement à ce qu'espèrent les adeptes de techniques d'immortalité ; cf. par exemple *Baopuzi*, 3, « Dui su juan ».

34. Yu, ou Yu le Grand : roi mythique de la haute Antiquité chinoise, premier souverain de la dynastie Xia selon la tradition. Bo Yi (ou Boyi) : l'un de ses conseillers et ministres. La Mère reine de l'ouest : l'une des principales déesses de la Chine ancienne, déjà révérée sous la dynastie Shang ; elle aurait enseigné à Yu des techniques de gouvernement.

7. Parmi les cinq agents[29], le seul à pouvoir se transformer est la terre : en pétrissant l'argile on peut modeler un cheval, puis remodeler ce cheval en homme. Mais cela vaut tant que cette argile n'a pas été cuite au four : si on façonne un ustensile et le cuit au four, il devient solide et ne peut plus être transformé. Les hommes sont eux moulés et fondus par le ciel : une fois leur forme fixée, comment pourrait-on la transformer en autre chose ?

8. Lorsqu'on peint les immortels, on représente leur corps avec des poils, on leur met des ailes à la place des bras, on les montre se mouvant dans les nuages, avec l'idée qu'ils vivraient plus longtemps et ne mourraient pas, même au bout de mille ans. Mais ces peintures sont des inventions : de la même manière que les gens inventent des histoires, ils peuvent inventer des images ! Si ces peintures étaient vraies, les immortels seraient des sortes de cigales ou de papillons, ce ne seraient pas de véritables hommes[30].

Dans les trente-cinq pays au-delà des mers[31], on trouve le peuple-à-longs-poils et le peuple-à-plumes, c'est-à-dire doté d'ailes. Ces peuples sont le produit de leur milieu[32], et il n'est pas dit que c'est suite à la pratique de la Voie que ces poils ou plumes auraient poussé de la sorte[33]. Lorsque Yu et Bo Yi rendirent visite à la Mère reine de l'ouest[34], ils ne la décrivirent pas avec des poils ou des plumes. Le peuple-qui-ne-meurt-pas vit également dans les pays étrangers : on ne le décrit pas non plus avec des longs poils ou des ailes[35].

35. Il s'agit également d'un peuple mentionné dans la géographie mythologique du *Huainanzi* (chap. 4, « Di xing xun »).

不言毛羽。毛羽未可以效不死，仙人之有翼，安足以驗長壽乎？

Il n'est donc pas question d'immortalité pour les peuples à longs poils ou à plumes ; et pour le-peuple-qui-ne-meurt-pas, on ne parle ni de poils ni de plumes : poils et plumes ne sont donc pas un indice d'immortalité. Comment donc les ailes dont nos peintres affublent les immortels prouveraient-elles une très grande longévité ?

率性篇第八

1. 論人之性, 定有善有惡。其善者, 固自善矣 ; 其惡者, 故可教告率勉, 使之為善。凡人君父審觀臣子之性, 善則養育勸率, 無令近惡 ; (近) 惡則輔保禁防, 令漸於善。善漸於惡, 惡化於善, 成為性行。

2. 召公戒成〔王〕曰 :「今王初服厥命, 於戲 ! 若生子, 罔不在厥初生。」生子謂十五〔生〕子, 初生意於善, 終以善 ; 初生意於惡, 終以惡。

1. Duc de Shao (XIe s. AEC) : parent des fondateurs de la dynastie Zhou, il servit de conseiller au roi Cheng. Roi Cheng (r. 1042-1021 ?) : fils du roi Wu et deuxième souverain de la dynastie Zhou.

2. Cf. *Shangshu*, 4.12.

Amender sa nature
(Traité 8, « Shuai xing »)

1. Ceux qui débattent de la nature humaine la considèrent soit comme bonne, soit comme mauvaise. Ceux qui ont une bonne nature sont bons d'eux-mêmes. Ceux qui ont une mauvaise nature peuvent être rendus meilleurs par l'éducation et l'exhortation. Les supérieurs et les pères doivent examiner avec attention la nature de leurs sujets et de leurs enfants : lorsque leur nature est bonne, ils doivent la cultiver et les guider dans la bonne direction, en leur évitant les mauvais exemples ; lorsqu'elle est mauvaise, ils doivent les aider en leur fixant des interdits, et les soumettre à de bonnes influences. Une bonne nature peut graduellement devenir mauvaise, et une mauvaise nature peut grâce à l'éducation devenir bonne ; dans les deux cas le comportement apparaît comme naturel.

2. Le duc de Shao exhorta le roi Cheng[1] : « Votre Majesté commence aujourd'hui à exercer son pouvoir. Ah ! C'est comme pour l'enfant qui vient de naître, tout dépend des débuts[2] ! » Par « enfant qui vient de naître », le texte désigne un jeune homme de quinze ans[3] : si dès le début, ce jeune homme développe de bonnes habitudes, il restera bon toute sa vie ; s'il développe de mauvaises habitudes, il restera mauvais toute sa vie.

3. C'est-à-dire l'âge où le prince-héritier entre à l'Académie impériale. Il s'agit de l'interprétation de Wang Chong, la référence à un « enfant qui vient de naître » suggère un âge beaucoup plus jeune.

«詩»曰:「彼姝者子,何以與之?」傳言:「譬猶練絲,染之藍則青,染之丹則赤。」十五之〔生〕子,其猶絲也。其有所漸化為善惡,猶藍丹之染練絲,使之為青赤也。青赤一成,真色無異。是故楊子哭歧道,墨子哭練絲也。蓋傷離本,不可復變也。人之性,善可變為惡,惡可變為善,猶此類也。

蓬生麻間,不扶自直;白紗入緇,不練自黑。彼蓬之性不直,紗之質不黑;麻扶緇染,使之直黑。夫人之性猶蓬紗也,在所漸染而善惡變矣。

4. *Shijing*, « Airs de Yong, Gan mao ». James Legge (*The Chinese Classics*, vol. IV, *The She King*, p. 88) souligne que ce poème pose de grandes difficultés d'interprétation. Selon la plupart des commentaires traditionnels, la belle personne dont il est question ne serait pas « une belle enfant », mais un « admirable gentleman » que les officiers de Wei souhaitent honorer lors de son passage (dans le vocabulaire de J. Legge, le poème montrerait ainsi « the zeal of the officers of Wei to welcome men of worth »). Nous suivons l'interprétation du *Xinbian Lunheng* (p. 211), qui paraît plus propre à donner un sens à cette citation ici : Wang Chong sortirait le vers de son contexte, simplement pour suggérer qu'il faut donner le meilleur à un enfant de qualité.

5. L'analogie entre éducation et teinture de la soie est un lieu commun en Chine ancienne.

6. Maître Yang : c'est-à-dire le penseur Yang Zhu (IVe s. AEC) ; un voisin ayant perdu un mouton organisa une battue pour le retrouver, mais en vain, expliquant à Yang Zhu qu'il y avait trop de bifurcations où le mouton avait

Le *Classique des poèmes* dit : « À cette belle enfant, qu'offrirons-nous[4] ? » Les commentaires expliquent : « On peut comparer avec de la soie non teinte : si on l'imprègne d'indigo, elle devient bleue ; si on l'imprègne de vermillon elle devient rouge[5]. » Le jeune homme de quinze ans est comme cette soie : on peut l'imprégner de bien ou de mal, de la même façon que de la soie peut devenir bleue si elle est teintée d'indigo, ou rouge si elle est teintée de vermillon. Une fois cette soie devenue bleue ou rouge, c'est comme si c'était sa vraie couleur. C'est pour cette raison que maître Yang soupira au carrefour où s'étaient perdus les moutons[6] et que Mozi soupira devant la soie qu'on était en train de teindre[7] : ils s'inquiétaient de ce moment où l'on quitte sa condition première sans pouvoir revenir en arrière. Il en est de même en ce qui concerne la nature reçue à la naissance : une bonne nature peut devenir mauvaise, une mauvaise nature peut devenir bonne.

La vergerette qui croît au milieu du chanvre pousse droit sans qu'on ait besoin de l'étayer[8] ; la gaze qu'on plonge dans la boue devient noire sans qu'on ait besoin de la colorer. Par nature, la vergerette ne pousse pas droit, et la gaze n'est pas noire, mais le chanvre soutient la vergerette et la maintient droite, et la boue imprègne la gaze et la rend noire. La nature humaine reçue à la naissance est comparable à la vergerette ou à la gaze : elle change en bien ou en mal selon la façon dont on l'imprègne.

pu se perdre ; Yang Zhu aurait soupiré. Cf. *Liezi*, 8, « Shuo fu ». Wang Chong utilise cette anecdote pour montrer la fatalité de certains choix. Plusieurs sources relient cette anecdote non pas à Yang Zhu, mais à Mozi (cf. note suivante). À noter que dans le *Lunheng*, Wang Chong désigne également par le titre de « Maître Yang » le penseur Yang Xiong (53 AEC-18 EC).

7. Mozi (env. 470-391) : soit « maître Mo », c'est-à-dire Mo Di, le célèbre penseur et fondateur de la secte moïste, une école rivale du confucianisme ; cf. *Mozi*, 3, « Suo ran », et notre introduction.

8. Il s'agit d'une image courante en Chine ancienne pour suggérer l'importance du milieu et de l'éducation, cf. par exemple *Xunzi*, 1, « Quan xue ».

3. 王良、造父稱為善御, (不) 能使不良為良也。如徒能御良, 其不良者不能馴服, 此則駔工庸師服馴技能, 何奇而世稱之？故曰：「王良登車, 馬不罷駑；堯、舜為政, 民無狂愚」。

傳曰：「堯、舜之民, 可比屋而封, 桀、紂之民, 可比屋而誅。」「斯民也, 三代所以直道而行也。」聖主之民如彼, 惡主之民如此, 竟在化, 不在性也。

聞伯夷之風者, 貪夫廉而懦夫有立志；聞柳下惠之風者, 薄夫敦而鄙夫寬。徒聞風名, 猶或變節, 況親接形面相敦告乎！孔門弟子七十之徒,

9. Wang Liang et Zaofu (qu'on pourrait aussi comprendre, littéralement, comme « le Vieux Zao ») étaient deux cochers légendaires de la Chine ancienne.

10. On ignore la source de cette citation. Yao et Shun : souverains légendaires qui auraient vécu au IIIe millénaire avant notre ère ; le second succéda au premier.

11. Jie et Zhòu : il s'agit des derniers rois des dynasties Xia et Shang, respectivement, régulièrement présentés par la tradition comme des tyrans.

12. Cf. Lu Jia, *Xin yu*, 4, « Wu wei ».

13. Cf. *Lunyu*, 15.25. Cette phrase tirée des *Entretiens* de Confucius a donné lieu à diverses interprétations, nous proposons ici une lecture qui s'accorde avec l'esprit du paragraphe, c'est-à-dire l'idée selon laquelle le peuple est influencé favorablement par un bon gouvernement. Anne Cheng traduit par : « Notre peuple est encore celui qui permit aux Trois dynasties de suivre la Voie droite » (*op. cit.*, 15.24, p. 87).

14. Boyi : seigneur de la fin du règne du tyran Zhòu, il refusa avec son frère Shuqi l'allégeance à la nouvelle dynastie Zhou et se laissa mourir de

3. Wang Liang et Zaofu passaient pour d'excellents cochers, capables de transformer le plus mauvais cheval en excellent animal de trait[9]. S'ils s'étaient contentés de n'atteler que les meilleures bêtes, s'ils s'étaient montrés incapables de dresser les moins bonnes, ils n'auraient pas fait preuve de plus de compétences que de médiocres cochers. En quoi auraient-ils mérité des louanges ? Voilà pourquoi il est dit : « Point de chevaux paresseux dans les attelages de Wang Liang ! Point de sujets rétifs parmi les sujets de Yao ou de Shun[10] ! »

Les textes disent : « Sous les règnes de Yao et de Shun, chaque famille produisait des hommes dignes d'être anoblis ; sous les règnes de Jie et de Zhòu[11], chaque famille produisait des hommes méritant la peine de mort[12]. » Les textes disent encore : « C'est grâce aux souverains des trois dynasties que ce peuple s'est engagé dans une voie droite[13]. » Si les sujets d'un sage souverain sont si bons, si les sujets d'un souverain pervers sont si mauvais, c'est que tout dépend en fin de compte de l'éducation et non de notre nature.

Au simple récit de la conduite de Boyi[14], les cupides deviennent honnêtes, et les lâches, résolus ; au simple récit de la conduite de Liuxia Hui[15], les avares deviennent généreux, et les médiocres, magnanimes. Si de simples récits suffisent à transformer ceux qui les entendent, alors à plus forte raison le contact direct avec les sages et leurs enseignements ! Les soixante-dix disciples de Confucius développèrent tous des

faim ; Boyi et Shuqi sont devenus des parangons de loyauté dans la tradition confucianiste. Il ne faut pas confondre ce personnage avec Bo Yi, le mythique conseiller du roi Yu ; cf. *supra*, 7.8. Pour les distinguer, nous écrivons « Bo Yi » le nom de ce dernier, et « Boyi » le nom du personnage de la fin des Shang dont il est question ici.

15. Liuxia Hui (720-621) : de son vrai nom Zhan Huo, il était réputé pour sa vertu ; Liuxia est le nom de son fief. Cf. notamment *Mengzi*, 5B, « Wan Zhang xia ».

皆任卿相之用，被服聖教，文才雕琢，知能十倍，教訓之功而漸漬之力也。未入孔子之門時，閭巷常庸無奇。其尤甚不率者，唯子路也。世稱子路無恆之庸人，未入孔門時，戴雞佩豚，勇猛無禮，聞誦讀之聲，搖雞奮豚，揚唇吻之音，聒賢聖之耳，惡至甚矣。孔子引而教之，漸漬磨礫，閭導牖進，猛氣消損，驕節屈折，卒能政事，序在四科。斯蓋變性使惡為善之明效也。

4. 夫肥沃墝埆，土地之本性也。肥而沃者性美，樹稼丰茂。墝而埆者性惡，深耕細鋤，厚加糞壤，勉致人功，以助地力，其樹稼與彼肥沃者相似類也。

地之高下，亦如此焉。以钁鍤鑿地，以埤增下，則其下與高者齊；如復增钁鍤，則夫下者不徒齊

16. Zilu (542-480) : de son vrai nom Zhong You, l'un des plus célèbres disciples de Confucius, réputé pour sa loyauté et son franc-parler.

17. Littéralement, « il portait [des plumes] de coq sur la tête et [des queues] de sanglier à la ceinture », en référence à la combativité de ces animaux : c'est-à-dire qu'il jouait les gros bras.

18. Pour ces quatre catégories, cf. *Lunyu*, 11.3 : « Yan Hui, Min Ziqian, Ran Geng et Ran Yong excellaient dans la pratique de la vertu, Zai Wo et Zigong dans l'éloquence, Ran Qiu et Zilu dans le gouvernement, Ziyou et Zixia dans l'étude des textes anciens » (trad. A. Cheng, *op. cit.*, 11.2, p. 59).

aptitudes de ministres, cela parce qu'ils avaient bénéficié de l'enseignement d'un sage : des talents littéraires accomplis, de l'intelligence et des compétences multipliées par dix, tels furent les résultats de cette instruction et de cette bonne influence ! Car avant de devenir des disciples de Confucius, ils ne sortaient pas du rang, ils n'avaient rien de remarquable ! Parmi les plus insoumis d'entre eux, prenons Zilu[16], qui avant de se mettre à l'école de Confucius nous est décrit comme inconstant et médiocre : impétueux et ignorant des rites, il arborait plumes de coq et attributs de sanglier[17], et poussait le vice jusqu'à agiter ces accessoires lorsqu'il entendait réciter les Classiques, avec des claquements de bouche qui cassaient les oreilles du Sage ! Confucius le fit venir auprès de lui pour lui prodiguer ses enseignements, il le guida, il le façonna, et peu à peu Zilu perdit de son impétuosité et refréna son arrogance ; il devint un bon administrateur, et finit par être classé dans l'une des quatre catégories de disciples méritants[18] ! Voilà une preuve manifeste qu'une mauvaise nature peut être transformée en bonne.

4. Une terre peut être riche ou fertile, ou au contraire pauvre et stérile : c'est sa nature qui le veut ainsi. Si elle est riche et fertile, c'est qu'elle a une bonne nature, et elle donnera des récoltes abondantes. Si elle est pauvre et stérile, c'est qu'elle a une mauvaise nature, mais en la labourant profondément, en la retournant avec soin, en lui fournissant de l'engrais en abondance, en se donnant du mal pour l'enrichir, on pourra en tirer des récoltes comparables à celles d'une terre naturellement riche.

Il en est de même en ce qui concerne les élévations et creux d'un sol : si on bêche pour combler les creux, on pourra les niveler à la hauteur du reste. Et si l'on continue à pelleter, on pourra même surélever ces endroits par rapport à ceux qui au départ les surplombaient. Il en va de la nature humaine, bonne ou mauvaise, comme de ce terrain : qu'on s'applique à éduquer

者也, 反更為高, 而其高者反為下。使人之性有善有惡, (彼)〔猶〕地有高有下, 勉致其教令之, (之)〔不〕善則將〔與〕善者同之矣。善以化渥, 釀其教令, 變更為善, 善則且更宜反過於往善, 猶下地增加钁鍤, 更崇於高地也。

「賜不受命而貨殖焉」, 賜本不受天之富命, 所 (加)〔以〕貨財積聚, 為世富人者, 得貨殖之術也。夫得其術, 雖不受命, 猶自益饒富。性惡之人, 亦不稟天善性, 得聖人之教, 志行變化。

世稱利劍有千金之價。棠溪、魚腸之屬, 龍泉、太阿之輩, 其本鋌, 山中之恆鐵也。冶工鍛鍊, 成為銛利, 豈利劍之鍛與鍊, 乃異質哉？工良師巧, 鍊一數至也。試取 (東)〔東〕下直一金之劍, 更熟鍛鍊, 足其火, 齊其銛, 猶千金之劍也。夫鐵石天然, 尚為鍛鍊者變易故質, 況人含

19. Cf. *Lunyu*, 11.19. Zigong, de son vrai nom Duanmu Ci (520-456) : l'un des principaux disciples de Confucius, réputé pour son éloquence, sa diplomatie et son sens des affaires.

20. Il s'agit de quatre types d'épées célèbres pour leur qualité.

ceux qui ne sont pas bons, et ils deviendront aussi bons que ceux qui le sont par nature ; et une fois transformés de la sorte, on les rendra encore meilleurs grâce à davantage d'éducation et d'exhortations, à tel point qu'ils pourront même l'emporter sur ceux qui étaient bons de nature, de la même façon qu'un sol creux peut à force de bêchage finir par dominer un terrain qui au départ était plus élevé que lui.

« Zigong n'accepta pas son destin et se lança dans le commerce[19] » : il n'avait pas reçu du ciel une destinée commandant qu'il devienne riche, et s'il put accumuler des biens, c'est qu'il assimila le métier des affaires ; il n'avait pas été destiné à devenir riche, mais il le devint grâce à la maîtrise de son métier. L'homme né mauvais n'a pas non plus reçu du ciel une bonne nature, mais il peut se transformer moralement en bénéficiant de l'enseignement d'un sage.

Les gens louent ces épées si tranchantes qu'elles valent mille pièces d'or. Mais même les épées de Tangxi, de Yuchang, de Longquan, de Tai'e[20] ne sont à l'origine que du minerai brut, du simple fer trouvé dans les montagnes : c'est le travail d'affinage de l'artisan qui les rend si tranchantes. Pour les produire, il ne recourt pas à du matériau particulier, c'est son métier et des opérations répétées d'affinage qui lui permettent de produire ces excellentes armes. Cela marche avec l'épée bon marché, accrochée à n'importe quelle ceinture : qu'on en affine le métal à une chaleur suffisante, qu'on l'aiguise parfaitement, et on en fera une épée de prix ! Et si même des choses qui par nature sont en fer ou en pierre peuvent, grâce au travail de l'artisan, changer de nature, alors à plus forte raison l'homme, doté à sa naissance des cinq vertus cardinales[21] !

21. Les cinq vertus cardinales sont la bienveillance (*ren* 仁), le sens du devoir (*yi* 義), la ritualité (*li* 禮), la sagesse (*zhi* 智) et la sincérité (*xin* 信). La pensée de Wang Chong n'est pas contradictoire : pour les confucianistes, au moins dans la tradition de Mencius, l'homme naît naturellement avec des germes de moralité, mais ces germes doivent être entretenus et développés pour qu'il devienne véritablement bon.

五常之性，賢聖未之熟鍛錬耳，奚患性之不善哉？

古貴良醫者，能知篤劇之病所從生起，而以針藥治而已之。如徒知病之名而坐觀之，何以為奇？夫人有不善，則乃性命之疾也，無其教治，而欲令變更，豈不難哉？

5. 天道有真偽。真者固自與天相應，偽者人加知巧，亦與真者無以異也。何以驗之？«禹貢» 曰「璆琳琅玕」者，此則土地所生真玉珠也。然而道人消爍五石，作五色之玉，比之真玉，光不殊別。(兼) 魚蚌之珠，與 «禹貢» 璆琳皆真玉珠也。然而隨侯以葯作珠，精耀如真，道士之教至，知巧之意加也。

22. « La voie du ciel » (*tian dao* 天道) : l'ordre des choses, les régularités naturelles. « Originale ou acquise » : littéralement, « vraie ou fausse », qu'on peut ici rapprocher de l'opposition entre inné et acquis.

23. « Le Tribut de Yu » : chapitre du *Classique des documents.* Le texte chinois parle de quatre sortes de pierres précieuses, jades et perles ; dans le « Tribut de Yu », ces pierres sont une partie du tribut offert par l'une des neuf provinces, celle de Yongzhou, au souverain Yu. Cf. *Shangshu*, « Yu gong ».

24. Selon le *Baopuzi* (« Nei pian, Jindan »), ces cinq minéraux, que les adeptes taoïstes mélangeaient pour obtenir le cinabre d'immortalité, auraient été l'orpiment, le réalgar, le cinabre, la magnétite et la malachite (selon les

Pourquoi dès lors s'inquiéter d'une nature qui ne serait pas bonne ? C'est simplement qu'un sage ne l'a pas encore affinée.

Les anciens révéraient les bons médecins, capables de distinguer les causes des maladies les plus graves et de les guérir au moyen d'aiguilles et de plantes. On n'aurait pas chanté les louanges de ces médecins s'ils s'étaient contentés de diagnostiquer les maladies sans rien faire pour en venir à bout. Lorsqu'une personne est mauvaise, c'est comme si sa nature était malade : sans éducation et sans soins, comment espérer la changer ?

5. Selon la voie du ciel, une bonne nature peut être originelle ou acquise[22]. Si elle est originelle, elle correspond d'elle-même au ciel ; si elle est acquise, c'est à force de prudence et d'efforts, mais elle est désormais semblable à une bonne nature originelle. Quelle preuve en donner ? Le « Tribut de Yu » parle de jades et perles[23] : il s'agit de jades et perles originaux, que la terre produit naturellement. Mais en fondant les cinq minéraux, le maître taoïste peut produire du jade aux cinq couleurs[24] dont l'éclat ne diffère en rien du jade original. Et comme celles mentionnées dans le « Tribut de Yu », les perles produites par les poissons et les huîtres sont des pierres naturelles. Mais le marquis de Sui, au moyen de plantes, produisit des perles qui ne leur cédaient en rien pour ce qui est de la finesse et de l'éclat[25]. Voilà ce que le savoir et l'art des maîtres taoïstes rendent possible.

traductions du dictionnaire *Grand Ricci*). Il n'est pas sûr que Wang Chong fasse référence à ces minéraux, puisque le résultat du mélange est ici du jade, même si l'ingestion de jade semble également une recette d'immortalité ; cf. la note de Huang Hui, *Lunheng jiaoshi*, p. 76.

25. Marquis de Sui : souverain du pays de Sui (dans l'actuel Hubei) durant la dynastie Zhou. On ne sait pas d'où Wang Chong tire cette histoire ; la légende concernant le marquis, rapportée par plusieurs textes anciens, mentionne simplement qu'il aurait sauvé un serpent blessé, qui en récompense lui aurait donné une perle précieuse.

陽遂取火於天,五月丙午日中之時,消鍊五石,鑄以為器,磨礪生光,仰以嚮日,則火來至。(比)〔此〕真取火之道也。今妄取刀劍 (之鉤)〔偃〕月〔之鉤〕,摩拭朗白,仰以向日,亦得火焉。夫 (鉤)〔偃〕月〔鉤〕非陽遂也,所以耐取火者,摩拭之所致也。

今夫性惡之人,使與性善者同類乎?可率勉之,令其為善;使之異類乎?亦可令與道人之所鑄玉、隨侯之所作珠、人之所摩刀劍 (鉤)〔偃〕月〔鉤〕焉,教導以學,漸漬以德,亦將日有仁義之操。

6. 黃帝與炎帝爭為天子,教熊、羆、貔、虎以戰於阪泉之野,三戰得志,炎帝敗績。堯以天下

26. « Miroir flamboyant », ou « miroir ardent » : miroir concave qui concentre les rayons de soleil pour donner du feu.

27. Dans la numérotation des jours par les soixante binômes du cycle sexagésimal, *bingwu* 丙午 est le quarante-troisième binôme du cycle. Les composantes *bing* et *wu* de ce binôme sont associées à l'agent feu et correspondent donc à des moments favorables pour tout ce qui implique le feu. Notons aussi que dans le calendrier luni-solaire des Han, le cinquième mois tombe en plein été (solstice).

28. L'idée est que le feu du soleil, capté par le miroir flamboyant, est plus « vrai » qu'un feu ordinaire.

Le miroir flamboyant capte le feu du ciel[26]. Au moment de midi, au jour *bingwu* du cinquième mois[27], on fond les cinq minéraux pour fabriquer ce miroir, puis on le polit afin de le rendre lumineux. Lorsqu'on le tourne vers le soleil, il en capte le feu : telle est la manière d'obtenir un feu original[28]. Mais on obtiendra aussi du feu en se contentant de la lame d'un fauchon en croissant de lune, polie et lustrée, dirigée vers le soleil[29]. Ce sabre n'est certes pas un miroir, mais le travail de polissage lui permet également de capter le feu.

Soit on considère que l'homme dont la nature est mauvaise est de la même espèce que celui dont la nature est bonne, et on pourra le bonifier en l'exhortant et en le guidant. Soit on considère qu'il n'est pas de la même espèce, mais alors on pourra quand même le transformer en homme bon, de manière analogue au jade produit par les maîtres taoïstes, aux perles du marquis de Sui ou au feu donné par les fauchons en croissant de lune : on transformera cet homme par l'éducation, on l'imprégnera de vertu, de façon que peu à peu il adopte lui aussi un comportement bienveillant et juste.

6. Lorsque l'empereur Jaune luttait avec l'empereur Flamboyant pour devenir Fils du ciel[30], il dressa pour la bataille de Banquan[31] des ours bruns, des ours noirs, des panthères et des tigres, grâce auxquels il remporta trois victoires sur son rival[32]. Lorsque Yao céda le monde à Shun, Gun, qui

29. Les corrections textuelles de cette fin de paragraphe suivent le chapitre 47 du *Lunheng*, « Conclusion sur les dragons ». « Fauchon en croissant de lune » : il s'agit vraisemblablement de la lame large et courbée de certains sabres couramment utilisés sous les Han.

30. Empereur Jaune (Huangdi) : le premier des Cinq souverains (*wudi* 五帝) mythiques qui sont à l'origine de la civilisation chinoise. Empereur Flamboyant (Yandi) : autre souverain mythique, associé au sud, l'un des « trois augustes » (*san huang* 三黃).

31. Banquan : probablement dans l'actuel Hebei.

32. Cet événement légendaire est notamment rapporté dans les *Mémoires historiques* de l'historien Sima Qian ; cf. *Shiji*, 1, « Wu di benji ».

讓舜,鮌為諸侯,欲得三公而堯不聽,怒其猛獸,欲以為亂,比獸之角可以為城,舉尾〔可〕以為旌,奮心盛氣,阻戰為彊。夫禽獸與人殊形,猶可命戰,況人同類乎!

推此以論,「百獸率舞」,「潭魚出聽」,「六馬仰秣」,不復疑矣。異類以殊為同,同類以鈞為異,所由不在於物,在於人也。

7. 凡含血氣者,教之所以異化也。三苗之民,或賢或不肖,堯、舜齊之,恩教加也。楚、越之人,處莊、岳之間,經歷歲月,變為舒緩,風俗移也。故曰:「齊舒緩,秦慢易,楚促急,燕戇投。」

33. Cette histoire est rapportée dans des termes très proches dans les *Printemps et automnes de monsieur Lü*, compilée par Lü Buwei au milieu du IIIe siècle AEC ; cf. *Lüshi chunqiu*, 122, « Xing lun ».

34. Littéralement : « en inférant à partir de cela » (*tui ci yi lun* 推此以論) ; il s'agit de l'un des procédés rhétoriques favoris de Wang Chong.

35. Il s'agit de trois allusions à des maîtres de musique légendaires de la Chine ancienne : selon le *Classique des documents* (« Yao dian »), les animaux auraient dansé en écoutant la musique de Kui, maître de musique à l'époque de Shun ; selon le *Xunzi* (1, « Quan xue »), les poissons sortaient de l'eau pour entendre la cithare de maître Huba, musicien du pays de Chu à l'époque des Printemps et automnes ; et selon la même source, Bo Ya, célèbre musicien de l'époque des Printemps et automnes, jouait si bien de la cithare que les chevaux autour de lui oubliaient de manger pour l'écouter.

36. Ethnie originellement installée au sud des anciens territoires chinois, dans le centre de la Chine actuelle (régions du Henan et du Hunan) ; elle aurait été déplacée à l'ouest par Shun. Cf. *Hanshi waizhuan*, 3.

faisait partie des grands feudataires, voulut accéder au rang de grand ministre ; devant le refus de Yao, il se révolta, poussant des bêtes sauvages qui rivalisaient d'ardeur et de force pour l'emporter dans la bataille, leurs cornes alignées formant une muraille, et leurs queues se dressant comme des étendards de guerre[33]. Les animaux diffèrent de l'homme par l'apparence, et pourtant on peut leur commander d'aller à la guerre : à plus forte raison pourra-t-on dresser des hommes pour qu'ils se corrigent, puisqu'ils appartiennent à la même espèce !

Partant de là[34], on ne doutera plus, lorsqu'on joue de la belle musique, que les bêtes sauvages puissent danser à l'unisson, que les poissons sortent des profondeurs pour écouter, ou que les six chevaux en oublient de manger[35]. Car on peut rapprocher des espèces distinctes malgré leurs différences de départ, et on peut séparer des espèces identiques malgré leurs ressemblances, parce que ce qui compte, c'est l'influence qu'on exerce sur eux bien plus que ce que les êtres sont à l'origine.

7. C'est l'éducation qui rend les êtres de chair et de sang différents les uns des autres. Certains des Sanmiao[36] étaient bons, d'autres étaient mauvais : grâce à une éducation bienveillante, Yao et Shun les rendirent tous également vertueux. Lorsque des gens des pays de Chu ou de Yue s'installent dans les quartiers Zhuang et Yue de Linzi[37], ils deviennent plus tranquilles, se transformant avec le temps sous l'influence des mœurs de cette ville. On dit que les gens de Qi sont posés, que ceux de

37. Chu : ancien pays correspondant à des régions de l'actuel Hubei et de provinces voisines. Yue : ancien pays correspondant aux actuelles provinces du Zhejiang et du Fujian. Chu et Yue étaient des pays excentrés, à la culture volontiers considérée comme « barbare ». Zhuang et Yue : quartiers (ou rues) de Linzi, capitale du pays de Qi (dans l'actuel Shandong). Le tempérament posé des gens de Qi était réputé, et parfois expliqué par l'influence de la mer proche.

以莊、岳言之, 四國之民, 更相出入, 久居單處, 性必變易。

夫性惡者, 心比木石。木石猶為人用, 況非木石!

在君子之迹, 庶幾可見。

8. 有癡狂之疾, 歌啼於路, 不曉東西, 不睹燥濕, 不覺疾病, 不知飢飽, 性已毀傷, 不可如何。前無所觀, 卻無所畏也。是故王法不廢學校之官, 不除獄理之吏, 欲令凡眾見禮儀之教。學校勉其前, 法禁防其後, 使丹朱之志, 亦將可勉。

何以驗之? 三軍之士, 非能制也; 勇將率勉, 視死如歸。且闔廬嘗試其士於五湖之側, 皆加刃於肩, 血流至地。句踐亦試其士於寢宮之庭,

38. Qin : pays de l'ouest de la Chine, la capitale était proche de l'actuelle Xi'an dans le Shaanxi ; à partir du IVe siècle AEC, les Qin sont considérés par les royaumes rivaux comme une menace. Rappelons que c'est le roi de Qin qui achève l'unification des pays « chinois » en 221 AEC et devient le « Premier empereur » Qin (Qin *shi huangdi*).

39. Yan : pays du nord-est, dans la région de l'actuelle Pékin, encore éloigné des centres de l'empire à l'époque de Wang Chong. Ces pays largement indépendants dès l'époque des Printemps et automnes ont disparu en tant que tels sous l'empire, mais leurs noms sont encore utilisés pour désigner les régions correspondantes, et ce même encore aujourd'hui, avec parfois des clichés comme ceux que Wang Chong relève ici.

Qin sont arrogants[38], que ceux de Chu sont impétueux, et que ceux de Yan sont rustiques[39] ; mais à l'exemple de l'influence des quartiers Zhuang et Yue, lorsque les gens de ces quatre pays s'en vont et séjournent longtemps loin de chez eux, ils changent nécessairement de nature.

On peut comparer une mauvaise nature au bois ou à la pierre : on peut les travailler pour en faire des outils, alors à plus forte raison peut-on transformer la nature humaine, qui n'est certainement pas aussi difficile à travailler que du bois ou de la pierre !

On le voit, tout dépend en définitive de l'homme de bien et de sa bonne influence.

8. Certains hommes souffrent de folie : ils chantent et hurlent sur les chemins, ayant perdu tout sens des directions, ils ne sentent ni la sécheresse ni l'humidité, et sont insensibles à leurs propres maux, ignorant la faim comme la satiété ; leur nature est altérée, et on ne peut plus rien faire pour eux, parce que rien ne saurait les pousser à s'améliorer ou à se refréner. Mais pour les autres, pour les inciter à respecter les rites et la morale, les institutions royales recrutent des maîtres d'école et des fonctionnaires de la justice : les écoles poussent en effet les gens à s'améliorer, et les lois les retiennent de fauter, de sorte que même des hommes aussi pervers que Danzhu peuvent ainsi s'amender[40].

La preuve ? Les soldats des plus grandes armées[41] sont par nature indociles, mais ils considèrent la mort sans crainte s'ils sont menés et encouragés par des officiers décidés. Ainsi le roi Helu, lorsqu'il entraînait ses soldats au bord des Cinq lacs, put-il leur faire porter leurs armes avec la lame contre

40. Danzhu : fils indigne du mythique souverain Yao.

41. Littéralement, « les soldats des trois armées » : allusion aux troupes d'un grand pays, censés selon les rituels entretenir trois armées de 12 500 hommes chacune, à l'époque des Printemps et automnes.

赴火死者, 不可勝數。夫刃、火, 非人性之所貪也, 二主激率, 念不顧生。是故軍之法輕刺血。孟賁勇也, 聞軍令懼。是故叔孫通制定禮儀, 拔劍爭功之臣, 奉禮拜伏, 初驕倨而後遜順, 〔聖〕教威德, 變易性也。不患性惡, 患其不服聖教, 自遇而以生禍也。

9. 豆麥之種, 與稻梁 (粱) 殊, 然食能去飢。小人君子, 稟性異類乎？譬諸五穀皆為用, 實不異而效殊者。稟氣有厚泊, 故性有善惡也。殘則 (授)〔受〕(不) 仁之氣泊, 而怒則稟勇渥也。仁泊則戾而少 (愈)〔慈〕, 勇渥則猛而無義, 而又和氣不足, 喜怒失時, 計慮輕愚。

42. Roi Helu (ou Helü 闔閭, r. 514-496) : roi du pays de Wu à la fin de l'époque des Printemps et automnes. Cinq lacs : le Taihu et d'autres lacs de la région de Wu (actuel Jiangsu).

43. Roi Goujian : roi de Yue (r. 496-465).

44. Meng Ben : homme du VIe s. AEC, réputé pour son courage.

45. Shusun Tong (?-188? AEC) : lettré du début du règne de l'empereur Gaozu (r. 206-195), le fondateur de la dynastie Han. Le nouvel empereur, se désolant du manque de manières de ses officiers, chargea Shusun Tong d'élaborer une étiquette de cour.

l'épaule, de sorte que leur sang ruisselait jusqu'au sol[42] ; et le roi Goujian, inspectant ses hommes dans la cour de son palais, les fit-il marcher dans le feu, faisant de nombreuses victimes[43]. Par nature, l'homme tend à éviter la morsure du fer ou du feu, mais grâce à leur commandement déterminé, ces deux souverains réussirent à exalter leurs soldats jusqu'au mépris de leur vie. Voilà pourquoi la peine la plus légère selon le code militaire est l'entaille jusqu'au sang, et voilà pourquoi l'homme aussi intrépide qu'un Meng Ben[44] est saisi de crainte face à la loi martiale ! Et voilà pourquoi, lorsque Shusun Tong eut fixé les règles du cérémonial[45], les officiers, pourtant prompts à tirer l'épée et à se disputer pour se distinguer, se soumirent respectueusement aux nouvelles règles : car telle est la vertu imposante d'une instruction sage, qui peut transformer la nature des hommes, et rendre dociles les plus arrogants ! Ce n'est pas d'être confronté à des hommes mauvais dont il faut se désoler, mais du fait qu'ils n'aient pas été soumis à cette sage instruction qui aurait pu leur éviter l'infortune causée par leur mauvais comportement.

9. Les fèves et le blé ne sont pas de la même espèce que le riz et le millet, mais ils assouvissent également la faim. L'homme de peu et l'homme de bien appartiennent-ils à des espèces de nature différente ? On peut les comparer avec les cinq sortes de céréales, qui sont toutes mangeables, mais ont des propriétés différentes. On reçoit un *qi* abondant ou maigre à la naissance, avec par conséquent une nature bonne ou mauvaise ; l'homme cruel est celui qui a reçu trop peu de *qi* bienveillant, tandis que l'homme intrépide a été doté de trop de *qi* impétueux. Lorsqu'un homme n'a pas été doté de suffisamment de bon *qi*, il se montre violent et peu compatissant ; lorsqu'il a reçu trop de *qi* impétueux, il se montre brutal et rétif ; et lorsque son *qi* harmonieux est insuffisant, il rit ou s'irrite sans raison, et se montre incapable de réfléchir.

妄行之人,(罪)〔非〕故為惡。人受五常,含五臟,皆具於身。稟之泊少,故其操行不及善人,猶〔酒〕或厚或泊也。非厚與泊殊其釀也,麴糱多少使之然也。是故酒之泊厚,同一麴糱;人之善惡,共一元氣,氣有少多,故性有賢愚。

西門豹急,佩韋以自緩;董安于緩,帶弦以自促。急之與緩,俱失中和,然而韋弦附身,成為完具之人。能納韋弦之教,補接不足,則豹、安于之名可得參也。

貧劣宅屋,不具牆壁宇達,人指訾之。如財貨富愈,起屋築牆,以自蔽鄣,為人具宅,人弗復非。

10. 魏之行田百畝,鄴獨二百,西門豹灌以漳水,成為膏腴,則畝收一鍾。夫人之質猶鄴田,

46. Sur les cinq vertus cardinales, cf. *supra*, 8.4. Elles peuvent être associées aux cinq agents ou éléments ; cf. *supra*, 7.7. Dans le contexte du passage, il faut comprendre que les cinq vertus sont reçues avec leur *qi* correspondant, en plus ou moins grande quantité.

47. Les cinq viscères : le cœur, le foie, les poumons, la rate et les reins ; associés eux-mêmes aux cinq agents, ils sont considérés dans la médecine chinoise comme des lieux d'activité du *qi* plutôt que comme des organes au sens moderne du terme.

Celui qui agit de façon insensée ne fait pas le mal intentionnellement. Tout homme a reçu à la naissance les cinq vertus[46] qui, résidant dans les cinq viscères[47], sont donc toutes présentes en lui. Mais s'il les a reçues en faible quantité, il ne pourra se comporter en homme de bien. Il en est comme de l'alcool, qui peut être fort ou léger, ce non pas en raison de différences de nature dans les levures utilisées, mais parce qu'on utilise ces ferments en plus ou moins grande quantité. Que l'alcool soit fort ou léger, c'est la même levure ; que les hommes soient bons ou mauvais, c'est le même *qi* originel : c'est la quantité de ce *qi* qui décide si un homme est sage ou sot.

Ximen Bao était emporté, et il portait une bandelette de cuir souple pour se calmer ; Dong Anyu était indolent, et il portait une corde d'arc tendue pour se stimuler[48] : tous deux péchaient par manque de mesure, mais grâce à cette bandelette, grâce à cette corde d'arc, ils devinrent l'un et l'autre des hommes de grande qualité. Il suffit de s'inspirer de leur exemple pour pallier ses manques et se faire le même renom qu'eux.

On critiquera une maison misérable, si délabrée qu'il lui manque des murs ou un toit ; mais qu'un retour de fortune permette de la rebâtir complètement, qu'elle puisse à nouveau abriter ses occupants, et plus personne ne se plaindra.

10. À Wei, on distribuait cent *mu* de terre à chaque paysan, sauf à Ye, où on en distribuait deux cents tant les terres y étaient pauvres[49] ; mais Ximen Bao irrigua les terres de Ye au moyen des eaux de la Zhang[50] pour les rendre plus fertiles, et

48. Ximen Bao (v. 400 AEC) : homme d'État du royaume de Wei, il est célèbre pour ses gigantesques travaux d'irrigation. Dong Anyu (ve s. AEC) : client de Zhao Jianzi dans le pays de Jin.

49. Wei : royaume de l'époque des Royaumes combattants, correspondant au nord de l'actuel Henan et au sud de l'actuel Shanxi. Ye : lieu dans le royaume de Wei.

50. Zhang : affluent du fleuve Jaune, coulant dans l'actuel Shanxi.

道教猶漳水也。患不能化,不患人性之難率也。

雒陽城中之道無水,水工激上雒中之水,日夜馳流,水工之功也。由此言之,迫近君子,而仁義之道數加於身,孟母之徙宅,蓋得其驗。人間之水污濁,在野外者清潔,俱為一水,源從天涯,或濁或清,所在之勢使之然也。

南越王趙佗,本漢賢人也,化南夷之俗,背畔王制,椎髻箕坐,好之若性。陸賈說以漢德,懼以聖威,蹶然起坐,心覺改悔,奉制稱藩,其於椎

51. *Zhong* : mesure de capacité la plus élevée, variable selon les endroits et les époques, correspondant à plusieurs dizaines de boisseaux. *Mu* : mesure agraire, de valeur variable selon les époques ; sous les Zhou, le *mu* correspondait en principe en une aire de 100 (doubles) pas (*bu* 步) carrés.

52. Luoyang : capitale de la dynastie des Han postérieurs, située près de l'actuelle ville du même nom, dans le Henan. Luo : affluent du fleuve Jaune, coulant pour l'essentiel dans l'actuel Henan.

53. Mencius (Meng Ke, env. 372-289) : l'un des grands penseurs confucianistes de la Chine ancienne. Selon la tradition, la mère de Mencius aurait déménagé trois fois pour trouver un environnement propice à l'éducation de son enfant.

54. Rappelons que les grands fleuves chinois viennent tous des hauteurs tibétaines.

55. Zhao Tuo (IIIe-IIe siècles) : commandant militaire sous la dynastie Qin, il profita des troubles marquant la fin de cette période pour fonder le royaume des Yue du Sud (Nanyue, 204-111), qui occupait des parties du sud de la Chine et du nord du Vietnam actuels ; sa capitale était près de l'actuelle Canton. Chignon-marteau : chignon en forme de marteau caractéristique de certaines populations du sud de la Chine.

elles assurèrent désormais des récoltes d'un *zhong* par *mu*[51]. La nature d'une personne est comparable aux terres de Ye, et la morale et l'éducation sont comme les eaux de la Zhang. Il faut se désoler de n'avoir pas la possibilité de réformer les gens, et non de ce que leur nature soit difficile à corriger !

Les canaux de Luoyang étaient à sec, mais les hydrauliciens détournèrent les eaux de la Luo, qui les remplirent désormais sans interruption[52] ; voilà qui est à mettre au crédit de ces hydrauliciens. De la même façon, en fréquentant l'homme de bien, on s'imprègne de vertus comme la bienveillance et la justice : les déménagements décidés par la mère de Mencius sont une bonne illustration de ce principe[53]. L'eau est sale dans les endroits habités, alors qu'elle est pure à la campagne ; il s'agit pourtant de la même eau, qui dans tous les cas vient des confins du monde[54] : qu'elle soit pure ou trouble dépend de l'endroit où elle se trouve.

Zhao Tuo, le roi des Yue du Sud, était à l'origine un bon sujet de la dynastie Han, puis il adopta les mœurs des barbares du Sud. Rompant avec les usages de l'empire, il se mit à porter un chignon-marteau et à s'asseoir les jambes écartées[55] ; il goûtait ces coutumes comme si elles avaient toujours fait partie de sa nature. Mais Lu Jia vint lui faire des remontrances, alléguant pour l'impressionner la vertu des Han et le prestige de la nouvelle dynastie[56] : Zhao Tuo se releva prestement, s'asseyant normalement et se repentant du fond du cœur ; il se soumit à l'empire, acceptant le titre de sujet des Marches[57]. Le chignon

56. Lu Jia (240 ?-170) : lettré et haut fonctionnaire du début de la dynastie Han, il fut envoyé en 196 par l'empereur Gaozu auprès de Zhao Tuo et réussit à le convaincre de faire allégeance à la dynastie Han.

57. « Sujet des Marches » : *fanchen* 藩臣. Le texte écrit simplement *fan* 藩, mot qui désigne des fiefs autonomes, souvent dans les régions frontières.

鬠箕坐也，惡之若性。前則若彼，後則若此。由此言之，亦在於教，不獨在性也。

et la posture qu'il avait adoptés lui devinrent naturellement insupportables, et ce qu'il avait considéré comme normal ne l'était plus. On voit donc que la conduite ne dépend pas seulement de la nature reçue à la naissance, mais également des enseignements auxquels on est soumis.

初稟篇第十二

1. 人生性命當富貴者, 初稟自然之氣, 養育長大, 富貴之命效矣。

文王得赤雀, 武王得白魚、赤烏。儒者論之, 以為雀則文王受命；魚烏則武王受命；文、武受命於天, 天用雀與魚烏命授之也；天用赤雀命文王, 文王不受, 天復用魚烏命武王也。若此

1. Notre traduction est très libre ; si le sens général est clair, dans le détail la formulation se prête à diverses interprétations. L'idée, inlassablement répétée, est que tout est décidé à la naissance, ou plus précisément avant celle-ci, au moment où le fœtus se forme et reçoit le *qi* définitif qui déterminera toute son existence. « Un *qi* qui en décide ainsi » : *zi ran zhi qi* 自然之氣, soit littéralement, « un *qi* qui est spontanément tel qu'il est ».

2. Ou un « petit oiseau », de façon imprécise.

3. Roi Wen (r. 1099 ?-1050 ?) : nom posthume de Ji Chang, l'un des fondateurs de la dynastie Zhou. Roi Wu (r. 1046 ?-1043 ?) : Ji Fa, fils du roi Wen, il hérita du titre de ce dernier et acheva sa tâche, à savoir le renversement de la royauté Shang, fondant vers 1046 la dynastie des Zhou.

Le lot de départ
(Traité 12, « Chu bing »)

1. Lorsque dans sa vie un homme doit connaître richesse et honneurs, c'est qu'il a été doté dès sa naissance d'un *qi* qui en a décidé ainsi, même si cette destinée ne se révèle que plus tard, lorsqu'il grandit et devient adulte[1].

Le roi Wen reçut l'augure du moineau rouge[2], et le roi Wu, celui du poisson blanc et du corbeau rouge[3]. Selon l'interprétation de nos lettrés, le moineau rouge annonçait que le roi Wen allait obtenir le mandat céleste[4], et le poisson et le corbeau prédisaient la même chose pour le roi Wu. Les deux rois auraient donc reçu à ce moment leur mandat du ciel, qui aurait recouru au moineau, au poisson et au corbeau, pour le leur remettre. Il aurait recouru au moineau rouge pour donner le mandat au roi Wen, mais celui-ci ne le reçut pas[5] ; alors le ciel aurait recouru au poisson et au moineau pour remettre son mandat au roi Wu. Selon cette interprétation, les deux

4. « Mandat céleste » : c'est-à-dire le mandat de gouverner, donné par le ciel. Le mandat est donné à un roi et à sa lignée, dynastie qui règne désormais légitimement sur le monde, d'une façon analogue au « droit divin » des monarchies occidentales. Si cette dynastie faillit à sa tâche, le ciel peut lui retirer ce droit pour le donner à un nouveau souverain : on assiste alors à une « rupture de mandat », *ge ming* 革命, expression qui en chinois moderne signifie « révolution ».

5. Le roi Wen lança la révolte contre les Shang, mais c'est son fils, le roi Wu, qui fonda la nouvelle dynastie.

者，謂本無命於天，修己行善，善行聞天，天乃授以帝王之命也。

故雀與魚烏，天使為王之命也，王所奉以行誅者也。如實論之，非命也。命，謂初所禀得而生也。人生受性，則受命矣。性命俱禀，同時并得，非先禀性，後乃受命也。

何以明之？棄事堯為司馬，居稷官，故為后稷。曾孫公劉居邰，後徙居邠。後孫古公亶甫三子太伯、仲雍、季歷，季歷生文王昌。昌在襁褓之中，聖瑞見矣。故古公曰：「我世當有興者，其在昌乎！」於是太伯知之，乃辭之吳，文身斷髮，以讓王季。文王受命，謂此時也，天命在人本矣，太王古公見之早也。此猶為(未)〔末〕，文王在母身

6. Wang Chong joue sur deux des sens principaux du mot *ming* 命 : « lot de vie », « destinée » d'une part ; et « ordre », « décret », « mandat » d'autre part.

7. Wang Chong explique la « vie » (*xingming* 性命) par la combinaison de la « nature » (*xing*) et de la « destinée » (*ming*). Leur destinée (*ming*) de rois était donc inscrite dans le corps des rois Wen et Wu dès leur naissance, et il ne s'agit pas d'un « mandat » (*ming*) conféré plus tard par le ciel au moyen d'augures.

8. Ji Qi : plus connu sous le nom de Houji, « Souverain Millet » ; héros légendaire considéré comme ayant apporté le millet aux hommes ; il est présenté comme l'ancêtre fondateur de la lignée des Ji et donc de la dynastie Zhou.

rois ne devaient pas recevoir le mandat dès leur naissance : le ciel le leur conféra en raison de leur comportement vertueux, lorsqu'il en prit connaissance.

Le moineau d'une part, le poisson et le corbeau d'autre part, auraient donc été envoyés aux deux rois par le ciel pour leur ordonner de mener leur entreprise punitive contre la royauté Shang. Mais en réalité, il ne s'agissait pas d'un mandat conféré par le ciel à ce moment, mais de leur destinée[6], qui est ce dont on est doté à l'origine, dès la naissance. À la naissance, l'homme est doté d'une nature, et avec elle il reçoit une destinée : il les reçoit ensemble et au même moment ; il n'est pas doté d'abord d'une nature, et plus tard d'une destinée[7].

Quelle preuve en donnerai-je ? Ji Qi servit Yao comme ministre de l'Agriculture – il eut également la charge d'officier du millet, d'où son nom de « Souverain Millet[8] ». Son arrière-petit-fils, le duc Liu, résida d'abord à Tai, puis il déménagea à Bin[9]. Le descendant du duc Liu, le vieux duc Danfu[10], eut trois fils, Taibo, Zhongyong et Li, et ce dernier donna naissance à Ji Chang, le roi Wen. Alors que Ji Chang était dans ses langes, il y eut des signes manifestant sa sainteté[11], et le vieux duc Danfu dit : « Cet âge verra l'essor de notre clan, sans doute grâce à Ji Chang ! » Apprenant cela, Ji Taibo s'en alla à Wu, où il se tatoua le corps et se coupa les cheveux, montrant ainsi qu'il cédait la succession à Ji Li. La destinée du roi Wen était donc déjà décidée à ce moment : le mandat céleste était en lui dès la naissance, et voilà pourquoi le Grand roi[12] Danfu put le voir tout de suite. Et en fait il faut remonter plus loin encore :

9. Duc Liu : descendant de Ji Qi, il aurait joué un rôle important dans l'essor du clan Ji. Tai et Bin : lieux dans l'actuel Shaanxi.

10. Le vieux duc Danfu (Gugong Danfu) : c'est-à-dire Ji Dan, descendant de Ji Qi à la douzième génération.

11. C'est-à-dire annonçant qu'il serait roi.

12. Grand roi : titre posthume donné au vieux duc Danfu par le roi Wu, après la fondation des Zhou.

之中已受命也。王者一受命, 内以為性, 外以為體。體者, 面輔骨法, 生而稟之。

2. 吏秩百石以上, 王侯以下, 郎將大夫以至元士, 外及刺史太守, 居祿秩之吏, 稟富貴之命, 生而有表見於面。故許負、姑布子卿輒見其驗。仕者隨秩遷轉, 遷轉之人, 或至公卿, 命祿尊貴, 位望高大。王者尊貴之率, 高大之最也, 生有高大之命, 其時身有尊貴之奇, 古公知之, 見四乳之怪也。夫四乳, 聖人証也。在母身中, 稟天聖命, 豈長大之後, 修行道德, 四乳乃生 ? 以四乳論望羊, 亦知為胎之時已受之矣。

13. Cent boisseaux (*shi* 石) : à l'époque impériale, le *shi* est la mesure utilisée pour définir le rang des fonctionnaires ; sous les Han, les plus hauts fonctionnaires avaient un rang de deux mille *shi*.

14. Xu Fu, ou « grand-mère Xu » : célèbre physiognomoniste de l'époque des Han antérieurs. Gubu Ziqing : célèbre physiognomoniste de l'époque des Printemps et automnes. Wang Chong traite plus longuement de ces deux femmes dans le traité qu'il consacre à la physiognomonie ; cf. *Lunheng*, 11, « Gu xiang pian », traduit dans *Balance* 2011, p. 177.

15. Selon la tradition, le roi Wen aurait eu quatre mamelons sur la poitrine.

le roi Wen avait déjà reçu cette destinée alors qu'il était dans le corps de sa mère. Ceux qui doivent devenir rois reçoivent dès les origines leur destinée, qui à l'intérieur constitue leur nature, et à l'extérieur le corps ; le corps, comme le visage et la conformation des os sont donc tous acquis dès la naissance.

2. Fonctionnaires aux émoluments de cent boisseaux et plus[13], princes, marquis et autres nobles au-dessous d'eux, gentilshommes de palais, généraux, grands officiers et ministres, inspecteurs régionaux et préfets dans les provinces, et tous les autres fonctionnaires bénéficiant d'émoluments : tous ont été dotés d'une destinée commandant qu'ils deviennent riches et honorés, avec dès leur naissance des traits caractéristiques sur le visage, reconnaissables par des physiognomonistes comme Xu Fu ou Gubu Ziqing[14]. Ceux qui servent dans la carrière officielle sont peu à peu promus, et certains finissent par devenir ministres ou grands officiers, avec des émoluments et des honneurs imposants. Les rois, qui sont les plus grands parmi les grands, l'emportent encore pour ce qui est de la distinction ; c'est pourquoi, dès la naissance, ils ont une destinée majestueuse, avec dès le début dans leur corps les caractères extraordinaires de la grandeur. Le vieux duc Danfu sut reconnaître la destinée du roi Wen au prodige des quatre mamelons de sa poitrine[15], et en effet, ces quatre mamelons étaient un indice de sainteté. C'est donc bien dans le ventre de sa mère que le roi Wen avait été doté de sa sainte destinée : car comment ces quatre mamelons auraient-ils pu apparaître alors qu'il était déjà adulte, même pour sanctionner un comportement vertueux ? À partir de ces quatre mamelons, on peut faire une déduction quant au front incliné du roi Wu : il en fut doté alors qu'il n'était encore qu'un fœtus[16].

16. Le roi Wu passait pour avoir des yeux haut plantés, ou un visage incliné vers le haut, lui donnant un regard mystérieux, trait également interprété comme un signe de sa grandeur.

劉媪息於大澤，夢與神遇，遂生高祖，此時已受命也。光武生於濟陽宮，夜半無火，内中光明。軍下卒蘇永謂 (公)〔功〕曹史充蘭曰：「此吉事也，毋多言！」此時已受命〔也〕。獨謂文王、武王得赤雀、魚烏乃受命，非也。

3. 上天壹命，王者乃興，不復更命也。得富貴大命，自起王矣。

何以驗之？富家之翁，貲累千金。生有富骨，治 (生)〔產〕積貨，至於年老，成為富翁矣。夫王者，天下之翁也，稟命定於身中，猶鳥之別雄雌於卵殼之中也。卵殼 (孕)〔孚〕而雌雄生，日月至而骨節彊，彊則雄，自率將雌。雄非生長

17. L'aïeule Liu : la mère du futur empereur Gaozu, fondateur de la dynastie Han (r. 206-195).

18. Empereur Guangwu (r. 25-57) : profitant des troubles à la fin du règne de l'usurpateur Wang Mang (r. 9-23 EC), il restaura la dynastie Han, fondant la dynastie des Han postérieurs. Wang Chong, né en 27 EC, traite donc ici d'un contemporain. Jiyang : nom d'un district (actuel Henan) ; le palais de Jiyang avait été utilisé par l'empereur Wu (r. 141-87) lors de ses tournées d'inspection en province.

L'aïeule Liu, qui se reposait près d'un étang, rêva qu'elle s'accouplait avec une créature extraordinaire ; elle donna ensuite naissance à l'empereur Gaozu[17], qui donc avait reçu sa destinée dès ce moment. Lorsque l'empereur Guangwu naquit au palais de Jiyang, il y eut une grande clarté dans la salle, alors qu'on était en pleine nuit et qu'aucune lumière n'était allumée[18] ; le préposé à la garde Su Yong dit à l'officier du bureau des mérites Chong Lan : « Il s'agit là d'un présage favorable, inutile d'en dire plus[19] ! » À ce moment-là, l'empereur Guangwu avait lui aussi déjà reçu sa destinée. Prétendre que le roi Wen et le roi Wu durent au contraire attendre les augures du moineau rouge, du poisson blanc et du corbeau rouge pour recevoir leur destinée est donc faux.

3. Le ciel confère une seule fois son mandat, et ceux qui doivent régner s'élèvent par la suite à leur condition ; le ciel n'a pas à donner une seconde fois son mandat : ceux qui ont reçu une destinée impliquant fortune et honneurs sont appelés dès la naissance à devenir rois[20].

Quelle preuve en donnerai-je ? Le patriarche qui a accumulé une grande fortune pour enrichir son clan est en fait né avec des os de riche ; il a ensuite gagné et amassé des biens, jusqu'à l'âge avancé où il est devenu ce riche patriarche. Les souverains sont comme ce patriarche, mais à l'échelle du monde[21] : eux aussi ont été dotés d'une destinée fixée dès l'origine dans leur corps. De même, la différenciation

19. « Préposé à la garde » : officier militaire chargé de la garde lors de tournées d'inspection. Su Yong, Chong Lan : personnages inconnus par ailleurs. Wang Chong traite plus longuement, et sous une forme légèrement différente, de la naissance de l'empereur Guangwu dans le traité 9 du *Lunheng* (« Ji yan pian ») ; cf. *Balance* 2011, p. 122.

20. À nouveau, Wang Chong confond les deux sens du mot *ming*, « mandat » d'une part, « lot reçu au départ », « destinée » d'autre part.

21. Les riches patriarches sont puissants à l'échelle de leur clan, les rois sont puissants à l'échelle du monde.

之後，或教使為雄，然後乃敢將雌，此氣性剛彊自為之矣。

夫王者，天下之雄也，其命當王。王命定於懷妊，猶富貴骨生，(有)鳥雄卵成也。非唯人、鳥也，萬物皆然。草木生於實核，出土為栽蘖，稍生莖葉，成為長短巨細，皆由實核。王者，長巨之最也。朱草之莖如鍼，紫芝之栽如豆，成為瑞矣。王者稟氣而生，亦猶此也。

4. 或曰：「王者生稟天命，及其將王，天復命之，猶公卿以下，詔書封拜，乃敢即位。赤雀魚烏，上天封拜之命也。天道人事，有相命使之義。」

22. Comme on l'a vu ci-dessus, ministres et fonctionnaires sont dotés dès la naissance d'une destinée les appelant à de hautes fonctions, mais ils doivent tout de même être formellement nommés à ces fonctions pour pouvoir les exercer. Selon la position que Wang Chong résume ici, il en serait de même pour les rois et les empereurs, qui devraient être en quelque sorte confirmés formellement par le ciel pour régner : le mandat céleste (*tianming*) actualiserait simplement la destinée (*ming*) reçue dès la conception.

sexuelle des oiseaux est fixée dans l'œuf : les oiseaux croissent dans l'œuf, puis naissent mâles ou femelles, et avec le temps leurs os et leurs articulations se renforcent, les plus forts étant les mâles, qui dominent naturellement les femelles. Ce n'est pas après la naissance que quelque chose les a faits mâles et supérieurs aux femelles : c'est leur *qi* reçu à la naissance, dur et fort dès l'origine, qui en a décidé ainsi.

Les souverains sont des dominants à l'échelle du monde, et c'est leur destinée naturelle qui a déterminé qu'ils devaient devenir rois : leur destinée était fixée dès la grossesse de leur mère, de la même façon que les os du riche patriarche et le sexe de l'oiseau étaient présents dans leurs corps dès l'origine. Et cela ne vaut pas seulement pour les hommes ou les oiseaux, mais pour tous les êtres. Les plantes naissent de graines, puis sortent de terre sous la forme de jeunes pousses, qui peu à peu développent des tiges et des feuilles : elles peuvent être plus ou moins longues ou grosses, mais cela était déjà décidé dans la graine. Les souverains sont les géants parmi les géants. Même si la tige de l'herbe vermeille est fine comme une aiguille, même si la pousse du champignon rose est minuscule comme un pois, l'une et l'autre deviendront des plantes auspicieuses. De manière analogue, les souverains sont dès la naissance dotés d'un *qi* de rois.

4. Certains rétorqueront : les souverains reçoivent certes dès leur naissance leur destinée de roi, mais le ciel leur confère à nouveau le mandat au moment où ils vont régner, de la même façon que les ministres et autres fonctionnaires ne peuvent accéder à leur poste qu'une fois qu'ils y ont été nommés par décret[22]. Le moineau rouge, le poisson et le corbeau correspondent au décret du ciel appelant le roi Wen et le roi Wu à la royauté. Car, que ce soit dans la voie du ciel ou dans les affaires humaines, il faut un décret pour montrer son intention de nommer à une position.

自然無為，天之道也。命文以赤雀，武以白魚，是有為也。管仲與鮑叔分財取多，鮑叔不與，管仲不求。內有以相知，視彼猶我，取之不疑。聖人起王，猶管〔仲〕之取財也。朋友彼我無(有)授與之義；上天自然，有命使之驗，是則天道有為，朋友自然也。

當漢〔高〕祖斬大蛇之時，誰使斬者？豈有天道先至，而乃敢斬之哉！勇氣奮發，性自然也，夫斬大蛇，誅秦，殺項，同一實也。周之文、武受命伐殷，亦一義也。高祖不受命使之將，獨謂文、武受雀魚之命，誤矣。

23. La spontanéité (*zi ran*) et la non-intervention (*wu wei*, expression parfois traduite par « non-agir », « non-action ») : il s'agit de deux concepts volontiers associés au taoïsme, mais qu'on trouve très largement dans la pensée chinoise ancienne, et notamment comme idéal politique dans le confucianisme.

24. Guan Zhong (?-645 AEC) : penseur et ministre du pays de Qi. Bao Shu (Baoshu), ou Bao Shuya (?-644), autre ministre du pays de Qi. Au début de sa carrière, Guan Zhong était pauvre, d'où cette répartition inégale entre les deux amis.

25. À la fin de la dynastie Qin, le futur empereur aurait tranché en deux un grand serpent qui lui barrait le chemin, exploit qui sera interprété comme un présage de la victoire des Han sur les Qin.

Mais la voie du ciel repose sur la spontanéité et la non-intervention[23] : or, conférer le mandat au roi Wen au moyen d'un moineau rouge, et au roi Wu au moyen d'un poisson blanc, ce serait de l'intervention. Lorsque Guan Zhong et Bao Shu se répartissaient leurs profits, Guan Zhong en prenait une plus grande part, sans que Bao Shu n'ait à le lui proposer ou Guan Zhong, à le réclamer[24] : ils se comprenaient intimement, considéraient chacun l'autre comme soi-même, et Bao Shu ne trouvait rien à redire au fait que Guan Zhong s'attribue une plus grande part. L'accession d'un sage à la position royale est comparable à la façon dont Guan Zhong s'attribuait la meilleure part : dans leurs rapports mutuels, les amis n'ont pas à s'attribuer les choses. Le ciel opère selon la même spontanéité ; s'il devait conférer effectivement leurs mandats aux rois, cela signifierait que la Voie du ciel serait d'intervenir, alors même que des amis peuvent agir spontanément.

Qu'est-ce qui poussa l'empereur Gaozu à trancher la tête du grand serpent[25] ? Attendit-il que la Voie du ciel lui demande de le faire ? Non, il agit spontanément, emporté par sa fouge, et c'est également de lui-même qu'il châtia la dynastie Qin et tua Xiang Yu[26]. Et c'est selon le même principe que les rois Wen et Wu reçurent le mandat de s'attaquer aux Yin[27] : l'empereur Gaozu n'eut pas à attendre un ordre du ciel pour mener ses troupes au combat, et donc il est faux de prétendre que les rois Wen et Wu auraient pour leur part dû recevoir un mandat, conféré par ce moineau et ce poisson, avant de s'attaquer aux Yin.

26. Xiang Yu (232-202) : général et roi de Chu, d'abord allié du futur empereur Gaozu, il s'opposa ensuite à lui dans d'épiques combats lors de la « guerre entre Chu et Han » (206-202) ; sa défaite et son suicide, en 202, marquent la fin de la guerre civile et le début effectif de la dynastie Han.

27. Yin : nom couramment utilisé à partir des Zhou orientaux pour désigner la dynastie Shang ; à l'origine, Yin désignait sans doute la dernière capitale de la dynastie Shang, située près de l'actuelle Anyang dans le Henan.

5. 難曰 : « 康王之誥 » 曰 : 「冒聞於上帝, 帝休, 天乃大命文王。」如無命 (史)〔使〕, 經何為言「天乃大命文王 ?」

所謂「大命」者, 非天乃命文王也, 聖人動作, 天命之意也, 與天合同, 若天使之矣。« 書 » 方激勸康叔, 勉使為善, 故言文王行道, 上聞於天, 天乃大命之也。

« 詩 » 曰 :「乃眷西顧, 此惟予度」, 與此同義。天無頭面, 眷顧如何 ? 人有顧睨, 以人儆天, 事易見, 故曰「眷顧」。「天乃大命文王」, 眷顧之義, 實天之不命也。

何以驗之 ?「夫大人與天地合其德, 與日月合其明, 與四時合其序, 與鬼神合其吉凶, 先天而天

28. « Exhortation au prince de Kang » : désignée simplement comme « Kang gao » 康誥 dans le *Shangshu*, 4.9. Le prince de Kang : généralement désigné sous le titre de Kangshu 康叔 ou Kangfengshu 康封叔 « avant-dernier frère fieffé à Kang », c'est-à-dire Ji Feng, fils du roi Wen et frère cadet du roi Wu ; Kang était vraisemblablement un nom de lieu dans l'actuel Henan. L'Exhortation aurait été adressée par le duc de Zhou à Kangshu au moment où ce dernier recevait en fief le pays de Wei, en 1042.

5. À quoi certains objecteront : selon l'« Exhortation au prince de Kang », le Seigneur d'en haut eut connaissance de la vertu du roi Wen et s'en félicita, et c'est alors que le ciel confia le grand mandat au roi Wen[28]. S'il n'y avait pas eu ce mandat, pourquoi le Classique aurait-il mentionné ce grand décret du ciel au roi Wen ?

Mais en réalité, le grand mandat n'est pas ce mandat conféré par le ciel au roi Wen ; les entreprises du sage s'accordent naturellement avec les desseins du ciel, tant et si bien qu'elles paraissent suscitées par ce dernier. Cette exhortation du *Classique des documents* avait pour but d'encourager le prince de Kang à la vertu : voilà pourquoi il y est question de la vertu du roi Wen, et une fois que celle-ci fut connue en haut, de ce grand décret envoyé par le ciel.

Le *Classique des poèmes* dit : « Le Souverain du ciel regarda partout, puis se tourna vers l'Ouest, et alors il donna aux Zhou un endroit où s'établir[29]. » Le sens en est le même[30], car le ciel n'ayant pas de tête ou de visage, comment pourrait-il « regarder » et « se tourner » de la sorte ? Si le ciel y est décrit ainsi, c'est en s'inspirant des hommes, qui peuvent se tourner et regarder, dans le but de rendre les choses plus évidentes. Et il en va de même lorsqu'il est question du grand décret que le ciel aurait conféré au roi Wen : en réalité, le ciel ne confère pas de décret.

Quelle preuve en donnerai-je ? « La vertu du grand homme s'accorde avec celle du ciel et de la terre, son intelligence s'accorde avec celle du soleil et de la lune, l'ordre de ses décisions s'accorde avec la succession des quatre saisons, et ses sentences favorables ou défavorables s'accordent avec celles des esprits ; soit il anticipe la volonté du ciel et le ciel ne le contredit pas ; soit il suit la volonté du ciel et s'acquitte de ses

29. *Shijing*, « Da Ya, Huang yi », avec des différences textuelles.
30. C'est-à-dire qu'il s'agit aussi d'une figure de style.

不違, 後天而奉天時。」如必須天有命, 乃以從事, 安得先天而後天乎？以其不待天命, 直以心發, 故有先天後天之勤。言合天時, 故有不違奉天之文。« 論語 » 曰 :「大哉！堯之為君！唯天為大, 唯堯則之。」王者則天不違, 奉天之義也。推自然之性, 與天合同。是則所謂「大命文王」也, (自) 文王〔自〕意, 文王自為, 非天驅赤雀, 使告文王, 云當為王, 乃敢起也。然則文王赤雀, 及武王白魚, 非天之命, 昌熾祐也。

6. 吉人舉事, 無不利者。人徒不召而至, 瑞物不招而來, 黯然諧合, 若或使之。出門聞 (告)〔吉〕, 顧睨見善, 自然道也。文王當興, 赤雀適來；魚躍烏飛, 武王偶見, 非天使雀至、白魚來也, 吉物動飛, 而聖〔人〕遇也。白魚入于王

31. Cf. *Yijing*, « Wenyan », hexagramme Qian.

32. *Lunyu*, 8.19, trad. P. Ryckmans, *Les Entretiens de Confucius*, p. 47 (avec des modifications).

33. Le « comme si » (*ruo* 若) est à prendre à la lettre ici : il ne s'agit que d'apparences. On a l'impression d'une sorte d'intervention surnaturelle (céleste), mais en réalité il n'y a que des signes naturels qui accompagnent spontanément les actes du sage roi.

devoirs au moment opportun[31]. » Si le grand homme devait attendre un décret du ciel pour agir, pourquoi est-il question ici d'anticiper et de suivre la volonté du ciel ? Si le texte parle ainsi du grand homme qui s'active en anticipant ou suivant la volonté du ciel, ce au moment opportun, c'est bien parce qu'il agit directement de sa propre initiative, sans attendre un décret céleste. Les *Entretiens* disent : « Quel souverain admirable que Yao ! Quelle majesté sublime ! Toute grandeur n'appartient qu'au ciel, et seul Yao a su le prendre comme règle[32]. » Prendre le ciel pour règle, pour un souverain, c'est lui obéir sans contrarier ses desseins, mais en s'en remettant à sa spontanéité naturelle pour s'accorder avec lui. Lorsqu'il est question du grand décret conféré au roi Wen, cela signifie en réalité que le roi suivit sa propre intention et agit de lui-même : il n'attendit pas pour se soulever que le ciel lui envoie un moineau rouge pour lui conférer un titre. Le moineau rouge envoyé au roi Wen et le poisson blanc envoyé au roi Wu ne furent donc pas des décrets célestes, mais des bénédictions saluant la magnifique réussite de ces deux souverains.

6. L'homme dont la destinée est faste connaît la réussite dans tout ce qu'il entreprend. Les gens viennent à lui sans qu'il ait à les appeler, et les signes favorables se produisent sans qu'il ait à les provoquer. Tout s'accorde secrètement avec ses desseins comme si quelque chose le voulait ainsi[33]. Qu'il sorte de chez lui, et il est informé de présages favorables ; qu'il regarde autour de lui, et il est témoin de bonnes actions ; car telle est la voie de la spontanéité. Lorsque ce fut le moment pour le roi Wen de devenir roi, un moineau rouge apparut de façon concomitante ; et c'est par coïncidence que le roi Wu vit un poisson blanc jaillir de l'eau et un corbeau rouge voler au-dessus de lui : ni le moineau, ni le poisson ne furent envoyés par le ciel, ils apparurent d'eux-mêmes comme d'autres signes favorables, et il se trouva que ces sages étaient là pour les apercevoir. À propos du poisson blanc qui sauta sur le bateau du roi Wu,

舟, 王陽曰:「偶適也。」光祿大夫劉琨, 前為弘農太守, 虎渡河, 光武皇帝曰:「偶適自然, 非或使之也。」故夫王陽之言「適」, 光武之曰「偶」, 可謂合於自然也。

Wang Yang dit : « Ce n'était qu'un hasard[34] ! » Et alors que le Grand conseiller Liu Kun était préfet de Hongnong[35], comme des tigres avaient traversé la rivière, l'empereur Guangwu dit : « Il s'agit d'une coïncidence, ce tigre est venu de lui-même, personne ne l'a envoyé ! » Wang Yang parle de hasard, et l'empereur Guangwu, de coïncidence : on peut dire que leurs interprétations s'accordent avec la spontanéité naturelle des choses.

34. Wang Yang, ou Wang Ji (?-48 AEC) : lettré et haut fonctionnaire sous le règne de l'empereur Xuan (r. 74-49), célèbre pour les remontrances qu'il osa adresser à son souverain.

35. Liu Kun (?-57 EC) : lettré et haut fonctionnaire durant les règnes de Wang Mang et de l'empereur Guangwu ; son prénom est orthographié 昆 dans la biographie que lui consacre le *Hou Hanshu* (79A, « Rulin liezhuan shang »). Alors qu'il était préfet de Hongnong, sa vertu aurait impressionné les tigres qui infestaient la région, et ils l'auraient quittée en traversant le fleuve Jaune ; selon le récit que le *Hou Hanshu* nous fait de cette histoire, c'est Liu Kun qui aurait invoqué modestement le hasard pour expliquer ce phénomène, et non pas l'Empereur. Hongnong : commanderie correspondant à des régions contiguës des actuelles provinces du Henan et du Shaanxi.

本性篇第十三

1. 情性者, 人治之本, 禮樂所由生也。故原情性之極, 禮為之防, 樂為之節。性有卑謙辭讓, 故制禮以適其宜 ; 情有好惡喜怒哀樂, 故作樂以通其 (敬)〔和〕。禮所以制, 樂所為作者, 情與性也。昔儒舊生, 著作篇章, 莫不論說, 莫能實定。

1. Les émotions et la nature humaine : *qing xing* 情性, deux mots philosophiquement très chargés et susceptibles de différentes interprétations, notamment dans leurs rapports réciproques. *Qing* renvoie aux émotions, sentiments, voire aux désirs ; *xing* se réfère à la nature profonde de l'homme, souvent dans ses dimensions morales. En ce qui concerne les rapports entre *xing* et *qing*, les théories sont nombreuses. La littérature pré-impériale fait souvent du *qing* une émanation du *xing* ; le confucianiste contemporain Tang Yijie cite un passage d'un manuscrit de Guodian (env. 300 AEC) indiquant que « la morale trouve son origine dans les sentiments, les sentiments

De la nature humaine
(Traité 13, « Ben xing »)

1. Ce sont les émotions et la nature humaine[1] qui sont au fondement du gouvernement des hommes, c'est d'elles que procèdent les rites et la musique. Que l'on revienne à l'essence des émotions et de la nature humaine, et on voit comment les rites permettent de les canaliser, et la musique, de les modérer. Les hommes peuvent par nature être trop serviles ou trop modestes, et la pratique des rites leur permet de se comporter d'une façon plus convenable ; ils peuvent être menés par leurs sentiments, céder à leurs inclinations, passer de la satisfaction à la colère ou de la tristesse à la joie, et la musique leur permet de tempérer leurs manières. Si l'on a institué les rites et la musique, c'est donc bien en fonction des émotions des hommes et de leur nature. Les anciens lettrés ont certes rédigé nombre de traités sur la nature humaine, mais sans parvenir à des conclusions correctes.

naissent de la nature, la nature provient de la destinée, et la destinée descend du ciel » ; selon son interprétation, la nature serait intérieure, les émotions/sentiments étant sa manifestation extérieure, ou une activation de la nature humaine profonde. On compare parfois la nature à de l'eau, et les sentiments à des vagues. Sous les Han, on tend plutôt à opposer *xing* et *qing*, le *xing* étant considéré comme bon, et le *qing*, comme mauvais. Un exemple de cette position est le penseur Dong Zhongshu (IIe s. AEC), dont Wang Chong discute les idées plus bas dans ce traité.

2. 周人世碩, 以為「人性有善有惡, 舉人之善性, 養而致之則善長 ; (惡) 性〔惡〕, 養而致之則惡長。」如此, 則〔情〕性各有陰陽, 善惡在所養焉。故世子作 « 養〔性〕書 » 一篇。密子賤、漆雕開、公孫尼子之徒, 亦論情性, 與世子相出入, 皆言性有善有惡。

3. 孟子作 « 性善 » 之篇, 以為「人性皆善, 及其不善, 物亂之也。」謂人生於天地, 皆稟善性, 長大與物交接者, 放縱悖亂, 不善日以生矣。

若孟子之言, 人幼小之時, 無有不善也。微子曰「我舊云孩子, 王子不出。」紂為孩子之時,

2. Shi Shuo (v. 500 AEC) : l'un des disciples de Confucius. L'allusion à Zhou est peut-être fautive, Shi Shuo étant généralement décrit comme venant de Chen.

3.« Traité sur la culture de soi (« Yang shu ») : ce traité est perdu. Les commentateurs s'accordent à suivre la lecture de l'ancienne encyclopédie *Yuhai* (chap. 53), datant du XIIIe siècle, qui cite ce passage du *Lunheng* en indiquant *Yang xing shu*, ce qui correspond mieux au contenu de ce texte d'après ce qu'en dit Wang Chong.

4. Fu Zijian (lu également Mi Zijian, Fu Buqi, 521-445) : disciple de Confucius. Qidiao Kai (540 ?-?) : disciple de Confucius. Gongsun Nizi (ve s. AEC) : disciple de deuxième génération de Confucius.

2. Shi Shuo, de Zhou, jugeait que la nature humaine peut être bonne ou mauvaise[2] : que l'on prenne une bonne nature, elle deviendra meilleure encore si on la cultive et la presse dans le bon sens ; mais que l'on encourage une mauvaise nature, et elle deviendra pire encore. Ainsi, les hommes peuvent être aussi différents que le *yin* et le *yang* pour ce qui est de leur nature originelle, mais qu'ils se comportent bien ou mal dépend en définitive de la façon dont on la cultive. C'est dans ce sens que Shi Shuo composa un « Traité sur la culture de soi » en un chapitre[3] ; et d'autres comme Fu Zijian, Qidiao Kai et Gongsun Nizi[4] discoururent aussi des émotions et de la nature humaine, jugeant que la nature humaine peut être bonne ou mauvaise, avec des points communs et quelques différences par rapport à Shi Shuo.

3. Mencius rédigea un « De la bonté de la nature humaine » en un chapitre[5], selon lequel « tous les hommes sont bons par nature, et s'ils ne se comportent pas bien, c'est qu'ils sont pervertis par leur milieu ». Puisque les hommes sont nés du ciel et de la terre, ils sont tous dotés à l'origine d'une bonne nature, mais les relations qu'ils entretiennent avec leur milieu, en grandissant, les rendent négligents et indociles, tant et si bien qu'ils se conduisent de plus en plus mal.

Selon Mencius, lorsqu'ils sont enfants, tous les hommes seraient donc bons. Mais dans le « Seigneur de Wei[6] », il est dit : « Alors que Zhòu n'était qu'un enfant, je le jugeais déjà médiocre. » Le seigneur de Wei observa donc la mauvaise nature

5. Le traité que Wang Chong mentionne ici, vraisemblablement de la main d'un disciple de Mencius, ne nous est pas parvenu.

6. « Le Seigneur de Wei » : nom d'un chapitre du *Shangshu* (« Weizi »). Le seigneur de Wei (XIe s. AEC), ou Zi Qi, était le frère du dernier souverain de la dynastie Shang, le célèbre tyran Zhòu (XIe s.), qui refusa de prendre en compte ses remontrances.

微子睹其不善之性，性惡不出眾庶，長大為亂不變，故云也。羊舌食我初生之時，叔姬視之，及堂，聞其啼聲而還，曰：「其聲，豺狼之聲也，野心無親。非是莫滅羊舌氏。」遂不肯見。及長，祁勝為亂，食我與焉。國人殺食我，羊舌氏由是滅矣。紂之惡，在孩子之時；食我之亂，見始生之聲。孩子始生，未與物接，誰令悖者？

丹朱生於唐宮，商均生於虞室。唐、虞之時，可比屋而封，所與接者，必多善矣，二帝之旁，必多賢矣。然而丹朱傲，商均虐，並失帝統，歷世為戒。

且孟子相人以眸子焉，心清而眸子瞭，心濁而眸子眊。人生目輒眊瞭，眊瞭稟之於天，不同氣

7. L'interprétation proposée par Wang Chong de cette phrase ne correspond pas au passage du *Shangshu* tel que nous le connaissons aujourd'hui. Dans le *Shangshu*, cette phrase (sous une forme légèrement différente) est attribuée au grand précepteur, qui incite le seigneur de Wei à fuir le tyran Zhou : « Je vous ai déjà dit il y a longtemps que le roi vous nuirait, et si vous ne fuyez pas, il en sera fini de nous. » Cf. aussi l'interprétation de S. Couvreur, encore différente : « Le conseil que j'ai donné (à votre père) autrefois vous a été nuisible. Fils d'empereur, si vous ne vous éloignez, toute notre race sera entraînée dans une commune ruine. » (S. Couvreur, *Chou King*, p. 74).

8. Yang Shiwo (?-514 AEC) : membre du clan Yangshe et notable du pays de Jin. Partisan de Qi Sheng (?-514), il fut exécuté avec ce dernier, lui-même victime d'une rivalité familiale, et son clan fut exterminé. Cf. *Zuozhuan*, « Zhaogong », 28e année.

de Zhòu dès son enfance, et s'il s'exprima ainsi, c'est non seulement que Zhòu était déjà médiocre, mais qu'il ne changerait pas et deviendrait encore plus pervers en grandissant[7]. Juste après la naissance de Yang Shiwo, du clan Yangshe[8], sa grand-mère Shuji vint le voir ; mais elle fit demi-tour en entendant les pleurs de l'enfant : « Ce sont là les cris d'un loup sauvage qui ne reconnaît même pas les siens ! Si quelqu'un doit causer la perte de notre clan, c'est bien celui-là ! » Et elle refusa de le voir. Adulte, Yang Shiwo fut impliqué dans l'inconduite de Qi Sheng et exécuté par les officiers du pays de Jin, et son clan fut exterminé. Alors qu'il n'était qu'un enfant, Zhòu manifestait déjà sa mauvaise nature, et l'inconduite de Yang Shiwo transparaissait déjà dans ses cris de nouveau-né. Des enfants qui viennent de naître n'ont pas encore eu de contacts avec autrui : qui donc aurait pu les pervertir ?

Danzhu naquit dans le palais de Yao, et Shangjun, dans la demeure de Shun[9]. Sous les règnes de ces deux souverains, chaque famille produisait des hommes dignes d'être anoblis ; les gens que Danzhu et Shanjun avaient fréquentés durant leur enfance devaient donc majoritairement être bons, et l'entourage des deux souverains abondait en sages. Mais cela n'empêcha ni Danzhu d'être arrogant, ni Shangjun d'être cruel ; tous deux furent écartés de la succession, et dénoncés par la postérité comme des exemples à éviter.

Par ailleurs, Mencius jugeait des gens selon leur pupille, une pupille brillante correspondant à un cœur pur, et une pupille trouble, à un cœur impur[10]. Mais les gens ont dès la naissance une pupille brillante ou une pupille trouble : ils sont dotés par nature de l'une ou de l'autre, en fonction du *qi*

9. Shangjun : fils de Shun selon la tradition, il aurait été très peu vertueux.
10. Cf. *Mengzi*, 4A, « Li Lou xia ».

也，非幼小之時瞭，長大與人接乃更眊也。

性本自然，善惡有質，孟子之言情性，未為實也。然而性善之論，亦有所緣。一歲嬰兒，無爭奪之心，長大之後，或漸利色，狂心悖行，由此生也。

4. 告子與孟生同時，其論性無善惡之分，譬之湍水，決之東則東，決之西則西。夫水無分於東西，猶人〔性〕無分於善惡也。

夫告子之言，謂人之性與水同也。使性若水，可以水喻性，猶金之為金，木之為木也。人善因善，惡亦因惡，初稟天然之姿，受純壹之質，故生而兆見，善惡可察。

11. Nous suivons les principaux commentateurs et coupons un passage de cinquante-neuf caractères ici : quarante qui répètent à l'identique un passage du dernier paragraphe du chapitre ; et dix-neuf autres qui paraissent également appartenir à ce dernier paragraphe.

12. Gaozi (IVe s. AEC) : Gao Sheng, ou Gao Buhai, penseur contemporain de Mencius, il s'opposa frontalement aux idées de ce dernier sur la nature humaine ; son œuvre est perdue, et ses idées sont connues par la réfutation qu'en propose le *Mengzi*, ainsi que par le présent passage du *Lunheng*.

13. C'est-à-dire que l'eau, comme le métal et le bois, a sa nature propre : même si elle peut couler dans des directions différentes, elle n'est pas neutre ou indifférenciée en tant que telle – en particulier, elle diffère du métal et du bois.

qui diffère d'une personne à l'autre. Ils n'ont pas, lorsqu'ils sont tout petits, une pupille brillante, qui deviendrait trouble à mesure qu'ils grandissent et entrent en contact avec les autres.

La nature humaine est donc bonne ou mauvaise en elle-même, en fonction du matériau de départ, et les idées de Mencius sur la nature humaine et les émotions ne correspondent pas à la réalité. Cela étant, il y a aussi quelque fondement à la théorie selon laquelle la nature humaine serait naturellement bonne[11]. Le cœur d'un enfant d'un an ne connaît pas encore la compétition ; ce n'est qu'en grandissant qu'il est graduellement contaminé par la convoitise et le désir, et qu'il devient capricieux et rebelle.

4. Gaozi[12], un contemporain de Mencius, ne faisait pas de distinction entre une bonne et une mauvaise nature ; il comparait la nature humaine à de l'eau qui s'écoule rapidement : si on lui ouvre un passage à l'est, l'eau coule vers l'est ; si on lui ouvre un passage à l'ouest, elle coule vers l'ouest – mais rien ne distingue en tant que telle celle qui coule à l'est et celle qui coule à l'ouest. De même, selon lui, rien ne distingue en soi une bonne et une mauvaise nature.

Gaozi jugeait donc que la nature humaine est semblable à de l'eau. Mais s'il en est ainsi, alors on peut utiliser l'eau pour comprendre par analogie la nature humaine : or il en est de l'eau comme du métal qui par nature est métal, ou du bois, qui par nature est bois[13]. Si un homme est bon, c'est en raison de sa bonté originelle, et s'il est mauvais c'est en raison de sa méchanceté originelle[14] : il est doté au départ d'une substance naturelle, d'un matériau unique, qui explique pourquoi dès sa naissance des indices permettent de juger s'il est bon ou mauvais.

14. Nous ne suivons pas la correction textuelle proposée par Huang Hui (*Lunheng jiaoshi*, vol. 1, p. 137), selon laquelle il conviendrait de remplacer *yin* 因 par *gu* 固 ; cette correction ne paraît pas nécessaire, et la plupart des commentateurs ne la reprennent pas.

無分於善惡, 可推移者, 謂中人也, 不善不惡, 須教成者也。故孔子曰 :「中人以上, 可以語上也 ; 中人以下, 不可以語上也。」告子之以決水喻者, 徒謂中人, 不指極善極惡也。孔子曰 :「性相近也, 習相遠也。」夫中人之性, 在所習焉, 習善而為善, 習惡而為惡也。至於極善極惡, 非復在習。故孔子曰 :「惟上智與下愚不移。」性有善不善, 聖化賢教, 不能復移易也。孔子, 道德之祖, 諸子之中最卓者也, 而曰「上智下愚不移」, 故知告子之言, 未得實也。

夫告子之言, 亦有緣也。«詩» 曰 :「彼姝之子, 何以與之。」其傳曰 :「譬猶練絲, 染之藍則青, 染之朱則赤。」夫決水使之東西, 猶染絲令之青赤也。

15. *Lunyu*, 6.21, trad. P. Ryckmans, *op. cit.*, p. 37.

16. *Ibid.*, 17.2, trad. A. Cheng, 17.2, *op. cit.*, p. 134. Cf. aussi la traduction très libre de P. Ryckmans (*op. cit.*, p. 94) : « La nature rapproche, la coutume sépare. »

17. *Ibid.*, 17.3, trad. A. Cheng, *op. cit.*, p. 134.

18. Wang Chong reproche à plusieurs reprises à ses contemporains le trop grand respect qu'ils ont pour les anciens, et en particulier pour Confucius ; il consacre un traité très critique à ce dernier (cf. ci-dessous, 28, « Questions

L'idée d'une non-distinction entre nature bonne et nature mauvaise, d'une nature qui pourrait changer selon les circonstances, vaut pour les gens moyens, qui par nature ne sont ni bons ni mauvais, et qui doivent être éduqués pour se réaliser. Voilà pourquoi Confucius a dit : « À des hommes moyens, on peut expliquer les choses supérieures. À des hommes inférieurs, on ne peut pas expliquer les choses supérieures[15]. » La comparaison que Gaozi fait avec de l'eau qui s'écoule d'un côté ou de l'autre ne vaut que pour les gens moyens ; elle ne s'applique pas à des hommes très bons ou très mauvais par nature. Confucius a dit : « Par leur nature, les hommes sont proches ; c'est à la pratique qu'ils divergent[16]. » Les hommes médiocres développent leur nature en fonction des habitudes qu'on leur donne : ils deviennent bons si on leur donne de bonnes habitudes, et mauvais si on leur en donne de mauvaises. Mais les habitudes ne sauraient transformer la nature d'hommes très bons ou très mauvais. Voilà pourquoi Confucius a dit que « deux seules catégories échappent à tout changement : les très sages et les très bêtes[17] » ; certains sont par nature si bons ou si mauvais que même l'éducation d'un sage ne saurait les transformer. Si Confucius, le patriarche de la vertu et le plus illustre des penseurs, dit cela, on doit conclure que la position de Gaozi ne correspond pas à la réalité[18].

Cela étant, il y a aussi quelque fondement à la théorie de Gaozi. Le *Classique des poèmes* dit : « Cette belle personne, comment l'aider[19] ? », vers que les commentaires expliquent ainsi : « Il s'agit d'une métaphore pour de la soie écrue : qu'on la teigne en bleu et elle devient bleue, qu'on la teigne en rouge et elle devient rouge. » Faire couler de l'eau vers l'est ou vers l'ouest, c'est comme teindre de la soie en bleu ou en rouge.

à Confucius »). Mais cela ne l'empêche pas de recourir fréquemment à l'argument d'autorité, comme ici.

19. Cf. *Shijing*, « Yong feng, Gan mao ». Le vers est généralement compris ainsi par les commentateurs : « À cette belle personne, que donnerai-je ? »

丹朱、商均已染於唐、虞之化矣,然而丹朱傲而商均虐者,至惡之質,不受藍朱變也。

5. 孫卿有反孟子,作 « 性惡 » 之篇,以為「人性惡,其善者,偽也」。性惡者,以為人生皆得惡性也;偽者,長大之後,勉使為善也。

若孫卿之言,人幼小無有善也。〔后〕稷為兒,以種樹為戲;孔子能行,以俎豆為弄。(石生而堅,蘭生而香。)〔生〕稟善氣,長大就成,故種樹之戲,為唐司馬;俎豆之弄,為周聖師。〔石生而堅,蘭生而香,〕稟蘭石之性,故有堅香之驗。夫孫卿之言,未為得實。

然而性惡之言,〔亦〕有緣也。一歲嬰兒,無推讓之心,見食,號欲食之;睹好,啼欲玩之。長大之後,禁情割欲,勉厲為善矣。

20. Xunzi (env. 298-235) : Xun Kuang, également appelé Xun Qing, l'un des grands penseurs confucianistes de l'époque pré-impériale, auteur de l'œuvre qui porte son nom, le *Xunzi*. Le texte chinois indique Sun Qing, le caractère Sun 孫 étant parfois utilisé sous les Han pour remplacer le caractère Xun 荀 en raison du tabou sur le prénom de l'empereur Xuandi (Liu Xun 劉詢, r. 74-49). « La nature humaine est mauvaise » : ce traité est conservé dans le *Xunzi*, 23, « Xing e ».

21. « Acquis » : *wei* 偽, soit littéralement « artificiel », « fabriqué », par opposition à l'inné, mauvais selon Xunzi ; cf. *Xunzi*, 23, « Xing e ».

Danzhu et Shangjun baignèrent dans la vertu des palais de Yao et de Shun, mais comme l'un était arrogant, et l'autre, cruel, que par essence ils étaient très mauvais, ils ne purent être transformés à la manière d'une soie qu'on peut teindre en bleu ou en rouge.

5. Xunzi s'opposa également à Mencius, et il rédigea un traité intitulé « La nature humaine est mauvaise[20] ». Selon lui, « l'homme est mauvais de nature, et ce qu'il y a de bon en lui est acquis[21] ». Par « l'homme est mauvais de nature », Xunzi veut dire que tous les hommes reçoivent à la naissance une mauvaise nature ; et par « acquis », il veut dire qu'on peut les encourager à faire le bien tandis qu'ils grandissent.

Pour Xunzi, l'homme, lorsqu'il est enfant, n'aurait donc rien de bon. Mais alors qu'il était tout petit, le Souverain Millet jouait déjà à semer des plantes ; et alors qu'il était à peine capable de marcher, Confucius s'amusait avec une tablette et une coupe de sacrifice[22]. L'un et l'autre avaient dès le début été dotés d'un bon *qi*, et celui-ci se réalisa tandis qu'ils grandissaient, avec pour résultat que l'enfant qui jouait à semer des graines devint l'administrateur de Yao, et celui qui s'amusait à imiter des sacrifices devint le grand sage de la dynastie Zhou. C'est dès le début que la pierre est dure, ou que l'orchidée est parfumée, selon la nature qu'elles ont reçue. La position de Xunzi ne s'accorde donc pas avec la réalité.

Mais il y a quand même quelque fondement à l'idée selon laquelle la nature humaine est mauvaise. À un an, le petit enfant est encore incapable de renoncement : à la vue de nourriture, il crie pour manger ; et lorsqu'il voit une chose amusante, il hurle pour pouvoir jouer avec elle. Ce n'est qu'en grandissant qu'il contrôle ses émotions et ses désirs, et qu'il peut être encouragé à bien se comporter.

22. Nous suivons la plupart des commentaires récents, qui proposent de déplacer huit caractères après la phrase suivante.

劉子政非之曰：「如此，則天無氣也。陰陽善惡不相當，則人之為善，安從生？」

6. 陸賈曰：「天地生人也，以禮義之性。人能察己所以受命則順，順之謂道。」

夫陸賈知人禮義為性，人亦能察己所以受命。性善者，不待察而自善，性惡者，雖能察之，猶背禮畔義。義挹於善，不能為也。故貪者能言廉，亂者能言治。盜跖非人之竊也，莊蹻刺人之濫也，明能察己，口能論賢，性惡不為，何益於善？陸賈之言，未能得實。

23. Liu Xiang (77-6 EC), appelé ici Liu Zizheng, selon son prénom social : lettré, penseur et haut fonctionnaire, connu notamment pour la rédaction du premier catalogue de la bibliothèque impériale.

24. Littéralement, le ciel (*tian*), à comprendre ici comme une référence à la nature et aux régularités naturelles.

25. Selon la cosmologie chinoise, tout résulte de la complémentarité entre les deux modalités du *qi* originel que sont le *yin* et le *yang*. Liu Xiang assimile implicitement le bien et le mal au *yang* et au *yin*. De la même façon que le *yin* et le *yang* sont nécessaires pour expliquer, dans la nature, l'opposition entre le froid et le chaud, entre le féminin et le masculin, entre l'hiver et l'été, le bien et le mal doivent être nécessaires dès le départ pour expliquer le bien et le mal en l'homme. Wang Chong examine plus longuement les idées de Liu Xiang plus loin dans ce traité.

26. Cette phrase, que Wang Chong attribue au penseur Lu Jia, ne figure pas dans les textes qui nous ont été transmis de ce dernier, et hors contexte il est difficile de se représenter exactement la conception de Lu Jia quant à la nature humaine. On peut cependant peut-être rapprocher ce passage de l'épisode décrit ci-dessus (8.10), où Lu Jia convainc le rebelle Zhao Tuo, qui s'est converti aux coutumes barbares, de revenir aux mœurs des Han : Zhao Tuo se « repent du fond du cœur », ce qui lui permet de redécouvrir ce qui est au fond de lui, à savoir les valeurs et

Liu Xiang[23] réfuta ainsi l'idée selon laquelle la nature humaine serait mauvaise par nature : « Dans ce cas le monde naturel[24] ne pourrait s'expliquer par le *qi* : si le *yin* et le *yang*, le bon et le mauvais, ne s'équilibraient pas, d'où viendrait ce qu'il y a de bon en l'homme[25] ? »

6. Selon Lu Jia, « le ciel et la Terre, en donnant naissance aux hommes, les dotent d'une nature prédisposée aux rites et à la justice ; ils peuvent en réfléchissant sur eux-mêmes réaliser que telle est leur nature, et s'y conformer ; et s'ils s'y conforment, alors on parle de Voie[26] ».

Lu Jia juge que les hommes seraient dotés d'une nature prédisposée aux rites et à la justice, et qu'ils pourraient s'en rendre compte en réfléchissant sur eux-mêmes[27]. Mais celui qui est bon par nature n'a pas à réfléchir sur lui-même pour devenir bon ; et celui qui est mauvais par nature a beau réfléchir sur lui-même, il n'en continuera pas moins à violer les rites et la vertu, parce que la vertu trouve sa source dans la bonté originelle et ne peut être forcée par la simple réflexion. L'homme corrompu peut faire des discours sur l'honnêteté sans pour autant s'amender, et le rebelle peut disserter du bon gouvernement sans s'y soumettre. Le brigand Zhi blâmait les voleurs, et Zhuang Qiao critiquait les cupides[28] : ils étaient suffisamment lucides pour réfléchir sur eux-mêmes et pouvaient parler en sages ; mais cela ne leur servait à rien, puisque leur mauvaise nature les empêchait de mettre leurs belles paroles en pratique. La position de Lu Jia ne s'accorde donc pas avec la réalité.

vertus propres aux Han ; de la même manière, certains hommes tendent à oublier qu'ils sont des créatures morales, mais ils peuvent le redécouvrir en réfléchissant à leurs actions. « Voie » : c'est-à-dire la voie morale, la morale, la vertu.

27. Cette phrase, qui est une simple répétition de la citation de Lu Jia, est peut-être corrompue ou tronquée.

28. Le brigand Zhi : célèbre brigand et rebelle de la fin de l'époque des Printemps et automnes ; le *Zhuangzi* lui consacre un chapitre qui porte son nom (chap. 29, « Dao Zhi »). Zhuang Qiao : rebelle et général de l'époque des Royaumes combattants. Le brigand Zhi et Zhuang Qiao sont considérés par la doxa communiste comme les héros de rébellions paysannes.

7. 董仲舒覽孫、孟之書，作情性之說曰：「天之大經，一陰一陽。人之大經，一情一性。性生於陽，情生於陰。陰氣鄙，陽氣仁。曰性善者，是見其陽也；謂惡者，是見其陰者也。」

若仲舒之言，謂孟子見其陽，孫卿見其陰也。處二家各有見，可也。不處人情性 (情性) 有善有惡，未也。夫人情性，同生於陰陽，其生於陰陽，有渥有泊。玉生於石，有純有駮，性情〔生〕於陰陽，安能純善？仲舒之言，未能得實。

8. 劉子政曰：「性，生而然者也，在於身而不發；情，接於物而然者也，(出) 形〔出〕於外。形外，則謂之陽；不發者，則謂之陰。」

29. Dong Zhongshu (IIe s. AEC) : grand penseur confucianiste du début du règne de l'empereur Wu. La tradition a fait de lui le grand artisan de l'adoption du confucianisme comme doctrine officielle sous les Han antérieurs, mais sa contribution effective à cette mesure, ainsi d'ailleurs que la paternité de l'œuvre principale qui lui est attribuée, le *Chunqiu fanlu*, font l'objet de débats.

30. Cette citation ne se trouve pas dans les textes aujourd'hui conservés de Dong Zhongshu.

7. Dong Zhongshu[29] lut les œuvres de Xunzi et de Mencius, et développa sur leur base sa théorie des émotions et de la nature : « Le grand principe de fonctionnement du ciel, c'est la combinaison du *yin* et du *yang*. Le grand principe de fonctionnement de l'homme, c'est la combinaison des sentiments et de la nature ; la nature procède du *yang*, les sentiments procèdent du *yin*. Le *yin* est sauvage, le *yang* est bienveillant. Ceux qui jugent que la nature humaine est bonne ne voient en l'homme que son *yang* ; et ceux qui disent que la nature humaine est mauvaise ne voient en lui que son *yin*[30]. »

Ce que veut dire Dong Zhongshu, c'est que Mencius ne voyait en l'homme que son *yang*, alors que Xunzi n'en voyait que son *yin*. Dong Zhongshu a raison de juger que chacun de ces deux penseurs a vu quelque chose de juste, mais il se trompe en concluant que la nature humaine, bonne ou mauvaise, dépendrait de la nature d'une part, des sentiments d'autre part. En effet, les sentiments et la nature procèdent ensemble du *yin* et du *yang*, et comme eux ils peuvent être plus ou moins abondants. Le jade naît de la pierre, et il peut être pur ou impur. Si sentiments et nature procédaient les uns du *yin*, et l'autre du *yang*, comment pourrait-on avoir une nature parfaitement bonne[31] ? La position de Dong Zhongshu ne correspond donc pas à la réalité.

8. Liu Xiang dit : « La nature est reçue telle quelle à la naissance ; elle est liée au corps et ne se manifeste pas extérieurement. Les émotions naissent au contact avec autrui, et le corps les manifeste à l'extérieur. On appelle *yang* ce qui se manifeste à l'extérieur du corps ; on appelle *yin* ce qui ne se manifeste pas à l'extérieur. »

31. Chaque personne étant formée de *yin* et de *yang*, une bonté parfaite serait impossible puisque, selon Dong Zhongshu, le *yin* serait mauvais.

夫子政之言,謂性在身而不發。情接於物,形出於外,故謂之陽;性不發,不與物接,故謂之陰。

夫如子政之言,乃謂情為陽,性為陰也。不據本所生起,苟以形出與不發見定陰陽也。必以形出為陽,性亦與物接,造此必於是,顛沛必於是。惻隱不忍 (不忍), 仁之氣也;卑歉辭讓, 性之發也, 有與接會, 故惻隱卑謙, 形出於外。謂性在內, 不與物接, 恐非其實。

不論性之善惡, 徒議外內陰陽, 理難以知。且從子政之言, 以性為陰, 情為陽, 夫人稟 (情)〔性〕, 竟有善惡不也?

32. Selon la lecture de Wang Chong, la position de Liu Xiang est donc inverse de celle de Dong Zhongshu, qui associait au contraire la nature au *yang*, et les émotions au *yin*.

33. Allusion à *Lunyu*, 4.5 : « L'homme de bien qui se départ du *ren* n'est plus digne de ce nom : l'homme de bien est celui qui ne s'en départ pas même le temps d'un repas, qu'il se trouve pressé ou ballotté par les événements » (trad. A. Cheng, *op. cit.*, p. 44).

Selon Liu Xiang, la nature dépendrait donc du corps et ne se manifesterait pas à l'extérieur. Les émotions résulteraient quant à elles du contact avec les autres et se manifesteraient à l'extérieur, et ce serait pourquoi on les appellerait *yang* ; la nature ne se montrerait pas à l'extérieur et n'aurait aucun lien avec autrui, voilà pourquoi on l'appellerait *yin*.

Pour Liu Xiang, les émotions seraient donc *yang*, alors que la nature serait *yin*[32]. Liu Xiang n'explique pas ce qui fonde la nature humaine, il se contente de définir comme *yin* ce qui ne se manifeste pas à l'extérieur, et comme *yang* ce qui se manifeste à l'extérieur. Mais si l'on définit toute manifestation extérieure comme *yang*, alors la nature humaine serait aussi *yang* puisqu'elle interagit également avec les autres, l'homme pouvant être « pressé ou ballotté par les événements[33] ». Lorsqu'on se montre compatissant envers les autres, c'est en raison du *qi* bienveillant de notre nature ; lorsqu'on fait preuve d'humilité, c'est aussi une manifestation de notre nature, qui réagit au contact avec les autres. Pitié et humilité sont des manifestations extérieures de notre nature, et je crains donc qu'il ne soit pas vrai de prétendre que la nature est intérieure et n'interagit pas avec les autres.

On voit mal la logique de n'aborder la question de la nature humaine, bonne ou mauvaise, que sous l'angle de l'intérieur et de l'extérieur, du *yin* et du *yang*. Si on suit Liu Xiang et associe la nature au *yin* et les émotions au *yang*, y a-t-il encore une bonne nature et une mauvaise nature humaine[34] ?

34. Le texte est corrompu ici, et la correction de Huang Hui, qui propose de lire *xing* 性 au lieu de *qing* 情, n'éclaire pas vraiment le passage. Notre traduction est conjecturale.

9. 自孟子以下,至劉子政,鴻儒博生,聞見多矣,然而論情性竟無定是。唯世碩、(儒) 公孫尼子之徒,頗得其正。由此言之,事易知,道難論也。酆文茂記,繁如榮華,恢諧劇談,甘如飴密,未必得實。實者,人性有善有惡,猶人才有高有下也。高不可下,下不可高。謂性無善惡,是謂人才無高下也。稟性受命,同一實也。命有貴賤,性有善惡。謂性無善惡,是謂人命無貴賤也。

九州田土之性,善惡不均。故有黃赤黑之別,上中下之差;水潦不同,故有清濁之流,東西南北之趨。人稟天地之性,懷五常之氣,或仁或義,性術乖也;動作趨翔,或重或輕,性識詭也。面色

35. Autre traduction possible : « Les plus grands lettrés et érudits, de Mencius à Liu Xiang, ont vu et entendu beaucoup de choses, mais… »

36. Cf. *Shangshu*, « Yu gong », pour la première mention de ces neuf régions du monde (ou de la « Chine »), dont la liste varie selon les sources et les époques.

37. Les vertus cardinales sont volontiers associées aux cinq agents, qui sont des modalités du *qi* ; comme la nature, elles sont donc reçues à la naissance, avec des variations individuelles quant à leur quantité ou qualité. Sur les cinq vertus cardinales, cf. ci-dessus, 8.4.

9. J'ai largement rapporté les vues des plus grands lettrés et érudits, de Mencius à Liu Xiang[35], mais en fin de compte aucune conclusion définitive ne se dégage quant à la nature humaine ou les émotions ; seuls Shi Shuo et Gongsun Nizi se rapprochent de la vérité. Sur la base de ce qui précède, on peut dire que si les faits peuvent paraître simples, il est en définitive difficile de parvenir à la vérité sur le sujet. On a beau accumuler textes et essais à foison, disserter avec esprit, multiplier les élégances, la réalité n'apparaît pas forcément. De fait, les hommes sont d'une nature bonne ou mauvaise, de la même façon qu'ils sont dotés à la naissance de talents différents, qui ne sauraient diminuer ou augmenter par la suite. Prétendre que la nature humaine, à la naissance, ne serait ni bonne, ni mauvaise, revient à dire que les hommes ne naissent pas avec des talents différents. La nature et la destinée qu'on reçoit à la naissance sont de ce point de vue analogues. La destinée commande que certains soient nobles et d'autres, humbles ; la nature commande que certains soient bons et d'autres, mauvais. Prétendre que la nature reçue à la naissance ne serait ni bonne, ni mauvaise, revient à dire que la destinée serait la même pour tous.

Les sols des neuf régions[36] sont par nature bons ou mauvais, avec des différences entre terres jaune, rouge ou noire, et des qualités supérieures, moyennes et inférieures. Les sources ne sont pas semblables les unes aux autres, et les rivières qui en viennent peuvent être claires ou troubles, et s'écouler dans des directions différentes. Certes, la nature humaine découle du ciel et de la terre, et l'homme embrasse en lui le *qi* des cinq vertus cardinales[37] ; mais certains sont plutôt bienveillants, d'autres plutôt justes, parce que l'agencement de ces vertus varie naturellement selon les personnes. Certains agissent avec vivacité, d'autres se montrent lents ; certains sont circonspects, d'autres sont inconsidérés, parce que par nature ils diffèrent quant à la sagesse. Certains ont la peau claire, d'autres ont la peau sombre ; certains sont grands, d'autres sont petits : ils

或白或黑，身形或長或短，至老極死，不可變易，天性然也。〔皆知水土物器形性不同，而莫知善惡稟之異也。〕

余固以孟軻言人性善者，中人以上者也；孫卿言人性惡者，中人以下者也；揚雄言人性善惡混者，中人也。

若反經合道，則可以為教；盡性之理，則未也。

ne changent pas jusqu'à la mort, parce que telle est la nature qu'ils ont reçue du ciel. Chacun comprend bien que les rivières, les sols, les êtres, les objets puisse différer naturellement pour ce qui est de l'apparence ; mais on peine à comprendre que les hommes puissent différer de la même manière en ce qui concerne la nature qu'ils ont reçue à la naissance, qui peut donc être bonne ou mauvaise[38].

Je pense donc que lorsque Mencius affirme que la nature humaine est bonne, cela vaut pour les hommes qui sont au-dessus de la moyenne ; que lorsque Xunzi affirme que la nature humaine est mauvaise, cela vaut pour les hommes qui sont au-dessous de la moyenne ; et que lorsque Yang Xiong affirme que la nature humaine mélange le bon et le mauvais, cela vaut pour les hommes qui sont dans la moyenne[39].

On peut utiliser toutes ces idées dans l'éducation, afin de ramener les gens aux grands principes et à la vertu ; mais pour ce qui est de comprendre parfaitement le principe de la nature humaine, on est encore loin du compte.

38. Cette phrase est déplacée du passage 13.3 ; cf. ci-dessus.

39. Yang Xiong (53 AEC-18 EC) : penseur et poète de la fin des Han antérieurs.

書虛篇第十六

1. 世信虛妄之書, 以為載於竹帛上者, 皆賢聖所傳, 無不然之事, 故信而是之, 諷而讀之；睹真是之傳, 與虛妄之書相違, 則並謂短書不可信用。夫幽冥之實尚可知, 沈隱之情尚可定, 顯文露書, 是非易見。籠總並傳非實事, 用精不專, 無思於事也。夫世間傳書諸子之語, 多欲立奇

1. Par « livres » (*shu* 書), ici, Wang Chong paraît se référer aux œuvres des sages, ou aux œuvres transmises directement par les sages – au premier rang desquels Confucius : cela implique donc les classiques du « confucianisme ». Comme le montre la suite du paragraphe, ces livres s'opposent aux « commentaires » rédigés par les penseurs (*zhuzi* 諸子), qui n'ont pas la même paternité, et donc pas la même autorité. Dans la suite du texte, Wang Chong utilise cependant ce vocabulaire de façon très souple et ne paraît pas se tenir systématiquement à ces distinctions. Quoi qu'il en soit, les histoires que Wang Chong discute dans ce traité paraissent principalement tirées de sources Han (*Hanshi waizhuan*, *Wu Yue chunqiu*, *Yue jueshu*, etc.), avec en outre une dimension locale, plusieurs d'entre elles concernant le pays de Wu (Kuaiji), patrie de Wang Chong.

Des erreurs dans les livres
(Traité 16, « Shu xu »)

1. Les gens croient aux livres[1] les plus mensongers, jugeant que tout ce qui est consigné sur bambou ou sur soie doit avoir été rapporté par des sages, et que donc rien de ce qui s'y trouve ne saurait contrevenir aux faits ; ils jugent que tout y est vrai ; ils les lisent et les récitent inlassablement. Lorsqu'ils tombent sur des commentaires qui contredisent ces inventions et reviennent à la vérité, ils n'en rejettent pas moins ces textes de plus petit format[2] comme non crédibles. On peut connaître les vérités les plus mystérieuses, on peut juger des choses les plus profondes, et donc il devrait être facile d'établir le vrai et le faux dans des textes simples et clairs. Mais parce qu'on raisonne de façon grossière, qu'on est incapable de se concentrer et de réfléchir, les histoires mensongères continuent à circuler. C'est que notre époque aime à propager ces Classiques et autres textes regorgeant de récits étranges, et imaginant les

2. Les textes de petit format : c'est-à-dire les œuvres des penseurs, les textes historiques, les textes standard, etc., généralement rédigés sur des lamelles de bambou d'un pied (*chi* 尺) de haut. Rappelons qu'en Chine ancienne, avant l'invention du papier, les supports principaux d'écriture étaient le bambou, le bois et la soie. Les textes étaient notamment écrits verticalement sur de fines lamelles de bambou dont la longueur variait selon le statut du texte. Selon la tradition, contredite aujourd'hui par les découvertes archéologiques, le format le plus grand (deux pieds et quatre pouces) étant réservé aux Classiques et à d'autres textes prestigieux comme certains textes de loi.

造異, 作驚目之論, 以駭世俗之人 ; 為譎詭之書, 以著殊異之名。

2. 傳書言 : 延陵季子出遊, 見路有遺金。當夏五月, 有披裘而薪者, 季子呼薪者曰 : 「取彼地金來。」薪者投鐮於地, 瞋目拂手而言曰 : 「何子居之高, 視之下, 儀貌之 (壯)〔莊〕, 語言之野也 ? 吾當夏五月, 披裘而薪, 豈取金者哉 ?」季子謝之, 請問姓字。薪者曰 : 「子皮相之士也 ! 何足語姓字 !」遂去不顧。

世以為然, 殆虛言也。

夫季子恥吳之亂, 吳欲共立以為主, 終不肯受, 去之延陵, 終身不還, 廉讓之行, 終始若一。許由

3. Jizi : Ji Zha, fils cadet du roi Shoumeng de Wu (r. 585-561) ; réputé pour sa sagesse, il refusa à plusieurs reprises la succession royale et reçut en fief la région de Yanling (dans l'actuel Jiangsu).

4. Il y avait avant les Han plusieurs calendriers faisant commencer l'année à des moments différents. À partir du règne de l'empereur Wu, le nouvel an correspond à la deuxième nouvelle lune après le solstice d'hiver, et tombe donc entre le 21 janvier et le 20 février de notre calendrier. Le cinquième mois de l'année correspond au solstice d'été, de la mi-juin à la mi-juillet environ.

5. L'homme est pauvre (il n'a pour tout vêtement qu'une peau de bête qu'il doit porter même en été), et s'il n'a pas ramassé la pièce, ce n'est donc pas qu'il n'en aurait pas besoin, mais que ses principes le lui interdisent – l'homme vertueux ne s'approprie pas ce qui ne lui appartient pas.

histoires les plus saisissantes afin d'impressionner le vulgaire. Ces histoires bizarres ont d'ailleurs aussi pour but de faire à leurs auteurs une réputation d'originalité.

2. Les livres rapportent qu'alors que Jizi, le seigneur de Yanling[3], était en voyage, il vit sur le chemin une pièce d'or abandonnée. C'était le cinquième mois de l'année, en plein été[4], et il y avait là un homme qui, couvert d'une peau de bête, coupait du bois de chauffage. Jizi lui ordonna : « Ramasse cette pièce d'or ! » L'homme jeta sa faucille sur le sol, et furieux, refusa de la main : « Comment un homme de votre rang peut-il manquer à ce point de jugement ? Comment sous vos dehors majestueux pouvez-vous proférer des paroles aussi grossières ? Je ramasse du bois de chauffage, couvert d'une peau de bête dans la chaleur de l'été, et j'irais ramasser cette pièce d'or parce que vous me le demandez[5] ? » Jizi s'excusa, et lui demanda son nom, mais l'autre lui répondit : « Vous jugez des gens à leur apparence, vous ne méritez pas que je vous dise mon nom ! » Et il s'en alla sans un regard[6].

Les gens croient en cette histoire, mais elle est très probablement fausse.

Les gens de Wu avaient voulu établir Jizi comme roi, mais celui-ci, honteux des querelles de succession[7], refusa jusqu'au bout ; il partit pour Yanling, et jusqu'à sa mort ne revint pas à la capitale, faisant preuve du début à la fin d'une attitude désintéressée. Xu You refusa l'empire[8] : on ne l'aurait donc pas soupçonné de convoiter un fief. Boyi tourna le dos à la

6. Cette histoire est notamment rapportée dans le *Hanshi waizhuan* (chap. 10), une collection d'anecdotes attribuée au lettré Han Ying (IIe s. AEC).

7. Cf. *Gongyang zhuan*, « Xianggong », 29e année.

8. Xu You : ermite légendaire de l'époque du mythique souverain Yao, qui l'aurait choisi comme successeur, mais Xu You aurait refusé.

讓天下，不嫌貪封侯。伯夷委國饑死，不嫌貪刀鉤。廉讓之行，大可以況小，小難以況大。季子能讓吳位，何嫌貪地遺金？

季子使於上國，道過徐。徐君好其寶劍，未之即予。還而徐君死，解劍帶冢樹而去。廉讓之心，恥負其前志也；季子不負死者，棄其寶劍，何嫌一叱生人取金於地？

季子未去吳乎？公子也；已去吳乎，延陵君也。公子與君，出有前後，車有附從，不能空行於途，明矣。既不恥取金，何難使左右而煩披裘者？

9. Sur Boyi, cf. ci-dessus, 8.3.

10. De petits profits : littéralement, « des couteaux et des crochets », soit des armes de peu de valeur.

11. Pays d'en haut : c'est-à-dire les pays du centre, du point de vue des pays du sud, comme Chu ou Wu – rappelons que Jizi vient du pays de Wu. Xu : principauté de l'époque des Printemps et automnes, dans l'actuel Jiangsu.

dynastie Zhou et se laissa mourir de faim[9] : on ne l'aurait donc pas soupçonné de convoiter de petits profits[10]. Si, d'une attitude de mépris pour de petits bénéfices, on ne peut déduire le même détachement vis-à-vis d'un grand profit, en revanche on peut déduire du mépris pour un grand profit le mépris pour de petits avantages : Jizi avait renoncé au pouvoir royal à Wu – comment donc le soupçonner de convoiter une simple pièce d'or ?

Alors qu'il se rendait en mission dans les pays d'en haut, Jizi passa à Xu[11] ; le seigneur de Xu convoita son épée précieuse, mais Jizi ne la lui donna pas. Lorsque, à son retour, il repassa à Xu, le prince était décédé ; Jizi se défit de son épée, l'accrocha à un arbre sur la tombe, et s'en alla[12]. Il était parfaitement désintéressé, et il aurait eu honte de manquer à son intention première de céder son épée au roi ; pour ne pas décevoir un mort, il lui laissa une épée précieuse – comment peut-on dans ces conditions le soupçonner d'avoir houspillé un inconnu pour qu'il lui rapporte une pièce d'or perdue sur un chemin ?

À ce moment, s'il n'avait pas encore quitté la cour de Wu, Jizi était encore prince ; et s'il l'avait déjà quittée, c'est qu'il était devenu seigneur de Yanling. Un prince ou un seigneur, lorsqu'il voyage, se fait toujours accompagner d'une escorte et de suivants sur d'autres voitures ; il est évident qu'il ne saurait faire route tout seul. En admettant que Jizi ait pu s'abaisser à convoiter cette pièce d'or, pourquoi n'aurait-il pas envoyé un membre de sa suite la ramasser, au lieu d'importuner cet homme en peau de bête ?

12. Cf. *Shiji*, 31, « Wu Taibo shijia ». Selon le *Shiji*, Jizi avait refusé de donner son épée au prince de Xu à l'aller, parce que le prestige de sa mission dans les pays du centre impliquait le port d'une épée.

世稱柳下惠之行，言其能以幽冥自修潔也。賢者同操，故千歲交志。置季子於冥昧之處，尚不取金，況以白日，前後備具。

取金於路，非季子之操也。或時季子實見遺金，憐披裘薪者，欲以益之；或時言取彼地金，欲以予薪者，不自取也。世俗傳言，則言季子取遺金也。

3. 傳書或言：顏淵與孔子俱上魯太山，孔子東南望，吳閶門外有系白馬，引顏淵指以示之，曰：「若見吳昌門乎？」顏淵曰：「見之。」孔子曰：「門外何有？」曰「有如系練之狀。」孔子撫其目而 (正)〔止〕之，因與俱下。下而顏淵髮白齒落，遂以病死。蓋以精神不能若孔子，強力自極，精華竭盡，故早夭死。

13. « Même en l'absence de tout témoin » : littéralement, « dans l'obscurité », c'est-à-dire sans personne pour observer son comportement.

14. Cette phrase est difficile, le texte est peut-être corrompu.

15. Yan Hui (521 ?-481) : appelé ici Yan Yuan, il s'agit de l'un des disciples préférés de Confucius. Le mont Tai : le Taishan, au sud de l'actuelle ville de Jinan dans le Shandong ; c'était l'une des cinq montagnes sacrées de la Chine ancienne. Lu : ancien pays correspondant pour l'essentiel à des parties de l'actuel Shandong. Le pays de Lu était la patrie de Confucius.

16. Wu : désigne ici la capitale du pays de Wu, sur le site de l'actuelle Suzhou au Jiangsu. La porte Chang : à l'ouest de la ville.

Les gens louent le comportement de Liuxia Hui, affirmant que ce dernier était capable de demeurer vertueux même en l'absence de tout témoin[13]. Les sages ont une attitude constante, voilà pourquoi même séparés de mille ans ils se rejoignent pour ce qui est du comportement[14]. Même en l'absence de tout témoin, Jizi aurait donc de la même manière refusé de prendre cette pièce d'or, alors à plus forte raison en plein jour, avec une escorte complète !

Ramasser de la sorte une pièce d'or perdue sur un chemin ne correspond tout simplement pas à la morale de Jizi. Peut-être vit-il effectivement cette pièce d'or sur le chemin : ayant pitié de cet homme qui ramassait du bois, il voulut l'aider en la lui montrant ; peut-être lui dit-il de ramasser la pièce, mais pour la lui laisser, et non pas pour la garder pour lui. Mais les gens, lorsqu'ils rapportèrent cette histoire, racontèrent qu'il voulait cette pièce d'or pour lui-même.

3. Les livres disent également que lorsque Yan Hui et Confucius montèrent sur le mont Tai, dans le pays de Lu, Confucius regarda vers le sud-est[15] ; voyant un cheval blanc attaché à la porte Chang de Wu[16], il prit Yan Hui par le bras, la lui montrant du doigt : « Est-ce que tu vois la porte Chang de Wu ? » Yan Hui répondit : « Je la vois. – Et que vois-tu devant la porte ? – On dirait une pièce de soie blanche suspendue. » Confucius lui couvrit les yeux pour l'empêcher de continuer à regarder[17], puis ils descendirent ensemble. En bas, les cheveux de Yan Hui devinrent blancs, ses dents tombèrent, et bientôt il mourut. Yan Hui, dont la vitalité n'égalait pas celle de Confucius, aurait épuisé ses forces et dépensé toute son énergie vitale en tentant de voir le cheval à cette distance, d'où sa mort précoce.

17. La correction textuelle proposée par Huang Hui ne paraît pas indispensable ici. Comme Yan Hui se trompe et ne voit pas le cheval blanc, on pourrait aussi comprendre la phrase de la façon suivante : « Confucius lui frotta les yeux et rectifia ses dires. » Cf. aussi *Balance* 2011, p. 210.

世俗聞之, 皆以為然。如實論之, 殆虛言也。

案«論語»之文, 不見此言 ; 考«六經»之傳, 亦無此語。夫顏淵能見千里之外, 與聖人同, 孔子、諸子, 何諱不言？

蓋人目之所見, 不過十里 ; 過此不見, 非所明察, 遠也。傳曰 :「太山之高巍然, 去之百里, 不見 (蝩)〔埵〕(螺)〔堁〕, 遠也。」案魯去吳, 千有餘里, 使離朱望之, 終不能見, 況使顏淵, 何能審之？如才庶幾者, 明目異於人, 則世宜稱亞聖, 不宜言離朱。

人目之視也, 物大者易察, 小者難審。使顏淵處昌門之外, 望太山之形, 終不能見 ; 況從太山之上, 察白馬之色？色不能見, 明矣。

18. Les Six Classiques : il s'agit des *Documents* (*Shangshu*), des *Poèmes* (*Shijing*), des *Printemps et automnes* (*Chunqiu*), des *Mutations* (*Yijing*) et des *Rites* (*Yili* ou *Liji*), qui forment les « Cinq Classiques » traditionnels, auxquels on rajoute le « Classique de la musique » (*Yuejing*), aujourd'hui perdu. Sur les Classiques, cf. *Balance* 2011, Introduction, p. XXII *sq*.

19. *Li* 里 : rappelons que cette unité de longueur correspondait à environ un demi-kilomètre en Chine ancienne, avec des variations selon les périodes ; sous les Han, le *li* faisait un peu plus de 400 mètres.

Les gens croient tous à cette histoire, mais si on la confronte aux faits, elle se révèle fausse.

Remarquons que les *Entretiens* de Confucius ne rapportent pas cette histoire, et qu'elle ne se trouve pas non plus dans les Six Classiques[18] et leurs commentaires. Si Yan Hui avait été capable de voir ainsi, à mille *li* de distance[19], il aurait été l'égal d'un sage : pourquoi Confucius et les textes des penseurs auraient-ils omis d'en parler ?

En fait l'œil humain ne peut voir au-delà d'une dizaine de *li*, plus loin il ne voit plus, parce qu'on ne peut plus rien distinguer à une telle distance. Les textes disent : « Le mont Tai est immense, mais lorsqu'on s'en éloigne de cent *li*, on ne le voit pas plus grand qu'une motte de terre, en raison de la distance[20]. » Or de Lu à Wu, il y a plus de mille *li*[21], et même un Li Zhu n'y aurait rien vu[22], alors à plus forte raison Yan Hui ! Pour ce qui est du talent, Yan Hui n'était pas loin de la perfection[23], et s'il avait été doué d'une vue aussi extraordinaire, c'est lui, le second sage, qu'on aurait dû invoquer comme exemple d'une vision remarquable, et non pas Li Zhu[24] !

L'œil humain voit facilement les grandes choses, mais discerne mal les petites. Si Yan Hui s'était trouvé à la porte Chang, il ne serait pas parvenu à distinguer la forme du mont Tai ; alors à plus forte raison lui était-il impossible, du sommet de cette montagne, de distinguer la couleur blanche d'un cheval ! Une telle impossibilité relève de l'évidence.

20. Cf. *Huainanzi*, 16, « Shuo shan xun ».

21. À vol d'oiseau, il y a environ 650 kilomètres entre le mont Tai et Suzhou.

22. Li Zhu : également appelé Li Lou, personnage légendaire réputé pour son extraordinaire vision, il aurait vécu à l'époque de l'empereur Jaune.

23. Cf. *Lunyu*, 11.19, où Confucius dit de Yan Hui « qu'il a presque atteint la perfection ».

24. Le « second sage » : l'expression désigne ici Yan Yuan, qui ne le cède qu'au sage par excellence, soit Confucius lui-même. Dans les sources plus tardives, c'est plutôt Mencius qui sera désigné de la sorte.

非顏淵不能見，孔子亦不能見也。何以驗之？耳目之用，均也；目不能見百里，則耳亦不能聞也。陸賈曰：「離婁之明，不能察帷薄之內；師曠之聰，不能聞百里之外。」昌門之與太山，非直帷薄之內，百里之外也。

秦武王與孟說舉鼎不任，絕脈而死。舉鼎用力，力由筋脈，筋脈不堪，絕傷而死，道理宜也。今顏淵用目望遠，望遠目睛不任，宜盲眇。髮白齒落，非其致也，髮白齒落，用精於學，勤力不休，氣力竭盡，故至於死。伯奇放流，首髮早白；«詩»云：「惟憂用老。」伯奇用憂，而顏淵用睛，暫望倉卒，安能致此？

25. Maître Kuang (VIe s. AEC) : c'est-à-dire Shi Kuang, célèbre musicien aveugle, réputé pour son ouïe.

26. Le roi Wu de Qin (r. 310-307) : il serait décédé à 23 ans des suites de cette épreuve de force. Meng Yue : personnage réputé pour sa force ; il est parfois confondu avec Meng Ben, un autre personnage connu pour sa force, mais il s'agit vraisemblablement de deux hommes différents. Selon les différentes versions de cette histoire, Meng Yue serait également mort d'épuisement suite à ce concours, ou aurait été écartelé pour avoir été responsable de la mort du souverain. Cf. *Shiji*, 5, « Qin ben ji ».

Et non seulement c'était impossible pour lui, mais c'était également impossible pour Confucius. La preuve ? Oreille et œil fonctionnent d'une manière comparable : l'œil ne peut voir à cent *li* de distance, tout comme l'oreille ne peut entendre à cette distance. Lu Jia a dit : « Malgré sa vision si claire, Li Zhu ne pouvait voir derrière des rideaux ; et malgré l'acuité de son ouïe, Maître Kuang ne pouvait entendre à cent *li* de distance[25]. » Or voir la porte Chang depuis le mont Tai, c'est bien autre chose que de voir derrière un rideau, ou entendre à cent *li* de distance !

Le roi Wu de Qin tenta de rivaliser avec Meng Yue pour soulever un tripode, mais ses artères se rompirent et il mourut[26]. La force vient des artères et des muscles, qui ne résistèrent pas à cet effort, d'où leur rupture et la mort ; voilà qui correspond au fonctionnement des choses. Dans le cas de Yan Hui qui s'efforça de voir au loin, ce sont ses yeux qui furent sollicités à l'excès, et c'est la cécité qui aurait dû en être la conséquence. Le blanchiment de ses cheveux et la perte de ses dents ne furent donc pas causés par cet effort ; ils résultèrent de sa concentration dans l'étude, de son application incessante, de l'épuisement de ses forces, avec pour résultat la mort. Lorsque Boqi fut chassé[27], ses cheveux blanchirent prématurément ; dans le *Classique des poèmes*, il est question de « vieillir en raison de tourments[28] ». Boqi vieillit en raison de ses tourments, comment Yan Hui aurait-il pu mourir en raison d'un simple et bref regard ?

27. Boqi : fils de Yin Jipu, qui fut l'un des grands ministres du roi Xuan des Zhou (r. 828-782). Boqi fut victime de calomnies de la part de sa belle-mère, et Yin Jipu le chassa. Affligé, Boqi composa un air sur son *qin* ; ému, son père le rappela et châtia la marâtre.

28. Cf. *Shijing*, « Xiao ya, Xiao min zhi shi, Xiao bian ».

4. 儒書言：舜葬於蒼梧，禹葬於會稽者，巡狩年老，道死邊土。聖人以天下為家，不別遠近，不殊內外，故遂止葬。

夫言舜、禹，實也；言其巡狩，虛也。

舜之與堯，俱帝者也，共五千里之境，同四海之內；二帝之道，相因不殊。«堯典»之篇，舜巡狩東至岱宗，南至霍山，西至太華，北至恆山。以為四岳者，四方之中，諸侯之來，並會岳下，幽深遠近，無不見者。聖人舉事，求其宜適也。禹王如舜，事無所改，巡狩所至，以複如舜。舜至蒼梧，禹到會稽，非其實也。

29. Mont Cangwu : montagne correspondant au mont Jiuyi dans l'actuel Hunan.

30. Mont Kuaiji (ou Guiji) : actuellement appelé Xianglu, dans l'actuel Zhejiang. Le mont Kuaiji donna son nom à la commanderie du même nom, correspondant à de vastes régions du Jiangsu et du Zhejiang actuels ; rappelons que Kuaiji était la patrie de Wang Chong.

31. Quatre mers : les eaux dont on pensait qu'elles entouraient le monde connu ; l'expression désigne aussi l'empire.

32. « Canon de Yao » : le premier chapitre du *Classique des Documents* ; les voyages de Shun auxquels il est fait allusion dans la suite du passage sont en fait décrits dans le deuxième chapitre du *Shanghsu*, le « Canon de Shun ».

4. Les livres des lettrés disent que Shun et Yu moururent de vieillesse alors qu'ils étaient en tournée d'inspection dans les régions des confins, que Shun fut enterré au mont Cangwu[29] et Yu, au mont Kuaiji[30]. Comme les sages souverains considèrent le monde entier comme leur maison, et ne distinguent donc pas entre régions proches et régions lointaines, entre centre et périphérie, Shun et Yu se firent simplement enterrer là où ils se trouvaient au moment de leur mort.

Que Shun et Yu aient été enterrés ainsi, c'est juste ; mais il est faux de dire qu'ils moururent lors de tournées d'inspection.

Tout comme Yao, Shun fut empereur, et comme lui il régna sur un territoire de cinq mille *li*, c'est-à-dire l'espace entre les quatre mers[31] ; et ils ne différèrent en rien dans leur façon de gouverner. Selon le chapitre « Canon de Yao[32] », les tournées d'inspection de Shun le menèrent jusqu'au mont Daizong à l'est, jusqu'au mont Huo au sud, jusqu'au mont Taihua à l'ouest, et jusqu'au mont Heng au nord[33], ces quatre sommets correspondant aux quatre directions. Lorsque les grands feudataires étaient convoqués, qu'ils vinssent des endroits les plus reculés ou les plus proches, ils se réunissaient au pied de ces sommets aisément identifiables – dans leurs entreprises, les sages cherchent toujours les solutions les plus pratiques pour tous. Yu fit comme Shun, sans rien changer à sa gestion des affaires ; et les endroits où ses tournées d'inspection le menèrent furent les mêmes. Dire que Shun alla jusqu'au mont Cangwu, et que Yu alla jusqu'au mont Kuaiji, est donc contraire à la réalité[34].

33. Mont Daizong : c'est-à-dire le mont Tai, dans l'actuel Shandong. Mont Huo : correspond au mont Tianzhu, dans l'actuel Anhui ; à partir des Sui, c'est le mont Heng (衡山, à ne pas confondre avec le Hengshan 恆山 du nord) du Hunan qui devient « mont du sud ». Mont Taihua : c'est-à-dire le mont Hua, dans l'actuel Shaanxi. Mont Heng : dans l'actuel Hebei.

34. Le mont Cangwu (au sud) et le mont Kuaiji (à l'est) sont au-delà des points les plus éloignés atteints par les deux souverains durant leurs tournées d'inspection.

實〔者〕, 舜、禹之時, 鴻水未治, 堯傳於舜, 舜受為帝, 與禹分部, 行治鴻水。堯崩之後, 舜老, 亦以傳於禹。舜南治水, 死於蒼梧 ; 禹東治水, 死於會稽。賢聖家天下, 故因葬焉。

5. 吳君高說 : 會稽本山名, 夏禹巡狩, 會計於此山, 因以名郡, 故曰會稽。

夫言因山名郡可也, 言禹巡狩會計於此山, 虛也。

巡狩本不至會稽, 安得會計於此山 ? (宜)〔且〕聽君高之說, 誠「會稽」為「會計」, 禹

35. Dans ce passage, qui par ailleurs n'est pas sans intérêt, Wang Chong distingue un peu artificiellement les tournées d'inspection routinières et les grands travaux hydrauliques entrepris par ces anciens souverains, dont on rappellera qu'ils appartiennent beaucoup plus à la mythologie qu'à l'histoire, et que donc la discussion de leurs voyages est largement artificielle.

36. Wu Jungao : c'est-à-dire Wu Ping, contemporain et compatriote de Wang Chong, originaire comme lui de Kuaiji. Ce passage possède donc une dimension locale, reflétant sans doute des discussions entre érudits de la région sur un toponyme de l'endroit, même si l'importance historique et symbolique du mont Kuaiji dépasse de loin les frontières régionales en Chine ancienne.

37. Wu Jungao joue sur le sens des caractères *kuai* 會 et 稽 *ji*, soit « rassembler » (*kuai* ou *gui* 會, ordinairement lu *hui*) et « évaluer » (*ji* 稽, peut-être utilisé ici à la place de 計, « compter ») ; les prononciations *kuai*, *hui* et *gui* étaient proches en Chine ancienne. Rappelons que même à l'époque de Wang Chong, Kuaiji était une commanderie très éloignée des régions centrales de l'empire, et qu'on y parlait des dialectes difficiles à reconstruire aujourd'hui.

De fait, à l'époque de Shun et de Yu, les grandes eaux n'avaient pas encore été régulées : Yao transmit son pouvoir à Shun, qui une fois au pouvoir se répartit le territoire avec Yu pour venir à bout des inondations. Lorsque Yao mourut, Shun était déjà âgé, et il transmit le pouvoir à Yu. Shun alla vers le sud pour réguler les eaux, et il mourut à Cangwu ; Yu alla vers l'est, et il mourut à Kuaiji. Et comme les sages souverains considèrent le monde entier comme leur maison, ils furent enterrés là même où ils sont morts[35].

5. Wu Jungao dit[36] : « La commanderie de Kuaiji tire son nom de la montagne du même nom ; lors de sa tournée d'inspection, Yu, souverain de la dynastie Xia, réunit ses feudataires et évalua leurs mérites sur cette montagne, et c'est pour cette raison que la commanderie s'appelle Kuaiji[37]. »

Mais s'il est vraisemblable que la commanderie tire son nom de la montagne, il est faux de prétendre que Yu aurait rassemblé et évalué ses feudataires sur cette montagne lors d'une tournée d'inspection.

Lors de ses tournées d'inspection, Yu ne vint pas à Kuaiji[38], comment aurait-il donc pu y rassembler ses gens pour les évaluer ? En admettant le point de vue de Wu Jungao selon lequel Kuaiji serait effectivement l'endroit où Yu aurait rassemblé et évalué ses feudataires, quelle est la montagne où il aurait fait de même en allant vers le sud[39] ? Si c'est parce qu'il

38. Il y vint en revanche pour « régler les eaux » : cf. le passage précédent (16.4).

39. L'idée de Wang Chong est qu'on devrait trouver dans les autres directions, de manière analogue à Kuaiji à l'est, des toponymes faisant allusion à de tels rassemblements de feudataires.

到南方,何所會計?如禹始東,死於會稽,舜亦巡狩,至於蒼梧,安所會計?百王治定則出巡,巡則輒會計,是則四方之山皆會計也。

百王太平,升封太山;太山之上,封可見者七十有二,紛綸湮滅者,不可勝數。如審帝王巡狩輒會計,會計之地如太山封者,四方宜多。

夫郡國成名,猶萬物之名,不可說也。獨為會稽立歟?周時舊名吳、越也,為吳、越立名,從何往哉?六國立名,狀當如何?天下郡國且百餘,縣邑出萬,鄉亭聚里,皆有號名,賢聖之才莫能說。君高能說會稽,不能辯定方名。會計之說,未可從也。

40. Le nom de la montagne, « Cangwu », ne suggère rien de comparable au mot « Kuaiji ».

41. « Grande paix » : c'est-à-dire un âge d'or, marqué notamment par l'absence de guerres, personne ne songeant à se révolter contre ces sages.

42. La commanderie de Kuaiji recouvrait *grosso modo* les deux anciens pays historiques de Wu (Jiangsu, Zhejiang) et de Yue (sud du Zhejiang, nord du Fujian).

43. Les Six royaumes : les royaumes à l'« est des montagnes », soit Qi, Chu, Yan, Han, Zhao et Wei, à l'époque des Royaumes combattants ; avec le royaume de Qin, le seul à se trouver à l'ouest, ils étaient les sept grandes puissances de la fin de l'époque pré-impériale.

commença par l'est et mourut à Kuaiji, qu'en est-il de Shun, qui lui aussi fit une tournée d'inspection : lorsqu'il arriva à Cangwu, où donc rassembla-t-il et évalua-t-il les feudataires[40] ? Les souverains, une fois leur pouvoir bien établi, quittent leur capitale pour des tournées d'inspection, et lors de ces tournées rassemblent et évaluent les mérites de leurs feudataires ; cela signifie que les montagnes des quatre directions devraient s'appeler « Kuaiji ».

Lorsque les souverains ont instauré une période de Grande paix[41], ils gravissent le mont Tai pour offrir des sacrifices ; sur le mont Tai, on peut ainsi voir soixante-douze lieux de sacrifice, et les traces enfouies d'innombrables autres. Si l'on juge qu'empereurs et rois, lors de leurs tournées d'inspection, rassemblent leurs feudataires pour évaluer leurs mérites, les lieux comme Kuaiji devraient être aussi nombreux que les lieux de sacrifice sur le mont Tai, ce dans les quatre directions.

Les noms de commanderies ou de pays sont en fait aussi inexplicables que les noms des autres choses. Pourquoi Kuaiji serait-il le seul endroit à avoir été nommé de cette manière ? Sous les Zhou, la commanderie de Kuaiji portait encore les noms de Wu et de Yue[42] : quelle est donc l'origine de ces deux noms ? Et qu'en est-il des noms des Six royaumes[43] ? Il y a dans l'empire plus d'une centaine de commanderies et de royaumes, plus de dix mille préfectures et districts, ainsi que des cantons, des villages, des hameaux et des quartiers[44], qui tous ont des noms que même les plus grands sages ne parviennent à expliquer. Wu Jungao parviendrait donc à expliquer le nom de Kuaiji sans parvenir à rendre compte des autres noms de lieux ? On ne peut donc accepter son explication pour le nom de Kuaiji.

44. À part le mot *ju* 聚, que nous avons traduit par « hameaux », tous ces termes décrivent des circonscriptions administratives Han, des plus grandes aux plus petites.

巡狩考正法度，禹時吳為裸國，斷髮文身，考之無用，會計如何？

6. 傳書言：舜葬於蒼梧，象為之耕；禹葬會稽，鳥為之田。蓋以聖德所致，天使鳥獸報祐之也。

世莫不然，〔如〕考實之，殆虛言也。

夫舜、禹之德不能過堯。堯葬於冀州，或言葬於崇山，冀州鳥獸不耕，而鳥獸獨為舜、禹耕，何天恩之偏駁也？

或曰：「舜、禹治水，不得寧處，故舜死於蒼梧，禹死於會稽。勤苦有功，故天報之；遠離中國，故天痛之。」

夫天報舜、禹，使鳥田象耕，何益舜、禹？天

45. Soulignons la lucidité de ce commentaire, d'autant plus louable que Wu est son pays natal, et qu'en Chine ancienne (comme ailleurs), le chauvinisme invitait plutôt à enjoliver l'histoire de la patrie. De façon plus générale, Wang Chong fait en maint endroit preuve d'une conscience des évolutions historiques qui le rapproche du penseur légiste Han Fei (?-233 AEC).

46. En réparant et entretenant ainsi les tumulus, ces animaux effectuaient une tâche normalement dévolue à des serviteurs humains.

47. Jizhou : région correspondant à des parties des actuelles provinces du Shanxi, du Hebei et du Henan. Mont Chong : à savoir le mont Song, l'une des cinq montagnes sacrées du confucianisme, dans l'actuelle province du Henan.

Les tournées d'inspection ont pour but d'enquêter sur les lois et institutions des grands feudataires et de les corriger ; à l'époque de Yu, Wu était un pays où les gens vivaient nus, se coupaient les cheveux et se tatouaient le corps[45] : il n'aurait servi à rien d'inspecter cette région. Pourquoi Yu aurait-il rassemblé et évalué les feudataires dans un tel lieu ?

6. Les livres disent que lorsque Shun fut enterré à Cangwu, des éléphants vinrent labourer la terre de sa tombe ; et que lorsque Yu fut enterré à Kuaiji, des oiseaux firent de même sur la sienne[46]. C'est la vertu de ces sages qui aurait entraîné de tels effets, le ciel dépêchant ces animaux pour les remercier et les bénir.

Les gens croient tous en ces histoires, mais un examen basé sur les faits montre qu'il s'agit sans doute d'inventions.

La vertu de Shun et de Yu ne surpassa pas celle de Yao. Yao fut enterré à Jizhou ou, selon certains, au mont Chong[47], mais aucun animal ne vint labourer la terre de sa tombe : le ciel n'aurait-il pas fait preuve de partialité en ne lui accordant pas le même traitement de faveur qu'à Shun et à Yu ?

À quoi certains objecteront que, parce qu'ils étaient occupés à réguler les eaux[48], Shun et Yu ne purent s'établir paisiblement à un endroit, avec pour conséquence que Shun mourut à Cangwu, et Yu, à Kuaiji. Comme ils avaient œuvré sans relâche et accumulé de grands mérites, le ciel, affligé de les voir morts si loin des plaines centrales, les récompensa en envoyant ces animaux s'occuper de leur tombe.

Mais quel intérêt y avait-il pour Shun et pour Yu à ce que des animaux dépêchés par le ciel cultivent le sol sur leurs tombes ? Si le ciel voulait leur témoigner sa gratitude,

48. Le nom de ces mythiques souverains est associé à de grands travaux hydrauliques. En Chine ancienne (et encore dans une certaine mesure en Chine actuelle), dans de vastes régions, le cours des fleuves et leurs débordements sont des sujets de préoccupation constants.

欲報舜、禹, 宜使蒼梧、會稽常祭祀之, 使鳥獸田耕, 不能使人祭, 祭加舜、禹之墓, 田施人民之家。天之報祐聖人, 何其拙也, 且無益哉！由此言之, 鳥田象耕, 報祐舜、禹, 非其實也。

實者, 蒼梧多象之地, 會稽眾鳥所居。« 禹貢 » 曰：「彭蠡既瀦, 陽鳥攸居。」天地之情, 鳥獸之行也, 象自蹈土, 鳥自食 (苹)〔草〕。土蹶草盡, 若耕田狀, 壤靡泥易, 人隨種之, 世俗則謂為舜、禹田。

海陵麋田, 若象耕狀, 何嘗帝王葬海陵者邪？

7. 傳書言：吳王夫差殺伍子胥, 煮之於鑊, 乃以鴟夷橐投之於江。子胥恚恨, 驅水為濤, 以溺

49. Rappelons que la faune de la Chine ancienne était beaucoup plus riche que maintenant, surtout dans le sud, encore largement sauvage.

50. Lac de Pengli : correspond peut-être au lac Poyang dans l'actuel Jiangxi. Wang Chong suggère que les oiseaux (et les animaux en général) n'ont pas besoin du ciel pour se manifester : une étendue d'eau les attire naturellement, même si celle-ci n'a pas été conçue pour eux. « Les oiseaux d'été » : il s'agit d'oiseaux migrateurs, peut-être des oies sauvages.

51. Hailing : lieu dans l'actuel Jiangsu. Certains élans y auraient eu l'habitude de paître en troupeaux, piétinant la terre, que les paysans auraient ensuite pu ensemencer directement.

n'aurait-il pas plutôt dû faire que les habitants de Cangwu et de Kuaiji leur rendent des sacrifices permanents, de tels sacrifices bénéficiant aux tombes elles-mêmes, alors que le labour de la terre bénéficiait bien plutôt aux gens alentour ? Le ciel serait bien stupide de récompenser des sages en leur accordant ainsi des faveurs inutiles ! On voit par là que cette histoire d'oiseaux et d'éléphants envoyés pour récompenser Shun et Yu ne correspond pas à la réalité.

Le fait est que les éléphants abondent à Cangwu, et que Kuaiji regorge d'oiseaux[49]. Le « Tribut de Yu » dit : « À Pengli fut créé un lac, et les oiseaux d'été vinrent y nicher[50]. » Les éléphants piétinent spontanément la terre, les oiseaux becquettent spontanément l'herbe : c'est leur nature qui veut que les animaux se comportent ainsi. Comme un sol piétiné et dénudé ressemble à un champ cultivé, avec une terre meuble et égalisée que l'homme peut ensemencer sans autre travail, les gens imaginèrent que ces animaux les avaient labourés pour Shun et Yu.

À Hailing, les élans retournent la terre, qui a toutes les apparences de champs cultivés[51] : mais y a-t-il jamais eu un souverain enterré à cet endroit ?

7. Selon les livres, le roi Fuchai de Wu fit tuer Wu Zixu[52], puis il fit bouillir son cadavre dans un chaudron, avant de le mettre dans une outre qu'il fit jeter dans le Fleuve[53]. Wu Zixu en éprouva une telle rancœur qu'il ébranla les eaux, provoquant de telles vagues que les gens s'y noient encore. De nos jours,

52. Wu Zixu (?-484 AEC) : ses remontrances loyales irritèrent le roi Fuchai de Wu, qui l'accusa de traîtrise et le força à se suicider. Roi Fuchai (r. 495-473) : son refus d'écouter les mises en garde de Wu Zixu lui coûta son royaume, vaincu par le royaume de Yue.

53. Il s'agit sans doute du fleuve Yang-tsé, éventuellement de l'un de ses affluents ou bras.

殺人。今時會稽丹徒大江、錢塘浙江，皆立子胥之廟，蓋欲慰其恨心，止其猛濤也。

夫言吳王殺子胥投之於江，實也；言其恨恚驅水為濤者，虛也。

屈原懷恨，自投湘江，湘江不為濤；申徒狄蹈河而死，河水不為濤。世人必曰：「屈原、申徒狄不能勇猛，力怒不如子胥。」夫衛菹子路而漢烹彭越，子胥勇猛不過子路、彭越。然二士不能發怒於鼎鑊之中，以烹湯菹汁瀋漎旁人。

子胥亦自先入鑊，〔後〕乃入江；在鑊中之時，其神安居？豈怯於鑊湯，勇於江水哉？何其怒氣前後不相副也？

且投於江中，何江也？有丹徒大江，有錢唐浙

54. Dantu, Qiantang : dans l'actuel Zhejiang. Zhe : ancien nom du fleuve Qiantang, qui coule à travers l'actuel Zhejiang ; le fleuve Zhe (Zhejiang) a donné son nom à la province.

55. Qu Yuan (env. 340-278) : poète et conseiller politique du royaume de Chu, il fut victime de calomnies et exilé, et finit par se suicider dans la Miluo, l'un des affluents de la Xiang. Xiang : l'une des principales rivières du Hunan, elle contribue à alimenter le lac Dongting.

56. Shentu Di : personnage de la fin de la dynastie Shang, il aurait fait en vain des remontrances et se serait suicidé.

dans la commanderie de Kuaiji, à Dantu ou au bord de la Zhe à Qiantang[54], des temples à Wu Zixu ont été érigés sur le Fleuve, avec sans doute pour but de consoler son cœur rempli de ressentiment et ainsi de mettre fin à ces vagues terribles.

Mais si affirmer que le roi de Wu tua Wu Zixu et le fit jeter dans le Fleuve est vrai, il est faux de dire que la rancœur de Wu Zixu ait pu entraîner de telles vagues.

Qu Yuan était lui aussi rempli de ressentiment lorsqu'il fut jeté dans la Xiang[55], mais sans qu'on y constate des vagues de cette sorte ; et Shentu Di ne provoqua pas non plus de vagues lorsqu'il se jeta dans le Fleuve[56]. On pourra certes objecter que Qu Yuan et Shentu Di n'étaient pas aussi braves que Wu Zixu, ou que leur colère n'égalait pas celle de ce dernier. Mentionnons alors Zilu, qui fut haché et mis en conserve à Wei[57] ; ou encore, sous les Han, Peng Yue, dont le corps fut émincé et mangé[58] : ces deux-là ne pouvaient être moins furieux que Wu Zixu, et pourtant ils furent bien incapables, du fond de leur chaudron, de se mettre en rage et d'asperger les gens de jus bouillant !

Avant d'être jeté dans le Fleuve, Wu Zixu avait été mis dans un chaudron : pourquoi sa rage ne se manifesta-t-elle pas dès ce moment ? Aurait-il été craintif dans la marmite bouillante, et courageux une fois dans les eaux du Fleuve ? Pourquoi sa fureur ne fut-elle pas la même avant et après ?

Par ailleurs, il fut jeté dans le Fleuve – mais où précisément ? Les endroits possibles sont le grand fleuve à Dantu, la Zhe à Qiantang ou la Tongling à Wu[59]. Selon certains, il aurait été jeté dans le fleuve à Dantu – mais on n'observe pas

57. Zilu (542-480) : disciple de Confucius et homme d'État de Wei, il fut tué lors des querelles de succession de ce pays. Wei : État de l'époque des Printemps et automnes et de l'époque des Royaumes combattants, correspondant pour l'essentiel à des régions des actuelles provinces du Henan et du Hebei.

58. Peng Yue (?-196 AEC) : général allié du futur empereur Gaozu, fondateur de la dynastie Han. Soupçonné de fomenter une révolte, il fut exécuté.

59. Tongling : rivière dans l'actuel Jiangsu. Wu : désigne ici un district de la commanderie de Kuaiji (dans l'actuel Jiangsu).

江, 有吳通陵江。或言投於丹徒大江, 無濤, 欲言投於錢唐浙江。浙江、山陰江、上虞江皆有濤。三江有濤, 豈分橐中之體, 散置三江中乎？

人若恨恚也, 仇讎未死, 子孫遺在, 可也。今吳國已滅, 夫差無類, 吳為會稽, 立置太守, 子胥之神, 複何怨苦, 為濤不止, 欲何求索？

吳、越在時, 分會稽郡, 越治山陰, 吳都。今吳, 餘暨以南屬越, 錢唐以北屬吳, 錢唐之江, 兩國界也。山陰、上虞在越界中。子胥入吳之江為濤, 當自 (上)〔止〕吳界中, 何為入越之地？怨恚吳王、發怒越江, 違失道理, 無神之驗也。

且夫水難驅, 而人易從也；生任筋力, 死用精魂。子胥之生, 不能從生人營衛其身, 自令身死, 筋力消絕, 精魂飛散, 安能為濤？使子胥之類數

60. Shanyin et Shangyu : rivières du Zhejiang ; ce sont aussi le nom de districts, celui de Shangyu étant le lieu natal de Wang Chong.

61. Shanyin : près de l'actuelle Shaoxing dans le Zhejiang.

62. Wu : le siège de la commanderie du même nom, située sur le site de l'actuelle Suzhou au Jiangsu.

63. Yuji : district dans l'actuel Zhejiang.

64. Qiantang : désigne à la fois la rivière et le district qui porte son nom (dans l'actuel Zhejiang).

de fortes vagues à Dantu. Ce doit donc plutôt être dans la Zhe à Qiantang ; mais on voit de grosses vagues à la fois dans la Zhe, dans la Shanyin et dans la Shangyu[60] : serait-ce parce que le corps de Wu Zixu, dans son sac, aurait été coupé en trois parties et réparti dans ces trois rivières ?

Lorsqu'un homme éprouve de la haine, il peut s'en prendre directement à ses ennemis, de leur vivant, ou à leurs enfants et petits-enfants, s'il en reste. Mais aujourd'hui le pays de Wu n'existe plus, le roi Fuchai n'a plus de descendance, Wu appartient à la commanderie de Kuaiji, qui est administrée par un préfet : à qui s'en prend donc l'âme de Wu Zixu ? Et dans quel but ?

Les royaumes de Wu et de Yue se partageaient le territoire de l'actuelle commanderie de Kuaiji : la capitale de Yue se trouvait dans l'actuel district de Shanyin[61], et la capitale de Wu était à Wu[62] ; Yuji et tout le sud relevaient du royaume de Yue[63], alors que Qiantang et tout le nord dépendaient du royaume de Wu, la Qiantang marquant la limite entre les deux royaumes[64]. Les rivières Shanyin et Shangyu se trouvent donc dans l'ancien territoire de Yue. Wu Zixu fut jeté dans la rivière à Wu, et les grosses vagues provoquées par sa colère devraient donc s'arrêter aux limites de Wu : pour quel motif s'étendraient-elles au pays de Yue ? C'est au roi de Wu que Wu Zixu en voulait, et on ne voit pas pourquoi sa colère toucherait les fleuves de Yue. Voilà une autre preuve que son âme n'est pour rien dans tout cela.

Il est beaucoup plus difficile pour un homme vivant de remuer de l'eau que, de son vivant, d'inciter des gens à lui obéir : c'est que les vivants peuvent se reposer sur leurs muscles, alors que les morts ne peuvent plus mobiliser que leurs âmes. Or Wu Zixu avait été incapable, de son vivant, de persuader des gens de le protéger, avec pour résultat qu'il mourut. Comment donc serait-il parvenu à causer de telles vagues, sans le moindre muscle, par la seule force de ses âmes évanescentes ? Même sur un bateau au milieu du Fleuve, cent ou mille hommes

百千人, 乘船渡江, 不能 (越)〔驅〕?水。一子胥之身, 煮湯鑊之中, 骨肉糜爛, 成為羹菹, 何能有害也 ?

周宣王殺其臣杜伯,(越)〔燕〕簡(子)〔公〕殺其臣莊子義。其後杜伯射宣王, 莊子義害簡(子)〔公〕。事理似然, 猶為虛言。今子胥不能完體, 為杜伯、子義之事以報吳王, 而驅水往來, 豈報讎之義、有知之驗哉 ?

俗語不實, 成為丹青 ; 丹青之文, 賢聖惑焉。

夫地之有百川也, 猶人之有血脈也。血脈流行, 汎揚動靜, 自有節度, 百川亦然, 其朝夕往來, 猶人之呼吸, 氣出入也。天地之性, 自古有之。«經» 曰 :「江、漢朝宗於海。」唐、虞之前也, 其發海中之時, 漾馳而已 ; 入三江之中, 殆小淺狹, 水

65. Le roi Xuan des Zhou (r. 827-782). Du Bo (?-785) : ministre du roi Xuan, il lui fit une remontrance, et le roi, furieux, le fit exécuter. Le duc Jian de Yan (r. 504-493). Zhuang Ziyi : ministre du duc, il fut exécuté par ce dernier.

66. Il faut bien sûr comprendre que Du Bo et Zhuang Ziyi réapparurent sous la forme de fantômes pour se venger. Wang Chong indique en passant qu'il ne croit pas en ces histoires, mais il les utilise tout de même puisqu'elles servent son argumentation.

comme lui n'y seraient pas arrivés ! Alors comment aurait-il pu provoquer de tels dommages, tout seul, avec un corps qui avait mijoté au fond d'un chaudron brûlant, et dont les os et la chair avaient été réduits en bouillie ?

Le roi Xuan des Zhou tua son ministre Du Bo, le duc Jian de Yan tua son ministre Zhuang Ziyi[65]. Mais après sa mort, Du Bo aurait abattu d'une flèche le roi Xuan, et Zhuang Ziyi aurait assassiné le duc Jian – les choses semblent s'être passées ainsi, mais il s'agit encore d'inventions[66]. Wu Zixu n'aurait pu, contrairement à ces deux personnages, apparaître avec un corps pour se venger du roi de Wu, et c'est pour cette raison qu'il aurait provoqué ces vagues : mais en quoi cet acte montrait-il qu'il s'agissait bien d'une vengeance, inspirée par une volonté consciente[67] ?

Ces histoires prisées par le vulgaire n'ont aucun fondement, mais elles sont couchées au pinceau dans des livres et finissent par semer le doute dans l'esprit des plus sages[68] !

Les diverses rivières du monde sont comparables aux artères du corps humain dans lesquelles coule le sang. Elles entraînent plus ou moins de sang, selon leurs rythmes propres, et il en est de même des rivières, dont les marées matin et soir rappellent les variations d'air quand on inspire ou expire. Telle est la nature des choses, et cela valait déjà durant la haute Antiquité. Le *Classique des documents* dit : « Le Fleuve et la Han convergent vers la mer comme des vassaux qui se rendent en audience à la cour[69]. » Déjà à l'époque de Yao et de Shun, les eaux du Fleuve étaient décrites comme vastes et calmes en

67. Ce que Wang Chong semble vouloir dire, c'est que ni l'acte de vengeance, ni l'identité du vengeur ne sont clairs dans l'histoire de Wu Zixu, alors qu'ils l'étaient dans les histoires de fantômes qu'il vient de rapporter.

68. « Couchées au pinceau » : littéralement, « sont produites en rouge et en vert », allusion aux couleurs en peinture, et par dérivation à l'écriture.

69. Cf. *Shangshu*, « Yu gong ». La Han : l'un des principaux affluents du Yang-tsé, elle prend sa source dans le Shaanxi, traverse le Hubei et rejoint le Yang-tsé à Wuhan. Elle a donné son nom à la dynastie Han et, par extension, à l'ethnie han – c'est-à-dire les Chinois.

激沸起, 故騰為濤。廣陵曲江有濤, 文人賦之。大江浩洋, 曲江有濤, 竟以隘狹也。吳殺其身, 為濤廣陵, 子胥之神, 竟無知也。

溪谷之深, 流者安洋, 淺多沙石, 激揚為瀨。夫濤、瀨, 一也, 謂子胥為濤, 誰居溪谷為瀨者乎?

案濤入三江, 〔江〕岸沸踴, 中央無聲。必以子胥為濤, 子胥之身, 聚岸 (漼) 〔涯〕也?

濤之起也, 隨月盛衰, 小大滿損不齊同。如子胥為濤, 子胥之怒, 以月為節也?

三江時風, 揚疾之波亦溺殺人, 子胥之神, 複為風也?

70. « Trois rivières » : le nom de ces trois rivières varie selon les sources ; il s'agit sans doute ici de portions ou d'affluents importants du Yang-tsé dans son cours inférieur. En raison des alluvions déposées par le Yang-tsé à son embouchure, le continent a peu à peu gagné sur la mer, et le paysage de l'estuaire du Yang-tsé a largement changé au cours des siècles.

71. Guangling : correspond à l'actuelle ville de Yangzhou dans le Jiangsu. Aujourd'hui, Yangzhou se trouve à plusieurs dizaines de kilomètres en amont de l'estuaire du Yang-tsé, mais en Chine ancienne, et encore à l'époque de Wang Chong, la ville se trouvait quasiment sur celui-ci. La Qu : sans doute le Beijiang, un bras du Yang-tsé qui serpente (*qu*) près de Yangzhou.

se jetant dans la mer. Mais elles s'agitent et bouillonnent dans les Trois rivières[70], gonflant pour former de grosses vagues, sans doute parce que leur lit est étroit et moins profond. Des lettrés ont d'ailleurs écrit des poèmes pour décrire les grandes vagues de la Qu à Guangling[71]. Si le grand fleuve est calme et imposant, tandis qu'on voit de grosses vagues dans la Qu, c'est simplement parce que cette dernière est très étroite. Les âmes de Wu Zixu auraient vraiment manqué de discernement en choisissant Guangling pour provoquer leurs propres vagues[72] !

Les torrents s'écoulent paisiblement dans des gorges profondes ; mais lorsqu'il y a peu d'eau, avec des bancs de sable et des pierres, ils gonflent et forment des rapides. Grosses vagues et rapides sont une seule et même chose : si l'on prétend que les grandes vagues dans le Fleuve sont l'œuvre de Wu Zixu, qui donc rendra-t-on responsable des rapides dans ces torrents ?

Remarquons encore que lorsque les vagues provoquées par la marée remontent jusqu'aux Trois rivières, c'est sur leurs bords que les eaux bouillonnent et gonflent, alors qu'au milieu elles restent calmes. Si c'est Wu Zixu qui provoque ces grosses vagues, doit-on comprendre que son corps se trouve tout près du bord ?

La marée et ses vagues s'accordent avec les phases de la lune, variant en importance selon les variations de cette dernière. Si c'est Wu Zixu qui est responsable de ces vagues, cela signifie-t-il que sa colère se conforme aux rythmes lunaires ?

Dans la région des Trois fleuves, il y a fréquemment de forts vents, avec comme conséquence de grandes vagues qui peuvent noyer les gens : ces vents sont-ils eux aussi provoqués par les âmes de Wu Zixu ?

72. C'est-à-dire un endroit où il y a de toute façon de grosses vagues.

秦始皇渡湘水,遭風,問湘山何祠。左右對曰:「堯之女,舜之妻也。」始皇 (太)〔大〕怒,使刑徒三千人,斬湘山之樹而履之。夫謂子胥之神為濤,猶謂二女之精為風也。

8. 傳書言:孔子當泗水 (之)〔而〕葬,泗水為之卻流。此言孔子之德,能使水卻,不湍其墓也。世人信之。是故儒者稱論,皆言孔子之後當封,以泗水卻流為證。如原省之,殆虛言也。

夫孔子死,孰與其生?生能操行,慎道應天;死,操行絕。天祐至德,故五帝、三王,招致瑞應,皆以生存,不以死亡。孔子生時,推排不容,故歎曰:「鳳鳥不至,河不出圖,吾已矣夫!」生時無祐,死反有報乎?

73. Selon les annales du Premier empereur dans le *Shiji* (chap. 6, « Qin shi huang benji »), cet événement se produisit durant la 28e année de son règne, soit en 219 AEC. Monts Xiang : également appelés monts Jun (Junshan), près de la rivière Xiang et de l'actuelle Yueyang dans le Hunan.

74. Selon la tradition, Yao aurait donné ses deux filles en mariage à Shun ; à la mort de ce dernier, elles se seraient jetées dans la rivière.

75. La Si : rivière dans l'actuel Shandong, elle coule près de Qufu, patrie de Confucius.

76. Cinq souverains : souverains mythiques de la haute Antiquité chinoise, dont l'identité varie selon les sources ; on y inclut généralement Yao et Shun. Trois rois : les fondateurs des dynasties Xia, Shang et Zhou.

Lorsque le Premier empereur des Qin traversa la Xiang[73], il fut pris dans une tempête. Il demanda à quels esprits on offrait des sacrifices dans les montagnes de la région. Sa suite lui répondit : « Aux deux filles de Yao, les épouses de Shun[74]. » Le Premier empereur, furieux, ordonna à trois mille forçats de raser les arbres sur ces montagnes et de les piétiner. Les grosses vagues provoquées par les âmes de Wu Zixu seraient-elles semblables à la tempête provoquée par les esprits des deux filles de Yao ?

8. Lorsque Confucius fut enterré devant la Si[75], les eaux de la rivière se seraient retirées devant sa tombe : la vertu de Confucius était telle qu'elle aurait refoulé l'eau, évitant ainsi à la tombe d'être inondée. Les gens croient en cette histoire, et les lettrés l'invoquent comme argument pour donner la région en fief aux descendants de Confucius. Mais qu'on réfléchisse en s'en tenant aux faits, et on conclura qu'il ne s'agit que d'une invention.

Comment Confucius mort peut-il se comparer à l'homme qu'il avait été de son vivant ? Vivant, Confucius s'était comporté en respectant la voie et en se conformant au ciel ; une fois mort, tout cela était terminé. Lorsque le ciel accorde ses faveurs à des hommes parfaitement vertueux, comme les Cinq souverains ou les Trois rois[76] qu'il gratifia de présages favorables, il le fait de leur vivant, et non pas une fois qu'ils sont morts. Or durant sa vie, Confucius fut partout rejeté, tant et si bien qu'il soupira : « Le phénix ne vient toujours pas, le Fleuve ne fait apparaître son Tableau : toutes les chances sont perdues pour moi[77]. » Pourquoi Confucius aurait-il été récompensé après sa mort, alors qu'il n'avait bénéficié d'aucune faveur céleste de son vivant ?

77. Cf. *Lunyu*, 9.9, trad. A. Cheng, *op. cit.*, 9.8, p. 76 (avec modifications). Le phénix : animal mythique, dont l'apparition était considérée comme un signe favorable. Le Tableau : sans doute un carré magique, considéré comme un signe auspicieux livré par le fleuve Jaune.

孔子之死，五帝、三王，之死也；五帝、三王無祐，孔子之死獨有天報，是孔子之魂聖，五帝之精不能神也。

泗水無知，為孔子卻流，天神使之。然則，孔子生時，天神〔何〕不使人尊敬？如泗水卻流，天欲封孔子之後，孔子生時，功德應天，天不封其身，乃欲封其後乎？

是蓋水偶自卻流。江河之流，有回復之處；百川之行，或易道更路，與卻流無以異。則泗水卻流，不為神怪也。

9. 傳書稱：魏公子之德，仁惠下士，兼及鳥獸。方與客飲，有鸇擊鳩，鳩走，巡於公子案下，鸇追擊，殺於公子之前。公子恥之，即使人多設羅，得

78. Il s'agit d'un soupçon inacceptable, étant donné le statut de ces souverains.

79. Le prince de Wei : il s'agit de Wei Wuji (?-243 AEC), fils du roi Zhao de Wei. Plus connu sous le nom de « Seigneur de Xinling », il est l'un des « Quatre grands seigneurs » régionaux de l'époque des Royaumes combattants, renommés pour leur astuce politique et l'importance de leur clientèle.

La mort de Confucius ne diffère en rien de celle des Cinq souverains et des Trois rois, or ces derniers ne bénéficièrent, après leur mort, d'aucune faveur céleste ; si Confucius fut le seul à être récompensé de la sorte, faut-il comprendre que, contrairement à celle de Confucius, les âmes de ces souverains n'avaient rien de sacré[78] ?

La rivière Si n'est pas douée d'intelligence, et si elle reflua devant la tombe de Confucius, ce serait en raison de l'intervention d'esprits célestes. Mais pourquoi ceux-ci n'ont-ils pas incité les gens à vénérer et respecter Confucius de son vivant ? Et si le ciel voulait par ce reflux des eaux signifier qu'il fallait gratifier les descendants de Confucius d'un fief, comment comprendre qu'il n'ait pas plutôt gratifié Confucius lui-même d'un fief, de son vivant, puisque c'est lui qui se comportait d'une façon parfaitement vertueuse ?

Vraisemblablement, l'eau de la rivière aura reflué d'elle-même devant la tombe, par simple coïncidence. Les cours des fleuves connaissent des détours et des retours, ceux des rivières subissent des changements et des variations. Ce reflux d'eau de la Si n'a donc rien d'extraordinaire, et il n'est nul besoin d'invoquer un miracle pour l'expliquer.

9. Les commentaires nous expliquent que le prince de Wei[79] avait une vertu telle que sa bienveillance s'étendait aux plus humbles de ses hommes, et même aux oiseaux et animaux sauvages. Un jour qu'il buvait avec ses protégés, un rapace s'en prit à une tourterelle ; la tourterelle se réfugia sous la table du prince, mais le rapace la poursuivit et l'attaqua, la tuant devant lui. Se sentant insulté[80], le prince ordonna à ses hommes de disposer

80. Ce sentiment peut s'expliquer de diverses manières. Selon certains commentateurs, le prince aurait eu honte de ne pas être arrivé à protéger la tourterelle. Il vaut sans doute mieux voir dans la honte du prince une réaction à un crime de lèse-majesté : le rapace aurait bafoué l'autorité du prince en tuant sans sa permission – c'est en tout cas ce que suggère la condamnation du rapace par le prince, qui ce faisant réaffirme son autorité.

鷂數十枚, 責讓以擊鳩之罪。擊鳩之鷂, 低頭不敢仰視, 公子乃殺之。世稱之曰 : 「魏公子為鳩報仇。」此言虛也。

夫鷂, 物也, 情心不同, 音語不通。聖人不能使鳥獸為義理之行, 公子何人, 能使鷂低頭自責 ?

鳥為者以千萬數, 向擊鳩蜚去, 安可複得 ?

能低頭自責, 是聖鳥也。曉公子之言, 則知公子之行矣。知公子之行, 則不擊鳩於其前。

人猶不能改過, 鳥與人異, 謂之能悔, 世俗之語, 失物類之實也。

或時公子實捕鷂, 鷂得, 人持其頭, 變折其頸, 疾痛低垂, 不能仰視。緣公子惠義之人, 則因褒稱, 言鷂服過。蓋言語之次, 空生虛妄之美 ; 功名之下, 常有非實之加。

10. 傳書言 : 齊桓公妻姑姊妹七人。此言虛也。

81. Le duc Huan de Qi (r. 685-643) : il fut le premier des « cinq hégémons » qui dominèrent à tour de rôle les pays chinois durant l'époque des Printemps et automnes, en affectant de défendre les intérêts de la dynastie

partout des filets, et ils attrapèrent plusieurs dizaines de rapaces : le prince les accusa du meurtre de la tourterelle. Le rapace qui l'avait tuée se tenait tête baissée et n'osait le regarder ; alors le prince le fit exécuter. Les gens louèrent le prince, affirmant qu'il avait vengé la tourterelle. Mais cette histoire est une invention.

Le rapace est un animal qui diffère de l'homme pour ce qui est du caractère, et avec lequel on ne peut communiquer par la parole. Même un saint souverain ne saurait faire adopter un comportement juste et raisonnable à un animal : quelle sorte d'homme était le prince, pour réussir à faire baisser la tête à un rapace et lui faire reconnaître ses torts ?

Une fois ce rapace envolé, comment put-il le retrouver parmi la multitude d'oiseaux ?

Et si ce rapace baissa la tête en reconnaissance de ses torts, c'était un oiseau très sage. S'il était capable de comprendre les paroles du prince, il aurait donc dû prévoir son attitude, et il n'aurait jamais attaqué cette tourterelle devant lui.

Les hommes eux-mêmes ont du mal à se repentir, et affirmer que les oiseaux, qui sont d'une espèce différente, pourraient le faire, n'est qu'une croyance vulgaire qui ne s'accorde pas avec la réalité des espèces.

Peut-être le prince attrapa-t-il effectivement un rapace, et celui-ci, maintenu par la tête, le cou tordu, gardait-il la tête baissée, contraint par la douleur, incapable de regarder vers le haut. Et comme le prince était un homme bienveillant et juste, on exalta sa vertu en prétendant que le rapace avait reconnu son crime. Il s'agit là d'une simple affabulation promue au rang de belle histoire, les comportements extraordinaires faisant souvent l'objet d'exagérations.

10. Les commentaires affirment que le duc Huan de Qi épousa sept de ses tantes et sœurs[81]. Cela est une invention.

Zhou. Sous son long règne, le pays de Qi connut l'apogée de sa puissance. Plusieurs légendes sulfureuses le concernant se sont transmises, comme le montre le *Lunheng* dans ces paragraphes.

夫亂骨肉, 犯親戚, 無上下之序者, 禽獸之性, 則亂不知倫理。案桓公九合諸侯, 一(正)〔匡〕天下, 道之以德, 將之以威, 以故諸侯服從, 莫敢不率, 非內亂懷鳥獸之性者所能為也。夫率諸侯朝事王室, 恥上無勢而下無禮也, 外恥禮之不存, 內何犯禮而自壞？外內不相副, 則功無成而威不立矣。

世稱桀、紂之惡, 不言淫於親戚；實論者謂夫桀、紂惡微於亡秦, 亡秦過泊於王莽, 無淫亂之言。桓公妻姑姊〔妹〕七人,〔是〕惡浮於桀、紂, 而過重於秦、莽也。

« 春秋 » 采毫毛之美, 貶纖芥之惡。桓公惡大, 不貶何哉？魯文姜, 齊襄公之妹也, 襄公通焉, « 春秋 » 經曰 :「莊二年冬, 夫人姜氏會齊

82. Wang Mang (r. 9-23 EC) : il usurpa le pouvoir des Han et fonda la brève dynastie des Xin ; son règne fut l'objet de sévères condamnations après la restauration des Han.

83. Les *Printemps et automnes :* soit le *Chunqiu*, c'est-à-dire les annales du pays de Lu, qui devinrent l'un des Cinq Classiques du confucianisme. Sous les Han, ce Classique était considéré comme l'œuvre de Confucius, et comme reflétant les jugements de ce dernier sur les personnages et événements mentionnés dans l'ouvrage.

En violant ainsi les règles du sang, de la parenté et des hiérarchies, en bafouant les normes sociales, le duc se serait comporté comme un animal sauvage. Or le même duc rassembla à neuf reprises les grands feudataires, unifiant et guidant l'empire, le réformant grâce à sa vertu, s'imposant grâce à son prestige : il parvint à soumettre sans exception les grands feudataires – voilà ce que n'aurait certainement pas pu réaliser un homme se comportant comme un animal dans sa vie privée ! Le duc guida les grands feudataires et servit la maison royale, il s'indigna du manque de pouvoir de cette dernière et du mépris des rites chez les vassaux : il se serait donc indigné des atteintes aux rites en public, tout en les violant d'une façon ignoble chez lui ? Lorsque vie publique et vie privée ne s'accordent pas, on ne saurait réussir quoi que ce soit, ni se gagner le moindre prestige.

Les gens évoquent les vices de Jie et de Zhòu, mais sans cependant mentionner chez eux des relations familiales déréglées ; et il n'est pas question non plus de tels dérèglements pour les Qin, plus criminels pourtant que Jie et Zhòu, ou pour Wang Mang[82], pire encore que les Qin ! Si le duc Huan avait épousé sept de ses tantes et sœurs, il aurait donc surpassé en vice Jie et Zhòu, ainsi que les Qin et Wang Mang !

Les *Printemps et automnes* soulignent la plus petite bonne action, et critiquent la plus petite faute[83] : si le duc Huan s'était si mal comporté, pourquoi les *Printemps et automnes* ne le condamnent-elles pas ? Le duc Xiang de Qi eut une relation avec Wen Jiang, de Lu, qui était sa sœur cadette[84], et les *Printemps et automnes* disent : « L'hiver de la deuxième année du règne du duc Zhuang[85], madame Jiang rencontra le marquis de

84. Le duc Xiang de Qi (r. 697-686) : même s'il contribua à l'essor de la principauté de Qi, il est surtout connu pour la violence de son règne et sa relation illicite avec sa demi-sœur, Wen Jiang. Wen Jiang (?-673) : princesse de Qi et épouse principale du souverain de Lu, le duc Huan (r. 711-694), que le duc Xiang fit assassiner.

85. Le duc Zhuang (r. 693-662) : fils et successeur du duc Huan de Lu. La deuxième année : en 692 AEC.

侯於郜。」«春秋» 何尤於襄公, 而書其奸？何宥於桓公, 隱而不譏？如經失之, 傳家左丘明、公羊、谷梁何諱不言？

案桓公之過, 多內寵, 內嬖如夫人者六, 有五公子爭立, 齊亂, 公薨三月乃訃。世聞內嬖六人, 嫡庶無別, 則言亂於姑姊妹七人矣。

11. 傳書言：齊桓公負婦人而朝諸侯, 此言桓公之淫亂無禮甚也。

夫桓公大朝之時, 負婦人於背, 其游宴之時, 何以加此？

方修士禮, 崇厲肅敬, 負婦人於背, 何以能率諸侯朝事王室？葵丘之會, 桓公驕矜, 當時諸侯畔者九國。睚眥不得, 九國畔去, 況負婦人, 淫

86. Le marquis de Qi : désigne ici le duc Xiang de Qi. Gao : petite principauté, dans l'actuel Shandong. Le duc eut des relations répétées avec sa sœur, et plusieurs sont rapportées de la sorte dans le *Chunqiu*. Ces « rencontres » entre le duc et sa demi-sœur sont notées, précisément, parce qu'elles sont illicites : le seul fait de les consigner implique une condamnation.

87. Zuoqiu Ming (ou Zuo Qiuming), Gongyang Gao et Guliang Zhi (ou Guliang Chi) : trois disciples plus ou moins éloignés de Confucius, auteurs des trois principaux commentaires du *Chunqiu* selon la tradition, le *Zuozhuan*, le *Gongyang zhuan* et le *Guliang zhuan.* Cf. *Balance* 2011, « Introduction », p. xxiii-xxiv.

Qi à Gao[86]. » Pourquoi les *Printemps et automnes* critiquent-elles le duc Xiang, en rapportant cette relation incestueuse, et épargnent-elles le duc Huan en taisant son inconduite ? S'il s'agit d'une simple omission dans le Classique, pourquoi les commentaires de Zuoqiu Ming, de Gongyang Gao ou de Guliang Zhi s'abstiennent-ils également de la mentionner[87] ?

La faute du duc Huan fut en fait d'entretenir de nombreuses favorites : il en eut six qu'il traita à l'égal d'épouses, avec pour résultat des troubles dans le pays, ses cinq fils se disputant sa succession, et l'annonce de son décès n'intervenant que trois mois après sa mort[88]. Apprenant que le duc avait traité six de ses favorites à l'égal d'épouses, les gens racontèrent qu'il avait entretenu des relations illicites avec ses tantes et sœurs.

11. Selon les livres, le duc Huan de Qi aurait reçu en audience les grands feudataires en portant son épouse sur le dos, ce qui indiquerait à quel point il était débauché et dépourvu de manières.

Mais si le duc Huan portait son épouse sur le dos lors de ces grandes audiences, que pouvait-il faire de pire encore pendant ses loisirs ?

Si dans une occasion où il se devait d'observer avec solennité les rites dus à de nobles visiteurs, le duc portait son épouse sur le dos, comment aurait-il pu commander les grands feudataires et mener les affaires de la maison royale des Zhou ? Lors de l'entrevue diplomatique de Kuiqiu[89], le duc Huan se montra arrogant, et les grands feudataires de neuf États se détournèrent de lui. Si un regard péremptoire eut pour résultat que les seigneurs de neuf pays s'en allèrent, alors à plus forte

88. En traitant plusieurs de ses favorites comme des épouses de premier rang, le duc aurait encouragé les ambitions de ses fils et embrouillé sa succession (cf. *Chunqiu*, « Xigong », 17e année). « Trois mois après sa mort » : le corps du duc serait demeuré soixante-sept jours en attente de sépulture.

89. Kuiqiu : lieu dans l'actuel Henan ; le duc Huan y réunit les grands feudataires en 651 AEC.

亂之行, 何以肯留？

或曰：「管仲告諸侯〔曰〕：吾君背有疽創, 不得婦人, 瘡不衰愈, 諸侯信管仲, 故無畔者。」夫十室之邑, 必有忠信若孔子, 當時諸侯千人以上, 必知方術治疽, 不用婦人, 管仲為君諱也。諸侯知仲〔苟〕為君諱而欺己, 必恚怒而畔去。何以能久統會諸侯, 成功於霸？

或曰：「桓公實無道, 任賢相管仲, 故能霸天下。」夫無道之人, 與狂無異, 信讒遠賢, 反害仁義, 安能任管仲, 能養人令之？成事：桀殺關龍逢, 紂殺王子比干, 無道之君, 莫能用賢。使管仲賢, 桓公不能用；用管仲, 故知桓公無亂行也。有賢明之君, 故有貞良之臣。臣賢, 君明之

90. La fin du paragraphe suggère que, selon cette explication, l'épouse aurait utilisé son *qi* pour soigner le duc.

91. C'est le point de vue défendu par Zilu dans les *Entretiens de Confucius* ; cf. *Lunyu*, 14.16.

92. Guan Longfeng (ou Guan Longpang) : ministre du tyran Jie, le dernier souverain de la dynastie Xia, il lui fit des remontrances et fut exécuté. Le prince Bigan (ou Bi Gan) : oncle du tyran Zhòu, le dernier souverain de la dynastie Shang, qui ne supporta pas ses admonestations et le fit exécuter.

raison s'il avait porté son épouse sur le dos – comment les grands feudataires auraient-ils toléré un comportement aussi dépravé ?

Certains rétorquent que si les grands feudataires ne s'en allèrent pas, c'est parce que Guan Zhong leur avait expliqué que son maître avait dans le dos un furoncle qui ne pouvait guérir sans sa femme[90], et ils l'auraient cru. Mais de la même façon qu'on dit que dans un village de dix maisons, il y a forcément un homme aussi fidèle et loyal que Confucius, il devait se trouver parmi le bon millier de seigneurs rassemblés à cette occasion des hommes connaissant les techniques pour guérir les furoncles, et sachant donc qu'aucune ne prévoit d'utiliser une femme de cette façon ; et que donc Guan Zhong tentait simplement de couvrir les vices de son prince. Comprenant que Guan Zhong les trompait pour protéger son prince, les grands feudataires seraient donc partis sur-le-champ, furieux. Comment dans ces conditions le duc aurait-il pu rassembler durant si longtemps les royaumes et leur imposer avec succès son hégémonie ?

D'autres diront que le duc Huan était en réalité dépourvu de toute moralité, et que s'il put imposer son hégémonie sur le monde, c'est grâce à Guan Zhong, son talentueux premier ministre[91]. Mais un homme dépourvu de moralité ne diffère pas d'un insensé qui préfère les flatteurs aux sages : comment un tel insensé pourrait-il prendre un Guan Zhong comme ministre ? Comment pourrait-il convaincre un tel homme de se mettre à son service ? On peut invoquer l'exemple de Jie qui tua Guan Longfeng, ou de Zhòu qui fit exécuter le prince Bigan[92] : voilà qui montre que des souverains dépourvus de moralité n'ont aucun usage de sages. Si le duc Huan avait été aussi dépravé, il n'aurait jamais engagé un Guan Zhong ; le fait qu'il ait pu le prendre à son service montre qu'un tel comportement était impossible. Il faut des souverains sages et intelligents pour employer des ministres bons et vertueux. Un ministre talentueux est la preuve de la clairvoyance de

驗, 奈何謂之有亂？

難曰：衛靈公無道之君, 時知賢臣, 管仲為輔, 何明桓公不為亂也？夫靈公無道, 任用三臣, 僅以不喪, 非有功行也；桓公尊九九之人, 拔寧戚於車下, 責苞茅不貢, 運兵功楚, 九合諸侯, 一匡天下, 千世一出之主也。而云負婦人於背, 虛矣。

說 « 尚書 » 者曰：「周公居攝, 帶天子之綬, 戴天子之冠, 負扆南面而朝諸侯。」戶牖之間曰扆, 南面之坐位也, 負扆南面 (鄉)〔嚮〕坐, 扆在後也。桓公朝諸侯之時, 或南面坐, 婦人立於後也, 世俗傳云, 則曰負婦人於背矣。

93. Le duc Ling de Wei (r. 534-493) : il est principalement connu pour sa relation homosexuelle avec son favori Mizi Xia.

94. Confucius lui-même attribua la longévité politique du duc Ling à ses ministres : « Il a Zhong Shuyu pour recevoir ses hôtes et les ambassades, le grand-prêtre Tuo pour officier au Grand temple et Wangsun Jia pour commander aux armées. Avec de tels ministres, comment le pays irait-il à sa ruine ? » (*Lunyu*, 14.19, trad. A. Cheng, *op. cit.*, 14.20, p. 114).

95. Selon le *Hanshi waizhuan* (chap. 3), le maître de calcul convainquit le duc Huan de l'employer afin d'attirer de plus grands talents à sa cour.

96. Ning Qi : il chantait en menant ses bœufs, ce qui aurait plu au duc.

97. Jonc : plus spécifiquement une sorte de paille servant à envelopper les paquets ou à filtrer l'alcool, spécialité du pays méridional de Chu. Selon le *Zuozhuan* (« Xigong », 4e année), l'expédition punitive mentionnée ici eut lieu en 656 AEC.

son souverain : comment dans ces conditions présenter le duc Huan comme aussi dépravé ?

On objectera peut-être le cas du duc Ling de Wei, qui se comporta au mépris de toute moralité, sans que cela ne l'empêche de reconnaître de sages ministres[93] : en quoi le fait que Guan Zhong ait pu servir le duc Huan prouve-t-il que ce dernier n'était pas un débauché ? Mais les trois ministres employés par l'immoral duc Ling n'eurent pas d'autre mérite que celui de lui éviter de perdre le pouvoir[94], alors que le duc Huan traita avec respect un simple maître de calcul[95], donna un poste à Ning Qi qui n'était que conducteur de bœufs[96], lança une expédition punitive contre le pays de Chu, coupable de n'avoir pas offert son tribut de jonc à la cour royale des Zhou[97], rassembla à neuf reprises les grands feudataires et remit de l'ordre dans le monde ; il s'agit d'un souverain tel qu'on n'en trouve qu'un seul en mille générations ! Il est donc absurde de dire qu'il reçut les grands feudataires en audience en portant sa femme sur le dos.

Les commentateurs du *Classique des documents* écrivent : « Lorsque le duc de Zhou exerçait la régence, il portait le cordon et la coiffe du Fils du ciel, et recevait les grands feudataires face au sud, avec le paravent arrière dans son dos[98]. » Ce paravent arrière, c'est l'espace entre porte et fenêtre, soit l'endroit face au sud devant lequel se tient le souverain, qui se trouve donc derrière lui lorsqu'il donne audience. Lorsque le duc Huan reçut les grands feudataires, il se tenait probablement à cet endroit face au sud, avec son épouse debout derrière lui[99], et les gens décrivirent la scène en racontant qu'il la portait sur le dos.

98. Duc de Zhou (XIe s. AEC) : de son vrai nom Ji Dan, frère cadet du roi Wu, le fondateur de la dynastie des Zhou, il exerça la régence lors du règne de son neveu, le roi Cheng (r. 1042 ?-1021 ?). Il est considéré comme le sage par excellence dans la tradition confucianiste. Pavillon arrière : séparation placée derrière le souverain pendant les audiences, entre la porte et la fenêtre du nord.

99. Rappelons qu'en Chine ancienne, la chaise n'existant pas encore, les gens se tenaient assis sur des nattes.

此則夔一足、宋丁公鑿井得一人之語也。

唐、虞時, 夔為大夫, 性知音樂, 調聲悲善, 當時人曰:「調樂如夔, 一足矣。」世俗傳言:「夔一足。」案秩宗官缺, 帝舜博求, 眾稱伯夷, 伯夷稽首讓於夔、龍。秩宗卿官, 漢之宗正也; 斷足, (足) 非其理也。且一足之人, 何用行也?

夏后孔甲, 田於東〔陽〕萯山, 天雨晦冥, 入於民家, 主人方乳。或曰:「后來之子必貴。」或曰:「不勝, 之子必賤。」孔甲曰:「為余子, 孰能賤之?」遂載以歸。析橑, 斧斬其足, 卒為守者。孔甲之欲貴之子, 有餘力矣, 斷足無宜, 故為守者。今夔一足, 無因趨步。坐調音樂, 可也; 秩

100. Kui : selon la tradition, musicien durant les règnes des mythiques Yao et Shun.

101. Le vieux Ding : comme le montre la suite du texte, il s'agit manifestement d'un homme du peuple, à ne pas confondre avec divers souverains portant ce nom.

102. Il s'agit d'un jeu de mots intraduisible jouant sur les deux principaux sens du caractère *zu* 足, « pied » et « assez ».

103. Long : officier durant le règne de Shun.

C'est là une invention de même type que celle de Kui qui n'aurait eu qu'un seul pied[100], ou du vieux Ding, du pays de Song, qui aurait trouvé un homme en creusant un puits[101].

Kui, qui était grand officier à l'époque de Yao et de Shun, était par nature doué pour la musique et jouait des airs particulièrement touchants, à tel point que les gens disaient : « Un seul musicien comme Kui, c'est bien assez. » Les gens se passèrent le mot en en faisant : « Kui n'a qu'un seul pied[102]. » Le poste de grand officier des sacrifices étant vacant, Shun chercha partout quelqu'un pour la fonction, et tous lui recommandèrent Bo Yi, mais ce dernier s'inclina, cédant la place à Kui et à Long[103] ; le poste de grand officier des sacrifices équivaut à un rang de ministre, il correspond au chambellan de notre dynastie Han : un tel poste ne peut raisonnablement être occupé par un estropié. Car comment un estropié se déplacerait-il ?

Kong Jia, le roi de l'époque Xia, chassait dans les monts Yangming de l'est[104] ; comme il pleuvait et que la nuit tombait, il entra chez des gens au moment où la maîtresse de maison venait d'accoucher d'un bébé. On s'exclama : « La visite du roi indique que cet enfant connaîtra la fortune ! » Mais d'autres dirent : « Cet enfant ne se remettra pas d'un tel honneur, il sera de basse condition ! » Kong Jia fit : « Si je l'adopte comme fils, qui donc pourra le réduire à une basse condition ? » Il chargea l'enfant sur son char et rentra chez lui. Mais plus tard, le garçon se trancha le pied avec une hache alors qu'il coupait du bois de chauffage, et il finit comme simple gardien de porte ! Kong Jia avait fait tout son possible pour que le garçon connaisse la fortune, mais sans pied il n'était plus bon à rien, d'où ce poste de gardien de porte. Avec un pied en moins, Kui n'aurait pas pu marcher non plus ; un estropié peut certes rester assis et jouer de la musique, mais il ne saurait occuper un poste de

104. Kong Jia : selon la tradition, il aurait régné durant la dernière partie de la dynastie Xia. Les monts Yangming de l'est : la localisation de ces monts n'est pas claire, et leur nom varie d'ailleurs selon les sources.

宗之官，不宜一足，猶守者斷足，不可貴也。孔甲不得貴之子，伯夷不得讓於夔焉。

宋丁公者，宋人也。未鑿井時，常有寄汲，計之，日去一人作；自鑿井後，不復寄汲，計之，日得一人之作。故曰：「宋丁公鑿井得一人。」俗傳言曰：「丁公鑿井得一人於井中。」夫人生於人，非生於土也，穿土鑿井，無為得人。

推此以論，負婦人之語，猶此類也。負婦人而坐，則云婦人在背；知婦人在背非道，則生管仲以婦人治疽之言矣。使桓公用婦人徹 (胤)〔胸〕服，婦人於背，女氣〔愈〕瘡可 (去)〔云〕以婦人治疽。方朝諸侯，桓公重衣，婦人襲裳，女氣分隔，負之何益？

桓公思士，作庭燎而夜坐，以思致士，反以白日負婦人見諸侯乎？

grand officier, et s'il lui avait manqué une jambe, Kui n'aurait pu connaître un meilleur sort que ce garçon devenu gardien de porte. Tout comme Kong Jia ne put garantir la fortune à cet estropié, Bo Yi ne put donc céder son poste de ministre à Kui.

Le vieux Ding venait de Song. Avant d'avoir creusé son propre puits, il allait puiser de l'eau dans les puits du voisinage, ce qui d'après ses calculs lui coûtait journellement le travail d'un homme ; une fois qu'il eut creusé son propre puits, il n'eut plus à aller ailleurs, et il calcula qu'il y gagnait journellement le travail d'un homme. Il dit donc qu'il « avait gagné un homme en creusant son propre puits », mot que les gens déformèrent en disant que le vieux Ding « avait trouvé un homme dans le puits ». Les hommes vivent parmi les hommes, et non sous la terre : on ne saurait donc trouver un homme en creusant un puits dans le sol.

À partir de là, on peut déduire que l'histoire du duc portant son épouse sur le dos en recevant les grands feudataires est de la même sorte. Le duc se tenait assis avec son épouse debout derrière lui, et les gens dirent qu'il la portait sur son dos ; comprenant que cela n'était pas convenable, ils alléguèrent l'explication de Guan Zhong selon laquelle le duc portait son épouse sur le dos pour soigner un furoncle. Mais cette explication serait éventuellement admissible si elle s'était tenue sur son dos sans brassière, son *qi* de femme pouvant alors se transmettre directement à lui pour le soigner ; or au moment de cette audience, le duc portait plusieurs couches de vêtements, et sa femme était habillée de toutes ses robes : elle ne pouvait donc lui transmettre son *qi*, alors à quoi lui aurait-il servi de la porter sur le dos ?

Le duc Huan, soucieux de recruter des hommes capables, passait des nuits entières à réfléchir à la question, assis dans sa salle d'audience, à la lumière de chandelles : comment un tel homme aurait-il pu, en plein jour, recevoir les grands feudataires avec son épouse sur le dos ?

12. 傳書言：聶政為嚴翁仲刺殺韓王，此虛也。

夫聶政之時，韓列侯也。列侯之三年，聶政刺韓相俠累。十二年列侯卒。與聶政殺俠累，相去十(七)年。而言聶政刺殺韓王，短書小傳，竟虛不可信也。

13. 傳書又言：燕太子丹使刺客荊軻刺秦王，不得，誅死。後高漸麗復以擊筑見秦王，秦王說之；知燕太子之客，乃冒其眼，使之擊筑。漸麗乃置鉛於筑中以為重，當擊筑，秦王膝進，不能自禁，漸麗以築擊秦王顙，秦王病傷，三月而死。

105. Nie Zheng (?-397) : célèbre « assassin » (*cike* 刺客) de l'époque des Royaumes combattants. Le roi de Han : le marquis Lie de Han (r. 399-387). Han : royaume de l'époque des Royaumes combattants, occupant des parties contiguës des actuelles provinces du Shanxi et du Henan. Yan Zhong (Yan Zhongzi, Yan Sui, v. 400 AEC) : haut dignitaire du pays de Han.

106. Han Xialei (Han Gui, ?-397 AEC) : oncle du marquis Lie de Han, premier ministre et rival de Yan Zhong. En 397, il fut assassiné par Nie Zheng pour le compte de Yan Zhong.

107. Les commentateurs estiment que l'erreur dénoncée à juste titre par Wang Chong ici provient d'une confusion entre l'assassinat de Han Xialei et le meurtre, en 374, du marquis Ai de Hán (r. 376-374) par un autre personnage, Han Yan (dont le prénom correspond au nom de Yan Zhong). Rappelons que le format des ouvrages correspondait à leur respectabilité – et donc aussi, c'est en tout cas ce que suggère Wang Chong, à leur crédibilité.

12. Les livres nous disent que Nie Zheng tua de son épée le roi de Han pour le compte du sieur Yan Zhong[105] ; cela est faux. Nie Zheng vécut sous le règne du marquis Lie, et la troisième année du règne de ce dernier, il assassina Han Xialei, premier ministre de Han[106]. Le marquis mourut après douze ans de règne, soit dix ans après l'assassinat de Han Xialei. L'histoire selon laquelle Nie Zheng aurait tué le roi de Han est tirée de livres en petit format ; elle n'est donc pas crédible[107].

13. Les livres disent encore que Dan, prince héritier de Yan, envoya l'assassin Jing Ke tuer le roi de Qin ; Jing Ke échoua, et fut exécuté[108]. Par la suite, Gao Jianli fut reçu par le roi de Qin, et il joua de la cithare, au grand plaisir du souverain[109]. Lorsque ce dernier apprit que Gao Jianli était un ancien protégé de Dan, il lui fit crever les yeux, tout en continuant à le faire jouer pour lui. Alors Gao Jianli remplit son instrument de plomb pour l'alourdir, puis, tandis que le roi, transporté par la musique, s'avançait vers lui sur ses genoux, il s'en servit pour le frapper au front ; gravement blessé, le roi mourut trois mois plus tard.

108. Jing Ke (?-227 AEC) : « assassin » (*cike*) célèbre pour sa tentative ratée d'assassiner le roi de Qin. Le prince héritier Dan (?-226) : Yan Dan, fils du roi Xi de Yan (r. 254-222). Retenu en otage à Qin, il retourna à Yan en 232 et ordonna à Jing Ke de tuer le roi de Qin. Yan : royaume de l'époque des Royaumes combattants, dont la capitale se trouvait sur le site de l'actuelle Pékin. Le roi de Qin : de son nom Ying Zheng, il régna comme roi de Qin de 247 à 221, puis après avoir conquis les pays « chinois », comme Premier empereur (Qin shi huangdi) de 221 à 210. Cette tentative d'assassinat, qui si elle avait réussi aurait peut-être empêché, ou au moins retardé, l'unification impériale, a fait l'objet d'une mythologisation en Chine ancienne, ce jusqu'à aujourd'hui.

109. Gao Jianli : joueur de *zhu* (une sorte de cithare à treize cordes) de la fin de l'époque des Royaumes combattants, originaire de Yan et ami de Jing Ke. Le roi de Qin lui aurait fait crever les yeux, puis jouer pour lui. Pour se venger (et venger Jing Ke), il aurait vainement jeté à la tête du roi son instrument rempli de plomb et été exécuté. À noter qu'en Chine ancienne, les musiciens étaient souvent des aveugles, et *vice versa*.

夫言高漸麗以筑擊秦王, 實也 ; 言中秦王病傷三月而死, 虛也。

夫秦王者, 秦始皇帝也。始皇二十年, 燕太子丹使荊軻刺始皇, 始皇殺軻, 明矣。二十一年, 使將軍王翦功燕, 得太子首 ; 二十五年, 遂伐燕, 而虜燕王 (嘉) 〔喜〕。後不審何年, 高漸麗以筑擊始皇, 不中, 誅漸麗。

當 (二) 〔三〕十七年, 遊天下, 到會稽, 至琅邪, 北至勞、盛山, 並海, 西至平原津而病, 到沙丘平臺, 始皇崩。夫讖書言始皇還, 到沙丘而亡。傳書又言病筑瘡三月而死於秦。一始皇之身, 世或言死於沙丘, 或言死於秦, 其死, 言恆病瘡。傳書之言, 多失其實, 世俗之人, 不能定也。

110. Soit en 227. Le futur Premier empereur succéda à son père comme roi de Qin en 247, mais le décompte des années de son règne commença en 246.

111. Wang Jian : l'un des principaux généraux Qin, il conquit les royaumes de Zhao, de Yan et de Chu pour le compte du futur Premier empereur. En 226, ses armées attaquèrent Yan, et le roi Xi, dans une tentative de calmer la colère du Premier empereur, fit décapiter son fils et livrer sa tête aux Qin.

112. Soit en 222.

113. Soit en 210.

114. Langye (Langya, Langxie) : dans l'est de la péninsule du Shandong.

115. Monts Lao et Cheng : au sud de la péninsule du Shandong, près du golfe du Bohai.

Il est vrai que Gao Jianli frappa de sa cithare le roi de Qin ; mais que ce dernier mourut de cette blessure trois mois plus tard, c'est faux.

Ce roi de Qin n'est autre que le Premier empereur de la dynastie Qin. La vingtième année de son règne[110], le prince héritier Dan chargea Jing Ke de le tuer, et le roi de Qin fit exécuter Jing Ke ; voilà qui est certain. La vingt et unième année, le roi lança le général Wang Jian à l'attaque du royaume de Yan, et il obtint la tête du prince héritier Dan[111] ; et la vingt-cinquième année, il soumit Yan, capturant le roi Xi[112]. Plus tard, on ne sait pas exactement quand, Gao Jianli agressa le souverain avec sa cithare et fut exécuté.

La trente-septième année[113], le Premier empereur effectua une tournée d'inspection dans l'empire, allant jusqu'à Kuaiji et Langye[114], remontant vers le nord jusqu'aux monts Lao et Cheng[115], longeant la mer vers l'ouest, jusqu'à atteindre le gué de Pingyuan[116], où il tomba malade ; il mourut sur la terrasse Ping à Shaqiu[117]. Les livres de prophéties indiquent de la même façon que l'Empereur serait mort pendant son retour à Shaqiu[118]. Voilà qui ne s'accorde pas avec ces livres qui prétendent que le souverain serait mort à Qin[119] des suites de cette attaque à la cithare ! Pour le même personnage, on dit donc à la fois qu'il est mort à Shaqiu, et qu'il est mort à Qin des suites d'une blessure ! Nos livres contreviennent décidément trop aux faits, et les gens ne savent plus que croire.

116. Gué de Pingyuan : ancien gué sur le fleuve Jaune (dans l'ouest de l'actuel Shandong).

117. Terrasse Ping de Shaqiu : nom de lieu, dans le sud-ouest de l'actuel Hebei ; selon la tradition, cette terrasse aurait été établie par Zhòu, le tyran et dernier souverain de la dynastie Zhou.

118. Livres de prophéties : recueils d'oracles ésotériques qui circulent sous la dynastie Han ; ils sont particulièrement en vogue sous Wang Mang et au début des Han postérieurs, plusieurs souverains les utilisant à des fins de légitimation politique.

119. C'est-à-dire à Xianyang, la capitale de l'empire (près de Xi'an dans l'actuel Shaanxi).

語增篇第二十五

1. 傳語曰 : 聖人憂事, 深思事勤, 愁擾精神, 感動形體。故稱「堯若腊, 舜若腒 ; 桀、紂之君, 垂腴尺餘」。

夫言聖人憂世念人, 身體羸惡, 不能身體肥澤, 可也 ; 言堯、舜若腊與腒, 桀、紂垂腴尺餘, 增之也。

齊桓公云 : 「寡人未得仲父極難, 既得仲父甚易。」桓公不及堯、舜, 仲父不及禹、契, 桓公

1. « On raconte que » (*zhuan yu yue*, ou *chuan yu yue* 傳語曰) : d'après la matière de ce chapitre, il s'agit de légendes qui circulaient largement sous les Han, mais aux origines incertaines.

2. La source précise de Wang Chong est inconnue, mais divers autres textes anciens font référence à la maigreur de Yao et de Shun ; cf. par exemple *Lüshi chunqiu*, 7, « Gui sheng pian ».

Des exagérations dans les histoires
(Traité 25, « Yu zeng »)

1. On raconte que[1], lorsqu'un sage souverain s'inquiète des affaires du gouvernement, il y pense et s'y consacre avec une telle intensité que l'inquiétude dérègle ses énergies essentielles et bouleverse son corps. Voilà pourquoi il est dit du corps de Yao qu'il était comme de la salaison décharnée, et de celui de Shun qu'il ressemblait à de la viande d'oiseau séchée ; et que, à l'inverse, les tyrans Jie et Zhòu avaient plus d'un pied de gras au ventre[2].

Mais s'il est possible qu'un sage souverain s'inquiète tant pour le monde et pour ses sujets qu'il maigrisse jusqu'à perdre toute trace de gras, il est exagéré de tenir que Yao et de Shun ressemblaient à de la salaison ou à de la viande séchée, ou que Jie et Zhòu avaient plus d'un pied de gras au ventre.

Le duc Huan de Qi dit : « Avant d'avoir engagé Guan Zhong, ma tâche était extrêmement difficile ; maintenant que je l'ai à mon service, elle est devenue extrêmement aisée[3]. » Le duc Huan ne pouvait se comparer à Yao ou à Shun, et Guan Zhong ne valait pas Yu ou Xie[4], or le duc Huan trouva qu'il était facile

3. Guan Zhong : le texte chinois écrit « le père Guan ».

4. Xie : conseiller de Shun, réputé pour ses mérites. Yu : avant de devenir roi et de fonder la dynastie Xia, il aurait assisté le souverain Yao, notamment en venant à bout des inondations qui ravageaient le pays.

猶易, 堯、舜反難乎？以桓公得管仲易, 知堯、舜得禹、契不難；夫易則少憂, 少憂則不愁, 不愁則身體不臞。

舜承堯太平, 堯、舜襲德, 功假荒服, 堯尚有憂, 舜安能無事。故經曰：「上帝引逸。」謂虞舜也。舜承安繼治, 任賢使能, 恭己無為而天下治。故孔子曰：「巍巍乎！舜、禹之有天下, 而不與焉！」夫「不與」尚謂之臞若腒, 如德劣承衰, 若孔子栖栖, 周流應聘, 身不得容, 道不得行, 可骨立 (跛)〔皮〕附, 僵仆道路乎？

5. *Shangshu*, « Duo shi ».

6. La non-intervention, ou non-action (*wuwei* 無為), est un concept souvent associé au taoïsme, mais il représente également l'idéal confucianiste de gouvernement. Le sage souverain est si vertueux que son autorité et sa politique s'imposent d'elles-mêmes, sans qu'il ait à intervenir ; cf. *Lunyu*, 2.1 : « Qui gouverne par la vertu est comparable à l'étoile polaire, immuable sur son axe, mais centre d'attraction de tous les astres » (trad. A. Cheng, *op. cit.*, p. 33, avec modifications).

7. *Lunyu*, 8.18. Pour faire correspondre la citation avec le contexte du passage, nous traduisons *yu* 與 par « participer », mais les commentateurs du *Lunyu* comprennent plutôt ce mot dans le sens de « posséder », « faire sien » ; cf. la traduction de A. Cheng (*op. cit.*, p. 72) : « Grandeur et majesté de Shun et Yu ! Ils détenaient en leur pouvoir tout ce qui est sous le ciel, sans en rien retenir pour eux-mêmes. »

de gouverner : comment cela aurait-il pu être si difficile pour Yao et Shun ? De la facilité du duc Huan à gouverner avec Guan Zhong à son service, on peut déduire que ça ne devait pas être difficile pour Yao et Shun, qui pouvaient pour leur part compter sur l'aide de Yu et de Xie. Or si c'était facile, ils n'ont pas dû s'inquiéter tant que cela, et s'ils ne se sont pas inquiétés, ils n'ont pu maigrir de la sorte.

Shun hérita de la grande paix instaurée par Yao, et pour ce qui est de la vertu il s'inscrivit dans la continuité de celui-ci, répandant lui aussi ses bienfaits jusqu'au bout du monde. Et si Yao avait encore connu quelques inquiétudes dans son gouvernement, Shun régna pour sa part sur un monde apaisé et sans histoires. Voilà pourquoi le *Classique des documents* dit de lui : « L'Empereur est depuis longtemps tranquille[5]. » Shun hérita de la paix et d'un bon gouvernement, et en employant des sages et des hommes talentueux, il put régner sur l'empire sans intervenir, grâce à sa vertu exemplaire[6]. D'où les mots de Confucius : « Quelle grandeur chez Shun et chez Yu ! Le monde leur appartenait sans qu'ils aient à intervenir[7] ! » Si un souverain qui peut gouverner de la sorte est décrit comme aussi décharné que de la viande sèche, que dire alors d'un Confucius, qui vécut dans une période de déclin moral[8], qui parcourut le monde en tous sens afin de trouver un souverain prêt à l'employer, qui ne trouva aucun endroit où s'établir et demeura jusqu'au bout impuissant à mettre en œuvre ses doctrines ? Il n'aurait plus dû avoir que la peau sur les os, et il se serait écroulé raide en chemin !

8. À la suite de certains commentateurs, on pourrait comprendre cette phrase d'une façon moins favorable à Confucius, et traduire de la façon suivante : « Alors que dire d'un Confucius, dont la vertu était inférieure et qui vécut dans une période de déclin ? » Mais un tel jugement de Wang Chong sur Confucius paraît sévère et insuffisamment motivé dans un contexte où le Maître n'est invoqué qu'à titre d'exemple.

紂為長夜之飲,糟丘酒池。沉湎於酒,不舍晝夜,是必以病。病則不甘飲食,不甘飲食,則肥腴不得至尺。«經»曰:「惟湛樂是從,時亦罔有克壽。」魏公子無忌為長夜之飲,困毒而死。紂雖未死,宜羸臞矣。然桀、紂同行,則宜同病,言其腴垂過尺餘,非徒增之,又失其實矣。

2. 傳語又稱:「紂力能索鐵伸鉤,撫梁易柱。」言其多力也。「蜚廉、惡來之徒,並幸受寵。」言好伎力之主,致伎力之士也。

或言:「武王伐紂,兵不血刃。」

夫以索鐵伸鉤之力,輔以蜚廉、惡來之徒,與周軍相當。武王德雖盛,不能奪紂素所厚之心;紂雖惡,亦不失所與同行之意。雖為武王所擒,

9. *Shangshu*, « Zhoushu, Wu yi ».
10. Sur la force du tyran Zhòu, cf. *Huainanzi*, 9, « Zhu shu xun ».

Zhòu buvait la nuit durant, la lie de sa boisson formant des collines, et l'alcool remplissant des étangs. Mais si l'on s'adonne à l'ivresse jour et nuit, on tombe nécessairement malade, et lorsqu'on est malade, on n'a plus le cœur à manger et à boire : on ne saurait donc grossir jusqu'à avoir un pied de gras au ventre. Le *Classique des documents* dit : « Les rois de la fin de la dynastie Shang ne s'occupaient que de leurs plaisirs, et dès lors aucun d'entre eux ne vécut longtemps[9]. » Le prince de Wei, Wei Wuji, buvait jour et nuit : il finit par s'intoxiquer et en mourut. Même si Zhòu ne mourut pas de ses excès, il devait forcément être très amaigri. Jie et Zhòu ayant la même conduite, ils souffrirent nécessairement des mêmes maux : affirmer qu'ils avaient plus d'un pied de gras au ventre n'est donc pas seulement une exagération, c'est contraire à la réalité.

2. Pour décrire la force de Zhòu, on prétend qu'il pouvait tordre à mains nues du fer pour en faire des chaînes, redresser des crochets de métal, ou encore soutenir d'une main la poutre d'un toit tout en changeant de l'autre les piliers la soutenant[10]. On dit encore qu'il avait pour favoris des hommes comme Feilian ou Elai, son goût pour de tels costauds suggérant à quel point il aimait l'agilité et la force physique[11].

On raconte aussi que le roi Wu des Zhou le vainquit si facilement que son épée ne fut pas tachée de sang.

Mais si Zhòu avait une force telle qu'il pouvait tordre du fer ou redresser des crochets de métal, et si de plus il était entouré d'hommes comme Feilian et Elai, ses armées devaient rivaliser avec celles du roi Wu ! Ce dernier, bien que très vertueux, n'aurait pu se gagner le cœur de ces costauds auxquels Zhòu accordait depuis si longtemps ses faveurs ; malgré ses

11. Feilian et Elai : protégés du tyran Zhòu, si forts qu'ils auraient été capables de vaincre à mains nues des tigres, des rhinocéros ou des ours ; Elai aurait été le fils de Feilian.

時亦宜殺傷十百人。今言「不血刃」, 非紂多力之效, 蜚廉、惡來助紂之驗也。

案武王之符瑞, 不過高祖。武王有白魚、赤烏之祐, 高祖有斷大蛇、老嫗哭於道之瑞。武王有八百諸侯之助, 高祖有天下義兵之佐。武王之相, 望羊而已 ; 高祖之相, 龍顏、隆準、項紫、美鬚髯、身有七十二黑子。高祖又逃呂后於澤中, 呂后輒見上有雲氣之驗 ; 武王不聞有此。夫相多於望羊, 瑞明於魚烏, 天下義兵並來會漢, 助彊於諸侯。

武王承紂, 高祖襲秦, 二世之惡, 隆盛於紂, 天下畔秦, 宜多於殷。案高祖伐秦, 還破項羽, 戰

12. Sur les signes favorables ayant marqué l'avènement de ces souverains, cf. *supra*, 12.1 et 12.2.

13. Cf. *Hanshu*, 1, « Gaodi ji ». La vieille femme dont il est question ici était la mère du serpent que le futur empereur Gaozu venait de tuer. Ce serpent était en réalité l'empereur Blanc (*baidi*), symbolisant la dynastie Qin ; Gaozu est pour sa part décrit dans certains textes comme l'empereur Rouge, fondateur de la dynastie Han, qui l'emporte donc sur celle des Qin et lui succède.

14. Ces traits remarquables sont mentionnés dans le *Livre des Han antérieurs* (*Hanshu*), 1, « Gaodi ji ».

vices, il aurait continué à bénéficier du soutien d'hommes qui partageaient ses intérêts. Zhòu fut certes capturé par le roi Wu, mais ce dernier dut certainement tuer des centaines de ses soldats pour y parvenir. En tout cas, dire que le roi Wu serait venu à bout de Zhòu sans tacher de sang son épée contredit l'idée selon laquelle le tyran aurait eu beaucoup de force, et celle selon laquelle des costauds comme Feilian et Elai auraient été à son service.

Les signes favorables ayant annoncé l'avènement du roi Wu ne l'emportent pas sur ceux qui prédirent l'ascension de l'empereur Gaozu[12]. Le roi Wu fut gratifié de l'augure du poisson blanc et du corbeau rouge, et l'empereur Gaozu, de ceux du grand serpent qu'il coupa en deux, et de la vieille femme qui se lamenta sur le chemin où était mort le serpent[13]. Le roi Wu fut assisté de huit cents grands feudataires, tandis que l'empereur Gaozu gagna à sa cause les armées de justes du monde entier. Pour ce qui est de la physionomie, le roi Wu ne présentait comme signe auspicieux qu'un front incliné vers le haut, alors que l'empereur Gaozu avait des arcades sourcilières et un nez proéminents, une nuque rose et une belle barbiche, ainsi que soixante-douze grains de beauté sur le corps. Et lorsque l'empereur Gaozu se réfugia dans des marais, l'impératrice Lü vit des nuages colorés planer au-dessus d'eux[14] ; on n'avait pas observé de signes de cette sorte pour le roi Wu. Que ce soit pour la physionomie, les signes auspicieux ou les armées ralliées à sa cause, l'empereur Gaozu l'emporte donc sur le roi Wu.

Par ailleurs, le roi Wu succéda à Zhòu, tandis que l'empereur Gaozu renversa la dynastie Qin : le Second empereur était bien pire que le tyran Zhòu[15], ceux qui dans l'empire se

15. Second empereur (r. 210-207) : le deuxième et dernier empereur de la dynastie Qin. En réalité, contrairement au jugement de Wang Chong ici, le Second empereur fut sans doute moins pervers que faible : il fut du début à la fin le jouet des manipulations de l'eunuque Zhao Gao (?-207 AEC).

場流血, 暴尸萬數, 失軍亡眾, 幾死一再, 然後得天下, 用兵苦, 誅亂劇。獨云周兵不血刃, 非其實也。言其易, 可也 ; 言「不血刃」, 增之也。

案周取殷之時, 太公 « 陰謀 » 之書, 食小兒丹, 教云 (亡)「殷〔亡〕」。兵到牧野, 晨舉脂燭。察 « 武成 » 之篇, 牧野之戰,「血流浮杵」, 赤地千里。由此言之, 周之取殷, 與漢、秦一實也。而云取殷易,「兵不血刃」, 美武王之德, 增益其實也。

凡天下之事, 不可增損, 考察前後, 效驗自列, 自列, 則是非之實有所定矣。

16. Sous cette argumentation un peu lourde se cache un simple syllogisme : A. L'empereur Gaozu a dû verser beaucoup de sang pour l'emporter sur les Qin. B. Sa situation vis-à-vis des Qin était plus favorable à tous points de vue que celle du roi Wu vis-à-vis de Zhòu. C. Le roi Wu n'a pas pu l'emporter contre Zhòu sans verser beaucoup de sang.

17. Patriarche (XIe s. AEC) : Jiang Ziya, ou Lü Shang, partisan des rois Wen et Wu et premier ministre au début de la nouvelle dynastie. Le « Complot » est une œuvre attribuée à Jiang Ziya, aujourd'hui perdue.

levèrent contre les Qin durent être beaucoup plus nombreux que ceux qui s'étaient révoltés contre les Shang. Or, dans les batailles que l'empereur Gaozu mena contre les Qin, puis lors de l'écrasement de Xiang Yu, le sang coula à flots, les cadavres abandonnés se comptèrent par dizaines de milliers, des armées entières furent anéanties, et Gaozu lui-même faillit mourir à plusieurs reprises. Avant d'unifier l'empire, que de peines pour ses soldats, et combien de révoltes redoutables ! Prétendre que le roi Wu serait pour sa part parvenu à ses fins sans tacher son épée de sang ne peut être vrai[16]. Qu'il y soit parvenu facilement, c'est possible, mais qu'il ne tacha pas son épée de sang, c'est une exagération.

Remarquons d'ailleurs qu'à l'époque où les Zhou renversèrent les Shang, le « Complot » du Patriarche[17] incitait à donner aux enfants du cinabre en leur demandant de répéter : « Les Yin sont finis ! » Lorsque les armées du roi Wu arrivèrent à Muye, les torches furent brandies dès avant l'aube[18] ; et selon les « Réalisations du roi Wu[19] », lors de cette bataille, « le sang coula tant qu'il faisait flotter les massues tombées au sol, et que le sol était rouge sur mille *li* ». Voilà qui montre que la prise des Shang par les Zhou ne diffère pas des guerres entre les Qin et les Han. Lorsqu'on dit que les Zhou renversèrent les Shang si facilement que « les épées ne furent pas tachées de sang », c'est pour exalter la vertu du roi Wu, mais c'est une exagération.

On ne devrait pas exagérer ainsi les événements de l'Empire ; qu'on les examine en les remettant en contexte, et ils apparaîtront d'eux-mêmes dans toute leur réalité, et ainsi on pourra établir le vrai et le faux en ce qui les concerne.

18. C'est-à-dire que la bataille commença pendant la nuit. Muye : ou « lande de Mu », dans l'actuel Henan ; la célèbre « bataille de Muye » (1046 ? AEC), remportée par le roi Wu contre le tyran Zhòu, marque la fin de la dynastie Shang et le début de celle des Zhou.

19. Les « Réalisations du roi Wu » : chapitre de la version en anciens caractères (*guwen*) du *Shangshu*, aujourd'hui perdue.

世稱紂力能索鐵伸鉤，又稱武王伐之兵不血刃。夫以索鐵伸鉤之力當人，則是孟賁、夏育之匹也；以不血刃之德取人，則是三皇、五帝之屬也。以索鐵之力，不宜受服，以不血刃之德，不宜頓兵。今稱紂力，則武王德貶；譽武王，則紂力少。索鐵、不血刃，不得兩立；殷、周之稱，不得二全，不得二全，則必一非。

孔子曰：「紂之不善，不若是之甚也，是以君子惡居下流，天下之惡皆歸焉。」孟子曰：「吾於«武成»，取二三策耳。以至仁伐不仁，如何其血之浮杵也？」若孔子言，殆(沮)〔且〕浮杵；若

20. Meng Ben : personnage de l'époque des Royaumes combattants, si fort qu'il n'hésitait pas à lutter contre des dragons ou des rhinocéros. Xia Yu : personnage du pays de Wei, également réputé pour sa force.

21. Trois augustes : souverains mythiques des origines, dont il existe plusieurs listes ; cf. *Balance* 2011, p. 606.

22. Cette phrase peut se lire comme une expression du principe de non-contradiction de la logique occidentale. L'histoire qui précède est une variation du célèbre paradoxe de Han Fei, qui met en scène un marchand faisant en même temps l'article pour une lance capable de percer n'importe quel bouclier et pour un bouclier capable de résister à n'importe quelle lance.

23. Cf. *Lunyu*, 19.20 (trad. A. Cheng, *op. cit.*, p. 148), où la phrase n'est pas attribuée à Confucius, mais à son disciple Zigong ; en d'autres termes, le tyran Zhòu aurait été noirci, parce qu'on tend à charger de tous les maux ceux qui ne se montrent pas à la hauteur.

Les gens affirment en même temps que la force de Zhòu était telle qu'il pouvait à mains nues tordre du fer et redresser des crochets de métal, et que le roi Wu le renversa sans tacher de sang son épée. Or celui qui peut tordre du fer et redresser des crochets de métal possède la force d'un Meng Ben ou un Xia Yu[20] ; et celui qui remporte une victoire sans tacher son épée de sang est l'égal des Trois augustes et des Cinq empereurs[21]. Un homme si fort qu'il peut tordre du fer et redresser des crochets à mains nues ne saurait être vaincu ; et un sage dont la vertu est telle qu'elle lui permet de l'emporter au combat sans tacher son épée n'a nul besoin de recourir aux armes. Louer la force de Zhòu revient à dévaloriser la vertu du roi Wu ; et exalter ce dernier revient à dire que Zhòu n'était pas si fort que ça. Ces deux éloges ne peuvent donc être vrais ensemble ; ils ne sont pas compatibles, et s'ils ne le sont pas, alors nécessairement l'un des deux est faux[22].

Confucius a dit : « Le tyran Zhòu n'était pas si mauvais qu'on le dit. C'est bien pourquoi l'homme de bien craint tant de tomber bas, et de se voir ainsi imputer tous les crimes de l'univers[23]. » Mencius a dit : « Des "Réalisations du roi Wu", je ne garderai que quelques passages. Lorsqu'un homme à la vertu parfaite s'attaque à un homme sans vertu, pourquoi le sang coulerait-il en des quantités telles qu'il emporterait des massues[24] ? » Les mots de Confucius suggèrent que le roi Wu dut faire couler beaucoup de sang pour vaincre ; ceux de Mencius impliquent plutôt qu'il vainquit sans même tacher son épée[25]. Prétendre que les massues furent emportées par le

24. Cf. *Mengzi*, 7B « Jin xin xia », dans un passage où Mencius manifeste vis-à-vis des sources anciennes une prudence comparable à celle de Wang Chong.

25. En jugeant que le tyran Zhòu n'était pas si mauvais, Confucius suggère (selon Wang Chong), qu'il était plus difficile pour le roi Wu d'en venir à bout, d'où la férocité de la bataille ; à l'inverse, Mencius, qui insiste sur la vertu du roi Wu, considère que sa victoire a dû être aisée.

孟子之言，近不血刃。浮杵過其實，不血刃亦失其正；一聖一賢，共論一紂，輕重殊稱，多少異實。

紂之惡不若王莽。紂殺比干，莽鴆平帝，紂以嗣立，莽盜漢位。殺主隆於誅臣，嗣立順於盜位，士眾所畔，宜甚於紂。漢誅王莽，兵頓昆陽，死者萬數，軍至漸臺，血流沒趾。而獨謂周取天下，兵不血刃，非其實也。

3. 傳語曰：「文王飲酒千鍾，孔子百觚。」欲言聖人德盛，能以德將酒也。

如一坐千鍾百觚，此酒徒，非聖人也。

26. Le saint et le sage : Confucius et Mencius.

27. L'empereur Ping (r. 1 AEC-5 EC) : arrivé au pouvoir à neuf ans, il aurait été empoisonné par Wang Mang qui craignait que le jeune souverain, une fois adulte, ne venge la mort de ses oncles, que Wang Mang avait fait exécuter quelques années auparavant.

28. Il s'agit toujours de la logique selon laquelle un souverain de la pire espèce (comme Wang Mang) suscite plus de mécontentement qu'un souverain simplement mauvais (comme le tyran Zhòu). Dans les faits, Wang Mang se montra surtout coupable d'avoir usurpé le pouvoir des Han ; son règne ne fut pas aussi mauvais que les historiens de la Chine ancienne (et Wang Chong) ne le prétendent.

sang, c'est une outrance ; mais dire que le roi Zhou l'emporta sans même tacher son épée de sang, ça ne correspond pas non plus à la réalité. Le saint et le sage jugent tous deux de Zhòu[26], mais ils ne le font pas avec la même sévérité et ils parviennent à des conclusions différentes quant aux faits.

Zhòu n'était pas aussi mauvais que Wang Mang. Zhòu fit tuer Bigan, Wang Mang empoisonna l'empereur Ping[27] ; Zhòu avait hérité du pouvoir en respectant les règles de succession, Wang Mang usurpa celui des Han. Tuer un empereur est plus grave qu'exécuter un ministre, et hériter du pouvoir est moins violent que l'usurper. Les rebelles durent donc être bien plus nombreux à se soulever contre Wang Mang que contre Zhòu[28] ! De fait, lorsque les Han se révoltèrent contre Wang Mang, leurs armées firent le siège de Kunyang, et les morts se comptèrent par dizaines de milliers ; lorsqu'elles atteignirent Jiantai, les pieds des soldats baignaient dans le sang qui ruisselait[29]. Il ne peut donc être vrai que les Zhou auraient pour leur part renversé les Shang sans tacher de sang leurs épées.

3. On raconte que « le roi Wen aurait été capable de boire mille coupes d'alcool, et Confucius, cent gobelets[30] ». Cela montrerait que les saints ont une vertu telle qu'elle leur permet de maîtriser les effets de l'alcool.

Mais celui qui boit d'un coup mille coupes ou cent gobelets d'alcool n'est pas un saint – ce n'est qu'un ivrogne !

29. Les Han : il s'agit ici des armées du futur empereur Guangwu (r. 25-57), qui restaura la dynastie Han pour le compte du clan Liu en 25 EC. Kunyang : ville fortifiée (dans l'actuel Henan) qui fut le lieu d'une importante bataille, en 23 de notre ère, entre les troupes fidèles à Wang Mang, réfugiées dans la ville, et des troupes conduites par Guangwu, avec pour ce dernier une victoire décisive dans la chute de Wang Mang ; la bataille fit des dizaines de milliers de victimes, principalement dans les troupes de Wang Mang. Jiantai : lieu (sur le site de l'actuel Xi'an dans le Shaanxi) où les armées de Wang Mang trouvèrent leur dernier refuge.

30. La source de cette anecdote est inconnue.

飲酒有法,〔聖人〕胸腹小大,與人均等。飲酒用千鍾,用肴宜盡百牛,百觚則宜用十羊。夫以千鍾百牛、百觚十羊言之,文王之身如防風之君,孔子之體如長狄之人,乃能堪之。案文王、孔子之體,不能及防風、長狄,以短小之身,飲食眾多,是缺文王之廣,貶孔子之崇也。

案«酒誥»之篇:「朝夕曰:『祀茲酒。』」此言文王戒慎酒也。朝夕戒慎,則民化之。外出戒慎之教,內飲酒盡千鍾,導民率下,何以致化?承紂疾惡,何以自別?

且千鍾之效,百觚之驗,何所用哉?使文王、孔子因祭用酒乎?則受福胙不能厭飽。因饗射之用酒乎?饗射飲酒,自有禮法。如私燕賞賜飲酒乎?則賞賜飲酒,宜與下齊。賜尊者之前,三觴而退,過於三觴,醉酗生亂。文王、孔子,率禮

31. Fangfeng (Fangfengshi) : personnage légendaire de l'époque du mythique souverain Yu, de taille gigantesque ; le nom désigne aussi le peuple formé par sa descendance. Changdi : ancien peuple du nord de la Chine, dont les hommes étaient réputés pour leur grande taille.

Boire obéit à des règles, et pour ce qui est de la taille de son estomac, le saint ne diffère en rien des autres hommes. Une personne qui boit mille coupes d'alcool devrait manger cent vaches pour accompagner cette beuverie, et celui qui boit cent gobelets, une dizaine de moutons ; mais pour ingurgiter de telles quantités, il aurait fallu que le roi Wen soit un colosse comme le seigneur Fangfeng, et Confucius, aussi grand que les barbares Changdi[31]. Or d'après ce qu'on sait, ni le roi Wen ni Confucius n'avaient une telle taille. Affirmer qu'avec un corps normal ils buvaient de telles quantités, c'est les insulter et entacher leur honneur.

Selon le chapitre « Proclamation sur l'alcool », le roi Wen répétait matin et soir : « Que l'alcool ne serve qu'aux sacrifices[32] ! » On le voit donc mettre en garde ses sujets, du matin au soir, afin de les éduquer à ne pas boire. Il les aurait donc exhortés dans ce sens en public, tout en en buvant des quantités en privé ? Mais comment espérer convaincre en donnant un si mauvais exemple ? Et s'il se comportait de la sorte, en quoi se serait-il distingué de Zhòu et de ses vices ?

Et quel est cet alcool que le roi Wen et Confucius auraient bu en si grande quantité ? Serait-ce de l'alcool de sacrifice ? Mais on ne saurait se rassasier avec de l'alcool et de la viande de sacrifice. S'agirait-il de cet alcool qu'on consomme lors des rites du tir à l'arc[33] ? Mais dans ces occasions, on boit en se conformant à l'étiquette. Serait-ce l'alcool bu lors de ces banquets privés lors desquels on honore des personnes méritantes ? Mais on ne peut y boire davantage que la personne honorée : celle-ci s'avance vers l'hôte qui lui rend hommage, et se retire après trois coupes ; au-delà de trois coupes, ce ne serait plus que de l'ivrognerie. Le roi Wen et Confucius étaient attachés

32. Il s'agit du chapitre « Jiu gao » du *Shangshu*, dans lequel le roi Wen met en garde ses officiers contre l'alcool.

33. Rite officiel réunissant des dignitaires locaux, impliquant un banquet et des concours de tir à l'arc.

之人也,賞賚左右,至於醉酗亂身,自用酒千鍾百觚,大之則為桀、紂,小之則為酒徒,用何以立德成化,表名垂譽乎?

世聞「德將毋醉」之言,見聖人有多德之效,則虛增文王以為千鍾,空益孔子以百觚矣。

4. 傳語曰:「紂沈湎於酒,以糟為丘,以酒為池,牛飲者三千人,為長夜之飲,亡其甲子。」

夫紂雖嗜酒,亦欲以為樂。令酒池在中庭乎?則不當言為長夜之飲。坐在深室之中,閉窗舉燭,故曰長夜。令坐於室乎?每當飲者,起之中庭,乃復還坐,則是煩苦相踖藉,不能甚樂。令池在深室之中,則三千人宜臨池坐。前俛飲池酒,

34. En comprenant cette phrase, également tirée de la « Proclamation sur l'alcool », comme signifiant que l'homme vertueux peut boire tout son saoul sans s'enivrer. Dans le contexte du *Shangshu*, la phrase « l'homme vertueux ne s'enivre pas » signifie simplement qu'il faut boire modérément, mais si l'on en croit l'interprétation de Wang Chong, les gens auraient vu dans le fait de beaucoup boire sans s'enivrer une preuve de vertu, comme si celle-ci protégeait des effets de l'alcool.

35. Cette légende, avec des variations, se retrouve dans plusieurs sources Han ; cf. par exemple *Hanshi waizhuan*, 4.

aux rites ; s'ils avaient bu de telles quantités, se soûlant sans la moindre retenue, ils n'auraient pas valu mieux que les tyrans Jie et Zhòu, ou même que de simples poivrots ! Comment dans ces conditions auraient-ils pu laisser à la postérité leur réputation de vertu et de civilisation ?

On peut aussi lire que « l'homme vertueux ne s'enivre pas[34] » : certains comprirent cette phrase comme indiquant qu'une grande résistance à l'alcool est la preuve d'une grande sagesse, d'où ces histoires selon lesquelles le roi Wen était capable de boire mille coupes, et Confucius, cent gobelets.

4. On raconte « que Zhòu aimait tant boire que la lie de sa boisson formait une colline ; qu'il avait à sa disposition un étang rempli d'alcool ; et qu'ils étaient trois mille à boire avec lui comme des bœufs, la nuit durant, oubliant jusqu'au temps qui passait[35] ».

Si Zhòu s'adonnait à l'alcool, c'était pour son plaisir. Cet étang d'alcool se trouvait-il à l'extérieur, dans la cour du palais ? Mais dans ce cas on ne peut dire qu'il buvait la nuit durant[36]. Ce qu'on veut dire, c'est sans doute qu'il buvait toute la nuit dans ses appartements privés, fenêtres fermées, à la lueur de torches. Cela signifie-t-il que les convives se tenaient dans ses appartements ? À chaque fois qu'ils voulaient boire, ils devaient donc se lever et sortir dans la cour, aller se servir, puis revenir s'asseoir : voilà qui était pour le moins pénible, et tous ces gens se marchant les uns sur les autres, ça devait gâcher le plaisir. Zhòu avait-il fait installer cet étang dans ses appartements privés ? Cela signifie qu'il fallait accommoder trois mille personnes en son bord ; pour en profiter, elles devaient pouvoir s'incliner vers l'étang pour boire, se redresser pour consommer viande et les autres mets, avec en

36. Sans doute parce que, en raison du froid ou de l'obscurité, il n'aurait pas été agréable de boire la nuit à l'extérieur. Dans tout ce passage, l'argumentation de Wang Chong paraît alambiquée et chicanière, et à vrai dire, au second degré, assez humoristique.

〔後〕仰食肴膳, 倡樂在前, 乃為樂耳。如審臨池而坐, 則前飲害於肴膳, 倡樂之作, 不得在前。

夫飲食既不以禮, 臨池牛飲, 則其啖肴不復用杯, 亦宜就魚肉而虎食, 則知夫酒池牛飲, 非其實也。

傳又言:「紂懸肉以為林, 令男女倮而相逐其間。」是為醉樂淫戲無節度也。

夫肉當內於口, 口之所食, 宜潔不辱。今言男女倮相逐其間, 何等潔者? 如以醉而不計潔辱, 則當 (其) 〔共〕浴於酒中。而倮相逐於肉間, 何為不肯浴於酒中? 以不言浴於酒, 知不倮相逐於肉間。

傳者之說, 或言:「車行酒, 騎行炙, 百二十日為一夜, 〔亡其甲子〕。」

plus devant elles les danses et la musique. Mais s'ils étaient assis immédiatement devant l'étang pour boire, il n'y avait pas de place devant eux pour la nourriture, et il n'y avait pas non plus de place pour les danses et la musique[37].

Voilà une façon de boire et de manger qui aurait enfreint toutes les règles de la bienséance ! Si ces gens buvaient l'alcool de cet étang comme des bœufs, sans la moindre vaisselle, ils devaient se jeter sur le poisson ou la viande comme des tigres ! On voit bien que cet étang d'alcool et cette beuverie sauvage n'ont aucune réalité.

On raconte encore « que Zhòu suspendait de telles quantités de viande qu'elles formaient une forêt, dans laquelle il faisait s'ébattre des garçons et des filles nus ». Voilà qui montrerait que Zhòu ne connaissait aucune retenue dans la boisson, le plaisir et la débauche.

Mais la nourriture s'ingère par la bouche, et ce qu'on mange ne doit pas être souillé. Comment cette viande aurait-elle pu demeurer propre, avec des hommes et des femmes nus batifolant au milieu d'elle ? Étaient-ils si ivres qu'ils ne faisaient plus aucun cas de la saleté ? Mais alors ils auraient tout aussi bien pu se baigner dans l'étang d'alcool de Zhòu ! S'ils étaient prêts à folâtrer nus au milieu de la viande, n'auraient-ils pas dû se baigner aussi dans cet étang ? Mais on ne dit rien de tel, et donc ils ne devaient pas non plus folâtrer tout nus au milieu de la viande.

Selon une autre version de cette histoire, Zhòu aurait bu son alcool en voiture, et mangé cette viande à cheval, ce durant cent vingt jours, mais qui auraient passé comme une seule nuit tant il avait perdu toute notion du temps.

37. Les tables basses avec les mets auraient gêné l'accès à l'étang lui-même. On peut bien entendu imaginer toutes sortes de dispositions alternatives permettant de concilier l'accès à l'alcool, une bonne disposition de la nourriture et la jouissance de l'éventuel spectacle.

夫言「用酒為池」,則言其「車行酒」非也;言其「懸肉為林」,即言「騎行炙」非也。

或時紂沈湎,覆酒,滂(沲)〔沱〕於地,即言以酒為池;釀酒糟積聚,則言糟為丘;懸肉(以)〔似〕林,則言肉為林;林中幽冥,人時走戲其中,則言倮其逐;或時載酒用鹿車,則言車行酒、騎行炙;或時十數夜,則言其百二十;或時醉不知問日數,則言其亡甲子。

周公封康叔,告以紂用酒,期於悉極,欲以戒之也,而不言糟丘、酒池,懸肉為林,長夜之飲,亡其甲子。聖人不言,殆非實也。

傳言曰:「紂非時與三千人牛飲於酒池。」夫夏官百,殷二百,周三百。紂之所與相樂,非民必臣也,非小臣必大官,其數不能滿三千人。傳書家欲惡紂,故言三千人,增其實也。

Mais si l'on prétend qu'il s'était fait remplir un étang d'alcool, alors on ne peut dire qu'il buvait en voiture ; et si l'on tient qu'il avait à sa disposition une forêt de viande, alors on ne peut croire qu'il mangeait sa viande à cheval.

Peut-être Zhòu s'enivrait-il tant qu'il lui arrivait de renverser son alcool sur le sol, et les gens dirent que cet alcool formait un étang ; et sans doute la fermentation de sa boisson produisait-elle beaucoup de lie, et on raconta qu'elle s'accumulait en collines ; de la viande suspendue ressemble à une forêt, et les gens dirent qu'il y en avait de telles quantités qu'elle formait une forêt ; et comme les forêts recèlent des endroits secrets où les gens aiment à se délasser, on raconta que des filles et des garçons nus s'y ébattaient ; peut-être arrivait-il à Zhòu de consommer de l'alcool dans son char, et on dit qu'il buvait en voiture et mangeait à cheval ; peut-être s'enivrait-il durant une bonne dizaine de dix nuits de suite, et on parla de cent vingt nuits ; et peut-être oubliait-il l'heure lorsqu'il était ivre, et on affirma qu'il perdait toute notion du temps.

Lorsque le duc de Zhou donna un fief au prince de Kang, il lui rapporta les beuveries de Zhòu avec force détails, dans le but de le mettre en garde ; mais il ne mentionna ni les collines de lie, ni l'étang d'alcool, ni la forêt de viande, ni les beuveries nocturnes, ni le fait que Zhòu aurait perdu toute notion du temps. Si un sage comme le duc de Zhou n'a rien mentionné de tout cela, c'est certainement parce que c'était faux.

Les textes disent que « Zhòu et trois mille convives buvaient comme des bœufs à un étang d'alcool ». Or la dynastie Xia entretenait cent fonctionnaires, la dynastie Yin, deux cents, et la dynastie Zhou, trois cents. Les convives qui accompagnaient Zhòu dans ses plaisirs ne pouvaient être de simples gens du peuple, ils devaient être des officiers, et pas de petits officiers, mais de hauts fonctionnaires ; ils ne pouvaient donc être trois mille. C'est pour noircir Zhòu que ces histoires parlent de trois mille convives, en réalité elles grossissent les choses.

5. 傳語曰：「周公執贄下白屋之士。」謂候之也。

夫三公, 鼎足之臣, 王者之貞幹也；白屋之士, 閭巷之微賤者也。三公傾鼎足之尊, 執贄候白屋之士, 非其實也。

(時) 或〔時〕待士卑恭, 不驕白屋, 人則言其往候白屋；或時起白屋之士, 以璧迎禮之, 人則言其執贄以候其家也。

6. 傳語曰：「堯、舜之儉, 茅茨不剪, 采椽不斲。」

夫言茅茨、采椽, 可也；言不剪不斲, 增之也。

«經» 曰:「弼成五服。」五服, 五采服也。服五采之服, 又茅茨、采椽, 何宮室衣服之不相稱也？服五采, 畫日月星辰, 茅茨、采椽, 非其實也。

38. On trouve cette histoire, sous des formes légèrement différentes, dans diverses sources Han ; cf. par exemple *Shuoyuan*, 8, « Zun xian ».

39. Les trois ministres d'État : il s'agit des trois principaux dignitaires de la royauté ou de l'administration impériale, dont la liste varie selon les époques. Dans le contexte de ce passage, le mot suggère simplement l'importance du statut du duc de Zhou, qui rappelons-le, exerça la régence au début du règne du roi Cheng.

5. On raconte que « le duc de Zhou rendait visite aux gens dans leurs chaumières avec des présents à la main[38] ». On veut dire par là qu'il allait chez eux pour les saluer.

Mais les trois ministres d'État[39] sont comme les pieds du tripode, ils sont les piliers du royaume, tandis que les habitants des chaumières ne sont que les humbles des ruelles et venelles. Qu'un ministre d'État s'abaisse à leur rendre visite avec des présents, cela ne correspond pas à la réalité.

Sans doute le duc traitait-il les gens avec respect, sans montrer la moindre arrogance, même vis-à-vis des plus pauvres, et on raconta qu'il leur rendait visite dans leurs chaumières ; et peut-être en recruta-t-il quelques-uns à son service, leur présentant, conformément à l'étiquette, le jade rituel, et on prétendit qu'il allait les saluer chez eux avec des cadeaux.

6. On dit que « Yao et Shun étaient si économes qu'ils ne faisaient tailler ni le chaume pour leur toit ni le chêne pour les lattes de leur toiture[40] ».

Qu'ils aient recouru à du chaume pour leur toit et à du chêne pour leurs lattes, c'est possible ; mais qu'ils les aient utilisés sans même les tailler, c'est une exagération.

Le *Classique des documents* dit : « J'ai changé les cinq sortes de robes[41]. » Ces robes sont des vêtements de cinq couleurs différentes, destinées à être portées dans des palais ; elles sont incompatibles avec une toiture confectionnée de chaume et des lattes non taillées ! Porter de telles robes, colorées et ornées des motifs du soleil, de la lune et des astres, sous une toiture confectionnée de chaume et de lattes non taillées, voilà qui ne correspond donc pas à la réalité.

40. Plusieurs textes Han reprennent ce trait, parfois en invoquant des sources plus anciennes, aujourd'hui perdues ; cf. par exemple *Shuoyuan*, 20, « Fan zhi ».

41. La phrase est tirée du chapitre « Yi Ji » du *Shangshu*, où elle est attribuée à Shun. Dans le contexte du *Shangshu*, l'expression *wu fu* 五服 désigne les « cinq domaines », à savoir les cinq zones concentriques qui hiérarchisaient le domaine royal ; Wang Chong projette dans cette phrase un autre sens de l'expression *wu fu*, celui des « cinq types de vêtements » rituels.

7. 傳語曰:「秦始皇帝燔燒詩書,坑殺儒士。」言燔燒詩書,滅去五經文書也;坑殺儒士者,言其皆挾經傳文書之人也。燒其書,坑其人,詩書絕矣。

言燔燒詩書,坑殺儒士,實也;言其欲滅詩書,故坑殺其人,非其誠,又增之也。

秦始皇帝三十四年,置酒咸陽(臺)〔宮〕,儒士七十人前為壽。僕射周青臣進頌始皇之德。齊淳于越進諫始皇不封子弟功臣自為狹(枝)輔,刺周青臣以為面諛。始皇下其議於丞相李斯,李斯非淳于越曰:「諸生不師今而學古,以非當世,

42. Ces mesures extrêmes prises par le Premier empereur en 213 et en 212 AEC seront dénoncées dès la dynastie Han comme révélatrices de l'autoritarisme et de la perversité de la dynastie Qin. La source principale pour ces événements est l'historien Sima Qian (cf. *Shiji*, 6, « Qin shi huang benji ») ; c'est cette source que Wang Chong paraît suivre dans la suite du passage, avec quelques différences.

43. Wang Chong paraît vouloir séparer deux événements effectivement distincts, mais réunis par la postérité confucianiste pour noircir le Premier empereur.

44. En 213.

45. Xianyang : la capitale de l'empire Qin, près de l'actuelle Xi'an (Shaanxi).

46. Zhou Qingchen : superviseur des spécialistes des classiques sous la dynastie Qin.

7. On raconte que le Premier empereur des Qin fit brûler les livres et enterrer vivants les lettrés[42]. Par « brûler les livres », on veut dire qu'il fit détruire les Cinq Classiques et d'autres écrits ; et les lettrés enterrés vivants étaient les personnes coupables de posséder de tels textes : en brûlant les livres et faisant exécuter les lettrés, le but aurait donc été d'éliminer les Classiques.

Que le Premier empereur ait fait brûler les Classiques et enterrer vivants les lettrés, c'est un fait ; mais qu'il les ait fait enterrer parce qu'il voulait éliminer les Classiques, c'est faux : il s'agit encore d'une exagération[43].

La trente-quatrième année de son règne[44], le Premier empereur organisa une réception dans son palais de Xianyang[45], et soixante-dix lettrés s'avancèrent pour lui souhaiter longue vie. Le superviseur Zhou Qingchen loua la vertu du souverain[46]. Mais Chunyu Yue, de Qi[47], admonesta le Premier empereur, lui reprochant de ne pas distribuer de fiefs aux princes et sujets méritants, et de s'arroger tous les pouvoirs ; il accusa Zhou Qingchen de flatterie. Le Premier empereur soumit la question à Li Si, le premier ministre[48], qui donna tort à Chunyu Yue : « Ces maîtres ne veulent pas s'adapter à notre époque, ils s'inspirent du passé pour critiquer ce que nous faisons et

47. Chunyu Yue : érudit du pays de Qi. Le pays de Qi : dans l'est de l'actuel Shandong ; c'était le dernier pays à avoir été vaincu par les Qin, et le reproche de Chunyu Yue possède sans doute une dimension patriotique. Le conflit entre les partisans d'une gestion centralisée de l'empire et ceux qui favorisent un retour aux formes de féodalité ancienne, avec une certaine autonomie pour les royaumes, est l'enjeu politique majeur au début de l'époque impériale. Les sujets des anciens royaumes garderont encore longtemps une nostalgie pour l'ordre ancien.

48. Li Si (env. 280-208) : puissant ministre du Premier empereur, partisan d'une application rigoureuse des lois, dans la ligne de la pensée légiste de Han Fei, et adversaire des lettrés « confucéens ».

惑亂黔首。臣請敕史官，非秦記皆燒之；非博士官所職，天下有敢藏詩書百家語 (諸刑書) 者〔刑〕，悉詣守尉 (集)〔雜〕燒之；有敢偶語詩書，棄市；以古非今者，族滅；吏見知弗舉，與同罪。」始皇許之。

明年，三十五年，諸生在咸陽者，多為妖言。始皇使御史案問諸生，諸生傳相告引者，自除犯禁者四百六十七人，皆坑之。

燔詩書，起淳于越之諫；坑儒士，起自諸生為妖言，見坑者四百六十七人。傳增言坑殺儒士，欲絕詩書，又言盡坑之，此非其實，而又增之。

49. Le texte du *Lunheng* ajoute les « traités pénaux » (*xingshu*) à la liste des ouvrages dont Li Si propose l'interdiction ; il pourrait s'agir des codes de loi des anciens royaumes rivaux des Qin. Le passage correspondant du *Shiji* ne mentionnant pas ces textes, les commentateurs voient dans cette mention une interpolation.

50. Les rumeurs propagées par les maîtres : allusion aux critiques de deux « magiciens » spécialistes de techniques d'immortalité, maître Lü et maître Hou, qui avaient critiqué l'empereur avant de prendre la fuite. Le mot « maître » est vague : il peut désigner des lettrés, mais aussi les « hommes à recettes » (*fangshi*), comme des astrologues, des médecins, et plus généralement tous les spécialistes de techniques ésotériques.

semer le trouble parmi le peuple. Je vous prie d'ordonner par décret que tous les ouvrages historiques, hormis les annales de Qin, soient brûlés ; qu'à l'exception des docteurs des Classiques qui en ont besoin dans leurs fonctions officielles, tous ceux qui oseraient conserver les Classiques et les œuvres des penseurs[49] soient châtiés ; que tous ces ouvrages soient remis aux préfets et commandants militaires afin qu'ils les brûlent ensemble ; que tous ceux qui oseraient se rassembler pour discuter des Classiques soient exécutés sur la place publique ; que ceux qui invoquent les anciens pour remettre en question notre politique soient exterminés avec leur famille ; et que les fonctionnaires qui omettraient de dénoncer des infractions connues d'eux soient châtiés de la même manière que les coupables. » Le Premier empereur accepta ces propositions.

L'année suivante, soit la trente-cinquième année de son règne, les maîtres présents à Xianyang se laissèrent aller à des propos malveillants à l'égard du souverain[50]. Le Premier empereur ordonna au grand secrétaire d'enquêter en soumettant ces maîtres à la question, et ils se dénoncèrent les uns les autres ; 467 se trahirent ainsi[51], et il les fit tous enterrer vivants pour avoir enfreint les interdits.

L'autodafé des livres trouve son origine dans les remontrances de Chunyu Yue ; l'exécution des lettrés résulte quant à elle des propos malveillants des maîtres, dont 467 furent enterrés vivants. Les textes en rajoutent donc en prétendant que les lettrés furent exécutés dans le but d'éliminer les Classiques ; et ils ne s'accordent pas avec la réalité en prétendant qu'ils furent tous enterrés vivants : il s'agit aussi d'une exagération.

51. Le *Shiji* parle plus vaguement de « plus de 460 lettrés ».

8. 傳語曰:「町町若荊軻之閭。」言荊軻為燕太子丹刺秦王,後誅軻九族,其後恚恨不已,復夷軻之一里。一里皆滅,故曰町町。

此言增之也。夫秦雖無道,無為盡誅荊軻之里。始皇幸梁山之宮,從山上望見丞相李斯車騎甚盛,恚,出言非之。其後,左右以告李斯,李斯立損車騎。始皇知左右洩其言,莫知為誰,盡捕諸在旁者皆殺之。其後墜星下東郡,至地為石。民或刻其石曰:「始皇帝死,地分。」〔始〕皇(帝)聞之,令御史逐問,莫服,盡取石旁人誅之。

夫誅從行於梁山宮,及誅石旁人,欲得洩言、刻石者,不能審知,故盡誅之。荊軻之閭,何罪於

52. Sur Jing Ke et cette tentative d'assassinat, cf. *supra*, 16.13. Le neuvième degré de parenté : c'est-à-dire tous les descendants de l'arrière-arrière-grand-père, jusqu'aux arrière-arrière-petits-enfants.

53. Le mont Liang : dans l'actuel Shaanxi ; le Premier empereur y avait un palais.

54. Cf. *Shiji*, 6, « Qin shi huang benji ». Cet événement eut lieu en 212.

8. On raconte que « le village de Jing Ke fut rasé ». Jing Ke avait tenté d'assassiner le roi de Qin pour le compte du prince-héritier de Yan, Dan, et en représailles le roi de Qin aurait fait exécuter tout son clan, jusqu'au neuvième degré de parenté[52] ; sa colère n'étant pas assouvie, il aurait encore fait détruire le village de Jing Ke. Comme la destruction fut complète, on dit qu'il fut « rasé ».

Mais il s'agit d'une exagération. Même si le roi de Qin était particulièrement dénué de principes, il n'est pas possible qu'il ait châtié de la sorte le village de Jing Ke. Le Premier empereur, lors de sa visite à son palais du mont Liang[53], vit au loin l'importante suite d'attelages de son premier ministre Li Si, et fit un commentaire désapprobateur. Quelqu'un de la suite impériale en informa Li Si, qui diminua immédiatement son équipage. Le Premier empereur comprit que quelqu'un de son entourage était responsable de la fuite, et comme il ne savait pas qui était le coupable, il fit arrêter tous ceux qui avaient été avec lui lorsqu'il avait critiqué Li Si, et les fit exécuter[54]. À un autre moment, une météorite tomba dans la commanderie de l'Est ; elle se transforma en pierre en touchant le sol, et quelqu'un grava l'inscription suivante : « Lorsque le Premier empereur mourra, l'Empire éclatera[55]. » À cette nouvelle, le Premier empereur chargea le Grand secrétaire de mener l'enquête, mais on ne trouva pas le coupable ; l'empereur fit alors arrêter et exécuter tous ceux qui s'étaient trouvés dans le voisinage de la pierre.

Dans les deux cas, il fit exécuter toutes les personnes présentes, celles de sa suite au mont Liang, et celles qui s'étaient trouvées dans le voisinage de la météorite, parce qu'il n'avait pas réussi à trouver le coupable. Mais quel était donc le crime du village de Jing Ke, pour que le Premier empereur en châtie

55. Ce funeste présage se serait produit en 211, quelques mois avant la mort du souverain. La commanderie de l'Est correspondait à des régions contiguës des actuelles provinces du Henan et du Shandong.

秦而盡誅之？如刺秦王在閭中，不知為誰，盡誅之，可也；荊軻已死，刺者有人，一里之民，何為坐之？

始皇二十年，燕使荊軻刺秦王，秦王覺之，體解軻以徇，不言盡誅其閭。彼或時誅軻九族，九族眾多，同里而處，誅其九族，一里且盡，好增事者，則言町町也。

tous les habitants ? Si la tentative d'assassinat avait eu lieu dans ce village, sans que le Premier empereur ne trouve le coupable, on aurait compris qu'il ait fait exécuter tous les habitants. Mais Jing Ke était mort, l'assassin avait été trouvé : en quoi les gens de ce village étaient-ils concernés[56].

La vingtième année du règne du Premier empereur, le prince de Yan chargea Jing Ke d'assassiner le roi de Qin[57] ; le roi vit son assassin, et le fit démembrer pour l'exemple ; mais l'exécution des gens de son village n'est mentionnée nulle part. Le clan de Jing Ke ayant été exterminé jusqu'au neuvième lien de parenté, cela impliquait beaucoup d'habitants du village, et donc la population de celui-ci avait été presque anéantie ; les gens aimant exagérer, ils prétendirent que le village avait été rasé.

56. L'argumentation de Wang Chong est simpliste. La culpabilité par association (*lianzuo* 連坐) était largement reconnue en Chine ancienne, et obéissait à plusieurs fins. Dans le cas présent, le Premier empereur aurait pu vouloir punir un village capable de produire un assassin, ou éventuellement de ne pas l'avoir dénoncé. Il aurait pu vouloir aussi faire un exemple, afin de décourager les désordres. Un autre but de ce type de châtiments collectifs était de prévenir la vengeance, en éliminant tous les proches du coupable.

57. Cette 20e année correspond à l'an 227, soit à un moment où le futur empereur n'est encore que roi de Qin.

儒增篇第二十六

1. 儒書稱：「堯、舜之德, 至優至大, 天下太平, 一人不刑。」又言：「文、武之隆, 遺在成、康, 刑錯不用四十餘年。」是欲稱堯、舜, 褒文、武也。

夫為言不益, 則美不足稱；為文不渥, 則事不足褒。堯、舜雖優, 不能使一人不刑；文、武雖盛, 不能使刑不用。言其犯刑者少, 用刑希疏, 可也；言其一人不刑, 刑錯不用, 增之也。

1. Roi Kang (r. 1020-996 ?) : fils du roi Cheng et troisième souverain des Zhou.

Des exagérations des lettrés
(Traité 26, « Ru zeng »)

1. Les livres des lettrés disent : « La vertu de Yao et de Shun était si grande et si parfaite que le monde entier était en paix et qu'ils n'eurent pas à prononcer la moindre condamnation. » Et encore : « La grandeur des rois Wen et Wu se transmit aux rois Cheng et Kang[1], et durant plus de quarante ans, on n'eut plus besoin de recourir aux châtiments[2]. » Ces jugements ont pour but de glorifier ces souverains.

Si les discours n'embellissent pas les choses, elles ne paraissent pas dignes d'être rapportées ; si les textes ne gonflent pas les faits, ils ne paraissent pas dignes d'éloge. Yao et Shun eurent beau être admirables, il n'est pas possible que leurs règnes n'aient pas connu le moindre condamné ; et si les rois Wen et Wu furent certainement remarquables, ils ne purent se passer complètement de châtiments. Que durant leurs règnes les criminels furent peu nombreux et qu'ils ne recoururent que peu aux châtiments, c'est possible ; mais dire qu'il n'y eut plus ni condamnations ni châtiments, c'est une exagération.

2. Parce qu'il n'y avait pas de crime à punir. Ce jugement se retrouve, avec des variantes, dans plusieurs sources Han ; cf. par exemple *Hanshu*, 6, « Wudi ji ».

夫能使一人不刑，則能使一國不伐；能使刑錯不用，則能使兵寢不施。案堯伐丹水，舜征有苗，四子服罪，刑兵設用。成王之時，四國篡畔，淮夷、徐戎，並為患害。夫刑人用刀，伐人用兵，罪人用法，誅人用武。武、法不殊，兵、刀不異，巧論之人，不能別也。夫德劣故用兵，犯法故施刑。刑與兵，猶足與翼也。走用足，飛用翼，形體雖異，其行身同。刑之與兵，全眾禁邪，其實一也。〔不〕稱兵之不用，言刑之不施，是猶人耳缺目完，以目完稱人體全，不可從也。人桀於刺虎，怯於擊人，而以刺虎稱，謂之勇，不可聽也。身無敗缺，勇無不進，乃為全耳。今稱「一人不

3. Comme Wang Chong l'explique dans la suite du texte, le châtiment pénal et la guerre menée par un sage souverain ont la même dimension punitive.

4. La Dan, ou Danjiang : cette rivière naît dans le sud du Shaanxi et se jette dans la Han au nord du Hubei.

5. Les Youmiao : c'est-à-dire les Sanmiao ; cf. *supra*, 8.7.

6. Les quatre princes : chefs de tribus refusant de reconnaître l'autorité de Shun.

Le souverain qui n'a plus à prononcer la moindre condamnation devrait pouvoir se passer également de toute guerre punitive ; et celui qui ne prononce plus de châtiments devrait pouvoir renoncer à la guerre[3]. Or Yao marcha contre des populations sur la rivière Dan[4], tandis que Shun dut lancer une attaque contre les Youmiao[5] et réduire la rébellion des quatre princes[6]. À l'époque du roi Cheng, les quatre seigneurs se révoltèrent[7], et les Huaiyi et les Xurong unirent leurs forces pour semer le trouble[8]. On utilise des couteaux pour punir les criminels, et des armes pour châtier des ennemis ; on recourt à la loi pour punir les coupables, et à la force pour réprimer des rebelles. Il n'y a pas de différence entre loi et force, entre couteaux et armes, et le plus habile ergoteur lui-même ne pourra les distinguer les uns des autres. On recourt aux armes en cas de sédition, de la même façon qu'on recourt aux châtiments en cas d'infraction aux lois. Châtiments et armes sont comparables à des jambes et à des ailes : les jambes servent à courir, les ailes servent à voler, mais elles permettent les unes comme les autres de se mouvoir, même si leur forme diffère. Châtiments et armes reviennent au même pour ce qui est de garantir la sécurité du peuple et de prévenir le vice. Croire que ces souverains purent se dispenser de châtiments, sans nier le fait qu'ils aient dû lancer des guerres, c'est comme dire d'une personne qui a ses deux yeux qu'elle a un corps complet même s'il lui manque les oreilles. Voilà qui n'est pas recevable. Si un homme se montre hardi face à un tigre, mais peureux face à un autre homme, on ne le considérera pas comme courageux malgré sa vaillance devant le tigre. Pour être considéré comme parfait, un corps ne doit pas montrer d'infirmité, et le courage

7. Les quatre seigneurs : descendants de la royauté Shang qui avaient reçu des fiefs au début des Zhou ; ils s'unirent et se révoltèrent sous le règne du roi Cheng.

8. Les Huaiyi et les Xurong : populations « barbares », installées dans le bassin de la Huai, qui se révoltèrent à plusieurs reprises contre les Zhou.

刑」, 不言一兵不用；褒「刑錯不用」, 不言一人不畔, 未得為優, 未可謂盛也。

2. 儒書稱：「楚養由基善射, 射一楊葉, 百發能百中之。」是稱其巧於射也。

夫言其時射一楊葉中之, 可也；言其百發而百中, 增之也。

夫一楊葉, 射而中之, 中之一再, 行敗穿不可復射矣。如就葉懸於樹而射之, 雖不欲射葉, 楊葉繁茂, 自中之矣。是必使上取楊葉, 一一更置地而射之也。射之數十行, 足以見巧, 觀其射之者亦皆知射工, 亦必不至於百, 明矣。

言事者好增巧美, 數十中之, 則言其百中矣。百與千, 數之大者也。實欲言「十」則言「百」,「百」則言「千」矣。是與 « 書 »言「協和萬邦」, 詩曰「子孫千億」, 同一意也。

9. Youji (?-559? AEC) : de son vrai nom Ying Youji, grand officier de Chu, célèbre pour ses talents d'archer. Yang : pays d'origine de Youji, conquis par Chu ; la localisation exacte de Yang fait débat. La source de Wang Chong ici est peut-être le *Shuoyuan* (chap. 9, « Zheng jian »).

doit s'exercer en toutes circonstances. On prétend que ces sages souverains n'eurent personne à condamner, mais sans dire en même temps que plus personne ne se révolta durant leurs règnes : ce n'est pas ainsi qu'on parviendra à glorifier leurs éminents mérites.

2. Les livres des lettrés disent : « Youji de Yang, du pays de Chu, était si habile à l'arc que lorsqu'il tirait sur une feuille de peuplier, il la touchait cent fois sur cent[9]. » On veut ainsi louer l'habileté de Youji au tir à l'arc.

Mais s'il a sans doute pu toucher la feuille de sa flèche, prétendre qu'il ait pu la toucher cent fois sur cent est une exagération.

Car lorsqu'on tire à plusieurs reprises sur une feuille, celle-ci se trouve si abîmée qu'elle ne peut plus servir de cible. En outre, lorsqu'on prend pour cible les feuilles d'un peuplier, le feuillage de cet arbre étant dense, on touchera de toute façon l'une de ses feuilles, qu'on le veuille ou non. Pour le tir de Youji, on aura donc forcément chargé quelqu'un de monter dans l'arbre pour cueillir des feuilles, puis de les disposer au sol, de sorte qu'elles puissent servir de cibles les unes après les autres. Mais quelques dizaines de tirs durent suffire à Youji pour montrer son adresse ; il est évident qu'il n'eut pas à tirer cent fois pour en convaincre les spectateurs.

Les gens qui rapportent ces histoires aiment à les exagérer et les embellir. Youji aura touché une dizaine de fois sa cible, et on rapporta qu'il l'avait touchée cent fois. Dix et cents sont simplement de grands nombres : on aime transformer « dix » en « cent », et « cent » en « mille ». C'est dans le même esprit que le *Classique des documents* rapporte que Yao « pacifia les dix mille pays », ou que le *Classique des poèmes* parle des « cent millions de fils et petits-fils » des Zhou[10].

10. Wang Chong discute plus longuement de ces exagérations dans le traité suivant, cf. *infra*, 27.2.

3. 儒書言：「衛有忠臣弘演，為衛哀公使，未還，狄人攻哀公而殺之，盡食其肉，獨捨其肝。弘演使還，致命於肝。痛哀公之死，身肉盡，肝無所附，引刀自刳其腹，盡出其腹實，乃內哀公之肝而死。」言此者，欲稱其忠矣。

言其自刳內哀公之肝而死，可也；言盡出其腹實乃內哀公之肝，增之也。

人以刃相刺，中五臟輒死。何則？五臟，氣之主也，猶頭，脈之湊也。頭一斷，手不能取他人之頭着之於頸，奈何獨能先出其腹實，乃內哀公之肝？腹實出，輒死，則手不能復把矣。如先內哀公之肝，乃出其腹實，則文當言「內哀公之肝，出其腹實」。今先言「盡出其腹實，內哀公之肝」，又言「盡」，增其實也。

11. Hong Ying : grand officier du pays de Wei à l'époque des Printemps et automnes ; il était réputé pour sa grande loyauté. Le duc Ai : il n'y eut pas de duc de ce nom à Wei, et le *Lüshi chunqiu* (chap. 53, « Zhong lian ») mentionne correctement le duc Yi de Wei (r. 668-660) dans ce contexte ; le duc Yi fut tué en 661 par des rebelles.

12. Des barbares : le mot *di* 狄, comme d'autres mots désignant des populations non « chinoises » en Chine ancienne, possède une dimension péjorative ; on ne sait pas toujours très bien s'il se réfère à des populations précises ou de façon floue à toutes les populations non sinisées du nord de la Chine.

3. Les livres des lettrés disent : « Le duc Ai de Wei envoya Hong Yin, son loyal ministre, en mission diplomatique à l'étranger[11]. Durant son absence, des barbares attaquèrent le duc et le tuèrent, puis mangèrent sa chair, ne laissant que le foie[12]. Lorsque Hong Yin rentra, il rendit compte de sa mission devant le foie du duc. Très affligé de la mort de son souverain, comme il ne restait plus rien de son corps pour y remettre le foie, il prit son couteau et s'ouvrit le ventre, le vida complètement de ses propres viscères et installa le foie du duc à leur place ; puis il mourut[13]. » Cette histoire vise à glorifier la loyauté de Hong Yin.

Mais s'il est possible qu'il se soit ouvert le ventre pour y mettre le foie du duc, prétendre qu'il se soit au préalable éviscéré pour le faire est une exagération.

Lorsqu'un homme est percé d'un coup d'épée, il meurt si ses cinq viscères sont touchés[14]. Pourquoi cela ? Parce que les cinq viscères sont le siège du *qi*, de la même façon que la tête est le confluent des vaisseaux sanguins. Un homme dont la tête est tranchée ne peut s'emparer d'une autre tête pour la mettre sur son cou ; comment Hong Yin aurait-il pu, lui, se vider l'abdomen pour faire de la place au foie du duc ? Une fois le contenu de l'abdomen sorti, on meurt, et on ne saurait plus rien prendre dans ses mains. Si Hong Yin avait mis le foie dans son ventre avant de s'éviscérer, le texte devrait écrire : « Il mit dans son ventre le foie du duc, puis il sortit ses propres viscères », et non pas : « Il le vida complètement de ses propres viscères et y mit à la place le foie du duc Ai. » Et le mot « complètement » est aussi une exagération.

13. Cf. *Lüshi chunqiu*, 53, « Zhong lian ».
14. Cinq viscères : le cœur, le foie, les poumons, la rate et les reins.

4. 儒書言：「楚熊渠子出，見寢石，以為伏虎，將弓射之，矢沒其衛。」或曰：「養由基見寢石，以為兕也，射之，矢飲羽。」或言：「李廣。」便是熊渠、養由基、李廣主名不審，無(實)〔害〕也；或以為「虎」，或以為「兕」，兕、虎俱猛，一實也；或言「沒衛」，或言「飲羽」，羽則衛，言不同耳。要取以寢石似虎、兕，畏懼加精，射之入深也。

夫言以寢石為虎，射之矢入，可也；言其沒衛，增之也。

夫見似虎者，意以為是，張弓射之，盛精加意，則其見真虎，與是無異。射似虎之石，矢入沒衛，若射真虎之身，矢洞度乎？石之質難射，肉易射也。以射難沒衛言之，則其射易者洞，不疑矣。

15. Xiong Quzi, ou Xiong Qu (IXe s.) : souverain du pays de Chu au IXe siècle AEC. Selon le *Hanshi waizhuan* (chap. 6), qui rapporte également cette histoire, ce serait de nuit qu'il lui serait arrivé cette mésaventure.

16. Cf. *Lüshi chunqiu*, 45, « Jing tong ».

4. Les livres des lettrés disent : « Comme Xiong Quzi, de Chu, était en déplacement, il vit une pierre couchée qu'il prit pour un tigre embusqué[15] ; il se saisit de son arc et tira, et la flèche s'enfonça dans la pierre jusqu'à l'empennage. » Selon un autre livre, « Youji de Yang vit une pierre couchée, qu'il prit pour un rhinocéros ; il tira, et sa flèche s'engloutit dans la pierre jusqu'aux plumes[16] ». D'autres sources indiquent qu'il s'agirait de Li Guang dans ce contexte[17]. Que soit Xiong Qu, Yang Youji ou Li Guang, c'est difficile à dire, mais peu importe ; et qu'il s'agisse d'un tigre ou d'un rhinocéros, ce sont toutes des bêtes sauvages et cela revient au même ; et que l'on prétende que la flèche s'enfonça jusqu'à l'empennage ou jusqu'aux plumes, il ne s'agit que d'un changement de mots, l'empennage étant formé de plumes. Bref, notre archer prit une pierre pour un tigre ou un rhinocéros, et sa force étant multipliée par la peur, il décocha une flèche qui s'enfonça profondément dans la pierre.

Mais s'il est possible qu'en une telle circonstance une flèche se fiche dans de la pierre, prétendre qu'elle s'enfonça jusqu'à l'empennage est exagéré.

Lorsqu'un homme confond une pierre avec un tigre, il croit vraiment voir un tigre, et donc lorsqu'il bande son arc, il y met toutes sa force et sa détermination, tout à fait comme s'il s'agissait d'un vrai tigre. Mais si, quand notre archer touche une pierre, sa flèche s'enfonce jusqu'à l'empennage, lorsqu'il tire sur un vrai tigre, sa flèche ne devrait-elle pas traverser l'animal de part en part, puisque la chair est plus facile à percer que la pierre[18] ? En effet, si un archer parvenait à plonger sa flèche jusqu'à l'empennage dans une matière très résistante, il devrait percer de part en part une matière moins dure.

17. Li Guang (?-119 AEC) : célèbre général qui s'illustra lors des guerres contre les Xiongnu sous les Han antérieurs.

18. Il s'agit d'une question rhétorique, dont la réponse est négative.

善射者能射遠中微，不失毫釐，安能使弓弩更多力乎？養由基從軍，射晉侯中其目。夫以疋夫射萬乘之主，其加精倍力，必與射寢石等。當中晉侯之目也，可復洞達於項乎？如洞達於項，晉侯宜死。

車張十石之弩，恐不能入一寸，矢摧為三。況以一人之力，引微弱之弓，雖加精誠，安能沒衛？人之精乃氣也，氣乃力也。有水火之難，惶惑恐懼，舉徙器物，精誠至矣，素舉一石者，倍舉二石。然則，見伏石射之，精誠倍故，不過入一寸，如何謂之沒衛乎？

19. Le marquis de Jin : c'est-à-dire le duc Li de Jin, qui régna de 580 à 573. Selon le *Zuozhuan* (« Chenggong », 16e année), ce n'est pas le duc de Jin qui fut blessé de la sorte, mais son ennemi le roi de Chu ; et l'archer aurait été Lü Yi, un général Jin, qui fut à son tour tué d'une flèche dans le cou par Youji, sur ordre du roi de Chu.

20. Parce que les puissants en imposent aux plébéiens, qui les craignent – on comprend mal l'argument de Wang Chong ici, puisque Youji n'était pas un homme du peuple, mais un grand officier de Chu. Un pays de dix mille chars de combat : c'est-à-dire un pays puissant, entretenant une importante armée.

21. Ce qui ne fut pas le cas.

Un bon archer peut toucher de très loin une cible minuscule, au cheveu près, mais y parviendra-t-il s'il bande son arc de toutes ses forces ? Lors d'une campagne militaire, Youji tira sur le marquis de Jin, l'atteignant à l'œil[19]. Quand un simple homme du peuple vise de son arc le souverain d'un pays de dix mille chars, il le fait avec une énergie comparable à celle qu'il mettrait pour tirer sur la pierre qu'il a prise pour un tigre[20]. Mais la flèche de Youji traversa-t-elle la tête lorsqu'il atteint le marquis de Jin à l'œil ? Si cela avait été le cas, le marquis aurait dû mourir[21].

Une flèche tirée par une arbalète bandée au moyen d'un char, avec une puissance de dix pierres[22], ne saurait s'enfoncer d'un seul pouce dans de la pierre : elle se briserait en plusieurs parties. Alors à plus forte raison la flèche décochée par un faible arc, bandée par la force d'un seul homme : même en y mettant toute son énergie, comment pourrait-il la ficher dans de la pierre jusqu'à l'empennage ? L'énergie, c'est du *qi*, et c'est du *qi* que dépend la force. La peur pousse l'homme confronté à une inondation ou à un incendie à porter et déplacer les choses avec une extrême énergie, et il est d'un coup capable de porter le double de ce qu'il porte d'habitude. Mais celui qui tire une flèche sur une pierre couchée ne pourrait l'enfoncer de plus d'un pouce dans la pierre, ce même s'il y met le double de sa force habituelle : comment donc prétendre qu'il la ferait disparaître jusqu'à l'empennage ?

22. « Une puissance de dix pierres » : c'est-à-dire, pour bander l'arbalète, une force comparable à celle nécessaire pour soulever dix pierres de grain. La « pierre », *shi* 石 (également lu *dan*) était une unité de mesure équivalant à 10 boisseaux (*dou*), soit environ 20 litres sous les Han ; dix pierres équivalaient donc à environ 200 litres. Le mot *shi* ne se traduit généralement pas en français dans ce sens, nous l'avons traduit pour montrer le rapport dans l'argumentation de Wang Chong entre la pierre prise comme cible et les dix pierres de la puissance de l'arbalète. À noter que la « pierre » était en ancien français (et jusqu'au XVIIIe siècle) une mesure agricole équivalant à quelques livres.

如有好用劍者，見寢石，懼而斫之，可復謂能斷石乎？以勇夫空拳而暴虎者，卒然見寢石，以手椎之，能令石有跡乎？

巧人之精，與拙人等；古人之誠，與今人同。使當今射工，射禽獸於野，其欲得之，不餘精力(乎)，及其中獸，不過數寸。跌誤中石，不能內鋒，箭摧折矣。

夫如是，儒書之言楚熊渠子、養由基、李廣射寢石，矢沒衛飲羽者，皆增之也。

5. 儒書稱：「魯般、墨子之巧，刻木為鳶，飛之三日而不集。」

夫言其以木為鳶飛之，可也；言其三日不集，增之也。

夫刻木為鳶，以象鳶形，安能飛而不集乎？既能飛翔，安能至於三日？如審有機關，一飛遂翔，不可復下，則當言「遂飛」，不當言「三日」。

Prétendrait-on de la même façon qu'un homme habile à l'épée qui se précipiterait pour frapper de son arme une pierre couchée pourrait la couper en deux ? Ou qu'un brave capable de venir à bout d'un tigre à mains nues pourrait entailler cette pierre en la frappant de ses poings ?

Pour ce qui est de l'énergie, l'homme habile ne diffère pas de celui qui est maladroit ; et en ce qui concerne la détermination, les anciens ne valaient pas mieux que nos contemporains. Si aujourd'hui lors d'une chasse un archer tire sur un animal sauvage, il aura beau y mettre toute sa force pour l'abattre, si sa flèche fait mouche, elle ne pénétrera que de quelques pouces la chair de la bête ; et si par erreur elle touche une pierre au lieu de l'animal, la pointe n'entamera pas la pierre, et elle se brisera.

Lorsque les livres des lettrés prétendent que Xiong Quzi de Chu, Youji de Yang ou Li Guang auraient été capables d'enfoncer leur flèche jusqu'aux plumes dans de la pierre, il s'agit donc d'exagérations.

5. Les livres des lettrés disent : « Lu Ban et Mozi étaient si habiles qu'ils sculptèrent un milan de bois et le firent voler durant trois jours sans qu'il se pose[23]. »

Mais on peut croire qu'ils aient réussi à faire voler un milan de bois, il est exagéré de dire qu'ils le firent voler durant trois jours sans se poser.

Un milan de bois ressemble à un vrai milan : comment pourrait-il voler sans jamais se poser ? Même en admettant qu'il puisse planer, pourrait-il le faire trois jours durant ? S'il était doté d'un mécanisme lui permettant de s'envoler et de planer sans jamais redescendre, le texte aurait dû dire « qu'il s'était envolé » et non pas qu'il vola « durant trois jours ».

23. Lu Ban (ve s. AEC) : littéralement « Ban du pays de Lu », surnom de Gongshu Ban ; célèbre artisan de l'époque des Printemps et automnes, il aurait été à l'origine de diverses inventions, en particulier à usage militaire. Sur Mozi, cf. *supra*, 8.2. Pour cette légende, cf. *Huainanzi*, 11, « Qi su xun ».

猶世傳言曰 :「魯般巧, 亡其母也。」言〔其〕巧工, 為母作木車馬, 木人御者, 機關備具, 載母其上, 一驅不還, 遂失其母。如木鳶機關備具, 與木車馬等, 則遂飛不集。機關為須臾間, 不能遠過三日, 則木車等亦宜三日止於道路, 無為徑去以失其母。二者必失實者矣。

6. 書說 :「孔子不能容於世, 周流游說七十餘國, 未嘗得安。」

夫言周流不遇, 可也 ; 言干七十國, 增之也。

案 « 論語 » 之篇, 諸子之書, 孔子自衛反魯, 在陳絕糧, 削跡於衛, 忘味於齊, 伐樹於宋, 並費與頓牟, 至不能十國。傳言七十國, 非其實也。

或時干十數國也, 七十之說, 文書傳之, 因言干七十國矣。

24. Cf. *Huainanzi*, 20, « Qin zu xun ».

25. « De Wei à Lu » : cf. *Lunyu*, 9.15. « Il souffrit de la faim à Chen » : cf. *Lunyu*, 15.2 ; le pays de Chen se trouvait dans l'est de l'actuel Henan. « On effaça les traces de ses pas à Wei » : cf. *Zhuangzi*, 14, « Tian yun ». « Il perdit le goût de la viande à Qi » : cf. *Lunyu*, 7.14. « On abattit l'arbre sous lequel il avait enseigné à Song » : cf. *Zhuangzi*, 14, « Tian yun ». « Les pays

Il en est de même de cette autre légende, selon laquelle « Lu Ban était si habile qu'il fit disparaître sa mère ». Grâce à son ingéniosité, Lu Ban aurait construit pour sa mère un char et des chevaux en bois, avec également un cocher en bois, le tout doté d'un mécanisme : il y aurait fait monter sa mère, et l'attelage s'en serait allé pour ne jamais revenir, d'où sa disparition. C'est d'un mécanisme comparable dont aurait dû être doté le milan, de façon à pouvoir voler indéfiniment, sans jamais se poser. Mais de tels mécanismes ne peuvent fonctionner qu'un moment, ils ne sauraient le faire plus de trois jours ; après trois jours, l'attelage de la mère de Lu Ban aurait donc dû s'arrêter, au lieu de continuer tout droit jusqu'à disparaître. Ces deux histoires ne correspondent certainement pas à la réalité.

6. Les livres disent : « Confucius ne parvenant pas à imposer ses idées au monde, il erra de-ci de-là, prêchant sa doctrine dans plus de soixante-dix pays, sans jamais trouver le repos[24]. »

Mais s'il est admissible de dire que Confucius erra sans succès dans le monde, il est exagéré de prétendre qu'il mena sa quête dans soixante-dix pays.

Selon les chapitres des *Entretiens* et les œuvres des penseurs, Confucius s'en retourna de Wei à Lu, il souffrit la faim à Chen, et on effaça les traces de ses pas à Wei ; il perdit le goût de la viande à Qi, et on abattit l'arbre sous lequel il avait enseigné à Song – à quoi on peut ajouter les pays de Bi et de Dunmou, soit en tout moins de dix pays[25]. Parler de soixante-dix pays ne correspond donc pas à la réalité.

Peut-être Confucius se rendit-il dans une dizaine de pays, mais les livres rapportèrent le chiffre de soixante-dix, d'où cette histoire de soixante-dix pays visités.

de Bi et de Dunmou » : cf. *Lunyu*, 17.5 et 17.7 ; Bi : lieu dans le pays de Lu (actuel Shandong) ; Dunmou : c'est-à-dire Zhongmou, lieu dans le pays de Jin (actuel Henan).

7.«論語»曰:「孔子問公叔文子於公明賈曰:『信乎,夫子不言、不笑、不取乎?』公明賈對曰:『以告者過也。夫子時然後言,人不厭其言也;樂然後笑,人不厭其笑也;義然後取,人不厭其取也。』子曰:『豈其然乎?豈其然乎?』」

夫公叔文子實時言、樂笑、義取,人傳說稱之,言其不言、不笑、不取也,俗言竟增之也。

8. 書言:「秦繆公伐鄭,過晉不假途,晉襄公率(羌)〔姜〕戎要擊於崤塞之下,匹馬隻輪無反者。」

時秦遣三大夫孟明視、西乞術、白乙丙,皆得復還。夫三大夫復還,車馬必有歸者,文言「匹馬隻輪無反者」,增其實也。

26. Gongshu Wenzi (VI[e] s. AEC) : de son vrai nom Gongshu Fa, noble et ministre du pays de Wei. Gongming Jia : suivant de Gongshu Wenzi.

27. *Lunyu*, 14.13, trad. A. Cheng, *op. cit.*, 14.14, p. 113.

7. Les *Entretiens* disent : « Confucius interrogea Gongming Jia au sujet de Gongshu Wenzi[26] : “Est-il vrai que votre Maître ne parle pas, ne rit jamais et n’accepte rien ?” Gongming Jia : “On a voulu exagérer en vous disant cela. Mon maître ne parle qu’au moment opportun, aussi ne se lasse-t-on pas de ses paroles ; il ne rit que s’il est vraiment gai, aussi ne se lasse-t-on pas de son rire ; il n’accepte qu’à condition de rester dans le Juste, aussi n’y trouve-t-on rien à redire.” Le Maître : “Je vous entends, mais est-ce bien vrai ?”[27]. »

Gongshu Wenzi parlait à bon escient, ne riait que lorsqu’il était gai et n’acceptait que ce qui était juste, mais les gens, pour le louer, racontèrent qu’il ne parlait jamais, ne riait jamais, et n’acceptait jamais rien ; il s’agit d’une exagération du vulgaire.

8. Selon les livres, « lorsque le duc Mu de Qin attaqua Zheng, il traversa le pays de Jin sans en demander la permission ; alors le duc Xiang de Jin, à la tête des Jiangrong, l’attaqua par surprise à la passe des monts Yao, et pas un seul des chevaux et chars Qin ne rentra au pays[28] ».

Mais lors de cette campagne, le pays de Qin avait envoyé les trois grands officiers Mengming Shi, Xiqi Shu et Baiyi Bing, qui tous rentrèrent à Qin[29]. S’ils purent rentrer, il y eut certainement des chars et des chevaux qui y parvinrent aussi, et prétendre qu’aucun d’entre eux ne rentra, c’est une exagération.

28. Zheng : État de l’époque des Printemps et automnes (actuel Henan). Duc Xiang de Jin (r. 627-621) : souverain du pays de Jin. Jin : royaume de l’époque des Printemps et automnes (actuel Shanxi). Jiangrong : ethnie établie dans le sud du pays de Jin. Monts Yao (actuel Henan) : lieu d’une importante bataille, en 627, entre les armées Jin et les armées Qin, marquée par la défaite de ces dernières.

29. Mengming Shi (Baili Shi), Xiqi Shu, Baiyi Bing : généraux Qin, ils furent vaincus et faits prisonniers, avant d’être relâchés par la suite.

9. 書稱：「齊之孟嘗，魏之信陵，趙之平原，楚之春申君，待士下客，招會四方，各三千人。」欲言下士之至，趨之者眾也。

夫言士多，可也；言其三千，增之也。

四君雖好士，士至雖眾，不過各千餘人。書則言三千矣，夫言眾必言千數，言少則言無一，世俗之情，言事之失也。

10. 傳記言：「高子羔之喪親，泣血，三年未嘗見齒，君子以為難。」難為故也。

夫不以為非實，而以為難，君子之言誤矣。

高子泣血，殆必有之。何則？荊和獻寶於楚，楚刖其足，痛寶不進，己情不達，泣涕，涕盡因續

30. Le seigneur de Mengchang (?-279 AEC) : noble et homme d'État du pays de Qi. Le seigneur de Xinling (?-242 ? AEC) : noble et homme d'État du pays de Wei. Le seigneur de Pingyuan (env. 308-251) : noble et homme d'État du pays de Zhao. Le seigneur de Chunshen (?-238 AEC) : noble et général du pays de Chu. Ces quatre puissants personnages sont désignés collectivement comme les « quatre seigneurs des Royaumes combattants » (*Zhanguo si gongzi*).

31. Gao Zigao (521-? AEC) : de son vrai nom Chai Zigao, généralement désigné simplement sous le nom de Zigao, l'un des disciples de Confucius, réputé pour sa piété filiale. Pour cette histoire, cf. *Liji*, 3, « Tan gong shang ».

9. Les livres disent : « Le seigneur de Mengchang, à Qi, le seigneur de Xinling, à Wei, le seigneur de Pingyuan, à Zhao, et le seigneur de Chunshen, à Chu, traitaient avec beaucoup d'égards des clients et conseillers ; ils les faisaient venir de partout et en entretenaient chacun trois mille[30]. » Cette histoire a pour but de souligner l'extrême respect avec lequel ces seigneurs traitaient leurs protégés, ainsi que le grand nombre de ceux-ci.

Mais s'ils ont pu avoir une nombreuse clientèle, le chiffre de trois mille est une exagération. Car s'ils appréciaient leurs protégés et les entretenaient sans doute en nombre, ils ne pouvaient en avoir plus de mille chacun. S'il est question de trois mille protégés, c'est parce que les livres écrivent toujours « plusieurs milliers » lorsqu'il s'agit de grands nombres, et à l'inverse réduisent à « pas un seul » les petites quantités. Cette inclination commune est cause de nombreuses erreurs dans la relation des faits.

10. Les textes disent : « Lorsque Gao Zigao perdit ses parents, il pleura des larmes de sang, et durant trois ans on ne vit pas ses dents ; l'homme de bien vénère un tel comportement[31]. » On vénère ce comportement en raison de sa difficulté.

Mais en considérant ce comportement comme difficile au lieu de rejeter cette histoire comme contraire à la réalité, l'homme de bien se trompe.

Il est fort possible que Gao Zigao ait versé des larmes de sang. On connaît le précédent de Bian He, qui finit lui aussi par pleurer du sang, tant il fut affligé lorsque, ayant offert un magnifique jade au roi de Chu, celui-ci refusa son présent et le fit amputer d'un pied[32]. Que Gao Zigao ait pu être si peiné

32. Bian He (VIIIe s. AEC) : homme du pays de Chu, il présenta un magnifique jade au roi, mais il fut victime de calomnies et le roi le fit amputer d'un pied ; cf. *Han Feizi*, 13, « Heshi ».

以血。今高子痛親, 哀極涕竭, 血隨而出, 實也。而云「三年未嘗見齒」, 是增之也。言「未嘗見齒」, 欲言其不言不笑也。孝子喪親, 不笑可也, 安得不言? 言安得不見齒? 孔子曰:「言不文。」

或時不言, 傳則言其不見齒 ; 或時〔不笑〕, 傳則言其不見齒三年矣。

「高宗諒陰, 三年不言。」尊為天子不言, 而其文言「不言」, 猶疑於增。況高子位賤, 而曰「未嘗見齒」, 是必增益之也。

11. 儒書言 :「禽息薦百里奚, 繆公未聽, 〔出〕, 禽息 (出) 當門, 仆頭碎首而死。繆公痛之, 乃用百里奚。」此言賢者薦善, 不愛其死, 仆頭碎首而死, 以達其友也。

世士相激, 文書傳稱之, 莫謂不然。

夫仆頭以薦善, 古今有之, 禽息仆頭, 蓋其實也 ; 言碎首而死, 是增之也。

33. Il parle donc quand même ; cf. *Xiaojing*, « Sang qin ».
34. Cf. *Lunyu*, 14.40, trad. P. Ryckmans, *op. cit.*, p. 83.
35. Qin Xi (VIIe s. AEC) : ministre de Qin, réputé pour son franc-parler. Baili Xi (VIIe s. AEC) : il sera premier ministre de Qin.

d'avoir perdu ses parents qu'après avoir épuisé ses larmes il pleura du sang est donc vraisemblable. Mais il est exagéré de prétendre que « durant trois ans on ne vit pas ses dents ». Par là, on veut signifier qu'il ne parla ni ne sourit plus. Qu'un fils endeuillé ne sourit pas, c'est possible ; mais comment pourrait-il ne plus parler ? Et s'il parle, comment pourrait-on ne pas voir ses dents ? Confucius a dit : « Lorsqu'un fils porte le deuil de ses parents il ne doit pas parler de façon raffinée[33]. »

Peut-être Gao Zigao s'abstint-il de parler durant un certain laps de temps, et les textes écrivirent qu'on ne vit plus ses dents ; et peut-être ne sourit-il plus durant une longue période, et les textes écrivirent qu'on ne vit pas ses dents pendant trois ans.

« Le roi Gaozong prit le deuil de son père et garda le silence pendant trois ans[34] » : qu'on dise d'un souverain d'une telle noblesse qu'il ne parla pas trois ans durant, c'est déjà sans doute une exagération. Alors à plus forte raison pour un homme du commun comme Gao Zigao : affirmer que « durant trois ans on ne vit pas ses dents » est assurément une exagération.

11. Les livres des lettrés disent : « Qin Xi recommanda pour un poste Baili Xi, mais le duc Mu ne voulut pas entendre cette suggestion ; alors Qin Xi bloqua le duc tandis qu'il sortait, puis il frappa la porte de son front, se fracassa la tête et mourut[35]. Affligé, le duc prit à son service Baili Xi. » Cette histoire signifie que le sage est prêt à mourir pour recommander un homme de talent ; qu'il est prêt à se fracasser la tête pour la promotion d'un ami.

Les lettrés invoquent l'exemple de Qin Xi pour s'encourager les uns les autres, et les livres à leur tour le louent, à tel point que plus personne ne remet en doute cette histoire.

On trouve à toutes les époques des hommes prêts à se frapper le front pour recommander un talent, et que Qin Xi ait agi de la sorte, c'est vraisemblable ; mais prétendre qu'il l'ait fait jusqu'à se fracasser la tête, c'est une exagération.

夫人之扣頭, 痛者血流, 雖忿恨惶恐, 無碎首者。非首不可碎, 人力不能自碎也。執刃刎頸, 樹鋒刺胸, 鋒刃之助, 故手足得成勢也。言禽息舉椎自擊, 首碎, 不足怪也 ; 仆頭碎首, 力不能自將也。有扣頭而死者, 未有使頭破首碎者也。

此 (時) 或〔時〕扣頭薦百里奚, 世空言其死 ; 若或扣頭而死, 世空言其首碎也。

12. 儒書言 :「荊軻為燕太子刺秦王, 操匕首之劍, 刺之不得。秦王拔劍擊之。軻以匕首擿秦王, 不中, 中銅柱, 入尺。」

欲言匕首之利, 荊軻勢盛, 投銳利之刃, 陷堅彊之柱, 稱荊軻之勇, 故增益其事也。夫言入銅柱, 實也 ; 言其入尺, 增之也。夫銅雖不若匕首堅剛, 入之不過數寸, 殆不能入尺。

以入尺言之, 設中秦王, 匕首洞過乎 ? 車張十石之弩, 射垣木之表, 尚不能入尺 ; 以荊軻之手

36. Cf. *Zhanguo ce*, « Yan ce san ».

Par affliction, certains sont prêts à se frapper le front jusqu'au sang, mais quel que soit leur ressentiment, ils ne pourront se fracasser la tête de cette manière : non pas qu'une tête ne puisse être fracassée, mais ils ne sauraient y parvenir avec leur seule force. Lorsqu'un homme se saisit d'une épée pour se trancher le cou, ou dresse une pique pour se percer la poitrine, l'arme assiste la force de ses membres et le met en position de se tuer lui-même. Personne n'aurait donc été étonné si Qin Xi s'était fracassé la tête au moyen d'une massue ; mais le faire en se frappant soi-même le front contre une porte, voilà qui est impossible. Peut-être certains sont-ils morts en se frappant ainsi le front, mais ils ne se sont certainement pas fracassé la tête.

Sans doute Qin Xi frappa-t-il son front contre la porte pour recommander Baili Xi, et les gens racontèrent qu'il s'était tué en le faisant ; ou bien mourut-il en se frappant la tête, et les gens imaginèrent-ils qu'il se l'était fracassée.

12. Les livres des lettrés disent : « Jing Ke voulait assassiner le roi de Qin pour le compte du prince-héritier de Yan. Il brandit sa dague, mais manqua son coup ; le roi sortit alors son épée et l'en frappa ; Jing Ke lança sa dague, mais elle rata le souverain et s'enfonça d'un pied dans une colonne de bronze[36]. »

Si l'on prétend ainsi que la dague acérée de Jing Ke s'enfonça complètement dans la dure colonne, c'est pour louer son courage et sa détermination ; mais c'est une exagération. Que sa dague se ficha dans la colonne, c'est vraisemblable ; qu'elle s'y enfonça d'un pied, c'est une exagération. Car même si le bronze ne peut résister à la pointe d'une dague, celle-ci ne saurait l'entamer de plus de quelques pouces, et certainement pas s'y enfoncer d'un pied.

Elle se serait enfoncée d'un pied dans la colonne de bronze : doit-on comprendre que, si elle n'avait pas raté le roi, elle aurait transpercé de part en part le corps de ce dernier ? Même

力, 投輕小之匕首, 身被龍淵之劍刃, 入堅剛之銅柱, 是荊軻之力, 勁於十石之弩, 銅柱之堅, 不若木表之剛也。世稱荊軻之勇, 不言其多力。多力之人, 莫若孟賁, 使孟賁擿銅柱, 能 (淵)〔洞〕〔過〕出一尺乎？

此亦或時匕首利若干將、莫邪, 所刺無前, 所擊無下, 故有入尺之效。夫稱干將、莫邪, 亦過其實。擊刺無前、下, 亦入銅柱尺之類也。

13. 儒書言：「董仲舒讀 « 春秋 », 專精一思, 志不在他, 三年不窺園菜。」

夫言不窺園菜, 實也；言三年, 增之也。仲舒雖精, 亦時解休, 解休之間, 猶宜游於門庭之側, (則) 能至門庭, 何嫌不窺園菜？聞用精者, 察物

37. « Une puissante épée » : littéralement, « la lame de l'épée de Gouffre de dragon », nom d'une célèbre épée du pays de Yue, utilisée ici de façon métaphorique pour désigner une puissante épée. Les pays de Yue et de Wu, à l'est de la Chine, étaient réputés pour la qualité de leurs épées.

38. Gan Jiang et Mo Ye (ou Moye, Mo Xie) : célèbre couple de forgerons du pays de Wu, à l'époque des Printemps et automnes ; ils fabriquèrent une paire de remarquables épées, l'une mâle, l'autre femelle, auxquelles ils donnèrent leurs noms.

39. Cf. *Shiji*, 121, « Rulin liezhuan ».

un carreau tiré d'une puissante arbalète, bandée au moyen de la force d'un char, ne pourra s'enfoncer d'un pied dans une cible de bois fixée à un mur ; prétendre que Jing Ke, à la seule force de son bras, alors qu'il venait d'être frappé par une puissante épée[37], aurait pu enfoncer d'un pied sa pauvre dague dans une colonne de bronze, revient à dire que sa force l'emportait sur celle d'une puissante arbalète, et que le bronze de la colonne était moins résistant qu'une cible en bois. Or si on loue le courage de Jing Ke, on ne dit pas qu'il aurait eu une force extraordinaire. Pour ce qui est de la force, personne ne valait Meng Ben, mais celui-ci serait-il parvenu à enfoncer de plus d'un pied une dague en la lançant contre une colonne de bronze ?

La dague de Jing Ke était-elle plus acérée que les épées Gan Jiang ou Mo Ye[38], dont on dit qu'elles pouvaient percer et trancher n'importe quoi ? Il aurait fallu pour cela qu'elle puisse s'enfoncer d'un pied dans la colonne. Mais on exagère aussi les prouesses des épées Gan Jiang et Mo Ye, et prétendre qu'elles pouvaient tout percer et tout trancher est une exagération du même genre que celle de cette dague qui se serait enfoncée d'un pied dans une colonne de bronze.

13. Les livres des lettrés disent : « Lorsque Dong Zhongshu lisait les *Printemps et automnes*, il était si concentré qu'il ne pensait à rien d'autre, à tel point que durant trois ans il ne jeta pas un regard à son jardin[39]. »

Dire qu'il ne regardait pas son jardin en lisant, c'est vraisemblable ; mais prétendre qu'il ne le regarda pas pendant trois ans, c'est une exagération. Même si Dong Zongshu était concentré, il devait certainement se détendre de temps à autre, et se promener jusqu'au bout de sa cour ; et s'il allait jusque-là, pourquoi n'aurait-il pas jeté un œil à son jardin ? On dit certes des gens qui se concentrent qu'ils ne voient plus les choses, ou qu'ils s'oublient eux-mêmes à force de cultiver la Voie ; mais on ne raconte pas qu'ils demeurent assis à réfléchir

不見, 存道以亡身, 不聞不至門庭, 坐思三年, 不及窺園也。

« 尚書毋佚 » 曰 :「君子所其毋逸, 先知稼穡之艱難乃佚。」〔佚〕者,〔解〕也。人之筋骨, 非木非石, 不能不解。故張而不弛, 文王不為 ; 弛而不張, 文王不行 ; 一弛一張, 文王以為常。聖人材優, 尚有弛張之時, 仲舒材力劣於聖, 安能用精三年不休 ?

14. 儒書言 :「夏之方盛也, 遠方圖物, 貢金九牧, 鑄鼎象物, 而為之備, 故入山澤, 不逢惡物, 用辟神姦, 故能 (叶)〔協〕于上下, 以承天休。」

夫金之性, 物也。用遠方貢之為美, 鑄以為鼎, 用象百物之奇, 安能入山澤不逢惡物, 辟除神姦乎 ?

40. Cf. *Shangshu*, « Wu yi ».

41. Cf. *Lij*, « Za ji xia », qui attribue cette phrase à Confucius : pour conserver leurs arcs en bon état, les rois Wen et Wu tendaient et détendaient régulièrement leurs cordes.

durant trois ans, sans sortir dans leur cour, sans même jeter un coup d'œil à leur jardin !

Le chapitre « Sans Repos » du *Classique des documents* dit : « Le prince, à son poste, ne connaît point l'oisiveté. Il commence par comprendre les dures peines du travail des champs, et alors seulement il saisit le sens de l'oisiveté[40]. » « Oisiveté » signifie « détente » : les articulations et os des hommes ne sont ni de bois ni de pierre, et on ne peut pas ne pas les détendre de temps à autre. Le roi Wen détendait ce qui était tendu et retendait ce qui était détendu[41], sa règle étant d'alterner tension et détente. Si un sage tel que lui, dont les capacités étaient immenses, devait alterner tension et détente, alors comment Dong Zhongshu, qui ne le valait pas, aurait-il pu se concentrer trois ans durant sans prendre le moindre repos ?

14. Les livres des lettrés disent : « Au moment où les Xia allaient connaître leur apogée, les contrées lointaines leur présentèrent des peintures représentant leurs animaux ; Yu utilisa le bronze offert en tribut par les neuf régions pour fondre des tripodes à l'effigie de ces animaux, et les représentant au grand complet, si bien que lorsque les gens entraient dans les montagnes ou les marais, ils ne rencontraient plus de créatures malfaisantes et évitaient les esprits maléfiques ; entre le haut et le bas l'harmonie prévalut, et le peuple bénéficia des faveurs célestes[42]. »

Mais le bronze n'est qu'une matière naturelle : en quoi le fait de le fondre pour fabriquer des tripodes, et y représenter de lointaines créatures merveilleuses, permettrait-il de tenir à l'écart les animaux ou les esprits maléfiques des montagnes et marais ?

42. Cf. *Zuozhuan*, 7, « Xuangong », 3e année. Selon la tradition, ces neuf tripodes, forgés par Yu lui-même ou par un de ses descendants, suivirent les différents souverains des dynasties Shang et Zhou dans leurs tribulations. Sous les Zhou orientaux, ils suscitèrent la convoitise des puissants États qui visaient l'hégémonie, en particulier celle des souverains du pays de Qin.

周時天下太平,越裳獻白雉,倭人貢鬯草。食白雉,服鬯草,不能除凶,金鼎之器,安能辟姦?

且九鼎之來,德盛之瑞也。服瑞應之物,不能致福。男子服玉,女子服珠,珠玉於人,無能辟除。寶奇之物,使為蘭(服)〔或〕作牙(身),或言有益者,九鼎之語也。夫九鼎無能辟除,傳言能辟神姦,是則書增其文也。

世俗傳言:「周鼎不爨自沸,不投物,物自出。」

此則世俗增其言也,儒書增其文也,是使九鼎以無怪空為神也。

且夫謂周之鼎神者,何用審之?周鼎之金,遠方所貢,禹得鑄以為鼎也,其為鼎也,有百物之象。如為遠方貢之為神乎?遠方之物安能神?如以為禹鑄之為神乎?禹聖,不能神,聖人身不

43. Yuechang (ou Yuecheng) : peuple des mers habitant peut-être le centre de l'actuel Vietnam. Wo : autre peuple des mers, souvent assimilé aux habitants du Japon dans les sources anciennes.

À l'époque Zhou, le monde connut une grande paix : les Yuecheng offrirent des faisans blancs et les Wo, des plantes aromatiques[43]. Mais consommer ces faisans ou ces plantes n'élimina pas les influences néfastes, alors pourquoi les tripodes de bronze auraient-ils permis d'éviter des créatures maléfiques ?

L'apparition des neuf tripodes fut un augure auspicieux saluant une période d'éminente vertu. Mais la possession d'objets auspicieux ne peut en elle-même garantir une bonne fortune : les hommes portent du jade et les femmes, des perles, mais ni le jade ni la perle ne protègent des esprits maléfiques. Selon certains, les choses rares comme les orchidées ou l'ivoire seraient fastes ; voilà qui revient au même que cette histoire de tripodes. En réalité, les neuf tripodes ne peuvent éliminer les mauvaises influences, et en prétendant le contraire nos livres affabulent.

Les gens disent encore : « Les tripodes des Zhou cuisaient d'eux-mêmes, sans qu'on ait à les allumer, et ils produisaient de la nourriture, sans qu'on ait à les remplir[44]. »

Voilà encore une affabulation du vulgaire, reprise dans les livres des lettrés, qui revient à considérer, sans le moindre fondement, comme magiques des tripodes qui n'ont rien d'extraordinaire.

Qu'est-ce qui pourrait laisser penser que ces tripodes avaient quelque chose de magique ? Le bronze pour les fabriquer avait été offert en tribut par les régions lointaines, et Yu l'utilisa pour forger des tripodes à l'effigie des animaux des neuf régions. Étaient-ils magiques parce qu'ils venaient de régions lointaines ? Mais pourquoi des objets de régions lointaines seraient-ils magiques ? Étaient-ils magiques parce qu'ils avaient été fondus par Yu ? Mais si Yu était un sage, il n'était en rien magique : les sages n'ont en eux-mêmes rien de

44. D'autres sources rapportent d'une façon légèrement différente les propriétés magiques de ces tripodes ; cf. par exemple *Mozi*, 46, « Geng zhu ».

能神,鑄器安能神?如以金之物為神乎?則夫金者,石之類也,石不能神,金安能神?以有百物之象為神乎?夫百物之象,猶雷罇也,雷罇刻畫雲雷之形,雲雷在天,神於百物,雲雷之象不能神,百物之象安能神也?

傳言:「秦滅周,周之九鼎入于秦。」案本事,周赧王之時,秦昭王使將軍摎攻王赧。王赧惶懼犇秦,頓首受罪,盡獻其邑三十六,口三萬。秦受其獻,還王赧。王赧卒,秦王取九鼎寶器矣。若此者,九鼎在秦也。

始皇二十八年,北遊至琅邪,還過彭城,齊戒禱祠。欲出周鼎,使千人沒泗水之中,求弗能得。

45. Cf. *Shiji*, 28, « Feng shan shu ». Certaines sources suggèrent que les Qin s'emparèrent des tripodes lorsqu'ils s'emparèrent de la capitale Zhou, mais au moment de la fondation de l'empire Qin, ils avaient mystérieusement disparu ; plusieurs théories furent proposées, déjà en Chine ancienne, pour expliquer cette disparition. La perplexité que Wang Chong manifeste dans la suite du texte est donc compréhensible.

46. Le roi Nan de Zhou (r. 314-256) : son très long règne fut le dernier de la dynastie Zhou, et son pouvoir ne fut que symbolique. En 256, le roi Nan s'allia avec d'autres États pour tenter de résister aux Qin, et par rétorsion les armées Qin conquirent ce qui restait de son royaume ; le roi fut emprisonné et mourut peu après. Le roi Zhao (ou Zhaoxiang) des Qin (r. 307-250) : son

magique, alors pourquoi des objets fondus par eux seraient-ils magiques ? Ces tripodes étaient-ils magiques parce qu'ils étaient en bronze ? Mais le bronze est de la même espèce que la pierre, or la pierre n'a rien de magique : pourquoi le bronze serait-il différent ? Étaient-ils magiques en raison des créatures qu'ils représentaient ? Mais de ce point de vue ces tripodes sont comparables aux vases-foudre décorés de motifs de nuages et de foudre ; et puisque nuages et foudre procèdent du ciel, ces vases devraient être plus magiques encore que ces tripodes avec leurs animaux, or ils n'ont pas de propriétés magiques : pourquoi les créatures représentées sur les tripodes auraient-elles pour leur part été magiques ?

On raconte que « lorsque les Qin anéantirent les Zhou, les neuf tripodes furent amenés à Qin[45] ». Si l'on revient aux faits, à l'époque du roi Nan des Zhou, le roi Zhao des Qin envoya son général Jiu pour attaquer les Zhou[46]. Le roi Nan, affolé, se précipita pour implorer son pardon au roi de Qin, lui cédant trente-six de ses domaines, avec leurs trente mille sujets[47]. Le roi de Qin accepta ce don et laissa le roi Nan rentrer à Zhou. Au décès de ce dernier, le roi de Qin s'empara des neuf précieux tripodes. C'est ainsi que les tripodes se seraient retrouvés à Qin.

La vingt-huitième année de son règne[48], le Premier empereur se rendit en tournée d'inspection jusqu'à Langye ; sur le chemin du retour, il passa à Pengcheng, où il jeûna et se purifia, avant d'effectuer des sacrifices[49]. Désireux de mettre la main

règne, marqué par de nombreuses guerres, fait du royaume de Qin le plus puissant des États de l'époque et prépare donc l'unification impériale de 221. Général Jiu (ou Liu) : général en charge de la campagne contre le domaine royal des Zhou. Pour les événements décrits dans ce passage, cf. *Shiji*, 4, « Zhou benji » et 5, « Qin benji ».

47. Dans les faits, le roi Nan fut emmené à la capitale Qin pour s'excuser d'avoir participé à la résistance contre ce royaume.

48. Soit en 219.

49. Langye et Pengcheng : lieux dans l'actuel Shandong ; Pengcheng se trouvait au bord de la Si.

案時, 昭王之後, 三世得始皇帝。秦無危亂之禍, 鼎宜不亡, 亡時殆在周。

傳言 :「王赧犇秦, 秦取九鼎。」或時誤也。傳又言 :「宋太丘社亡, 鼎沒水中彭城下。其後二十九年, 秦并天下。」若此者, 鼎未入秦也, 其亡, 從周去矣, 未為神也。

春秋之時, 五石隕于宋。五石者, 星也, 星之去天, 猶鼎之亡於地也。星去天不為神, 鼎亡於地何能神 ?

(春)〔秦〕(秋) 之時, 三山亡, 猶太丘社之去宋, 五星之去天。三山亡, 五石隕, 太丘社去, 皆自有為 ; 然鼎亡, 亡亦有應也, 未可以亡之故, 乃謂之神。如鼎與秦三山同乎 ? 亡不能神。

50. Pour ces événements, cf. *Shiji*, 6, « Qin shi huang benji ».

51. C'est-à-dire à la fin du règne du roi Nan.

52. Le pays de Song : ancien État correspondant à des parties des actuelles provinces du Henan, du Shandong, de l'Anhui et du Jiangsu. Taiqiu : lieu non identifié dans le pays de Song.

sur les neuf tripodes, il fit plonger un millier d'hommes dans la Si pour les trouver, mais en vain[50]. Le règne du Premier empereur fut le troisième après celui du roi Zhao des Qin. Durant cette période, les Qin ne connurent pas de troubles ou de crises, et donc on ne voit pas quand les tripodes auraient disparu ; sans doute avaient-ils été perdus à l'époque Zhou[51].

Les textes écrivent que « les Qin s'emparèrent des tripodes lorsque le roi Nan se précipita à Qin », mais ils se trompent sans doute de date. Les textes disent en effet aussi : « Lorsque, à Taiqiu dans le pays de Song, les autels de la terre disparurent[52], les tripodes sombrèrent dans la rivière près de Pengcheng. Vingt-neuf ans plus tard, les Qin conquirent l'empire. » Selon cette version, les tripodes ne furent jamais amenés à Qin, et leur disparition date des Zhou et n'a rien de mystérieux.

À l'époque des Printemps et automnes, cinq pierres tombèrent à Song[53]. Ces cinq pierres étaient des étoiles, et leur chute du ciel est comparable à la perte des tripodes sur la terre. Mais ces étoiles tombées du ciel n'ont rien de magique, alors pourquoi des tripodes disparus sur la terre auraient-ils quelque chose de magique ?

Durant la dynastie Qin, trois montagnes s'écroulèrent, ce qui rappelle la disparition des autels Song à Taiqiu, ou ces cinq météorites tombées du ciel. L'écroulement de ces trois montagnes, la chute des cinq pierres, la disparition des autels s'expliquent par une cause, et il en est de même de la disparition des tripodes : on ne peut prétendre que ces tripodes seraient magiques du simple fait de leur disparition. Veut-on comparer leur disparition à celle des trois montagnes ? Mais la disparition de ces dernières n'a rien de magique.

53. Cinq pierres : il s'agit de météorites ; cf. *Zuozhuan*, 5, « Xigong », 16e année.

如有知, 欲辟危亂之禍乎？則更桀、紂之時矣, 衰亂無道, 莫過桀、紂, 桀、紂之時, 鼎不亡去。周之衰亂, 未若桀、紂, 留無道之桀、紂, 去衰末之周, 非 (止)〔亡〕去之宜〔有〕神 (有) 知之驗也。

或時周亡之時, 將軍摎人眾見鼎盜取, 姦人鑄爍以為他器, 始皇求不得也。後因言有神名, 則空生沒於泗水之語矣。

孝文皇帝之時, 趙人新垣平上言：「周鼎亡在泗水中。今河溢, 通於泗水。臣望東北, 汾陰直有金氣, 意周鼎出乎？兆見弗迎則不至。」於是文帝使使治廟汾陰, 南臨河, 欲祠出周鼎。人有上書告新垣平所言神器事皆詐也, 於是下平事於吏, 吏治, 誅新垣平。

夫言鼎在泗水中, 猶新垣平詐言鼎有神氣見也。

54. Empereur Wen (r. 180-157) : le troisième souverain de la dynastie Han. Xinyuan Ping (?-163 AEC) : astrologue et « magicien » du début des Han, il fut accusé d'avoir trompé l'empereur et exécuté. Zhao : principauté dans l'actuel Henan.

Ces tripodes auraient-ils été doués de connaissance, et souhaité en disparaissant éviter les malheurs de temps troublés ? Mais ils n'avaient pas disparu durant les règnes de Jie et de Zhòu, qui représentent pourtant le summum en matière de décadence et de troubles. Les désordres de la dynastie Zhou ne peuvent se comparer à ceux de ces règnes, et les tripodes n'auraient donc fait preuve ni de cohérence ni de discernement en souffrant les règnes sans vertu de Jie et de Zhòu et en disparaissant à la fin de la dynastie Zhou.

Une possibilité est que, à la chute des Zhou, des hommes du général Jiu se soient emparés des tripodes ; ils les auraient fondus pour fabriquer d'autres ustensiles, de sorte que le Premier empereur ne put mettre la main dessus. Et par la suite, comme ces tripodes avaient la réputation d'être magiques, on inventa l'histoire selon laquelle ils auraient disparu dans la rivière Si.

Durant le règne de l'empereur Wen, Xinyuan Ping, du pays de Zhao, dit à l'empereur[54] : « Les tripodes des Zhou se sont abîmés dans la Si. Aujourd'hui, le fleuve Jaune a débordé et communique avec la Si. J'ai observé dans la direction nord-est, à Fenyin, la présence d'un *qi* métallique, et je pense que ce sont les tripodes qui vont émerger[55] ! Si on ne fait rien pour les accueillir, cet événement faste ne se produira pas. » L'empereur Wen fit alors installer un temple à Fenyin, et il ordonna un sacrifice, face au sud, pour faire sortir les tripodes. Mais quelqu'un, dans un mémoire, accusa Xinyuan Ping d'avoir inventé cette histoire pour tromper le souverain ; ce dernier déféra le cas devant les juges, qui tranchèrent et firent exécuter Xinyuan Ping.

L'histoire des tripodes disparus dans la Si revient au même que celle de Xinyuan Ping selon laquelle les tripodes auraient révélé leur présence dans le fleuve grâce à un *qi* magique.

55. Fenyin : lieu dans l'actuel Shanxi. Fenyin se trouvant en amont par rapport à la région de la Si (actuel Shandong), les tripodes disparus dans cette dernière auraient dû remonter le fleuve Jaune pour se retrouver à cet endroit.

藝增篇第二十七

1. 世俗所患，患言事增其實，著文垂辭，辭出溢其真，稱美過其善，進惡沒其罪。何則？俗人好奇，不奇，言不用也。故譽人不增其美，則聞者不快其意；毀人不益其惡，則聽者不愜於心。聞一增以為十，見百益以為千，使夫純樸之事，十剖百判；審然之語，千反萬畔。墨子哭於練絲，楊子哭於歧道，蓋傷失本，悲離其實也。

蜚流之言，百傳之語，出小人之口，馳閭巷之間，其猶是也。諸子之文，筆墨之疏，人賢所著，妙思所集，宜如其實，猶或增之。

儻經藝之言，如其實乎？言審莫過聖人，經藝

Des exagérations dans les Classiques
(Traité 27, « Yi zeng »)

1. Les gens ont pour défaut d'exagérer les faits en parlant et de les enjoliver dans leurs écrits ; ils embellissent les belles actions, ils amplifient les moindres fautes. Pourquoi cela ? Parce que le vulgaire aime l'extraordinaire, et qu'il faut donc de l'extraordinaire pour qu'une histoire soit efficace. Que ce soit dans la louange ou dans la critique, si on n'exagère pas, l'auditeur ne se laisse pas convaincre. La plus petite rumeur doit être multipliée par dix, et cent choses vues deviennent mille ; l'affaire la plus simple est disséquée en cent parties, et l'histoire la plus limpide est racontée avec mille détours. Ainsi Mozi pleurant devant un morceau de soie écrue, ou maître Yang se lamentant à son carrefour, sont-ils forcément décrits comme si abattus qu'ils en furent affectés dans leur essence même, jusqu'à perdre tout sens des réalités.

Les racontars fabriqués inlassablement par le vulgaire, et propagés de ruelle en ruelle, sont du même acabit. Mais on trouve aussi des exagérations dans les œuvres des penseurs, dans les commentaires aux Classiques, dans les textes beaucoup plus réfléchis des sages, qui pourtant devraient s'en tenir aux faits.

Mais les Classiques, pour leur part, doivent-ils respecter les faits ? Après tout, personne ne l'emporte sur les sages[1]

1. « Les sages » : c'est-à-dire avant tout Confucius, considéré comme l'auteur principal des Classiques durant la dynastie Han.

萬世不易，猶或出溢，增過其實。增過其實，皆有事為，不妄亂誤以少為多也；然而必論之者，方言經藝之增與傳語異也。經增非一，略舉較著，令怳惑之人，觀覽采擇，得以開心通意，曉解覺悟。

2. «尚書»〔曰〕:「協和萬國。」是美堯德致太平之化，化諸夏並及夷狄也。

言協和方外，可也；言萬國，增之也。

夫唐之與周，俱治五千里內。周時諸侯千七百(九)〔七〕十三國，荒服、戎服、要服及四海之外不粒食之民，若穿胸、(儋)〔耴〕耳、焦僥、(跋)〔踆〕踵之輩，并合其數，不能三千。天之所覆，地之所載，盡於三千之中矣。而«尚書»云「萬國」，褒增過實，以美堯也。欲言堯之德大，所化者眾，諸夏夷狄，莫不雍和，故曰「萬國」。

2. Cf. *Shangshu*, « Yao dian », où le mot *guo* est remplacé par le mot *bang*, « territoire », « pays ».

3. Xia : c'est-à-dire les peuples des plaines centrales, soit les ancêtres des « Chinois ».

4. « 1 793 feudataires » : le *Liji* (« Wang zhi ») parle de 1 773 feudataires.

5. Ces domaines sont les régions aux marges ou au-delà de la civilisation, selon la théorie des « cinq domaines » (*wu fu*), dont il existe plusieurs

pour ce qui est de la circonspection dans l'expression, et leurs Classiques ont été transmis à travers les âges sans la moindre altération. Mais pourtant on y trouve aussi des amplifications et des exagérations. Ces exagérations, cependant, ont leur raison d'être ; elles ne découlent pas d'un laisser-aller coupable, et si l'on étudie les Classiques, c'est justement pour montrer que leurs amplifications diffèrent de celles du vulgaire. Ces exagérations peuvent être de diverses sortes, mais d'une façon générale elles visent à rendre les leçons plus saillantes, afin que le lecteur le plus borné comprenne en profondeur et soit éclairé en les consultant.

2. Le *Classique des documents* dit de Yao « qu'il pacifia dix mille pays[2] », ce afin de magnifier sa vertu si transformatrice qu'elle lui permit de civiliser à la fois les peuples Xia et les populations barbares[3].

Mais s'il est acceptable de parler de civilisation jusqu'aux frontières, il est exagéré de parler de « dix mille pays ».

Yao, tout comme les Zhou, régnait sur un territoire de cinq mille *li*. Or sous les Zhou, il y avait 1 793 feudataires[4], auxquels on peut ajouter les peuples des domaines désertiques, des domaines militarisés et des domaines assujettis[5], ainsi que ceux des territoires au-delà des mers qui ne mangent pas de grain, comme les Poitrines percées, les Oreilles pendantes, les Nains ou les Grands pieds[6], soit moins de trois mille en tout. Trois mille – voilà sans doute le nombre total de pays entre ciel et terre. Si *Classique des documents* parle de « dix mille pays », c'est pour magnifier Yao et sa vertu, si imposante qu'aucun peuple, Xia ou barbare, ne put échapper à sa civilisation.

versions dans les sources anciennes ; Wang Chong décrit leurs populations comme « ne mangeant pas de grain », c'est-à-dire comme sans agriculture.

6. Il s'agit de peuples lointains, relevant largement de la légende, décrits en particulier dans la géographie mythologique du *Classique des montagnes et des mers* (*Shanhaijing*).

猶«詩»言「子孫千億」矣，美周宣王之德，能慎天地，天地祚之，子孫眾多，至於千億。言子孫眾多，可也；言千億，增之也。夫子孫雖眾，不能千億，詩人頌美，增益其實。案后稷始受邰封，訖於宣王，宣王以至外族內屬，血脈所連，不能千億。夫「千」與「萬」，數之大名也，「萬」言眾多，故«尚書»言「萬國」，«詩»言「千億」。

3. «詩»云：「鶴鳴九臯，聲聞于天。」言鶴鳴九折之澤，聲猶聞於天，以喻君子修德窮僻，名猶達朝廷也。

〔言〕其聞高遠，可矣；言其聞於天，增之也。

彼言聲聞於天，見鶴鳴於雲中，從地聽之，度其聲鳴於地，當復聞於天也。夫鶴鳴雲中，人聞聲仰而視之，目見其形。耳目同力，耳聞其聲，則

7. Cf. *Shijing*, « Da ya, Sheng min zhi shi, Jiale ». « Cent millions » : *qian yi* 千億, soit « mille *yi* », le mot *yi* pouvant signifier « cent mille » ou « cent millions » dans les sources anciennes – aujourd'hui, il signifie « cent millions » ; peu importe ici : comme le remarque Wang Chong plus bas, des nombres de ce type suggèrent une multitude indéterminée plutôt qu'un chiffre précis. Le roi Xuan (r. 827 ?-782) : le onzième souverain de la dynastie Zhou, dont le règne marque le dernier moment de la puissance royale des Zhou occidentaux.

De la même façon, le *Classique des poèmes* évoque « cent millions de fils et petits-fils » pour encenser le roi Xuan des Zhou, dont la vertu aurait tant impressionné le ciel et la terre qu'ils l'auraient gratifié d'une descendance innombrable[7]. Mais si l'on peut parler de très nombreux descendants, il est exagéré de parler de « millions », car on a beau avoir des fils et petits-fils en nombre, on ne peut en avoir des millions ; si le poète exagère ainsi, c'est pour glorifier la vertu du roi. Remarquons que même en remontant au Souverain Millet lorsqu'il reçut Tai en fief, et en descendant jusqu'au roi Xuan des Zhou, en incluant tous ceux qui étaient liés par le sang, depuis les dépendants directs jusqu'aux clans extérieurs, on n'arrive pas à cent millions de descendants[8]. « Mille » et « dix mille » expriment simplement de grandes quantités : « dix mille » signifie simplement « très nombreux », voilà pourquoi le *Classique des documents* peut parler de « dix mille pays », et le *Classique des poèmes*, de « millions » de descendants.

3. Le *Classique des poèmes* dit : « La grue crie du fond du marais, et on l'entend jusqu'au ciel[9]. » Cela signifie que la grue a beau crier des tréfonds de son marais, son appel parvient malgré tout au ciel ; il s'agit d'une image pour l'homme de bien qui cultive sa vertu de façon cachée, mais dont la réputation finit par parvenir à la cour.

Mais si le cri de la grue porte loin, il est exagéré de dire qu'il porte jusqu'au ciel.

Si le *Classique des poèmes* parle ainsi, c'est parce que, lorsque la grue crie dans les nuages, on l'entend du sol : on en déduit que lorsqu'elle crie depuis le sol, son appel doit de la même manière parvenir au ciel. Mais lorsqu'une grue crie dans les nuages, les gens qui l'entendent lèvent la tête et la voient.

8. Le Souverain Millet étant considéré comme l'ancêtre des Zhou, si sa descendance ne peut se compter en millions, c'est encore moins vrai de celle du roi Xuan, dont le règne est beaucoup plus récent.

9. Cf. *Shijing*, « Xiao ya, Tong gong, He ming ».

目見其形矣。然則耳目所聞見，不過十里，使參天之鳴，人不能聞也。何則？天之去人以萬數遠，則目不能見，耳不能聞。今鶴鳴，從下聞之，鶴鳴近也。以從下聞其聲，則謂其鳴於地，當復聞於天，失其實矣。其鶴鳴於雲中，人從下聞之；如鳴於九皋，人無在天上者，何以知其聞於天上也？無以知，意從准況之也。

詩人或時不知，至誠以為然；或時知，而欲以喻事，故增而甚之。

4.«詩»曰：「維周黎民，靡有孑遺。」是謂周宣王之時，遭大旱之災也。詩人傷旱之甚，民被其害，言無有孑遺一人不愁痛者。

夫旱甚，則有之矣；言無孑遺一人，增之也。

夫周之民，猶今之民也。使今之民也，遭大旱之災，貧羸無蓄積，扣心思雨；若其富人穀食饒

Oreille et œil ont une portée comparable, et lorsqu'on entend le cri de l'oiseau, on peut aussi le voir. Or, l'ouïe et le regard ne peuvent entendre ou voir à plus de dix *li* de distance ; on ne peut donc entendre un cri poussé du haut du ciel. Pourquoi cela ? Parce que ciel est éloigné de dizaines de milliers de *li* de l'homme et qu'à cette distance, l'œil ne saurait voir, et donc l'oreille ne peut plus rien entendre. Lorsque la grue crie dans les nuages, on l'entend d'en bas parce qu'elle est proche. Dire que parce qu'on l'entend dans ces conditions, son cri devrait parvenir au ciel lorsqu'elle se trouve au sol, c'est perdre le sens des réalités. En outre, lorsqu'une grue crie dans les nuages, il y a des hommes en bas pour l'entendre, alors qu'il n'y a personne dans le ciel lorsqu'elle crie du fond de son marais : comment dès lors savoir qu'on peut l'entendre de là-haut ? Si on ne peut le savoir, il faut raisonner par déduction comme je viens de le faire.

Le poète ne savait peut-être pas ce qu'il en était réellement, et s'est exprimé comme il l'a fait en toute bonne foi ; ou alors il savait ce qu'il en était et s'est exprimé ainsi par métaphore, avec pour résultat qu'il a grossi les faits.

4. Le *Classique des poèmes* dit : « Pas un seul parmi le peuple des Zhou n'a été épargné[10]. » Ce vers se réfère à la sécheresse catastrophique qui toucha le règne du roi Xuan des Zhou : le poète se désole de la sévérité de cette sécheresse, de ce que le peuple endura, de cette désolation à laquelle nul n'échappa.

Mais s'il y eut bien une sécheresse extrême, prétendre que personne ne fut épargné est exagéré.

On peut comparer les gens de l'époque à ceux qui vivent aujourd'hui. Lorsqu'une grande sécheresse se produit, les pauvres, les faibles et tous ceux qui n'ont rien en réserve se désespèrent en attendant la pluie ; mais en quoi inquiète-t-elle

10. *Shijing*, « Da Ya, Dang zhi shi, Yunhan ».

足者,廩囷不空,口腹不飢,何愁之有?天之旱也,山林之間不枯,猶地之水,丘陵之上不湛也。山林之間,富貴之人,必有遺脫者矣,而言「靡有孑遺」,增益其文,欲言旱甚也。

5.«易»曰:「豐其屋,蔀其家,窺其戶,闃其無人也。」非其無人也,無賢人也。«尚書»曰:「毋曠庶官。」曠,空;庶,眾也。毋空眾官,置非其人,與空無異,故言空也。

夫不肖者皆懷五常,才劣不逮,不成純賢,非狂妄頑嚚身中無一知也。德有大小,材有高下,居官治職,皆欲勉效在官。«尚書»之官,«易»之戶中,猶能有益,如何謂之空而無人?

11. *Yijing*, 55, « Feng ». Comme souvent dans le *Classique des mutations*, ce passage est susceptible de multiples interprétations.

les riches, qui ont à manger en abondance, dont les greniers ne sont jamais vides, et qui donc ignorent la faim ? Et par ailleurs, en cas de sécheresse, montagnes et forêts échappent à l'aridité, tout comme les élévations ne sont pas submergées lorsqu'il y a une inondation. Que ce soit dans les montagnes et les forêts, ou parmi les riches et les nobles, il en fut donc qui échappèrent à cette sécheresse extrême, et ce vers selon lequel « pas un seul n'a été épargné » n'est qu'une exagération pour souligner la sévérité de la catastrophe.

5. Le *Classique des mutations* dit : « Agrandir la maison, cacher la maisonnée : celui qui épie par la porte ne voit personne[11]. » Ce que veut dire ce texte, ce n'est pas qu'il n'y a personne, mais qu'il n'y a pas de sages. Et le *Classique des documents* dit : « Il ne faut pas laisser vacants les multiples postes de fonctionnaires[12]. » « Vacants » signifie « vides » ; « multiples » signifie « nombreux ». « Laisser vacants les multiples postes de fonctionnaires » veut dire ne pas nommer les bonnes personnes, ce qui revient à laisser les postes vides – voilà pourquoi le texte écrit « vacants ».

Mais ceux qui ne sont pas les plus capables sont tout de même imbus des cinq vertus ; même s'ils ne sont pas tout à fait au niveau, même s'ils ne sont pas de véritables sages, ils ne sont pas non plus des insensés dépourvus de la moindre intelligence. Il y a des degrés dans la vertu comme dans le talent, et ceux qui sont en poste font tous de leur mieux pour s'acquitter de leur charge. Il devait donc être possible de trouver des hommes pour remplir utilement les postes vacants mentionnés par le *Classique des documents* et le *Classique des mutations*. Comment dans ces conditions parler de « maison vide » et « sans personne » ?

12. *Shangshu*, « Gao Yao mo ».

«詩»曰:「濟濟多士,文王以寧。」此言文王得賢者多,而不肖者少也。今«易»宜言「闃其少人」,«尚書»宜言「無少衆官」。以「少」言之,可也;言空而無人,亦尤甚焉。

五穀之於人也,食之皆飽。稻粱之味,甘而多腴;豆麥雖糲,亦能愈飢。食豆麥者,皆謂糲而不甘,莫謂腹空無所食。竹、木之杖,皆能扶病。竹杖之力,弱劣不及木。或操竹杖,皆謂不勁,莫謂手空無把持。夫不肖之臣,豆麥、竹杖之類也。«易»持其具臣在戶,言「無人」者,惡之甚也。«尚書»衆官,亦容小材,而云「無空」者,刺之甚也。

6. «論語»曰:「大哉!堯之為君也,蕩蕩乎民無能名焉。」傳曰:「有年五十擊壤於路者,

13. *Shijing*, « Da Ya, Wenwang zhi shi, Wenwang ».

Le *Classique des poèmes* dit : « Qu'ils sont nombreux les bons officiers ! Grâce à eux le roi Wen est tranquille[13] ! » Cela veut dire que le roi Wen put se reposer sur de nombreux sages, et qu'il n'eut qu'une minorité de servants moins compétents. Le *Classique des mutations* aurait de la même façon dû écrire : « celui qui épie par la porte ne voit que peu de gens », et le *Classique des documents* aurait dû parler de « peu d'hommes pour remplir les postes officiels ». Parler de « peu », c'est admissible ; mais prétendre que les postes étaient vacants parce que personne n'en était digne, c'est aller trop loin.

Les cinq sortes de grain rassasient. Le riz et le millet sont certes plus délicats et plus riches, mais les fèves et le blé, malgré leur grossièreté, soulagent aussi la faim : lorsqu'on les avale, on peste contre leur grossièreté, mais on ne dit pas qu'on reste l'estomac vide comme si on n'avait rien mangé. Une canne de bois et une canne de bambou peuvent toutes deux soutenir un malade, même si le bambou est moins résistant que le bois ; celui qui tient en main une canne de bambou dira qu'elle n'est pas très solide, il ne dira pas qu'il n'a rien pour le soutenir. Les fonctionnaires moins sages sont comme les fèves et le blé, ou comme cette canne de bambou. Le *Classique des mutations* savait que les fonctionnaires abondaient dans la maison, et il noircit les choses en disant qu'il « n'y avait personne » ; et les multiples postes auxquels le *Classique des documents* fait référence peuvent être remplis par des talents moindres : parler de « postes vacants », c'est donc une critique excessive.

6. Les *Entretiens de Confucius* disent : « Quel grand souverain que Yao, si grand que les gens ne savaient comment en faire l'éloge[14] ! » Mais les textes écrivent : « Un paysan de

14. *Lunyu*, 8.19.

觀者曰:『大哉!堯〔之〕德乎!』擊壤者曰:『吾日出而作, 日入而息, 鑿井而飲, 耕田而食, 堯何等力?』」

此言蕩蕩無能名之效也。言蕩蕩, 可也;乃(欲) 言民無能名, 增之也。

四海之大, 萬民之眾, 無能名堯之德者, 殆不實也。夫擊壤者曰:「堯何等力?」欲言民無能名也;觀者曰:「大哉!堯之德乎!」此「何等」民者, 猶能知之。實有知之者, 云「無」, 竟增之。

儒書又言:「堯、舜之民, 可比屋而封。」言其家有君子之行, 可皆官也。夫言可封, 可也;言比屋, 增之也。

人年五十為人父, 為人父而不知君, 何以示子?

15. Il s'agit d'un jeu d'adresse où l'on vise un objet avec un autre. Le jeu a connu plusieurs variantes ; étymologiquement, le mot suggère le lancer de morceaux de terre, mais dans des formes plus élaborées, on utilise des morceaux de bois. Ce passage du *Lunheng* paraît la première référence historique à ce jeu.

16. Le paysan a des loisirs, et les spectateurs en attribuent le mérite à la bonne politique de Yao – contrairement à ce que suggère le *Lunyu*, il y a donc moyen de louer la vertu de ce sage souverain.

cinquante ans jouait à lancer des mottes de terre sur le chemin[15], et les gens dirent : “Quelle est grande, la vertu de Yao[16] !” Le paysan dit : “Je me lève avec le soleil pour travailler, et ne m’arrête que lorsqu’il se couche ; je bois l’eau du puits que j’ai creusé, je mange la nourriture que j’ai semée, quel mérite a donc Yao ?”[17]. »

Le passage des *Entretiens* suggère que Yao était si grand qu’il était impossible d’en faire l’éloge ; mais si l’on peut certes dire qu’il était grand, il est exagéré de dire que les gens ne savaient comment faire son éloge.

Dans un monde si vaste et si peuplé, il ne paraît pas possible que personne ne sache trouver les mots pour faire l’éloge de Yao. Même si le paysan qui lançait des mottes de terre jugea que sa situation n’avait rien à voir avec Yao, les gens trouvèrent un moyen de louer ce dernier en s’exclamant : « Quelle est grande, la vertu de Yao ! » Et si c’est le cas, l’idée que « personne » ne saurait faire l’éloge de Yao est bien une exagération.

Les livres des lettrés disent encore : « Sous les règnes de Yao et de Shun, chaque maison produisait des sujets qui auraient mérité un fief[18]. » Cela veut dire que dans chaque famille il y avait des hommes de bien susceptibles d’être nommés fonctionnaires. Mais si on peut croire qu’il y avait effectivement des hommes de cette qualité dans certaines maisons, il est exagéré de dire qu’il y en avait dans toutes les maisons.

Lorsqu’un père âgé de cinquante ans ne reconnaît pas les mérites de son souverain, quelle éducation pourra-t-il bien donner à ses enfants[19] ? En période de grande paix, lorsqu’il

17. Le paysan nie tout mérite à Yao, mais l’histoire retiendra ce jeu de lancer comme le symbole d’une bonne politique, où même les paysans ont des loisirs et peuvent s’amuser.

18. Lu Jia, *Xin yu*, 4, « Wu wei » ; cf. *supra*, 8.3.

19. Wang Chong prend ce paysan qui lance des mottes de terre comme contre-exemple : un tel homme incapable de juger Yao à sa juste valeur ne peut avoir des fils susceptibles d’être récompensés d’un fief.

太平之世,家為君子,人有禮義,父不失禮,子不廢行。夫有行者有知,知君莫如臣,臣賢能知君,能知其君,故能治其民。今不能知堯,何可封官。

年五十擊壤於路,與豎子未成人者為伍,何等賢者?子路使子羔為郈宰,孔子以為不可,未學,無所知也。擊壤者無知,官之如何?

稱堯之蕩蕩,不能述其可比屋而封;言賢者可比屋而封,不能議讓其愚而無知之。夫擊壤者難以言比屋,比屋難以言蕩蕩,二者皆增之。所由起,美堯之德也。

7. « 尚書 » 曰:「祖伊諫紂曰:『今我民罔不

20. Si le sens du passage est à peu près clair, l'argumentation est incertaine dans le détail, et notre traduction est parfois conjecturale.

21. Cf. *Lunyu*, 11.25.

22. Prétendre que chaque famille produisait un sage digne d'occuper un poste est en effet une manière de louer la vertu de Yao.

23. *Shangshu*, « Xibo kan Li ». Zu Yi : conseiller du tyran Zhòu ; voyant l'ampleur du mécontentement contre la dynastie, il conseilla au souverain de réformer son comportement, mais en vain.

y a un homme de bien dans une famille, tous les membres de celle-ci respectent les rites et la justice : le père agit selon les rites, et les fils ne se départissent pas d'une bonne conduite. Une bonne conduite s'accompagne de discernement, et pour ce qui est de connaître son souverain, personne ne vaut ses sujets : c'est parce qu'ils ont reconnu les mérites de leur souverain qu'ils peuvent ensuite administrer le peuple. Or notre paysan ne reconnaissait pas les mérites de Yao : comment lui ou ses enfants auraient-ils pu dans ces conditions mériter un fief et être nommés à des fonctions officielles[20] ?

Quelqu'un qui à cinquante ans joue à lancer des mottes de terre sur un chemin ne vaut pas plus qu'un enfant ou une personne immature : en quoi mériterait-il d'être considéré comme sage ? Lorsque Zilu fit nommer Zigao intendant de Hao, Confucius jugea que cela ne convenait pas, parce que Zigao manquait d'éducation, et donc de discernement[21]. Notre paysan manquait tout autant de discernement, alors comment aurait-il pu être digne d'être nommé à un poste ?

Si on prétend que Yao était si grand qu'il était impossible d'en faire l'éloge, on ne peut dire en même temps que chaque famille produisait des sujets qui auraient mérité d'être anoblis ; et si l'on prétend que chaque famille produisait des sages qui auraient mérité d'être anoblis, on ne peut mentionner comme sujets de Yao des idiots comme ce vieux paysan dépourvu de tout discernement. Car ce paysan jouant avec ses mottes de terre paraît difficilement compatible avec l'affirmation selon laquelle chaque famille produisait des sages ; et la mention de sages dans chaque famille paraît difficilement compatible avec l'affirmation selon laquelle il était impossible de faire l'éloge de la grandeur de Yao[22]. Ces deux affirmations ne sont que des exagérations pour magnifier la vertu de ce souverain.

7. Le *Classique des documents* dit : « Zu Yi fit une remontrance à Zhòu : "Aujourd'hui, parmi vos sujets, il n'en est point qui ne souhaite pas votre perte"[23]. » « Il n'en est

欲喪。』」罔，無也，我天下民無不欲王亡者。

夫言欲王之亡，可也；言無不，增之也。

紂雖惡，民臣蒙恩者非一。而祖伊增語，欲以懼紂也，故曰：「語不益，心不惕；心不惕，行不易。」增其語，欲以懼之，冀其警悟也。

蘇秦說齊王曰：「臨菑之中，車轂擊，人肩摩，舉袖成幕，連衽成帷，揮汗成雨。」齊雖熾盛，不能如此，蘇秦增語，激齊王也。祖伊之諫紂，猶蘇秦之說齊王也。

賢聖增文，外有所為，內未必然。何以明之？夫 « 武成 » 之篇，言「武王伐紂，血流浮杵」。助戰者多，故至血流如此。皆欲紂之亡也，土崩瓦解，安肯戰乎？然祖伊之言「民無不欲」，如蘇秦增語。

24. Su Qin (380 ?-284) : stratège militaire de l'époque des Royaumes combattants, il recommanda une alliance des autres États contre le royaume de Qin. Le roi de Qi : le roi Xuan de Qi (r. 319-301).

25. Linzi : capitale du royaume de Qi (actuel Shandong), l'une des plus grandes villes de l'époque des Royaumes combattants.

point » signifie « il n'y a personne » – il n'y a personne dans le monde qui ne souhaite pas la ruine du roi. Mais s'il est admissible de dire que les gens souhaitaient la mort du roi, il est exagéré de prétendre que ce souhait était unanime.

Car même si Zhòu était un tyran, nombreux étaient ses sujets ou ministres à bénéficier de ses faveurs. L'exagération de Zu Yi avait pour but d'alarmer le souverain, selon le précepte qui veut que « si l'on n'exagère pas, on ne suscite aucune crainte chez autrui, et si l'on ne suscite aucune crainte chez autrui, il ne s'amendera pas ». Zu Yi exagéra donc afin d'effrayer Zhòu, avec l'espoir de lui ouvrir les yeux sur ses fautes.

Su Qin dit au roi de Qi[24] : « Dans la ville de Linzi[25], les roues des voitures se touchent, les épaules des gens se frottent, leurs manches se dressent en tentures, leurs robes se joignent en rideaux, et leur sueur coule en pluie[26]. » Mais si la capitale du royaume de Qi était animée et florissante, cela ne pouvait être à ce point, et Su Qin exagère afin d'en imposer au roi. La remontrance de Zu Yi à Zhòu est de même nature.

Lorsque les sages exagèrent de la sorte, leur façon de s'exprimer ne correspond pas forcément au fond de leur pensée. La preuve que Zu Yi exagère ? Selon le traité « Réalisations du roi Wu », lorsque le roi Wu attaqua Zhòu, « le sang coula tant qu'il emportait les massues tombées au sol[27] ». Si le sang coula ainsi, c'est bien que Zhòu avait encore de nombreux partisans : si tout le monde avait souhaité sa perte, qui donc aurait consenti à se battre pour lui, à un moment où sa dynastie s'effondrait ? Dans sa remontrance à Zhòu, Zu Yi exagère de la même manière que Su Qin[28].

26. *Zhanguo ce*, « Qi ce, 1 ».
27. Cf. *supra*, 25.2.
28. Cette répétition est probablement une interpolation.

«武成»言「血流浮杵」, 亦太過焉。死者血流, 安能浮杵 ?案武王伐紂於牧之野, 河北地高, 壤靡不乾燥, 兵頓血流, 輒燥入土, 安得杵浮 ? 且周、殷士卒, 皆賚盛糧, (或作乾糧) 無杵臼之事, 安得杵而浮之 ?

言血流杵, 欲言誅紂, 惟兵頓士傷, 故至浮杵。

8. « 春秋 »「莊公七年, 夏四月辛卯, 夜中, 恆星不見, 星霣如雨」。

«公羊傳»曰 :「『如雨』者何 ? 非雨也。非雨, 則曷為謂之『如雨』? 不脩 « 春秋 » 曰 :『(如) 雨星, 不及地尺而復。』君子脩之〔曰〕:『星霣如雨。』」

29. La plaine de Mu : c'est le sens du nom de lieu Muye.

30. Wang Chong joue sur les mots, et son argument est tiré par les cheveux : le mot *chu* désigne certes un pilon pour écraser le grain, mais aussi une sorte de massue de guerre (en forme de pilon).

31. *Zuozhuan*, « Zhuanggong », 7e année, soit en 687 AEC. *Xinmao* : vingt-huitième binôme du système de numérotation sexagésimale des jours ; sur le cycle sexagésimal et ses composantes dénaires (les dix rameaux) et duodénaires (les douze branches), cf. *Balance* 2011, « Introduction », p. cxxx-cxxxiii.

En prétendant que « le sang coula tant qu'il emportait les massues jetées au sol », le texte des « Réalisations du roi Wu » passe également la mesure : comment le sang coulant de blessures pourrait-il emporter des massues ? On sait que le roi Wu attaqua Zhòu dans la plaine de Mu[29], au nord du Fleuve, à un endroit élevé et sur un terrain uniformément sec : le sang ruisselant sur les armes dut donc sécher ou s'écouler immédiatement dans le sol, comment aurait-il pu emporter ces massues ? Par ailleurs, les soldats Yin et Zhou emportaient tous d'importantes quantités de nourriture sèche et n'avaient donc pas besoin de massues pour écraser leur grain : de quelles massues est-il donc question ici[30] ?

Sans doute raconta-t-on, pour suggérer la gravité des blessures subies lors de cette guerre contre Zhòu, que le sang ruisselait sur les massues, et le Classique exagéra-t-il en parlant de massues emportées par le sang.

8. Selon les *Printemps et automnes*, « la septième année du duc Zhuang, l'été, le quatrième mois de l'année, au jour *xinmao*, durant la nuit, les astres fixes disparurent, et étoiles et météores tombèrent comme la pluie[31] ».

Le commentaire Gongyang dit[32] : « Que signifie "comme la pluie" ? Il ne s'agit pas d'une vraie pluie, alors pourquoi dire "comme la pluie" ? Les *Printemps et automnes* non révisés[33] disent : "Des étoiles tombèrent comme de la pluie, mais arrivées à moins d'un pied du sol, elles remontèrent." L'homme de bien révisa le texte en parlant "d'étoiles et météores tombant comme la pluie". »

32. C'est-à-dire le *Gongyang zhuan*, l'un des trois principaux « commentaires » du *Chunqiu*, attribué à Gongyang Gao, un disciple de deuxième génération de Confucius, mais qui trouva sa forme définitive durant la dynastie Han.

33. C'est-à-dire les notes des annalistes du pays de Lu avant que Confucius (selon la tradition) ne les compile pour produire les *Printemps et automnes* en tant que tels.

不脩«春秋»者,未脩«春秋»時«魯史記»,曰:「雨星,不及地尺如復。」「君子」者,謂孔子也。孔子脩之〔曰〕:「星霣如雨。」「如雨」者,如雨狀也。

山氣為雲,上不及天,下而為(雲)雨。(星)星隕不及地,上復在天,故曰「如雨」,孔子正言也。夫星霣或時至地,或時不能,尺丈之數難審也。«史記»言「尺」,亦似太甚矣。夫地有樓臺山陵,安得言「尺」?孔子言「如雨」,得其實矣;孔子作«春秋»,故正言「如雨」,如孔子不作,「不及地尺」之文,遂傳至今。

9. 光武皇帝之時,郎中汝南賁光上書言:「孝文皇帝時,居明光宮,天下斷獄三人。」頌

34. Ce passage est repris, avec quelques différences, dans le traité 32 ; cf. *infra*, 32.14.

35. Ou bien : « Le *qi* des montagnes provoque des nuages, qui en haut ne touchent pas le ciel, et en bas donnent de la pluie. »

36. Runan : commanderie dans l'actuel Henan. Fen Guang : personnage inconnu par ailleurs.

Les *Printemps et automnes* non révisés sont les notes historiques du pays de Lu durant la période des Printemps et automnes, non révisées encore par Confucius, et selon elles « des étoiles tombèrent comme de la pluie, mais arrivées à moins d'un pied du sol, elles remontèrent ». « L'homme de bien », c'est Confucius qui, révisant le texte, parla pour sa part « d'étoiles et de météores tombant comme de la pluie ». « Comme de la pluie », cela veut dire que cela ressemblait à de la pluie[34].

Le *qi* des montagnes provoque des nuages, qui ne montent pas au ciel, mais descendent et donnent de la pluie[35]. Les étoiles et météores remontèrent sans toucher la terre, voilà pourquoi Confucius dit « comme la pluie », la correction étant de Confucius lui-même. Car étoiles et météores atteignent parfois le sol, et parfois pas, et le nombre de pieds ou de toises qui les en séparent est difficile à établir. Les textes historiques parlent « d'un pied », mais cela paraît excessif : comment peut-on parler « d'un pied », alors que sur le sol se trouvent des bâtiments et autres élévations ? Confucius dit pour sa part « comme de la pluie », ce qui correspond à la réalité ; il compila les *Printemps et automnes*, corrigeant le texte, mais s'il ne l'avait pas fait, la phrase « à moins d'un pied du sol » aurait été transmise jusqu'à aujourd'hui.

9. Sous le règne de l'empereur Guangwu, le gentilhomme de palais Fen Guang, de Runan, adressa un mémoire à l'empereur[36], disant : « À l'époque de l'empereur Wen, le souverain vivait au palais de Claire lumière[37], et dans tout l'empire il n'y eut que trois crimes à juger. » Le but de cette

37. Palais de Claire lumière : palais érigé sous le règne de l'empereur Wu (r. 141-87).

美文帝, 陳其效實。光武皇帝曰:「孝文時, 不居明光宮, 斷獄不三人。」

積善脩德, 美名流之, 是以君子惡居下流。

夫賁光上書於漢, 漢為今世, 增益功美, 猶過其實, 況上古帝王久遠, 賢人從後褒述, 失實離本, 獨已多矣。不遭光武論, 千世之後, 孝文之事, 載在經藝之上, 人不知其增, 居明光宮, 斷獄三人, 而遂為實事也。

description était de prouver la grandeur de l'empereur Wen. Mais l'empereur Guangwu rétorqua : « L'empereur Wen ne vivait pas au palais de Claire lumière[38], et sous son règne il y eut plus de trois crimes à juger. »

La bonne réputation de celui qui accumule les mérites et cultive la vertu se répand partout – voilà pourquoi l'homme de bien déteste demeurer en aval du courant[39].

Fen Guang rédigea son mémoire à l'époque Han, c'est-à-dire durant la présente dynastie, et il exagéra pourtant les mérites de l'empereur Wen au mépris des faits : à plus forte raison peut-on s'écarter de la vérité pour les souverains de l'Antiquité, beaucoup plus éloignés de nous, et encensés *a posteriori* par les sages dans les Classiques. Si la louange de Fen Guang n'avait pas été réfutée par l'empereur Guangwu, elle aurait été consignée par écrit dans les Classiques des lettrés et se serait transmise telle quelle aux générations lointaines. Les gens n'auraient pas compris qu'il s'agissait d'une exagération ; ils auraient réellement cru que l'empereur Wen avait vécu au palais de Claire lumière et que sous son règne il n'y avait eu que trois crimes à juger.

38. Puisque le palais de Claire lumière n'existait pas sous le règne de l'empereur Wen (r. 180-157).

39. C'est-à-dire que la louange attire la louange, comme la critique attire la critique, avec pour résultat que les bons sont exagérément loués, et les méchants, exagérément critiqués. Sur ce thème et cette allusion aux *Entretiens* de Confucius, cf. *supra*, 25.2.

問孔篇第二十八

1. 世儒學者, 好信師而是古, 以為賢聖所言皆無非, 專精講習, 不知難問。夫賢聖下筆造文, 用意詳審, 尚未可謂盡得實, 況倉卒吐言, 安能皆是？不能皆是, 時人不知難；或是, 而意沉難見, 時人不知問。

案賢聖之言, 上下多相違；其文, 前後多相伐者, 世之學者, 不能知也。

2. 論者皆云 :「孔門之徒, 七十子之才, 勝今之儒。」此言妄也。彼見孔子為師, 聖人傳道, 必

1. Wang Chong oppose ici deux types de sources associées à Confucius : les Classiques, textes dont on pensait sous les Han qu'ils étaient en partie l'œuvre du Maître, et les *Entretiens*, qui possèdent clairement une dimension orale, bien des passages consistant en de courts dialogues entre le Maître et ses disciples.

Questions à Confucius
(Traité 28, « Wen Kong »)

1. Nos lettrés et étudiants aiment à croire leurs maîtres et à honorer le passé ; ils considèrent que les discours des saints et des sages ne sauraient contenir la moindre erreur, et mettent toute leur énergie à les commenter et les étudier ; ils se montrent incapables de les remettre en question. Or même dans leurs écrits, rédigés pourtant avec le plus grand soin, les saints et les sages ne réussirent pas toujours à respecter la vérité ; alors à plus forte raison, comment auraient-ils pu ne jamais se tromper dans leurs paroles improvisées[1] ? Et pourtant nos lettrés sont incapables de remettre leurs paroles en question ; et même lorsque les anciens textes ne se trompent pas, leurs idées sont parfois profondes et difficiles, et nos lettrés se montrent tout aussi incapables de poser des questions.

En réalité, que ce soit dans leurs paroles ou leurs écrits, les sages se contredisent souvent d'un endroit à l'autre, mais nos lettrés ne le comprennent pas.

2. Tous les commentateurs estiment que « les soixante-dix disciples de Confucius l'emportaient par le talent sur les lettrés d'aujourd'hui[2] ». Cette idée est dénuée de tout fondement. Les commentateurs jugent les disciples de

2. Selon la tradition, Confucius aurait eu 72 disciples directs (certaines sources parlent de 77), et 3 000 étudiants en tout.

授異才，故謂之殊。夫古人之才，今人之才也，今謂之英傑，古以為聖神，故謂七十子歷世希有。使當今有孔子之師，則斯世學者，皆顏、閔之徒也；使無孔子，則七十子之徒，今之儒生也。何以驗之？以學於孔子，不能極問也。聖人之言，不能盡解；說道陳義，不能輒 (形)〔勑〕；不能輒 (形)〔勑〕，宜問以發之；不能盡解，宜難以極之。皋陶陳道帝舜之前，淺略未極，禹問難之，淺言復深，略指復分。蓋起問難 (此) 說，激而深切，觸而著明也。

3. 孔子笑子游之弦歌，子游引前言以距孔子。自今案 « 論語 » 之文，孔子之言，多若笑弦歌之

3. Yan Hui et Min Ziqian (Min Sun, 536-487 ?), réputés pour leur vertu, sont souvent présentés comme les deux disciples favoris de Confucius.

4. Gao Yao : sage conseiller et ministre de la justice du mythique souverain Shun. Au début du chapitre du *Shangshu* qui porte son nom (« Gao Yao mo »), Yu le prie de développer ses idées sur la vertu du souverain.

5. Cf. *Lunyu*, 17.4 : « S'étant rendu à la citadelle de Wu, le Maître y entend une musique d'instruments à cordes accompagnée de chants. Il se tourne vers Ziyou avec un sourire amusé : On ne s'arme pas d'un couperet à bœufs pour égorger un poulet. Le disciple lui répond : Maître, je me souviens pourtant de vous avoir entendu dire : "Le souverain qui progresse dans la Voie aime tous les hommes ; le peuple qui progresse dans la Voie est facile à gouverner." Le Maître, s'adressant à ses disciples : Mes amis, Ziyou a parfaitement raison. Je

Confucius extraordinaires parce qu'ils eurent Confucius pour maître, considérant qu'un tel saint ne pouvait enseigner que des hommes extraordinairement talentueux. En réalité, les talents des anciens sont comparables à ceux des modernes ; mais comme on juge ces derniers simplement « éminents » ou « remarquables », tout en considérant ceux de l'Antiquité comme « saints » ou « merveilleux », on en conclut que les soixante-dix disciples de Confucius furent uniques dans l'histoire. En fait, si nos étudiants avaient Confucius pour maître, ils deviendraient tous des Yan Hui ou des Min Ziqian[3] ; et si les soixante-dix disciples de Confucius n'avaient pas été à l'école du Maître, ils ne l'auraient pas emporté sur nos lettrés. La preuve ? Les disciples de Confucius se montrèrent également incapables de l'interroger à fond. Ils ne comprenaient pas toujours complètement ses saintes paroles, et ils ne se représentaient pas facilement le sens de ce qu'il disait : ils auraient donc dû l'interroger et le contredire, afin que Confucius puisse développer ses idées et exprimer jusqu'au bout sa pensée. Gao Yao[4] commença par exposer d'une façon superficielle ses idées devant Shun, et ce n'est qu'après que Yu l'eut questionné qu'elles apparurent dans toute leur profondeur et leur netteté : ce sont les questions de Yu qui poussèrent Gao Yao à approfondir ses idées et les exprimer clairement.

3. Lorsque Confucius se moqua des chants et instruments à cordes utilisés par Ziyou, ce dernier lui objecta l'une des paroles antérieures du Maître[5]. Dans beaucoup de passages des *Entretiens*, Confucius se contredit comme dans ce cas, mais

voulais seulement le taquiner » (trad. A. Cheng, *op. cit.*, p. 134-135) Ziyou (Ran Qiu, 522- ? AEC) : l'un des principaux disciples de Confucius. Dans ce passage, Ziyou suggère que Confucius se contredit, puisqu'il considère ici que les gens sans éducation ne méritent pas une instruction noble (symbolisée par une musique rituelle), alors que précédemment il avait jugé que chacun mérite respect et attention.

辭, 弟子寡若子游之難, 故孔子之言遂結不解。以七十子不能難, 世之儒生, 不能實道是非也。

凡學問之法, 不 (為) 〔畏〕無才, 難於距師, 核道實義, 證定是非也。問難之道, 非必對聖人及生時也 ; 世之解說 (說人) 者, 非必須聖人教告乃敢言也。苟有不曉解之問, (迢) 〔追〕難孔子, 何傷於義 ? 誠有傳聖業之知, 伐孔子之說, 何逆於理 ? (謂) 問孔子之言, 難其不解之文, 世間弘才大知 (生), 能答問、解難之人, 必將賢吾 (世間) 難問之言 (是非)。

4. 孟懿子問孝, 子曰 :「毋違。」樊遲御, 子告之曰 :「孟孫問孝於我, 我對曰 :『毋違。』」樊遲曰 :「何謂也 ?」子曰 :「生, 事之以禮, 死, 葬之以禮, 〔祭之以禮〕。」

6. Ce passage montre bien l'ambition de Wang Chong, qui se montre prêt à critiquer Confucius – mais aussi sa loyauté vis-à-vis de la pensée du Maître : Wang Chong ne remet pas en question cette pensée, au contraire, ses critiques visent à débarrasser celle-ci de ce qu'il considère comme des scories, des erreurs, voire des fautes, qui encombrent et obscurcissent son message.

7. Comme le montrent les nombreuses corrections textuelles proposées par les commentateurs, le texte paraît tronqué dans ce passage, et dans le détail notre traduction est conjecturale.

rares sont les disciples qui comme Ziyou osèrent le critiquer, avec pour résultat qu'on ne comprend plus aujourd'hui certaines des paroles de Confucius. C'est parce que les soixante-dix disciples ne critiquèrent pas Confucius que nos lettrés ne peuvent plus séparer le vrai du faux dans ses doctrines.

Dans le domaine du savoir, le danger n'est pas le manque d'hommes talentueux, mais leur difficulté à s'affranchir de leurs maîtres pour établir la vérité dans leurs doctrines, pour y séparer le vrai du faux. Cet esprit critique ne doit pas forcément s'exercer à l'égard des sages tant qu'ils sont vivants ; et pour expliquer leurs doctrines, pour oser les remettre en question, il ne faut pas forcément avoir leur permission. Si certaines des paroles de Confucius sont incompréhensibles, en quoi poser aujourd'hui des questions serait-il immoral ? Si quelqu'un dispose de suffisamment d'intelligence pour perpétuer la sainte entreprise du Maître, en quoi nuit-il aux justes principes en critiquant ses propos[6] ? Pour critiquer certaines des paroles de Confucius et remettre en cause ses écrits, il faut certes de grands talents et de vastes connaissances ; mais si je parviens à résoudre certaines questions, mes critiques devront forcément m'attirer des louanges[7].

4. « Le seigneur Meng Yi demanda en quoi consistait la piété filiale[8]. Le Maître dit : "N'enfreignez pas !" Comme Fan Chi conduisait son char[9], le Maître lui rapporta cet entretien : "Le seigneur Meng Yi m'a demandé en quoi consistait la piété filiale, et je lui ai répondu : N'enfreignez pas !" Fan Chi demanda : "Qu'est-ce à dire ?" Le Maître dit : "Du vivant de vos parents, servez-les selon les rites. À leur mort, enterrez-les selon les rites et puis sacrifiez à leur mémoire selon les rites"[10]. »

8. Meng Yi (Mengsun Heji, ?-481 AEC) : membre de la noblesse du pays de Lu, il étudia auprès de Confucius.

9. Fan Chi (515 ?-? AEC) : l'un des disciples de Confucius.

10. Citation tirée du *Lunyu*, 2.5, trad. P. Ryckmans, *op. cit.*, p. 16-17 (avec des modifications).

問曰 : 孔子之言「毋違」〔者〕, 毋違 (者) 禮也。孝子亦當先意承志, 不當違親之欲。孔子言「毋違」, 不言「違禮」, 懿子聽孔子之言, 獨不為嫌於無違志乎 ? 樊遲問何謂, 孔子乃言「生, 事之以禮, 死, 葬之以禮, 祭之以禮。」使樊遲不問, 毋違之說, 遂不可知也。懿子之才, 不過樊遲, 故 « 論語 » 篇中, 不見言行, 樊遲不曉, 懿子必能曉哉 ?

孟武伯問孝, 子曰 :「父母唯其疾之憂。」武伯善憂父母, 故曰「唯其疾之憂」。武伯憂親, 懿子違禮, 攻其短, 答武伯云「父母, 唯其疾之憂」, 對懿子亦宜言「唯水火之變乃違禮」。

周公告小才勑, 大材略。(子游之)〔樊遲〕, 大材也, 孔子告之勑 ; 懿子, 小才也, 告之反略, 違周公之志。攻懿子之短, 失道理之宜, 弟子不難, 何哉 !

11. Meng Wu (Mengsun Zhi, ve s. AEC) : fils du seigneur Meng Yi.

12. Citation tirée du *Lunyu*, 2.6, trad. P. Ryckmans, *op. cit.*, p. 17 (avec des modifications).

À quoi j'objecte ce qui suit. En disant « N'enfreignez pas ! », Confucius veut dire qu'il ne faut pas enfreindre les rites. Mais un bon fils doit également respecter les décisions de ses parents et ne pas aller contre leur volonté. Comment Confucius, en répondant « N'enfreignez pas ! », au lieu de « N'enfreignez pas les rites ! », au seigneur Meng Yi, pouvait-il lui faire comprendre qu'il devait également respecter la volonté de ses parents ? C'est lorsque Fan Chi l'interrogea que Confucius répondit : « Du vivant de vos parents, servez-les selon les rites. À leur mort, enterrez-les selon les rites et puis sacrifiez à leur mémoire selon les rites. » Si Fan Chi n'avait pas posé la question, on n'aurait pas compris ce que le Maître avait voulu dire par « N'enfreignez pas ! ». Le seigneur Meng Yi n'était pas plus doué que Fan Chi, et voilà d'ailleurs pourquoi les *Entretiens* ne disent rien de ses paroles ou de son comportement : comment aurait-il pu comprendre, si Fan Chi lui-même ne comprit pas le sens de la réponse de Confucius ?

« Le seigneur Meng Wu demanda en quoi consistait la piété filiale[11], et le Maître lui répondit : “La seule inquiétude qu'un bon fils donne jamais à ses parents est celle de la santé”[12]. » Confucius répondit ainsi à Meng Wu parce que ce dernier causait beaucoup d'inquiétude à ses parents. Si le seigneur Meng Wu causait de l'inquiétude à ses parents, le seigneur Meng Yi enfreignait pour sa part les rites, et pour lui signaler clairement ce défaut, Confucius aurait dû lui répondre : « Un bon fils n'enfreint les rites qu'en cas d'inondation ou d'incendie », par analogie avec la réponse qu'il fit à Meng Wu.

Le duc de Zhou instruisait dans le détail ses serviteurs les moins capables, mais s'en tenait aux grandes lignes lorsqu'il avait affaire aux plus doués. Confucius contrevint à cette méthode en faisant une réponse détaillée à Fan Chi, qui était un homme talentueux, et en s'adressant d'une façon imprécise au seigneur Meng Yi, qui pourtant était un homme médiocre. Dans son admonestation à Meng Yi, Confucius s'exprima donc au mépris du bon sens. Pourquoi donc ses disciples n'émirent-ils pas la moindre objection ?

如以懿子權尊，不敢極言，則其對武伯，亦宜但言「毋憂」而已。但孟氏子也，權尊鈞同，(形)〔勑〕武伯而略懿子，未曉其故也。使孔子對懿子極言毋違禮，何害之有？專魯莫過季氏，譏八佾之舞庭，刺太山之旅祭，不懼季氏(增)〔憎〕邑不隱諱之害，獨畏答懿子極言之罪，何哉？

且問孝者非一，皆有御者，對懿子言，不(但)心服臆肯，故告樊遲。

5. 孔子曰：「富與貴，是人之所欲也，不以其道得之，不居也；貧與賤，是人之所惡也，不以其道

13. Le clan Ji : l'une des familles les plus puissantes du pays de Lu. Employer huit rangées de danseurs et sacrifier au mont Tai étaient des prérogatives réservées aux souverains Zhou, d'où la désapprobation de Confucius ; cf. *Lunyu*, 3.1 et 3.6. Notons cependant que dans ce cas, Confucius n'apostrophe pas les Ji eux-mêmes, mais exprime sa réprobation devant des tiers, ce qui réduit la portée de l'argument de Wang Chong.

14. Le texte est incompréhensible ici, la correction que nous proposons dans le texte chinois et notre traduction sont conjecturales.

15.Citation tirée du *Lunyu*, 4.5 (avec de menues différences) ; nous traduisons littéralement, pour nous conformer au commentaire proposé par Wang Chong dans la suite du texte. Les commentateurs récents relèvent

Et si Confucius ne répondit pas plus précisément au seigneur Meng Yi parce qu'il craignait de heurter quelqu'un de son rang, il aurait alors dû répondre simplement « ne pas causer d'inquiétude » à Meng Wu. Les deux étaient des membres du clan Meng, avec un rang équivalent, et on ne comprend donc pas pourquoi il fit une réponse floue à l'un et circonstanciée à l'autre. Mais pourquoi aurait-il craint de dire au seigneur Meng Yi de ne pas enfreindre les rites ? Le clan Ji était le plus puissant de Lu, et pourtant Confucius osa les blâmer parce qu'ils employaient huit rangées de danseurs au temple ancestral, et les critiquer lorsqu'ils allèrent effectuer un sacrifice au mont Tai[13] : il ne craignit pas dans ce cas que des critiques sans détour puissent lui valoir des ennuis, alors pourquoi aurait-il craint d'offenser le seigneur Meng Yi en s'exprimant ouvertement ?

Confucius fut interrogé à plusieurs reprises sur la piété filiale, et à chaque fois il était accompagné de son cocher ; s'il informa Fan Chi de sa réponse à Meng Yi dans ce cas, c'est peut-être qu'il n'était pas satisfait de sa réponse et recherchait son assentiment[14].

5. Confucius a dit : « Les hommes désirent la richesse et les honneurs, mais ils ne les acceptent pas si pour les obtenir ils doivent aller contre la morale. Les hommes détestent la pauvreté et une basse condition, mais ils n'y renoncent pas si pour les obtenir ils doivent aller contre la morale[15]. » Confucius

comme Wang Chong que dans leur forme actuelle, les mots de Confucius sont difficiles à suivre littéralement ; cf. par exemple Yang Bojun, *Lunyu yizhu*, p. 37. Le sens du passage est cependant clair, et A. Cheng (*op. cit.*, p. 44) le rend librement de la façon suivante : « Honneurs et richesses sont ce que l'homme désire le plus au monde, et pourtant mieux vaut y renoncer que s'écarter de la Voie. Humilité et pauvreté sont ce que l'homme fuit le plus au monde, et pourtant mieux vaut les accepter que s'écarter de la Voie. »

得之, 不去也。」此言人當由道義得, 不當苟取也 ; 當守節安貧, 不當妄去也。

夫言不以其道得富貴, 不居, 可也 ; 不以其道得貧賤, 如何 ? 富貴顧可去, 去貧賤何之 ? 去貧賤, 得富貴也 ; 不得富貴, 不去貧賤。如謂得富貴不以其道, 則不去貧賤邪 ? 則所得富貴, 不得貧賤也。貧賤何故當言「得之」? 顧當言「貧與賤, 是人之所惡也, 不以其道去之, 則不去也。」當言「去」, 不當言「得」。「得」者, 施於得之也。今去之, 安得言「得」乎 ? 獨富貴當言「得」耳。何者 ? 得富貴, 乃去貧賤也。

veut dire qu'on doit s'en tenir à la morale pour réaliser ses ambitions, qu'on ne peut agir n'importe comment pour y parvenir ; et qu'on doit accepter avec dignité la pauvreté et une basse condition plutôt que de chercher à en sortir par tous les moyens.

Dire que « les hommes n'acceptent pas la richesse et les honneurs si pour les obtenir ils doivent aller contre la morale », c'est correct ; mais que veut dire « ils ne renoncent pas à la pauvreté et à leur basse condition si pour les obtenir ils doivent aller contre la morale » ? On peut renoncer aux richesses et aux honneurs, mais peut-on « renoncer à la pauvreté et à une basse condition » ? Renoncer à la pauvreté et à une basse condition, c'est obtenir la richesse et les honneurs, et donc ne pas obtenir la richesse et les honneurs, ce serait ne pas renoncer à la pauvreté et à une basse condition. C'est-à-dire que si obtenir richesse et honneurs implique d'aller contre la morale, alors on ne devrait pas renoncer à la pauvreté et à sa basse condition. Mais si on peut « obtenir » richesse et honneurs, on ne peut pas « obtenir » la pauvreté et une basse condition : pourquoi Confucius parle-t-il donc « d'obtenir » pauvreté et basse condition ? Il aurait dû dire : « Les hommes détestent la pauvreté et une basse condition, mais ils n'y renoncent pas si cela impliquerait d'aller contre la morale » ; il aurait dû utiliser le mot « renoncer » au lieu du mot « obtenir » ; le mot « obtenir » présuppose qu'il y a quelque chose à obtenir. Confucius parle de « renoncer » à la pauvreté et à une basse condition, mais comment peut-on les « obtenir » ? On ne peut « obtenir » que les richesses et les honneurs. Pourquoi cela ? Parce que c'est en obtenant les richesses et les honneurs qu'on renonce à la pauvreté et à une basse condition[16].

16. La pauvreté et l'obscurité n'étant pas quelque chose, mais l'absence de quelque chose, on ne peut les obtenir, et partant, on ne peut pas non plus y renoncer.

是則以道「去」貧賤如何？脩身行道，仕得爵祿富貴，得爵祿富貴，則去貧賤矣。不以其道「去」貧賤如何？毒苦貧賤，起為姦盜，積聚貨財，擅相官秩，是為不以其道。

七十子既不問，世之學者亦不知難。使此言意〔結〕不解，而文不分，是謂孔子不能吐辭也；使此言意結，文又不解，是孔子相示未(形)〔勑〕悉也。弟子不問，世俗不難，何哉？

6. 孔子曰：「公冶長可妻也，雖在縲紲之中，非其罪也。」以其子妻之。

問曰：孔子妻公冶長者，何據見哉？據年三十可妻邪？見其行賢可妻也？如據其年三十，不宜稱在縲紲；如見其行賢，亦不宜稱在縲紲。何則？諸入孔子門者，皆有善行，故稱備徒役。徒役之

17. Cf. *Lunyu*, 5.1, trad. A. Cheng, *op. cit.*, p. 48 (avec des modifications). Gongye Chang (Gongye Zizhang, ve s. AEC) : l'un des soixante-douze disciples de Confucius.

18. Selon certains rituels, un homme devait se marier à trente ans, et une femme, à vingt. Cf. *Zhouli*, « Diguan, Meishi ».

Et que signifie renoncer à la pauvreté et à une basse condition sans aller contre la morale ? C'est obtenir des postes et émoluments importants tout en cultivant la vertu et en se comportant moralement ; en obtenant la richesse et les honneurs, on renonce à la pauvreté et à une basse condition. Et comment renonce-t-on à la pauvreté et à une basse condition en allant contre la morale ? C'est se faire brigand pour amasser des richesses, ou usurper des rangs dans l'administration, parce qu'on déteste trop la pauvreté et sa basse condition : voilà des façons immorales d'obtenir richesses et honneurs.

Les soixante-dix disciples n'interrogèrent pas Confucius plus avant, et nos lettrés ne se montrent pas plus capables qu'eux de le critiquer. Mais soit les mots de Confucius étaient incompréhensibles et le texte les reprit sans discernement, et dans ce cas Confucius avait un problème d'expression. Soit le sens des mots de Confucius était difficile, et le texte les reprit sans les éclaircir, et dans ce cas, Confucius s'était exprimé d'une façon trop concise. Pourquoi ses disciples ne l'interrogèrent-ils pas plus avant ? Pourquoi nos lettrés ne trouvent-ils rien à y redire ?

6. Confucius a dit : « Bien que Gongye Chang ait connu la prison, il fera un bon mari : il n'était coupable d'aucun crime. » Et il lui donna sa fille en mariage[17].

Mon objection est la suivante. Pour quelle raison Confucius donna-t-il sa fille en mariage à Gongye Chang ? Est-ce parce que ce dernier avait trente ans et était en âge de se marier[18] ? Ou parce qu'il se comportait d'une façon suffisamment vertueuse pour mériter sa fille ? Si c'est parce que Gongye Chang était en âge de se marier, Confucius n'avait pas à mentionner son séjour en prison ; et si c'est en raison de sa vertu, il ne devait pas non plus le mentionner. Pourquoi cela ? Parce que tous les disciples de Confucius se comportaient de manière vertueuse ; c'est d'ailleurs pour cette raison qu'ils étaient ses disciples : nul besoin donc de louer Gongye Chang s'il lui donnait sa fille

中, 無妻則妻之耳, 不須稱也。如徒役之中多無妻, 公冶長尤賢, 故獨妻之, 則其稱之, 宜列其行, 不宜言其在縲紲也。何則 ? 世閒彊受非辜者多, 未必盡賢人也。恆人見枉, 眾多非一, 必以非辜為孔子所妻, 則是孔子不妻賢, 妻冤也。案孔子之稱公冶長, 有非辜之言, 無行能之文。實不賢, 孔子妻之, 非也 ; 實賢, 孔子稱之不具, 亦非也。

誠似妻南容云 :「國有道不廢, 國無道免於刑戮。」具稱之矣。

7. 子謂子貢曰 :「汝與回也孰愈 ?」曰 :「賜也何敢望回 ? 回也聞一以知十, 賜也聞一以知二。」子曰 :「弗如也, 吾與汝俱不如也。」是賢顏淵, 試以問子貢也。

19. Cf. *ibid.*, 5.2, trad. A. Cheng, *op. cit.*, 5.1, p. 48. Nan Rong (Nangong Kuo, ve s. AEC) : disciple de Confucius, réputé pour sa circonspection.

en mariage simplement parce qu'il n'était pas encore marié ! Et si parmi les disciples plusieurs n'étaient pas mariés, et que Confucius avait décidé de donner sa fille en mariage à Gongye Chang parce que celui-ci était particulièrement vertueux, alors il aurait dû faire la liste de ses vertus, et non pas indiquer qu'il avait séjourné en prison. Pourquoi cela ? Parce que les hommes injustement punis dans ce monde ne sont pas forcément des sages. Beaucoup de gens tout à fait ordinaires sont accusés à tort, et si Confucius donna sa fille en mariage à Gongye Chang parce que celui-ci avait été injustement traité, cela signifie que Confucius ne voulait pas marier sa fille à un homme vertueux, mais à homme victime d'une injustice. Confucius, dans son éloge de Gongye Chang, mentionne l'injustice dont il avait été victime, mais il ne mentionne pas ses vertus. Mais soit Gongye Chang n'était pas un sage, et Confucius, en lui donnant sa fille en mariage, commettait une faute. Soit c'était un sage, et Confucius, en ne faisant pas correctement son éloge, commettait aussi une faute.

Confucius aurait dû le louer à la façon dont il loua Nan Rong lorsqu'il lui donna sa nièce en mariage : « Dans un pays gouverné selon la Voie, Nan Rong aurait un poste à occuper. Dans un pays écarté de la Voie, il saurait se soustraire aux châtiments et à la disgrâce[19]. » Voilà qui était une louange adéquate.

7. Le Maître dit à Zigong : « Qui est le meilleur, toi ou Yan Hui ? » L'autre répondit : « Comment oserais-je me comparer à Yan Hui ? Vous dites une chose à Yan Hui, et il est capable d'en déduire dix. Vous m'en dites une, et je ne puis en déduire que deux. » Le Maître dit : « Il t'est supérieur ; en fait, il nous est supérieur à tous deux[20]. » Confucius fait ici l'éloge de Yan Hui, tout en mettant à l'épreuve Zigong.

20. Cf. *ibid.*, 5.9, trad. P. Ryckmans, *op. cit.*, p. 30. Rappelons que Yan Hui (ou Yan Yuan) et Zigong, que nous avons déjà rencontrés, sont deux des principaux disciples de Confucius.

問曰：孔子所以教者，禮讓也。子路為國以禮，其言不讓，孔子非之。使子貢實愈顏淵，孔子問之，猶曰不如；使實不及，亦曰不如；非失對欺師，禮讓之言，宜謙卑也。今孔子出言，欲何趣哉？使孔子知顏淵愈子貢，則不須問子貢；使孔子實不知，以問子貢，子貢謙讓，亦不能知。使孔子徒欲表善顏淵，稱顏淵賢，門人莫及，於名多矣，何須問於子貢？子曰：「賢哉回也！」又曰：「吾與回言終日不違，如愚。」又曰：「回也，其心三月不違仁。」三章皆直稱，不以他人激，至是一章，獨以子貢激之，何哉？

或曰：「欲抑子貢也。當此之時，子貢之名，凌顏淵之上，孔子恐子貢志驕意溢，故抑之也。」夫名在顏淵之上，當時所為，非子貢求勝之也。

21. Cf. *ibid.*, 11.26.
22. Cf. *ibid.*, 6.11.

Mon objection est la suivante. L'une des choses que Confucius enseignait à ses disciples, c'était l'humilité. Ainsi, lorsque Zilu exprima sans humilité son ambition de vouloir gouverner par les rites, Confucius le réprouva[21]. Zigong n'aurait donc pas pu répondre à la question de Confucius autrement qu'il le fit, et ce même si en réalité il l'emportait sur Yan Hui ; non pas qu'il voulait tromper son maître, mais parce que le devoir d'humilité lui imposait une réponse modeste. Quel était donc le but de Confucius en l'interrogeant de la sorte ? S'il savait que Yan Hui l'emportait sur Zigong, il n'avait pas besoin de lui poser la question ; et s'il ne le savait pas, il ne pouvait rien apprendre en interrogeant Zigong, puisque ce dernier se devait de lui répondre avec humilité. Et si le but de Confucius était simplement de faire l'éloge de Yan Hui, de louer sa sagesse en soulignant qu'aucun autre disciple ne le valait, il avait bien d'autres moyens que de poser une telle question à Zigong. Lui-même dit : « Quel sage que ce Yan Hui[22] ! », et « Je peux m'entretenir avec Yan Hui une journée entière sans qu'il me contredise une seule fois, au point qu'on pourrait le croire stupide[23] », et encore : « Ah, Yan Hui pouvait attacher son cœur pendant des mois à la poursuite de la vertu suprême[24] ! » Dans ces trois passages, Confucius fait un éloge direct de Yan Hui, sans la médiation d'un tiers ; pourquoi dans notre passage recourt-il à Zigong pour faire l'éloge de Yan Hui ?

Selon certains, Confucius voulait rabaisser Zigong ; à ce moment, Zigong l'emportait en réputation sur Yan Hui, et Confucius aurait voulu le rabaisser par crainte qu'il ne se montre trop orgueilleux. Mais si Zigong l'emportait en réputation sur Yan Hui, c'est l'époque qui le voulait ainsi, ce n'est pas parce que Zigong cherchait à l'emporter sur Yan Hui.

23. Cf. *ibid.*, 2.9, trad. A. Cheng, *op. cit.*, p. 34. Le passage continue ainsi : « Eh bien, je sais qu'une fois seul, il a sa manière d'illustrer mon enseignement. Décidément, ce Yan Hui est loin d'être stupide. »

24. Cf. *ibid.*, 6.7, trad. P. Ryckmans, *op. cit.*, p. 35.

實子貢之知何如哉？使顏淵才在己上，己自服之，不須抑也；使子貢不能自知，孔子雖言，將謂孔子徒欲抑己。

由此言之，問與不問，無能抑揚。

8. 宰我晝寢，子曰：「朽木不可雕也，糞土之墻不可杇也。於予，予何誅？」是惡宰予之晝寢。

問曰：晝寢之惡也，小惡也；朽木、糞土，敗毀不可復成之物，大惡也。責小過以大惡，安能服人？使宰我性不善，如朽木、糞土，不宜得入孔子之門，序在四科之列；使性善，孔子惡之，惡之太甚，過也。「人之不仁，疾之已甚，亂也。」孔子疾宰予，可謂甚矣。

使下愚之人，涉耐罪之獄，吏令以大辟之罪，必冤而怨邪？將服而自咎也？使宰我愚，則與涉耐罪之人同志；使宰我賢，知孔子責 (人)

25. Cf. *ibid.*, 5.10, trad. A. Cheng, *op. cit.*, 5.9, p. 50. Zai Wo (Zai Yu, Ziwo, 522-458) : l'un des disciples de Confucius, celui-ci le critique à plusieurs reprises.

26. Cf. *ibid.*, 8.10. En d'autres termes, Confucius se contredit : remarquons comment, dans tout ce chapitre, Wang Chong utilise des paroles de Confucius dans les *Entretiens* pour en critiquer d'autres.

Zigong était-il capable de s'estimer à sa juste valeur ? Soit il était déjà convaincu que Yan Hui l'emportait sur lui, et il n'y avait nul besoin de le rabaisser ; soit il était incapable de se juger à sa juste valeur, et alors il aurait pris les paroles de Confucius comme une humiliation.

Que ce soit pour rabaisser Zigong ou pour exalter Yan Hui, la question de Confucius manque donc son objet.

8. À la vue de Zai Wo qui dort au beau milieu de la journée, le Maître dit : « Il est aussi impossible de sculpter du bois pourri que de passer la truelle sur un mur de gadoue. Ce Zai Wo ! À quoi bon le réprimander[25] ? » Par cette phrase, Confucius réprouve le fait que Zai Wo dorme en plein jour.

Mon objection est la suivante. Dormir en plein jour n'est pas un défaut grave, alors que du bois pourri ou un mur de gadoue sont irrécupérables ; il s'agit de problèmes très graves. Comment Confucius peut-il espérer convaincre en stigmatisant une petite faute comme si c'était un défaut grave ? Si Zai Wo était aussi mauvais que du bois pourri ou un mur de gadoue, Confucius n'aurait pas dû le prendre à son école et le classer dans l'une des quatre catégories de disciples méritants ; et si Zai Wo avait une bonne nature, la critique de Confucius est véritablement excessive. Confucius lui-même n'a-t-il pas dit « si l'on critique trop durement celui qui agit mal, il se rebellera[26] » ? Or Confucius critique vraiment trop durement Zai Wo !

Si un homme borné commet une faute méritant un châtiment léger[27], mais que les juges le condamnent à mort, acceptera-t-il la sentence en reconnaissant ses torts, ou bien s'indignera-t-il d'une telle injustice ? Soit Zai Wo était borné, et il aurait éprouvé le même sentiment d'injustice que ce condamné ; soit il était sage, et une critique légère aurait suffi pour qu'il

27. Littéralement, « mérite qu'on lui rase les cheveux des tempes » : il s'agissait de l'une des peines légères à l'époque Han.

〔之〕,幾微自改矣。明文以識之,流言以過之,以其言示端而已自改。自改不在言之輕重,在宰予能更與否。

«春秋»之義,采毫毛之善,貶纖介之惡;褒毫毛以巨大,以巨大貶纖介,觀«春秋»之義,肯是之乎?不是,則宰我不受;不受,則孔子之言棄矣。聖人之言,與文相副,言出於口,文立於策,俱發於心,其實一也。孔子作«春秋»,不貶小以大,其非宰予也,以大惡細,文語相違,服人如何?

子曰:「始吾於人也,聽其言而信其行;今吾於人也,聽其言而觀其行。於予,予改是。」蓋起宰予晝寢,更知人之術也。

comprenne la désapprobation de Confucius et s'amende de lui-même. Confucius aurait pu se contenter d'un début de reproche, que ce soit de façon directe ou en chargeant un autre disciple de lui faire part de sa désapprobation. Que Zai Wo modifie son comportement ne dépendait pas de la dureté du jugement de Confucius, mais de sa propre capacité à s'amender.

Le but des *Printemps et automnes*, c'est de louer les plus petits mérites et de condamner les plus petites fautes : aurait-on considéré ce but comme atteint si Confucius y avait exagérément exalté les minuscules mérites et excessivement condamné les minuscules fautes ? Certainement pas, et la critique qu'il fit de Zai Wo n'était pas plus recevable ; et si elle n'était pas recevable, alors elle ne servait à rien. Les paroles du sage doivent s'accorder avec ses écrits : les paroles sortent de la bouche, les écrits sont couchés sur des tablettes, mais tous doivent refléter de la même manière sa pensée. Dans les *Printemps et automnes*, Confucius n'exagère pas dans ses critiques, mais lorsqu'il reprend Zai Wo, il exprime sa désapprobation d'une façon excessive : comment espérer convaincre, lorsque entre ses écrits et ses paroles, on se contredit ainsi ?

Après sa critique de Zai Wo, Confucius poursuivit : « Au début, j'écoutais ce que les gens disaient, en supposant qu'ils joindraient le geste à la parole ; mais à présent, après les avoir écoutés, j'observe leur comportement. C'est à Zai Wo que je dois ce changement[28]. » Ce serait donc à partir du moment où Confucius aurait vu Zai Wo dormir en plein jour qu'il aurait changé de méthode pour juger des gens.

28. Cf. *Lunyu*, 5.10, trad. A. Cheng, *op. cit.*, 5.9, p. 50.

問曰：人之晝寢，安足以毀行？毀行之人，晝夜不臥，安足以成善？以晝寢而觀人善惡，能得其實乎？案宰予在孔子之門，序於四科，列在賜上；如性情怠，不可雕琢，何以致此？使宰我以晝寢自致此，才復過人遠矣。

如未成就，自謂已足，不能自知，知不明耳，非行惡也。曉勑而已，無為改術也。如自知未足，倦極晝寢，是精神索也。精神索，至於死亡，豈徒寢哉？

且論人之法，取其行則棄其言，取其言則棄其行。今宰予雖無力行，有言語；用言，令行缺，有一概矣。今孔子起宰予晝寢，聽其言，觀其行，言行相應，則謂之賢，是孔子備取人也。「毋求備於一人」之義何所施？

29. C’est-à-dire Zigong.

Mon objection est la suivante. En quoi le fait que Zai Wo dorme en plein jour permet-il à Confucius de porter un jugement aussi sévère sur sa moralité ? Une personne à la moralité défaillante devient-elle meilleure en s'abstenant de dormir le jour ? En quoi le fait de dormir en plein jour serait-il un critère pour juger effectivement de la moralité d'une personne ? Zai Wo faisait partie des étudiants de Confucius, et il est classé dans une des quatre catégories de disciples méritants, ce devant Duanmu Ci[29] : aurait-il pu en arriver là s'il était si paresseux qu'on ne puisse rien en tirer ? S'il parvint à ce niveau en dormant en plein jour, c'est qu'il était beaucoup plus doué que les autres disciples !

Si Zai Wo pensait à tort qu'il était déjà suffisamment avancé pour mériter ce repos, c'est qu'il peinait à se juger lui-même et manquait de lucidité, et non pas qu'il manquait de moralité. Il suffisait de l'admonester, il n'y avait pas là matière à changer de méthode pour juger des gens. Et si Zai Wo était conscient de n'être pas encore au niveau, mais qu'il était si fatigué qu'il devait dormir en plein jour, c'est peut-être que son énergie était épuisée. L'épuisement peut provoquer la mort, ce qui est une affaire autrement sérieuse que dormir en plein jour !

Par ailleurs, lorsqu'on juge une personne, la méthode est de ne pas tenir compte de ses paroles si on juge de ses actes, et de ne pas tenir compte de ses actes si on juge de ses paroles. Or si Zai Wo manquait d'ardeur dans son comportement, il était doué d'éloquence ; s'il péchait dans sa conduite, il excellait donc à d'autres égards. Mais parce qu'il dormait en plein jour, Confucius examina ses paroles et son comportement et jugea qu'ils ne s'accordaient pas : pour Confucius, ne mérite donc d'être considéré comme capable qu'un homme parfait en tout ! Mais alors pourquoi Confucius invoque-t-il aussi le duc de Zhou selon lequel « le bon souverain n'attend pas d'un seul homme qu'il sache tout faire[30] ? ».

30. Cf. *Lunyu*, 18.10, trad. A. Cheng, *op. cit.*, p. 144.

9. 子張問:「令尹子文三仕為令尹, 無喜色; 三已之, 無慍色。舊令尹之政, 必以告新令尹。何如?」子曰:「忠矣。」曰:「仁矣乎?」曰:「未知, 焉得仁?」子文曾舉楚子玉代己位而伐宋, 以百乘敗而喪其眾, 不知如此, 安得為仁?

問曰:子文舉子玉, 不知人也。智與仁, 不相干也。有不知之性, 何妨為仁之行?五常之道, 仁、義、禮、智、信也。五者各別, 不相須而成, 故有智人, 有仁人者; 有禮人, 有義人者。人有信者未必智, 智者未必仁, 仁者未必禮, 禮者未必義。子文智蔽於子玉, 其仁何毀?謂仁, 焉得不可?

且忠者, 厚也, 厚人, 仁矣。孔子曰:「觀過, 斯

31. Cf. *ibid.*, 5.19, trad. P. Ryckmans, *op. cit.*, p. 31-32. Zizhang (503- ? AEC) : disciple de Confucius. Ziwen (Dou Ziwen, VIIe s. AEC) : homme d'État du pays de Chu, réputé pour sa loyauté.

32. Ziyu (Cheng Ziyu, ?-632 AEC) : premier ministre de Chu, il lança une campagne militaire contre les pays de Song et de Jin ; défait, il se suicida.

33. Si les cinq vertus dépendaient les unes des autres, les hommes vertueux les posséderaient toutes, et on ne les caractériserait pas comme possédant une seule d'entre elles.

34. Cf. *Lunyu*, 4.7. Dans le cas présent, Ziwen, en recommandant Ziyu, fait preuve d'une générosité fautive, mais cette générosité est l'indice de son humanité.

9. Zizhang demanda : « Ziwen fut nommé trois fois premier ministre du pays de Chu, mais n'en tira jamais le moindre plaisir ; il fut trois fois démis de sa charge, mais n'en montra jamais le moindre dépit. Il mit chaque fois son successeur au courant des affaires. Qu'en pensez-vous ? » Le Maître dit : « Il fut la loyauté même. » L'autre demanda : « A-t-il atteint la suprême humanité ? » Le Maître dit : « Je n'en sais rien, et je ne vois pas ce qui permettrait de le penser[31]. » Ziwen recommanda pour lui succéder Ziyu[32], de Chu, qui attaqua le pays de Song avec cent chars de combat, mais subit une défaite avec de lourdes pertes. En recommandant Ziyu, Ziwen manqua donc d'intelligence, d'où le doute de Confucius quant à sa suprême humanité.

Mon objection est la suivante. En recommandant Ziyu, Ziwen montre certes qu'il jugeait mal les gens. Mais l'intelligence n'a rien à voir avec la vertu d'humanité. Certains, par nature, ne sont pas doués d'intelligence, mais en quoi cela les empêche-t-il de se comporter avec humanité ? Les cinq vertus constantes sont l'humanité, la justice, le respect des rites, l'intelligence et la sincérité. Il s'agit de cinq vertus différentes, qui ne dépendent pas les unes des autres : voilà pourquoi on trouve des hommes intelligents et des hommes remplis d'humanité ; des hommes respectueux des rites et des hommes respectueux de la justice[33]. Mais les hommes sincères ne sont pas forcément intelligents, ceux qui sont intelligents ne sont pas forcément remplis d'humanité, ceux qui sont remplis d'humanité ne sont pas forcément respectueux des rites, et ceux qui respectent les rites ne sont pas forcément justes. Ziwen pèche certes dans son jugement sur Ziyu, mais en quoi cela affecte-t-il son humanité ? Pourquoi Confucius lui dénie-t-il cette vertu ?

Par ailleurs, la loyauté, c'est le fait de traiter les gens avec abnégation, et l'abnégation ne diffère pas de l'humanité. Confucius a dit : « On peut reconnaître l'humanité d'un homme à ses fautes mêmes[34] », et de fait, Ziwen fit preuve

知仁矣。」子文有仁之實矣。孔子謂忠非仁, 是謂父母非二親, 配匹非夫婦也。

10. 哀公問 :「弟子孰謂好學 ?」孔子對曰 :「有顏回者, 不遷怒, 不貳過, 不幸短命死矣 ! 今也則亡, 未聞好學者也。」

夫顏淵所以死者, 審何用哉 ? 今自以短命, 猶伯牛之有疾也。人生受命, 皆 (全) 當〔全〕潔, 今有惡疾, 故曰「無命」。人生皆當受天長命, 今得「短命」, 亦宜曰「無命」。

35. Selon Wang Chong, Confucius, en déniant à Ziwen la vertu d'humanité tout en reconnaissant sa loyauté, ne voit pas la complémentarité de ces deux vertus et porte donc un jugement partial. Wang Chong paraît se contredire ici, puisque dans le paragraphe précédent il affirmait que les vertus ne dépendent pas les unes des autres. On peut également ne pas être d'accord avec le lien que Wang Chong fait entre loyauté et humanité.

36. Cf. *Lunyu*, 6.3, trad. A. Cheng, *op. cit.*, 6.2, p. 55, avec des modifications. Le duc Ai : souverain de Lu, il régna de 494 à 468 ; Confucius mourut durant son règne.

37. Boniu (Ran Geng, 544- ? AEC) : disciple de Confucius, il mourut très jeune, probablement de la lèpre. Cf. *Lunyu*, 6.10 : « Le disciple Ran Geng étant malade, le Maître lui rend visite. Tout en lui serrant la main par la fenêtre, il soupire : Il est perdu, c'est le destin… Mais un tel homme, avoir une telle maladie, quel malheur ! » (trad. A. Cheng, *op. cit.*, 6.8, p. 57).

d'humanité en recommandant Ziyu à son poste. Confucius reconnaît la loyauté de Ziwen, mais pas son humanité : c'est comme prétendre que le père et la mère ne seraient pas tous deux des parents, ou qu'un couple ne serait pas composé d'un époux et d'une épouse[35].

10. Le duc Ai demanda : « Lequel de vos disciples aime le plus l'étude ? » Le Maître répondit : « Il y avait bien Yan Hui. Quand il lui arrivait de s'emporter il s'en prenait à lui-même et ne commettait jamais deux fois la même faute. Mais hélas, sa destinée a été brève, et il est mort ! À présent, je ne vois personne qui puisse l'égaler[36]. »

Mais en définitive, qu'est-ce qui entraîna la mort de Yan Hui ? S'il s'agit d'une destinée trop brève, alors son cas s'apparente à celui de Boniu, qui tomba gravement malade[37]. À la naissance les hommes sont normalement dotés d'une destinée une et complète : comme Boniu fut frappé par une maladie brutale, Confucius dit de lui « qu'il n'avait pas eu de destinée[38] ». À la naissance, les hommes devraient être dotés par le ciel d'une longue vie : pour Yan Hui qui mourut prématurément, Confucius aurait donc dû dire de la même manière « qu'il n'avait pas eu de destinée[39] ».

38. À noter que Wang Chong propose *wu ming*, « sans destinée », là où le passage des *Entretiens* tel que nous le connaissons dit *wang zhi*, *ming yi fu* 亡之，命矣夫, soit littéralement « il est perdu, c'est le destin ».

39. Dans le détail, le texte du passage n'est pas parfaitement limpide, et notre interprétation est conjecturale. Wang Chong semble vouloir dire qu'il est normal d'avoir une longue vie, et que si on meurt prématurément, c'est tout simplement parce qu'on n'a pas reçu le lot de vie pour cela ; mais en tant que tel, il ne saurait y avoir une destinée commandant une vie plus ou moins longue. Rappelons, ici comme dans d'autres chapitres, le double sens de *ming*, « destinée » (« lot de vie ») et « vie ».

如天〔命〕有短長，則亦有善惡矣。言顏淵「短命」，則宜言伯牛「惡命」；言伯牛「無命」，則宜言顏淵「無命」。

一死一病，皆痛云命，所稟不異，文語不同，未曉其故也。

哀公問孔子孰為好學，孔子對曰：「有顏回者好學，今也則亡。不遷怒，不貳過。」何也？曰：「并攻哀公之性遷怒、貳過故也。因其問，則并以對之，兼以攻上之短，不犯其罰。」

問曰：康子亦問好學，孔子亦對之以顏淵。康子亦有短，何不并對以攻康子？康子非聖人也，操行猶有所失。成事：康子患盜，孔子對曰：「苟子之不欲，雖賞之不竊。」由此言之，康子以欲為短也，不攻，何哉？

40. Kangzi (Ji Kangzi, Jisun Fei, ?-468 AEC) : grand officier du pays de Lu.

41. Cf. *Lunyu*, 11.7, où à la question de Kangzi, Confucius se contente de répondre : « Il y avait bien Yan Hui. Mais le ciel a voulu qu'il mourût jeune. À présent, je ne vois plus personne comme lui » (trad. A. Cheng, *op. cit.*, 11.6, p. 88).

Si la destinée reçue du ciel pouvait être brève ou longue, elle devrait aussi pouvoir être bonne ou mauvaise : et donc si Confucius qualifie la destinée de Yan Hui de « brève », il aurait dû qualifier celle de Boniu de « mauvaise » ; et s'il dit que Boniu n'avait pas eu de destinée, alors il aurait dû s'exprimer de la même manière pour Yan Hui.

La mort de Yan Hui et la maladie de Boniu sont imputables de la même manière à la destinée, mais Confucius, pour une raison incompréhensible, s'exprime différemment dans les deux cas.

Lorsque le duc Ai demanda à Confucius lequel de ses disciples aimait le plus l'étude, Confucius répondit : « Il y avait bien Yan Hui. Quand il lui arrivait de s'emporter il s'en prenait à lui-même et ne commettait jamais deux fois la même faute. » Pourquoi Confucius répondit-il de la sorte ? Selon certains, « il voulait critiquer indirectement le duc qui s'en prenait aux autres lorsqu'il se mettait en colère, et qui commettait plusieurs fois les mêmes fautes ; il profita de la question du duc pour le critiquer sans encourir le risque d'une punition ».

Ma question est la suivante. Kangzi[40] demanda également à Confucius lequel de ses disciples aimait le plus l'étude, et Confucius répondit également que c'était Yan Hui. Or Kangzi avait lui aussi des défauts : pourquoi Confucius, dans sa réponse, ne profita-t-il pas pour le reprendre de la même façon[41] ? Kangzi n'était pas un sage, et il péchait également dans son comportement. De fait, lorsque Kangzi se plaignit de voleurs, Confucius réagit ainsi : « Si seulement vous n'étiez pas cupide vous-même, vous les paieriez qu'ils ne voleraient pas[42] ! » Kangzi péchait donc par avidité : pourquoi dans ce cas Confucius ne profita-t-il pas de sa question pour le critiquer ?

42. Cf. *ibid.*, 12.18, trad. A. Cheng *op. cit.*, p. 99.

11. 孔子見南子, 子路不悅。子曰 :「予所鄙者, 天厭之 ! 天厭之 !」南子, 衛靈公夫人也, 聘孔子, 子路不說, 謂孔子淫亂也。孔子解之曰 :「我所為鄙陋者, 天厭殺我 !」至誠自誓, 不負子路也。

問曰 : 孔子自解, 安能解乎 ? 使世人有鄙陋之行, 天曾厭殺之, 可引以誓, 子路聞之, 可信以解。今未曾有為天所厭者也, 曰「天厭之」, 子路肯信之乎 ? 行事 : 雷擊殺人, 水火燒溺人, 墻屋壓填人。如曰 :「雷擊殺我, 水火燒溺我, 墻屋壓填我。」子路頗信之。今引未曾有之禍, 以自誓於子路, 子路安肯 (曉) 解而信之 ? 行事 : 適有臥厭不悟者, 謂此為天所厭邪 ? 案諸臥厭不悟者, 未皆為鄙陋也。子路入道雖淺, 猶知事之實, 事非實, 孔子以誓, 子路必不解矣。

43. Cf. *ibid.*, 6.28. Nanzi (?-481 AEC) : épouse du duc Ling de Wei (r. 534-493), elle était réputée pour ses mœurs légères. Les *Mémoires historiques* de Sima Qian (*Shiji*, 47, « Kongzi shijia ») rapportent avec quelque détail cette visite de Confucius à Nanzi.

11. Confucius ayant rendu visite à Nanzi, Zilu manifesta son désaccord. Le Maître dit : « Si j'ai fait quelque de mal, que le ciel m'anéantisse ! Que le ciel m'anéantisse[43] ! » Nanzi était l'épouse du duc Ling de Wei ; elle avait convoqué Confucius, et le mécontentement de Zilu suggère qu'il soupçonnait Confucius d'avoir eu une liaison coupable avec elle[44]. Confucius répondit avec conviction, en invoquant le ciel, pour montrer à Zilu qu'il ne lui mentait pas.

Mon objection est la suivante. Confucius cherche à se justifier, mais y parvient-il en se disculpant ainsi ? Si le ciel avait déjà anéanti quelqu'un à cause de son mauvais comportement, on pourrait comprendre qu'il l'invoque de la sorte, et Zilu aurait été convaincu. Mais comme on n'a jamais vu personne être écrasé de la sorte par le ciel, cette réponse était-elle convaincante ? On connaît le cas de personnes frappées par la foudre, tuées dans des inondations ou dans des incendies, ou encore écrasées dans l'effondrement de leur maison. Si Confucius avait répondu : « Que la foudre me frappe ! Que l'eau me noie ! Que le feu me brûle ! Que les murs de ma maison m'écrasent ! », Zilu aurait peut-être pu le croire. Mais il invoque un malheur qui ne s'est jamais produit pour se disculper, et donc on voit mal comment il pouvait convaincre. On connaît des précédents de personnes qui crient dans leur sommeil et ne se réveillent pas : prétend-on qu'elles ont été écrasées par le ciel ? En réalité, les personnes qui meurent ainsi n'ont pas toutes été coupables d'un mauvais comportement. Même si Zilu n'était pas très avancé dans la Voie, il devait tout de même être au fait de certaines choses ; on voit mal comment Confucius, en invoquant une chose qui n'existe pas pour se disculper, aurait pu le convaincre.

44. On peut expliquer le mécontentement de Zilu de manière moins défavorable au Maître : Zilu craignait peut-être simplement que la réputation de Confucius ne soit entachée par cette visite, ou regrettait qu'elle ne donne un mauvais exemple.

孔子稱曰：「死生有命，富貴在天。」若此者，人之死生，自有長短，不在操行善惡也。成事：顏淵蚤死，孔子謂之短命，由此知短命夭死之人，〔未〕必有邪行也。子路入道雖淺，聞孔子之言，知死生之實。孔子誓以「予所鄙者，天厭之」，獨不為子路言：「夫子惟命未當死，天安得厭殺之乎？」若此，誓子路以「天厭之」，終不見信。不見信，則孔子自解，終不解也。

«尚書» 曰：「毋若丹朱敖，惟慢游是好。」謂帝舜勑禹毋(子)〔予〕不肖子也。重天命，恐禹私其子，故引丹朱以勑戒之。禹曰：「予娶，若時辛王癸甲；開呱呱而泣，予弗子。」陳己行事，以往推來，以見卜隱，效己不敢私不肖子也，不曰「天厭之」者。

45. Cf. *Lunyu*, 12.5, où cette phrase n'est pas attribuée à Confucius, mais à son disciple Zixia ; Zixia introduit cependant son propos par « J'ai entendu dire que… », ce qui suggère qu'il n'est pas de lui – et donc peut-être de Confucius lui-même.

46. Rappelons que Yan Hui était réputé pour sa vertu.

47. *Shangshu*, « Yi Ji ».

Confucius a dit : « Vie et mort dépendent de la destinée, richesse et honneurs dépendent du ciel[45]. » La vie est donc plus ou moins longue par elle-même, et la longévité ne dépend pas d'un bon ou d'un mauvais comportement. On invoquera le précédent de Yan Hui, qui mourut prématurément : Confucius parla dans son cas d'une « brève destinée », et on voit donc bien qu'une mort prématurée n'a rien à voir avec un mauvais comportement[46]. Même si Zilu n'était pas très avancé dans la Voie, il avait sans doute entendu le mot de Confucius sur Yan Hui, et donc il comprenait ce qui décide véritablement de la longévité. Lorsque Confucius se disculpa en disant : « Si j'ai fait quelque chose de mal, que le ciel m'anéantisse ! », pourquoi Zilu ne lui a-t-il pas rétorqué : « Maître, vous avez dit que la mort est décidée par la destinée, comment le ciel pourrait-il donc vous écraser ? » En invoquant le ciel comme il le fit, Confucius ne pouvait espérer convaincre Zilu de sa bonne foi, et il ne réussit pas à se disculper.

Le *Classique des documents* dit : « Il ne faut pas que votre fils soit arrogant comme Danzhu, qui se complaisait dans l'indolence et la dissipation[47]. » Il s'agit d'une exhortation de Shun à Yu, afin que celui-ci évite de transmettre son pouvoir à son fils. Shun respectait la volonté du ciel et il invoqua le précédent de Danzhu pour mettre en garde Yu, dont il craignait qu'il ne gâte trop son propre fils. À quoi Yu répondit : « Lorsque je me suis marié, je ne suis resté que quatre jours avec mon épouse, et je n'ai même pas consolé mon fils Qi qui sanglotait[48]. » Dans sa réponse, pour montrer qu'il ne pouvait être accusé de trop gâter son fils, Yu invoqua son comportement passé pour justifier son comportement présent ; il ne dit pas « Que le ciel m'écrase si je le gâte trop ! ».

48. Le texte indique « Kai » comme nom pour le fils de Yu, au lieu de « Qi », le prénom de l'empereur Jingdi (Liu Qi) étant frappé de tabou sous les Han. Le texte du *Shangshu* tel qu'il est cité ici diffère de la version que nous connaissons : soit Wang Chong utilise une autre version du Classique, soit le texte du *Lunheng* est fautif.

知俗人誓，好引天也。孔子為子路行所疑，不引行事，效己不鄙，而云「天厭之」，是與俗人解嫌，引天祝詛，何以異乎？

12. 孔子曰：「鳳鳥不至，河不出圖，吾已矣夫！」夫子自傷不王也。己王致太平，太平則鳳鳥至，河出圖矣。今不得王，故瑞應不至，悲心自傷，故曰「吾已矣夫。」

問曰：鳳鳥河圖審何據？始起？始起之時，鳥圖未至。如據太平，太平之帝，未必常致鳳鳥與河圖也。五帝三王，皆致太平，案其瑞應，不皆鳳皇為必然之瑞。於太平，鳳皇為未必然之應，孔子、聖人也，思未必然以自傷，終不應矣。

或曰：「孔子不自傷不得王也，傷時無明王，故

49. Cf. *Lunyu*, 9.9. Sur le Tableau du Fleuve (*He tu*), cf. *infra*, 81.7.

50. Si Confucius est persuadé d'avoir été investi d'une mission civilisatrice (cf. *Lunyu*, 9.5), il est difficile de savoir s'il se désole vraiment de n'avoir pu devenir roi pour la réaliser. Comme le suggère la suite du texte, il est sans

On le sait, le vulgaire aime à faire des serments et à invoquer le ciel. Lorsque Confucius eut à répondre aux soupçons de Zilu, il aurait dû invoquer son comportement passé pour prouver qu'il n'avait pas mal agi, mais il préféra invoquer le ciel : en quoi cela diffère-t-il du vulgaire, qui aime à se disculper en jurant ainsi ?

12. Confucius dit : « Le phénix n'est pas apparu, le Fleuve n'a pas livré son Tableau, tout est donc fini pour moi[49] ! » Le Maître se lamente parce qu'il n'a pu devenir roi[50]. S'il avait pu régner, il y aurait eu une période de Grande paix, qui aurait provoqué l'apparition d'un phénix, et celle d'un Tableau dans le Fleuve. Mais Confucius n'a pas réussi à être roi, et par conséquent ces signes fastueux ne se sont pas produits, d'où cette lamentation : « Tout est donc fini pour moi ! »

Mon objection est la suivante : à quel moment le phénix et le Tableau du Fleuve sont-ils censés apparaître ? Tout au début, lorsque le sage roi s'élève ? Mais ils ne peuvent apparaître si tôt. Lorsque le sage roi a instauré la Grande paix ? Mais le règne d'un sage n'est pas forcément marqué par l'apparition du phénix et du Tableau du Fleuve. Les règnes des Cinq souverains et des Trois rois débouchèrent sur des âges de Grande paix, mais sans qu'on constate à chaque fois l'apparition d'un signe faste comme le phénix : cela montre que le phénix n'est pas un signe nécessaire pour signaler un âge de Grande paix. Confucius était un saint, et il n'aurait pas dû se lamenter de l'absence d'un signe dont l'apparition n'était pas nécessaire.

Certains rétorquent : « Confucius ne se désole pas de n'avoir pu devenir roi, mais de n'avoir pu trouver un roi suf-

doute surtout déçu de n'avoir pu trouver un souverain prêt à mettre en œuvre ses idéaux et sa vision de la politique. Sous les Han, on considère Confucius comme un « roi nu » (*su wang* 素王), c'est-à-dire comme un homme ayant toutes les vertus pour régner, mais sans aucun pouvoir officiel.

已不用也。鳳鳥河圖, 明王之瑞也。瑞應不至, 時無明王 ; 明王不存, 己遂不用矣。」

夫致瑞應, 何以致之 ? 任賢使能, 治定功成。治定功成, 則瑞應至矣。瑞應至後, 亦不須孔子。孔子所望, 何其末也 ? 不思其本, 而望其末 (也) ; 不相其主, 而名其物。治有未定, 物有不至, 以至而效明王, 必失之矣。

孝文皇帝可謂明矣, 案其 « 本紀 », 不見鳳鳥與河圖。使孔子在孝文之世, 猶曰「吾已矣夫」。

13. 子欲居九夷, 或曰 :「陋, 如之何 ?」子曰 :「君子居之, 何陋之有 ?」孔子疾道不行於中國, (志)〔恚〕恨失意, 故欲之九夷也。或人難

51. L'empereur Wen (r. 180-157) est considéré comme l'un des meilleurs empereurs de l'histoire chinoise ; son règne fut marqué par la stabilité politique et un effort constant pour alléger les charges de la population.

52. Les « neuf tribus barbares » : populations non chinoises de l'Est, pour certaines d'entre elles soumises aux pays orientaux de la « Chine » ancienne, voire partiellement « sinisées » ; l'expression peut aussi désigner les populations non « chinoises » en général. À noter que les traductions chinoises modernes rendent parfois le mot « barbares » par *shaoshu minzu* 少數民族, « minorités nationales », ce qui est évidemment un anachronisme.

53. Cf. *Lunyu*, 9.14.

fisamment éclairé pour le prendre à son service. Ce serait un tel roi que le phénix et le Tableau du Fleuve auraient signalé en apparaissant, leur absence indiquant au contraire qu'il n'y avait pas à l'époque de souverain éclairé, et que sans un tel souverain, Confucius ne pouvait mettre en œuvre ses idées. »

Qu'est-ce qui provoque l'apparition de signes favorables ? Lorsqu'un saint roi emploie des hommes sages et compétents, son gouvernement est sûr, son règne est florissant, et c'est alors seulement qu'apparaissent des signes fastes. Mais une fois ces signes apparus, un sage comme Confucius n'est plus nécessaire.

Comment Confucius peut-il espérer des signes qui ne se produisent qu'une fois que tout est achevé ? Confucius oublie le principal et ne s'intéresse qu'au secondaire, il n'observe pas les souverains de son temps et se contente de faire la liste des phénomènes qui auraient dû se produire ! Or tant que le gouvernement n'est pas sûr, de tels phénomènes ne peuvent se produire ; croire que leur apparition annonce un roi éclairé, c'est donc forcément faux.

L'empereur Wen fut assurément un souverain éclairé[51], mais les annales de son règne ne mentionnent ni phénix ni Tableau du Fleuve. Si Confucius avait vécu à cette époque, il aurait dit de la même manière : « Tout est fini pour moi ! »

13. Comme le Maître voulait aller s'établir chez les neuf tribus barbares[52], on lui demanda : « Mais pourquoi ? Ce sont des sauvages. » Le Maître répondit : « Là où réside l'homme de bien, y a-t-il encore des sauvages[53] ? » Confucius se désolait de ce que les pays centraux[54] délaissent la Voie et, déçu dans ses ambitions, voulait s'établir chez les neuf tribus barbares.

54. « Les pays centraux », *zhongguo* 中國, c'est-à-dire les pays du Centre, de culture « chinoise », par opposition aux régions extérieures habitées par des « barbares ». Le mot *zhongguo* désigne aujourd'hui la Chine ; on en a tiré la métaphore de « l'Empire du milieu », mais il convient de se souvenir qu'à l'origine, il s'agit sans doute d'un terme géographique désignant, au pluriel, les régions centrales du monde, connu par les anciens Chinois.

之曰:「夷狄之鄙陋無禮義,如之何?」孔子曰:「君子居之,何陋之有?」言以君子之道,居而教之,何為陋乎?

問(之)曰:孔子欲之九夷者,何起乎?起道不行於中國,故欲之九夷。夫中國且不行,安能行於夷狄?「夷狄之有君,不若諸夏之亡。」言夷狄之難,諸夏之易也。不能行於易,能行於難乎?

且孔子云:「以君子居之者,何謂陋邪?」謂脩君子之道自容乎?謂以君子之道教之也?如脩君子之道茍自容,中國亦可,何必之夷狄?如以君子之道教之,夷狄安可教乎?禹入躶國,躶入衣出,衣服之制不通於夷狄也。禹不能教躶國衣服,孔子何能使九夷為君子?

55. Cf. *Lunyu*, 3.5. « Les Chinois » : littéralement, « tous les Xia » (*zhuxia* 諸夏), le mot renvoyant lui aussi aux cultures du centre de la « Chine ». Cette phrase de Confucius sur les barbares est susceptible d'être interprétée d'une façon radicalement différente ; cf. la traduction de A. Cheng : « Même les Barbares de l'est et du nord, qui ont encore des chefs, sont préférables aux États chinois, qui ne reconnaissent plus de souverain. » (*op. cit.*, p. 39). Dans la note qu'il consacre à ce difficile passage, P. Ryckmans (*op. cit.*, p. 123-124) note que cette dernière interprétation paraît tardive (il mentionne les commentaires Song et les traducteurs contemporains) ; l'usage que fait Wang Chong de la citation suggère que sous les Han, c'est l'interprétation défavorable aux barbares qui prévaut.

Lorsqu'on lui rétorqua : « Ces barbares sont sauvages et ignorants des rites et de la justice, qu'iriez-vous y faire ? », il dit : « Là où réside un homme de bien, il n'y a plus d'hommes sauvages. » Son idée était que la Voie de l'homme de bien s'impose partout où il réside, et que donc on ne peut plus parler de barbarie.

Mon objection est la suivante. Qu'est-ce qui pousse Confucius à vouloir s'établir chez ces barbares ? Le fait que les pays centraux délaissent la Voie. Mais si même les pays centraux délaissent la Voie, comment des barbares pourraient-ils s'y conformer ? Confucius dit aussi : « Les barbares ont beau avoir des chefs, ils ne valent pas les Chinois qui n'en ont pas[55] », ce qui implique que les barbares sont beaucoup plus difficiles à civiliser que les Chinois : espérait-il réussir là où c'était plus difficile, alors qu'il avait échoué là où c'était plus facile ?

Et que veut dire la phrase : « Là où réside un homme de bien, il n'y a plus d'hommes sauvages » ? Confucius veut-il dire que l'homme de bien peut cultiver la Voie quel que soit l'endroit où il se trouve ? Ou bien qu'il peut civiliser les barbares eux-mêmes ? Si l'idée de Confucius est que l'homme de bien peut s'accommoder de n'importe quel endroit pour cultiver la Voie, pourquoi ne pas rester dans les pays centraux au lieu d'aller chez les barbares ? L'idée de Confucius est-elle que l'homme de bien peut, grâce à la Voie, civiliser les barbares ? Mais comment y parviendrait-il ? Yu se déshabilla lorsqu'il entra dans le Pays des hommes nus et se rhabilla lorsqu'il en sortit[56], parce que la coutume des vêtements n'avait pas cours chez ces barbares : Yu ne fut même pas capable d'instruire des barbares à s'habiller, et Confucius voudrait les transformer en hommes de bien ?

56. « Pays des hommes nus » : pays dont la localisation varie selon les sources – vraisemblablement au sud étant donné les contraintes climatiques.

或〔曰〕:「孔子實不欲往, 患道不行, 動發此言。或人難之, 孔子知其陋, 然而猶曰:『何陋之有』者, 欲遂已然, 距或人之諫也。」實不欲往, 志動發言, 是偽言也; 君子於言, 無所苟矣。如知其陋, 苟欲自遂, 此子路對孔子以子羔也。子路使子羔為費宰, 子曰:「賊夫人之子。」子路曰:「有社稷焉, 有民人焉, 何必讀書, 然後為學?」子曰:「是故惡夫佞者!」子路知其不可, 苟對自遂, 孔子惡之, 比夫佞者。孔子亦知其不可, 苟應或人, 孔子、子路皆以佞也。

14. 孔子曰:「賜不受命, 而貨殖焉, 億則屢中。」何謂不受命乎? 說曰:「〔不〕受當富之命, 自以術知, 數億中時也。」

57. Cf. *Lunyu*, 13.3.

58. Cf. *ibid.*, 11.25, trad. P. Ryckmans, *op. cit.*, p. 63 (avec des modifications). Zigao : ce disciple de Confucius est décrit comme stupide dans les *Entretiens.* Bi : lieu dans l'actuel Shandong. Confucius reproche à Zilu d'avoir fait nommer Zigao à un poste avant qu'il ait terminé sa formation ; Zilu lui répond en invoquant l'une des propres idées du Maître sur le savoir, peut-être avec la mauvaise foi de celui qui est pris en tort mais ne veut pas le reconnaître, d'où le jugement acerbe de Confucius.

Selon certains, Confucius n'avait en réalité aucune intention d'aller chez les barbares, et il ne s'exprima ainsi que sous le coup de l'émotion, parce qu'il s'affligeait du fait qu'aucun souverain ne suive la Voie ; Confucius savait que les barbares étaient des sauvages, et s'il répondit à son contradicteur comme il le fit, c'est par entêtement, ou parce qu'il refusait d'être sermonné par autrui. Mais s'il n'avait pas l'intention d'aller chez les barbares et s'exprima ainsi sous le coup de l'émotion, ses paroles ne sont que des mensonges ; or, comme il le dit lui-même, « l'homme de bien doit faire attention à ne pas dire n'importe quoi[57] ». Si Confucius savait que ces barbares étaient des sauvages mais affecta malgré tout d'aller s'établir chez eux, ses mots sont du même acabit que la réponse que Zilu lui fit à propos de Zigao, que ce dernier avait fait nommer intendant de Bi. Comme le Maître lui dit : « C'est jouer un mauvais tour à ce garçon », Zilu répondit : « Il pourra s'occuper là des paysans, de leurs fêtes et de leurs moissons. Après tout, le savoir ne se réduit pas à ce qu'on trouve dans les livres. » Le Maître dit : « Ce sont de tels propos qui me font détester les beaux esprits de votre espèce[58]. » Zilu savait que la nomination de Zigao était une erreur, mais il s'entêta et répondit n'importe comment, et Confucius, mécontent, le traita de beau parleur. Confucius savait lui aussi qu'il ne pouvait aller chez les barbares, et il répondit lui aussi n'importe comment ; Confucius et Zilu sont tous deux de beaux parleurs.

14. Confucius dit : « Zigong n'a pas accepté sa destinée ; il s'est enrichi dans le commerce, y faisant preuve d'un flair infaillible[59]. » Mais que veut dire « il n'a pas accepté sa destinée ? » Selon les commentateurs, Zigong n'aurait pas été doté d'une destinée lui commandant de devenir riche, mais grâce à ses stratagèmes et son intelligence, il aurait tout de même réussi dans ses entreprises.

59. Cf. *ibid.*, 11.19. Wang Chong discute également de Zigong et de sa réussite en affaires plus haut, cf. 8.4.

夫人富貴, 在天命乎 ? 在人知也 ? 如在天命, 知術求之不能得 ; 如在人, 孔子何為言「死生有命, 富貴在天 ?」夫謂富不受命, 而自〔以〕知術得之, 貴亦可不受命, 而自以努力求之。世無不受貴命而自得貴, 亦知無不受富命而自得富者。成事 : 孔子不得富貴矣, 周流應聘, 行說諸侯, 智窮策困, 還定 «詩»、«書», 望絕無冀, 稱「已矣夫」。自知無貴命, 周流無補益也。孔子知己不受貴命, 周流求之不能得, 而謂賜不受富命, 而以術知得富, 言行相違, 未曉其故。

或曰 :「欲攻子貢之短也。子貢不好道德, 而徒好貨殖, 故攻其短, 欲令窮服而更其行節。」夫攻子貢之短, 可言「賜不好道德, 而貨殖焉。」何必立「不受命」, 與前言「富貴在天」相違反也 ?

60. Cf. *ibid.*, 12.5.

Mais la richesse et les honneurs dépendent-ils de la destinée qu'un homme a reçue du ciel ? Ou dépendent-ils de son intelligence ? S'ils dépendent de la destinée reçue du ciel, les stratagèmes et l'intelligence ne serviront à rien pour les obtenir ; et s'ils dépendent de ces qualités, pourquoi Confucius a-t-il dit : « Vie et mort dépendent de la destinée, richesse et honneurs dépendent du ciel[60] ? » Si l'on prétend qu'on peut devenir riche indépendamment de la destinée reçue à la naissance, grâce à son intelligence ou à des stratagèmes, alors on devrait dire de la même manière que la noblesse ne dépend pas de la destinée et peut se gagner par ses propres efforts. Or on ne trouve pas dans ce monde de personnes qui deviennent nobles par elles-mêmes, indépendamment de la destinée ; et donc il n'y en a pas non plus qui deviennent riches d'elles-mêmes, indépendamment de leur destinée. Un bon exemple est Confucius lui-même, qui ne parvint ni à s'enrichir ni à accéder aux honneurs : il se déplaça de royaume en royaume pour trouver des postes, il alla trouver les grands seigneurs pour les conseiller, il revint à Lu pour établir le texte des *Poèmes* et des *Documents*, mais en définitive il perdit tout espoir, jusqu'à s'exclamer que tout était fini pour lui ! Il savait qu'il n'avait pas pour destinée de connaître les honneurs, et que voyager d'un royaume à l'autre n'y changerait rien, et qu'il n'obtiendrait rien ainsi ; mais il jugea quand même que Zigong avait pu devenir riche indépendamment de sa destinée : ses paroles et ses actes se contredisent donc d'une façon inexplicable.

Certains estiment que « par ce jugement, Confucius voulait en fait mettre le doigt sur la faiblesse de Zigong, qui était de délaisser la Voie pour s'enrichir dans le commerce ; il le critiqua pour le convaincre de s'amender ». Mais si Confucius voulait critiquer Zigong, il pouvait très bien dire : « Zigong délaisse la Voie et préfère s'enrichir dans le commerce. » Pourquoi dit-il que Zigong avait réussi malgré sa destinée, contredisant ainsi ses paroles antérieures selon lesquelles la richesse et les honneurs dépendent du ciel ?

15. 顏淵死, 子曰:「噫!天喪予!」此言人將起, 天與之輔;人將廢, 天奪其佑。孔子有四友, 欲因而起。顏淵早夭, 故曰「天喪予」。

問曰:顏淵之死, 孔子不王, 天奪之邪?不幸短命, 自為死也?如短命不幸, 不得不死, 孔子雖王, 猶不得生。輔之於人, 猶杖之扶疾也。人有病, 須杖而行, 如斬杖本得短, 可謂天使病人不得行乎?如能起行, 杖短能使之長乎?夫顏淵之短命, 猶杖之短度也。

且孔子言「天喪予」者, 以顏淵賢也。案賢者在世, 未必為輔也。夫賢者未必為輔, 猶聖人未必受命也。為帝有不聖, 為輔有不賢。何則?祿命骨法, 與才異也。由此言之, 顏淵生未必為輔, 其死未必有喪, 孔子云「天喪予」, 何據見哉?

61. Cf. *ibid.*, 11.9.

62. Les « quatre amis » sont quatre des principaux disciples de Confucius, à savoir Yan Hui (Yan Yuan), Zigong, Zizhang et Zilu. Confucius comptait sur eux pour reprendre son héritage et propager ses idées.

63. La « constitution du corps » : c'est-à-dire les signes extérieurs manifestant la destinée reçue à la naissance. Ce que veut dire Wang Chong, c'est que si un homme a une destinée défavorable, il aura beau avoir toutes les

15. Lorsque Yan Hui mourut, Confucius s'exclama : « Hélas ! Le ciel m'anéantit[61] ! » Par là, il voulait dire que lorsqu'un homme doit s'élever pour une grande entreprise, le ciel l'assiste en lui assurant des soutiens ; mais lorsqu'il va échouer, le ciel les lui retire. Confucius avait quatre amis sur lesquels il comptait dans sa grande entreprise[62] ; mais Yan Hui mourut prématurément, d'où l'exclamation de Confucius.

Mon objection est la suivante. La mort de Yan Hui résulte-t-elle du fait que comme Confucius n'avait pas vocation à devenir roi, le ciel lui enleva son disciple ? Ou bien Yan Hui mourut-il de lui-même, parce qu'il avait malheureusement une brève destinée ? Dans ce dernier cas, sa mort était inévitable, et même si Confucius devait devenir roi, Yan Hui ne pouvait vivre plus longtemps. Une personne qui en assiste une autre est comme un bâton qui soutient un malade : il a besoin de ce bâton pour avancer, mais s'il a été coupé trop court, on n'accusera pas pour autant le ciel d'avoir voulu empêcher le malade de marcher. Et il n'y a pas non plus moyen de rallonger le bâton pour aider le malade à mieux marcher. Ce bâton trop court est comparable à la destinée trop brève de Yan Hui.

Si Confucius s'exclama : « Le ciel m'anéantit ! », c'est parce que Yan Hui était particulièrement sage. Mais qu'on observe nos sages : ils ne sont pas forcément là pour assister leur souverain dans ses entreprises ; et de la même manière, le saint n'a pas forcément vocation à régner. Certains souverains ne sont pas des saints, et certains de leurs seconds ne sont pas des sages. Pourquoi en est-il ainsi ? Parce que la fortune et la constitution du corps n'ont rien à voir avec les compétences[63]. On peut en conclure que Yan Hui n'était pas forcément là pour aider Confucius, et que sa mort n'était donc pas une perte de ce point de vue : pourquoi Confucius se lamente-t-il donc en accusant le ciel de l'anéantir ?

qualités pour remplir des charges importantes, il échouera en fin de compte à se faire nommer à des postes importants ; l'exemple par excellence de cette contradiction est bien entendu Confucius lui-même.

且天不使孔子王者, 本意如何？本稟性命之時, 不使之王邪？將使之王, 復中悔之也？如本不使之王, 顏淵死, 何喪？如本使之王, 復中悔之, 此王無骨法, (便)〔更〕宜自在天也。且本何善所見, 而使之王？後何惡所聞, 中悔不命？

天神論議, 誤不諦也？

16. 孔子之衛, 遇舊館人之喪, 入而哭之。出, 使子貢脫驂而賻之。子貢曰：「於門人之喪, 未有所脫驂；脫驂於舊館, 毋乃已重乎？」孔子曰：「予鄉者入而哭之, 遇於一哀而出涕。予惡夫涕之無從也, 小子行之！」孔子脫驂以賻舊館者, 惡情不副禮也。副情而行禮, 情起而恩動。禮情相應, 君子行之。

64. C'est-à-dire que le ciel pourrait modifier la destinée reçue à la naissance à sa guise, ce qui remettrait évidemment en cause la notion même de destinée.
65. Cf. *Liji*, « Tan Gong shang ».

Et quel aurait été le but du ciel en empêchant ainsi Confucius de devenir roi ? Confucius avait-il été doté dès la naissance d'une destinée commandant qu'il ne devienne pas roi ? Ou bien sa destinée était-elle à l'origine de devenir roi, mais le ciel se ravisa-t-il ensuite ? Si la destinée de Confucius n'était pas de devenir roi, en quoi, de ce point de vue, la mort de Yan Hui fut-elle une perte pour lui ? Et s'il devait devenir roi, mais que le ciel se ravisa par la suite, cela signifierait qu'il n'y a pas de conformation préétablie pour devenir roi, ou que le ciel pourrait la modifier comme il l'entend[64]. En outre, à l'origine, quelle qualité de Confucius aurait poussé le ciel à vouloir en faire un roi ? Et par la suite, de quelle faute Confucius se serait-il rendu coupable pour que le ciel se ravise ?

Les idées de Confucius en ce qui concerne le ciel et les esprits paraissent vraiment mal établies !

16. Lorsque Confucius se rendit dans le pays de Wei, il tomba sur les funérailles d'un ancien compagnon d'auberge et entra pour présenter ses condoléances. Lorsqu'il ressortit, il demanda à Zigong de détacher le cheval de trait extérieur de son attelage et de le donner comme présent funéraire. Zigong lui demanda : « Lorsque l'un de vos disciples meurt, vous ne donnez pas ainsi des chevaux en cadeau, mais vous le faites pour un simple compagnon d'auberge : n'est-ce pas un peu excessif ? » Confucius dit : « Lorsque je suis entré pour présenter mes condoléances, je me suis senti si affecté que j'ai versé des larmes ! Je m'en voudrais de pleurer ainsi sans rien faire de plus. Mon enfant, fais donc comme je dis[65] ! » Confucius offrit un cheval de trait pour les funérailles d'un vieux compagnon d'auberge parce qu'il ne voulait pas que son offrande rituelle ne s'accorde pas avec ses sentiments. Sa bonté fut exaltée par ses sentiments, et il voulut faire une offrande rituelle correspondante : c'est que dans son comportement, l'homme de bien cherche à accorder sentiments et rites.

顏淵死, 子哭之慟。門人曰 :「子慟矣 !」〔曰 :〕「吾非斯人之慟而誰為 ?」夫慟, 哀之至也。哭顏淵慟者, 殊之眾徒, 哀痛之甚也。死有棺無槨, 顏路請車以為之槨, 孔子不予, 為大夫不可以徒行也。弔舊館, 脫驂以賻, 惡涕無從。哭顏淵慟, 請車不與, 使慟無副。豈涕與慟殊, 馬與車異邪 ? 於彼則禮情相副, 於此則恩義不稱, 未曉孔子為禮之意。

孔子曰 :「鯉也死, 有棺無槨, 吾不徒行以為之槨。」鯉之恩深於顏淵, 鯉死無槨, 大夫之儀,

66. Cf. *Lunyu*, 11.10.

67. « Sarcophage » : plus précisément, il s'agit d'un cercueil extérieur protégeant le cercueil à proprement parler.

Lorsque Yan Hui mourut, le Maître le pleura sans retenue. Ses disciples lui dirent : « Maître, votre douleur n'est-elle pas excessive ? » Confucius répondit : « Qui d'autre que lui mériterait qu'on le pleure de la sorte[66] ? » Pleurer sans retenue, c'est la marque d'une tristesse extrême. À la mort de Yan Hui, Confucius le pleura sans retenue, manifestant une peine extrême, bien supérieure à celle de ses disciples. Comme il n'y avait pour le défunt qu'un cercueil interne et pas de sarcophage[67], Yan Lu demanda à Confucius de vendre son char pour acheter un sarcophage, mais Confucius refusa, estimant qu'il n'était pas séant qu'un homme de son rang se déplace à pied[68]. Dans le cas de l'ancien compagnon d'auberge, Confucius offrit donc un cheval de trait, parce qu'il s'en voulait de pleurer sans un cadeau funéraire correspondant à sa tristesse. Mais dans le cas de Yan Hui, qu'il pleura pourtant sans retenue, il refusa de se défaire de son char : il n'adapta donc pas son comportement à sa peine. Y aurait-il une différence entre des larmes et des pleurs, entre des chevaux et un char ? Dans un cas Confucius fit une offrande rituelle correspondant à ses sentiments, dans l'autre cas il refusa de le faire, et on ne comprend vraiment pas ses conceptions quant aux rites.

Confucius dit : « Lorsque mon fils Li est mort, il n'a eu qu'un cercueil et pas de sarcophage ; je n'ai pas consenti à aller à pied pour qu'il ait un sarcophage[69]. » Les sentiments de Confucius à l'égard de Li devaient l'emporter sur ceux qu'il avait pour Yan Hui, mais lorsque Li mourut, Confucius l'enterra sans consentir à se défaire de son char pour lui faire

68. Cf. *Lunyu*, 11.8. Yan Lu (VIe-Ve s.) : disciple de Confucius et père de Yan Hui.

69. Cf. *ibid.*, 11.8. Li (Kong Li, 532-483) : fils de Confucius, il mourut à l'âge de cinquante ans, quelques années avant la mort de son père.

不可徒行也。鯉,子也,顏淵,他姓也。子死且不禮,況其禮他姓之人乎!

曰:「是蓋孔子實恩之效也。」

副情於舊館,不稱恩於子,豈以前為士,後為大夫哉?如前為士,士乘二馬;如為大夫,大夫乘三馬,大夫不可去車徒行,何不截賣兩馬以為槨,乘其一乎?為士時,乘二馬,截一以賻舊館,今亦何不截其二以副恩,乘一以解不徒行乎?

不脫馬以賻舊館,未必亂制;葬子有棺無槨,廢禮傷法。孔子重 (賻) 〔副〕舊人之恩,輕廢葬子之禮,此禮得於他人,制失親子也。

然則孔子不粥車以為鯉槨,何以解於貪官好

70. On pourrait aussi comprendre : « ce passage montre que la bonté de Confucius réagit aux événements réels », ou « comment la bonté de Confucius réagit aux événements réels ».

un sarcophage, parce que l'étiquette interdit qu'un grand officier se déplace à pied. Li était le fils de Confucius, alors que Yan Hui n'était même pas de sa famille : si Confucius renonça aux rites pour son fils, alors à plus forte raison pour quelqu'un qui n'était pas de sa famille !

Selon certains, « ce passage montre la véritable bonté de Confucius[70] ».

Si pour son vieux compagnon d'auberge Confucius fit une offrande rituelle en accord avec ses sentiments, alors que lors du décès de son propre fils il renonça à agir de la sorte, serait-ce parce qu'il n'était encore qu'un simple officier dans le premier cas, mais était devenu grand officier dans le second ? Mais l'attelage d'un officier est composé de deux chevaux, tandis que celui d'un grand officier en compte trois : si en tant que grand officier Confucius ne voulait pas se déplacer à pied, qu'est-ce qui l'empêchait d'en vendre deux pour acheter un sarcophage pour son fils ? Il lui serait resté un cheval pour son attelage. Lorsqu'il n'était qu'un simple officier, il avait deux chevaux à son char, mais accepta d'en laisser un pour faire une offrande à son vieux compagnon d'auberge ; pourquoi dans le cas de son fils ne se résolut-il pas à se défaire de deux chevaux pour offrir un sarcophage en accord avec son affection ? Ne lui serait-il pas resté un cheval pour ne pas aller à pied ?

Si Confucius n'avait pas renoncé à un cheval pour faire un cadeau funéraire à son vieux compagnon d'auberge, il n'aurait pas forcément enfreint les rites ; mais en enterrant son fils sans sarcophage, il allait contre les rites et contre les usages. Dans le cas du vieux compagnon d'auberge, il donna la priorité à ses sentiments, mais dans le cas de son fils, il négligea les rites de rigueur lors de l'enterrement d'un fils : il respecta donc les rites dans le cas d'un homme étranger à sa famille, mais ne respecta pas les règles dans le cas de son propre fils.

Confucius refusa de vendre son char pour acheter un sarcophage pour les funérailles de son fils : tenait-il tant à sa position et à son rang pour craindre d'aller ainsi sans voiture ? Pourtant,

仕恐無車？而自云「君子殺身以成仁」，何難退位以成禮？

17. 子貢問政, 子曰 :「足食, 足兵, 民信之矣。」曰 :「必不得已而去, 於斯三者何先？」曰 :「去兵。」曰 :「必不得已而去, 於斯二者何先？」曰 :「去食。自古皆有死, 民無信不立。」信最重也。

問〔曰〕: 使治國無食, 民餓, 棄禮義。禮義棄, 信安所立？傳曰 :「倉廩實, 知禮節 ; 衣食足, 知榮辱。」讓生於有餘, 爭生於不足。今言去食, 信安得成？春秋之時, 戰國饑餓, 易子而食, 析骸而炊。口饑不食, 不暇顧恩義也。夫父子之恩, 信矣, 饑餓棄信, 以子為食。孔子教子貢去食

71. Cf. *Lunyu*, 15.9.
72. Cf. *ibid.*, 12.7, trad. A. Cheng, *op. cit.*, p. 97.
73. Cf. *Guanzi*, 1, « Mu min ».

comme il le dit lui-même, « l'homme de bien n'hésite pas à sacrifier sa vie pour garder sa vertu complète[71] » : pourquoi Confucius ne sacrifia-t-il pas sa carrière pour préserver les rites ?

17. Zigong interrogea Confucius sur l'art de gouverner. Le Maître dit : « C'est veiller à ce que le peuple ait assez de vivres, assez d'armes, et s'assurer sa confiance. » Zigong : « Et s'il fallait se passer d'une de ces trois choses, laquelle serait-ce ? » Le Maître : « Les armes. » Zigong : « Et des deux autres, laquelle serait-ce ? » Le Maître : « Les vivres. De tout temps, les hommes sont sujets à la mort. Mais sans la confiance du peuple, aucun État ne saurait tenir[72]. » La confiance est donc le plus important.

Mon objection est la suivante. Si celui qui gouverne ne nourrit pas sa population, elle finira par délaisser les rites et la justice ; et sans rites ni justice, comment la confiance serait-elle possible ? Les textes disent : « Il faut des greniers bien pleins pour que le peuple respecte les rites et la tempérance ; il faut des vêtements et de la nourriture en suffisance pour que le peuple se soucie de l'honneur et de la honte[73]. » L'abondance de biens entraîne la générosité, la pénurie engendre le conflit. Comment celui qu'on prive de nourriture pourrait-il avoir confiance ? À l'époque des Printemps et automnes, les pays se faisaient la guerre et les gens criaient famine ; ils s'échangeaient leurs enfants pour les manger, et utilisaient les os de leurs morts pour alimenter leurs feux[74]. Lorsqu'on n'a plus rien à manger, il n'y a plus de place pour la bonté et la vertu ; les sentiments entre parents et enfants impliquent la confiance, mais en cas de famine on laisse la confiance de côté et on mange ses propres enfants. Comment Confucius peut-il recommander

74. Cf. *Zuozhuan*, « Xuangong », 15e année. Manger ses enfants et renoncer à enterrer ses morts sont les indications d'une misère extrême, qui fait oublier les valeurs les plus fondamentales.

存信，如何？夫去信存食，雖不欲信，信自生矣；去食存信，雖欲為信，信不立矣。

子適衛，冉子僕。子曰：「庶矣哉！」曰：「既庶矣，又何加焉？」曰：「富之。」曰：「既富矣，又何加焉？」曰：「教之。」語冉子先富而后教之，教子貢去食而存信，食與富何別？信與教何異？二子殊教，所尚不同，孔子為國，意何定哉？

18. 蘧伯玉使人於孔子，孔子曰：「夫子何為乎？」對曰：「夫子欲寡其過而未能也。」使者出，孔子曰：「使乎！使乎！」非之也。說 «論語» 者曰：「非之者，非其代人謙也。」

75. Cf. *Lunyu*, 13.9, trad. P. Ryckmans, *op. cit.*, p. 72-73. Ran Qiu, c'est-à-dire Ziyou.

76. L'éducation et la confiance relèvent toutes deux du développement moral, et s'opposent de la même manière aux biens matériels.

77. Cf. *Lunyu*, 14.25, trad. P. Ryckmans, *op. cit.*, p. 81, avec modifications. Qu Boyu (VIe-Ve s.) : grand officier du pays de Wei à la fin de la période des Printemps et automnes, réputé pour sa sagesse.

à Zigong de renoncer d'abord aux vivres ? Si l'on renonce à la confiance tout en gardant les vivres, même si on n'attache pas d'importance à la confiance, elle viendra d'elle-même ; si l'on renonce aux vivres, la confiance disparaîtra quels que soient les efforts pour la préserver.

Le Maître se rendit au pays de Wei ; Ran Qiu conduisait son char. Le Maître dit : « Quelle population nombreuse ! » Ran Qiu dit : « Une fois que les gens sont nombreux, que reste-t-il encore à faire ? » Le Maître dit : « Enrichissez-les. » L'autre dit : « Et une fois qu'ils sont riches, que reste-t-il encore à faire ? – Éduquez-les[75]. » Dans cette discussion avec Ran Qiu, Confucius donne donc la priorité à la richesse sur l'éducation ; mais à Zigong, il dit qu'il faut renoncer aux vivres et préserver la confiance : quelle différence y a-t-il entre la richesse et les vivres ? Entre l'éducation et la confiance[76] ? Confucius ne privilégie pas la même chose dans les deux cas et instruit ses disciples d'une façon différente : ses idées en ce qui concerne le gouvernement ne sont guère cohérentes !

18. Qu Boyu envoya un messager à Confucius. Confucius lui demanda : « Que devient votre maître ? » L'autre répondit : « Mon maître souhaite commettre moins de fautes, mais il n'y parvient toujours pas. » Le messager s'en alla. Confucius dit : « Quel messager, quel messager[77] ! » Confucius critique le messager, et les commentateurs des *Entretiens* expliquent : « Il le critique, parce qu'il se montre modeste à la place de son maître[78]. »

78. Confucius critique-t-il vraiment le messager ? C'est la lecture de Wang Chong et, semble-t-il, de ses contemporains. La traduction de P. Ryckmans : « Quel messager, quel messager ! » préserve l'ambiguïté de la formulation de Confucius. Mais les commentateurs modernes interprètent généralement le mot de Confucius dans le sens d'une louange ; cf. par exemple Yang Bojun, *Lunyu yizhu*, p. 154, ou encore la traduction de A. Cheng (*op. cit.*, 14.26, p. 116) : « Voilà un messager digne de son maître ! »

夫孔子之問使者曰:「夫子何為?」問所治為, 非問操行也。如孔子之問也, 使者宜對曰:「夫子為某事, 治某政」, 今反言「欲寡其過而未能也」。

何以知其對 (不) 失指?孔子非之也。且實孔子何以非使者?非其代人謙 (之) 乎?〔非〕其 (非乎) 對失指也?所非猶有一實, 不明其過, 而徒云「使乎!使乎!」後世疑惑, 不知使者所以為過。韓子曰:「書約則弟子辨。」孔子之言「使乎」, 何其約也?

或曰:「« 春秋 » 之義也, 為賢者諱。蘧伯玉賢, 故諱其使者。」夫欲知其子, 視其友;欲知其君, 視其所使。伯玉不賢, 故所使過也。« 春秋 » 之義, 為賢者諱, 亦貶纖介之惡。今不非而諱, 貶纖介安所施哉?使孔子為伯玉諱, 宜默

79. Le passage est corrompu, et susceptible de plusieurs interprétations.

80. Cf. *Han Feizi*, 47, « Ba shuo (Ba shui) ». Han Fei (280 ?-233) : célèbre penseur légiste ; cf. *infra*, chap. 29.

La question de Confucius à l'émissaire est la suivante : « Que devient votre maître ? » Il ne l'interroge pas sur la conduite de Qu Boyu, mais sur ce qu'il devient, et le messager aurait dû répondre « mon maître fait ceci, il mène telle politique », et non « mon maître souhaite commettre moins de fautes, mais il n'y parvient toujours pas ».

Comment voit-on que le messager répond à côté de la question ? Parce que Confucius le critique[79]. Mais qu'est-ce qui provoque la réprobation de Confucius ? Le fait que le messager se soit montré modeste à la place de son maître ? Ou le fait qu'il ait répondu à côté de la question ? Confucius réprouve certainement quelque chose de précis, mais il ne dit pas clairement quoi, se contentant de s'exclamer : « Quel messager, quel messager ! », avec pour résultat que les générations suivantes sont dans la confusion quant à la faute de ce dernier. Selon Han Fei, « lorsqu'on s'exprime de façon trop concise, les disciples ergotent sur ce qu'on a voulu dire[80] ». En disant : « Quel messager ! », Confucius s'exprime vraiment d'une façon concise !

Selon certains, « les *Printemps et automnes* ont pour principe de taire les fautes des sages : Qu Boyu était un sage, et c'est pour cette raison que Confucius tut la faute de son messager ». Mais on reconnaît un fils à ses amis, et un seigneur à ses messagers[81] : c'est parce que Qu Boyu n'était pas un sage que son messager se rendit coupable d'une telle faute. Et si les *Printemps et automnes* ont certes pour principe de taire les fautes des sages, ils dénoncent aussi les manquements les plus insignifiants. Dans le cas présent, Confucius se serait abstenu de dénoncer le messager en taisant sa faute : comment cette attitude s'accorde-t-elle avec le principe des *Printemps et automnes* de signaler les fautes les plus insignifiantes ? Si Confucius avait voulu taire la faute de ce messager par

81. Cf. *Shuoyuan*, 12, « Feng shi ».

而已。揚言曰：「使乎！使乎！」時人皆知孔子(之) 非〔之〕也。出言如此, 何益於諱？

19. 佛肸召, 子欲往。子路不說, 曰：「昔者, 由也聞諸夫子曰：『親於其身為不善者, 君子不入也。』佛肸以中牟畔, 子之往也, 如之何？」子曰：「有是〔言〕也。不曰『堅乎磨而不磷』？不曰『白乎涅而不淄』？吾豈匏瓜也哉？焉能繫而不食也？」

子路引孔子往時所言以非孔子也。往前孔子出此言, 欲令弟子法而行之。子路引之以諫, 孔子曉之, 不曰「前言戲」, 若「非」而「不可行」, 而曰「有是言」者, 審有, 當行之也。

「不曰堅乎磨而不磷；不曰白乎涅而不淄」, 孔子言此言者, 能解子路難乎？「親於其身為不

82. Bi Xi (VIe-Ve s.) : haut fonctionnaire du pays de Jin, il refusa l'allégeance au clan Zhao, au pouvoir à Jin, acte que Zilu assimile à une rébellion.

83. Zhongmou : lieu dans l'actuel Henan.

84. Cf. *Lunyu*, 17.7. Wang Chong interprète *xi er bu shi* 繫而不食 dans le sens le plus défavorable à Confucius, soit littéralement : « suspendu [au mur] sans manger ». La plupart des commentateurs modernes comprennent la phrase dans un sens moins défavorable à Confucius : celui-ci regretterait de rester

égard pour Qu Boyu, il aurait simplement dû se taire. Mais il s'exclama : « Quel messager, quel messager ! », et tout le monde comprit immédiatement que Confucius le critiquait. En quoi Confucius tut-il la faute du messager en s'exprimant de la sorte ?

19. Bi Xi convoqua Confucius, qui était tenté d'y aller[82]. Mécontent, Zilu, lui dit : « Maître, je vous ai entendu dire autrefois : "L'honnête homme ne se rend pas chez des gens qui sont personnellement coupables d'un méfait." Bi Xi s'est rebellé à Zhongmou[83], et pourtant vous voulez aller chez lui : comment se fait-il ? » Confucius répondit : « J'ai effectivement dit cela. Mais ne dit-on pas aussi : "Il est si dur que la meule ne l'émousse pas" ; ou encore : "Il est si blanc que la teinture ne le noircit pas" ? Ne suis-je donc qu'une calebasse suspendue au mur ? N'ai-je pas aussi besoin de manger[84] ? »

Zilu utilise donc une parole antérieure de Confucius pour le critiquer, parole qui avait pour but de montrer aux disciples l'importance de bons modèles dans leur conduite. Zilu invoque cette ancienne parole pour faire une remontrance à Confucius, qui la comprend dans ce sens. Il ne dit pas : « Je plaisantais[85] », il ne la rejette pas non plus comme fausse ou inapplicable ; non, il admet l'avoir effectivement prononcée. Mais s'il l'avait effectivement prononcée, il aurait dû s'y conformer dans son propre comportement.

« Il est si dur que la meule ne l'émousse pas », « il est si blanc que la teinture ne le noircit pas » : ces citations que fait Confucius pour se défendre peuvent-elles répondre à l'objection de Zilu ? Lorsque celui-ci lui dit : « L'homme de bien ne se

« suspendu [au mur] sans être mangé », c'est-à-dire de ne servir à rien ; cf. la traduction de P. Ryckmans : « Suis-je donc une gourde amère qu'on suspend au clou, mais qu'on ne mange pas ? » (*op. cit.*, p. 95). Selon cette lecture, Confucius ne s'inquiète pas pour sa subsistance, mais se désole de ne pas trouver un emploi lui permettant de mettre en œuvre son programme politique.

85. Cf. *ibid.*, 17.4, où Confucius, accusé par un disciple de se contredire, s'en tire en disant qu'il a seulement voulu plaisanter ; cf. *supra*, 28.3.

善者, 君子不入也。」解之宜〔曰〕「佛肸未為不善, 尚猶可入。」而曰「堅, 磨而不磷 ; 白, 涅而不淄。」如孔子之言, 有堅白之行者, 可以入之。「君子」之行, 軟而易汙邪 ? 何以獨「不入」也 ?

孔子不飲盜泉之水, 曾子不入勝母之閭, 避惡去汙, 不以義, 恥辱名也。盜泉、勝母有空名, 而孔、曾恥之 ; 佛肸有惡實, 而子欲往。不飲盜泉是, 則欲對佛肸非矣。「不義而富且貴, 於我如浮雲。」枉道食篡畔之祿, 所謂浮雲者, 非也。

或〔曰〕: 權時欲行道也。即權時行道。子路難之, 當云「行道」, 不〔當〕言「食」。有權時以行道, 無權時以求食。「吾豈匏瓜也哉 ?

86. « Source des voleurs » : dans le sud de l'actuel Shandong. « Mère vaincue » : nom d'un quartier ou d'un village, peut-être dans l'actuel Shandong. Zengzi (Zeng Shen, 505-435) : l'un des principaux disciples de Confucius, réputé pour sa vertu.

87. La « Source des voleurs » suggère que ceux qui y boivent sont des voleurs ; la « Mère vaincue » est une atteinte à la piété filiale. Cf. *Huainanzi*, 16, « Shuo shan xun ».

rend pas chez des gens qui sont personnellement coupables d'un méfait », Confucius aurait dû se disculper ainsi : « Bi Xi n'a pas commis de méfait, et donc je puis me rendre chez lui. » En disant : « Il est si dur que la meule ne l'émousse pas », « il est si blanc que la teinture ne le noircit pas », il suggère qu'un homme ferme et pur dans son comportement ne peut se corrompre en fréquentant un homme comme Bi Xi. « L'honnête homme » dont parle Zilu serait-il lui trop mou et trop susceptible d'être souillé par un Bi Xi ? Pourquoi serait-il le seul à ne pouvoir fréquenter de telles gens ?

Confucius refusa de boire à la Source des voleurs, et Zengzi n'entra pas dans le quartier de la Mère vaincue[86] : ils se tinrent à distance de choses mauvaises, pour ne pas être souillés par elles, ne voulant pas compromettre leur réputation dans des lieux portant des noms contraires à la morale[87]. Ils eurent honte de fréquenter ces lieux en raison de noms vides, mais Confucius était prêt à se rendre chez Bi Xi, qui pour sa part était réellement mauvais. Si Confucius eut raison de ne pas boire l'eau de la Source des voleurs, il eut tort de vouloir rencontrer Bi Xi. « Les richesses et les honneurs sans la justice, je ne m'en soucie pas plus que des nuages qui flottent dans le ciel[88]. » En étant prêt à faire fi de la morale pour aller toucher un salaire chez un traître, Confucius n'invalide-t-il pas cette belle parole ?

Selon certains, Confucius voulait saisir une occasion pour mettre en œuvre ses principes[89]. Mais si c'était le cas, lorsque Zilu le critiqua, au lieu de parler de « manger », il aurait dû dire qu'il voulait « mettre en œuvre ses principes ». Car s'il est légitime que Confucius veuille saisir une occasion pour mettre en œuvre ses principes, il ne doit pas le faire pour manger. En disant : « Ne suis-je donc qu'une calebasse suspendue au mur ?

88. Cf. *Lunyu*, 7.16, trad. P. Ryckmans, *op. cit.*, p. 41.

89. C'est-à-dire qu'il voulait convaincre Bi Xi de mettre en œuvre une politique inspirée de ses principes moraux.

焉能繫而不食？」自比以匏瓜者，言人當仕而食祿。我非匏瓜繫而不食，非子路也。孔子之言，不解子路之難。子路難孔子，豈孔子不當仕也哉？當擇善國而入之也。孔子自比匏瓜，孔子欲安食也。且孔子之言，何其鄙也！何（彼）〔徒〕仕為食哉？君子不宜言也。匏瓜繫而不食，亦繫而不仕等也。距子路可云：「吾豈匏瓜也哉，繫而不仕也？」今（吾）〔言〕「擊而不食」，孔子之仕，不為行道，徒求食也。

人之仕也，主貪祿也，禮義之言，為行道也。猶人之娶也，主為欲也，禮義之言，為供親也。仕而直言食，娶可直言欲乎？孔子之言，解情而無依違之意，不假義理之名，是則俗人，非君子也。儒者說孔子周流應聘不濟，閔道不行，失孔子情矣。

90. Répétons que c’est précisément ainsi que les commentateurs modernes interprètent généralement ce mot de Confucius.

N'ai-je pas aussi besoin de manger ? », pour réfuter la critique de Zilu, Confucius se compare à une calebasse suspendue au mur et indique qu'il veut obtenir un poste officiel pour manger ; mais cette explication ne répond pas à l'objection de Zilu. En critiquant Confucius, Zilu suggérait-il que Confucius ne devrait pas accepter de poste officiel ? Non, il voulait simplement dire que Confucius devait choisir le pays adéquat pour le faire. En se comparant à une calebasse, Confucius montre qu'il ne pense qu'à sa subsistance. Comment peut-il s'exprimer d'une façon aussi vile ? Comment peut-on dire qu'on sollicite un poste officiel simplement pour manger ? Un honnête homme ne devrait pas parler de la sorte. Une calebasse suspendue au mur qui ne mange pas, c'est comme un homme laissé au rebut et sans poste officiel. Pour réfuter Zilu, il aurait pu dire : « Ne suis-je donc qu'une calebasse suspendue au mur, qui ne sert à rien[90] ? » Mais il parle « d'être suspendu sans manger » : Confucius ne cherche pas un poste officiel pour mettre en œuvre une politique, mais pour assurer sa subsistance.

Lorsque les hommes acceptent un poste, ils invoquent les rites et la morale, ils disent vouloir mettre en œuvre leurs idéaux, mais leur but principal est de toucher un salaire ; il en est de même lorsqu'ils se marient : ils prétextent les rites et la morale, ils disent vouloir servir leurs parents, mais ils songent surtout à satisfaire leurs désirs sexuels. Si l'on peut ainsi dire sans détour qu'on entre dans la carrière officielle pour manger, peut-on dire aussi franchement qu'on se marie pour satisfaire ses désirs ? Les mots de Confucius correspondent sans doute à la vérité, mais en s'exprimant ainsi sans la moindre ambiguïté, sans invoquer des principes moraux, Confucius se comporte en homme vulgaire, et non pas en honnête homme. Nos lettrés qui prétendent que Confucius erra de pays en pays, se désolant de ne pas trouver un endroit où mettre en œuvre ses idéaux, se trompent décidément sur son compte.

公山弗擾以費畔, 召, 子欲往。子路曰 :「末如也已！何必公山氏之之也？」子曰 :「夫召我者, 而豈徒哉？如用我, 吾其為東周乎？」「為東周」, 欲行道也。公山、佛肸俱畔者, 行道於公山, 求食於佛肸, 孔子之言, 無定趨也。言無定趨, 則行無常務矣。周流不用, 豈獨有以乎？

陽貨欲見之, 不見 ; 呼之仕, 不仕, 何其清也？公山、佛肸召之, 欲往, 何其濁也？公山不擾與陽虎俱畔, 執季桓子, 二人同惡, 呼召禮等, 獨對公山, 不見陽虎, 豈公山尚可, 陽虎不可乎？子路難公山之 (名)〔召〕, 孔子宜解以尚及佛肸未甚惡之狀也。

91. Gongshan Furao (Gongshan Buniu, VIe-Ve s.) : en 502, il se révolta contre les Jisun, l'un des trois clans qui accaparaient le pouvoir dans le pays de Lu ; Confucius était lui aussi opposé aux Jisun, d'où une alliance possible. À noter que ce passage des *Entretiens* ne paraît pas compatible avec les faits tels qu'ils sont rapportés dans les *Printemps et automnes* (cf. « Dinggong », 12e année). Bi : dans l'actuel Shandong.

Lorsque Gongshan Furao se rebella à partir de la ville de Bi[91], il invita Confucius à le rejoindre, et Confucius songea à accepter. Mais Zilu dit : « Peu importe si nous n'avons nulle part où aller. Pourquoi irions-nous chez Gongshan ? » Le Maître dit : « S'il m'invite à le rejoindre, ce n'est pas pour rien. S'il me donne un poste, ne pourrai-je pas œuvrer à la renaissance des Zhou à l'Est[92] ? » En parlant « d'œuvrer à la renaissance des Zhou à l'Est », Confucius signifie qu'il veut mettre en œuvre ses idéaux politiques. Gongshan Furao était un rebelle comme Bi Xi, alors pourquoi Confucius invoque-t-il dans son cas des idéaux politiques, alors qu'il parle de manger dans le cas de Bi Xi ? Quel manque de constance dans ses paroles ! Un tel manque de constance implique également un manque de constance dans ses buts : n'est-ce pas la raison pour laquelle Confucius erra dans le monde sans jamais trouver d'emploi ?

Yang Huo désirait recevoir Confucius, mais ce dernier refusa de le voir ; il l'exhorta à accepter un poste, mais Confucius refusa : quelle intégrité[93] ! Mais lorsque Gongshan Furao et Bi Xi l'invitèrent, il voulut y aller : quelle bassesse ! Gongshan Furao s'était rebellé comme Yang Huo, et tous deux s'étaient emparés de Ji Huanzi[94], ils étaient donc aussi mauvais l'un que l'autre, et ils convoquèrent Confucius avec la même politesse ; mais Confucius songea à rendre visite à Gongshan Furao, et refusa de voir Yang Huo : en quoi le premier était-il plus fréquentable que le second ? Lorsque Zilu le critiqua, Confucius aurait dû s'expliquer en disant que Bi Xi, tout comme Gongshan Furao, n'était pas un homme si mauvais que ça.

92. Cf. *Lunyu*, 17.5.

93. Cf. *ibid.*, 17.1. Yang Huo (ou Yang Hu, VIe-Ve s.) : intendant du clan Jisun, il tenta de renverser les trois clans puissants du pays de Lu.

94. Ji Huanzi (Ji Sunsi, ?-492 AEC) : grand officier de Lu, il fut emprisonné durant trois ans par Yang Huo.

非韓篇第二十九

1. 韓子之術, 明法尚功。賢無益於國不加賞；不肖無害於治不施罰；責功重賞, 任刑用誅。故其論儒也, 謂之不耕而食, 比之於一蠹。論有益與無益也, 比之於鹿馬, 馬之似鹿者千金, 天下有千金之馬, 無千金之鹿, 鹿無益, 馬有用也。儒者猶鹿, 有用之吏猶馬也。

夫韓子知以鹿馬喻, 不知以冠履譬。使韓子不冠, 徒履而朝, 吾將聽其言也。加冠於首而立於

1. Wang Chong propose ici un bon résumé des idées centrales de la pensée de Han Fei.

2. Cf. *Han Feizi*, 49, « Wu du ». Les lettrés : il s'agit des *ru*, c'est-à-dire les spécialistes des Classiques et des rituels, qui pour l'essentiel se réclament de Confucius.

Réfutation de Han Fei
(Traité 29, « Fei Han »)

1. Faire briller la loi et récompenser les mérites, telle est la méthode de gouvernement de Han Fei : le prince ne récompense pas les sages qui ne servent en rien le pays ; il ne punit pas non plus les sujets sans talents qui ne nuisent pas à sa politique ; il s'informe des mérites et les récompense généreusement, il recourt aux peines et aux châtiments[1]. Selon ce point de vue, Han Fei assimile les lettrés à de la vermine[2], parce qu'ils mangent alors qu'ils n'ont pas semé leur nourriture. Il compare le cerf et le cheval selon le seul critère de l'utilité : le cheval ressemble au cerf, mais si certains chevaux peuvent valoir mille pièces d'or, on ne trouve pas de cerfs de cette valeur, parce que le cheval est utile alors que le cerf ne sert à rien. Les lettrés sont comparables aux cerfs, tandis que les fonctionnaires, qui pour leur part sont utiles, sont comparables aux chevaux[3].

Mais si Han Fei sait raisonner par analogie au moyen du cheval et du cerf, il est incapable d'en faire de même avec le bonnet[4] et les chaussures : si Han Fei était capable de se rendre aux audiences royales avec ses chaussures, mais sans bonnet,

3. Les lettrés sont également des fonctionnaires, ou du moins ils aspirent à l'être ; mais ils sont engagés (notamment) en fonction de leur maîtrise des Classiques, alors que les simples fonctionnaires, *li*, sont recrutés et employés selon des critères beaucoup plus pragmatiques.

4. Bonnet : il s'agit de la coiffe rituelle, portée notamment par les fonctionnaires.

朝, 受無益之服, 增無益之 (仕)〔行〕, 言與服相違, 行與術相反, 吾是以非其言而不用其法也。

煩勞人體, 無益於人身, 莫過跪拜；使韓子逢人不拜, 見君父不 (謁)〔跪〕, 未必有賊於身體也。然須拜 (謁)〔跪〕以尊親者, 禮義至重, 不可失也。故禮義在身, 身未必肥；而禮義去身, 身未必瘠而化衰。以謂有益, 禮義不如飲食。使韓子賜食君父之前, 不拜而用, 肯為之乎？夫拜 (謁)〔跪〕, 禮義之效, 非益身之實也, 然而韓子終不失者, 不廢禮義以苟益也。

夫儒生, 禮義也；耕戰, 飲食也。貴耕戰而賤儒生, 是棄禮義求飲食也。使禮義廢, 綱紀敗, 上

je le suivrais dans son raisonnement. Mais Han Fei arbore bien un bonnet lorsqu'il se tient dans la salle d'audience : il porte donc un accessoire inutile, et s'impose une tâche inutile en le mettant ; son habit contredit donc son discours, et son comportement contredit sa politique, et voilà pourquoi je rejette ses paroles et refuse ses méthodes[5].

Rien ne fatigue plus inutilement que les courbettes et les prosternations, et cela n'aurait donc pas été physiquement préjudiciable à Han Fei de ne pas s'incliner devant les gens et de ne pas se prosterner face à son souverain. Mais on se prosterne pour montrer son respect à ses parents : il s'agit de rituels importants auxquels on ne saurait manquer. L'exercice des rites et de la morale ne bénéficie pas forcément au corps, et leur abandon ne l'affaiblit pas nécessairement. Du point de vue de l'utilité, les rites et la morale ne valent pas la nourriture ou la boisson. Mais Han Fei aurait-il pu envisager de manger devant son souverain ou son père sans la moindre révérence ? Révérences et courbettes sont la manifestation des rites et de la morale, et même s'ils ne sont d'aucune utilité pour le corps, il ne manquait certainement pas de s'y conformer : il ne les aurait certainement pas oubliés pour rechercher un avantage immédiat.

Les lettrés sont aux rites et à la morale ce que la nourriture est à l'agriculture ou à la guerre. Valoriser l'agriculture et la guerre et déprécier les lettrés équivaut à renoncer aux rites et à la morale, et à ne penser qu'à la nourriture. Si on abandonne les rites et la morale, les règles se perdent, toute hiérarchie disparaît, le *yin* et le *yang* se détraquent, la succession des saisons

5. Le bonnet possède certes une utilité rituelle, mais cette utilité est moins immédiate ou évidente que celle du travail des champs ; les lettrés sont notamment des spécialistes du rituel, et donc l'exemple du bonnet est particulièrement bien choisi. Même si Wang Chong simplifie la philosophie de Han Fei, il n'en fait pas moins mouche concernant le seul critère de l'utilité immédiate pour juger de la valeur des personnes, des pratiques et des choses.

下亂而陰陽繆, 水旱失時, 五穀不登, 萬民饑死, 農不得耕, 士不得戰也。

2. 子貢去告朔之餼羊, 孔子曰 :「賜也 ! 爾愛其羊, 我愛其禮。」子貢惡費羊, 孔子重廢禮也。故以舊防為無益而去之, 必有水災 ; 以舊禮為無補而去之, 必有亂患。儒者之在世, 禮義之舊防也, 有之無益, 無之有損。

庠序之設, 自古有之, 重本尊始, 故立官置吏。官不可廢, 道不可棄。儒生, 道官之吏也, 以為無益而廢之, 是棄道也。夫道無成效於人, 成效者須道而成。

6. Pour les anciens Chinois, il y a un rapport de correspondance, de « résonance » (*ganying* 感應) entre l'ordre politique et l'ordre naturel. Selon une lecture courante sous les Han, que Wang Chong critique ailleurs dans le *Lunheng*, le ciel (anthropomorphisé) réagit à une mauvaise politique par des signes et des prodiges – par exemple des catastrophes naturelles. On peut lire ce rapport entre politique et nature d'une façon plus factuelle : une mauvaise politique conduit à des troubles sociaux, voire à des guerres, qui désorganisent l'agriculture, les circuits économiques et l'approvisionnement, d'où

se perd, les cinq céréales ne mûrissent plus et le peuple meurt de faim[6] ; et dès lors les paysans ne peuvent plus travailler les champs et les soldats ne peuvent plus faire la guerre[7].

2. « Zigong aurait bien voulu en finir avec cette coutume désuète de sacrifier une brebis à chaque nouvelle lune. Le Maître lui dit : Toi, mon ami, tu tiens à ta brebis ; moi je tiens au rituel[8]. » Zigong répugnait à gaspiller des moutons, mais Confucius ne voulait pas renoncer au rituel. Si l'on néglige une vieille digue au prétexte qu'elle serait devenue inutile, il y aura forcément des inondations ; et si l'on renonce à un ancien rituel au prétexte qu'il n'apporterait plus rien, il y aura forcément des troubles et des malheurs. Dans ce monde, les lettrés sont pour les rites comme une vieille digue : leur existence n'a pas d'avantage évident, mais sans eux il y aurait des dommages.

Les écoles publiques existent depuis l'Antiquité, parce qu'on attache de l'importance aux bases de la morale, et c'est bien dans ce but qu'ont été établies ces institutions officielles : on ne peut pas plus se priver de ces écoles qu'on ne peut renoncer à la morale. Les lettrés sont comparables à ces institutions pour ce qui est de la morale ; y renoncer parce qu'on les jugerait inutiles, ce serait comme renoncer à la morale. La morale n'a pas d'utilité immédiate, mais tout ce qui possède une utilité immédiate repose nécessairement sur elle.

potentiellement des disettes et de la famine. L'idée d'un rapport essentiel entre ordre politique et ordre naturel possède d'ailleurs une dimension écologique – même si les anciens Chinois ne l'auraient bien sûr pas exprimé en ces termes.

7. Des pratiques qui peuvent sembler inutiles sont donc une condition nécessaire pour des activités qui paraissent à première vue plus utiles qu'elles, comme l'agriculture et la guerre, soit les deux activités reconnues comme essentielles selon le légisme.

8. *Lunyu*, 3.18, trad. A. Cheng, *op. cit.*, 3.17, p. 41.

然足蹈路而行，所蹈之路，須不蹈者；身須手足而動，待不動者。故事或無益，而益者須之；無效，而效者待之。

儒生，耕戰所須待也，棄而不存，如何〔也〕？

3. 韓子非儒，謂之無益有損，蓋謂俗儒無行操，舉措不重禮，以儒名而俗行，以實學而偽說，貪官尊榮，故不足貴。夫志潔行顯，不徇爵祿，去卿相之位若脫躧者，居位治職，功雖不立，此禮義為業者也。國之所以存者，禮義也。民無禮義，傾國危主。今儒者之操，重禮愛義，率無禮之士，激無義之人，人民為善，愛其主上，此亦有益也。聞伯夷風者，貪夫廉，懦夫有立志；聞柳下惠風者，薄夫敦，鄙夫寬。此上化也，非人所見。

9. L'utilité du vide – il s'agit d'une vue chère aux taoïstes.

10. Les membres qui meuvent le corps paraissent plus utiles que ce dernier qui est immobile, mais sans lui les membres n'existeraient tout simplement pas.

Il en est de même du chemin que l'on foule en marchant : ce chemin présente également des étendues que le pied, en marchant, ne foule pas[9]. De même, ce sont les mains et les pieds qui meuvent le corps, mais mains et pieds dépendent de l'immobilité du corps[10]. Certaines choses ne paraissent pas immédiatement utiles, mais celles qui sont utiles en ont besoin ; certaines choses n'ont pas d'efficacité immédiate, mais celles qui en ont une dépendent d'elles.

Les lettrés sont ce sur quoi se reposent l'agriculture et la guerre ; sans les lettrés, l'agriculture et la guerre seraient tout simplement impossibles : pourquoi cela ?

3. Han Fei critique les lettrés, les jugeant inutiles, voire nuisibles. Il se réfère certainement aux lettrés vulgaires, qui ne savent pas se conduire et agissent au mépris des rites, qui n'ont de lettrés que le nom et se comportent en réalité comme le vulgaire, qui utilisent leurs connaissances pour proposer de fausses théories, qui convoitent des postes et révèrent indûment les honneurs ; ces lettrés-là ne sont certainement pas estimables. Mais il y a aussi les lettrés qui, même s'ils ne paraissent pas les plus efficaces, se vouent sans relâche aux rites et à la vertu, se comportant de façon intègre et avec grandeur, indifférents aux titres et aux émoluments, renonçant aussi facilement aux plus hauts postes qu'à une paire de sandales. Car ce sont bien les rites et la vertu qui garantissent la survie de l'État ; lorsque le peuple ne les respecte plus, l'État et le souverain sont en grand péril. Nos lettrés, dont la conduite respecte en tout les rites et la morale, peuvent servir de guides pour les fonctionnaires qui ne les respectent pas, d'aiguillons pour les gens qui y sont indifférents. C'est grâce aux lettrés que les gens font le bien et aiment leur souverain, et cela aussi est utile. Au simple récit de la conduite de Boyi, les cupides deviennent honnêtes, et les lâches, déterminés ; au simple récit de la conduite de Liuxia Hui, les avares deviennent généreux, et les médiocres, magnanimes. Tels sont les effets suprêmes de l'éducation, mais les gens ne le voient pas.

4. 段干木闔門不出, 魏文敬之, 表式其閭, 秦軍聞之, 卒不攻魏。使魏無干木, 秦兵入境, 境土危亡。秦, 彊國也, 兵無不勝。兵加於魏, 魏國必破, 三軍兵頓, 流血千里。今魏文式闔門之士, 卻彊秦之兵, 全魏國之境, 濟三軍之眾, 功莫大焉, 賞莫先焉。

齊有高節之士, 曰狂譎、華士。二人, 昆弟也, 義不降志, 不仕非其主。太公封於齊, 以此二子解沮齊眾, 開不為上用之路, 同時誅之。韓子善之, 以為二子無益而有損也。夫狂譎、華士, 段干木之類也, 太公誅之, 無所卻到 ; 魏文侯式之, 卻彊秦而全魏, 功孰大者 ? 使韓子善干木闔門〔之〕(高) 節,〔高〕魏文〔之〕式, (之)〔是也〕。狂譎、華士之操, 干木之節也, 善太公誅之, 非也。使韓子非干木之行, 下魏文之式, 則干

11. Cf. *Lüshi chunqiu*, 127, « Qi xian ». Duangan Mu (ve s. AEC) : ermite originaire du pays de Jin. Marquis Wen de Wei (r. 445-396) : l'un des puissants souverains de l'époque.

4. Duangan Mu s'enferma chez lui, refusant tout poste, et le marquis Wen de Wei vint lui témoigner son respect jusque dans sa ruelle, s'inclinant depuis sa voiture ; à cette nouvelle, les armées Qin renoncèrent à attaquer Wei[11]. Si le pays de Wei n'avait pas eu Duangan Mu, les armées Qin auraient envahi ses frontières et le territoire aurait été menacé de ruine. Le pays de Qin était un royaume puissant, avec des armées invincibles ; si elles avaient attaqué, le royaume de Wei n'aurait pu éviter la défaite, et le sang versé lors des batailles aurait coulé sur mille lieues. Le simple hommage du marquis à un reclus suffit à tenir à l'écart les armes de Qin, à garantir l'intégrité des frontières du pays et à éviter une bataille sanglante : il n'y a pas de mérite plus grand et plus digne de récompense que celui de Duangan Mu.

Il y avait à Qi deux hommes de grande vertu, du nom de Kuangjue et Huashi ; ils étaient frères[12]. D'une moralité indomptable, ils refusaient de servir tout autre maître que leur prince. Lorsque le Patriarche reçut le pays de Qi en fief, il les fit exécuter tous deux, considérant que leur refus de se mettre à son service était un précédent propre à démobiliser les gens de Qi[13]. Han Fei loua le Patriarche pour cette décision, jugeant les deux frères inutiles, voire nuisibles. Mais en réalité Kuangjue et Huashi étaient du même calibre que Duangan Mu ; le Patriarche ne gagna rien à les faire exécuter. Au contraire, le marquis Wen de Wei, en rendant hommage à Duangan Mu, fit reculer les Qin et sauva son pays. Y a-t-il plus grand mérite que celui-ci ? Han Fei aurait dû reconnaître le mérite de Duangan Mu, et donc dû juger positivement l'hommage que lui rendait le marquis ; mais dans ce cas, Kuangjue et Huashi étant des gens de la même trempe que Duangan Mu, il eut tort de louer le Patriarche pour les avoir fait exécuter. Et si Han Fei avait condamné l'attitude de Duangan Mu, et donc désapprouvé

12. Kuangjue et Huashi : deux personnages légendaires du début des Zhou occidentaux, vivant selon la tradition sur les côtes de la péninsule du Shandong.

13. Cf. *Han Feizi*, 34, « Wai chu shuo you shang ».

木以此行而有益，魏文用式之道為有功，是韓子不賞功尊有益也。

5. 論者或曰：「魏文式段干木之閭，秦兵為之不至，非法度之功。一功特然，不可常行，雖全國有益，非所貴也。」

夫法度之功者，謂何等也？養三軍之士，明賞罰之命，嚴刑峻法，富國彊兵，此法度也。案秦之彊，肯為此乎？六國之亡，皆滅於秦兵。六國之兵非不銳，士眾之力非不勁也，然而不勝，至於破亡者，彊弱不敵，眾寡不同，雖明法度，其何益哉？

使童子變孟賁之意，孟賁怒之，童子操刃，與孟賁戰，童子必不勝，力不如也。孟賁怒，而童子脩禮盡敬，孟賁不忍犯也。秦之與魏，孟賁之與童子也。魏有法度，秦必不畏，猶童子操刃，孟賁不避也。其尊士式賢者之閭，非徒童子脩禮盡敬也。

14. Sur les Six royaumes vaincus par le royaume de Qin, cf. *supra*, 16.5.

l'hommage que lui rendit le marquis, il aurait montré qu'il ne reconnaissait pas les mérites d'une conduite avantageuse, puisque le comportement de ces deux hommes fut profitable au pays de Wei.

5. À quoi certains rétorqueront que le marquis Wen de Wei, en allant rendre hommage à Duangan Mu et en tenant ainsi à l'écart les troupes de Qin, eut certes du mérite, mais hors de toute règle de gouvernement ; qu'il s'agit donc d'un mérite particulier qu'on ne peut donner en exemple, et que même si cela bénéficia au pays dans son ensemble, cela ne saurait être surestimé.

Qu'entend-on par « règles de gouvernement » ? On entend par là le fait d'entretenir des troupes, de promulguer des ordres clairs quant aux récompenses et aux châtiments, d'appliquer la loi avec rigueur, d'enrichir le pays et de renforcer l'armée. Mais ces règles auraient-elles suffi à tenir les puissantes armées Qin à l'écart ? Les Six royaumes[14] furent tous anéantis par les armées Qin : non pas que leurs propres armées n'étaient pas puissantes, mais si elles ne purent l'emporter et finirent par être défaites, c'est qu'en définitive elles ne pouvaient rivaliser avec les armées Qin pour ce qui est de la force et du nombre. En quoi les règles de gouvernement mises en œuvre dans les Six royaumes leur furent-elles d'une quelconque utilité ?

Un enfant ayant suscité le courroux de Meng Ben aura beau se saisir d'une épée pour se battre avec lui, il ne pourra le vaincre, tout simplement parce qu'il n'a pas sa force ; mais s'il répond à sa colère en le traitant selon les rites et avec respect, Meng Ben renoncera à s'en prendre à lui. Le rapport entre Qin et Wei est de même nature que celui entre Meng Ben et cet enfant : Qin n'aurait pas reculé devant les règles de gouvernement en vigueur à Wei, tout comme Meng Ben n'aurait pas eu peur de l'épée de cet enfant. Et le respect du marquis Wen de Wei à l'égard de Duangan Mu fut beaucoup plus profitable que celui qu'aurait manifesté cet enfant à Meng Ben.

夫力少則脩德, 兵彊則奮威。秦以兵彊, 威無不勝。卻軍還眾, 不犯魏境者, 賢干木之操, 高魏文之禮也。夫敬賢, 弱國之法度, 力少之彊助也。謂之非法度之功, 如何 ?

6. 高皇帝議欲廢太子, 呂后患之, 即召張子房而取策。子房教以敬迎四皓而厚禮之。高祖見之, 心消意沮, 太子遂安。使韓子為呂后議, 進不過彊諫, 退不過勁力, 以此自安, 取誅之道也, 豈徒易哉 ? 夫太子敬厚四皓, 以消高帝之議, 猶魏文式段干木之閭, 卻彊秦之兵也。

7. 治國之道, 所養有二 : 一曰養德, 二曰養力。養德者, 養名高之人, 以示能敬賢 ; 養力者, 養氣力之士, 以明能用兵。此所謂文武張設, 德力具足者也, 事或可以德懷, 或可以力摧。外以德自

15. Impératrice Lü (Lü Zhi, 241-180) : épouse de l'empereur Gaozu. Le prince héritier : Liu Ying, futur empereur Hui (r. 195-188). Zhang Liang (Zhang Zifang, ?-186 AEC) : l'un des principaux stratèges et conseillers de l'empereur Gaozu.

16. Quatre vieillards ermites : littéralement, les « quatre (ermites aux cheveux) blancs » ; ils vécurent durant la dynastie Qin et au début des Han.

Celui qui manque de force cultive la vertu, celui dont les armées sont fortes affiche sa puissance. Pour ce qui est de la puissance, les armées Qin ne connaissaient pas de rivaux, et si elles se retirèrent sans franchir les frontières de Wei, c'est par admiration pour la vertu de Duangan Mu et en raison du respect que lui avait témoigné le marquis Wen. La règle des royaumes plus faibles et des pays moins puissants, c'est le respect des sages. Non, on ne peut pas prétendre que les mérites de Duangan Mu et du marquis Wen étaient hors règle.

6. Comme l'empereur Gaozu envisageait d'écarter le prince héritier de la succession, l'impératrice Lü, très inquiète, convoqua Zhang Liang pour discuter d'un stratagème pour le faire changer d'avis[15]. Zhang Liang recommanda d'inviter respectueusement à la cour les Quatre vieillards ermites et de les traiter avec la plus grande déférence[16] ; ils furent reçus par l'empereur, qui abandonna son projet de destituer le prince héritier, et la position de ce dernier fut assurée. Si c'est avec Han Fei que l'impératrice avait discuté de l'affaire, il aurait conseillé, au mieux, d'admonester avec virulence le souverain, et au pire, de recourir à la force, avec le risque d'un châtiment et bien sûr peu de chances de le faire changer d'avis. Le respect que le prince héritier témoigna aux Quatre vieillards ermites suffit à faire renoncer l'empereur Gaozu à son projet, de la même façon que la visite respectueuse du marquis Wen à Duangan Mu avait fait reculer les troupes Qin.

7. Pour gouverner un pays, il faut deux types de politiques : premièrement, cultiver la vertu ; deuxièmement, cultiver la force. Cultiver la vertu, c'est entretenir des hommes d'une haute réputation, afin de montrer qu'on respecte les sages ; cultiver la force, c'est entretenir des hommes forts, afin de montrer qu'on est capable de recourir aux armes. Il s'agit là des méthodes de la civilisation et de la guerre, et celui qui dispose de suffisamment de vertu et de force peut soit rallier les gens

立，內以力自備，慕德者不戰而服，犯德者畏兵而卻。徐偃王脩行仁義，陸地朝者三十二國，彊楚聞之，舉兵而滅之。此有德守，無力備者也。夫德不可獨任以治國，力不可直任以御敵也。韓子之術不養德，偃王之操不任力，二者偏駮，各有不足。偃王有無力之禍，知韓子必有無德之患。

8. 凡人稟性也，清濁貪廉，各有操行，猶草木異質，不可復變易也。狂譎、華士不仕於齊，猶段干木不仕於魏矣。性行清廉，不貪富貴，非時疾

17. C'est-à-dire, en particulier, qu'on attire les sages et talents des autres pays.

18. Roi Yan de Xu (xe s. AEC) : souverain de la principauté de Xu durant la dynastie des Zhou occidentaux ; sous son règne, son pays s'affranchit de la tutelle Zhou et devint la grande puissance de l'est de la Chine de l'époque. Xu : principauté semi-barbare correspondant à des régions des actuelles provinces du Jiangsu et de l'Anhui.

19. Wang Chong rapproche ici des événements séparés par plusieurs siècles et largement indépendants l'un de l'autre. Selon la tradition, la politique vertueuse du roi Xu lui gagna effectivement, vers le milieu du xe siècle

par la vertu, soit les contraindre par la force. On en impose à l'extérieur par la vertu[17], et on se prémunit à l'intérieur par la force ; ceux qui révèrent la vertu se soumettent sans combattre, et ceux qui ne la respectent pas reculent par crainte de la force. Le roi Yan de Xu cultiva la bienveillance et la justice, et trente-deux pays vinrent de partout lui faire allégeance[18] ; mais à cette nouvelle, le puissant pays de Chu leva une armée et détruisit le pays de Xu[19] : le roi Yan entretenait la vertu, mais sans se protéger par la force. Or la vertu ne peut suffire pour gouverner un État, et la force ne peut suffire pour repousser l'ennemi. La méthode de Han Fei, qui ne fait aucun cas de la vertu, et l'attitude du roi Yan de Xu, qui négligea la force, sont toutes deux insuffisantes : du malheur du roi Yan de Xu, qui négligea la force, on peut conclure que la politique de Han Fei, qui méprise la vertu, est également vouée à l'échec.

8. D'une façon générale, les gens sont bons ou mauvais, corrompus ou honnêtes, selon la nature qu'ils ont reçue à la naissance ; chacun se comporte à sa manière, de la même façon qu'arbres et plantes diffèrent dans leur essence, sans qu'on puisse les changer en autre chose. Kuangjue et Huashi refusèrent tout poste à Qi, et Duangan Mu fit de même à Wei : ces hommes étaient bons et honnêtes par nature, ils ne convoitaient pas les honneurs ou les richesses, et ne pouvaient enfreindre leurs principes pour se mettre au service d'une dynastie qu'ils ne considéraient pas comme la leur. Mais si Kuangjue et Huashi n'avaient pas été exécutés, leur refus

avant notre ère, le soutien d'une trentaine de principautés (les textes parlent généralement de trente-six États, contrairement à Wang Chong ici) ; cela lui permit de prendre la tête d'une confédération avec laquelle il se rebella, avec succès, contre les Zhou, suite à une campagne militaire qui, contrairement à ce que suggère Wang Chong dans ce passage, présupposait une certaine force militaire. La défaite contre Chu date quant à elle de trois siècles plus tard, en 645 AEC.

世，義不苟仕，雖不誅此人，此人行不可隨也。太公誅之，韓子是之，是謂人無性行，草木無質也。

太公誅二子，使齊有二子之類，必不為二子見誅之故，不清其身；使無二子之類，雖養之，終無其化。堯不誅許由，唐民不皆樔處；武王不誅伯夷，周民不皆隱餓；魏文侯式段干木之閭，魏國不皆闔門。由此言之，太公不誅二子，齊國亦不皆不仕。何則？清廉之行，人所不能為也。夫人所不能為，養使為之，不能使勸；人所能為，誅以禁之，不能使止。

然則太公誅二子，無益於化，空殺無辜之民。賞無功，殺無辜，韓子所非也。太公殺無辜，韓子是之，(以)〔是〕韓子之術殺無辜也。

de servir n'aurait pu être pris comme modèle par des gens différents d'eux. Le Patriarche les fit exécuter et Han Fei lui donna raison : voilà qui revient à dire que les gens n'agissent pas selon leur nature, et à considérer que plantes et arbres ont tous la même essence[20].

Le Patriarche fit exécuter Kuangjue et Huashi, mais s'il y avait eu à Qi des hommes de la même sorte qu'eux, ce n'est pas cette exécution qui les aurait incités à se mettre à son service ; et s'il n'existait pas d'hommes de leur trempe, on aurait eu beau essayer d'en dresser qu'on n'y serait pas parvenu. Yao ne fit pas exécuter Xu You, ses sujets ne se mirent pas pour autant tous à vivre dans des arbres ; le roi Wu ne fit pas exécuter Boyi, et ses sujets ne se laissèrent pas tous mourir de faim ; le marquis Wen de Wei alla témoigner du respect à Duangan Mu, mais ses sujets ne s'enfermèrent pas tous chez eux. Tout cela montre que si le Patriarche n'avait pas fait exécuter Kuangjue et Huashi, les gens de Qi n'auraient pas forcément refusé de se mettre à son service. Pourquoi cela ? Parce que les gens ne peuvent adopter artificiellement un comportement désintéressé et honnête, et on tentera en vain de les dresser dans ce sens ; et donc il ne sert à rien de multiplier les châtiments pour les arrêter.

L'exécution de Kuangjue et de Huashi ne servit donc en rien l'édification du peuple ; ce ne fut que le meurtre gratuit de deux innocents. Han Fei condamne le fait de récompenser des personnes sans mérite et de punir des innocents, mais ici il donne raison au Patriarche qui fit exécuter deux hommes non coupables : sa méthode de gouvernement légitime donc l'exécution d'innocents.

20. En accordant trop d'importance à l'influence potentielle de Kuangjue et Huashi, le Patriarche et Han Fei ne prennent pas suffisamment en compte la nature essentielle des hommes, qui ne change pas plus que celle des arbres ou des plantes. Pour Wang Chong, le comportement des gens est conditionné par leurs dispositions naturelles beaucoup plus que par l'influence d'autrui.

9. 夫執不仕者, 未必有正罪也, 太公誅之。如出仕未有功, 太公肯賞之乎 ? 賞須功而加, 罰待罪而施。使太公不賞出仕未有功之人, 則其誅不仕未有罪之民, 非也, 而韓子是之, 失誤之言也。

且不仕之民, 性廉寡欲 ; 好仕之民, 性貪多利。利欲不存於心, 則視爵祿猶糞土矣。廉則約省無極, 貪則奢泰不止。奢泰不止, 則其所欲, 不避其主。案古篡畔之臣, 希清白廉潔之人。貪, 故能立功 ; 憍, 故能輕生。積功以取大賞, 奢泰以貪主位。太公遺此法而去, 故齊有陳氏劫殺之患。太公之術, 致劫殺之法也。韓子善之, 是韓子之術亦危亡也。

10. 周公聞太公誅二子, 非而不是, 然而身執贄以下白屋之士。白屋之士, 二子之類也。周公禮之, 太公誅之, 二子之操, 孰為是者 ?

21. Chen Heng (ve s. AEC) : ou Tian Heng, Tian Chengzi, grand ministre de Qi, il fit assassiner le duc Jian de Qi en 481, asseyant ainsi durablement la domination de son clan sur le pays de Qi. À nouveau, Wang Chong comprime l'histoire, puisqu'il y a plus de cinq siècles entre le Patriarche Jiang Ziya et ce dernier événement.

9. Kuangjue et Huashi persistèrent à refuser tout engagement, sans pourtant se rendre coupables de la moindre faute, et le Patriarche les fit exécuter : les aurait-il récompensés s'ils avaient pris un poste sans y démontrer le moindre mérite ? Selon Han Fei, une récompense ne peut sanctionner qu'un mérite, et une punition ne peut sanctionner qu'une faute. Étant donné que le Patriarche ne récompensait pas ses officiers qui ne le méritaient pas, il eut tort de châtier Kuangjue et Huashi, qui n'avaient pas commis de crime, même s'ils ne voulaient pas le servir. Han Fei, en lui donnant raison, s'égare donc dans son jugement.

Ceux qui refusent les postes officiels sont par nature des gens honnêtes et de peu de désirs, alors que ceux qui les convoitent sont avides et ne songent qu'à leur profit. Les hommes dénués d'ambition et indifférents au profit regardent les émoluments et les titres comme du fumier. Intègres, ils modèrent à l'extrême leurs désirs, alors que les cupides aiment sans retenue le luxe et vont jusqu'à jalouser leur souverain. C'est rarement parmi les gens intègres et désintéressés que, depuis l'Antiquité, on trouve les rebelles et les intrigants. Il faut une nature avide pour chercher à accumuler des mérites et se gagner les plus grandes récompenses, et beaucoup de présomption pour mettre sa vie en danger en aimant l'opulence jusqu'à convoiter la position de son souverain. Le Patriarche laissa à sa postérité une méthode qui plus tard provoqua le régicide de Chen Heng à Qi[21] ; sa méthode de gouvernement entraîna donc un régicide. Han Fei fit l'éloge du Patriarche, et ce faisant sa méthode de gouvernement met également l'Etat en danger.

10. Lorsque le duc de Zhou apprit que le Patriarche avait fait exécuter Kuangjue et Huashi, il condamna cette décision ; lui-même se rendit avec des cadeaux rituels pour honorer les gens dans leurs chaumières. Ces gens sont de la même sorte que les deux victimes du Patriarche. Le duc de Zhou les traita avec respect, alors que le Patriarche les avait fait exécuter : lequel des deux agit-il correctement ?

宋人有御馬者,不進,拔劍剄而棄之於溝中。又駕一馬,馬又不進,又剄而棄之於溝。若是者三。以此威馬,至矣,然非王良之法也。王良登車,馬無罷駑;堯、舜治世,民無狂悖。王良馴馬之心,堯、舜順民之意。人同性,馬殊類也。王良能調殊類之馬,太公不能率同性之士。然則周公之所下白屋,王良之馴馬也;太公之誅二子,宋人之剄馬也。舉王良之法與宋人之操,使韓子平之,韓子必是王良而非宋人矣。王良全馬,宋人賊馬也。馬之賊,則不若其全;然則,民之死,不若其生。使韓子非王良,自同於宋人,賊善人矣。如非宋人,宋人之術與太公同,非宋人,是太公,韓子好惡無定矣。

11. 治國猶治身也。治一身,省恩德之行,多傷害之操,則交黨疏絕,恥辱至身。推治身以況治

Il y avait dans le pays de Song un cocher dont le cheval ne voulait pas avancer. Le cocher sortit son épée et trancha la gorge de l'animal, l'abandonnant dans un fossé ; il attela un autre cheval, qui refusa également d'avancer, et à nouveau il lui trancha la gorge et l'abandonna dans le fossé. Et la même chose se produisit une troisième fois. Voilà une méthode extrême pour en imposer aux chevaux ; ce n'était pas celle de Wang Liang, dont pourtant les attelages ne connaissaient pas de chevaux médiocres ou fatigués. De la même façon, lorsque Yao et Shun régnaient, personne dans le peuple n'était acculé à la révolte. Wang Liang respectait les inclinations de ses chevaux, et Yao et Shun suivaient les aspirations de leurs sujets. Les hommes sont de même nature, les chevaux appartiennent à une espèce différente d'eux : Wang Liang savait dompter une espèce différente, alors que le Patriarche se montra incapable de mener des hommes comme lui. La visite du duc de Zhou aux petites gens des chaumières correspond à la façon dont Wang Liang dressait ses chevaux ; et l'exécution de Kuangjue et de Huashi correspond au massacre de ses animaux par le cocher de Song. Si Han Fei avait dû choisir entre la méthode de Wang Liang et la manière du cocher de Song, il aurait bien sûr donné raison à Wang Liang, qui préservait ses chevaux, contre le cocher de Song, qui les gaspillait. Or, de la même façon qu'il vaut mieux préserver des bêtes que les perdre, il vaut mieux maintenir ses sujets en vie que les mettre à mort : si donc Han Fei avait donné tort à Wang Liang, il aurait encouragé à tuer des gens et n'aurait pas valu mieux que ce cocher de Song ; et s'il condamnait ce cocher de Song, dont la méthode était analogue à celle du Patriarche, il ne pouvait en même temps louer ce dernier – il aurait dans ce cas fait preuve d'inconstance dans ses jugements.

11. Il en est de la conduite de l'État comme de sa conduite personnelle : si on maltraite les gens, si on les blesse et les maltraite, on est mis à l'écart et frappé d'ignominie. De cela, on

國, 治國之道, 當任德也。韓子任刑, 獨以治世, 是則治身之人, 任傷害也。

12. 韓子豈不知任德之為善哉？以為世衰事變, 民心靡薄, 故作法術, 專意於刑也。夫世不乏於德, 猶歲不絕於春也。謂世衰難以德治, 可謂歲亂不可以春生乎。人君治一國, 猶天地生萬物。天地不為亂歲去春, 人君不以衰世屏德。孔子曰 :「斯民也, 三代所以直道而行也。」周穆王之世, 可謂衰矣, 任刑治政, 亂而無功。甫侯諫之, 穆王存德, 享國久長, 功傳於世。夫穆王之治, 初亂終治, 非知昏於前, 才妙於後也, 前任蚩尤之

22. Wang Chong raisonne ici en s'appuyant sur la cosmologie cyclique et corrélative qui prévalait en Chine ancienne, selon laquelle il y a un lien essentiel entre régularités naturelles et politique. Les saisons se succèdent naturellement, et à cette succession est associée une dynamique du *yin* et du *yang*, qui selon les moments commande repli et mort, ou au contraire essor et vie ; à cette dynamique correspond une vision politique qui requiert à la fois bienveillance et sévérité : les châtiments et la sévérité sont de mise en hiver (temps durant lequel on procède aux exécutions), tandis que le printemps et l'été requièrent au contraire la préservation de la vie, et donc d'éviter les châtiments.

peut déduire quelle est la meilleure méthode de gouvernement, et c'est celle qui consiste à privilégier la vertu. Han Fei s'appuie exclusivement sur les châtiments pour gouverner l'empire, et cela revient à recommander de mal se comporter avec les autres.

12. Han Fei ne voit-il donc pas les avantages d'une politique axée sur la vertu ? Selon lui, une époque décadente et troublée, avec des sujets dégénérés, requiert des méthodes et des lois, et une attention exclusive aux châtiments. Mais aucune époque n'est complètement dénuée de vertu, de la même façon qu'aucune année n'est complètement privée de printemps : juger qu'une époque est trop décadente pour être gouvernée par la vertu revient à prétendre qu'une année est si stérile qu'elle ne connaît pas de printemps[22]. La politique menée par le souverain est comparable à la façon dont ciel et terre produisent les dix mille choses : les années les moins fastes connaissent tout de même un printemps, et le souverain de temps décadents ne saurait rejeter complètement la vertu. Confucius a dit : « Notre peuple est encore celui qui permit aux Trois dynasties de suivre la Voie droite[23]. » Sous le roi Mu des Zhou, l'époque fut particulièrement décadente ; le roi recourut aux châtiments pour y mettre bon ordre, mais cela ne servit à rien[24]. Le marquis Fu adressa alors une remontrance au roi, qui dès lors privilégia le gouvernement par la vertu[25], avec pour résultat un long règne et une grande réputation qui se transmit à la postérité. Son gouvernement, qui avait commencé dans le désordre, se termina dans l'ordre ; non pas que le roi était stupide au début et brillant à la fin, mais au début il s'en

23. *Lunyu*, 15.25, trad. A. Cheng, *op. cit.*, 15.24, p. 125.

24. Le roi Mu des Zhou (r. 976 ?-922 ?) : cinquième souverain des Zhou occidentaux, son long règne est l'un des plus importants de cette dynastie.

25. Le marquis Fu (Xe s. AEC) : ministre de la justice du roi Mu ; selon le *Classique des documents* (« Lü xing »), il aurait, à la fin du règne du roi Mu, proposé un assouplissement des châtiments.

刑, 後用甫侯之言也。夫治人不能捨恩, 治國不能廢德, 治物不能去春, 韓子欲獨任刑用誅, 如何 ?

13. 魯繆公問於子思曰 :「吾聞吾聞龐擱是子不孝。不孝, 其行奚如 ?」子思對曰 :「君子尊賢以崇德, 舉善以勸民。若夫過行, 是細人之所識也, 臣不知也。」子思出, 子服厲伯見。君問龐擱是子。子服厲伯對以其過, 皆君 (子)〔之〕所未曾聞。自是之後, 君貴子思而賤子服厲伯。

韓子聞之, 以非繆公, 以為明君求姦而誅之, 子思不以姦聞, 而厲伯以姦對, 厲伯宜貴, 子思宜賤。今繆公貴子思, 賤厲伯, 失貴賤之宜, 故非之也。

26. Chiyou : personnage mythique réputé pour ses prouesses militaires, il est souvent décrit comme tyrannique et cruel, voire représenté sous la forme d'un monstre.

27. Le duc Mu de Lu (r. 407-376) : souverain de l'État de Lu durant l'époque des Royaumes combattants. Zisi (env. 481-402) : prénom social de Kong Ji, petit-fils de Confucius et l'un des importants disciples de celui-ci.

tint aux méthodes brutales de Chiyou[26], et à la fin il suivit la recommandation du marquis Fu. En gouvernant les hommes, on ne négligera donc pas la bonté ; en administrant le pays, on ne négligera pas la vertu ; et dans le travail des champs, on n'oubliera pas le printemps. Comment donc Han Fei peut-il se reposer exclusivement sur les peines et les châtiments ?

13. Le duc Mu de Lu demanda à Zisi[27] : « J'ai entendu dire que le fils de Pang Xianshi[28] ne respectait pas la piété filiale. Pouvez-vous me dire en quoi ? » Zisi répondit : « L'homme de bien loue les sages pour promouvoir la vertu, il loue les bonnes actions pour influencer le peuple. Quant aux fautes des gens, elles n'intéressent que les médiocres. Je ne sais rien de Pang Xianshi. » Et il sortit. Zifu Libo[29] fut à son tour reçu en audience. Le duc l'interrogea également sur le fils de Pang Xianshi, et Zifu Libo lui répondit en faisant la liste des manquements de ce dernier, dont le duc n'avait jamais entendu parler. À partir de là, le duc fit grand cas de Zisi, et dédaigna Zifu Libo.

Commentant cette histoire, Han Fei donna tort au duc Mu, considérant qu'un souverain éclairé doit enquêter sur les inconduites de ses sujets et les punir. Zisi ne fournit aucune information sur Pang Xianshi, alors que Zifu Libo lui répondit précisément : le duc aurait donc dû honorer ce dernier et dégrader Zisi, or il fit le contraire, perdant le sens des promotions et des dégradations, d'où sa critique[30].

28. Pang Xianshi (ou Jianshi) : personnage inconnu par ailleurs ; le *Han Feizi* orthographie différemment son nom, cf. *Han Feizi*, 38, « Nan san ».
29. Zifu Libo (IVe s. AEC) : grand officier de Lu.
30. Cf. *Han Feizi*, 38, « Nan san ».

14. 夫韓子所尚者, 法度也。人為善, 法度賞之 ; 惡, 法度罰之。雖不聞善惡於外, 善惡有所制矣。夫聞惡不可以行罰, 猶聞善不可以行賞也。非人不舉姦者, 非韓子之術也。使韓子聞善, 必將試之, 試之有功, 乃肯賞之。夫聞善不輒加賞, 虛言未必可信也。若此, 聞善與不聞, 無以異也。夫聞善不輒賞, 則聞惡不輒罰矣。聞善必試之, 聞惡必考之, 試有功乃加賞, 考有驗乃加罰。虛聞空見, 實試未立, 賞罰未加。賞罰未加, 善惡未定。未定之事, 須術乃立, 則欲耳聞之, 非也。

31. C'est nous qui proposons de supprimer la négation dans le texte chinois.

32. Puisqu'en définitive, la seule chose qui compte, c'est la preuve, les accusations orales que Zifu Libo fait contre le fils de Pang Xianshi, en tant que telles, ne servent à rien.

14. La loi et les règles, voilà ce que Han Fei met au-dessus de tout. Lorsqu'une personne se comporte bien, on la récompense selon la loi et les règles ; lorsqu'une personne se comporte mal, on la punit selon la loi et les règles. Le souverain peut être informé des bons ou mauvais comportements qui ont cours hors de son palais[31], mais il doit les traiter selon des règles. Il ne peut punir à la simple annonce d'un mauvais comportement, et il ne peut récompenser à la simple annonce d'un bon comportement. Critiquer quelqu'un parce qu'il n'a pas dénoncé une fourberie, voilà qui ne correspond pas à la méthode de Han Fei : l'annonce d'un bon comportement requiert selon lui une mise à l'épreuve, et c'est seulement si elle confirme le mérite que la récompense est octroyée. L'annonce d'un bon comportement ne peut donner lieu à une récompense immédiate, parce qu'une affirmation sans preuve n'est pas forcément crédible. De ce point de vue, être informé ou pas d'un bon comportement ne fait pas vraiment de différence[32]. Et si l'on ne récompense pas immédiatement à l'annonce d'un bon comportement, on ne punit pas non plus immédiatement à l'annonce d'un mauvais comportement : il faut dans les deux cas un contrôle. On ne récompense que si le contrôle confirme qu'il y a effectivement eu mérite, on ne punit que si le contrôle confirme qu'il y a effectivement eu faute. Une information non validée par un contrôle ne peut donner lieu ni à récompense ni à châtiment, parce que le bien et le mal ne sont pas encore prouvés. Et lorsque quelque chose n'est pas prouvé, il faut une méthode pour l'établir : se contenter d'une information orale est donc fautif[33].

33. Le texte paraît fautif à plusieurs endroits de ce passage, et dans le détail la traduction est parfois conjecturale. Le sens est cependant clair : Han Fei, en critiquant le comportement du duc Mu, attache trop d'importance à des rumeurs non fondées.

15. 鄭子產晨出, 過東匠之 (宮)〔閭〕, 聞婦人之哭也, 撫其僕之手而聽之。有間, 使吏執而問之, 手殺其夫者也。翼日, 其僕問曰:「夫子何以知之?」子產曰:「其聲不慟。凡人於其所親愛也, 知病而憂, 臨死而懼, 已死而哀。今哭夫已死, 不哀而懼, 是以知其有姦也。」

韓子聞而非之曰:「子產不亦多事乎? 姦必待耳目之所及而後知之, 則鄭國之得姦寡矣。不任典城之吏察參伍之正, 不明度量, 待盡聰明、勞知慮而以知姦, 不亦無術乎?」

韓子之非子產, 是也; 其非繆公, 非也。夫婦人之不哀, 猶龐(扪)〔𢴿〕〔是〕子不孝也。非子產 (持)〔待〕耳目以知姦, 獨欲繆公須問以定邪。子產不任典城之吏, 而以耳〔聞〕定實; 繆

34. Zichan (Gongsun Qiao, ?-522 AEC) : premier ministre de Zheng, il réforma le gouvernement, insistant sur l'importance de la loi. Zheng : petit État de l'époque des Printemps et automnes (dans l'actuel Henan).

15. Comme Zichan, du pays de Zheng[34], lors d'une sortie matinale, passait dans la rue des artisans de l'est, il entendit une femme pleurer ; il retint son cocher et écouta. Puis il envoya ses officiers se saisir de la femme pour l'interroger : il s'avéra qu'elle avait tué de ses propres mains son mari. Le lendemain, le cocher lui demanda : « Monsieur, comment avez-vous compris ? » Zichan répondit : « Il n'y avait aucune affliction dans ses pleurs[35]. En apprenant qu'une personne chère est malade, les gens s'inquiètent, ils tremblent lorsqu'elle est sur le point de mourir, ils se désolent une fois qu'elle est morte. Le mari de cette femme était décédé, mais elle le pleurait sans affliction, et avec de la crainte dans la voix. Voilà comment j'ai compris qu'un forfait avait été commis[36]. »

Han Fei critiqua Zichan : « Zichan ne s'occupe-t-il pas de trop de choses ? S'il fallait nécessairement que les criminels soient à portée d'oreille ou de vue pour être démasqués, on ne devait pas en capturer beaucoup à Zheng ! Ne pas se reposer sur les officiers locaux pour mener une enquête détaillée, mais se fonder sur ses seules oreilles et sur sa seule intelligence pour découvrir un criminel, au mépris de toute règle, n'est-ce pas manquer complètement de méthode ? »

Si Han Fei blâme à juste titre Zichan, il a selon la même logique tort de critiquer le duc Mu de Lu. L'absence d'affliction dans les pleurs de la femme de Zheng est du même ordre que le manque de piété filiale du fils de Pang Xianshi. Or Han Fei reproche à Zichan d'utiliser ses propres yeux et oreilles pour démasquer les criminels, tout en exigeant du duc Mu qu'il s'informe lui-même pour connaître le comportement fourbe du fils de Pang Xianshi. Han Fei critique Zichan parce qu'il a trouvé la vérité en se basant sur ses

35. Le *Han Feizi* écrit ici : « Il y avait de la peur dans ses pleurs. »
36. Cf. *Han Feizi*, 38, « Nan san ».

公亦不任吏，而以口問立誠。夫耳聞口問，一實也，俱不任吏，皆不參伍。

厲伯之對不可以立實，猶婦人之哭不可以定誠矣。不可〔以〕定誠，使吏執而問之；不可以立實，不使吏考，獨信厲伯口，以罪不考之姦，如何？

16. 韓子曰：「子思不以過聞，繆公貴之；子服厲伯以姦聞，繆公賤之，人情皆喜貴而惡賤，故季氏之亂成而不上聞，此魯君之所以劫也。」

夫魯君所以劫者，以不明法度邪？以不早聞姦也？夫法度明，雖不聞姦，姦無由生；法度不明，雖日求姦，決其源，鄣之以掌也。御者無銜，見馬且奔，無以制也。使王良持轡，馬無欲奔之心，御之有數也。

37. Cf. *Han Feizi*, 38, « Nan san ». Ji Pingzi (?-505? AEC) : important officier du pays de Lu. Duc Zhao de Lu (r. 542-510) : il essaya de résister au puissant clan des Ji, mais fut défait en 517 et dut fuir son pays.

seules observations, sans se reposer sur ses officiers ; mais en même temps il juge que le duc Mu aurait dû parvenir à la vérité en s'informant directement et sans recourir à ses officiers. S'informer et interroger sont une seule et même chose, dans les deux cas il s'agit de procédures qui se passent d'officiers et d'une véritable enquête.

Les réponses de Zifu Libo au duc Mu ne permirent pas d'établir la vérité, et il en fut de même pour les pleurs de la femme de Zheng : Zichan dut envoyer des fonctionnaires pour l'appréhender et l'interroger. Le duc Mu, qui ne pouvait pas non plus établir les faits, n'envoya pas ses fonctionnaires pour enquêter : qu'aurait dit Han Fei si le duc s'était contenté des paroles de Zifu Libo, sans autre enquête, pour condamner le fils de Pang Xianshi ?

16. Han Fei dit : « Le duc Mu promut Zisi parce qu'il avait refusé de lui parler des fautes du fils de Pang Xianshi, et rabaissa Zifu Libo qui avait accepté de le faire. Par nature, les hommes préfèrent les promotions aux dégradations, avec le résultat que, lorsque Ji Pingzi se révolta, personne n'en informa le duc Zhao de Lu, et celui-ci finit par être chassé du pouvoir[37]. »

Mais le duc Zhao fut-il chassé parce qu'il n'avait pas été informé assez tôt de cette sédition, ou parce qu'il utilisait mal les lois et les institutions ? S'il les avait bien utilisées, les gens n'auraient pas eu de motif de révolte, et peu importe qu'il en ait été informé à l'avance ou non. Et si le duc utilisait mal les lois et les institutions, il aurait eu beau enquêter au quotidien sur les séditions, cela aurait été aussi inutile que de tenter de colmater la rupture d'une digue avec la paume de la main. Lorsqu'un cocher n'a pas muni de mors son cheval, il n'a rien pour le retenir lorsqu'il file au galop. Mais lorsque c'est un Wang Liang qui tient les rênes, il ne vient même pas au cheval l'idée de s'enfuir, tout simplement parce que Wang Liang utilise la bonne méthode de dressage.

今不言魯君無術, 而曰不聞姦；不言〔不〕審法度, 而曰不通下情, 韓子之非繆公也, 與術意而相違矣。

17. 龐 (捫)〔撊〕是子不孝, 子思不言, 繆公貴之。韓子非之, 以為「明君求善而賞之, 求姦而誅之」。夫不孝之人, 下愚之才也。下愚無禮, 順情從欲, 與鳥獸同。謂之惡, 可也；謂姦, 非也。姦人外善內惡, 色厲內荏, 作為操止, 像類賢行, 以取升進, 容媚於上, 安肯作不孝, 著身為惡, 以取棄殉之咎乎？龐 (捫)〔撊〕是子可謂不孝, 不可謂姦。韓子謂之姦, 失姦之實矣。

18. 韓子曰：「布帛尋常, 庸人不擇；爍金百鎰, 盜跖不搏。」以此言之, 法明, 民不敢犯也。設明法於邦, 有盜賊之心, 不敢犯矣；不測之者, 不敢發矣。姦心藏於胸中, 不敢以犯 (罪法), (罪)

38. *Han Feizi*, 49, « Wu du ».

Dans le cas présent, Han Fei ne reproche pas au duc de Mu d'avoir gouverné sans méthode, mais de ne s'être pas instruit sur les fautes du fils de Pang Xianshi ; il ne reproche pas au duc d'avoir négligé les lois et les institutions, mais de ne pas s'être informé sur une affaire concernant l'un de ses sujets. La critique que fait Han Fei du duc de Mu contredit ses propres conceptions quant aux bonnes méthodes de gouvernement.

17. Le fils de Pang Xianshi manquait de piété filiale, mais Zisi refusa d'en parler, se gagnant ainsi la considération du duc. Han Fei critiqua ce dernier, considérant « qu'un souverain éclairé doit s'enquérir de ses bons sujets pour les récompenser, et des fourbes pour les châtier ». Mais celui qui ignore la piété filiale n'est qu'un demeuré qui ignore les rites, un esclave de ses désirs ; il ne vaut pas mieux qu'un animal. On peut certes considérer un tel individu comme vil, mais pas comme fourbe. Le fourbe déguise ses vices sous une apparence de vertu, et sa veulerie sous des airs austères ; il imite le sage pour ce qui est du comportement et flatte ses supérieurs pour obtenir de l'avancement. Un tel homme bafouerait-il de façon flagrante les règles de la piété filiale, montrant à tous ses vices et s'attirant les pires ennuis ? Le fils de Pang Xianshi peut être considéré comme manquant de piété filiale, mais non comme fourbe, et Han Fei se trompe en le traitant de la sorte.

18. Han Fei a dit : « Si l'on ne punit pas le crime, les plus médiocres n'hésiteront pas à voler un bout de soie ; mais si la loi est impitoyable, le brigand Zhi renoncera à s'emparer d'un quintal de lingots d'or[38]. » Selon cet argument, lorsque la loi est claire, le peuple n'ose pas l'enfreindre. Lorsqu'elle est promulguée partout dans le pays, les voleurs les plus cupides n'osent pas désobéir, et les hommes les plus dissolus se tiennent à carreau. La loi est si redoutable dans sa clarté que les scélérats les plus endurcis n'osent plus commettre le moindre crime, et dès lors il n'est plus nécessaire d'interroger

〔明〕法恐之也。明法恐之，則不須考姦求邪於下矣。使法峻，民無姦者；使法不峻，民多為姦。而不言明王之嚴刑峻法，而云求姦而誅之。言求姦，是法不峻，民或犯之也，(世) 不專意於明法，而專心求姦，韓子之言，與法相違。

19. 人之釋溝渠也，知者必溺身；不塞溝渠而繕船楫者，知水之性不可閼，其勢必溺人也。臣子之性欲姦君父，猶水之性溺人也，不教所以防姦，而非其不聞知，是猶不備水之具，而徒欲早知水之溺人也。溺於水，不責水而咎己者，己失防備也。然則人君劫於臣，己失法也。備溺不閼水源，防劫不求臣姦，韓子所宜用教 (已) 也。

水之性勝火，如裹之以釜，水煎而不得勝，必矣。夫君猶火也，臣猶水也，法度釜也，火不求水之 (姦)〔勝〕，君亦不宜求臣之 (罪)〔姦〕也。

39. Le texte est corrompu à plusieurs endroits de ce passage, et notre traduction est incertaine.

les gens pour trouver les méchants et les pervers. Si la loi est sévère, les gens ne commettent plus de crimes ; dans le cas contraire, les gens se comportent mal. Mais dans le passage ci-dessus, Han Fei ne dit pas qu'un souverain éclairé doit recourir à des lois et châtiments sévères, et il exige de lui qu'il interroge lui-même ses subordonnés pour trouver et châtier les coupables ; or de tels interrogatoires présupposent que la loi n'est pas suffisamment sévère, puisque certains ont osé l'enfreindre. En n'insistant pas sur la nécessité d'avoir des lois claires, en se focalisant sur les interrogatoires pour trouver les coupables, Han Fei contredit donc sa propre vision de la loi.

19. L'eau dont on emplit fossés et canaux provoque immanquablement des noyades ; ceux qui construisent des bateaux savent qu'il est dans la nature de l'eau de ne pas se contenir, et que livrée à elle-même elle fera nécessairement des victimes. Un sujet poussé par sa nature à trahir son souverain est comme de l'eau qui par nature provoque des noyades : ne pas donner au souverain le moyen de prévenir la trahison de ses sujets, et lui faire le reproche d'ignorer ce qu'ils trament, c'est comme ne pas se prémunir contre la menace de l'eau tout en sachant à l'avance qu'elle fera des victimes. Celui qui se noie n'incrimine pas l'eau ; il se blâme lui-même de n'avoir pas pris les précautions nécessaires. Lorsqu'un prince est renversé par l'un de ses sujets, c'est que lui-même a oublié les bonnes méthodes de gouvernement. Pour prévenir les noyades il ne sert à rien de bloquer l'eau qui se répand, et pour prévenir les révoltes il ne sert à rien d'enquêter sur les gens fourbes ; voilà ce que Han Fei aurait dû dire[39].

Par nature, l'eau l'emporte sur le feu, mais si on la contient dans un chaudron, le feu la chauffera sans qu'elle ne puisse l'éteindre. Le prince est comme le feu, ses sujets sont comme l'eau, et la loi est comparable au chaudron ; le feu sous le chaudron ne s'inquiète pas du fait que par nature l'eau l'emporte sur lui, et de la même manière le souverain ne devrait pas avoir à s'inquiéter des crimes de ses sujets.

刺孟篇第三十

1. 孟子見梁惠王。王曰 :「叟！不遠千里而來, 將何以利吾國乎？」孟子曰 :「仁義而已, 何必曰利？」

夫利有二 : 有貨財之利, 有安吉之利。惠王曰 :「何以利吾國？」何以知不欲安吉之利, 而孟子徑難以貨財之利也 ? «易» 曰 :「利見大人。」「利涉大川。」「乾, 元亨利貞。」«尚書» 曰 :「黎民亦尚有利哉。」皆安吉之利也。行仁義得安吉之利。孟子 (不)〔必〕且 (語)〔詰〕問惠王 :「何謂『利吾國』？」惠王言貨財之利, 乃可

1. Roi Hui de Liang (r. 369 ?-319) : connu jusqu'en 344 comme « roi de Wei » ; l'un des interlocuteurs de Mencius, il donne son nom au premier chapitre du *Mencius*.

2. Cf. *Mengzi*, 1A, « Liang Hui wang shang ».

Critiques contre Mencius
(Traité 30, « Ci Meng »)

1. Lorsque Mencius rencontra le roi Hui de Liang[1], ce dernier lui dit : « Vénérable maître, vous n'avez pas hésité à faire mille *li* pour venir me voir : quel profit allez-vous procurer à mon royaume ? » Mencius répondit : « Je ne veux vous parler que de bienveillance et de justice, pourquoi nécessairement parler de profit[2] ? »

Mais il y a deux types de profits : celui qui est lié aux richesses, et celui qui est lié à la paix. Le roi avait demandé : « Quel profit allez-vous procurer à mon royaume ? » Comment Mencius pouvait-il savoir que le roi ne souhaitait pas le profit de la paix, pour lui reprocher ainsi directement de penser à celui des richesses ? Le *Classique des mutations* parle du « profit à recevoir de grands hommes », du « profit à traverser le grand fleuve », du « grand profit à tirer le trigramme du ciel[3] ». Le *Classique des documents* écrit : « Le peuple attache également de l'importance au profit[4]. » Il s'agit dans tous ces cas du profil de la paix, celui qui est la conséquence d'un comportement juste et bienveillant. Mencius aurait dans un premier temps dû demander au roi ce qu'il entendait par

3. Cf. *Yijing*, hexagrammes 1, « Qian » ; 5, « Xu » ; et 1, « Qian », respectivement.

4. Cf. *Shangshu*, « Qin shi » ; Wang Chong cite librement le *Shangshu* ici, ou s'inspire d'une version du texte aujourd'hui perdue.

答若 (設)〔言〕。(令)〔今〕惠王之問未知何趣, 孟子徑答以貨財之利。如惠王實問貨財, 孟子無以驗效也 ; 如問安吉之利, 而孟子答以貨財之利, 失對上之指, 違道理之實也。

2. 齊王問時子 :「我欲中國而授孟子室, 養弟子以萬鍾, 使諸大夫、國人皆有所矜式。子盍為我言之 ?」時子因陳子而以告孟子。孟子曰 :「夫時子惡知其不可也 ? 如使予欲富, 辭十萬而受萬, 是為欲富乎 ?」

夫孟子辭十萬, 失謙讓之理也。夫富貴者, 人之所欲也, 不以其道得之, 不居也。故君子之於爵祿也, 有所辭, 有所不辭。豈以己不貪富貴之故, 而以距逆宜當受之賜乎 ?

5. Le roi de Qi : soit le roi Xuan de Qi (r. 319-301) Shizi : ministre de Qi.
6. Chen Zhen : disciple de Mencius.
7. *Mengzi*, 2B, « Gongsun Chou xia » ; trad. Ch. Le Blanc, *Meng zi*, p. 341-342, avec des modifications.

« profit », et ne lui répondre comme il le fit que si le roi lui avait précisé qu'il parlait du profit lié aux richesses. Mencius répondit au roi en lui reprochant immédiatement de penser au profit des richesses, mais sans savoir de quoi il parlait : soit le roi voulait effectivement parler du profit lié aux richesses, mais sans l'interroger, Mencius n'en avait aucune preuve ; soit le roi l'interrogeait sur le profit lié à la paix, et Mencius, en lui reprochant de parler du profit lié aux richesses, répondait à côté de la question du souverain, et au mépris du bon sens.

2. Le roi de Qi demanda à Shizi[5] : « Je désire construire une résidence à la capitale et en faire présent à Mencius ; je désire aussi assurer l'entretien de ses disciples jusqu'à hauteur de dix mille mesures de grain ; ils offriront aux grands maîtres et aux nobles un modèle à suivre. Ne pourriez-vous pas lui en parler à ma place ? » Shizi s'en remit à Chen Zhen[6], qui en avisa Mencius. Mencius dit : « Comment Shizi pourrait-il savoir que c'est impossible ? Si mon but était de m'enrichir, pourquoi aurais-je refusé cent mille boisseaux de grain en renonçant à mon poste de ministre de Qi pour en accepter dix mille aujourd'hui[7] ? »

Mencius, en invoquant son précédent refus d'un poste de cent mille boisseaux de grain, passe à côté des vraies raisons pour lesquelles ont doit renoncer à un poste. « Honneurs et richesses sont ce que l'homme désire le plus au monde, et pourtant mieux vaut y renoncer que s'écarter de la Voie[8]. » Cela signifie qu'il y a des titres et émoluments que l'homme de bien se doit de refuser, et d'autres qu'il ne refuse pas. Comment Mencius peut-il invoquer son indifférence aux honneurs et aux richesses pour refuser un poste qu'il aurait dû accepter ?

8. *Lunyu*, 4.5, trad. A. Cheng, *op. cit.*, p. 44. Wang Chong discute longuement de ce passage des *Entretiens* dans le chapitre qu'il consacre au Maître ; cf. *supra*, 28.5. Wang Chong utilise donc un passage des *Entretiens* pour réfuter Mencius, le plus célèbre des disciples de Confucius.

陳臻問曰：「於齊, 王餽兼金一百鎰而不受；於宋, 歸七十鎰而受；於薛, 歸五十鎰而受取。前日之不受是, 則今受之非也；今日之受是, 則前日之不受非也。夫 (君) 子必居一於此矣。」孟子曰：「皆是也。當在宋也, 予將有遠行, 行者必以賮, 辭曰：『歸賮。』予何為不受？當在薛也, 予有戒心, 辭曰：『聞戒, 故為兵戒歸之備乎！』予何為不受？若於齊, 則未有處也。無處而歸之, 是貨之也, 焉有君子而可以貨取乎？」

夫金歸, 或受或不受, 皆有故, 非受之時己貪, 當不受之時己不貪也。金有受不受之義, 而室亦宜有受不受之理。今不曰「己無功」, 若「已致仕, 受室非理」, 而曰「己不貪富〔貴〕」, 引前辭十萬以況後萬。前當受十萬之多, 安得辭之？

9. Le roi : le roi Wei de Qi (r. 356-320).

10. Xue : nom d'un petit royaume de l'époque des Printemps et automnes (actuel Shandong) ; à l'époque de Mencius, c'est un fief du royaume de Qi.

11. *Mengzi*, 2B, « Gongsun Chou xia », trad. Ch. Le Blanc, *Meng zi*, p. 334-335, avec des modifications.

Chen Zhen dit à Mencius : « Lorsque vous étiez à Qi, le roi vous a offert des honoraires de cent mesures d'or, mais vous ne les avez pas acceptés[9] ; à Song, on vous a offert des honoraires de soixante-dix mesures et vous les avez acceptés ; à Xue[10], on vous a offert des honoraires de cinquante mesures et vous les avez acceptés. Si vous aviez raison de refuser la première fois, alors vous avez eu tort d'accepter par la suite ; et si vous avez eu raison d'accepter par la suite, alors vous avez eu tort de refuser la première fois. Vous devez, maître, choisir l'une de ces alternatives. » Mencius répondit : « J'avais raison dans tous les cas. À Song, je devais entreprendre un long voyage et il me fallait un viatique pour couvrir mes frais de déplacement. L'ordonnance du roi disait : "Pour couvrir vos frais de voyage." Pourquoi ne l'aurais-je pas accepté ? À Xue, je me faisais du souci pour ma sécurité. L'ordonnance du prince disait : "Je connais vos soucis pour votre sécurité. Je vous offre un forfait pour les armes." Pourquoi l'aurais-je refusé ? Pour ce qui est de Qi, il n'y avait aucune justification pour l'offre du roi. Accepter une telle somme d'argent sans justification, c'est se laisser acheter[11]. »

Lorsqu'on se voit proposer une rémunération, il faut invoquer la bonne raison pour l'accepter ou pour la refuser ; accepter n'implique pas forcément qu'on soit cupide, et ne pas accepter n'implique pas forcément qu'on ne le soit pas. Il y a de justes motifs pour accepter ou refuser de l'argent, et de même Mencius devait invoquer de justes motifs pour accepter ou refuser cette résidence qu'on lui offrait. Mais il ne refusa pas en disant qu'il ne la méritait pas, ou qu'il aurait été inconvenant d'accepter étant donné qu'il n'avait plus de fonction officielle. Il répondit qu'il ne voulait pas s'enrichir, invoquant son refus de cent mille mesures de grain pour justifier son refus de dix mille mesures. Mais s'il avait auparavant accepté ce poste rétribué cent mille mesures de grain, quel motif aurait-il pu invoquer pour refuser cette résidence ?

彭更問曰：「後車數十乘，從者數百人，以傳食於諸侯，不亦泰乎？」孟子曰：「非其道，則一簞食而不可受於人；如其道，則舜受堯之天下，不以為泰。」受堯天下，孰與十萬？舜不辭天下者，是其道也。今不曰「受十萬非其道」，而曰「己不貪富貴」，失謙讓也，安可以為戒乎？

3. 沈同以其私問曰：「燕可伐與？」孟子曰：「可。子噲不得與人燕，子之不得受燕於子噲。有士於此，而子悅之，不告於王，而私與之子之爵祿。夫士也，亦無王命，而私受之於子，則可乎？何以異於是？」齊人伐燕。或問曰：「勸齊伐燕，有諸？」曰：「未也。沈同曰：『燕可伐與？』吾應之曰：『可！』彼然而伐之。〔彼〕如曰：『孰可以伐之？』則應之曰：『為天吏則可以伐之。』

12. Peng Geng (IVe s. AEC) : disciple de Mencius.

13. *Mengzi*, 3B, « Teng Wen gong xia », trad. Ch. Le Blanc, *Meng zi*, p. 374-375, avec des modifications.

14. Shen Tong (IVe s. AEC) : ministre de Qi.

Peng Geng demanda à Mencius[12] : « N'est-il pas extravagant de vivre aux crochets des princes en maintenant une suite de plusieurs dizaines de chars et de plusieurs centaines d'hommes ? » Mencius répondit : « Si ce n'est pas conforme à la Voie, on ne devrait même pas recevoir un panier de riz d'autrui ; mais si c'est conforme à la Voie, l'empire entier n'est pas trop, et Shun accepta de le recevoir de Yao[13]. » Shun accepta l'empire que lui léguait Yao : n'est-ce pas bien plus que les dix mille boisseaux offerts à Mencius ? Shun ne refusa pas, parce qu'accepter était conforme à la Voie. Mencius aurait dû dire qu'accepter ces dix mille boisseaux n'était pas conforme à la Voie, mais au lieu de cela il dit qu'il n'avait pas pour but de s'enrichir, ce qui n'était pas un juste motif : comment une telle réponse peut-elle être donnée en exemple ?

3. Shen Tong demanda en privé à Mencius[14] : « Est-il légitime d'attaquer Yan ? » Mencius répondit : « C'est légitime. Zi Kuai n'avait pas le droit de céder Yan à un autre ; et Zi Zhi n'avait pas le droit d'accepter Yan de Zi Kuai[15]. Imaginons qu'un officier vous plaise et, sans informer le roi, vous lui cédez vos émoluments et vos titres ; et cet officier, sans avoir reçu aucun mandat du roi, les accepte de sa propre initiative. En quoi cela serait-il différent de la présente situation ? » Les armées de Qi attaquèrent Yan, et on demanda à Mencius : « N'avez-vous pas encouragé Qi à attaquer Yan ? » Mencius répondit :

15. Zi Kuai (Zi Kui, r. 320-316) : roi de Yan, il céda en 316 le pouvoir à son ministre Zi Zhi (?-314), dont il se reconnut comme le sujet. Les armées de Qi attaquèrent, et les deux hommes furent tués. Zi Kuai étant formellement un vassal de la royauté Zhou, seule celle-ci aurait éventuellement pu l'autoriser à céder son pouvoir à autrui.

今有殺人者，或問之曰：『人可殺與？』則將應之曰：『可！』彼如曰：『孰可以殺之？』則應之曰：『為士師則可以殺之。』今以燕伐燕，何為勸之也？」

夫或問孟子勸王伐燕，不誠是乎？沈同問燕可伐與？此挾私意，欲自伐之也。知其意慊於是，宜曰：「燕雖可伐，須為天吏，乃可以伐之。」沈同意絕，則無伐燕之計矣。不知有此私意而徑應之，不省其語，是不知言也。公孫丑問曰：「敢問夫子惡乎長？」孟子曰：「我知言。」又問：「何謂知言？」曰：「詖辭知其所蔽，淫辭知其所陷，邪辭知其所離，遁辭知其所窮。生於其心，害於其政；發於其政，害於其事。雖聖人復起，必從吾言矣。」孟子，知言者也，又知言之所起之

16. Littéralement, « l'Envoyé du ciel », c'est-à-dire le roi des Zhou.

17. *Mengzi*, 2B, « Gongsun Chou xia » ; trad. partiellement inspirée de Ch. Le Blanc, *Meng zi*, p. 338-339.

18. Gongsun Chou : l'un des disciples de Mencius, il donne son nom à l'un des chapitres du *Mencius*.

« Non. Shen Tong m'a demandé s'il était légitime d'attaquer Yan, et je lui ai répondu que oui. Il est tombé d'accord, et Qi a attaqué Yan. Mais s'il avait demandé : “Qui a le droit de lancer cette attaque ?”, je lui aurais répondu : “Le Fils du ciel[16] !” Si d'un assassin, quelqu'un m'avait demandé s'il devait être exécuté, je lui aurais répondu de la même manière que oui ; mais s'il m'avait demandé qui devait se charger de l'exécuter, je lui aurais répondu que ce devait être le magistrat en chef. En ce qui concerne cette attaque de Qi contre Yan, comment pouvez-vous dire que je l'ai encouragée[17] ? »

Les gens demandèrent à Mencius s'il n'avait pas encouragé le roi de Qi à attaquer Yan – et en vérité n'est-ce pas le cas ? Lorsque Shen Tong posa la question à Mencius, il entretenait une arrière-pensée, celle d'attaquer lui-même. Si Mencius était conscient de ce dessein, il aurait dû répondre : « Certes, il est légitime d'attaquer Yan, mais cela est l'affaire du Fils du ciel et c'est à lui d'attaquer. » Cela aurait retenu Shen Tong, qui aurait renoncé à son projet. Et si Mencius ne connaissait pas les intentions de Shen Tong, il montre qu'il ne comprend pas le poids des mots en lui répondant d'une façon aussi irréfléchie. Lorsque Gongsun Chou[18] lui demanda : « Puis-je vous demander en quoi vous excellez ? », Mencius lui répondit : « Je comprends les discours. » Gongsun Chou lui demanda ce qu'il entendait par là, et Mencius dit : « Je comprends ce qui se cache derrière un discours partial, je comprends le piège que représente un discours excessif, je comprends par où pèche un discours dépravé, je comprends les limites derrière un discours évasif. Ces quatre types de discours viennent du cœur et nuisent à la politique ; lorsqu'ils trouvent à s'exprimer en politique, cela nuit au gouvernement. Si un sage réapparaissait, il serait forcément d'accord avec moi sur cela[19]. » Mencius est donc homme à comprendre le sens des

19. *Mengzi*, 2B, « Gongsun Chou xia ».

禍, 其極所致之 (福) 〔害〕。見彼之問, 則知其措辭所欲之矣, 知其所之, 則知其極所當害矣。

4. 孟子有云 :「民舉安, 王庶幾改諸 ! 予日望之。」

孟子所去之王, 豈前所不朝之王哉 ? 何其前輕之疾, 而後重之甚也 ? 如非是前王, (則) 〔前〕不去, 而 (於) 〔後〕去之, 是後王不肖甚於前, 而去, 三日宿, 於前不甚, 不朝而宿於景丑氏。何孟子之操, 前後不同 ? 所以為王, 終始不一也 ;

且孟子在魯, 魯平公欲見之。嬖人臧倉毀孟子, 止平公。樂正子以告。曰 :「行, 或使之 ; 止, 或尼之。行、止非人所能也。予之不遇魯侯, 天

20. Cf. *Mengzi*, 2B, « Gongsun Chou xia » ; Wang Chong coupe le passage du Mencius, qui écrit : « Si le roi m'employait, ce ne serait pas seulement pour le bonheur des gens de Qi, mais pour l'accroissement du bonheur des peuples du monde entier. Chaque jour, je continue d'espérer que le roi changera d'idée » (trad. Ch. Le Blanc, *Meng zi*, p. 344).

mots, il sait les malheurs qu'ils peuvent entraîner, il comprend parfaitement les dommages qu'ils peuvent provoquer. Il avait donc assurément compris l'intention derrière la question de Shen Tong, et comprenant celle-ci, il aurait dû comprendre aussi le dommage que sa réponse allait nécessairement causer.

4. Mencius dit : « Afin que les peuples du monde entier vivent en paix, j'espère jour après jour que le roi change d'avis et me retienne à son service[20] ! »

Mais ce roi que Mencius quittait avec ces mots n'était-il pas celui-là même dont il avait boudé l'audience auparavant[21] ? Pourquoi l'avoir traité auparavant avec une telle légèreté, pour soudain lui accorder une telle importance ? Et si c'était un autre souverain, étant donné qu'il quittait le pays alors qu'il ne l'avait pas fait sous son prédécesseur, cela implique que le deuxième devait être extrêmement peu vertueux. Mais même si Mencius partit, il passa encore trois nuits dans le pays[22], réfugié chez Jing Chou[23], alors que dans le cas précédent il avait lui-même refusé l'invitation d'un souverain qui pourtant n'était pas si mauvais que ça. Pourquoi si peu de cohérence dans le comportement de Mencius d'un cas à l'autre ? Pourquoi ne traita-t-il pas les deux rois de la même façon ?

Lorsque Mencius était à Lu, le duc Ping de Lu souhaita lui rendre visite ; mais Zang Cang, le favori du duc, calomnia Mencius, dissuadant le duc de le voir. Yuezheng Ke en informa Mencius, qui dit : « Lorsqu'on avance, c'est que quelque chose nous pousse ; lorsqu'on est arrêté, c'est que quelque chose nous bloque ! Avancer ou être arrêté, voilà qui échappe au pouvoir des hommes : c'est le ciel qui a voulu que je n'aie pu

21. Le roi Xuan de Qi avait invité Mencius à le voir, mais Mencius avait refusé en prétextant la maladie ; cf. *Mengzi*, 2B, « Gongsun Chou xia ».

22. Mencius voulait donner au roi le temps de le rappeler s'il changeait d'avis et se décidait à employer ses services.

23. Jing Chou : grand officier de Qi.

也。」前不遇於魯，後不遇於齊，無以異也。前歸之天，今則歸之於王，孟子論稱，竟何定哉？夫不行於齊，王不用，則若臧倉之徒毀讒之也，此亦「止，或尼之」也。皆天命不遇，非人所能也。

去，何以不徑行，而留三宿乎？天命不當遇於齊，王不用其言，天豈為三日之間，易命使之遇乎？

在魯則歸之於天，絕意無冀；在齊則歸之於王，庶幾有望。夫如是，不遇之議，一在人也。或曰：「初去，未可以定天命也。冀三日之間，王復追之，天命或時在三日之間，故可也。」夫言如是，齊王初使之去者，非天命乎？如使天命在三日之間，魯平公比三日，亦〔或〕時棄臧倉之議，更用樂正子之言，往見孟子。孟子歸之於天，何其早乎？如三日之間，公見孟子，孟子奈前言何乎？

24. Cf. *Mengzi*, 1B, « Liang Huiwang xia ». Le duc Ping de Lu (r. 322-303) : il régna dans un contexte particulièrement difficile sur le pays de Lu. Yuezheng Ke (IIIe s. AEC) : disciple de Mencius. Zang Cang (IIIe s. AEC) : cet intrigant n'est connu que par le texte du *Mencius*.

25. Et non pas au ciel, contrairement à son échec à Lu.

m'entendre avec le duc de Lu[24] ! » Il n'y a pas de différence entre l'insuccès de Mencius à Lu, et plus tard son insuccès à Qi, mais la première fois, il imputa son échec au ciel, alors qu'à Qi il l'imputa au souverain : les explications de Mencius manquent vraiment de constance ! Car son échec à Qi, où le roi ne le prit pas non plus à son service, revient au même que les médisances de Zang Cang à Lu : il s'agit également de « quelque chose qui bloque ». Dans les deux cas l'insuccès résulte de la volonté céleste, et échappe au pouvoir des hommes.

Lorsque Mencius décida de quitter Qi, pourquoi ne partit-il pas immédiatement, au lieu de séjourner encore trois nuits dans le pays ? Si la volonté céleste ne voulait pas que Mencius connaisse le succès à Qi, si le roi ne voulait pas de ses doctrines, en quoi ces trois jours supplémentaires pouvaient-ils faire que le ciel transforme sa destinée de façon qu'il puisse s'accorder avec le roi ?

À Lu, Mencius imputa son échec au ciel, et renonça à son projet sans nourrir le moindre espoir ; à Qi, il imputa son échec au roi et prolongea son séjour, comme s'il entretenait encore quelque espoir que le roi le rappelle auprès de lui ; ce faisant, il imputait entièrement son manque de réussite aux hommes[25]. Certains rétorqueront qu'au moment où il quittait le roi, il n'était pas encore sûr de la volonté du ciel, et qu'il espérait que le roi profite de ces trois jours pour le rappeler auprès de lui ; que c'était peut-être durant ces trois jours que se décidait la volonté du ciel, et que donc la façon de faire de Mencius était légitime. Admettons. Mais si le roi de Qi l'avait laissé partir au début, n'était-ce pas déjà la volonté du ciel ? Et s'il fallait trois jours pour que la volonté du ciel soit fixée, pourquoi Mencius n'attendit-il pas également trois jours à Lu ? Le duc Ping aurait également pu dans ce délai désavouer Zang Cang et revenir à la suggestion de Yuezheng Ke d'accorder une entrevue à Mencius. Pourquoi une telle précipitation à imputer son échec au ciel dans ce cas ? Comment Mencius aurait-il justifié cette interprétation si le duc avait profité de ce délai de trois jours pour aller le trouver ?

5. 孟子去齊,充虞塗問曰:「夫子若不豫色然。前日,虞聞諸夫子曰:『君子不怨天,不尤人。』」曰:「彼一時也,此一時也。五百年必有王者興,其間必有名世者矣。由周以來,七百有餘歲矣。以其數則過矣,以其時考之,則可矣。夫天未欲平治天下乎？如欲平治天下,當今之世,舍我而誰也？吾何為不豫哉？」

夫孟子言「五百年有王者興」,何以見乎？帝嚳王者,而堯又王天下;堯傳於舜,舜又王天下;舜傳於禹,禹又王天下。四聖之王天下也,繼踵而興。禹至湯且千歲;湯至周亦然。始於文王,而卒傳於武王。武王崩,成王、周公共治天下。由周至孟子之時,又七百歲而無王者。

26. Chong Yu (IIIe s. AEC) : disciple de Mencius.

27. *Mengzi*, 2B, « Gongsun Chou xia ».

28. Souverain Ku : l'un des Cinq empereurs de la haute Antiquité chinoise selon la tradition ; il aurait eu quatre fils, dont Yao, qui régna après lui.

29. Ils se succédèrent immédiatement les uns aux autres, ce qui va contre l'idée de l'apparition d'un saint roi tous les cinq cents ans.

30. Tang (Cheng Tang, Dayi) : fondateur de la dynastie Shang, il aurait régné au XVIIIe ou au XVIIe s. AEC.

5. Comme Mencius quittait Qi, alors qu'ils étaient en chemin, Chong Yu lui demanda[26] : « Maître, vous semblez contrarié, et pourtant l'autre jour, je vous ai entendu dire : "L'homme de bien ne récrimine pas contre le ciel et n'éprouve pas de rancune à l'égard des hommes." » Mencius répondit : « Hier c'était hier, aujourd'hui c'est aujourd'hui. Un saint roi devrait apparaître tous les cinq cents ans, et dans l'intervalle il doit se trouver quelques personnages illustres. Plus de sept cents ans se sont écoulés depuis le début des Zhou : si l'on s'en tient au chiffre, la date est passée, mais si l'on considère le moment, il convient. Le ciel ne veut-il pas que le monde connaisse la paix ? S'il le voulait, sur qui se reposerait-il aujourd'hui, sinon sur moi ? N'ai-je pas des raisons d'être contrarié[27] ? »

Mais sur quoi Mencius se base-t-il pour affirmer qu'un saint roi devrait apparaître tous les cinq cents ans ? Il y eut le règne de Ku[28], puis Yao gouverna le monde, avant de transmettre le pouvoir à Shun, qui régna à son tour ; Shun transmit le pouvoir à Yu, qui régna à son tour sur le monde : ces quatre saints souverains régnèrent donc les uns à la suite des autres[29]. Mais ensuite, de Yu à Tang, il y eut mille ans[30], et il en fut de même du roi Tang jusqu'au début de la dynastie Zhou[31], avec d'abord le roi Wen, qui transmit le pouvoir au roi Wu ; puis à la mort du roi Wu, il y eut encore le roi Cheng et le duc de Zhou pour gouverner l'empire[32]. Puis du début des Zhou à l'époque de Mencius, il y eut plus de sept cents ans sans

31. Le compte de Wang Chong ne paraît pas bon, en tout cas si on s'en tient aux dates traditionnelles ; selon ces dates, en effet, il y aurait eu environ cinq siècles entre Yu et Tang, puis à nouveau cinq siècles entre ce dernier et le roi Wen des Zhou. C'est d'ailleurs sans doute de la durée des dynasties Xia et Shang, avec à chaque fois un fondateur sanctifié par la tradition, que vient l'ancienne idée d'un « saint roi » apparaissant tous les cinq cents ans.

32. Il s'agit de trois règnes considérés comme « saints », ce qui enfreint à nouveau l'idée d'*un* « saint roi » tous les cinq cents ans.

五百歲必有王者之驗，在何世乎？云「五百歲必有王者」，誰所言乎？論不實事考驗，信浮淫之語，不遇去齊，有不豫之色，非孟子之賢效，與俗儒無殊之驗也。

「五百年」者，以為天出聖期也。又言以「天未欲平治天下也」，其意以為天欲平治天下，當以五百年之間生聖王也。如孟子之言，是謂天故生聖人也。然則五百歲者，天生聖人之期乎？如是其期，天何不生聖？聖王非其期故不生，孟子猶信之，孟子不知天也。

「自周已來，七百餘歲矣。以其數則過矣，以其時考之，則可矣。」何謂「數過」？何謂「〔時〕可」乎？數則時，時則數矣。「數過」，過五百年也。從周到今，七百餘歲，踰二百歲矣。設或王者，生失時矣，又言「時可」，何謂也？

云「五百年必有王者興」，又言「其間必有名世」，與「王者」同乎？異也？如同，〔何〕

l'apparition d'un saint roi. Quelle époque fournirait donc la preuve qu'un sage roi devrait apparaître tous les cinq cents ans ? D'où vient cette idée ? Mencius discute sans mettre ses idées à l'épreuve des faits, il croit en des fables et se montre contrarié de son échec à Qi – il ne fait pas la preuve qu'il est un sage, mais bien plutôt qu'il ne diffère en rien des lettrés les plus vulgaires !

Cinq cents ans, c'est la période après laquelle un saint roi devrait apparaître ; Mencius juge également que « le ciel ne souhaite pas que le monde connaisse la paix » : cela signifie que si le ciel souhaitait que le monde connaisse la paix il devrait faire apparaître un saint roi au bout de cinq cents ans. Si l'on en croit Mencius, le ciel ferait donc intentionnellement naître un saint roi. Cinq cents ans serait donc la période après laquelle le ciel devrait faire apparaître un saint roi ? Mais dans ce cas, pourquoi n'avait-il pas fait apparaître de saint roi au bout de cinq cents ans ? Parce que ce n'était pas encore le moment ? Mais alors, en croyant malgré tout que ce saint roi devait malgré tout apparaître, Mencius montre qu'il ne comprend pas le ciel.

« Plus de sept cents ans se sont écoulés depuis le début des Zhou : si l'on s'en tient au chiffre, la date est passée, mais si l'on considère le moment, il convient » : mais que signifie « la date est passée » ? Et que signifie « le moment convient » ? La date, c'est le moment, et le moment, c'est la date. Par « la date est passée », Mencius veut dire que cinq ans sont passés : mais du début des Zhou à son époque, plus de sept cents ans se sont écoulés, soit un dépassement de plus de deux cents ans ; même si un saint roi apparaissait, il serait en retard : comment Mencius peut-il dire que le « moment convient » ?

Mencius dit « qu'un saint roi doit apparaître tous les cinq cents ans » ; il dit également que dans l'intervalle quelques personnages illustres doivent apparaître : ces énoncés se réfèrent-ils à la même chose ? Ou à quelque chose de différent ? S'il s'agit de la même chose, Mencius se répète. S'il s'agit de deux

為再言之？如異,「名世」者, 謂何等也？謂孔子之徒, 孟子之輩, 教授後生, 覺悟頑愚乎？已有孔子, 己又以生矣。如謂聖臣乎？當與聖〔王〕同時, 聖王出, 聖臣見矣。言「五百年」而已, 何為言「其間」？如不謂五百年時, 謂其中間乎？是謂二三百年之時也, 聖〔人〕不與五百年時聖王相得。夫如是, 孟子言「其間必有名世者」, 竟謂誰也？

「夫天未欲平治天下也。如欲治天下, 舍予而誰也？」言若此者, 不自謂當為王者, 有王者, 若為王臣矣。為王者臣, 皆天也。己命不當平治天下, 不浩然安之於齊, 懷恨有不豫之色, 失之矣。

6. 彭更問曰 :「士無事而食, 可乎？」孟子曰 :「不通功易事, 以羨補不足, 則農有餘粟, 女有餘布。子如通之, 則梓匠輪輿皆得食於子。於此

33. Cette question a souvent été interprétée comme une pique lancée contre Mencius lui-même.

choses différentes, qu'entend-il par « personnages illustres » ? S'agit-il de gens de la sorte de Confucius, ou de Mencius lui-même, capables d'instruire leurs cadets, d'éclairer les sots et les ignorants ? Dans ce cas il y avait déjà eu Confucius et Mencius. Mencius fait-il plutôt allusion à des sages ministres ? Mais ceux-ci devraient vivre au même moment que les saints rois, puisque c'est lorsqu'il y a des saints rois que des sages ministres se manifestent. Il est au départ simplement question de « cinq cents ans », pourquoi ajouter « dans l'intervalle » ? Mencius veut-il dire qu'il ne s'agit plus de cinq cents ans, mais d'un moment dans ces cinq cents ans, c'est-à-dire au bout de deux cents ou trois cents ans ? Mais cela ne s'accorde pas avec l'idée de l'apparition d'un saint roi tous les cinq cents ans. À quoi donc se réfère en fin de compte Mencius lorsqu'il dit que dans l'intervalle doivent apparaître quelques personnages illustres ?

« Le ciel ne veut-il pas que le monde connaisse la paix ? S'il le voulait, sur qui se reposerait-il aujourd'hui, sinon sur moi ? » : Mencius ne considérant pas que lui-même aurait dû être roi, il veut dire que s'il y avait un saint roi, lui-même devrait être son ministre. Mais selon Mencius, c'est le ciel qui décide qui devient roi et qui devient ministre.

Mencius savait que ce n'était pas sa destinée d'apporter la paix au monde : en ne se résignant pas magnanimement à rester à Qi, et en manifestant ainsi sa contrariété, Mencius contrevient à ses propres principes.

6. Peng Geng demanda : « Est-il convenable pour un lettré de se laisser entretenir sans remplir le moindre service[33] ? » Mencius répondit : « Sans cet échange de prestations et de services qui permet de distribuer les surplus là où il y a pénurie, les paysans auraient trop de grain et pas assez de tissu, et les femmes auraient trop de tissu et pas assez de grain ; si vous favorisez ces échanges, alors artisans et charrons pourront manger en échange de leurs services. Maintenant, vous me

有人焉, 入則孝, 出則悌, 守先王之道, 以待後世之學者, 而不得食於子。子何尊梓匠輪輿, 而輕為仁義者哉 ?」曰 :「梓匠輪輿, 其志將以求食也。君子之為道也, 其志亦將以求食與 ?」孟子曰 :「子何以其志為哉 ? 其有功於子, 可食而食之矣。且子食志乎 ? 食功乎 ?」曰 :「食志。」曰 :「有人於此, 毀瓦畫墁, 其志將以求食也, 則子食之乎 ?」曰 :「否。」曰 :「然則子非食志, 食功也。」

夫孟子引毀瓦畫墁者, 欲以詰彭更之言也。知毀瓦畫墁無功而有志, 彭更必不食也。雖然, 引毀瓦畫墁, 非所以詰彭更也。何則 ? 諸志欲求食者, 毀瓦畫墁者不在其中。不在其中, 則難以詰人矣。夫人無故毀瓦畫墁, 此不癡狂則遨戲也。癡狂 (人) 之〔人〕, 志不求食, 遨戲之人, 亦不求食。求食者, 皆多人所 (不)〔共〕得利

parlez d'un homme qui se montre filialement respectueux chez lui, qui respecte ses aînés au-dehors, qui préserve la voie des anciens rois pour la transmettre aux étudiants des générations futures, et vous ne lui donneriez pas à manger ? Comment pouvez-vous montrer plus de respect pour un artisan ou un charron que pour un homme qui pratique l'humanité et la justice ? » Peng Geng dit : « Mais l'artisan et le charron travaillent dans le but de manger ; l'homme de bien, quant à lui, ne pratique pas la vertu dans le but de manger ? » Mencius dit : « Mais pourquoi vous soucier de son but ? Si l'homme de bien vous est utile, il mérite d'être nourri et vous devez le nourrir. Car en définitive, est-ce le but ou l'utilité que vous payez de nourriture ? » L'autre dit : « Le but. » Mencius rétorqua : « Imaginons un homme qui viendrait briser les tuiles de votre toit et maculer vos murs, ce avec pour but d'obtenir à manger – le nourririez-vous ? » « Non ! » « Donc vous ne payez pas de nourriture le but, mais l'utilité[34]. »

Pour réfuter Peng Geng, Mencius invoque l'exemple d'un homme qui viendrait briser ses tuiles et maculer ses murs : cet homme ne serait d'aucune utilité, et même si son but en agissant de la sorte était de se voir offrir à manger, Peng Geng aurait assurément refusé de le nourrir. Mais cet argument ne saurait réfuter l'objection de Peng Geng. Un homme qui brise des tuiles et macule des murs peut le faire pour différents motifs, mais certainement pas dans le but de se faire nourrir, et donc l'argument peine à convaincre. Car il n'y a pas de raison à ainsi briser des tuiles et maculer des murs : si on ne le fait pas par sottise ou folie, c'est par jeu ou pour plaisanter, et pas plus les sots que les plaisantins n'agissent ainsi pour se faire nourrir. Celui qui cherche à se nourrir offre une chose communément considérée comme utile, par exemple un produit qu'il vend sur le marché, le produit de la vente lui permettant en retour

34. *Mengzi*, 3B, « Teng Wengong xia ».

之事, 以〔所〕作 (此) 鬻賣於市, 得賈以歸, 乃得食焉。今毀瓦畫墁, 無利於人, 何志之有？有知之人, 知其無利, 固不為也；無知之人, 與癡狂比, 固無其志。

夫毀瓦畫墁, 猶比童子擊壤於塗, 何以異哉？擊壤於塗者, 其志亦欲求食乎？此尚童子, 未有志也。巨人博戲, 亦畫墁之類也。博戲之人, 其志復求食乎？博戲者, 尚有相奪錢財, 錢財眾多, 己亦得食, 或時有志。夫投石超距, 亦畫墁之類也。投石超距之人, 其志有求食者乎？

然則孟子之詰彭更也, 未為盡之也, 如彭更以孟子之言, 可謂「禦人以口給」矣。

7. 匡章子曰：「陳仲子豈不誠廉士乎？居於於陵, 三日不食, 耳無聞, 目無見也。井上有李, 螬食實者過半, 扶服往, 將食之。三咽, 然後耳有聞,

35. Sur ce jeu, cf. *supra*, 27.6.

36. Jeu ou exercice utilisé dans l'entraînement militaire, consistant à jeter un projectile puis à sauter.

37. Allusion à *Lunyu*, 5.4, où Confucius critique la vaine éloquence.

38. Kuang Zhangzi, ou Kuang Zhang (IVe s. AEC) : célèbre général du pays de Qi.

de se procurer de la nourriture. Briser des tuiles et maculer des murs n'est d'aucune utilité : quel homme songerait à faire cela dans le but de se procurer de la nourriture ? Soit notre homme est raisonnable et sait que ça ne sert à rien, et donc il s'abstient de le faire ; soit il est déraisonnable et ne vaut pas mieux qu'un fou, et dans ce cas pas plus qu'un fou il n'agit dans le but de se procurer de la nourriture.

Quelle différence entre briser des tuiles et maculer des murs, et pour des enfants, jouer à jeter des mottes sur le chemin[35] ? En jouant ainsi, les enfants ont-ils pour but de se procurer de la nourriture ? Il ne s'agit que d'enfants, qui ne sauraient donc avoir un tel but. On peut aussi comparer ces gens brisant des tuiles et maculant les murs à des adultes jouant aux échecs : ceux-ci ont-ils pour but de se procurer de la nourriture ? Et encore, le joueur d'échec peut en gagnant se faire beaucoup d'argent, ce qui lui permet aussi de manger, et certains peuvent donc jouer dans ce but. Jeter la pierre et sauter[36], voilà un exercice qui peut se comparer à maculer des murs : celui qui pratique cet exercice le fait-il dans le but de trouver à manger ?

La réfutation de Mencius n'épuise donc pas la question, et Peng Geng, sur la base de cet argument, aurait pu lui reprocher d'avoir la langue trop bien pendue[37].

7. Kuang Zhangzi dit[38] : « Chen Zhongzi n'est-il pas vraiment un homme intègre[39] ? Il habite à Wuling[40], et durant trois jours il n'avait pas mangé ; déjà ses oreilles n'entendaient plus, ses yeux ne voyaient plus. Au-dessus de son puits poussait un prunier dont les fruits étaient à moitié rongés par les bêtes. Il s'y traîna en rampant et en mangea, et au bout de trois bouchées il avait recouvré l'ouïe et la vue. » Mencius dit : « Je reconnais

39. Chen Zhongzi, ou Chen Zhong, Tian Zhong (IVe s. AEC) : célèbre ermite du pays de Qi.

40. Wuling (Yuling) : lieu dans l'actuel Shandong.

目有見也。」孟子曰：「於齊國之士，吾必以仲子為巨擘焉！雖然，仲子惡能廉？充仲子之操，則蚓而後可者也。夫蚓，上食槁壤，下飲黃泉。仲子(之)所居〔之〕室，伯夷之所築與？抑亦盜跖之所築與？所食之粟，伯夷之所樹與？抑亦盜跖之所樹與？是未可知也。」曰：「是何傷哉？彼身織屨，妻辟纑，以易之也。」曰：「仲子，齊之世家，兄戴，蓋祿萬鍾。以兄之祿為不義之祿，而不食也；以兄之室為不義之室，而弗居也。辟兄離母，處於於陵。他日歸，則有饋其兄生鵝者也，己頻顣曰：「惡用是鶃鶃者為哉？」他日，其母殺是鵝也，與之食之。其兄自外〔來〕至，曰：「是鶃鶃之肉也。」出而吐之。以母則不食，以妻則食之；以兄之室則不居，以於陵則居之。是尚能為充其類也乎？若仲子者，蚓而後充其操者也。」

41. Chen Zhongzi ne veut rien devoir à personne, mais en réalité il ne peut se passer complètement de ce qui a été construit ou semé par d'autres, sans savoir si la maison qu'il habite ou le grain qu'il mange lui vient d'un homme vertueux comme Boyi ou d'un voleur comme le brigand Zhi.

que Chen Zhongzi est le premier parmi les hommes de Qi ! Mais même s'il en est ainsi, peut-il être aussi intègre qu'il le prétend ? Pour se conformer jusqu'au bout à ses principes, il devrait être un ver de terre, qui se nourrit de la terre au-dessus de lui et d'eau sale en dessous ! Par qui a été construite sa maison ? Par l'irréprochable Boyi, ou par le brigand Zhi ? Et par qui a été semé le grain qu'il mange[41] ? Par Boyi, ou par le brigand Zhi ? On ne le sait pas. » Kuang Zhangzi demanda : « En quoi cela nuit-il à son intégrité ? Il porte les chaussons qu'il a tressés lui-même, et son épouse file le chanvre, qu'ils vendent pour payer leur maison et leur nourriture. » Mencius dit : « Chen Zhongzi vient d'une ancienne grande famille de Qi ; son frère aîné, Chen Dai, retire de son domaine de Ge[42] dix mille quintaux de revenus : parce que Chen Zhongzi juge qu'il s'agit de revenus improprement acquis, il refuse de les utiliser pour manger ; et comme il juge que la demeure de son frère est un bien improprement acquis, il refuse d'y habiter. Voilà pourquoi il a quitté son frère et sa mère pour s'installer à Wuling. Un jour qu'il était retourné chez eux, quelqu'un vint offrir à son frère une oie vivante. Fronçant les sourcils, il dit avec dédain : “À quoi bon cette chose caquetante !” Quelques jours plus tard, sa mère tua l'oie et la lui donna à manger ; son frère, revenant à la maison, dit : “C'est la viande de la chose caquetante !” Alors Chen Zhongzi sortit pour vomir ce qu'il avait mangé. Il refuse donc la nourriture que lui donne sa mère, tout en acceptant celle que lui sert son épouse ; il refuse d'habiter la demeure de son frère, tout en acceptant d'habiter à Wuling. Peut-on dire qu'il se conforme en toutes choses à ses principes ? Pour vivre complètement selon les principes d'un Chen Zhongzi, il faudrait être un ver de terre[43] ! »

42. Chen Dai : notable du pays de Qi. Ge : lieu dans l'actuel Shandong.

43. *Mengzi*, 3B, « Teng Wengong xia ». La citation diffère par quelques détails du texte du *Mencius* tel que nous le connaissons aujourd'hui.

夫孟子之非仲子也, 不得仲子之短矣。仲子之怪鵝如吐之者, 豈為在母〔則〕不食乎？乃先譴鵝曰:「惡用鶂鶂者為哉？」他日, 其母殺以食之, 其兄曰:「是鶂鶂之肉。」仲子恥負前言, 即吐而出之。而兄不告, 則不吐; 不吐, 則是食於母也。謂之「在母則不食」, 失其意矣。使仲子執不食於母, 鵝膳至, 不當食也。今既食之, 知其為鵝, 怪而吐之, 故仲子之吐鵝也, 恥食不合己志之物也, 非負親親之恩, 而欲勿母食也。

又「仲子惡能廉？充仲子之 (性)〔操〕, 則蚓而後可者也。夫蚓, 上食槁壤, 下飲黃泉」。是謂蚓為至廉也, 仲子如蚓, 乃為廉潔耳。今所居之宅, 伯夷之所築, 所食之粟, 伯夷之所樹, 仲子居而食之, 於廉潔可也。或時食盜跖之所樹粟, 居盜跖之所築室, 汙廉潔之行矣。用此非仲

La critique de Mencius manque sa cible. Si Chen Zhongzi recracha cette viande, est-ce vraiment parce qu'elle lui était servie par sa mère ? Quelques jours auparavant, Chen Zhongzi avait grommelé : « À quoi bon cette chose caquetante ! » ; plus tard, sa mère fit tuer l'oie et la lui donna à manger, et c'est lorsque son frère lui dit : « C'est la viande de la chose caquetante ! » que, honteux par rapport à ses paroles passées, il la recracha. Si son frère n'avait rien dit, il ne l'aurait pas recrachée : il avait donc accepté de manger ce que lui servait sa mère. Mencius comprend donc mal en affirmant qu'il « refusa de manger la nourriture que lui donnait sa mère ». Si Chen Zhongzi ne voulait pas de la nourriture de sa mère, il aurait dû la refuser au moment où elle lui était servie ; or il en mangea, et ne recracha qu'une fois qu'il comprit d'où venait l'animal. Si Chen Zhongzi recracha cette viande, c'est donc parce qu'il eut honte de manger de la viande que ses résolutions ne lui permettaient pas de manger ; il ne s'agissait pas de refuser ce dont le gratifiait une mère aimante.

Et Mencius dit encore : « Mais même s'il en est ainsi, Chen Zhongzi peut-il être aussi intègre qu'il le prétend ? Pour se conformer jusqu'au bout à ses principes, il devrait être un ver de terre, qui se nourrit de terre au-dessus de lui et d'eau de source en dessous ! » Par là, il veut dire que les vers de terre sont parfaitement intègres[44], et que Chen Zhongzi aurait dû se comporter comme un ver de terre pour pouvoir se conformer à ses propres principes. Mais l'intégrité de Chen Zhongzi n'aurait pas été remise en question s'il avait habité dans une maison construite par un Boyi, et s'il s'était nourri du grain semé par ce dernier ; en revanche, son intégrité aurait été entachée s'il s'était nourri du grain planté par le brigand Zhi, et s'il avait vécu dans une maison construite par ce dernier. En critiquant ainsi Chen Zhongzi, Mencius passe à nouveau à

44. Wang Chong prête ici à Mencius une idée que ce dernier n'exprime certainement pas.

子, 亦復失之。室因人故, 粟以屨纑易之, 正使盜之所樹築, 已不聞知。

今兄之不義, 有其操矣。操見於眾, 昭晳議論, 故避於陵, 不處其宅, 織屨辟纑, 不食其祿也。而欲使仲子處於陵之地, 避若兄之宅, 吐若兄之祿, 耳聞目見, 昭晳不疑, 仲子不處不食, 明矣。今於陵之宅, 不見築者為誰, 粟, 不知樹者為誰, 何得成室而居之?〔何〕得成粟而食之? 孟子非之, 是為大備矣。

仲子所居, 或時盜之所築, 仲子不知而居之, 謂之不充其操, 唯蚓然後可者也。夫盜室之地中, 亦有蚓焉, 食盜宅中之槁壤, 飲盜宅中之黃泉, 蚓惡能為可乎? (在)〔充〕仲子之操, 滿孟子之議, 魚然後乃可。夫魚處江海之中, 食江海之土, 海非盜所鑿, 土非盜所聚也。

côté du problème. Pour ce qui est de la maison qu'il habitait, Chen Zhongzi dépendait des gens qui l'avaient construite ; et il obtenait son grain en vendant ses chaussures et son chanvre : il n'avait aucun moyen de savoir si c'est un bandit qui avait construit sa maison ou semé son grain.

Le manque de vertu de son frère aîné transparaissait dans son mauvais comportement, évident pour tous, et qui suscitait bien des critiques ; voilà pourquoi Chen Zhongzi, refusant d'habiter dans la maison de son frère, s'était réfugié à Wuling, tressant ses chaussures et filant le chanvre, pour éviter de vivre de ses revenus. S'il avait décidé de séjourner ainsi à Wuling, c'est bien entendu qu'il ne voulait pas profiter d'une maison et d'une nourriture aussi douteuses que celles de son frère ; et donc s'il avait douté des origines de sa maison et de son grain, il est clair qu'il n'y aurait pas vécu et qu'il n'aurait pas consommé ce grain. Mais à Wuling, il ne savait pas qui avait construit la maison, il ne savait pas qui avait planté le grain. Afin d'être assuré de leur intégrité, aurait-il dû habiter une maison qui venait d'être construite ? Aurait-il dû manger du grain qui venait d'être planté ? Dans sa critique de Chen Zhongzi, Mencius se montre vraiment trop exigeant.

Selon Mencius, la maison de Chen Zhongzi aurait pu avoir été construite par un brigand, et en acceptant d'y vivre sans être sûr que ce n'était pas le cas, Chen Zhongzi ne se conformait pas complètement à ses propres principes ; il aurait dû être un ver pour pouvoir le faire. Mais on trouve aussi des vers dans le sol des maisons de brigands : est-il possible pour des vers intègres de se nourrir de la terre et de l'eau d'une maison de brigand ? Dans l'idée de Mencius, pour vivre jusqu'au bout de ses principes, Chen Zhongzi aurait en fait dû être un poisson ; les poissons, en effet, vivent dans l'eau des rivières ou de la mer, et se nourrissent de leur limon, et bien évidemment ni cette eau ni ce limon n'ont été creusés ou amassés par des brigands.

然則仲子有大非，孟子非之，不能得也。夫仲子之去母辟兄，與妻獨處於陵，以兄之宅為不義之宅，以兄之祿為不義之祿，故不處不食，廉潔之至也，然則其 (徙)〔從〕於陵歸候母也，宜自齎食而行。鶃膳之進也，必與飯俱。母之所為飯者，兄之祿也，母不自有私粟以食仲子，明矣。仲子食兄祿也。

伯夷不食周粟，餓死於首陽之下，豈一食周粟而以汙其潔行哉？仲子之操，近不若伯夷，而孟子謂之若蚓乃可，失仲子之操所當比矣。

8. 孟子曰：「莫非天命也，順受其正。是故知命者，不立乎巖牆之下。盡其道而死者，為正命也；桎梏而死者，非正命也。」

夫孟子之言，是謂人無觸值之命也。順操行

45. Monts Shouyang : collines dans l'actuel Henan. Boyi s'y réfugia avec son frère Shuqi à la chute de la dynastie Shang, ne voulant pas reconnaître la légitimité de la nouvelle dynastie Zhou. Ils commencèrent par s'alimenter des produits de la montagne, mais quelqu'un leur reprocha de se nourrir « des herbes et des arbres des Zhou » et, honteux, ils se laissèrent mourir de faim.

46. C'est-à-dire qu'il n'aurait pas dû comparer Chen Zhongzi à un ver de terre, mais à Boyi, comme vient de le faire Wang Chong.

Dans sa critique, Mencius passe cependant à côté de la principale faute de Chen Zhongzi. Ce dernier avait certes fait la preuve de sa grande probité en quittant sa mère et son frère aîné pour vivre seul avec son épouse à Wuling, refusant d'habiter dans la maison de son frère et de vivre sur ses revenus, parce qu'il ne les jugeait pas convenables. Mais lorsqu'il revint de Wuling pour rendre visite à sa mère, il aurait dû amener sa propre nourriture. L'oie lui fut assurément servie avec d'autres plats ; ces plats préparés par sa mère avaient été payés sur le revenu de son frère aîné ; il est évident qu'elle ne disposait pas de son propre grain pour le nourrir. Chen Zhongzi mangea donc sur le revenu de son frère.

Boyi refusa de manger le grain des Zhou et se laissa mourir de faim au pied des monts Shouyang[45] : s'il avait consommé une seule fois du grain de Zhou, cela aurait-il entaché sa probité ? La vertu de Chen Zhongzi se rapproche de celle de Boyi, mais ne l'égale pas ; en soutenant que Chen Zhongzi aurait dû être un ver de terre pour pouvoir respecter jusqu'au bout ses propres principes, Mencius ne propose donc pas une comparaison adéquate pour juger de son comportement[46].

8. Mencius dit : « Il n'y a rien qui ne soit pas décidé par la destinée voulue par le ciel, et on doit s'y conformer et l'accepter lorsque c'est la destinée juste. Par conséquent, celui qui connaît la destinée voulue par le ciel évite de se tenir sous un mur menaçant de s'effondrer. C'est la juste destinée qui veut qu'une personne meure après avoir accompli sa voie ; ce n'est pas sa juste destinée de mourir dans les fers[47]. »

Selon ces mots de Mencius, il n'y aurait pas de destinée accidentelle[48]. Celui qui se comporterait conformément à la

47. *Mengzi*, 7A, « Jin xin shang ».

48. Destinée accidentelle (*chu zhi zhi ming* 觸值之命) : nous nous inspirons de la traduction de M. Kalinowski, cf. *Balance* 2011, p. 11.

者得正命, 妄行苟為得非正〔命〕, 是天命於操行也。

夫子不王, 顏淵早夭, 子夏失明, 伯牛為癘, 四者行不順與 ? 何以不受正命 ? 比干剖, 子胥烹, 子路葅, 天下極戮, 非徒桎梏也。必以桎梏效非正命, 則比干、子胥行不順也。

人稟性命, 或當壓溺兵燒, 雖或慎操脩行, 其何益哉 ? 竇廣國與百人俱臥積炭之下, 炭崩, 百人皆死, 廣國獨濟, 命當封侯也。積炭與巖牆何以異 ? 命不〔當〕壓, 雖巖崩, 有廣國之命者, 猶將脫免。行, 或使之 ; 止, 或尼之。命當壓, 猶或使之立於牆下。孔甲所入主人〔之〕子, (之) (夭)〔天〕命當賤, 雖載入宮, 猶為守者。不立巖牆之下, 與孔甲載子入宮, 同一實也。

49. Zixia (Bu Shang, 507-420 ?) : disciple de Confucius ; inconsolable à la mort de son fils, il aurait tant pleuré qu'il serait devenu aveugle.

50. C'est-à-dire une destinée empêchée par un mauvais comportement.

51. Dou Guangguo (IIe s. AEC) : jeune frère de l'impératrice Dou, épouse de l'impératrice Wen ; enlevé alors qu'il était enfant, il se retrouva à travailler à la fabrication de charbon de bois ; un effondrement se produisit, auquel il fut le seul à échapper ; par la suite, il fut anobli ; Wang Chong discute plus longuement de Dou Guangguo dans le chapitre 9 du *Lunheng*, « Ji Yan » ; cf. *Balance* 2011, p. 121 *sq*.

morale bénéficierait d'une juste destinée, contrairement à celui qui se comporterait mal : c'est le comportement de chacun qui déciderait de la destinée octroyée par le ciel.

Mais Confucius qui ne put devenir roi, Yan Hui qui mourut prématurément, Zixia qui devint aveugle, Boniu qui attrapa la lèpre[49] – ces quatre-là n'avaient-ils pas respecté la morale ? Pourquoi ne jouirent-ils pas d'une juste destinée ? Bigan se vit arracher le cœur, Wu Zixu fut bouilli, Zilu fut haché menu : dans le monde, les sorts cruels ne se limitent pas aux fers ! Si on veut voir dans une mort dans les fers la preuve d'une destinée non juste[50], alors on doit conclure que Bigan et Wu Zixu se sont mal comportés !

La destinée reçue à la naissance commande que certains meurent écrasés, ou noyés, ou occis, ou brûlés : ils auront beau agir avec circonspection et se comporter de façon vertueuse, ils n'échapperont pas à leur sort. Dou Guangguo dormait avec une centaine d'autres personnes au pied d'un tas de charbon ; le tas s'écroula, et les cent autres moururent, mais il survécut, parce que sa destinée commandait qu'il devienne marquis[51] ! Quelle différence entre ce tas de charbon et le mur menaçant de s'écrouler dont parle Mencius ? Si la destinée ne voulait pas que Dou Guangguo meure écrasé, il aurait échappé à la mort même si c'est un mur qui s'était écroulé au-dessus de lui ! « Lorsqu'on avance, c'est que quelque chose nous pousse ; lorsqu'on est arrêté, c'est que quelque chose nous bloque ! » : ceux dont la destinée est de mourir écrasés sont comme poussés à se tenir sous le mur au moment où il s'écroule ! C'était la volonté du ciel que l'enfant des hôtes de Kong Jia reste de basse condition, et Kong Jia eut beau l'emmener avec lui dans son palais, il finit gardien de porte[52] ! C'est le même principe qui commande que celui qui ne doit pas mourir échappe au mur qui s'écroule, et que cet enfant emmené par Kong Jia soit resté de basse condition.

52. Sur cet épisode, cf. *supra*, 16.11.

談天篇第三十一

1. 儒書言 :「共工與顓頊爭為天子, 不勝, 怒而觸不周之山, 使天柱折, 地維絕。女媧銷煉五色石以補蒼天, 斷鼇足以立四極。天不足西北, 故日月移焉 ; 地不足東南, 故百川注焉。」

此久遠之文, 世間是之言也。文雅之人, 怪而無以非, 若非而無以奪, 又恐其實然, 不敢正議。以天道人事論之, 殆虛言也。

1. Gonggong (Gong Gong) : créature mythique, divinité ou monstre de l'eau, présentée comme responsable de diverses catastrophes, principalement celle qui fait l'objet de ce passage ; il est parfois aussi décrit comme un fonctionnaire des eaux. Zhuanxu : souverain mythique de la Chine ancienne, présenté comme le petit-fils de l'empereur Jaune. Mont Buzhou : ancienne montagne mythique considérée comme soutenant le ciel au nord-ouest du monde.

2. Nüwa : déesse de la mythologie chinoise ; une tradition lui attribue la création de l'humanité. Tortue Ao : animal mythique.

3. Cette partie du mythe reflète sans doute le fait que, pour l'observateur chinois, le ciel et la lune se meuvent pour l'essentiel dans la partie sud du ciel.

Du ciel
(Traité 31, « Tan tian »)

1. Les livres des lettrés disent : « Gonggong se battait avec Zhuanxu pour la domination du monde, mais il ne put le vaincre ; furieux, il frappa le mont Buzhou, brisant le pilier du ciel et les attaches de la terre[1]. Alors Nüwa fondit des pierres de cinq couleurs pour réparer le ciel azuré, et trancha les pattes de la tortue Ao pour le soutenir à ses quatre extrémités[2]. Mais le ciel resta insuffisamment soutenu au nord-ouest, avec pour résultat que le soleil et la lune se déplacèrent dans cette direction[3] ; et la terre resta insuffisamment attachée au sud-est, avec pour résultat que toutes les rivières coulèrent dans cette direction[4]. »

Il s'agit là d'une histoire très ancienne, que tout le monde considère comme vraie. Les gens cultivés la jugent étonnante, mais ne la remettent pas véritablement en doute ; ceux qui n'y croient pas ne parviennent pas à convaincre, parce qu'ils n'osent pas la discuter de front, de crainte qu'elle ne soit tout de même vraie. Mais qu'on traite de cette histoire en se basant sur l'ordre naturel et ce qui est humainement possible[5], et on verra qu'elle est sans fondement.

4. Rappelons que les principaux fleuves chinois coulent d'ouest en est. La légende de Nüwa réparant le ciel se trouve dans plusieurs sources anciennes, Wang Chong semble suivre le texte du *Huainanzi*, cf. chap. 3, « Tian wen xun » et chap. 6, « Lan ming xun ».

5. « Ce qui est humainement possible » : littéralement, les « affaires humaines ».

與人爭為天子，不勝，怒觸不周之山，使天柱折，地維絕，有力如此，天下無敵。以此之力，與三軍戰，則士卒螻蟻也，兵革毫芒也，安得不勝之恨，怒觸不周之山乎？且堅重莫如山，以萬人之力，共推小山，不能動也。如不周之山，大山也。使是天柱乎？折之固難；使非〔天〕柱乎？觸不周山而使天柱折，是亦復難。信，顓頊與之爭，舉天下之兵，悉海內之眾，不能當也，何不勝之有？

且夫天者，氣邪？體也？如氣乎，雲煙無異，安得柱而折之？

女媧以石補之，是體也。如審然，天乃玉石之類也。石之質重，千里一柱，不能勝也。

如五嶽之巔，不能上極天乃為柱，如觸不周，上極天乎？

6. Il s'agit clairement d'un argument de circonstance, qui ne correspond pas à la conception que Wang Chong se fait du ciel, et que d'ailleurs il réfute implicitement dans le paragraphe suivant ; dans le dernier passage du présent traité, Wang Chong affirme clairement que le ciel est un corps physique.

7. On pourrait aussi comprendre : « un pilier de mille *li* n'aurait pas suffi à le soutenir » (en prenant le mot *sheng* dans le sens de « dominer », « venir à bout d'une tâche », « employer »). Notons au passage que la référence aux « mille *li* » n'est pas claire ; vraisemblablement, il s'agit de la longueur du pilier, mais il pourrait aussi s'agir de sa largeur. Rappelons par ailleurs que,

Luttant pour le pouvoir sur le monde avec Zhuanxu, Gonggong aurait perdu et, furieux, brisé le pilier du ciel en frappant le mont Buzhou. Mais avec une telle force, nul au monde n'aurait pu lui résister ; on aurait eu beau lui opposer les armées les plus puissantes, leurs soldats n'auraient pas pesé plus que des fourmis, leurs armes et cuirasses n'auraient pas plus compté que de la paille ! Avec une telle force, comment aurait-il pu connaître la défaite face à Zhuanxu, et donc se mettre à frapper la montagne de colère ? Rien n'est plus lourd et solide que les montagnes, et la force conjuguée de dix mille hommes ne saurait mouvoir la plus petite d'entre elles. Or le mont Buzhou devait être une grande montagne. Cette montagne était-elle effectivement un pilier du ciel ? Il aurait été bien difficile de la briser. N'était-elle pas elle-même ce pilier ? Il aurait été encore plus difficile, en la frappant, de briser le pilier lui-même. Si Gonggong parvint effectivement à briser ce pilier, Zhuanxu aurait eu beau lever toutes les armées du monde qu'il n'aurait pu rivaliser avec lui : comment dans ces conditions Gonggong aurait-il pu ne pas l'emporter dans la bataille ?

Par ailleurs, le ciel est-il du *qi* ? Ou est-il un corps ? Si le ciel est du *qi*, il ne diffère pas de brumes ou de fumées : comment donc pourrait-on le soutenir au moyen d'un pilier susceptible d'être brisé[6] ?

Mais si Nüwa répara le pilier au moyen de pierres, c'est que le ciel devait être un corps ; s'il en est effectivement ainsi, le ciel devait être de même nature que le jade ou la pierre ; or la pierre est une matière très lourde, et donc Gonggong n'aurait pu venir à bout d'un pilier de mille *li*[7].

Les sommets des Cinq pics[8] eux-mêmes n'atteignent pas le ciel et ne sauraient donc le soutenir : le mont Buzhou atteignait-il le ciel ?

dans cette mythologie, il est toujours question de plusieurs piliers soutenant le ciel. La grammaire permet encore une autre interprétation : « même un pilier tous les mille *li* n'aurait suffi à soutenir un ciel aussi lourd ».

8. Les Cinq pics : les cinq montagnes sacrées de la Chine, dont il existe plusieurs listes.

不周為共工所折，當此之時，天毀壞也。如審毀壞，何用舉之？「斷鼇之足，以立四極」，說者曰：「鼇，古之大獸也，四足長大，故斷其足，以立四極。」夫不周，山也；鼇，獸也。夫天本以山為柱，共工折之，代以獸足，骨有腐朽，何能立之久？且鼇足可以柱天，體必長大，不容於天地，女媧雖聖，何能殺之？如能殺之，殺之何用？足可以柱天，則皮革如鐵石，刀劍矛戟不能刺之，彊弩利矢不能勝射也。

察當今天去地甚高，古天與今無異。當共工缺天之時，天非墜於地也。女媧，人也，人雖長，無及天者。夫其補天之時，何登緣階據而得治之？

豈古之天，若屋廡之形，去人不遠，故共工得敗之，女媧得補之乎？如審然者，女媧(多)〔以〕前，齒為人者，人皇最先。人皇之時，天如蓋乎？

Si le mont Buzhou fut brisé par Gonggong, le ciel dut s'effondrer, mais dans ce cas, avec quoi Nüwa le redressa-t-elle ? « Elle trancha les pattes de la tortue Ao pour soutenir le ciel à ses quatre extrémités » : les commentateurs expliquent que cette tortue Ao était un animal des temps anciens, avec de très grandes pattes que Nüwa trancha pour soutenir le ciel à ses quatre extrémités. Mais le mont Buzhou est une montagne, alors que cette tortue était un animal : le pilier du ciel brisé par Gonggong étant une montagne, comment les pattes d'un animal, constituées d'os putrescibles, auraient-elles pu la remplacer pour soutenir durablement le ciel ? Et si les seules pattes de cette tortue suffisaient à soutenir le ciel, son corps devait être énorme, plus grand même que le ciel et la terre : Nüwa avait beau être divine, comment aurait-elle pu tuer une telle créature ? Avec quelle arme ? La peau et le cuir de pattes susceptibles de soutenir le ciel doivent être aussi durs que du fer ou de la pierre, de sorte que des épées et des lances n'auraient pu les entamer, et que le carreau le mieux aiguisé, tiré de l'arbalète la plus puissante, n'aurait pu les percer !

Aujourd'hui, le ciel est très haut par rapport à la terre, et il en était de même aux époques anciennes. Or lorsque Gonggong l'endommagea, le ciel ne s'écroula pas sur le sol : Nüwa était une simple personne, or même une personne de grande taille ne saurait atteindre le ciel : sur quelles marches monta-t-elle donc pour le réparer ?

Serait-ce que le ciel de l'Antiquité ressemblait au toit d'une maison, qu'il était donc tout proche des hommes ? Cela expliquerait que Gonggong ait pu l'endommager et Nüwa, le réparer. Mais s'il en est ainsi, avant Nüwa, au tout début de l'âge des hommes, celui des Souverains humains[9], le ciel était-il aussi bas qu'un dais ?

9. Souverains humains : neuf souverains mythiques (ou éventuellement un souverain mythique à neuf têtes) qui succédèrent aux Souverains célestes au tout début des âges de l'humanité.

說《易》者曰:「元氣未分,渾沌為一。」儒書又言:「溟涬濛澒,氣未分之類也。及其分離,清者為天,濁者為地。」如說易之家、儒書之言,天地始分,形體尚小,相去近也。近則或枕於不周之山,共工得折之,女媧得補之也。

含氣之類,無有不長。天地,含氣之自然也,從始立以來,年歲甚多,則天地相去,廣狹遠近,不可復計。儒書之言,殆有所見。然其言觸不周山而折天柱,絕地維,銷煉五石補蒼天,斷鼇之足以立四極,猶為虛也。何則?山(雖)〔難〕動,共工之力不能折也。豈天地始分之時,山小而人反大乎?何以能觸而折之?

以五色石補天,尚可謂五石若藥石治病之狀。至其斷鼇之足以立四極,難論言也。從女媧以來,

10. Cette idée est notamment développée dans le *Huainanzi*, 2, « Chu zhen xun ».

11. Sous cette forme, l'origine de cette citation est inconnue, mais l'idée se retrouve dans de nombreuses sources anciennes, notamment taoïstes.

Les commentateurs du *Classique des mutations* expliquent : « Lorsque le *qi* originel ne s'était pas encore divisé, tout n'était que chaos indifférencié[10]. » Les livres des lettrés disent aussi : « Au début tout n'était que chaos et confusion, et le *qi* était encore d'une sorte indifférenciée. Puis le *qi* se sépara, ce qui était pur donnant le ciel, ce qui était trouble donnant la terre[11]. » Selon ces deux textes, lorsque le ciel et la terre commencèrent à se séparer, leur corps était encore petit et ils étaient proches l'un de l'autre. Peut-être dans ce cas le ciel s'appuyait-il sur le mont Buzhou, et voilà pourquoi Gonggong put l'endommager et Nüwa, le réparer.

Parmi les choses contenant du *qi*, il n'en est aucune qui ne croisse pas. Le ciel et la terre contiennent du *qi* dans sa dimension la plus spontanée ; depuis leur commencement, de très nombreuses années se sont écoulées, et le ciel et la terre se sont tant éloignés qu'il n'est même plus possible de calculer leur taille et leur distance. Sur ce point, les livres des lettrés ont sans doute vu quelque chose de juste. Mais ils inventent lorsqu'ils racontent que Gonggong aurait heurté le mont Buzhou, brisé le pilier du ciel et les attaches célestes, que Nüwa aurait fondu cinq sortes de pierres pour le réparer, et tranché les pattes de la tortue Ao pour soutenir le ciel à ses quatre extrémités. Pourquoi cela ? Parce qu'il est très difficile de mouvoir une montagne, et Gonggong n'en avait certainement pas la force. Serait-ce qu'au moment où le ciel et la terre commençaient à se séparer, les montagnes étaient petites et les hommes, à l'inverse, grands ? Sinon, comment donc Gonggong serait-il parvenu à briser une montagne en la frappant ?

Pour ce qui est des rochers de cinq couleurs utilisés pour réparer le ciel, cela paraît possible ; ces rochers rappellent les plantes et poinçons de pierre utilisés pour soigner les maladies. Beaucoup plus inconcevable paraît cette histoire de pattes de tortue tranchées pour soutenir les quatre extrémités du ciel, étant donné la grande longueur de temps qui s'est écoulé depuis

久矣, 四極之立自若, 鼇之足乎 ?

2. 鄒衍之書, 言天下有九州, « 禹貢 » 之上所謂九州也。« 禹貢 » 九州, 所謂一州也。若 « 禹貢 » 以上者, 九焉。« 禹貢 » 九州, 方今天下九州也, 在東南隅, 名曰赤縣神州。復更有八州, 每一州者四海環之, 名曰裨海。九州之外, 更有瀛海。

此言詭異, 聞者驚駭, 然亦不能實然否, 相隨觀讀諷述以談。故虛實之事, 並傳世間, 真偽不別也。世人惑焉, 是以難論。

案鄒子之知不過禹。禹之治洪水, 以益為佐。禹主治水, 益之記物, 極天之廣, 窮地之長, 辨四海之外, 竟四山之表, 三十五國之地, 鳥獸草木,

12. Zou Yan (305 ?-240 ?) : important penseur de la fin des Royaumes combattants, principal théoricien des cinq agents avant l'époque impériale ; cf. *Balance* 2011, p. 228. Wang Chong discute à plusieurs reprises de ses idées dans le *Lunheng*.

13. Le « Tribut de Yu » : ce chapitre du *Classique des documents* décrit les voyages et observations géographiques du mythique souverain Yu, ainsi que les travaux (en particulier hydrauliques) qu'il mena à bien dans le monde ; cf. *supra*, 8.5. Par rapport au « Tribut de Yu », Zou Yan multiplie donc la surface des terres par neuf, ce qui correspond sans doute à une prise de conscience grandissante de la taille du monde à mesure du progrès des contacts des « Chinois » avec d'autres contrées, et peut-être en conséquence du résultat d'observations astronomiques.

Nüwa : de simples pattes de tortue auraient-elles pu soutenir aussi longtemps le ciel à ses quatre extrémités ?

2. Selon les traités de Zou Yan[12], il y aurait neuf continents dans le monde, au-delà des neuf provinces mentionnées dans le « Tribut de Yu[13] », qui ne correspondraient donc qu'à un seul des continents de Zou Yan[14]. Les neuf provinces du « Tribut de Yu » sont les neuf régions de l'empire actuel ; elles correspondraient au continent du sud-est de Zou Yan, qu'il appelle « Continent fabuleux aux provinces couleur de cinabre[15] ». Selon Zou Yan, il y aurait donc huit autres continents, chacun entouré de mers dans les quatre directions, qu'il appelle « petites mers ». À l'extérieur des neuf continents, il y aurait par ailleurs selon lui une « mer immense ».

Cette doctrine bizarre étonne ceux qui l'entendent, qui se montrent cependant incapables d'établir si elle est juste ou fausse, et on continue à la lire et à la raconter, ou à s'en servir pour nourrir les conversations. Vérités et mensonges se colportent partout dans le monde, sans aucune distinction entre le vrai et le faux, et les gens n'y comprennent plus rien. Voilà pourquoi il faut réfuter cette doctrine.

Le savoir de Zou Yan ne surpassait pas celui du roi Yu. Yu vint à bout des inondations, en s'adjoignant les services de Bo Yi ; lui-même s'occupa de régler les eaux, tandis que Bo Yi consignait ce qu'il voyait, rendant compte de l'immensité du ciel aux quatre extrémités, des distances jusqu'au bout de la terre, relevant toutes choses jusqu'aux mers et montagnes aux quatre directions, les lieux des trente-cinq pays[16], les oiseaux,

14. « Continents », « régions » : le texte utilise le même mot, *zhou* 州, « circuit », « région », que nous traduisons par « continent » lorsqu'il se réfère à la théorie de Zou Yan, et par « province » dans les autres cas.

15. Nous reprenons la traduction de M. Kalinowski, cf. *Balance* 2011, p. 626.

16. Les trente-cinq pays : il s'agit vraisemblablement d'un ordre de grandeur. D'autres sources de l'époque Han, comme le *Shanhaijing* ou le *Huainanzi* proposent des nombres proches, et Wang Chong s'en est peut-être inspiré.

金石水土，莫不畢載，不言復有九州。淮南王劉安，召術士伍被、左吳之輩，充滿宮殿，作道術之書，論天下之事。«地形»之篇，道異類之物，外國之怪，列三十五國之異，不言更有九州。鄒子行地不若禹、益，聞見不過被、吳，才非聖人，事非天授，安得此言？案禹之«山經»，淮南之«形»，以察鄒子之書，虛妄之言也。

3. 太史公曰：「«禹本紀»言：河出崑崙，其高(三)〔二〕千五百餘里，日月所(於)〔相〕辟隱為光明也，其上有玉泉、華池。今自張騫使大夏

17. Liu An (179 ?-122) : petit-fils de Liu Bang, le fondateur de la dynastie Han, et oncle de l'empereur Wu des Han. Huainan : le nom de son fief (dans l'actuel Anhui). Patron des lettres, il est réputé pour avoir dirigé la rédaction du *Huainanzi*, une somme philosophique composite, dont plusieurs chapitres sont d'inspiration taoïste. Accusé de complot contre la cour impériale, il se suicida.

18. Wu Pi (?-122 AEC) : fonctionnaire et conseiller à la cour de Liu An. Zuo Wu (IIe s. AEC) : autre conseiller de Liu An.

19. Wang Chong fait vraisemblablement allusion au *Huainanzi*.

20. Soit le traité 4 (« Di xing xun ») du *Huainanzi* tel que nous le connaissons aujourd'hui.

21. *Classique des montagnes* : c'est-à-dire le *Classique des montagnes et des mers* (*Shanhaijing*), composé à l'époque des Royaumes combattants et achevé sous les Han, mais volontiers attribué à Yu et à Bo Yi en Chine ancienne.

22. Le Grand annaliste : titre officiel de l'historien Sima Qian (?-86? AEC), auteur des célèbres *Mémoires historiques* (*Shiji*).

23. Annales de Yu (*Yu ben ji*) : ancienne géographie mythologique sans doute comparable au *Classique des montagnes et des mers*, aujourd'hui perdue.

animaux, plantes et arbres, les minerais, pierres, rivières et terres, sans rien omettre ; mais il ne mentionna pas ces neuf continents. Liu An, le roi de Huainan[17], fit venir dans son royaume des savants comme Wu Pi et Zuo Wu[18], si nombreux qu'ils remplissaient ses palais ; ils rédigèrent un ouvrage sur la Voie[19], et ils discutèrent des choses du monde. Dans leur traité « De la configuration des terres[20] », ils traitèrent des créatures des différentes espèces, des prodiges des royaumes étrangers, ils énumérèrent les merveilles des trente-cinq pays – mais ils ne mentionnèrent pas non plus ces neuf continents. Zou Yan ne visita pas autant d'endroits que Yu et Bo Yi ; et il ne pouvait en savoir plus que Wu Pi et Zuo Wu ; contrairement à Yu, il n'était pas un sage roi, et n'avait pas hérité de dons particuliers du ciel : sur quoi se basa-t-il donc pour produire sa théorie des neuf continents ? La confrontation du *Classique des montagnes* de Yu[21] et du « De la configuration des terres » avec les traités de Zou Yan montre que les théories de ce dernier ne sont que des inventions.

3. Le Grand annaliste[22] écrivit : « Selon les *Annales de Yu*[23], "le fleuve Jaune naît dans les monts Kunlun[24], qui s'élèvent à deux mille cinq cents *li* de hauteur ; c'est là que le soleil et la lune se dérobent l'un à l'autre pour donner leur lumière[25] ; au sommet se trouvent une fontaine de jade et un étang de fleurs". Mais lors de son expédition en Bactriane, Zhang Qian[26] remonta jusqu'aux sources du fleuve Jaune : put-il observer

24. Les monts Kunlun : aujourd'hui, nom de la chaîne de montagnes qui marque la frontière entre le Tibet et le Qinghai. En Chine ancienne, le nom peut se référer à des montagnes diverses, parfois mythiques. Dans certains contextes, et c'est peut-être le cas ici, le mot désigne le séjour de la Mère reine de l'ouest (Xiwangmu), qui occupe l'axe du monde, entre ciel et terre.

25. Les monts Kunlun se trouvent à l'ouest, là où se couchent le soleil et la lune.

26. Zhang Qian (?-113 AEC) : célèbre diplomate et explorateur sous le règne de l'empereur Wu, il parcourut l'Asie centrale, en particulier le Ferghana, la Bactriane et la Sogdiane.

之後, 窮河源, 惡睹 « 本紀 » 所謂崑崙者乎 ? 故言九州山川, « 尚書 » 近之矣。至 « 禹本紀 »、« 山經 » 所有怪物, 余不敢言也。」

夫弗敢言者, 謂之虛也。崑崙之高, 玉泉、華池, 世所共聞, 張騫親行無其實。案 « 禹貢 », 九州山川, 怪奇之物, 金玉之珍, 莫不悉載, 不言崑崙山上有玉泉、華池。

案太史公之言, « 山經 »、« 禹紀 » 虛妄之言。

4. 凡事難知, 是非難測。極為天中, 方今天下, 在 (禹) 極之南, 則天極北, 必 (高) 〔尚〕多民。« 禹貢 » :「東漸于海, 西被于流沙。」此 (則) 〔非〕天地之極際也。日刺徑千里, 今從東

27. *Shiji*, 123, « Dayuan liezhuan ».

28. Wang Chong a critiqué les théories de Zou Yan plus haut, mais dans ce paragraphe il lui donne partiellement raison sur certains points. Dans la suite de la discussion, il s'inspire largement de la théorie du « ciel couvrant », que nous avons présentée dans la notice introductive au présent traité.

29. C'est-à-dire dans les pays si septentrionaux que le pôle céleste y paraît au sud.

ces monts Kunlun dont parlent les *Annales de Yu* ? Pour ce qui est des neuf contrées, des montagnes et des rivières, c'est le *Classique des documents* qui s'approche le plus de la vérité. Quant aux créatures étranges mentionnées dans les *Annales de Yu* et le *Classique des montagnes*, je n'ose me prononcer[27]. »

Lorsque le Grand annaliste dit qu'il n'ose se prononcer, cela signifie qu'il juge que ces descriptions sont des inventions. La hauteur des monts Kunlun, la source de jade, l'étang de fleurs, voilà des choses dont tout le monde a entendu parler, mais Zhang Qian y est allé en personne et il n'a rien vu de tel. Le « Tribut de Yu » énumère sans exception les montagnes et les rivières des neuf provinces, les créatures prodigieuses, les jades et métaux précieux, mais il ne fait aucune mention d'une source de jade ou d'un étang de fleurs au sommet des monts Kunlun.

Si l'on se base sur les dires du Grand annaliste, ce qui est rapporté dans le *Classique des montagnes* et les *Annales de Yu* relève donc de la pure invention.

4. Les choses sont difficiles à connaître, et il est difficile de trancher entre le juste et le faux[28]. Le pôle se trouve au milieu du ciel, et par rapport à lui notre empire se trouve au sud ; au nord du pôle[29], les gens doivent être très nombreux aussi[30]. Selon le « Tribut de Yu », « à l'est on arrive à la mer, à l'ouest on arrive aux sables mouvants » ; et il ne s'agit pas encore là des limites extrêmes du ciel et de la terre. Le soleil a un diamètre de mille *li*[31], mais depuis les districts de Yin

30. Par symétrie, les régions qui se trouvent au nord par rapport au pôle céleste doivent être aussi vastes et peuplées que l'Empire chinois. Selon la représentation du ciel couvrant, la terre, plate et carrée, s'organise d'une façon symétrique autour d'un pôle central (correspondant au pôle Nord) qui soutient le ciel (rond) ; ce pôle est au centre, il n'apparaît au nord que relativement aux « Chinois » qui habitent au sud.

31. Le *Zhoubi suanjing* propose le chiffre de 1 250 *li*, cf. C. Cullen, *op. cit.*, p. 178.

海之上, 會稽鄞、(鄮)〔鄮〕, (則) 察日之初出徑二尺, 尚遠之驗也。遠則東方之地尚多。東方之地尚多, 則天極之北, 天地廣長, 不復訾矣。夫如是, 鄒衍之言未可非, « 禹紀 »、« 山 (海)〔經〕»、« 淮南地形 » 未可信也。

5. 鄒衍曰 :「方今天下, 在地東南, 名赤縣神州。」天極為天中, 如方今天下, 在地東南, 視極當在西北。今正在北, 方今天下在極南也。以極言之, 不在東南, 鄒衍之言非也。

如在東南, 近日所出, 日如出時, 其光宜大。今從東海上察日, 及從流沙之地視日, 小大同也。相去萬里, 小大不變, 方今天下, 得地之廣, 少矣。

32. Districts Yin et Mao : ces districts de la commanderie de Kuaiji correspondent à des parties de l'actuel Zhejiang, qui à l'époque de Wang Chong représente l'extrême est de l'empire.

33. En résumé, si Wang Chong n'accepte pas la théorie des neuf continents de Zou Yan, il s'accorde avec lui sur le fait que le monde s'étend bien au-delà des provinces « chinoises ».

et de Mao dans la commanderie de Kuaiji[32], qui donnent sur la mer à l'est, on constate que le diamètre du soleil lorsqu'il apparaît ne fait que deux pieds, ce qui prouve qu'il se trouve encore à une très grande distance ; et s'il est loin, cela signifie qu'il y a encore de nombreux territoires à l'est ; s'il y a encore de nombreux territoires à l'est, cela signifie également que le ciel et la terre au nord du pôle céleste s'étendent encore très loin, bien au-delà de ce qu'on peut mesurer. S'il en est ainsi, on peut difficilement donner tort à Zou Yan pour ce qui est de sa théorie des continents[33], mais alors les *Annales de Yu*, le *Classique des montagnes* et la « Configuration des terres » du *Huainanzi* ne seraient en revanche pas fiables.

5. Selon Zou Yan, l'empire actuel correspondrait au continent du sud-est, appelé « Continent fabuleux aux provinces couleur de cinabre ». Mais le pôle céleste se trouve au milieu du ciel, et donc si notre empire se trouvait au sud-est, alors on devrait voir le pôle céleste dans la direction nord-ouest. Or le pôle se trouve droit au nord, ce qui signifie que notre empire se trouve exactement au sud. Sur cette base, il est clair que notre empire ne se trouve pas au sud-est, et le point de vue de Zou Yan est donc faux.

Si notre empire se trouvait au sud-est, il serait proche de l'endroit où apparaît le soleil, et la lumière de celui-ci devrait être plus forte à ce moment ; or que l'on observe le soleil depuis la mer orientale ou depuis les sables mouvants de l'ouest, on ne constate pas de différence de grandeur[34]. Entre ces deux points, il y a dix mille *li* de distance, mais pas de différence en ce qui concerne la taille du soleil : cela montre que le territoire occupé par notre empire n'est vraiment pas vaste.

34. Le soleil a la même taille apparente lorsqu'il se lève à l'est et lorsqu'il se couche à l'ouest, ce qui prouve que l'empire se trouve à équidistance de l'orient et de l'occident, et non pas au sud-est.

雒陽, 九州之中也。從雒陽北顧, 極正在北。東海之上, 去雒陽三千里, 視極亦在北。推此以度, 從流沙之地視極, 亦必復在北焉。東海、流沙, 九州東西之際也, 相去萬里, 視極猶在北者, 地小居狹, 未能辟離極也。

日南之郡, 去雒且萬里, 徙民還者, 問之, 言日中之時, 所居之地, 未能在日南也。度之復南萬里, (日)〔居〕在日之南。是則去雒陽二萬里, 乃為日南也。

今從雒地察日之去遠近, 非與極同也, 極為遠也。今欲北行三萬里, 未能至極下也。假令之至, 是則名為距極下也。以至日南五萬里, 極北

35. Luoyang, la capitale des Han orientaux ou postérieurs (correspondant à la ville actuelle du même nom dans le Henan), occupe effectivement une position relativement centrale dans l'empire de l'époque. Sous les Han postérieurs, la plupart des observations astronomiques étaient effectuées à Yangcheng, à une centaine de kilomètres de Luoyang, mais à une latitude proche ; cf. M. Kalinowski, *op. cit.*, p. 20.

36. Rappelons que pour Wang Chong, la terre est plate.

37. Commanderie du Sud du soleil : au centre de l'actuel Vietnam, elle correspondait au point le plus méridional de l'empire.

38. Le « sud du soleil » : c'est-à-dire les régions où le mouvement apparent du soleil se fait dans la partie septentrionale du ciel. Au Vietnam, le soleil apparaît encore au sud, et donc la commanderie du Sud du soleil est improprement nommée.

Luoyang se trouve au milieu de nos neuf provinces[35]. Lorsque depuis Luoyang on regarde vers le nord, le pôle se trouve droit au nord. Sur la mer à l'est, à trois mille *li* de Luoyang, le pôle se trouve également au nord. De là on peut déduire que si l'on regarde le pôle depuis les déserts à l'ouest, il se trouve aussi au nord. La mer à l'est et les déserts à l'ouest sont les deux extrémités orientale et occidentale des neuf provinces ; elles sont éloignées l'une de l'autre de dix mille *li*, et pourtant lorsque de ces endroits on regarde le pôle, celui-ci se trouve quand même plein nord ; cela s'explique par le fait que le territoire occupé par nos neuf provinces est exigu et que même ses points extrêmes ne s'écartent pas de l'axe du pôle[36].

La commanderie du Sud du soleil est éloignée de dix mille *li* de Luoyang[37] ; lorsqu'on interroge des migrants qui en reviennent, ils disent qu'étant donné la position du soleil à midi là-bas, l'endroit ne peut se trouver au sud du soleil[38]. Il faut parcourir encore dix mille *li* vers le sud pour se trouver au sud du soleil[39] ; c'est-à-dire que les régions au sud du soleil se trouvent à vingt mille *li* de Luoyang[40].

Le soleil ne se trouve pas à la même distance de Luoyang que du pôle céleste : ce dernier en est plus éloigné. On aura beau parcourir trente mille *li* vers le nord qu'on ne se trouvera pas encore sous le pôle. Mais admettons qu'à cette distance on s'y trouve effectivement : il y aura donc cinquante mille *li* entre le pôle céleste et les régions au sud du soleil[41], et donc encore cinquante mille *li* au nord du pôle. Et s'il y a encore cinquante mille *li* au nord du pôle, il y aura également cinquante mille

39. Pour l'anecdote, remarquons que le centre du Vietnam est effectivement à peu près à équidistance de Luoyang et de l'équateur.

40. Le *Zhoubi suanjing* donne des nombres beaucoup plus importants pour ces distances, par exemple 103 000 *li* de la latitude de Luoyang jusqu'au point sous le pôle ; cf. M. Kalinowski, *op. cit.*, p. 16.

41. En ajoutant les vingt mille *li* qui séparent Luoyang de l'hémisphère sud, cf. le paragraphe précédent.

亦五萬里也。極北亦五萬里，極東西亦皆五萬里焉。東西十萬，南北十萬，相承百萬〔萬〕里。

鄒衍之言：「天地之間，有若天下者九。」案周時九州，東西五千里，南北亦五千里。五五二十五，一州者(二萬五千)〔二十五千萬〕里。天下若此九之，乘(二萬五千)〔二十五千萬〕里，(二十二萬五千)〔二萬二千五百萬〕里。如鄒衍之書，若謂之多，計度驗實，反為少焉。

6. 儒者曰：「天，氣也，故其去人不遠。人有是非，陰為德害，天輒知之，又輒應之，近人之效也。」

如實論之，天，體，非氣也。人生於天，何嫌天無氣？

(猶)〔獨〕有體在上，與人相遠。祕傳或言：

42. Nous suivons notre édition de référence qui corrige *baiwan* 百萬 (un million) de l'original en *bai wanwan* 百萬萬 (dix milliards), soit cent mille multiplié par cent mille.

43. C'est-à-dire des dix milliards de *li* auquel Wang Chong est parvenu dans le paragraphe précédent. Si l'on convertit très approximativement ces calculs en kilomètres carrés (en arrondissant le *li* à un demi-kilomètre), le monde fait environ 55 millions de kilomètres carrés selon Zou Yan, et environ 2,5 milliards de kilomètres carrés selon Wang Chong. La superficie de la Terre selon les calculs contemporains est de 510,1 millions de kilomètres carrés.

li entre le pôle et chacune des deux extrémités ouest et est. C'est-à-dire qu'il y a cent mille *li* de distance d'est en ouest, et cent mille *li* du nord au sud, ce qui donne en multipliant une surface de dix milliards de *li*[42].

Zou Yan affirme qu'entre ciel et terre, il y a neuf continents comme notre empire. Or les provinces de l'époque Zhou faisaient cinq mille *li* d'est en ouest, et la même chose du nord au sud. Cinq mille multiplié par cinq mille, cela donne une surface de vingt-cinq millions de *li* par continent, et s'il y a neuf continents comme le nôtre, en multipliant par vingt-cinq millions cela fait au total deux cent vingt-cinq millions de *li*. Les chiffres que l'on trouve dans les livres de Zou Yan sont certes grands, mais si l'on calcule ce qu'il en est effectivement, il est encore loin du compte[43].

6. Les lettrés disent : « Le ciel est du *qi*, et donc il n'est pas éloigné des hommes[44] : lorsque les gens se comportent bien ou mal, lorsqu'en cachette ils commettent une bonne ou une mauvaise action, le ciel le sait tout de suite et y réagit en conséquence ; voilà la preuve de cette proximité. »

Mais en réalité, le ciel n'est pas du *qi*, mais un corps. L'homme naissant du ciel et étant doté de *qi*, pourquoi douter que le ciel soit lui aussi constitué de *qi* ?

En réalité le ciel a un corps, très haut au-dessus de nous. Selon certaines traditions ésotériques, le ciel serait éloigné de plus de soixante mille *li* de notre monde[45] ; les astrologues ont

Mais indépendamment de la représentation du monde et de la justesse très relative des nombres, on soulignera le recours des lettrés Han à l'observation astronomique pour tenter de calculer l'étendue du monde, et la conclusion qu'il est beaucoup plus vaste qu'on ne l'imaginait.

44. « Le ciel est du *qi* », soit de l'air. Il s'agit évidemment d'une conception proche de la réalité telle que nous la connaissons aujourd'hui, mais sous les Han, comme le montre la suite du texte, ainsi que l'opinion de Wang Chong lui-même, le ciel était plutôt vu comme un corps solide.

45. Le *Zhoubi suanjing* et d'autres sources Han estiment la distance entre la terre et le ciel à 80 000 *li*.

天之離天下，六萬餘里。數家計之，三百六十五度一周天。下有周度，高有里數。如天審氣，氣如雲煙，安得里度？

又以二十八宿效之，二十八宿為日月舍，猶地有郵亭為長吏廨矣。郵亭著地，亦如星舍著天也。

案附書者，天有形體，所據不虛。猶此考之，則無恍惚，明矣。

pour leur part calculé que le pourtour du ciel était de trois cent soixante-cinq degrés[46]. On mesure donc le ciel à l'horizon en degrés, et il nous domine d'un certain nombre de *li* : comment pourrait-on parler de manière aussi précise du ciel s'il n'était que du *qi*, aussi insaisissable que des nuages ou de la fumée[47] ?

On peut encore invoquer comme preuve les vingt-huit mansions qui servent de séjour au soleil et à la lune, de la même façon que sur terre les relais de postes servent de sièges provisoires pour les hauts fonctionnaires : ces relais sont attachés au sol, et de la même manière les mansions sont attachées au ciel.

L'affirmation des livres selon laquelle le ciel est un corps n'est donc pas dénuée de fondement, et si l'on raisonne sur cette base il est évident que le ciel n'est pas du *qi* indéterminé.

46. « Le pourtour du ciel » : c'est-à-dire la partie du ciel où se déplacent le soleil, la lune et les planètes. L'écliptique est divisée en 365 degrés (en réalité, 365,25 *du*) qui correspondent au transit du soleil par rapport aux étoiles fixes dans sa course quotidienne ; cf. la note introductive au présent traité.

47. Contrairement au ciel, qui est un corps (*ti* 體), les nuages et la brume sont du *qi*, et à ce titre ils changent constamment de forme, et ne peuvent être mesurés ou situés de façon précise.

說日篇第三十二

1. 儒者曰：「日朝見，出陰中；暮不見，入陰中。陰氣晦冥，故沒不見。」

如實論之，不出入陰中。何以效之？夫夜，陰也，氣亦晦冥。或夜舉火者，光不滅焉。夜之陰，北方之陰也；朝出日，(入)〔人〕所舉之火也。火夜舉，光不滅；日暮入，獨不見，非氣驗也。

夫觀冬日之出入，朝出東南，暮入西南。東南、西南非陰，何故謂之出入陰中？且夫星小猶見，日大反滅，世儒之論，竟虛妄也。

1. Selon cette conception, le soleil serait obscurci par le *yin* (la nuit) et éclairé par le *yang* (le jour). Rappelons que, selon les représentations traditionnelles, le nord correspond au *yin*, c'est-à-dire à l'hiver et à l'obscurité, et le sud correspond au *yang*, soit l'été et la lumière.

2. En été, le soleil se lève au nord-est, et se couche au nord-ouest.

Du soleil
(Traité 32, « Shuo ri »)

1. Les lettrés disent : « Lorsque le soleil apparaît le matin, c'est parce qu'il sort du *yin* ; lorsqu'il disparaît le soir, c'est parce qu'il retourne au *yin*. Le *qi* du *yin* étant obscur, le soleil disparaît à la vue[1]. »

Mais en réalité, le soleil ne sort pas du *yin*. Quelle preuve en donnerai-je ? La nuit relève du *yin*, et donc le *qi* de la nuit est également obscur ; or lorsqu'on allume une torche la nuit, sa lumière demeure visible. Le *yin* de la région nord du ciel est de même nature que le *qi* nocturne, et pourtant le soleil qui y apparaît le matin est lumineux comme une torche[2]. Lorsqu'une torche est allumée la nuit, sa lumière ne disparaît pas, au contraire du soleil qui disparaît le soir ; on voit donc qu'on ne peut expliquer la disparition du soleil par le *qi*.

Lorsqu'on observe le soleil durant l'hiver, il se lève le matin au sud-est, et il se couche le soir au sud-ouest ; le sud-est et le sud-ouest ne relèvent pas du *yin*, comment peut-on donc dire que le soleil sort du *yin* le matin et y retourne le soir[3] ? Et les étoiles, malgré leur petite taille, demeurent visibles la nuit, alors que le soleil, malgré sa grande taille, disparaîtrait ? L'opinion des lettrés à ce sujet n'est en définitive qu'affabulation.

3. Le sud est *yang*, et en hiver le soleil ne se lève ni se couche dans la partie *yin* (nord) du ciel, mais dans la partie *yang*.

2. 儒者曰:「冬日短, 夏日長, 亦復以陰陽。夏時, 陽氣多, 陰氣少, 陽氣光明, 與日同耀, 故日出輒無鄣蔽。冬, 陰氣晦冥, 掩日之光, 日雖出, 猶隱不見, 故冬日日短, 陰多陽少, 與夏相反。」

如實論之, 日之長短, 不以陰陽。何以驗之 ? 復以北方之星。北方之陰, 〔冬〕日之陰也。北方之陰, 不蔽星光, 冬日之陰, 何故 (猶)〔獨〕滅日明 ? 由此言之, 以陰陽說者, 失其實矣。

實者, 夏時日在東井, 冬時日在牽牛。牽牛去極遠, 故日道短 ; 東井近極, 故日道長。夏北至東井, 冬南至牽牛, 故冬夏節極, 皆謂之至 ; 春秋未至, 故謂之分。

4. Littéralement : « il brille également avec le soleil ».

5. Mansion du Puits oriental : sous les Han, station du soleil au solstice d'été, au nord de l'équateur céleste (étoile déterminatrice, μ des Gémeaux). Mansion du Bouvier : sous les Han, station du soleil au solstice d'hiver, au sud de l'équateur céleste (étoile déterminatrice, β du Capricorne). Étant donné l'inclinaison de l'écliptique et le mouvement de la Terre autour du Soleil, le Puits oriental se trouve effectivement plus près du pôle Nord (tropique du Cancer) que le Bouvier, qui se trouve plus au sud, de l'autre côté de l'équateur céleste (tropique du Capricorne). La position du soleil aux solstices paraît donc plus ou moins haute dans le ciel et sa course plus ou moins longue. L'explication de Wang Chong est largement correcte.

2. Les lettrés disent : « L'hiver, les jours sont courts, l'été, ils sont longs ; cela s'explique aussi par le *yin* et le *yang*. En été, le *qi* de nature *yang* l'emporte sur le *qi* de nature *yin*, et comme le *yang* est lumineux, il fait briller le soleil[4], qui une fois apparu ne connaît pas d'obscurcissement. En hiver, le *yin* est obscur et cache la lumière du soleil, qui a beau sortir, mais demeure invisible. Voilà pourquoi en hiver les jours sont courts, parce que le *yin* l'emporte sur le *yang*, à l'inverse de ce qui se passe durant l'été. »

Mais en réalité, la longueur du jour ne peut s'expliquer par le *yin* et le *yang*. Quelle preuve en donnera-t-on ? À nouveau, on peut invoquer les étoiles de la région nord du ciel. Le *yin* du nord est le même que celui des jours d'hiver, or le *yin* du nord ne cache pas la lumière des étoiles, alors pourquoi le *yin* de l'hiver obscurcirait-il la clarté du soleil ? On voit par là que cette explication de la longueur des jours par le *yin* et le *yang* ne correspond pas à la réalité.

En réalité, en été, le soleil se trouve dans la mansion du Puits oriental, et en hiver, il se trouve dans la mansion du Bouvier[5]. La constellation du Bouvier est la plus éloignée du pôle, voilà pourquoi la course du soleil est courte en hiver. Le Puits oriental est proche du pôle, et par conséquent la course du soleil est longue en été : en été, le soleil atteint sa limite extrême au nord au Puits oriental, et en hiver il atteint sa limite extrême au sud dans le Bouvier, voilà pourquoi on qualifie de « limites » les deux moments extrêmes de la course du soleil en hiver et en été[6] ; au printemps et en automne, il n'atteint pas ces limites, et l'on parle de « partage égal » pour désigner la position du soleil à ces moments[7].

6. « Limites » (littéralement *zhi* 至, « arriver aux points extrêmes ») : soit les solstices, qui correspondent aux points extrêmes atteints par le soleil à midi en été (au nord, tropique du Cancer) et en hiver (au sud, tropique du Capricorne).

7. « Partages » (*fen* 分) : soit les équinoxes de printemps (*chunfen* 春分) et d'automne (*qiufen* 秋分), lorsque le soleil à midi se trouve à équidistance des points qu'il atteint aux solstices.

或曰：「夏時陽氣盛, 陽氣在南方, 故天舉而高；冬時陽氣衰, 天抑而下。高則日道多, 故日長；下則日道少, 故日短也。」

〔夏〕日陽氣盛, 天南方舉而日道長：月亦當復長。案夏日長之時, 日出東北, 而月出東南；冬日短之時, 日出東南, 月出東北。如夏時天舉南方, 日月當俱出東北；冬時天復下, 日月亦當俱出東南。由此言之, 夏時天不舉南方, 冬時天不抑下也。

然則夏日之長也, 其所出之星在北方也；冬日之短也, 其所出之星在南方也。

問曰：「當夏五月日長之時在東井, 東井近極, 故日道長。今案察五月之時, 日出於寅, 入

8. Selon cette explication, en été, le ciel au sud se dilate, et donc le soleil monte plus haut dans le ciel.

9. Cela vaut entre le premier et le dernier quartier, juste avant, pendant et après la pleine lune. Dans le détail, l'observation de Wang Chong n'est pas claire. Peut-être Wang Chong se réfère-t-il aux variations des courses de la lune dans le ciel qui résultent de l'obliquité du plan de l'orbite lunaire par rapport à l'écliptique ?

10. Le cinquième mois de l'année lunaire correspond au début de notre été, c'est-à-dire aux jours les plus longs de l'année.

Certains disent : « En été, le *qi* de nature *yang* est abondant : ce *qi* se trouvant au sud, le ciel s'élève dans cette direction[8]. En hiver, le *qi* de nature *yang* s'affaiblit, alors le ciel s'affaisse au sud. Lorsque le ciel est haut, la course du soleil est longue, et donc les jours rallongent ; lorsque le ciel est bas, la course du soleil est courte, et donc les jours raccourcissent. »

L'été, le *qi* de nature *yang* est abondant, et par conséquent le ciel s'élèverait au sud, et donc la course du soleil serait plus longue ; mais la lune devrait elle aussi avoir une course plus longue. Or quand on examine les choses durant l'été lorsque les jours sont longs, le soleil se lève au nord-est, et la lune se lève au sud-est ; et en hiver, lorsque les jours sont courts, le soleil se lève au sud-est, et la lune se lève au nord-est[9]. Si en été le ciel était plus haut au sud, la lune devrait comme le soleil se lever au nord-est ; et en hiver, si le ciel était plus bas, la lune devrait comme le soleil se lever au sud-est. On peut conclure de cela qu'en été le ciel n'est pas plus haut au sud, et qu'en hiver il n'est pas plus bas au sud.

En fait, la plus grande longueur des jours en été s'explique par le fait que la mansion où se lève le soleil se trouve plus au nord ; et la brièveté des jours en hiver s'explique par le fait que la mansion où se lève le soleil est plus au sud.

On me demande : « En été, au cinquième mois[10], lorsque la course du soleil est la plus longue, le soleil se trouve dans la mansion du Puits oriental ; cette mansion étant proche du pôle, la course du soleil est longue. Mais si on examine ce qui se passe au cinquième mois, le soleil apparaît au nord-est, et il disparaît au nord-ouest[11]. Lorsque la course du soleil est

11. Littéralement, « en *yin* 寅 » qui indique le point est-nord-est de la rose des vents où le soleil se lève en été à la latitude des capitales des Han, et « en *xu* 戌 » qui indique le point ouest-nord-ouest de la rose des vents où le soleil se couche en été à la même latitude.

於戌。日道長, 去人遠, 何以得見其出於寅、入於戌乎?」日〔在〕東井之時, 去人、極近。夫東井近極, 若極旋轉, 人常見之矣。使東井在極旁側, 得無夜常為晝乎?日晝〔夜〕行十六分, 人常見之, 不復出入焉。

儒者或曰:「日月有九道, 故曰:『日行有近遠, 晝夜有長短也。』」

夫復五月之時, 晝十一分, 夜五分;六月, 晝十分, 夜六分;從六月往至十一月, 月減一分。此則日行, 月從一分道也;歲, 日行天十六道也, 豈徒九道?

12. Le soleil, au moment où sa course est la plus longue, devrait se lever et se coucher dans les directions les plus éloignées, et non pas au nord-est et au nord-ouest, qui paraissent plus près de nous.

13. Les « seize divisions du ciel » : dans les textes des Qin et des Han, la variation de la proportion de jour et de nuit dans le cours d'une année était exprimée par un système à seize divisions : onze seizièmes de nuit pour cinq seizièmes de jour au solstice d'hiver (onzième mois du calendrier civil), l'inverse au solstice d'été (cinquième mois du calendrier civil), et huit seizièmes de jour et de nuit aux équinoxes (deuxième et huitième mois du calendrier civil) ; cela reflétant à peu près les proportions entre périodes diurnes et nocturnes à la latitude des capitales impériales, là où se faisaient la majorité des observations. C'est à ce système que Wang Chong se réfère au paragraphe suivant pour critiquer la théorie des « neuf circuits ». À noter que l'idée d'un jour perpétuel sous le pôle céleste se trouve déjà dans le *Lüshi chunqiu* (chap. 13) et dans d'autres textes Han, en particulier le *Zhoubi suanjing* ; cf. C. Cullen, *op. cit.*, p. 52-53.

longue, le soleil est éloigné de nous, alors comment peut-il apparaître au nord-est et disparaître au nord-ouest[12] ? » Mais lorsque le soleil se trouve dans la mansion du Puits oriental, il est en fait proche de nous, et proche du pôle. La mansion du Puits oriental est plus proche du pôle, elle tourne autour de lui, et les gens peuvent donc voir le soleil plus longtemps. Si la mansion du Puits oriental se trouvait immédiatement contre le pôle, ne ferait-il pas jour également la nuit ? En un jour et une nuit, le soleil parcourrait les seize divisions du ciel en demeurant visible en permanence[13], sans qu'il se lève ou ne se couche jamais.

Certains lettrés disent : « Le soleil et la lune ont neuf circuits différents[14], voilà la raison pour laquelle la course du ciel peut être proche ou lointaine, et les jours sont longs ou courts. »

Mais au cinquième mois de l'année, il y a onze seizièmes de jour pour cinq seizièmes de nuit ; au sixième mois dix seizièmes de jour pour six seizièmes de nuit ; du sixième mois au onzième mois, chaque mois le jour diminue d'un seizième. Telle est la course du soleil, avec à chaque mois un changement d'un seizième ; chaque année, le soleil se déplace parmi les seize divisions, comment peut-on donc parler de neuf circuits[15] ?

14. Il existe sous les Han plusieurs modèles parlant de « circuits » pour le soleil et la lune. La monographie du *Hanshu* consacrée au ciel parle par exemple de « neuf courses » (*jiu xing* 九行) différentes pour la lune. Le *Zhoubi suanjing* évoque pour sa part « sept traverses » (*qi heng* 七衡) de largeur égale, qui représentent les orbites solaires autour du pôle céleste aux différentes périodes de l'année. Cf. C. Cullen, *op. cit.*, p. 183 *sq.*

15. Cet argument n'est pas convaincant. En réalité, le soleil emprunte deux fois par année les mêmes circuits, une fois (en descendant) entre le solstice d'été et le solstice d'hiver, et une fois (en remontant) entre le solstice d'hiver et le solstice d'été. Les neuf circuits suffisent donc à rendre compte des seize longueurs de jour : deux circuits pour le jour le plus court et le jour le plus long de l'année, et sept circuits pour les jours de longueur intermédiaire. Si l'on prend les « sept traverses » du *Zhoubi suanjing*, on compte deux traverses pour les solstices (une par solstice), et cinq traverses pour les circuits intermédiaires ; cf. C. Cullen, *op. cit.*, p. 183.

3 或曰 :「天高南方, 下北方。日出高, 故見 ; 入下, 故不見。天之居若倚蓋矣, 故極在人之北, 是其效也。極 (其)〔在〕天下之中, 今在人北, 其若倚蓋, 明矣。」

日 (明) 既以倚蓋喻, 當若蓋之形也。極星在上之北, 若蓋之葆矣 ; 其下之南, 有若蓋之莖者, 正何所乎 ? 夫取蓋倚於地, 不能運 ; 立而樹之, 然后能轉。今天運轉, 其北際不著地者, 觸礙何以能行 ?

由此言之, 天不若倚蓋之狀, 日之出入不隨天高下, 明矣。

4. 或曰 :「天北際下地中, 日隨天而入地, 地密鄣隱, 故人不見。然天地, 夫婦也, 合為一體。天在地中, 地與天合, 天地并氣, 故能生物。北方陰也, 合體并氣, 故居北方。」

16. Axe (*ji* 極) : c'est-à-dire également le pôle.

17. Pour Wang Chong, terre et ciel occupent des plans parallèles.

18. Selon cette conception, le soleil est attaché au ciel de la même façon qu'un char qui se déplace sur la terre est attaché à elle.

3. Certains disent : « Le ciel est plus haut au sud et plus bas au nord ; lorsque le soleil se lève, il est haut et on le voit ; lorsqu'il se couche et redescend, on ne le voit plus. C'est la preuve que pour ce qui est de sa configuration, le ciel ressemble à un dais penché, avec son axe à notre nord[16]. Et il est manifeste que le sommet de ce dais se trouve au-dessus du centre du monde, soit au nord par rapport à nous ; que le ciel ressemble à un dais incliné, c'est évident. »

Je réponds que si l'on compare le ciel à un dais incliné, il faut qu'il en ait l'apparence. Puisque l'étoile polaire se trouve en haut au nord, comme la houppe d'une plante, il devrait y avoir en dessous, incliné vers le sud, quelque chose ressemblant à une tige pour soutenir ce dais : mais où donc se trouve cette tige ? Un dais penché qui repose sur le sol ne peut pas tourner ; il ne peut tourner qu'une fois dressé verticalement. De plus, si le ciel tourne c'est parce qu'il n'appuie pas sur le sol à son extrémité nord, sinon comment pourrait-il tourner s'il était bloqué par un obstacle au sol ?

On voit par là que le ciel ne ressemble pas à un dais incliné, et qu'il est évident que l'apparition ou la disparition du soleil ne peut s'expliquer par l'élévation ou l'abaissement du ciel[17].

4. Certains disent : « L'extrémité nord du ciel pénètre dans le sol, et le soleil, qui est attaché au ciel[18], pénètre également dans la terre. Comme la terre est dense et massive, elle cache dès lors le soleil. Car ciel et terre sont comme l'homme et la femme, qui forment ensemble un seul corps. Le ciel qui pénètre la terre, c'est l'appariement du ciel et de la terre, qui unissent leurs *qi* pour donner naissance aux êtres. Le nord correspond au *yin*, et c'est pour cela que c'est au nord que le ciel et la terre s'apparient et unissent leurs *qi*[19]. »

19. Rappelons que, selon les anciennes cosmologies chinoises, le ciel est *yang* (masculin), et la terre est *yin* (féminine).

天運行於地中乎？不則，北方之地低下而不平也？如審運行地中，鑿地一丈，轉見水源，天行地中，出入水中乎？如北方低下不平，是則九川北注，不得盈滿也。

實者，天不在地中，日亦不隨天隱。天平正，與地無異。然而日出上、日入下者，隨天轉運，視天若覆盆之狀，故視日上下然，似若出入地中矣。

然則日之出，近也；其入，遠，不復見，故謂之入。運見於東方，近，故謂之出。何以驗之？繫明月之珠於車蓋之橑，轉而旋之，明月之珠旋邪？

人望不過十里，天地合矣；遠，非合也。今視日入，非入也，亦遠也。當日入西方之時，其下民亦將謂之日中。從日入之下，東望今之天下，或時亦天地合。如是，方〔今〕天下在南方也，故

20. Qui coulent d'ouest en est.

21. Selon la théorie du ciel couvrant, le lever et le coucher du soleil sont des effets de la distance : le soleil apparaît lorsqu'il se rapproche de l'observateur, et disparaît lorsqu'il s'en éloigne, ce toujours dans le plan du ciel – comme Wang Chong le dit ci-après, l'impression que le soleil monte ou qu'il descend est un effet de la distance.

Le ciel se déplacerait donc à l'intérieur de la terre ? Si ce n'était pas le cas, cela signifierait qu'au nord, la terre serait plus basse, et donc qu'elle ne serait pas plate. Mais si le ciel se déplaçait effectivement dans la terre, il la creuserait et au bout d'une toise atteindrait les sources d'eau : lorsqu'on dit que le ciel se déplace dans la terre, cela veut-il dire que le soleil se lève et se couche dans l'eau ? Et si la terre n'était pas plate et s'abaissait au nord, cela impliquerait que l'eau des neuf régions devrait se déverser au nord, et donc ne remplirait plus nos rivières[20].

En réalité, le ciel ne pénètre pas la terre, et le soleil ne se cache donc pas non plus en l'y suivant. Le ciel est plat, tout comme la terre. Le soleil paraît et monte, puis descend et disparaît, en suivant le mouvement du ciel. Lorsqu'on regarde le ciel, il ressemble à une cuvette retournée, voilà pourquoi le soleil en montant et descendant donne l'impression de sortir de la terre et d'y retourner.

Lorsque le soleil apparaît, c'est qu'il s'approche de nous ; lorsqu'il disparaît, c'est qu'il s'éloigne et qu'on ne le voit plus, d'où l'idée qu'il est entré dans le sol ; et quand dans son mouvement il apparaît à l'est, il se rapproche de nous, d'où l'idée qu'il sort de terre[21]. Quelle preuve en donnerai-je ? Lorsqu'on suspend une perle brillante à l'arceau d'un dais de char, et que l'on fait tourner le dais, est-ce la perle elle-même qui se meut ?

L'homme ne peut voir à plus de dix *li* de distance, et lorsqu'il croit voir la terre et le ciel s'unir à l'horizon, c'est en réalité un effet de la distance, et non pas une véritable union. Et lorsqu'on voit le soleil entrer dans la terre, en réalité il n'y entre pas, c'est simplement qu'il disparaît à cause de la distance. Lorsque pour nous le soleil disparaît à l'ouest, les gens qui au même moment se trouvent sous lui disent qu'il est midi ; et lorsque de là-bas ils regardent à l'est dans notre direction, ils doivent aussi croire que le ciel et la terre s'y rejoignent. Notre empire se trouve au sud, et par conséquent le soleil apparaît à l'est et se couche à

日出於東方, 入於〔西方〕。北方之地, 日出北方, 入於南方。各於近者為出, 遠者為入。實者不入, 遠矣。

臨大澤之濱, 望四邊之際與天屬; 其實不屬, 遠若屬矣。日以遠為入, 澤以遠為屬, 其實一也。澤際有陸, 人望而不見。陸在, 察之若(望)〔亡〕; 日亦在, 視之若入, 皆遠之故也。

太山之高, 參天入雲, 去之百里, 不見埵塊。夫去百里不見太山, 況日去人以萬里數乎? 太山之驗, 則既明矣。

試使一人把大炬火夜行於道, 平易無險, 去人(不)(一)〔十〕里, 火光滅矣。非滅也, 遠也。

今日西轉不復見者, 非入也。

問曰:「天平正, 與地無異。今仰視天, 觀日月之行, 天高南方下北方, 何也?」

22. Cette remarque est difficilement compréhensible, le texte est sans doute corrompu.

l'ouest. Pour ceux qui se trouvent au nord, le soleil se lève au nord et se couche au sud[22]. Dans tous les cas, il apparaît lorsqu'il s'approche, et disparaît lorsqu'il s'éloigne ; en fait il n'entre donc pas dans la terre lorsqu'il se couche, mais s'éloigne de nous.

Lorsqu'on se tient sur la rive d'un grand lac, on a l'impression que dans les quatre directions les bords du lac touchent le ciel ; en réalité ils ne le touchent pas, c'est la distance qui donne cette impression, et il en est de même pour le soleil. Aux extrémités du lac, on trouve de la terre ferme, mais lorsqu'on regarde de loin on ne la voit pas ; elle y est, mais à l'observation c'est comme s'il n'y avait rien. De la même manière, le soleil est bien là lorsqu'il s'est couché, mais quand on regarde on a l'impression qu'il est entré dans la terre ; dans les deux cas l'impression s'explique par la distance.

Le mont Tai est si haut qu'il paraît toucher le ciel et s'enfoncer dans les nuages ; mais qu'on s'éloigne de lui de cent *li*, et il n'aura même pas la taille d'une motte de terre. Si à cent *li* on ne voit plus le mont Tai, alors à plus forte raison le soleil, qui est éloigné de nous de dizaines de milliers de *li* ! Voilà une preuve particulièrement éclairante.

Qu'on fasse l'expérience de faire marcher de nuit une personne tenant une grande torche sur un terrain plat et sans obstacles : lorsqu'elle s'éloigne de dix *li*, la lumière de sa torche disparaît. Non pas que la flamme s'est éteinte, mais elle se trouve trop loin pour qu'on la distingue encore.

Lorsque le soleil se déplace à l'ouest et qu'on ne le voit plus, ce n'est donc pas parce qu'il serait entré dans la terre.

Question : « Si le ciel est plat et ne diffère pas de ce point de vue de la terre, pourquoi lorsqu'on observe au-dessus de nous le mouvement du soleil et de la lune, le ciel paraît-il plus élevé au sud et plus bas au nord[23] ? »

23. Cette question reflète peut-être la position des tenants du « ciel sphérique » : au centre de la Chine (à la capitale Luoyang), le pôle Nord est plus bas dans le ciel (35° au-dessus de l'horizon nord) que l'équateur céleste (55° au-dessus de l'horizon sud).

曰：方今天下在東南之上，視天若高。日月道在人之南，今天下在日月道下，故觀日月之行，若高南下北也。何以驗之？即天高南方，〔南方〕之星亦當高。今視南方之星低下，天復低南方乎？

夫視天之居，近者則高，遠則下焉。極北方之民以為高，南方為下。極東、極西，亦如此焉。皆以近者為高，遠者為下。從北塞下，近仰視斗極，且在人上。匈奴之北，地之邊陲，北上視天，天復高北下南，日月之道，亦在其上。

立太山之上，太山高；去下十里，太山下。夫天之高下，猶人之察太山也。

平正，四方中央高下皆同。今望天之四邊若下者，非也，遠也。非徒下，若合矣。

5. 儒者或以旦暮日出入為近，日中為遠；或以日中為近，日出入為遠。

24. Cet effet d'optique est très important dans la théorie du ciel couvrant.

25. Xiongnu : peuple semi-nomade occupant ou contrôlant de vastes régions au nord de l'empire Han (Mongolie et sud de la Sibérie actuelles) ; organisés en empire tribal, ils sont très puissants et représentent une grave menace pour les Han, surtout au début de la dynastie.

La réponse est que le ciel paraît plus élevé au sud parce que notre empire se trouve au sud-est. La course du soleil et de la lune s'effectue au sud, et notre empire se trouve au-dessous, voilà pourquoi lorsqu'on observe cette course, le ciel paraît plus élevé au sud et plus bas au nord. Quelle preuve en donnerai-je ? Si le ciel était vraiment plus élevé au sud, les étoiles tout au sud devraient également être plus élevées, or lorsqu'on regarde ces étoiles, on voit qu'elles sont tout en bas : le ciel s'affaisserait-il à nouveau tout au sud ?

Lorsqu'on observe le ciel, ce qui est proche paraît plus élevé, et ce qui est éloigné paraît plus bas[24]. Pour les gens qui se trouvent tout au nord, le ciel apparaît élevé au nord et plus bas au sud. Il en est de même pour ceux qui habitent tout à l'est ou tout à l'ouest : à chaque fois, la partie la plus proche du ciel paraît plus élevée, et la partie la plus éloignée paraît plus basse. Au-delà des frontières septentrionales, le pivot de la Grande Ourse paraît proche, parce qu'il se trouve au-dessus des gens. Au nord des Xiongnu[25], à l'extrémité de la terre, lorsqu'on regarde le ciel au-dessus, il paraît plus élevé au nord et plus bas au sud, avec toujours au-dessus la course du soleil et de la lune.

Lorsqu'on se tient au sommet du mont Tai, la montagne paraît élevée ; lorsqu'on s'en éloigne de dix *li*, elle paraît basse. Le ciel qui paraît élevé ou bas, c'est la même chose que cette observation du mont Tai.

Le ciel est plat et possède la même hauteur partout, dans les quatre directions comme en son milieu. Lorsqu'on regarde aux bords dans les quatre directions, le ciel paraît plus bas, mais en réalité ça n'est pas le cas, c'est simplement qu'il est plus éloigné. Et non seulement il paraît plus bas à cause de la distance, mais il semble s'unir avec la terre.

5. Certains lettrés jugent que le soleil est plus proche de nous le matin et le soir, quand il se lève et se couche, et plus éloigné au milieu de la journée ; d'autres jugent qu'il est plus proche au milieu de la journée, et plus éloigné au lever et au coucher.

其以日出入為近，日中為遠者，見日出入時大，日中時小也。察物，近則大，遠則小，故日出入為近，日中為遠也。其以日出入為遠，日中時為近者，見日中時溫，日出入時寒也。夫火光近人則溫，遠人則寒，故以日中為近，日出入為遠也。二論各有所見，故是非曲直未有所定。

如實論之，日中近而日出入遠。何以驗之？以植竿於屋下。夫屋高三丈，竿於屋棟之下，正而樹之，上扣棟，下抵地，是以屋棟去地三丈。如旁邪倚之，則竿末旁跌，不得扣棟，是為去地過三丈也。日中時，日正在天上，猶竿之正樹去地三丈也。日出入，邪在人旁，猶竿之旁跌去地過三丈也。夫如是，日中為近，出入為遠，可知明矣。

L'idée selon laquelle le soleil serait plus proche au moment où il se lève et se couche, et plus éloigné au milieu de la journée, procède du fait qu'on le voit plus grand lorsqu'il se lève et se couche, et plus petit au milieu de la journée : lorsqu'on regarde une chose, elle paraît plus grande lorsqu'elle est proche, et plus petite lorsqu'elle est éloignée, d'où la conclusion que le soleil est plus près au lever et au coucher, et plus éloigné en milieu de journée. Quant à l'idée selon laquelle le soleil serait plus éloigné lorsqu'il se lève et se couche, et plus proche au milieu de la journée, elle découle du fait que le soleil est plus chaud au milieu de la journée, et plus froid au lever et au coucher : le feu est chaud lorsqu'on en est proche, et froid lorsqu'on s'en éloigne, d'où la conclusion que le soleil est plus près en milieu de journée, et plus éloigné au lever et au coucher. Chacune de ces deux thèses peut donc alléguer des observations en sa faveur, et par conséquent il est difficile de trancher.

Une discussion basée sur les faits montre cependant que le soleil est plus proche au milieu du jour et plus éloigné lorsqu'il se lève et se couche. Comment le montrer ? Prenons une perche et dressons-la sous un toit. Si le toit est haut de trois toises, que l'on place cette perche bien droite sous la poutre faîtière, la bloquant contre cette poutre en haut et contre le sol en bas, cela signifie qu'elle fait les trois toises qui séparent la poutre faîtière du sol. Mais si on décale cette perche sur le côté, le bout au sommet n'est plus retenu et la perche tombe, cela parce qu'en biais la distance entre le sol et la poutre est supérieure à trois toises. À midi, le soleil est droit dans le ciel au-dessus de nous, et on peut comparer cela à la hauteur de trois toises entre le sol et la poutre lorsque la perche est droite. Au lever et au coucher, le soleil est incliné sur le côté, ce qu'on peut rapporter à la distance plus grande entre le sol et la poutre lorsque la perche est inclinée ; il est donc manifeste que le soleil est plus proche de nous au milieu de la journée, et plus éloigné au lever et au coucher.

試復以屋中堂而坐一人，一人行於屋上。其行中屋之時，正在坐人之上，是為屋上之人與屋下坐人相去三丈矣。如屋上人在東危若西危上，其與屋下坐人相去過三丈矣。日中時，猶人正在屋上矣；其始出與入，猶人在東危與西危也。

日中，去人近，故溫；日出入，遠，故寒。然則日中時日小，其出入時大者，日中光明，故小；其出入時光暗，故大。猶晝日察火，光小；夜察之，火光大也。既以火為效，又以星為驗，晝日星不見者，光耀滅之也，夜無光耀，星乃見。夫日月，星之類也。平旦、日入光銷，故視大也。

6. 儒者論：「日旦出扶桑，暮入細柳。扶桑，東方〔之〕地；細柳，西方〔之〕野也。桑、柳天地之際，日月常所出入之處。」

問曰：歲二月、八月時，日出正東，日入正西，

26. Mûrier porteur : nom d'un arbre mythologique, qui soutiendrait le soleil pendant la nuit ; certaines sources le situent à vingt mille *li* à l'est de la Chine.

27. Saule à fines feuilles : arbre et nom de lieu à l'ouest, correspondant selon une tradition à l'endroit où le soleil se couche.

On peut aussi faire l'expérience d'asseoir quelqu'un au milieu de cette salle, et de faire marcher une autre personne sur le toit : au moment où elle marche au milieu du toit, elle se trouve exactement au-dessus de l'homme assis, avec donc entre les deux une distance de trois toises ; mais lorsqu'elle se trouve à l'extrémité du toit, sa distance par rapport à l'homme assis dans la salle dépasse les trois toises. La situation du soleil à midi peut se comparer à celle de l'homme au milieu du toit ; et la situation au lever et au coucher peut se comparer à celle de l'homme à l'extrémité du toit.

À midi, le soleil est plus proche de nous, et donc il est plus chaud ; au lever et au coucher, il est plus éloigné, et donc il est plus froid. Quant au fait que le soleil soit plus petit à midi, et plus grand au lever et au coucher, c'est parce qu'il fait plus clair à midi, et donc le soleil paraît plus petit ; il fait plus sombre au moment de son lever et de son coucher, et donc il paraît plus grand. Il en est de même lorsque, en plein jour, on observe une torche : son éclat paraît moindre ; si on l'observe la nuit, sa lumière paraît plus grande. On a invoqué l'exemple du feu, on peut aussi invoquer celui des étoiles : en plein jour, elles n'apparaissent pas, parce que la lumière éclatante du jour les fait disparaître, alors qu'elles sont bien visibles la nuit, lorsqu'il n'y a plus cette lumière. Le soleil et la lune sont de la même sorte que les étoiles : le matin et le soir, la lumière du jour est moins forte, et donc le soleil paraît plus grand.

6. Les lettrés disent : « Le soleil se lève à l'aube au Mûrier porteur[26], et se couche le soir au Saule à fines feuilles[27]. Le Mûrier porteur se trouve à l'est ; le Saule à fines feuilles dans la plaine à l'ouest ; les deux se trouvent aux limites du ciel et de la terre, aux endroits où le soleil et la lune se lèvent et se couchent. »

Question : au deuxième et au huitième mois de l'année, le soleil se lève exactement à l'est et se couche exactement

可謂日出於扶桑, 入於細柳。今夏日長之時, 日出於東北, 入於西北 ; 冬日短之時, 日出東南, 入於西南。冬與夏, 日之出入, 在於四隅, 扶桑、細柳, 正在何所乎 ? 所論之言, (猶)〔獨〕謂春秋, 不謂冬與夏也。

如實論之, 日不出於扶桑, 入於細柳。何以驗之 ? 隨天而轉, 近則見, 遠則不見。當在扶桑、細柳之時, 從扶桑、細柳之民, 謂之日中。〔日中〕之時, 從扶桑、細柳察之, 或時為日出入。(若)〔皆〕以其上者為中, 旁則為旦夕, 安得出於扶桑, 入細柳 ?

7. 儒者論曰 :「天左旋, 日月之行, 不繫於天, 各自旋轉。」

難之曰 : 使日月自行, 不繫於天, 日行一度, 月行十三度, 當日月出時, 當進而東旋, 何還始西

28. Rappelons que les deuxième et huitième mois sont les mois équinoxiaux.

29. C'est-à-dire d'est en ouest pour un observateur faisant face au sud.

à l'ouest, et donc il pourrait se lever au Mûrier porteur et se coucher au Saule à fines feuilles[28]. Mais en été, lorsque les jours sont longs, le soleil se lève au nord-est et se couche au nord-ouest ; en hiver, lorsque les jours sont courts, le soleil se lève au sud-est et se couche au sud-ouest. En hiver et en été, les levers et les couchers du soleil correspondent donc à quatre endroits différents : où se trouvent en définitive le Mûrier porteur et le Saule à fines feuilles ? La théorie marche pour le soleil au printemps et en automne, mais pas pour l'hiver et l'été.

En réalité, le soleil ne se lève pas au Mûrier porteur et ne se couche pas au Saule à fines feuilles. La preuve ? Le soleil se meut en suivant le ciel, il apparaît en s'approchant de nous et disparaît en s'éloignant. Lorsqu'il se trouve au Mûrier porteur ou au Saule à fines fleurs, du point de vue des gens qui vivent à ces endroits, c'est le milieu de la journée ; midi pour nous, du point de vue de ces gens, c'est le moment où le soleil se lève ou se couche. Pour ces gens comme pour nous, lorsque le soleil est haut dans le ciel, c'est le milieu du jour, et lorsqu'il se trouve sur les côtés c'est le matin ou le soir : comment donc pourrait-il pour eux se lever au Mûrier porteur et se coucher au Saule à fines feuilles ?

7. Les lettrés discourent ainsi : « Le ciel pivote vers la gauche[29], mais le soleil et la lune ne lui sont pas attachés, ils se meuvent chacun par soi-même. »

Objection : si le soleil et la lune se mouvaient chacun par soi-même, sans être attachés au ciel, le soleil parcourant un degré par jour[30], et la lune en parcourant treize[31], ils devraient après leur lever progresser en direction de l'est par rapport au ciel : pourquoi donc au contraire se meuvent-ils dès le début vers l'ouest ? C'est qu'ils sont attachés au ciel et se

30. Degré (*du* 度) : il s'agit toujours de la distance parcourue en un jour par le soleil contre le pourtour du ciel, cf. note introductive au traité précédent.

31. Ces treize degrés correspondent au déplacement apparent de la lune sur le pourtour du ciel durant une journée.

轉？繫於天，隨天四時轉行也。其喻若蟻行於磑上，日月行遲，天行疾，天持日月轉，故日月實東行而反西旋也。

8. 或問：「日、月、天皆行，行度不同，三者舒疾，驗之人、物，為以何喻？」

曰：天，日行一周。日行一度二千里，日晝行千里，夜行千里。(麒麟)〔騏驥〕晝日亦行千里。然則日行舒疾，與(麒麟)〔騏驥〕之步，相似類也。月行十三度，十度二萬里，三度六千里，月一(旦)〔日一〕夜行二萬六千里，與晨鳧飛相類似也。天行三百六十五度，積凡七十三萬里也。其行甚疾，無以為驗，當與陶鈞之運，弩矢之流，相類似乎？

32. Le soleil et la lune (et les astres mobiles) sont attachés au ciel et se déplacent comme lui d'est en ouest, mais comme ils vont plus lentement que lui, l'observateur a l'impression qu'ils se déplacent d'ouest en est par rapport au ciel et son fond d'étoiles fixes. J. Needham (*op. cit.* p. 214) note que l'architecte romain Vitruve (env. 90-20 AEC) avait fait une comparaison analogue un siècle auparavant. Sans la nommer, Wang Chong s'en prend sans doute à la théorie du ciel sphérique ici, selon laquelle les astres mobiles se déplacent indépendamment de la sphère céleste.

meuvent avec lui tout au long des quatre saisons, comme des fourmis courant sur une meule en mouvement : le soleil et la lune se meuvent lentement, le ciel se meut rapidement. Ce dernier pivote en entraînant dans sa course le soleil et la lune qui semblent effectivement se déplacer vers l'est alors qu'au contraire ils se meuvent vers l'ouest[32].

8. Question : « Le soleil, la lune et le ciel se meuvent tous, mais ils ont des vitesses différentes et ne parcourent pas le même nombre de degrés. À quels hommes ou animaux peut-on les comparer de ce point de vue ? »

Réponse : Le ciel fait une rotation complète par jour, le soleil se meut d'un degré, soit deux mille *li*, mille la journée et mille la nuit. Un étalon peut lui aussi parcourir mille *li* par jour et par nuit[33], et donc la vitesse de la course du soleil peut se comparer avec le galop de ce cheval. La lune parcourt treize degrés par jour ; comme dix degrés correspondent à vingt mille *li*, et trois degrés correspondent à six mille *li*, cela signifie qu'en un jour et une nuit elle fait vingt-six mille *li*, ce qui peut se comparer à la vitesse du canard sauvage lorsqu'il vole le matin. Le ciel se meut pour sa part de trois cent soixante-cinq degrés, ce qui au total fait sept cent trente mille *li*. C'est une course très rapide, avec laquelle on ne peut comparer aucun animal. Peut-être le mouvement de la roue du potier ou du carreau d'une arbalète pourrait-il se comparer à cette vitesse ?

33. Un étalon : le texte indique *qilin* 麒麟, soit la licorne de la mythologie, les commentateurs proposent de lire *qiji* 騏驥, qui désigne un excellent coursier ; le *Zhuangzi* (chap. 17, « Ji shui ») écrit qu'un tel cheval est capable de parcourir mille *li* par jour, soit environ 400 kilomètres. Un cheval au galop court à environ 20-30 km/heure, avec des pointes à 60 km/heure ; l'ordre de grandeur est donc approchant pour la vitesse, même si bien évidemment aucun cheval ne saurait courir à ce train durant une journée ou une nuit.

天行已疾, 去人高遠, 視之若遲。蓋望遠物者, 動若不動, 行若不行。何以驗之 ? 乘船江海之中, 順風而驅, 近岸則行疾, 遠岸則行遲。船行一實也, 或疾或遲, 遠近之視使之然也。

仰視天之運, 不若 (麒麟)〔騏驥〕負日而馳, (皆)〔比日〕暮, 而日在其前。何則 ? 麒 (騏) 麟 (驥) 近而日遠也。遠則若遲, 近則若疾, 六萬里之程, 難以得運行之實也。

9. 儒者說曰 :「日行一度, 天一日一夜行三百六十五度。天左行, 日月右行, 與天相迎。」

(問) 日月之行也, 繫著於天也。日月附天而行, 不〔直〕〔自〕行也。何以言之 ? «易» 曰 :「日月星辰麗乎天, 百果草木麗於土。」麗者, 附也。附天所行, 若人附地而圓行, 其取喻若蟻行於磑上焉。

34. *Yijing*, hexagramme 30, « Li ».

Le ciel se déplace très vite, mais comme il est très haut et éloigné de nous, on a l'impression que son déplacement est lent. C'est un peu comme lorsqu'on voit des animaux au loin, qui bougent et courent mais donnent l'impression d'être immobiles. La preuve ? Lorsqu'on se trouve sur un bateau sur une rivière ou sur la mer, et qu'on avance poussé par le vent, on a l'impression de se déplacer rapidement lorsqu'on est près du rivage, et lentement lorsqu'on en est éloigné. Le bateau va toujours à la même vitesse, l'impression de vitesse ou de lenteur est le fait de la distance par rapport au rivage.

Lorsqu'on observe le mouvement du soleil dans le ciel au-dessus de nous, il donne l'impression de se déplacer moins vite qu'un étalon qui galope sous lui ; mais le soir au coucher, le soleil est devant le cheval. Pourquoi le cheval paraît-il plus rapide ? Parce qu'il se trouve près de nous, alors que le soleil est éloigné. Les choses donnent l'impression de se déplacer lentement lorsqu'elles sont éloignées, et rapidement lorsqu'elles sont proches. Il est difficile de se représenter la réalité de la vitesse de choses éloignées de soixante mille *li* de nous.

9. Les lettrés expliquent : « Le soleil se meut d'un degré en un jour, tandis que le ciel se meut de trois cent soixante-cinq degrés en un jour et une nuit. Le ciel se meut vers la gauche, tandis que le soleil et la lune se meuvent vers la droite, dans la direction opposée. »

Le soleil et la lune sont accrochés au ciel, ce qui signifie que dans leur course ils n'avancent pas de façon indépendante. La preuve ? Le *Classique des mutations* dit : « Le soleil, la lune, les astres et les repères sidéraux sont attachés au ciel, comme les arbres et plantes sont attachés à la terre[34]. » « Attachés » veut dire « liés ». Le soleil et la lune sont liés au ciel dans leur course, comme les hommes sont liés à la terre dans leurs mouvements. On peut comparer la course du soleil et de la lune dans le ciel au déplacement de fourmis sur une meule en mouvement.

問曰：「何知不離天直自行也？」如日能直自行，當自東行，無為隨天而西轉也。月行與日同，亦皆附天。何以驗之？驗之(似)〔以〕雲。雲不附天，常止於所處。使不附天，亦當自止其處。由此言之，日行附天，明矣。

問曰：「日，火也。火在地不行，日在天何以為行？」曰：附天之氣行，附地之氣不行。火附地，地不行，故火不行。

難曰：「附地之氣不行，水何以行？」曰：水之行也，東流入海也。西北方高，東南方下，水性歸下，猶火性趨高也。使地不高西方，則水亦不東流。

難曰：「附地之氣不行，人附地，何以行？」曰：人之行，求有為也。人道有為，故行求。古者質朴，鄰國接境，雞犬之聲相聞，終身不相往來焉。

35. Allusion au *Laozi*, 80, qui décrit une société primitive vivant en autarcie, concentrée sur les activités de base, avec des besoins simples et une absence de curiosité pour le monde extérieur ; cet idéal de tranquillité primitive et de non-agir taoïste trouve son expression la plus célèbre dans la « Source aux fleurs de pêcher » du poète Tao Yuanming (365-427).

Question : « Comment sait-on que le soleil et la lune sont liés au ciel et ne se meuvent pas indépendamment de lui ? » Parce que si le soleil pouvait se mouvoir en toute indépendance, il devrait se déplacer vers l'est, et non pas faire sa rotation vers l'ouest en suivant le ciel. Il en est de même de la lune, qui est également attachée au ciel. La preuve ? On peut comparer avec les nuages : les nuages ne sont pas attachés au ciel, et ils s'immobilisent souvent par rapport à lui ; si le soleil et la lune n'étaient pas liés au ciel, ils devraient eux aussi pouvoir s'immobiliser par rapport à lui. Cela montre clairement que le mouvement du soleil est lié à celui du ciel.

Question : « Le soleil est du feu, or sur la terre, le feu n'avance pas, alors comment peut-il se mouvoir dans le ciel ? » Réponse : « Le *qi* attaché au ciel se meut, contrairement au *qi* attaché à la terre, qui ne se meut pas. Le feu est attaché à la terre, or la terre ne se meut pas, et donc le feu ne se meut pas non plus. »

Objection : « Si le *qi* attaché à la terre ne se meut pas, pourquoi l'eau se meut-elle ? » Réponse : « Le mouvement de l'eau veut qu'elle coule vers l'est, vers la mer, parce que la terre est plus élevée au nord-ouest et plus basse au sud-est ; la nature de l'eau est de descendre, comme la nature du feu est de monter. Si le sol n'était pas plus haut à l'ouest, l'eau ne coulerait pas vers l'est. »

Objection : « Si le *qi* attaché à la terre ne se meut pas, comment se fait-il que l'homme, qui est également attaché à la terre, puisse se mouvoir ? » Réponse : « L'homme se meut parce qu'il a des besoins qui le poussent à agir. C'est sa nature qui veut qu'il agisse, il se meut pour réaliser ses désirs. Les anciens, qui étaient d'un naturel plus simple, n'avaient pas de contacts avec les villages voisins, pourtant si proches qu'ils entendaient les aboiements de leurs chiens et les cris de leurs coqs[35]. »

難曰：「附天之氣行，列星亦何以不行？」曰：列星著天，天已行也；隨天而轉，是亦行也。

難曰：「人道有為故行，天道無為何行？」曰：天之行也，施氣自然也，施氣則物自生，非故施氣以生物也。不動，氣不施；氣不施，物不生，與人行異。日月五星之行，皆施氣焉。

10. 儒者曰：「日中有三足烏，月中有兔、蟾蜍。」

夫日者，天之火也，與地之火無以異也。地火之中無生物，天火之中何故有烏？火中無生物，生物入火中，燋爛而死焉，烏安得立？夫月者，水也。水中有生物，非兔、蟾蜍也。兔與蟾蜍，久在水中，無不死者。(日) 月毀於天，螺蚌(汨)〔泊〕於淵，同氣審矣。所謂兔、蟾蜍者，豈反螺與蚌邪？

36. Le ciel se mouvant de façon spontanée, ce mouvement relève du non-agir, contrairement à celui des hommes, qui sont mus par leurs besoins.

37. Les cinq planètes : Mercure, Vénus, Mars, Jupiter et Saturne.

38. Cf. *Huainanzi*, 7, « Jing shen xun », pour un énoncé proche.

39. La lune n'est pas toujours pleine.

Objection : « Si le *qi* attaché au ciel se meut, pourquoi les étoiles ne se meuvent-elles pas ? » Réponse : « Les étoiles sont attachées au ciel, qui se meut ; elles tournent avec lui, et donc se meuvent aussi. »

Objection : « Si l'homme se meut en vertu de sa nature qui le pousse à agir, pourquoi le ciel, dont la nature est non-agir, se meut-il ? » Réponse : « Le ciel se meut pour émettre son *qi*, il le fait de façon spontanée et les créatures naissent d'elles-mêmes ; il n'émet pas intentionnellement son *qi* dans le but de leur donner naissance[36]. S'il ne bougeait pas, il ne pourrait émettre son *qi*, et les créatures ne naîtraient pas. Son mouvement diffère donc de celui des hommes. Le mouvement du soleil, de la lune et des cinq planètes[37] s'explique par le fait que le ciel doive émettre son *qi*. »

10. Les lettrés disent : « Sur le soleil, il y a un corbeau à trois pattes ; sur la lune, il y a un lapin et un crapaud tacheté[38]. »

Mais le soleil est du feu dans le ciel, et il ne diffère en rien du feu que nous connaissons sur la terre. Or aucune créature ne peut vivre dans le feu que nous connaissons sur la terre : comment pourrait-il donc y avoir un corbeau dans un feu dans le ciel ? Aucune créature ne peut vivre dans le feu, qu'on l'y jette et elle brûle et meurt : comment dans ces conditions un corbeau pourrait-il demeurer dans le soleil ? Quant à la lune, elle est faite d'eau ; certes, des créatures vivent dans l'eau, mais il ne s'agit pas de lapins ou de crapauds, qui meurent immanquablement s'ils restent trop longtemps dans l'eau. Lorsque la lune est entamée par le ciel[39], huîtres et coquillages sont affectés au plus profond de l'eau, ce qui montre clairement qu'ils procèdent du même *qi* qu'elle[40]. Ce lapin et ce crapaud qui vivraient dans la lune auraient-ils un *qi* différent des huîtres et coquillages ?

40. Selon le rituel *Da Dai Liji* (chap. 81, « Yi ben ming »), « moules, coquillages, tortues et perles suivent les cycles lunaires ». D'après la théorie de la résonance et des correspondances, la lune est la quintessence du *yin*, et les huîtres et coquillages, qui relèvent également du *yin*, réagissent à ses variations : ils sont pleins lorsqu'elle est pleine, et vides lorsqu'elle est obscure.

且問儒者：烏、兔、蟾蜍死乎？生也？如死，久在日月，燋枯腐朽；如生，日蝕時既，月晦常盡，烏、兔、蟾蜍皆何在？

夫烏、兔、蟾蜍，日月氣也，若人之腹臟，萬物之心膂也。月尚可察也；人之察日，無不眩，不能知日審何氣，(通)〔遏〕而見其中有物名曰烏乎？審日不能見烏之形，(通)〔遏〕而(能)見其足有三乎？此已非實。

且聽儒者之言，蟲物非一，日中何為有「烏」？月中何為有「兔」、「蟾蜍」？

11. 儒者謂：「日蝕，月蝕〔之〕也。」彼見日蝕常於晦朔，晦朔月與日合，故得蝕之。夫春秋之時，日蝕多矣。經曰：「某月朔，日有蝕之。」日有蝕之者，未必月也。知月蝕之，何諱不言月？

41. Le caractère *shi* 食 (蝕), « éclipse », suggère étymologiquement l'action d'insectes en train de manger.

42. C'est-à-dire la nouvelle lune, lorsque la lune se trouve entre le soleil et la terre.

Autre question que l'on peut poser à nos lettrés : ce corbeau, ce lapin, ce crapaud, sont-ils morts ou vivants ? S'ils sont morts, ils devraient avec le temps se dessécher ou pourrir ; et s'ils sont vivants, qu'advient-il d'eux lors des obscurations totales du soleil ou lors des disparitions cycliques de la lune ?

Mais si ce corbeau, ce lapin, ce crapaud participent du même *qi* que le soleil ou la lune, ils sont comme les viscères des humains, ou le cœur et les vertèbres des animaux, et on ne saurait donc les voir. On peut certes observer la lune, mais pour ce qui est du soleil, on ne peut le regarder sans être ébloui, et donc il est impossible de savoir de quel *qi* il est effectivement constitué. Comment peut-on y voir un animal et l'identifier à un corbeau ? Et si on ne peut y distinguer la moindre forme de corbeau, où voit-on qu'il aurait trois pattes ? Voilà qui suffit à invalider cette histoire.

Et même si l'on suivait ces lettrés, étant donné la diversité des espèces animales, pourquoi n'y aurait-il que ce corbeau sur le soleil, et ce lapin et ce crapaud sur la lune ?

11. Les lettrés affirment : « Lorsque le soleil est éclipsé, c'est la lune qui le ronge[41]. » Cela se produit dans la règle les jours de lune obscure[42] : c'est le moment où la lune et le soleil se conjoignent, et la lune peut alors éclipser le soleil. À l'époque des Printemps et automnes, on rapporte de nombreux cas où le soleil fut éclipsé de la sorte. Les Classiques disent : « Lors de telle nouvelle lune, le soleil a été éclipsé[43]. » Mais ce qui éclipse le soleil, ce n'est pas nécessairement la lune : si les Classiques savaient que c'est la lune qui éclipse le soleil, pourquoi ne le disent-ils pas sans détour ?

43. Allusion au *Classique des printemps et automnes* (*Chunqiu*), qui rapporte une dizaine d'éclipses de soleil sous la forme *ri you shi zhi* (avec le caractère *shi* 食, « manger », à la place de *shi* 蝕, « ronger »). Le commentaire Zuo au *Classique des printemps et automnes* rapporte 37 éclipses, dont la grande majorité ont été confirmées par la science moderne.

〔或〕說:「日蝕之變,陽弱陰彊也。」人物在世,氣力勁彊,乃能乘凌。案月晦光既,朔則如盡,微弱甚矣,安得勝日?

夫日之蝕,月蝕也。日蝕,謂月蝕之,月誰蝕之者?無蝕月也,月自損也。以月論日,亦(如)〔知〕日蝕,光自損也。

大率四十一二月,日一食;百八十日,月一蝕。蝕之皆有時,非時為變,及其為變,氣自然也。

日時晦朔,月復為之乎?夫日當實滿,以虧為變,必謂有蝕之者,山崩地動,蝕者誰也?

或說:「日食者,月掩之也。日在上,月在下,障於(日)〔月〕之形也。日月合相襲,月在上,日在下者,不能掩日。日在上,月在日下,障於(日)〔月〕,月(光)掩日光,故謂之食也。障於

44. En réalité, il y a de 4 à 7 éclipses par année, avec au minimum deux éclipses de soleil et deux éclipses de lune.

45. La fin du passage est difficile à comprendre, le texte est peut-être tronqué. Ce que semble vouloir dire Wang Chong, c'est que beaucoup de phénomènes se produisent d'eux-mêmes, et ne doivent pas forcément s'expliquer par une cause extérieure.

Certains ont une autre explication : la disparition du soleil s'expliquerait par un affaiblissement du *yin* et un renforcement du *yang*. Mais c'est lorsque leur *qi* et leur force sont puissants que les hommes et les animaux de ce monde l'emportent sur les autres ; or la lune obscure n'a aucun éclat, comme si elle était épuisée : comment pourrait-elle, dans un tel état de faiblesse, l'emporter sur le soleil et l'éclipser ?

En réalité, la disparition du soleil ne diffère pas de la disparition de la lune : si on dit que le soleil disparaît parce qu'il est éclipsé par la lune, par quoi la lune est-elle éclipsée lorsque c'est elle qui disparaît ? Il n'y a rien pour l'éclipser, elle s'affaiblit d'elle-même. Par extension, on peut conclure que c'est pareil pour le soleil, dont l'éclat faiblit également de lui-même.

Le soleil connaît une éclipse en gros tous les quarante et un ou quarante-deux mois ; pour la lune, c'est tous les cent quatre-vingts jours[44]. Ces disparitions obéissent donc à une régularité, et lorsqu'elles se produisent à un autre moment, il s'agit d'anomalies qui s'expliquent aussi par un changement naturel de leur *qi*.

Est-ce la lune qui est responsable des disparitions du soleil les jours de lune obscure ? Si l'on explique par la lune que le soleil soit anormalement éclipsé alors qu'il devrait être plein, qui donc invoquera-t-on pour expliquer les affaissements de montagnes et les tremblements de terre[45] ?

D'autres disent : « Lorsque le soleil est éclipsé, c'est que la lune le recouvre. Le soleil est au-dessus, la lune, au-dessous, et le soleil est caché par le corps de la lune. Lorsque le soleil et la lune se conjoignent, mais que la lune est dessus, et le soleil, dessous, elle ne peut cacher le soleil ; c'est lorsque le soleil est dessus, et la lune, dessous, qu'il peut être caché par elle. La lune couvre alors la lumière du soleil, et on dit qu'il est éclipsé. Il est caché par la lune de la même façon que des nuages sombres peuvent masquer le soleil et la lune. Lorsque soleil et lune ne se conjoignent que par le côté, ils

月也，若陰雲蔽日月不見矣。其端合者，相食是也。其合相當如襲辟者，日既是也。」

日月合於晦朔，天之常也。日食，月掩日光，非也。何以驗之？使日月合，月掩日光，其初食崖當與 (旦)〔其〕復時易處。假令日在東，月在西，月之行疾，東及日，掩日崖，須臾過日而東，西崖初掩之處光當復，東崖未掩者當復食。今察日之食，西崖光缺，其復也，西崖光復，過掩東崖復西崖，謂之合襲相掩障，如何？

12. 儒者謂：「日月之體皆至圓。」

彼從下望見其形，若斗筐之狀，狀如正圓。不 (如)〔知〕望遠光氣，氣 (不)〔若〕圓矣。夫日月不圓，視若圓者，〔去〕人遠也。何以驗之？夫日者，火之精也；月者，水之精也。在地，水火不圓；在天，水火何故獨圓？

46. Cette explication (correcte) que Wang Chong combat dans la suite du texte correspond pour l'essentiel à la position des avocats de la théorie du ciel sphérique.

47. L'argumentation est difficile à suivre. J. Needham (*op. cit.*, p. 413), qui commente ce passage, juge que Wang Chong invoque pour son objection l'observation d'une éclipse annulaire.

donnent l'impression de s'entamer mutuellement. Et lorsqu'ils coïncident parfaitement comme deux disques de jade qui se recouvrent, alors le soleil est complètement éclipsé[46]. »

Que le soleil et la lune coïncident au moment de la nouvelle lune, c'est une régularité naturelle ; mais que l'éclipse s'expliquerait par la lune masquant la lumière du soleil, c'est faux. La preuve ? Si lorsque le soleil et la lune se conjoignent, la lune couvrant la lumière du soleil, alors le bord par lequel elle commence à le couvrir et celui par lequel elle commence à le laisser réapparaître devraient être différents. Supposons que le soleil se trouve à l'est, et la lune, à l'ouest. Celle-ci se déplaçant rapidement, elle progresse vers l'est et atteint le soleil jusqu'à le recouvrir, puis au bout d'un moment elle le dépasse et poursuit sa route vers l'est ; c'est donc le côté ouest du soleil qui devrait être le premier à être recouvert et le premier à retrouver la lumière, et le côté est du soleil qui devrait être le dernier à être recouvert. Si l'on observe la façon dont les choses se passent effectivement, la lumière du soleil est bien entamée à l'ouest, et c'est aussi à l'ouest qu'elle réapparaît ; par contre, la lune commence à recouvrir le soleil par son bord est, puis la lumière réapparaît sur son côté ouest. Comment donc comprendre cette explication selon laquelle la lune masquerait le soleil lorsqu'ils se rejoignent[47] ?

12. Les lettrés disent : « Soleil et lune sont parfaitement ronds. »

Regardant depuis en bas, ces lettrés constatent que le soleil et la lune ont la forme d'un panier et paraissent tout à fait ronds. Mais ils ne comprennent pas que c'est à cause de la distance que le *qi* de ces corps lumineux semble rond : le soleil et la lune ne sont pas ronds, ils paraissent ainsi parce qu'on les voit de loin. La preuve ? Le soleil est par essence du feu ; la lune est par essence de l'eau ; sur la terre, l'eau et le feu ne sont pas ronds, comment le seraient-ils dans le ciel ?

日月在天猶五星，五星猶列星，列星不圓，光耀若圓，去人遠也。何以明之？春秋之時，星霣宋都，就而視之，石也，不圓。以星不圓，知日月五星亦不圓也。

13. 儒者說日，及工伎之家，皆以日為一。禹、(貢)〔益〕« 山海經 » 言：「日有十。在海外東方有湯谷，上有扶桑，十日浴沐水中；有大木，九日居下枝，一日居上枝。」« 淮南書 » 又言：「燭十日。堯時十日並出，萬物焦枯，堯上射十日。」以故不並一日見也。

世俗又名甲乙為日，甲至癸凡十日；日之有十，猶星之有五也。通人談士，歸於難知，不肯辨明，是以文二傳而不定，世兩言而無主。

48. Cette chute de météorites se produisit en 643 AEC ; cf. *Chunqiu*, « Xigong », 16e année.

49. Experts : le mot désigne sans doute ici des astrologues ou d'autres « spécialistes » analogues.

50. Cf. *Huainanzi*, 8, « Ben jing xun », où il est dit que Yao chargea le mythique archer Yi de la tâche de tirer sur les soleils.

51. C'est-à-dire du premier au dernier des dix termes de la série dénaire des dix troncs célestes, *jia*, *yi*, *bing*, *ding*, *wu*, *ji*, *geng*, *xin*, *ren*, *gui*, utilisée notamment pour numéroter les jours à l'intérieur des « six décades » (*liujia* 六甲) du cycle sexagésimal. Rappelons que le mot *ri* 日 désigne à la fois le soleil et le jour.

Le soleil et la lune dans le ciel sont comme les cinq planètes, qui elles-mêmes sont comme les étoiles : or les étoiles ne sont pas rondes, si elles paraissent rondes, c'est en raison de la distance. La preuve ? À l'époque des Printemps et automnes, des étoiles tombèrent à la capitale du pays de Song, et lorsque les gens s'approchèrent ils constatèrent qu'il s'agissait de pierres, et qu'elles n'étaient pas rondes[48]. Les étoiles ne sont donc pas rondes, et on comprend qu'il en est de même du soleil, de la lune et des cinq planètes.

13. Les lettrés et d'autres experts[49] considèrent qu'il n'y a qu'un seul soleil. Or le *Classique des montagnes et des mers* de Yu et de Bo Yi écrit : « Il y a dix soleils. À l'est au-delà des mers se trouve la Vallée bouillonnante, où s'élève le Mûrier porteur. Les dix soleils se lavent dans les eaux de cette vallée ; il y a ce grand arbre, et neuf des soleils se tiennent dans ses branches inférieures, tandis que le dernier se tient sur une branche supérieure. » Le *Livre de Huainan* dit aussi : « Les dix soleils brillèrent ensemble. À l'époque de Yao, dix soleils apparurent ensemble, desséchant toutes les créatures ; alors Yao tira des flèches sur les dix soleils pour les abattre[50]. » En conséquence, les dix soleils ne parurent plus en même temps le même jour.

Les gens utilisent les termes *jia*, *yi*, etc., pour compter les jours, et comme ils comptent dix jours de *jia* à *gui*[51], ils considèrent qu'il y a dix soleils, de la même manière qu'il y a cinq planètes[52]. Érudits et débatteurs jugent la question insoluble et refusent de trancher, avec pour conséquence que les deux doctrines[53] sont reprises dans les textes sans que l'on puisse décider entre elles.

52. Les dix soleils correspondent aux dix troncs célestes, comme les cinq planètes correspondent aux cinq agents et aux cinq directions.

53. Les deux doctrines : celle selon laquelle il n'y aurait qu'un seul soleil, et celle selon laquelle il y en aurait dix.

誠實論之, 且無十焉。何以驗之？夫日猶月也, 日而有十, 月有十二乎？

星有五, 五行之精, 金、木、水、火、土各異光色。如日有十, 其氣必異。今觀日光, 無有異者, 察其小大, 前後若一。如審氣異, 光色宜殊；如誠同氣, 宜合為一, 無為十也。

驗日陽遂, 火從天來。日者, (大)〔天〕火也。察火在地, 一氣也；地無十火, 天安得十日？

然則所謂十日者, 殆更自有他物, 光質如日之狀, 居湯谷中水, 時緣據扶桑, 禹、益見之, 則紀十日。

數家度日之光, 數日之質, 刺徑千里。假令日出, 是扶桑木上之日, 扶桑木宜覆萬里, 乃能受之。何則？一日徑千里, 十日宜萬里也。

54. La lune est associée aux douze mois, que l'on compte au moyen des chiffres de la série duodénaire des douze rameaux terrestres.

55. Jupiter est associée au bois et au vert ; Mars est associée au feu et au rouge ; Mercure est associée à la terre et au jaune ; Vénus est associée au métal et au blanc ; Saturne est associée à l'eau et au noir.

Mais que l'on en revienne aux faits, et on arrivera à la conclusion qu'il n'y a pas dix soleils. Quelle preuve en donnerai-je ? Le soleil peut se comparer à la lune : s'il y avait dix soleils, ne devrait-il pas y avoir douze lunes[54] ?

On compte cinq planètes, qui relèvent de la quintessence des cinq agents, le métal, le bois, l'eau, le feu et la terre, avec pour conséquence qu'elles diffèrent par la couleur[55]. S'il y avait dix soleils, ils devraient également différer les uns des autres par le *qi*, or lorsqu'on observe la lumière du soleil on ne constate aucune différence d'éclat d'un jour à l'autre ; et on ne constate pas non plus de variation de taille selon les moments. S'il y avait effectivement dix soleils correspondant à des *qi* différents, leur lumière devrait différer selon les jours ; et si tous relevaient du même *qi*, ils devraient former une seule unité et non pas dix.

On peut se baser sur le miroir flamboyant pour juger du soleil : le feu qu'il donne vient du ciel, et le soleil est également un feu du ciel. Lorsqu'on examine le feu sur la terre, il relève toujours du même *qi* : il n'y a pas sur la terre dix types différents de feu, alors pourquoi y aurait-il dix soleils dans le ciel ?

Ces dix soleils dont parlent nos textes sont sans doute d'autres objets, dont la lumière ressemble à celle du soleil, qui se baignaient dans les eaux de la Vallée bouillonnante et se succédaient sur le Mûrier porteur ; les voyant, Yu et Bo Yi rapportèrent à tort qu'il y avait dix soleils.

Les astrologues[56] ont conclu de la lumière et de la substance du soleil que celui-ci a un diamètre de mille *li*. Mais si le soleil, au moment de son lever, se repose sur le Mûrier porteur, cet arbre devrait couvrir une surface de dix mille *li* pour pouvoir l'accueillir. Pourquoi cela ? Parce que si un soleil a un diamètre de mille *li*, dix soleils auront besoin d'un espace de dix mille *li* pour se reposer sur cet arbre.

56. Les astrologues (*shujia* 數家) : littéralement, les « spécialistes des nombres », c'est-à-dire de techniques prédictives (*shushu* 術數) ; cf. *Balance* 2011, p. 207, note 31.

天之去人,〔六〕萬(里)餘〔里〕也。仰察之,(日)〔目〕光眩耀。火光盛明,不能堪也。使日出是扶桑木上之日,禹、益見之,不能知其為日也。何則?仰察一日,目猶眩耀,況察十日乎?當禹、益見之,若斗筐之狀,故名之為日。夫(火)〔大〕如斗筐,望六萬〔里〕之形,非就見(之)即察之體也。由此言之,禹、益所見,意似日非日也。

天地之間,物氣相類,其實非者多。海外西南有珠樹焉,察之是珠,然非魚中之珠也。夫十日之日,猶珠樹之珠也,珠樹似珠非真珠,十日似日非實日也。淮南見«山海經»,則虛言「真人燭十日」,妄紀「堯時十日並出」。

且日,火也;湯谷,水也。水火相賊,則十日浴於湯谷,當滅敗焉。火燃木,扶桑,木也,十日處其上,宜燋枯焉。今浴湯谷而光不滅,登扶桑

Le ciel est éloigné de nous de plus de soixante mille *li*, et lorsqu'on l'observe au-dessus de nous, la lumière du soleil nous aveugle de manière insoutenable. Si au moment de paraître, ce soleil se trouvait dans le Mûrier porteur, Yu et Bo Yi ne purent certainement pas le reconnaître comme soleil : pourquoi cela ? Parce que si un seul soleil suffit à éblouir, alors à plus forte raison dix ! Sans doute observèrent-ils des feux ronds comme des paniers, et ils les appelèrent « soleils ». Par ailleurs, un feu rond comme un panier vu à soixante mille *li* de distance n'a pas la même apparence que lorsqu'on l'observe de tout près. On peut en conclure que ces feux que Yu et Bo Yi observèrent ressemblaient à des soleils, mais n'étaient pas des soleils.

Entre ciel et terre, il est de nombreuses choses qui se ressemblent par le *qi* mais qui en réalité sont différentes. Au-delà des mers, au sud-ouest, se trouve un Arbre à perles[57] : on peut observer qu'il porte des perles, mais ces perles diffèrent de celles que l'on trouve dans le ventre des poissons. Pour les dix soleils, c'est la même chose : de même que les perles de l'Arbre à perles ressemblent à des perles mais n'en sont pas vraiment, de même les dix soleils ressemblent à des soleils mais n'en sont pas réellement. Le prince de Huainan lut le *Classique des montagnes* et inventa l'histoire selon laquelle « les immortels s'éclairent au moyen de dix soleils[58] » puis, extravaguant, il rapporta que « dix soleils apparurent ensemble à l'époque de Yao ».

En outre, le soleil est du feu, tandis que cette Vallée bouillonnante est de l'eau ; or l'eau et le feu sont antagonistes : en se baignant dans les eaux de cette vallée, les dix soleils auraient dû être anéantis. Le feu enflamme le bois : le Mûrier porteur étant du bois, ces soleils l'auraient brûlé en se tenant sur lui. Or ces soleils se baignaient dans la Vallée bouillonnante sans perdre

57. Cf. *Shanhaijing*, 6, « Haiwai nan jing ».

58. *Huainanzi*, 2, « Chu zhen xun ». Prince de Huainan : c'est-à-dire Liu An, qui fit composer le *Huainanzi*.

而枝不燋不枯, 與今日出同, 不驗於五行, 故知十日非真日也。

且禹、益見十日之時, 終不以夜。猶以晝也, 則一日出, 九日宜留, 安得俱出十日 ? 如平旦日未出, 且天行有度數, 日隨天轉行, 安得留扶桑枝間, 浴湯谷之水乎 ? 留則失行度, 行度差跌, 不相應矣。如行出之日, 與十日異, 是意似日而非日也。

14. « 春秋 »「莊公七年夏, 四月辛卯, 夜中, 恆星不見, 星霣如雨」(者)。

« 公羊傳 » 曰 :「如雨者何 ? 非雨也。非雨, 則曷為謂之『如雨』? 不修 « 春秋 » 曰 :『雨星, 不及地尺而復。』君子修之曰 :『星霣如雨。』」

59. C'est-à-dire que ces soleils ne respectent pas la règle qui prévoit que l'eau éteint le feu, et que le feu brûle le bois.

leur éclat, et se tenaient dans les branches du Mûrier porteur sans les brûler. Ils seraient semblables à notre soleil, mais sans se conformer aux règles qui régissent les cinq agents[59]. On comprend donc qu'il ne s'agit pas de vrais soleils.

De plus, Yu et Bo Yi n'observèrent certainement pas ces dix soleils pendant la nuit ; mais si c'était le jour, l'un des dix soleils devait s'être levé, laissant derrière lui les neuf autres : comment les textes peuvent-ils parler de dix soleils apparaissant ensemble ? Et si ce soleil ne s'était pas levé parce que c'était encore l'aube, il aurait tout de même dû commencer sa rotation avec le ciel, qui se serait déjà déplacé de quelques degrés : comment aurait-il pu être encore sur le Mûrier porteur ou se baigner dans les eaux de la Vallée bouillonnante ? En restant ainsi, il aurait failli à son parcours normal, qui ne se serait plus accordé avec le déplacement du ciel. Le soleil tel qu'il nous apparaît et se déplace ne peut donc être le même que ces dix soleils ; le sens de tout cela, c'est que même si ces dix feux lui ressemblent, ils ne sont pas le soleil.

14. Selon les *Printemps et automnes*, « la septième année du duc Zhuang, l'été, le quatrième mois de l'année, au jour *xinmao*, durant la nuit, les astres fixes disparurent, et les étoiles tombèrent comme la pluie[60] ».

Le commentaire Gongyang dit : « Que signifie “comme la pluie” ? Il ne s'agit pas d'une vraie pluie, alors pourquoi dire “comme la pluie” ? Les *Printemps et automnes* non révisés disent : “Des étoiles tombèrent comme de la pluie, mais arrivées à moins d'un pied du sol, elles remontèrent.” L'homme de bien révisa le texte en parlant “d'étoiles et météores tombant comme la pluie”. »

60. Ce paragraphe et ceux qui suivent répètent avec quelques menues différences le passage 27.8 ci-dessus ; nous y renvoyons le lecteur pour les notes. Le texte est corrompu en plusieurs endroits, comme en témoignent les nombreuses corrections proposées par les commentateurs.

不修«春秋»者,未修«春秋»時«魯史記»,曰:「(星賨如)雨〔星〕,不及地尺而復。」君子者,孔子。孔子修之曰:「星賨如雨。」孔子之意,以為地有山陵樓臺,云「不及地尺」,恐失其實;更正之曰:「如雨。」「如雨」者,為從地上而下,星亦從天賨而復,與同,故曰「如」。

夫孔子雖〔不〕云(不)「及地尺」,但言「如雨」,其謂賨之者,皆是星也。孔子雖〔不〕定其位,著其文,謂賨為星,與史同焉。

從平地望泰山之巔,鶴如烏,烏如爵者,泰山高遠,物之小大失其實。天之去地六萬餘里,高遠非直泰山之巔也。星著於天,人察之,失星之實,非直望鶴烏之類也。數(等)星之質百里,體大光盛,故能垂耀。人望見之,若鳳卵之狀,遠,失其實也。

Les *Printemps et automnes* non révisés sont les notes historiques du pays de Lu durant la période des Printemps et automnes, encore non revues par Confucius, et selon eux « des étoiles tombèrent comme la pluie, mais arrivées à moins d'un pied du sol, elles remontèrent ». L'homme de bien, c'est-à-dire Confucius, révisa le texte en parlant « d'étoiles et météores tombant comme la pluie ». Ce que voulait dire Confucius, en corrigeant le texte en « comme la pluie », c'est que comme au sol il y a des montagnes, des collines, des bâtiments ou des terrasses, parler « d'étoiles arrivées à moins d'un pied du sol » ne paraît pas conforme à la réalité. Par « comme de la pluie », il veut dire que de même que la pluie monte du sol et retombe, de même les étoiles tombaient du ciel et remontaient ; voilà pourquoi il dit « comme ».

Si Confucius ne parle pas « d'étoiles arrivées à moins d'un pied du sol » et dit simplement « comme de la pluie », il se réfère bien à des étoiles en parlant de ces objets qui tombent ; et même s'il ne précisa pas leur position, il écrivit bien dans le texte qu'il s'agissait d'étoiles, s'accordant ainsi avec l'histoire non révisée.

Lorsqu'on regarde le sommet du mont Tai depuis le sol, les grues qui s'y trouvent ressemblent à des corbeaux, et les corbeaux, à des moineaux ; en raison de la distance et de la hauteur de la montagne, on perd la réalité de la taille de ces oiseaux. Le ciel est distant de la terre de plus de soixante mille *li*, ce qui est bien plus que la hauteur du sommet du mont Tai. Les étoiles sont fixées au ciel, et lorsque nous les regardons, nous ne les voyons pas telles qu'elles sont en réalité, et la différence est bien plus importante que lorsque nous observons des oiseaux au loin. Selon les calculs, les étoiles ont une taille de cent *li*, et c'est cette grande dimension qui les rend si lumineuses et leur permet de briller pour nous ; mais à l'observation, elles ne paraissent pas plus grosses que des œufs de phénix, la distance nous faisant perdre le sens des dimensions.

如星賈審者天之星，賈而至地，人不知其為星也。何則？賈時小大，不與在天同也。今見星賈，如在天時，是 (時)〔非〕星也；非星，則氣為之也。人見鬼如死人之狀，其實氣象 (聚)，非真死人。然則賈星之形，其實非星。孔子〔不正〕云 (正) 賈者非星，而 (徙)〔徒〕正言「如雨」非雨之文，蓋俱失星之實矣。

«春秋左氏傳»：「四月辛卯，夜中，恒星不見，夜明也；星賈如雨，與雨俱也。」其言夜明故不見，與 «易» 言「日中見斗」相依類也。日中見斗，幽不明也；夜中，星不見，夜光明也。事異義同，蓋其實也。

其言「與雨俱」之集也。夫辛卯之夜明，故星不見；明則不雨之驗也，雨氣陰暗，安得明？明則無雨，安得「與雨俱」？夫如是，言「與雨

61. C'est-à-dire qu'elles devraient être beaucoup plus grandes, et donc les gens ne les reconnaîtraient pas comme des étoiles.

62. C'est-à-dire le *Zuozhuan*.

63. Cf. *Yijing*, hexagramme 55, « Feng ».

Si ces étoiles tombées sur la terre étaient effectivement des étoiles tombées du ciel, les hommes ne les reconnaîtraient pas comme telles lorsqu'elles touchent le sol. Pourquoi cela ? Parce qu'elles seraient d'une taille très différente des étoiles telles qu'elles apparaissent dans le ciel[61]. Or ces étoiles qui tombent au sol paraissent de la même taille que les étoiles qui sont encore dans le ciel ; ce ne peuvent donc être des étoiles. Et si ce ne sont pas des étoiles, ce sont des objets produits par le *qi*. De la même façon, les fantômes, qui ont l'apparence de morts, résultent d'une concentration de *qi* : ils ne sont pas de vrais morts. En conséquence, ces corps qui chutent et ressemblent à des étoiles ne sont pas de vraies étoiles. Confucius ne corrigea pas le texte, il n'indiqua pas que ces corps qui tombaient n'étaient pas des étoiles ; il se contenta de dire que ces étoiles tombaient comme la pluie sans être de la pluie, ce qui montre qu'il ne comprenait pas la réalité des étoiles.

Le commentaire Zuo aux *Printemps et automnes* dit[62] : « Au quatrième mois, au jour *xinmao*, durant la nuit, on ne voyait plus les étoiles fixes et la nuit était claire ; des étoiles tombèrent comme de la pluie, et accompagnées de pluie. » Cela veut dire que la nuit était si claire qu'on ne voyait pas les étoiles, et revient un peu au même que l'observation du *Classique des mutations* selon laquelle « à midi on vit la Grande Ourse[63] » : on la vit à midi parce que le ciel était sombre ; et on ne vit plus les étoiles la nuit parce que la nuit était claire. Les phénomènes sont différents, mais le sens est le même, et sans doute tout cela se produisit-il réellement.

Les mots « accompagnées de pluie » signifient qu'il y eut de la pluie avec les étoiles. Cette nuit du jour *xinmao* fut très claire, d'où le fait qu'on ne voyait plus les étoiles, mais cette clarté même montre qu'il ne plut pas, parce que le *qi* de la pluie relève de l'obscurité : comment, lorsqu'il pleut, pourrait-il faire clair ? Lorsqu'il fait clair, il ne pleut pas, et donc comment le texte peut-il dire que les étoiles étaient « accompagnées de pluie » ? Cette affirmation ne correspond

俱」者,非實。且言夜明不見,安得見星與雨俱?

又僖公十六年正月戊申,霣石于宋五。« 左氏傳 » 曰:「星也。」夫謂霣石為星,則謂霣〔星〕為石矣。辛卯之夜,星霣為星,則實為石矣。

辛卯之夜,星霣如是石,地有樓臺,樓臺崩壞。孔子雖不合言「及地尺」,(雖)〔離〕地必有實數,魯史目見,不空言者也。云「與雨俱」,雨集於地,石亦宜然。至地而樓臺不壞,非星明矣。

且左丘明謂石為星,何以審之?當時石霣 (輕)〔硜〕然。何以其從天墜也?秦時三山亡,亡有不消散,有在其集下時,必有聲音。或時夷狄之山,從集於宋,宋聞石霣,則謂之星也。左丘明省,則謂之星。

64. Wang Chong a déjà mentionné cette histoire plus haut, cf. 26.14.

65. Il faut peut-être lire : « montre bien qu'il ne s'agissait pas de pierres » ; le sens du passage n'est pas limpide, et le texte est peut-être corrompu.

donc pas à la réalité. En outre, si la nuit était si claire qu'on ne voyait pas les étoiles, comment pouvait-on voir celles qui tombaient avec la pluie ?

Les *Printemps et automnes* rapportent encore que, la seizième année du duc Xi, le premier mois, au jour *wushen*, cinq pierres tombèrent à Song[64]. Le commentaire Zuo écrit : « Il s'agit d'étoiles. » Mais si l'on dit de ces pierres qu'elles étaient des étoiles, alors nos étoiles tombées du ciel étaient aussi des pierres : ces étoiles tombées la nuit du jour *xinmao* étaient donc en réalité des pierres.

Mais si cette nuit-là il s'agissait de pierres, les bâtiments et terrasses au sol auraient dû être détruits. Même si Confucius ne corrobore pas l'idée que ces pierres remontèrent lorsqu'elles « arrivèrent à moins d'un pied du sol », il dut y avoir une certaine distance entre les pierres et le sol ; l'observation de l'annaliste de Lu ne fut certainement pas une simple invention. Lorsque le texte dit « accompagnées de pluie », cela signifie que la pluie s'accumula au sol, et il doit en être de même des pierres. Le fait que terrasses et bâtiments ne furent pas détruits montre bien qu'il ne s'agissait pas d'étoiles[65].

Mais sur quoi Zuoqiu Ming se base-t-il pour affirmer que ces pierres étaient des étoiles ? Il y eut sans doute un fracas comparable à la chute d'étoiles, mais sur quoi se base-t-il pour affirmer qu'il s'agissait bien de cela ? À l'époque des Qin, trois montagnes disparurent ; elles ne s'envolèrent pas, mais s'écroulèrent ensemble sur elles-mêmes, ce qui fit nécessairement du bruit[66]. Peut-être la montagne d'un pays barbare bougea-t-elle pour s'écrouler dans le pays de Song, et les gens, au bruit des pierres qui tombaient, parlèrent-ils d'étoiles ; et Zuoqiu Ming rapporta l'histoire en parlant de la chute d'étoiles.

66. Leur chute fit du bruit, et pourtant elles n'étaient pas tombées du ciel.

夫星，萬物之精，與日月同。說五星者，謂五行之精之光也。五星、衆星同光耀，獨謂列星為石，恐失其實。

實者，辛卯之夜，霣星若雨而非星也，與彼湯谷之十日，若日而非日也。

15. 儒者又曰：「雨從天下。」謂正從天墜也。如 (當)〔實〕論之，雨從地上，不從天下。見雨從上集，則謂從天下矣，其實地上也。然其出地起於山。何以明之？«春秋傳» 曰：「觸石而出，膚寸而合，不崇朝而遍〔雨〕天下，惟太山也。」太山雨天下，小山雨一國，各以小大為遠近差。雨之出山，或謂雲載而行，雲散水墜，名為雨矣。夫雲則雨，雨則雲矣。初出為雲，雲繁為雨。

猶甚而泥露濡污衣服，若雨之狀。非雲與俱，雲載行雨也。

67. Les planètes : *xing* 星, mot qui désigne à la fois les étoiles fixes et les cinq planètes.

68. Les étoiles, qui brillent comme les planètes, doivent donc comme elles être du *qi* essentiel, et non pas de la pierre.

Les planètes[67], tout comme le soleil et la lune, relèvent du *qi* essentiel des dix mille êtres. Ceux qui expliquent les cinq planètes disent que leur lumière correspond aux cinq agents. Or planètes et étoiles brillent de manière comparable, et il me paraît donc contraire à la réalité de considérer que les étoiles seraient de la pierre[68].

En réalité, ces étoiles qui tombèrent en pluie lors de la nuit du jour *xinmao* n'étaient pas des étoiles, de la même façon que les dix soleils de la Vallée bouillonnante, même s'ils y ressemblaient, n'étaient pas des soleils.

15. Les lettrés disent encore : « La pluie vient du ciel. » Ils veulent dire que la pluie est produite directement par le ciel. Mais en réalité, la pluie ne vient pas du ciel, mais monte du sol. On dit qu'elle vient du ciel parce qu'elle se ramasse et tombe d'en haut, alors qu'en réalité elle monte du sol : en effet, elle trouve son origine dans les montagnes. La preuve ? Le commentaire aux *Printemps et automnes* écrit : « Il n'y a que le mont Tai où l'on peut voir les nuages jaillir en rasant les rochers, se condenser sur un bref espace, puis en moins d'une matinée arroser l'empire[69]. » Le mont Tai arrose l'empire de pluie, tandis qu'une montagne plus petite n'arrose qu'un pays ; ces différences résultent de la taille des montagnes. La pluie vient des montagnes, et selon certains, elle serait transportée par les nuages, qui lorsqu'ils se dispersent laissent tomber leur eau, qu'on appelle pluie. Lorsqu'il y a nuages, il y a pluie, et lorsqu'il y a pluie, il y a nuages. D'abord se forment des nuages, qui s'amassent pour donner de la pluie.

Lorsqu'ils sont particulièrement denses, les nuages imprègnent les vêtements d'humidité, tout comme de la pluie : voilà qui montre que la pluie n'accompagne pas simplement les nuages, mais que ce sont eux qui la transportent.

69. *Chunqiu Gongyang zhuan*, « Xigong », 31ᵉ année.

或曰 :「« 尚書 » 曰 :『月之從星, 則以風雨。』« 詩 » 曰 :『月麗于畢, 俾滂沱矣。』二經咸言, 所謂為之非天, 如何 ?」

夫雨從山發, 月經星麗畢之時, 麗畢之時當雨也。時不雨, 月不麗, 山不雲, 天地上下自相應也。月麗於上, 山烝於下, 氣體偶合, 自然道也。

雲霧, 雨之徵也, 夏則為露, 冬則為霜, 溫則為雨, 寒則為雪。雨露凍凝者, 皆由地發, 不從天降也。

Certains affirment : « Selon le *Classique des documents*, “Lorsque la lune suit certaines étoiles, il s’ensuit du vent et de la pluie[70]”. Et selon le *Classique des poèmes*, “Lorsque la lune se trouve dans la mansion du Filet, il pleut à verse[71]”. Ces deux Classiques s’accordent donc pour dire que la pluie ne vient pas du ciel. Qu’en est-il ? »

Lorsque la pluie se forme dans les montagnes, la lune se trouve dans la mansion du Filet, et c’est à ce moment qu’il pleut. Si ce n’est pas le moment de pleuvoir, alors la lune ne se trouve pas dans cette mansion, et les montagnes ne produisent pas de nuages, cela parce que ciel et terre, ou haut et bas, entretiennent entre eux des rapports de correspondance : en haut, la lune réside dans une certaine mansion, et en bas, la montagne produit des vapeurs ; le *qi* de la pluie et la substance de la lune s’accordent car ainsi le veut le cours spontané des choses.

Nuages et brume annoncent la pluie : en été, ils donnent de la rosée, en hiver, du givre ; lorsqu’il fait doux, c’est de la pluie, et lorsqu’il fait froid, c’est de la neige. Pluie, rosée, givre et gelées sont tous produits par la terre et ne tombent pas du ciel.

70. *Shangshu*, « Hongfan ». « Lorsque la lune suit certaines étoiles » : c’est-à-dire lorsqu’elle traverse certaines mansions célestes, et plus précisément, selon certains commentateurs, les mansions du Van et du Panneau de chasse.

71. *Shijing*, « Xiao ya, Jian jian zhi shi ». Mansion du Filet (Bi 畢) : sous les Han, lieu de séjour du soleil à la fin du printemps (étoile déterminatrice, ε du Taureau).

佚文篇第六十一

1. 孝武皇帝封弟為魯恭王。恭王壞孔子宅以為宮, 得佚 « 尚書 » 百篇、« 禮 » 三百、« 春秋 » 三十篇、« 論語 » 二十一篇。(闓) 〔聞〕絃歌之聲, 懼復封塗。上言武帝。武帝遣吏發取, 古經、« 論語 », 此時皆出。經傳也, 而有闓 (闓) 〔聞〕絃歌之聲, 文當興於漢, 喜樂得闓之祥也。當傳於漢, 寖藏牆壁之中, 恭王闓之, 聖王感動絃歌之象, 此則古文不當掩, 漢俟以為符也。

1. Empereur Wu (r. 141-87). Prince de Lu : Liu Yu (?-128), cinquième fils de l'empereur Jing (r. 157-141), par une concubine. Le texte écrit : « prince Gong de Lu », Gong étant son nom posthume. En réalité, c'est probablement sous le règne de son père, l'empereur Jing, que Liu Yu fut nommé prince de Lu. Rappelons que le pays de Lu était la patrie de Confucius.

2. Il s'agit de manuscrits qui auraient été cachés pour éviter l'autodafé des livres de 213 AEC. Sur le sujet, et la controverse entre textes en « nouvelle écriture » et en « ancienne écriture », cf. notre introduction.

Textes perdus
(Traité 61, « Yi wen »)

1. L'empereur Wu avait nommé son frère cadet prince de Lu[1]. Ce dernier fit abattre la demeure de Confucius pour construire un palais, et il trouva dans un mur plusieurs textes perdus[2] : un *Classique des documents* en cent chapitres, un *Classique des rites* en trois cents chapitres, les *Printemps et automnes* en trente chapitres, et les *Entretiens* de Confucius en vingt et un chapitres. Mais entendant un bruit de cordes et de chants, il prit peur et fit reboucher le mur. Il en informa l'empereur, qui envoya des fonctionnaires pour ouvrir le mur ; ils trouvèrent des anciennes versions des Classiques, ainsi qu'une version des *Entretiens* de Confucius. Quant à la musique et aux chants accompagnant la découverte de ces textes, il s'agissait d'un signe auspicieux saluant la réapparition de ces livres durant la dynastie Han : les textes avaient attendu, dissimulés dans ce mur jusqu'à ce qu'ils soient découverts par le prince, le moment où ils devaient se transmettre aux Han. C'est le sage pouvoir des Han qui avait provoqué le faste présage de cette musique[3] : c'était le signe auspicieux attendu par la dynastie, indiquant que ces livres en ancienne écriture ne devaient plus demeurer cachés[4].

3. Notre interprétation : le texte est difficile ici.

4. Cette phrase est celle qui se rapproche le plus d'une prise de position explicite de Wang Chong en faveur des textes en « ancienne écriture » ; sur le sujet, nous renvoyons à notre introduction.

孝成皇帝讀百篇 « 尚書 », 博士郎吏莫能曉知, 徵天下能為 « 尚書 » 者。東海張霸通 « 左氏春秋 », 案百篇序, 以 « 左氏 » 訓詁, 造作百二篇, 具成奏上。成帝出祕 « 尚書 » 以考校之, 無一字相應者。成帝下霸於吏, 吏當 (器) 〔霸〕 (辜) 〔罪〕 大不謹敬。成帝奇霸之才, 赦其辜, 亦不 (減) 〔滅〕 其經, 故百二 « 尚書 » 傳在民間。

孔子曰 :「才難。」能推精思, 作經百篇, 才高卓遹, 希有之人也。成帝赦之, 多其文也。雖姦非實, 次序篇句, 依倚事類, 有似真是, 故不燒滅之。疏一櫝, 相 (遣) 〔遺〕 以書, 書十數札, 奏記長吏, 文成可觀, 讀之滿意, 百不能一。張

5. L'empereur Cheng (r. 33-7 AEC).

6. Les Érudits : c'est-à-dire les « docteurs » des Cinq Classiques, recrutés pour les étudier et les enseigner.

7. Zhang Ba (Ier s. AEC) : ce personnage est à distinguer d'un autre Zhang Ba, célèbre spécialiste des classiques, qui vécut dans la deuxième partie du Ier s. EC. Donghai : commanderie correspondant à des parties contiguës des actuelles provinces du Shandong, du Jiangsu et de l'Anhui.

L'empereur Cheng[5] lut le *Classique des documents* en cent chapitres, mais personne parmi les Érudits[6] ou au sein de la cour n'étant capable de comprendre le texte, il lança un appel dans l'empire pour trouver des spécialistes de ce classique. Zhang Ba, de la commanderie de Donghai[7], qui était un spécialiste du commentaire Zuo aux *Printemps et automnes*[8], en se basant sur la préface des cent chapitres et en utilisant l'exégèse textuelle du commentaire Zuo, proposa une reconstruction en cent deux chapitres du *Classique des documents*, qu'il soumit à l'empereur. L'empereur fit vérifier ce texte en le comparant avec une version du classique conservée à la cour, et aucun caractère ne correspondait ; il déféra Zhang Ba devant les fonctionnaires de la justice, qui le déclarèrent coupable de lèse-majesté. Mais l'empereur, qui admirait le talent de Zhang Ba, le gracia et ne fit pas détruire son texte, et dès lors sa version du *Classique des documents* circula parmi le peuple.

Confucius a dit : « Qu'il est difficile de trouver des talents[9] ! » Être capable, en mobilisant sa seule réflexion, de produire un classique en cent chapitres, voilà qui présuppose un talent prodigieux ! L'empereur Cheng admira la version de Zhang Ba et gracia ce dernier ; il avait certes produit un faux, mais dont l'ordonnancement en paragraphes et phrases, et l'organisation générale, correspondaient à l'œuvre originale ; donc l'empereur ne le fit pas détruire[10]. Ordonner des documents et les transmettre sous la forme de mémoires, rédiger des tablettes par dizaines, adresser en haut lieu des suppliques, ce de façon lisible et propre à satisfaire les lecteurs, c'est déjà exceptionnel. Zhang Ba, quant à lui, produisit cent chapitres

8. C'est-à-dire le *Zuozhuan.*

9. *Lunyu*, 8.20.

10. La ponctuation du texte est incertaine ici, et notre traduction est conjecturale.

霸推精思至於百篇，漢世(實)〔寡〕類，成帝赦之，不亦宜乎？

楊子山為郡上記吏，見三府為«哀牢傳»不能成，歸郡作上，孝明奇之，徵在蘭臺。夫以三府掾(吏)〔史〕，叢積成才，不能成一篇。子山成之，上覽其文。子山之傳，豈必審是？傳聞依為之有狀，會三府之士，終不能為，子山為之，斯須不難。成帝赦張霸，豈不有以哉？

2. 孝武之時，詔百官對策，董仲舒策文最善。王莽時，使郎吏上奏，劉子駿章尤美。美善不

11. L'éloge que Wang Chong fait de Zhang Ba relève de l'autodéfense, Wang Chong lui-même ayant été accusé par certains d'avoir fait œuvre de création en composant le *Lunheng*, c'est-à-dire de s'être arrogé l'une des prérogatives des anciens sages ; en effet, selon une certaine morale Han, les lettrés doivent se contenter de commenter les anciens Classiques, ils ne sauraient eux-mêmes produire du neuf. La faute de Zhang Ba est d'autant plus grave que celui-ci fabrique un Classique, et dans le contexte de l'époque, l'éloge que lui adresse Wang Chong est audacieux.

12. Yang Zichan (Ier s. EC) : de son vrai nom Yang Zhong, lettré contemporain de Wang Chong.

13. Rapporteur des comptes : fonctionnaire envoyé annuellement à la capitale par sa commanderie pour faire un rapport sur la population locale, la production agricole et les impôts.

14. Ailao : ethnie « barbare » du sud-ouest de la Chine (actuel Yunnan).

15. Empereur Ming (r. 57-75) : ce souverain est un contemporain de Wang Chong. Terrasse des orchidées : bâtiment qui servait de bibliothèque et abritait les archives à la capitale ; il avait été construit en pierre, pour prévenir les incendies.

16. Notre traduction est conjecturale. Wang Chong semble suggérer que le mémoire de Yang Zhong n'était sans doute pas plus fiable que le *Classique des documents* soumis par Zhang Ba.

en mobilisant sa seule réflexion : voilà qui de notre temps est effectivement peu courant, et quoi de plus normal à ce que l'empereur Cheng l'ait gracié[11] !

Alors que Yang Zishan[12] officiait comme rapporteur des comptes de sa commanderie à la capitale[13], il constata que pas un seul des trois ministères d'État n'avait été capable de rédiger un mémoire sur les Ailao[14] ; il retourna alors dans sa commanderie, écrivit ce mémoire et le soumit à la cour. Jugeant ce rapport remarquable, l'empereur Ming fit nommer Yang Zishan auprès de la Terrasse des orchidées[15]. Les fonctionnaires des ministères, pourtant nombreux et talentueux, avaient été incapables de rédiger un mémoire sur les Ailao ; Yang Zishan y parvint, et l'empereur le lut. Mais ce mémoire était-il nécessairement exact ? Yang Zishan dut se baser sur les données hétéroclites qu'on lui avait transmises sur les Ailao[16]. Mais alors que les lettrés des trois ministères avaient échoué, il réussit à écrire ce mémoire, qui plus est facilement et en peu de temps. L'empereur Cheng n'avait-il pas de bons motifs pour gracier Zhang Ba ?

2. Sous le règne de l'empereur Wu, on ordonna aux fonctionnaires de répondre à des questions de dissertation[17], et c'est Dong Zhongshu qui proposa le meilleur essai. Sous le règne de Wang Mang, on demanda aux gentilshommes du palais et aux fonctionnaires d'adresser des mémoires à la cour, et c'est Liu Xin qui produisit le texte le plus abouti[18]. Des textes d'une telle qualité ne viennent pas de nulle part, ils

17. Dissertation (*duice*) : épreuve consistant à répondre à une question du souverain sur des matières politiques, morales, etc., utilisée notamment dans la sélection des fonctionnaires.

18. Liu Xin (Zijun, 50 ?-23 EC) : célèbre lettré de la fin des Han occidentaux et du règne de Wang Mang. Notons que Wang Chong rapproche dans la même phrase, et unit dans le même éloge, Dong Zhongshu, considéré comme un lettré partisan de la tradition des Classiques en « nouvelle écriture », et Liu Xin, associé au contraire à la tradition des textes en « ancienne écriture ».

空, 才高知深之驗也。« 易 » 曰 :「聖人之情見於辭。」文辭美惡, 足以觀才。永平中, 神雀群集, 孝明詔上 «〔神〕爵頌 »。百官頌上, 文皆比瓦石, 唯班固、賈逵、傅毅、楊終、侯諷五頌金玉, 孝明覽焉。夫以百官之眾, 郎吏非一, 唯五人文善, 非奇而何 ? 孝武善 « 子虛 » 之賦, 徵司馬長卿。孝成玩弄眾書之多, 善楊子雲, 出入遊獵, 子雲乘從。使長卿、桓君山、子雲作吏, 書所不能盈牘, 文所不能成句, 則武帝何貪 ? 成帝何欲 ?故曰 :「玩楊子雲之篇, 樂於居千石之官 ; 挾桓君山之書, 富於積猗頓之財。」

19. *Yijing*, « Xici xia ».

20. Ère Yongping (58-75) : période correspondant au règne de l'empereur Ming.

21. Cf. *Hou Hanshu*, 36, « Jia Kui zhuan ».

22. Ces cinq contemporains de Wang Chong sont souvent mentionnés ensemble comme représentant la crème des lettres durant le règne de l'empereur Ming. Ban Gu (33-92) : il est surtout connu pour être le principal auteur du *Hanshu*, l'histoire officielle des Han antérieurs. Jia Kui (30-101) : lettré spécialiste des classiques. Fu Yi (?-90) : célèbre poète et lettré. Hou Feng (Ier s. EC) : lettré et collègue des précédents.

23. Sima Xiangru (179-117) : célèbre poète, principalement connu pour ses poèmes descriptifs de type *fu*, dont il fut le principal représentant. Le « Descriptif du maître Vide » (ou « Descriptif de Zixu »), l'une de ses œuvres principales, décrit deux parcs royaux.

manifestent le talent et l'intelligence de ceux qui les rédigent. Le *Classique des mutations* dit : « La nature du saint se manifeste dans son éloquence[19]. » Une belle ou une médiocre éloquence suffit donc pour juger du talent d'une personne. Durant l'ère Yongping[20], un vol de phénix se posa sur les toits du palais impérial, et l'empereur Ming commanda qu'on compose un « Éloge sacré aux phénix[21] » ; les fonctionnaires soumirent des textes qui ne valaient pas plus que des tuiles ou de la pierre ; mais les éloges proposés par Ban Gu, Jia Kui, Fu Yi, Yang Zhong et Hou Feng[22] étaient aussi précieux que de l'or ou du jade, et le souverain les apprécia à leur juste valeur. N'est-il pas étonnant que, dans la foule des fonctionnaires et courtisans, seuls cinq hommes aient possédé un si bon style ? L'empereur Wu fut séduit par le « Descriptif du maître Vide » et convoqua Sima Xiangru à la cour[23]. L'empereur Cheng, qui trouvait du plaisir à la lecture de toutes sortes de livres, appréciait tant ceux de Yang Xiong qu'il l'invita à l'accompagner dans ses chasses. Si Sima Xiangru, Huan Tan[24] ou Yang Xiong avaient occupé des postes officiels, ils n'auraient pu remplir tant de tablettes d'écriture et produire des œuvres aussi achevées[25] : l'empereur Wu aurait-il dès lors souhaité rencontrer Sima Xiangru ? L'empereur Cheng aurait-il désiré la compagnie de Yang Xiong ? Comme on dit : « Celui qui goûte les essais de Yang Xiong est plus heureux que le plus haut fonctionnaire ; et celui qui possède les œuvres de Huan Tan est plus riche que Yi Dun[26]. »

24. Huan Tan (43 ?-28 EC) : penseur et poète, collègue de Yang Xiong ; il est l'auteur des *Nouvelles discussions* (*Xin lun*), une œuvre philosophique qui eut une grande influence sur Wang Chong.

25. Ces personnages eurent des postes subalternes, mais ne connurent en définitive guère de succès dans leur carrière officielle ; leur exemple rappelle donc la vie de Wang Chong lui-même, et lui sert sans doute de consolation.

26. Yi Dun (ve s. AEC) : grand marchand du début de l'époque des Royaumes combattants, il s'enrichit grâce au commerce du sel.

韓非之書, 傳在秦庭, 始皇歎曰 :「獨不得與此人同時 !」陸賈 «新語», 每奏一篇, 高祖左右, 稱曰萬歲。夫嘆思其人, 與喜稱萬歲, 豈可空為哉 ? 誠見其美, 懽氣發於內也。

3. 候氣變者, 於天不於地, 天文明也。衣裳在身, 文着於衣, 不在於裳, 衣法天也。察掌理者, 〔在〕左不觀右, 左文明也。占在右, 不觀左, 右文明也。« 易 » 曰 :「大人虎變其文炳, 君子豹變其文蔚。」又曰 :「觀乎天文, 觀乎人文。」此言天人以文為觀, 大人君子以文為操也。

27. *Nouveaux propos* (*Xin yu*) : traité dans lequel Lu Jia tire les leçons de la chute des Qin et recommande de revenir aux valeurs confucianistes. « Bravo » : littéralement, « [Qu'il vive] dix mille ans ! » (*wansui*) ; c'est l'expression mieux connue sous sa prononciation japonaise « Banzai ! ».

28. Cette phrase est une allusion aux techniques ésotériques des astrologues et autres « magiciens », capables de reconnaître et d'interpréter toutes sortes de signes « extraordinaires », en particulier des phénomènes astronomiques et météorologiques.

29. Le ciel est en haut par rapport à la terre.

30. *Yijing*, « Hexagramme 49 ». La citation est tronquée.

31. *Yijing*, « Hexagramme 22, *bi* ». Les signes de l'homme : c'est-à-dire l'écriture. Wang Chong utilise le même mot, *wen* 文, « écriture », « motif », « marque », dans tous ces cas ; nous avons rendu uniformément par « signe »,

Les essais de Han Fei parvinrent à la cour des Qin, et le Premier empereur soupira : « Que n'ai-je pu vivre à la même époque que cet homme ! » Et chaque fois que l'empereur Gaozu et ses suivants lisaient un chapitre des *Nouveaux propos* de Lu Jia, ils s'exclamaient : « Bravo[27] ! » Ce n'est pas pour rien que le Premier empereur soupirait ainsi, et que l'empereur Gaozu et ses suivants applaudissaient : à la lecture de ces textes magnifiques, un *qi* enthousiaste jaillissait du plus profond de leur cœur !

3. Ceux qui étudient les changements de *qi* n'observent pas la terre, mais le ciel, qui propose des signes beaucoup plus clairs[28]. On porte des vêtements en haut et en bas, mais on n'orne de signes que les vêtements du haut, sur le modèle du ciel[29]. Ceux qui examinent les lignes dans la paume des mains privilégient la main gauche et négligent la droite, parce que les signes sont plus clairs dans la main gauche. Les devins prennent en compte la partie droite des carapaces de tortue, et non pas la partie gauche, parce que sur ces carapaces les signes sont plus clairs à droite. Le *Classique des mutations* écrit : « Le grand homme réforme comme un tigre et ses signes sont éclatants comme les rayures du tigre ; l'homme de bien réforme comme une panthère et ses signes sont élégants comme les taches de la panthère[30]. » Ou encore : « On observe les signes du ciel, on observe les signes de l'homme[31]. » Cela veut dire que ce sont par leurs signes que le ciel et les hommes se révèlent, et que c'est par leurs signes que le grand homme et l'homme de bien se manifestent.

même lorsque ce n'est pas la traduction la plus naturelle, afin de montrer le lien essentiel entre tous ces phénomènes : pour les anciens Chinois, il y a une analogie entre les constellations célestes et les caractères d'écriture, entre les signes interprétés par les devins et les taches sur le pelage d'un fauve, avec à chaque fois l'idée qu'il s'agit de symboles qui signifient quelque chose, du moins pour celui qui sait lire. Le mot *wen* renvoie également à la culture, à la civilisation, par opposition à la nature brute.

高祖在母身之時，息於澤陂，蛟龍在上，龍觩炫燿；及起，楚望漢軍，氣成五采；將入咸陽，五星聚東井，星有五色。天或者憎秦，滅其文章；欲漢興之，故先受命，以文為瑞也。

4. 惡人操意，前後乖違。始皇前歎韓非之書，後惑李斯之議，燔五經之文，設挾書之律。五經之儒，抱經隱匿；伏生之徒，竄藏 (土)〔山〕中。殄賢聖之文，厥辜深重，嗣不及孫。李斯創議，身伏五刑。

漢興，易亡秦之軌，削李斯之跡。高祖始令陸

32. Ce signe, qui indique la naissance du futur fondateur de la dynastie Han, possède une connotation sexuelle.

33. Il s'agit d'une allusion à l'autodafé des livres de 213, et peut-être aussi à l'uniformisation des styles d'écriture imposée par le Premier empereur Qin. Wang Chong suggère qu'en s'en prenant aux textes et à l'écriture, le Premier empereur ne pécha pas seulement contre la culture humaine : en brûlant les livres, il détruisit des signes (d'écriture) ayant par analogie le même statut sacré que les signes célestes (notamment les constellations), d'où le mécontentement du ciel et comme châtiment la chute rapide de la dynastie Qin.

34. Cf. *supra*, 25.7, où Wang Chong discute plus longuement de cet événement.

35. Fu Sheng (IIIe-IIe s.) : académicien durant la dynastie Qin, spécialiste du *Classique des documents*.

36. Le Premier empereur lui-même avait promis que la dynastie Qin régnerait durant 10 000 générations ; elle ne tint qu'une quinzaine d'années et ne connut que deux règnes : le sien et celui, très bref, de son fils, le Second empereur.

Alors qu'elle était enceinte du futur empereur Gaozu, sa mère se reposa près d'un étang, et un dragon d'eau vint sur elle, affublé d'une corne resplendissante[32] ; lorsque plus tard l'empereur se rebella contre les Qin, les armées de Chu observèrent du *qi* des cinq couleurs se former sur le camp des armées Han ; et tandis qu'il s'apprêtait à entrer à Xianyang, il y eut une conjonction des cinq planètes, chacune avec une couleur différente, dans la mansion du Puits oriental. Sans doute le ciel, mécontent des Qin, coupables d'avoir détruit les signes d'écriture[33], voulait-il indiquer qu'il souhaitait l'essor des Han, et leur annonçait-il par ces signes favorables qu'il leur conférait le mandat de régner.

4. L'homme vicieux n'a aucune constance dans son comportement. Le Premier empereur commença par soupirer de regret après avoir lu l'œuvre de Han Fei, puis, égaré par les propositions de Li Si, il fit brûler les Cinq Classiques et promulgua un décret interdisant la possession de livres[34]. Les lettrés spécialistes des Classiques en emportèrent des exemplaires pour les cacher ; Fu Sheng et ses pairs se réfugièrent dans les montagnes pour les enterrer[35]. C'est un lourd crime que de détruire les textes des saints et des sages, et la dynastie Qin connut sa fin avant la troisième génération[36] ! Li Si, qui avait proposé de brûler les livres, mourut pour sa part en endurant les cinq supplices[37].

Lorsque les Han prirent le pouvoir, ils réformèrent les méthodes des Qin et éradiquèrent les dernières traces de la politique de Li Si. L'empereur Gaozu chargea Lu Jia de rédiger

37. Le Second empereur, influencé par son conseiller Zhao Gao (?-207 AEC), fit arrêter Li Si pour trahison et le condamna à une exécution particulièrement cruelle. Les cinq supplices de la loi Qin étaient le marquage au front, l'amputation du nez, l'amputation des pieds, la castration (ou éventuellement l'éviscération) et la mise à mort en tant que telle, à savoir le sectionnement de la taille.

賈造書, 未興五經。惠、景以至元、成, 經書並修。漢朝郁郁, 厥語所聞, 孰與亡秦?

王莽無道, 漢軍雲起, 臺閣廢頓, 文書棄散。光武中興, 修存未詳。孝明世好文人, 並徵蘭臺之官, 文雄會聚。今上即(令)「命」, 詔求亡失, 購募以金, 安得不有好文之聲?

唐、虞既遠, 所在書散; 殷、周頗近, 諸子存焉。漢興以來, 傳文未遠, 以所聞見, 伍唐、虞而什殷、周, 煥炳郁郁, 莫盛於斯! 天晏暘者, 星辰曉爛; 人性奇者, 掌文藻炳。漢今為盛, 故文繁湊也。

38. C'est-à-dire durant la plus grande partie de la dynastie des Han antérieurs : l'empereur Hui régna de 195 à 188, l'empereur Jing de 157 à 141, l'empereur Yuan de 48 à 33, et l'empereur Cheng de 33 à 7 AEC.

39. « Les bibliothèques impériales » : littéralement, « les terrasses et les pavillons » ; l'expression peut désigner les bâtiments officiels, ou peut-être plus spécifiquement la Terrasse des orchidées et le Pavillon des licornes, cette dernière étant une galerie de portraits de sujets méritants de la dynastie Han.

40. Soit l'empereur Zhang (r. 75-88).

son traité sur les causes de la chute des Qin, mais sous son règne on ne put réhabiliter les Classiques ; ceux-ci furent reconstitués à partir de règnes des empereurs Hui et Jing, et jusqu'à ceux des règnes des empereurs Yuan et Cheng[38]. Sur la base de tout ce qu'on sait, laquelle l'emporte, notre magnifique dynastie Han ou la dynastie déchue des Qin ?

Lorsque les armées Han se soulevèrent contre le traître Wang Mang, les bibliothèques[39] furent laissées à l'abandon, et les livres furent détruits ou dispersés. On ne put les reconstituer complètement sous le règne de l'empereur Guangwu, juste après la restauration de la dynastie. Mais l'empereur Ming tenait les lettrés en haute estime ; on recruta à nouveau du personnel pour les bibliothèques impériales, qui rassemblèrent à nouveau les meilleurs lettrés. Quant au souverain actuel[40], il ordonna de retrouver les œuvres perdues, et se montra prêt à les racheter à bon prix : voilà un souverain qui n'a certainement pas la réputation de ne pas aimer les lettres !

L'époque de Yao et de Shun est très éloignée de nous, et les livres produits sous leurs règnes ont été perdus. Les dynasties Shang et Zhou sont un peu plus proches, et les œuvres des penseurs ont été préservées. Quant aux ouvrages transmis depuis la fondation de la dynastie Han, ils ont d'après les informations dont on dispose, et sur une période plus brève, été cinq fois plus nombreux que ceux des règnes de Yao et de Shun, et dix fois plus nombreux que ceux des dynasties Shang et Zhou ! Pour ce qui est de la grandeur, aucune période ne l'emporte sur la nôtre ! Lorsque le ciel est dégagé, les étoiles et les astres apparaissent dans toute leur splendeur ; lorsqu'un homme est exceptionnel, les lignes de sa main sont éclatantes. Notre dynastie Han resplendit, et voilà pourquoi les lettres y sont si florissantes[41].

41. À nouveau, Wang Chong fait un lien entre le *wen* du ciel (les étoiles), le *wen* de la main (les lignes) et le *wen* de la dynastie Han (ses écrits et sa civilisation).

5. 孔子曰：「文王既歿，文不在茲乎！」文王之文，傳在孔子。孔子為漢制文，傳在漢也。受天之文，文人宜遵。五經六藝為文，諸子傳書為文，造論著說為文，上書奏記為文，文德之操為文。立五文在世，皆當賢也。

造論著說之文，尤宜勞焉。何則？發胸中之思，論世俗之事，非徒諷古經、續故文也。論發胸臆，文成手中，非說經藝之人所能為也。

周、秦之際，諸子並作，皆論他事，不頌主上，無益於國，無補於化。造論之人，頌上恢國，國業傳在千載，主德參貳日月，非適諸子書傳所能並也。

42. *Lunyu*, 9.5. Les traducteurs rendent généralement le mot *wen* par « culture » ou « civilisation » dans ce passage des *Entretiens* de Confucius ; étant donné le contexte du passage, nous avons traduit par « écrits ».

43. Sous les Han, certains lettrés jugeaient que le *Classique des printemps et automnes* notamment avait été rédigé par Confucius à l'attention des souverains de la dynastie Han.

44. Le texte est peut-être tronqué ici, nous proposons une ponctuation différente des commentaires habituels.

45. Littéralement, les « Six Arts » : soit les rites, la musique, le tir à l'arc, la conduite des chars, l'écriture et l'arithmétique ; mais l'expression peut aussi désigner les « Six Classiques », soit les « Cinq Classiques » habituels, auxquels on ajoute le *Classique de la musique*, aujourd'hui perdu.

5 Confucius a dit : « Le roi Wen est mort, ne suis-je pas le dépositaire de ses écrits[42] ? » Les écrits du roi Wen se transmirent jusqu'à Confucius, puis ce dernier composa ses œuvres à l'attention des Han[43], et elles se transmirent jusqu'à nous. Les lettrés ne peuvent que respecter ce qui est ainsi reçu du ciel[44]. Mais si les Cinq Classiques ou les Six Canons[45] sont des écrits, il en est de même des livres et commentaires des anciens penseurs, de nos essais et traités, des mémoires et suppliques adressés à la cour ou encore des biographies d'hommes vertueux. Il convient donc de révérer aussi ceux qui, de nos jours, se distinguent dans l'un ou l'autre de ces cinq types d'écrits.

Sont particulièrement méritants ceux qui se consacrent à la rédaction d'essais ou de traités[46]. Pourquoi cela ? Parce qu'ils traitent des affaires du monde selon leurs propres idées, et ne se contentent pas de répéter les Classiques ou de reprendre les anciennes traditions : ils conçoivent par eux-mêmes des idées qu'ils mettent ensuite par écrit, chose dont les commentateurs des Classiques se montrent incapables.

Et si les penseurs des Zhou ou des Qin produisirent des traités qui abordaient de toutes sortes de questions, ils ne firent pas l'éloge de leurs souverains, de sorte que leurs œuvres n'eurent aucune utilité pour leur dynastie ou l'édification du peuple. Au contraire, les essais de nos lettrés louent notre souverain et encensent la dynastie[47], assurant sa réputation pour les mille générations à venir, rendant la vertu impériale aussi majestueuse que le soleil et la lune : de cela, les anciens penseurs se montrèrent bien incapables !

46. Wang Chong pense sans doute à lui-même : plusieurs traités du *Lunheng* relèvent de la justification, de la défense contre les critiques, voire de l'autopromotion, et c'est aussi le cas de ce paragraphe.

47. À nouveau, Wang Chong pense ici à lui-même et à son œuvre : plusieurs traités du *Lunheng* font l'éloge de la dynastie Han. Certains commentateurs modernes y ont d'ailleurs vu une forme de flagornerie.

上書陳便宜，奏記薦吏士，一則為身，二則為人，繁文麗辭，無上書文德之操，治身完行，徇利為私，無為主者。夫如是，五文之中，論 (者)〔著〕之文多矣，則可尊明矣。

6. 孔子稱周曰：「唐、虞之際，於斯為盛。周之德，其可謂至德已矣！」孔子，周之文人也，設生漢世，亦稱漢之至德矣。

趙他王南越，倍主滅使，不從漢制，箕踞椎髻，沉溺夷俗。陸賈說以漢德，懼以帝威，心覺醒悟，蹶然起坐。世儒之愚，有趙他之惑，鴻文之人，陳陸賈之說，觀見之者，將有蹶然起坐，趙他之悟。漢氏浩爛，不有殊卓之聲。

48. Le texte paraît tronqué dans ce passage, notre traduction est conjecturale.

49. *Lunyu*, 8.20. Wang Chong tronque le passage, cf. la traduction de P. Ryckmans : « Avec cinq ministres, Shun gouverna le monde. Le roi Wu a dit qu'il avait lui-même dix ministres. Confucius dit : "Les hommes de talent sont rares, c'est bien le cas de le dire, puisqu'à l'époque de Yao et de Shun

Les mémoires et suppliques visent pour leur part à proposer telle ou telle mesure, ou à recommander des hommes pour des promotions. Ils servent les intérêts de ceux qui les rédigent ou ceux de tiers, et même s'ils louent longuement et dans un style élégant les comportements méritants pour encourager à la vertu, leur intérêt demeure en définitive privé : ils ne servent en rien le souverain. On voit donc clairement que parmi les cinq types d'écrits mentionnés ci-dessus, c'est l'essai qui l'emporte et mérite le plus d'éloges[48].

6. Confucius loua les Zhou : « C'est sous les règnes de Yao et de Shun qu'il y eut le plus de sages. Mais on peut dire que la vertu des Zhou était vraiment parfaite[49]. » Confucius rédigea son œuvre sous la dynastie Zhou, mais s'il avait vécu sous celle des Han, il aurait loué également la vertu des souverains de cette dynastie.

Zhao Tuo, le roi des Yue du Sud, trahit l'empereur et coupa toute relation avec les Han ; il ne se conforma plus aux institutions impériales ; il adopta les coutumes barbares, s'asseyant les jambes écartées et portant le chignon des Yue. Alors Lu Jia vint l'exhorter à s'amender, en invoquant la vertu des Han et le prestige impérial pour l'effrayer : ce fut pour Zhao Tuo une révélation et il se reprit, se redressant pour s'asseoir[50]. Nos lettrés vulgaires sont dans la même confusion que Zhao Tuo ; que nos meilleurs érudits leur expliquent les choses à la façon de Lu Jia, et ils s'éveilleront et s'amenderont comme Zhao Tuo, comprenant que la grandeur de la dynastie Han n'a rien à envier à la réputation des Zhou.

où ils étaient pourtant les plus nombreux, Shun n'en trouva que cinq. Et le roi Wu n'avait que neuf ministres en fait, car l'un des dix était une femme. Tout en contrôlant les deux tiers du monde, la maison de Zhou demeura cependant vassale de Yin. On peut vraiment dire que la vertu des Zhou était parfaite" » (*op. cit.*, p. 47-48).

50. Sur Zhao Tuo et Lu Jia, cf. ci-dessus, 8.10.

文人之休, 國之符也。望豐屋知名家, 睹喬木知舊都。鴻文在國, 聖世之驗也。孟子相人以眸子焉, 心清則眸子瞭。瞭者, 目文瞭也。夫候國占人, 同一實也。國君聖而文人聚, 人心惠而目多采。蹂蹈文錦於泥塗之中, 聞見之者, 莫不痛心。知文錦之可惜, 不知文人之當尊, 不通類也。

7. (天)〔夫〕文人文 (文)〔章〕, 豈徒調墨弄筆, 為美麗之觀哉 ? 載人之行, 傳人之名也。善人願載, 思勉為善 ; 邪人惡載, 力自禁裁。然則文人之筆, 勸善懲惡也。

謚法所以章善, 即以著惡也。加一字之謚, 人猶勸懲, 聞知之者, 莫不自勉。況極筆墨之力, 定善惡之實, 言行畢載, 文以千數, 傳流於世, 成為丹青, 故可尊也。

51. La tache : à nouveau *wen*, c'est-à-dire la pupille, qui est à l'œil ce que les étoiles sont au ciel ou, dans le contexte de ce paragraphe, ce que les lettres (l'écriture) sont à la dynastie.

52. On avait coutume en Chine ancienne de donner un nom posthume aux empereurs et à d'autres personnages en vue. Ces noms étaient censés refléter

La prospérité des lettres, voilà le signe de la grandeur d'une dynastie ! On reconnaît les grandes familles à la richesse de leurs demeures, et les vieilles capitales à leurs grands arbres. Des lettres resplendissantes sont la preuve de la sainteté d'une dynastie. Mencius était capable de juger d'une personne à la prunelle de ses yeux, un cœur pur se révélant dans un œil brillant, c'est-à-dire dans la tache brillante de l'œil[51]. Juger d'un homme ou juger d'une dynastie, c'est la même chose. Un saint empereur favorise l'essor des lettres, de la même façon qu'un cœur intelligent se reflète dans l'éclat de l'œil. Qui ne s'afflige pas au spectacle de riches soieries piétinées dans la boue ? On sait le prix de ces soieries, mais on ignore la valeur des hommes de lettres, parce qu'on ne comprend pas qu'il s'agit de la même chose.

7. Les œuvres des lettrés sont bien plus que de simples exercices du pinceau et de l'encre destinés à plaire à leurs lecteurs ! Elles enregistrent les agissements des hommes et transmettent leur nom à la postérité, de sorte que les vertueux s'appliquent au bien dans l'espoir qu'on rapportera leurs bonnes actions, et les méchants s'efforcent de se refréner afin qu'on ne rapporte pas leur vilaine conduite. Il en est vraiment ainsi : le pinceau du lettré encourage au bien et sanctionne le vice.

Les noms posthumes exaltent la vertu et dénoncent les vices du défunt : un seul mot suffit dans ce cas pour exhorter ou punir, et à inciter ceux qui les entendent à faire des efforts[52]. Alors à plus forte raison doit-on vénérer la puissance de ces textes qui peuvent mobiliser des milliers de mots pour établir les bonnes et les mauvaises actions, et les préserver de façon indélébile pour les générations futures !

la moralité du défunt – c'est en tout cas l'interprétation que Wang Chong privilégie ici. En réalité, ils étaient souvent positifs et conventionnels ; tous les souverains Han eurent des noms posthumes élogieux, y compris ceux de la fin de la dynastie, dont les règnes furent pourtant largement défaillants.

楊子雲作«法言»,蜀富〔賈〕人齎錢(千)〔十〕萬,願載於書。子雲不聽〔曰〕:「夫富無仁義之行,〔猶〕圈中之鹿,欄中之牛也,安得妄載?」班叔皮續«太史公書»,載鄉里人以為惡戒。邪人枉道,繩墨所彈,安得避諱?是故子雲不為財勸,叔皮不為恩撓。文人之筆,獨已公矣!賢聖定意於筆,筆集成文,文具情顯,後人觀之,見以正邪,安宜妄記?

8. 足蹈於地,跡有好醜;文集於(禮)〔札〕,志有善惡。故夫占跡以睹足,觀文以知情。«詩»三百,一言以蔽之,曰:「思無邪。」«論衡»篇以十數,亦一言也,曰:「疾虛妄。」

53. *Maîtres mots* (*Fayan*) : l'une des principales œuvres du penseur Yang Xiong, achevée au tout début du Ier s. EC.

54. Ban Biao (3-54) : s'inspirant des *Mémoires historiques* de Sima Qian, le « Grand annaliste », il commença l'histoire des Han antérieurs *(Hanshu)*, qui sera achevée par son fils Ban Gu et sa fille Ban Zhao (45-116 ?).

55. Cf. *Lunyu*, 2.2, où ce mot est attribué à Confucius lui-même.

Lorsque Yang Xiong rédigea ses *Maîtres mots*, un riche marchand du pays de Shu lui proposa beaucoup d'argent pour être mentionné dans son œuvre[53]. Mais Yang Xiong refusa : « Pourquoi ferais-je cela ? La richesse n'implique nullement un comportement vertueux – devrais-je aussi faire le compte des cerfs destinés aux chasses royales ou des bœufs dans leur enclos ? » Lorsque Ban Biao continua l'œuvre du Grand annaliste[54], il rapporta les méfaits des derniers ruffians de province, ce à des fins d'exhortation morale ; des gens qui se comportent aussi mal doivent être dénoncés selon les règles : comment auraient-ils pu échapper à la sanction de l'historien ? Yang Xiong ne se laissa pas acheter, et Ban Biao ne se laissa pas amadouer : quoi de plus impartial que le pinceau de l'homme de lettres ! Les sages expriment leurs idées par écrit, ils les rassemblent en des essais clairs et détaillés qui permettent à leurs lecteurs de séparer ce qui est juste et ce qui ne l'est pas : comment les sages pourraient-ils rapporter n'importe quoi dans leurs œuvres ?

8. Les pieds laissent sur le sol des empreintes qui peuvent être belles ou vilaines, et les textes sur tablettes livrent une pensée qui peut être bonne ou mauvaise : on peut connaître le pied d'une personne à son empreinte, on peut connaître la qualité d'un lettré à ses textes. Il y a trois cents poèmes dans le *Livre des poèmes*, dont on peut résumer l'esprit en une phrase : « Penser droit[55] ! » Il y a des dizaines de traités dans ma *Balance des discours*, dont on peut aussi résumer l'esprit en une phrase : « Contre l'erreur[56]. »

56. Wang Chong n'hésite pas à comparer son œuvre au *Classique des poèmes*, soit l'un des grands classiques du confucianisme. Soulignons l'originalité de Wang Chong ici : en se donnant comme priorité la lutte contre l'erreur, notre auteur se donne un but qu'on pourrait qualifier de « scientifique », ce qui est digne d'être remarqué dans une culture où la pensée est communément soumise à des impératifs moraux.

定賢篇第八十

1. 聖人難知, 賢者比於聖人為易知。世人且不能知賢, 安能知聖乎 ? 世人雖言知賢, 此言妄也。知賢何用 ? 知之如何 ?

2. 以仕宦得高官身富貴為賢乎 ? 則富貴者天命也。命富貴不為賢, 命貧賤不為不肖。必以富貴效賢不肖, 是則仕宦以才不以命也。

3. 以事君調合寡過為賢乎 ? 夫順阿之臣, 佞倖之徒是也。准主而說, 適時而行, 無廷逆之郄, 則

1. Saints (*shengren* 聖人) : les hommes les plus vertueux, comme les sages souverains de l'Antiquité, le duc de Zhou, et bien sûr Confucius. Sages (*xianren* 賢人) : ceux qui viennent juste après les saints, à savoir les hommes moralement et intellectuellement accomplis – mais, et c'est l'une des préoccupations de Wang Chong dans ce chapitre, la différence entre les deux n'est pas si facile à établir.

Définition des sages
(Traité 80, « Ding xian »)

1. S'il est difficile de reconnaître les saints, c'est un peu plus facile en ce qui concerne les sages[1]. Mais les gens se montrent incapables de reconnaître les sages, alors comment reconnaîtraient-ils les saints ? Ils affirment être capables de reconnaître les sages, mais c'est faux. Alors sur quels critères reconnaître les sages ? Comment y parvenir ?

2. Les sages sont-ils ceux qui, étant parvenus dans leur carrière officielle à de hauts postes, sont riches et honorés ? Mais richesses et honneurs sont décidés par le ciel : ceux dont la destinée est d'être riches et honorés ne sont pas forcément des sages, et ceux dont la destinée est d'être pauvres et humbles ne sont pas nécessairement des hommes indignes. Prétendre que richesses et honneurs sont une preuve de sagesse revient à dire que la réussite dans la carrière officielle dépend du talent, et non pas de la destinée[2].

3. La sagesse serait-elle le fait de servir son souverain de façon docile et sans jamais se tromper ? Mais le ministre docile est du même genre que le flatteur, qui adapte ses discours aux attentes du souverain, et ses actes aux circonstances, sans jamais

2. Rappelons que pour Wang Chong, la réussite et les honneurs ne s'expliquent que par la destinée et la chance.

無斥退之患。或骨體嫺麗, 面色稱媚, 上不憎而善生, 恩澤洋溢過度, 未可謂賢。

4. 以朝庭選舉皆歸善為賢乎 ? 則夫著見而人所知者舉多, 幽隱人所不識者薦少, 虞舜是也。堯求, 則咨於鯀、共工, 則嶽已不得。由此言之, 選舉多少, 未可以知實。或德高而舉之少, 或才下而薦之多。明君求善察惡於多少之間, 時得善惡之實矣。

且廣交多徒, 求索眾心者, 人愛而稱之 ; 清直不容鄉黨, 志潔不交非徒, 失眾心者, 人憎而毀之。故名多生於(知)〔和〕謝, 毀多失於眾意。

齊威王以毀封即墨大夫, 以譽烹阿大夫。即

3. Cf. *Shangshu*, « Yao dian ». « Les chefs des montagnes sacrées » : les interprètes comprennent *yue* 嶽, « pic », ou *si yue*, « quatre pics », soit au singulier, comme désignant un conseiller du mythique souverain Yu, puis de Yao ; soit au pluriel, comme désignant les officiers qui commandent les « quatre pics sacrés », c'est-à-dire les régions aux quatre directions de l'empire ; nous

le contredire, et donc sans jamais encourir la moindre disgrâce ou rétrogradation ; ou alors il plaît par sa belle apparence et son visage charmant, et le souverain le traite avec une bonté et une générosité excessives. Mais tout cela ne saurait être qualifié de sagesse.

4. Le sage est-il celui que toute la cour loue pour ses qualités et recommande pour un poste ? Mais ceux qui se montrent bénéficient de plus de recommandations que ceux qui demeurent cachés. Ce fut le cas de Shun : Yao cherchant à recruter des sages, les chefs des montagnes sacrées ne purent lui proposer mieux que Gun et Gonggong[3]. Le nombre de recommandations n'est donc pas un critère pour reconnaître la sagesse. Certains ne sont pas recommandés malgré leur éminente vertu, et d'autres qui pourtant sont médiocres bénéficient de nombreuses recommandations. Le souverain qui voudrait séparer bons et mauvais sujets en fonction du nombre de leurs soutiens recruterait en définitive autant d'hommes compétents que d'hommes incompétents.

On aime et loue ceux qui ont beaucoup de relations et cherchent à plaire à la foule ; on déteste et dénigre les hommes purs qui répugnent aux factions et qui refusent d'entretenir des relations avec ceux qui n'ont pas les mêmes valeurs qu'eux, quitte à perdre tout soutien populaire. Une bonne réputation dépend en définitive de la faculté à se commettre avec les autres, et à l'inverse la mauvaise réputation sanctionne souvent un manque de popularité.

Le roi Wei de Qi donna un fief au grand officier de Jimo malgré les calomnies dont on l'accablait ; et il fit ébouillanter le grand officier de E malgré les louanges qu'on lui tressait :

nous rallions à cette deuxième interprétation. Selon le *Classique des documents*, Yao demandant à ces chefs de lui recommander un sage pour venir à bout des inondations, ils lui conseillèrent Gun et Gonggong, qui s'en montrèrent incapables. C'est seulement soixante-dix ans après son accession au trône qu'on lui recommanda l'excellent Shun, son futur successeur.

墨有功而無譽, 阿無效而有名也。

子貢問曰:「鄉人皆好之, 何如?」孔子曰:「未可也。」「鄉人皆惡之, 何如?」曰:「未可也。不若鄉人之善者好之, 其不善者惡之。」夫如是, 稱譽多而小大皆言善者, 非賢也。善人稱之, 惡人毀之, 毀譽者半, 乃可 (有)〔以〕〔知〕賢。以善人所稱, 惡人所毀, 可以知賢乎?夫如是, 孔子之言可以知賢, 不知譽此人者, 賢也?毀此人者, 惡也?或時稱者惡而毀者善也?人眩惑無別也。

5. 以人眾所歸附、賓客雲合者為賢乎?則夫人眾所附歸者, 或亦廣交多徒之人也, 眾愛而稱之, 則蟻附而歸之矣。或尊貴而為利, 或好士下客, 折節俟賢。

信陵、孟嘗、平原、春申, 食客數千, 稱為賢君。大將軍衛青及霍去病, 門無一客, 稱為名將。

4. Cf. *Shiji*, 46, « Tian Jingzhong Wan shijia ». Le roi Wei de Qi (r. 356-320), qui fut l'un des monarques les plus puissants du milieu du IVe siècle avant notre ère, était réputé pour ses efforts pour recruter des hommes capables. Jimo, E : lieux dans l'actuel Shandong.

5. *Lunyu*, 13.24, trad. A. Cheng, *op. cit.*, p. 108 (légèrement modifiée).

le grand officier de Jimo avait beaucoup de mérite, mais personne ne le louait, tandis que le grand officier de E n'avait rien accompli, mais jouissait d'une bonne réputation[4].

Zigong demanda à Confucius : « Que diriez-vous d'un homme aimé de tous ses voisins ? » Le Maître répondit : « Que cela ne prouve rien. » Zigong : « Et d'un homme haï de tous ses voisins ? » Le Maître dit : « Cela ne prouve rien non plus. Mieux vaut celui qui, dans son village, est aimé des hommes bons et haï des mauvais[5]. » Selon ce jugement, le sage ne saurait être celui qui bénéficie de louanges nombreuses et unanimes ; le sage, c'est celui qui récolte à la fois louanges et calomnies, parce qu'il est loué par les gens vertueux et calomnié par les gens mauvais. Mais peut-on reconnaître le sage au fait qu'il est loué par les gens vertueux et calomnié par les gens mauvais ? Confucius suggère ici que oui, mais comment savoir si celui qui loue est bon, et si celui qui calomnie est mauvais ? N'y a-t-il pas des cas où celui qui loue est mauvais, et celui qui critique, vertueux ? Ceux qui sont dans le doute et n'y voient pas clair ne peuvent donc reconnaître les sages à partir de ce critère.

5. Le sage serait-il celui auquel tout le monde se rallie et qui entretient une nuée de protégés ? Mais ces hommes auxquels tous se rallient excellent peut-être simplement à se faire des relations, avec pour résultat que les gens les apprécient et les louent, et s'attachent à eux comme des fourmis. Ou alors ces hommes ont-ils des positions importantes et ceux qui se rallient à eux le font par intérêt ; ou encore, ils traitent particulièrement bien leurs protégés, oubliant les règles de l'étiquette pour leur témoigner leur considération.

Le seigneur de Xinling, le seigneur de Mengchang, le seigneur de Pingyuan et le seigneur de Chunshen entretenaient chacun des clients par milliers, et ils se gagnèrent ainsi la réputation d'être des sages. Mais le grand général Wei Qing, tout comme Huo Qubing, n'avaient pas la moindre clientèle,

故賓客之會,在好下之君,利害之賢。或不好士,不能為輕重,則眾不歸而士不附也。

6. 以居位治人,得民心歌詠之為賢乎?則夫得民心者,與彼得士意者,無以異也。為虛恩拊循其民,民之欲得,即喜樂矣。何以效之?齊田成子、越王句踐是也。成子欲專齊政,以大斗貸、小斗收而民悅;句踐欲雪會稽之恥,拊循其民,弔死問病而民喜。二者皆自有所欲為於他,而偽誘屬其民,誠心不加,而民亦說。

孟嘗君夜出秦關,雞未鳴而關不闓,下坐賤客,鼓臂為雞鳴,而雞皆和之,關即闓,而孟嘗得出。(又)〔夫〕雞可以姦聲感,則人亦可以偽恩

6. Wei Qing (?-106 AEC) : l'un des grands généraux du règne de l'empereur Wu, il s'illustra contre les Xiongnu ; ses succès militaires ne l'empêchèrent pas de demeurer humble. Huo Qubing (140-117) : neveu de Wei Qing et autre grand général du règne de l'empereur Wu.

7. Cf. *Han Feizi*, 34, « Wai chu shuo you shang ».

8. Lors des guerres entre les royaumes de Wu et de Yue à la fin de l'époque des Printemps et automnes, le roi Goujian fut défait par le roi de Wu, Fuchai, qui le captura et en fit son serviteur, ne le relâchant qu'au bout de trois ans ; Goujian se vengea quelques années plus tard, en conquérant Wu et en poussant Fuchai au suicide.

et pourtant ils furent loués comme de grands généraux[6]. La capacité pour un seigneur de rassembler une importante clientèle dépend de la façon dont il traite ses suivants et du profit qu'ils trouvent à le suivre. Certains n'ont pas de goût pour de telles clientèles et sont incapables de favoritisme, et donc les gens ne se rallient pas à eux et ils n'ont guère de fidèles.

6. Le sage est-il celui qui dans ses fonctions de gouvernement se gagne le cœur des gens et s'attire leurs louanges ? Mais se gagner le cœur des gens revient au même que se gagner la faveur de ses suivants : même si la bonté dont on fait preuve est hypocrite, les gens se réjouissent lorsqu'on comble leurs désirs. On peut invoquer ici les exemples de Tian Chengzi, du pays de Qi, et du roi Goujian de Yue. Tian Chengzi, qui voulait prendre le pouvoir à Qi, prêtait aux gens avec une grande louche, et se faisait rembourser avec une petite, ce qui les enchantait[7]. Et le roi Goujian, désireux de laver l'affront qui lui avait été fait à Kuaiji, flattait les plus humbles de ses sujets, allant jusqu'à leur adresser des condoléances et à s'enquérir de leur santé, et ils étaient contents[8]. L'un et l'autre avaient leurs raisons pour vouloir plaire ainsi à leurs sujets, et ils y réussissaient malgré leur manque de sincérité.

Le seigneur de Mengchang voulait franchir en pleine nuit la passe de Qin, mais elle n'était pas ouverte, les coqs n'ayant pas encore chanté ; alors l'un de ses protégés, se frappant la bouche de la paume de la main, imita le bruit du coq : tous les coqs chantèrent à l'unisson, la passe fut ouverte, et le seigneur Mengchang put quitter le pays de Qin[9]. Si l'on peut

9. Le seigneur de Mengchang : il entretenait un grand nombre de protégés, dont certains avaient des talents qu'il sut mettre à profit pour se tirer de mauvais pas. En 299, alors qu'il était en mission à Qin, dans le contexte agité de la fin de l'époque des Royaumes combattants, le roi le plaça en résidence surveillée, puis le laissa partir, avant de changer d'avis ; il envoya des troupes à sa poursuite, et c'est l'astuce improbable de l'un de ses suivants qui lui permit d'échapper de justesse au danger. La passe de Qin : c'est-à-dire la passe de Hangu (Hanguguan) sur le fleuve Jaune (dans l'actuel Henan), point de contrôle marquant la frontière entre le royaume de Qin et les pays de « l'est des passes » ; elle était sévèrement gardée et fermée la nuit.

動也；人可以偽恩動，則天亦可巧詐應也。動致天氣，宜以精神，而人用陽燧取火於天，消鍊五石，五月盛夏，鑄以為器，乃能得火。今又但取刀、劍、恒銅鉤之屬，切磨以嚮日，亦得火焉。夫陽燧、刀、劍、鉤能取火於日，恒非賢聖亦能動氣於天。若董仲舒信土龍之能致雲雨，蓋亦有以也。夫如是，應天之治，尚未可謂賢，況徒得人心，即謂之賢，如何？

7. 以居職有成功見效為賢乎？夫居職何以為功效？以人民附之，則人民可以偽恩說也。

陰陽和、百姓安者，時也。時和，不肖遭其安；不和，雖聖逢其危。如以陰陽和而效賢不肖，則堯以洪水得黜，湯以大旱為殿下矣。

10. « *Qi* céleste » : désigne ici le feu céleste. « Avec bonne foi » : littéralement, « avec son esprit subtil » (*jingshen* 精神), c'est-à-dire sans tromper le ciel par des artifices. Miroir flamboyant : cf. *supra*, 8.5.

faire réagir des coqs en imitant leur cri, on peut émouvoir les gens en simulant la bonté ; et non seulement on peut émouvoir les gens ainsi, mais on peut aussi ébranler le ciel au moyen d'artifices et de feintes. On devrait solliciter le *qi* céleste avec bonne foi[10], mais on peut aussi capter le feu du ciel au moyen d'un ustensile comme le miroir flamboyant, fondu au cinquième mois, au plus fort de l'été, à partir des cinq minéraux précieux, voire en frottant face au soleil des couteaux, des épées, ou d'autres armes comme des fauchons de cuivre. Ces miroirs, couteaux, épées et autres fauchons peuvent capter le feu du soleil, et même des gens qui ne sont en rien des sages peuvent émouvoir le ciel au moyen de tels artifices ; c'est sans doute pour la même raison que Dong Zhongshu croyait que des dragons de terre peuvent provoquer la pluie. Mais s'il en est ainsi, alors on ne considérera pas forcément comme sage celui qui réussit à émouvoir le ciel – alors à plus forte raison celui qui ne parvient qu'à se gagner le cœur des hommes !

7. Le sage est-il celui qui dans ses fonctions agit avec efficacité et obtient des résultats ? Mais comment juger de cette efficacité et de ces résultats ? Au fait que les gens se rallient à lui ? Mais on peut emporter l'adhésion du peuple en le gratifiant de quelques avantages.

Lorsque le *yin* et le *yang* s'accordent, le peuple se sent en sécurité, tout simplement parce que l'époque le veut ainsi : ce sentiment de sécurité profite aux fonctionnaires les plus indignes[11]. Mais lorsque le *yin* et le *yang* ne s'accordent pas, les plus grands saints sont affectés par l'insécurité. Si l'harmonie entre *yin* et *yang* était un critère pour juger de la sagesse, alors ni Yao, dont le règne fut frappé par des inondations, ni celui de Shun qui connut maintes sécheresses, ne remplissent les conditions pour être considérés comme des sages.

11. Qui sont donc eux-mêmes considérés comme des sages.

如功效謂事也, 身為之者, 功著可見；以道為計者, 效沒不章。鼓無當於五音, 五音非鼓不和；師無當於五服, 五服非師不親；水無當於五采, 五采非水不章。道為功本, 功為道效, 據功謂之賢, 是則道人之不肖也。

高祖得天下, 賞群臣之功, 蕭何為賞首。何則？高祖論功, 比獵者之縱狗也, 狗身獲禽, 功歸於人。群臣手戰, 其猶狗也；蕭何持重, 其猶人也。必據成功謂之賢, 是則蕭何無功。功賞不可以效賢, 一也。

8. 夫聖賢之治世也有術, 得其術則功成, 失其術則事廢。譬猶醫之治病也, 有方, 篤劇猶治；

12. « Méthode » : littéralement « voie », *dao* 道. Rappelons que ce mot peut désigner une méthode au sens simple du terme, ou la « Voie » taoïste, ou encore la morale en général.

13. Les rituels exigeaient des formes de deuil adaptées au degré de parenté avec le défunt, symbolisées notamment par le port de vêtements différents, ainsi une tunique de grosse toile de chanvre pour le deuil du père ou de l'époux.

14. C'est-à-dire que les pigments doivent être dilués dans de l'eau avant usage. Pour ces images, cf. *Liji*, « Xue ji ».

L'efficacité se reconnaît-elle à l'action ? Mais si l'effet de l'action est évident, on ne doit pas pour autant négliger l'efficacité de celui qui planifie cette action en se basant sur une méthode[12]. Le tambour ne produit aucune des cinq notes, mais il est indispensable pour accorder. Le maître du rituel ne porte aucun des cinq vêtements de deuil, mais sans lui les gens ne sauraient pas lequel convient à leur statut dans la famille[13]. L'eau n'a pas de couleur, mais sans elle les couleurs ne peuvent se révéler[14]. L'action efficace présuppose une méthode, dont précisément elle révèle l'efficacité, et ne juger comme sage que celui qui agit revient à nier la sagesse de celui qui l'inspire en se basant sur une méthode.

Lorsque l'empereur Gaozu eut conquis le monde, il récompensa les mérites de ses fidèles, en accordant à Xiao He la première place[15]. Pour quelle raison ? L'empereur fit une analogie avec le chasseur et ses chiens : ce sont certes les chiens qui attrapent la proie, mais le mérite en revient au chasseur qui les mène. Les généraux qui avaient fait la guerre étaient comparables à ces chiens ; et Xiao He qui avait endossé le poids des responsabilités était comparable au chasseur. Juger de la sagesse sur la seule base des résultats revient à dire que Xiao He n'avait aucun mérite. Voilà mon premier argument pour montrer que l'action efficace n'est pas un critère pour juger de la sagesse.

8. Pour gouverner, saints et sages doivent se reposer sur une méthode de gouvernement : grâce à une telle méthode ils obtiennent des résultats, sans elle ils courent à l'échec. Il en est de même pour un médecin : si celui-ci dispose d'une recette, il

15. Xiao He (?-193 AEC) : fidèle de Liu Bang, le futur empereur Gaozu, fondateur de la dynastie Han ; même si ses mérites furent moins spectaculaires que ceux des généraux qui gagnèrent les batailles, il n'en prodigua pas moins une assistance décisive dans la victoire des Han sur les Qin, puis sur Xiang Yu. En 201, l'empereur Gaozu le nomma chancelier du nouvel empire, poste qu'il garda jusqu'à sa mort.

無方, 毚微不愈。夫方猶術, 病猶亂, 醫猶吏, 藥猶教也。方施而藥行, 術設而教從, 教從而亂止, 藥行而病愈。治病之醫, 未必惠於不為醫者。然而治國之吏, 未必賢於不能治國者, 偶得其方, 遭曉其術也。

治國須術以立功, 亦有時當自亂, 雖用術, 功終不立者；亦有時當自安, 雖無術, 功猶成者。故夫治國之人, 或得時而功成, 或失時而無效。術人能因時以立功, 不能逆時以致安。良醫能治未當死之人命, 如命窮壽盡, 方用無驗矣。故時當亂也, 堯、舜用術, 不能立功；命當死矣, 扁鵲行方, 不能愈病。

射御巧技, 百工之人, 皆以法術, 然後功成事立, 效驗可見。觀治國, 百工之類也；功立, 猶事成也。謂有功者賢, 是謂百工皆賢人也。

16. Car en définitive, c'est la destinée, et non pas l'action individuelle, qui décide du succès ou de l'échec, que ce soit au plan individuel ou au niveau de l'État ; cf. notamment le traité 12, *supra.*

17. Bian Que (ve s. AEC) : l'un des plus célèbres médecins de la Chine ancienne.

peut guérir les maladies les plus graves, alors que sans recette il ne pourra venir à bout du mal le plus bénin. On comparera la méthode de gouvernement à cette recette, les troubles politiques à la maladie, les fonctionnaires au médecin, et l'instruction aux médicaments. Le médecin prescrit ses médicaments selon une recette, et la maladie guérit ; le fonctionnaire instruit en fonction de la méthode de gouvernement, et les troubles politiques cessent. Le médecin qui guérit n'est pas forcément plus intelligent que celui qui ne guérit pas, et le fonctionnaire qui rétablit l'ordre n'est pas forcément plus sage que celui qui n'y parvient pas ; simplement, le premier dispose d'une bonne recette, et le second, d'une bonne méthode.

Il faut une méthode de gouvernement pour obtenir des résultats, mais on tombe sur des époques si fondamentalement troublées qu'aucune méthode ne permet de gouverner efficacement, et à l'inverse on connaît des temps si fondamentalement paisibles qu'on réussit à gouverner même en l'absence de toute méthode[16]. Celui qui gouverne réussit si l'époque est favorable et échoue si elle ne l'est pas. Une méthode est efficace si elle s'accorde avec les circonstances, elle ne peut entraîner la paix dans le cas contraire. Un bon médecin peut guérir un malade dont le destin n'est pas de mourir tout de suite, mais si ce malade a épuisé son lot de vie, ses recettes n'auront aucun effet. Si une époque est naturellement troublée, des saints comme Yao et des Shun auront beau mettre en œuvre les meilleures méthodes, ils ne parviendront à rien ; et si le destin d'un malade est de mourir, un Bian Que[17] ne pourra le guérir, quelles que soient ses recettes.

Cochers, archers et autres artisans recourent de la même manière dans leur métier à des méthodes, grâce auxquelles ils obtiennent des résultats que chacun peut constater. Gouverner un pays peut se comparer à ces méthodes ; et un gouvernement efficace peut se comparer aux réussites de ces artisans. Si l'on fait de la seule réussite le critère de la sagesse, alors il faudra également considérer ces artisans comme des sages.

趙人吾丘壽王，武帝時待詔，上使從董仲舒受«春秋»，高才，通明於事。後為東郡都尉。上以壽王之賢，不置太守。時軍發，民騷動，歲惡，盜賊不息。上賜壽王書曰：「子在朕前時，輻湊並至，以為天下少雙，海內寡二，至連十餘城之勢，任四千石之重，而盜賊浮船行攻取於庫兵，甚不稱在前時，何也？」壽王謝言難禁。復召為光祿大夫，常居左右，論事說議，無不是者。才高智深，通明多見，然其為東郡都尉，歲惡，盜賊不息，人民騷動，不能禁止。不知壽王不得治東郡之術邪？亡將東郡適當復亂，而壽王之治偶逢其時也？夫以壽王之賢，治東郡不能立功，必以功觀賢，則壽王棄而不選也。恐必世多如壽王之類，

18. Yuqiu Shouwang (IIe s. AEC) : conseiller de l’empereur Wu, il occupa plusieurs postes, avec des succès variables. Zhao : dans l’actuel Hebei.

19. C’est-à-dire que Yuqiu Shouwang cumulait la fonction de préfet et celle de commandant militaire.

20. Littéralement, « une charge à l’émolument de 4 000 boisseaux », c’est-à-dire combinant les deux postes de préfet et de commandant militaire, deux postes de 2 000 boisseaux chacun.

21. Il s’agit d’un poste de proche conseiller de l’empereur.

Alors que Yuqiu Shouwang, du pays de Zhao[18], était fonctionnaire en attente de titularisation, l'empereur Wu lui commanda d'étudier les *Printemps et automnes* auprès de Dong Zhongshu ; ses talents lui permirent de maîtriser rapidement son affaire. Yuqiu Shouwang fut ensuite nommé commandant militaire de la commanderie de l'Est ; comme l'empereur était convaincu de sa sagesse, il renonça à nommer un préfet à ses côtés[19]. Mais Yuqiu Shouwang devait constamment mobiliser les troupes, le peuple refusait de se soumettre, les récoltes étaient mauvaises, et les brigandages ne cessaient pas. L'empereur adressa alors à Yuqiu Shouwang une notification : « Lorsque vous étiez à la cour, toutes vos propositions allaient dans le bon sens, et je vous voyais comme quasiment sans rival dans l'empire : je vous ai jugé si exceptionnel que je vous ai donné une douzaine de villes à gouverner, vous confiant la double charge de commandant militaire et de préfet[20]. Mais aujourd'hui, brigands et voleurs embarquent dans des bateaux pour attaquer vos arsenaux ! Décidément, vous ne vous montrez pas à la hauteur de ce que vous m'aviez montré autrefois ! Expliquez-vous ! » Yuqiu Shouwang s'excusa, soulignant la difficulté de la tâche ; il fut rappelé à la capitale, et nommé Grand officier resplendissant[21], se retrouvant dans la suite rapprochée du souverain, et faisant à nouveau preuve d'un jugement infaillible dans toutes les questions qu'on lui soumettait. Yuqiu Shouwang était un homme talentueux et intelligent, perspicace et plein d'expérience ; mais lorsqu'il fut nommé commandant militaire de la commanderie de l'Est, il ne put empêcher les mauvaises récoltes, les brigandages et les troubles. Était-ce parce qu'il n'avait pas de méthode pour gouverner sa commanderie ? Ou bien à ce moment la commanderie de l'Est était-elle si fondamentalement troublée que ses méthodes de gouvernement n'y pouvaient rien ? Malgré sa sagesse, il échoua donc à administrer cette commanderie ; si l'on mesure la sagesse aux seuls résultats, alors on ne considérera pas Yuqiu Shouwang comme un sage. Il est à craindre que les cas de ce

而論者以無功不察其賢。

燕有谷, 氣寒, 不生五穀。鄒衍吹律致氣, 既寒更為溫, 燕以種黍, 黍生豐熟, 到今名之曰黍谷。夫和陰陽, 當以道德至誠。然而鄒衍吹律, 寒谷更溫, 黍穀育生。推此以況諸有成功之類, 有若鄒衍吹律之法。故得其術也, 不肖無不能；失其數也, 賢聖有不治。此功不可以效賢, 二也。

9. 人之舉事, 或意至而功不成, 事不立而勢貫山, 荊軻、醫夏無且是矣。荊軻入秦之計, 本欲劫秦王生致於燕, 邂逅不偶, 為秦所擒。當荊軻之逐秦王, 秦王環柱而走, 醫夏無且以藥囊提荊軻。既而天下名軻為烈士, 秦王賜無且金二百

22. Wang Chong discute plus longuement de cette légende dans le traité 43 du *Lunheng*, cf. *Balance* 2011, p. 82. L'idée est que le *qi* de la musique peut remettre de l'ordre dans les *qi* dérangés de la nature.

23. Wang Chong invoque à plusieurs reprises l'histoire de l'assassin Jing Ke dans le *Lunheng* ; cf. par exemple *supra*, 16.13. Xia Wuju (IIIe-IIe s.) : médecin attaché au roi de Qin.

genre abondent, et que trop souvent on échoue à reconnaître des sages en raison de leur manque de résultats.

Dans le pays de Yan se trouvait une vallée où le grain ne pouvait pousser en raison d'un *qi* trop froid ; alors Zou Yan joua de son tube sonore pour y stimuler le *qi*, et le froid le céda à la chaleur ; les gens purent y semer du millet, qui poussa dès lors en grande quantité, de sorte qu'aujourd'hui encore, on nomme cet endroit « Vallée du millet ». Pour harmoniser de la sorte le *yin* et le *yang*, il faut normalement une authentique vertu. Mais Zou Yan parvint à transformer le froid de la vallée en chaud et à y faire pousser du millet simplement en soufflant dans sa flûte[22]. On peut étendre cette leçon à tous les cas où la réussite repose sur une méthode de ce type : en mobilisant une telle méthode, le non-sage lui-même réussira à chaque coup ; sans une telle méthode, sages et saints eux-mêmes ne parviendront à rien. Voilà mon second argument pour montrer que le succès n'est pas un critère pour juger de la sagesse.

9. Les hommes peuvent mettre tout leur cœur dans leurs entreprises, mais sans forcément réussir. Jing Ke et le médecin Xia Wuju, qui échouèrent dans leurs actions malgré une volonté propre à transpercer les montagnes, sont de bons exemples[23]. Jing Ke avait conçu le plan de se rendre à Qin pour enlever le roi et le ramener vivant à Yan ; mais il n'eut pas de chance et fut capturé. Il poursuivit le roi de Qin pour le tuer, ce dernier contourna une colonne en courant pour lui échapper, et son médecin Xia Wuju lança en vain sa trousse de médicaments sur Jing Ke[24]. Jing Ke fut dès lors connu dans l'empire comme un héros martyr, et Xia Wuju fut récompensé de deux cents mesures d'or par le roi. Et pourtant, Jing Ke avait échoué à

24. Pour prévenir les tentatives d'assassinat, le roi de Qin interdisait le port d'armes en sa présence, et donc les gardes n'avaient rien pour s'attaquer à Jing Ke, d'où le geste désespéré du médecin, qui s'il n'arrêta pas Jing Ke, permit au moins de le ralentir, laissant au roi le temps de saisir sa propre épée.

鎰。夫為秦所擒，生致之功不立。藥囊提刺客，〔無〕益於救主，然猶稱賞者，意至勢盛也。天下之士不以荊軻功不成不稱其義，秦王不以無且無見效不賞其志。志善不效成功，義至不謀就事。義有餘，效不足；志巨大，而功細小，智者賞之，愚者罰之。必謀功不察志，論陽效不存陰計，是則豫讓拔劍斬襄子之衣，不足識也；伍子胥鞭笞平王尸，不足載也；張良椎始皇，誤中副車，不足記也。三者道地不便，計畫不得，有其勢而無其功，懷其計而不得為其事。是功不可以效賢，三也。

10. 以孝於父、弟於兄為賢乎？則夫孝弟之人，有父兄者也，父兄不慈，孝弟乃章。舜有瞽瞍，参

25. Yu Rang (ve s. AEC) : célèbre « assassin » du début de l'époque des Royaumes combattants. Zhao Xiangzi (ve s. AEC) : noble du pays de Zhao (actuel Hebei et régions voisines). Yu Rang voulant venger son maître Zhi Bo, il recourut à toutes sortes de stratagèmes pour tuer Zhao Xiangzi, se déguisant en mendiant, se défigurant pour ne pas être reconnu, mais en vain. Zhao Xiangzi finit par le capturer, mais admirant son courage, il consentit à lui donner sa robe pour qu'il la tranche symboliquement afin de montrer sa détermination, puis Yu Rang se suicida.

prendre vivant le roi et avait été fait prisonnier ; quant à Xia Wuju, il ne put par son geste sauver son souverain ; mais cela ne l'empêcha pas de toucher une récompense, parce qu'il avait montré la force de son caractère. Le monde loua la détermination de Jing Ke malgré son échec ; et même si Xia Wuju échoua à le sauver, le roi de Qin récompensa sa grande résolution. Une admirable volonté n'est pas un gage de succès, une ferme résolution n'est pas une garantie de réussite. Certains ont de la détermination à revendre, mais pour peu de résultats ; une volonté inflexible, mais pour des succès insignifiants. L'homme avisé les récompense, l'homme borné les punit. Si l'on ne s'en tient qu'aux résultats, sans prendre en compte les intentions, si l'on ne juge que d'après les apparences, sans faire cas des motivations cachées, alors on méconnaîtra un Yu Rang, qui trancha de son épée le vêtement de Zhao Xiangzi[25] ; on oubliera un Wu Zixu, qui donna du fouet au cadavre du roi Ping[26] ; et on ne mentionnera pas Zhang Liang, qui frappa de sa massue un attelage de la suite du Premier empereur au lieu de celui de ce dernier[27]. Tous trois échouèrent en raison de circonstances contraires : la volonté y était, mais pas le résultat ; le cœur y était, mais pas la réussite. Voilà mon troisième argument pour montrer que le succès n'est pas un critère pour juger de la sagesse.

10. Le sage est-il celui qui fait preuve de piété filiale envers son père, et de respect envers ses frères aînés ? Mais pour pouvoir exprimer pleinement cette piété filiale et ce

26. Le roi Ping : souverain de Chu (r. 528-516). Le roi de Chu ayant fait exécuter son père et son frère, Wu Zixu devint conseiller du roi Helü de Wu, et contribua à la victoire de ce dernier contre le pays de Chu ; il fit alors déterrer le corps du roi Ping, décédé dans l'intervalle, et lui donna trois cents coups de fouet pour assouvir sa vengeance.

27. Pour venger sa patrie, annexée par Qin, Zhang Liang fit jeter contre le char le plus décoré de la suite impériale une massue de plusieurs dizaines de kilos, qui détruisit le véhicule, mais sans atteindre l'empereur, qui se trouvait dans un autre char.

有曾皙，孝立名成，衆人稱之。如無父兄，父兄慈良，無章顯之效，孝弟之名，無所見矣。

忠於君者，亦與此同。龍逢、比干忠著夏、殷，桀、紂惡也；稷、契、皐陶忠闇唐、虞，堯、舜賢也。故螢火之明，掩於日月之光；忠臣之聲，蔽於賢君之名。死君之難，出命損身，與此同。臣遭其時，死其難，故立其義而獲其名。

大賢之涉世也，翔而(有)〔後〕集，色斯而舉，亂君之患不累其身，危國之禍不及其家，安得逢其禍而死其患乎？齊(詹)〔侯〕問於晏子曰：「忠臣之事其君也，若何？」對曰：「有難不死，

28. Il est facile d'obéir à un père ou à un frère bienveillant ; les manifestations les plus spectaculaires de la piété filiale présupposent donc un mauvais père, que seul un fils réellement vertueux respectera malgré tout.

29. Gusou : père de Shun ; littéralement, son nom signifie « aveugle ». Après la mort de la mère de Shun, Gusou se remaria, et Shun fut en butte aux injustices de sa belle-mère, sans que Gusou ne prenne sa défense ; selon certaines sources, à l'instigation de sa femme, Gusou aurait même tenté de se débarrasser de lui. Mais Shun ne manqua jamais aux devoirs de la piété filiale.

30. Zeng Xi (Zeng Dian, 546-? AEC) : l'un des premiers disciples de Confucius. Zeng Shen (505-435) : fils de Zeng Xi, l'un des principaux disciples de Confucius, réputé pour sa piété filiale. Les sources tardives font de Zeng Xi un père particulièrement rigoureux, battant son fils à la moindre faute.

31. Xie : ancêtre mythique de la dynastie Shang, frère du Souverain Millet et de Yao. Gao Yao : ministre de Shun selon la tradition.

respect, il faut un père et un frère aîné, et il faut aussi que ceux-ci manquent d'affection[28]. Shun eut pour père Gusou[29], et Zeng Shen eut pour père Zeng Xi[30] : l'un et l'autre se firent un nom grâce à leur piété filiale, et tout le monde chanta leur éloge. Mais ils n'auraient pu se faire une telle réputation s'ils n'avaient pas eu de père ou de frère aîné, ou si leur père et leur frère aîné avaient été des hommes bienveillants à leur égard.

Il en est de même en ce qui concerne la loyauté envers son souverain. Si Guan Longfeng et Bigan purent faire la preuve de leur loyauté, le premier envers la dynastie Xia, le second envers la dynastie Yin, c'est parce que Jie et Zhòu étaient des souverains pervers ; la réputation de loyauté du Souverain Millet, de Xie et de Gao Yao[31], qui pour leur part officièrent sous les très sages Yao et Shun, est à l'inverse beaucoup plus discrète. Sous l'éclat du soleil ou de la lune, on distingue mal la lumière d'une luciole, et de la même manière la réputation de loyauté d'un ministre pâtit de la grandeur d'un sage souverain. Donner sa vie pour un prince confronté à un péril obéit au même principe : pour se sacrifier ainsi, pour montrer sa détermination et se gagner une réputation de loyauté, il faut en avoir l'occasion.

Le grand sage parcourt le monde avec les mêmes précautions qu'un oiseau qui décrit des cercles avant de se poser, et s'envole si quelque chose l'effraie[32] : les misères provoquées par un prince déréglé ne le touchent pas, les désastres d'un pays en crise n'affectent pas sa famille. Comment dans ces conditions pourrait-il mourir dans l'infortune ? Le prince de Qi demanda à Yanzi[33] : « Jusqu'où un ministre fidèle est-il prêt à aller pour servir son prince ? » Yanzi répondit : « Il ne meurt pas pour lui,

32. Allusion à *Lunyu*, 10.27. Ce paragraphe rompt avec l'argumentation du passage précédent : non seulement la loyauté n'est pas un critère pour juger de la sagesse, mais selon certaines conceptions, le vrai sage doit éviter le danger et refuser de se sacrifier pour un souverain qui ne le mérite pas.

33. Prince de Qi : soit le marquis Jing de Qi (r. 547-490). Yanzi (Yan Ying, env. 578-500) : ministre et conseiller du marquis Jing, réputé pour sa sagesse ; on lui attribue l'ouvrage éponyme *Printemps et automnes de Yanzi* (*Yanzi chunqiu*).

出亡不送。」(詹)〔侯〕曰:「列地而予之,疏爵而貴之,君有難不死,出亡不送,可謂忠乎?」對曰:「言而見用,臣奚死焉?諫而見從,終身不亡,臣奚送焉?若言不見用,有難而死,是妄死也;諫而不見從,出亡而送,是詐偽也。故忠臣者能盡善於君,不能與陷於難。」案晏子之對,以求賢於世,死君之難、立忠節者不應科矣。

是故大賢寡可名之節,小賢多可稱之行。可得(簺)〔錘〕者小,而可得量者少也。(惡)〔量〕至大,(簺)〔錘〕弗能;數至多,升斛弗能。有小少易名之行,又發於衰亂易見之世,故節行顯而名聲聞也。浮於海者,迷於東西,大也;行於溝,咸識舟楫之跡,小也。小而易見,衰亂亦易察。故世不危亂,奇行不見;主不悖惑,忠節不立。鴻卓之義,發於顛沛之朝;清高之行,顯於衰亂之世。

34. Ce dialogue est tiré du *Yanzi chunqiu* (chap. « Wen shang : Jinggong wen zhong chen »), avec quelques différences.

35. « Petits poids » : il s'agirait du poids équivalent à 800 grains de riz. Le mot *chui* pourrait aussi se référer à des bâtonnets pour le calcul.

et il ne l'accompagne pas dans sa fuite ! » Le marquis dit : « Le prince l'a récompensé en lui octroyant un fief, il l'a anobli en lui conférant un titre : si ce ministre ne meurt pas pour lui, s'il ne l'accompagne pas dans sa fuite, comment peut-on le considérer comme loyal ? » Yanzi dit : « Si le prince avait écouté et mis en œuvre les conseils de ce ministre, ce dernier aurait-il besoin de mourir pour lui ? Si le prince avait tenu compte de ses remontrances pour se réformer, il n'aurait aucun besoin de s'échapper : quel besoin pour son ministre de fuir avec lui ? Il est absurde pour un sujet de mourir pour son prince s'il n'a pas tenu compte de ses conseils, il est insensé de fuir avec lui s'il n'a pas tenu compte de ses remontrances. Le ministre loyal fait de son mieux pour assister son souverain, mais il ne l'accompagne pas dans sa chute[34]. » Selon cette réponse de Yanzi, mourir par loyauté pour son prince n'est pas un critère pour identifier les sages dans le monde.

De fait, les grands sages ont un comportement qui ne leur permet guère de se faire une réputation, alors que les talents médiocres agissent de façon beaucoup plus propre à s'attirer des louanges. Avec de petits poids[35], on ne peut peser que des quantités limitées ; des mesures insignifiantes ne sauraient mesurer des quantités importantes. Un comportement légèrement supérieur à la norme frappe particulièrement en des temps troublés : il tranche sur l'époque et entraîne une réputation de sagesse. Celui qui vogue sur l'océan perd le sens des directions tant celui-ci est vaste ; mais n'importe qui peut suivre la barque dans la rivière, parce que cette dernière est étroite, et que ce qui est petit se laisse facilement reconnaître. En période troublée le moindre acte de loyauté frappe, alors qu'en temps normal les comportements les plus extraordinaires demeurent invisibles. On ne peut faire preuve de loyauté envers son souverain si celui-ci n'a ni défauts ni faiblesses. La magnifique vertu ne s'exprime que dans les crises, et les comportements les plus nobles n'apparaissent que dans les temps troublés.

11. 以全身免害，不被刑戮，若南容懼白圭者為賢乎？則夫免於害者幸，而命祿吉也，非才智所能禁，推行所能卻也。神蛇能斷而復屬，不能使人弗斷；聖賢能困而復通，不能使人弗害。南容能自免於刑戮，公冶以非罪在縲絏，伯玉可懷於無道之國，文王拘羑里，孔子厄陳、蔡，非行所致之難，掩己而至，則有不得自免之患，累己而滯矣。夫不能自免於患者，猶不能延命於世也。命窮，賢不能自續；時厄，聖不能自免。

12. 以委國去位，棄富貴就貧賤為賢乎？則夫委國者，有所迫也。若伯夷之徒，昆弟相讓以國，恥有分爭之名，及大王亶甫重戰其故民，皆委國

36. Pour l'allusion au jade blanc, cf. *Lunyu*, 11.6 : « Nangong Kuo répétait sans cesse les vers : "Un défaut dans un jade blanc/ S'efface au polissage/ Un mot placé mal à propos/ Ne peut se reprendre." Confucius lui donna sa nièce en mariage » (trad. P. Ryckmans, *op. cit.*, p. 59-60).

37. « Serpent magique » : animal mythologique dont on considérait qu'il pouvait monter au ciel et causer la pluie. Wang Chong y fait plusieurs allusions dans le *Lunheng* ; cf. par exemple le traité 22, « Erreurs sur les dragons ».

38. Gongye Chang (VIᵉ-Vᵉ s.) : disciple de Confucius, cf. *Lunyu*, 5.1.

39. Cf. *Lunyu*, 15.7 : « C'est Qu Boyu qui eut la conduite d'un homme de bien : tant que la Voie régna, il fut au service de l'État, mais lorsqu'elle fut trahie, il sut enrouler ses talents et les garder en secret pour des jours meilleurs » (trad. A. Cheng, *op. cit.*, 15.6, p. 122).

40. Youli : lieu près de Anyang, dans l'actuel Henan ; le roi Wen y aurait été retenu par le tyran Zhòu, et c'est là que, selon la tradition, il aurait composé le *Classique des mutations.*

11. Le sage serait-il celui qui se préserve du malheur et évite les châtiments, comme Nan Rong invoquant le jade sans défaut pour montrer sa circonspection[36] ? Mais éviter le malheur et connaître une bonne fortune relève de la chance : le talent et la sagesse ne sauraient empêcher le malheur, et une bonne conduite ne saurait le conjurer. Le serpent magique dont on tranche le corps peut en rabouter les parties[37], mais il ne peut empêcher qu'on le tranche ; saints et sages peuvent se tirer de difficultés, mais ils ne peuvent empêcher qu'on leur nuise. Si Nan Rong put éviter tout châtiment, Gongye Chang fut arrêté malgré son innocence[38] ; et si Qu Boyu sut se préserver dans un pays mal gouverné[39], le roi Wen des Zhou n'évita pas l'emprisonnement à Youli[40] ; quant à Confucius, il connut le danger entre les pays de Chen et de Cai[41]. Ces malheurs ne furent pas le résultat de leur comportement, ils leur tombèrent dessus, les bloquant dans leurs entreprises, et ils ne purent rien pour les éviter. Il est impossible de se tirer soi-même d'une telle adversité, de même qu'on ne peut prolonger sa vie dans ce monde : une fois son lot de vie épuisé, le sage lui-même ne peut le faire durer. Si l'époque est mauvaise, le sage ne peut échapper à l'infortune.

12. Le sage serait-il celui qui abdique et renonce à toute position, ainsi qu'aux richesses et aux honneurs, pour mener une vie pauvre et humble ? Mais il faut un motif pour renoncer de la sorte. Ainsi Boyi céda-t-il le pouvoir à son frère cadet parce qu'il avait honte de passer pour un homme prêt à lutter pour la succession, et le grand roi Danfu renonça-t-il à se battre parce qu'il voulait éviter à la population une guerre insupportable[42] : s'ils renoncèrent au pouvoir, c'est parce

41. Chen : pays correspondant à des régions des actuelles provinces du Henan et de l'Anhui. Cai : pays dans l'actuel Anhui. Cf. *Lunyu*, 11.2, et *Xunzi*, 28.

42. Au début de sa carrière, le roi Danfu aurait préféré déménager plutôt que se battre contre les barbares qui le harcelaient.

及去位者，道不行而志不得也。如道行志得，亦不去位。故委國去位，皆有以也，謂之為賢，無以者，可謂不肖乎？

且有國位者，故得委而去之，無國位者何委？夫割財用及讓下受分，與此同實。無財何割？口飢何讓？倉廩實，民知禮節，衣食足，〔民〕知榮辱。讓生於有餘，爭生於不足。人或割財助用，袁將軍再與兄子分家財，多有以為恩義。

崑山之下，以玉為石；彭蠡之濱，以魚食犬豕。使推讓之人，財若崑山之玉，彭蠡之魚，家財再分，不足為也。韓信寄食於南昌亭長，何財之割？顏淵簞食瓢飲，何財之讓？管仲分財取多，無廉讓之節，貧乏不足，志義廢也。

43. Général Yuan : ce personnage n'est pas identifié.

44. Han Xin (?-196 AEC) : l'un des principaux généraux de Liu Bang, il s'illustra dans les guerres qui aboutirent à la fondation de la dynastie Han ; ayant perdu son père tout jeune, il connut une enfance très difficile. En 196, il fut accusé de rébellion et exécuté. Nanchang : nom de lieu (actuel Jiangsu).

que celui-ci ne leur permettait pas de demeurer fidèles à leur vertu et à leurs aspirations ; ils n'y auraient pas renoncé sinon. Ceux qui renoncent à leur position ont toujours un motif pour le faire : si on les considère comme des sages, peut-on dire de ceux qui n'ont pas de motifs de renoncer à leur position qu'ils ne sont pas des sages ?

Par ailleurs, il faut être au pouvoir pour abdiquer, sinon à quoi peut-on bien renoncer ? Il en va de même lorsqu'on partage sa fortune avec des subordonnés : que partager si l'on ne possède rien ? Que peut laisser à autrui celui qui crie famine ? C'est lorsque les greniers sont pleins que les gens se font des politesses ; c'est lorsqu'on a de quoi se vêtir et se nourrir qu'on respecte les usages. C'est lorsqu'on a des excédents qu'on peut donner, et au contraire on se bat lorsqu'on ne possède pas assez. Certains cèdent leurs biens pour aider autrui, comme ce général Yuan[43] qui partagea la fortune familiale avec ses neveux ; mais il y a toujours un surplus à l'origine de la générosité et de la vertu.

Au pied des monts Kunlun, le jade est aussi courant que la pierre ; au bord du lac Pengli, on nourrit de poisson les chiens et les porcs : si celui qui partage possède des quantités comparables au jade des Kunlun ou au poisson du Pengli, peu importe en définitive ce qu'il donne, il n'a guère de mérite. Mais qu'aurait pu donner un Han Xin, si pauvre qu'il vivait aux crochets de l'officier du relais de Nanchang[44] ? Ou Yan Hui, qui vivait d'une poignée de riz et d'une calebasse d'eau[45] ? Guan Zhong lui-même prenait plus qu'il ne donnait[46], sans le moindre esprit de renoncement ou d'équité : celui qui est pauvre et qui manque de tout ne se soucie pas de grandes idées et de justice.

45. Sur la pauvreté du disciple favori de Confucius, cf. *Lunyu*, 6.11.
46. Cf. *supra*, 12.4.

13. 以避世離俗, 清身潔行為賢乎？是則委國去位之類也。富貴人情所貪, 高官大位人之所欲樂, 去之而隱, 生不遭遇, 志氣不得也。長沮、桀溺避世隱居, 伯夷、於陵去貴取賤, 非其志也。

14. 〔以〕恬憺無欲, 志不在於仕, 苟欲全身養性為賢乎？是則老聃之徒也。道人與賢殊科者, 憂世濟民於難, 是以孔子棲棲, 墨子遑遑。不進與孔、墨合務, 而還與黃、老同操, 非賢也。

15. 以舉義千里, 師將朋友無廢禮為賢乎？則夫家富財饒, 筋力勁彊者能堪之。匱乏無以舉禮, 羸弱不能奔遠, 不能任也。是故百金之家, 境外

47. Changju et Jieni : nom de deux ermites de l'époque des Printemps et automnes.

48. Wuling : lieu où l'ermite Chen Zhongzi trouva refuge, utilisé ici par métonymie pour désigner Chen Zhongzi lui-même.

49. Laozi (Lao Tseu, VIe s. AEC), appelé ici Lao Dan : le célèbre et sans doute largement légendaire fondateur du taoïsme ; on lui attribue l'ouvrage qui porte son nom, le *Laozi* (également appelé *Dao de jing*, « Classique de la Voie et de la Vertu »), en réalité composé au IVe siècle, voire plus tardivement encore pour certaines parties du texte.

50. L'empereur Jaune (Huangdi) et Laozi (Laozi) : Huang-Lao, expression qui désigne ici le taoïsme en général, et non pas la forme politique que prend ce courant de pensée au début des Han. Ce passage résume assez bien l'une des différences essentielles entre le confucianisme (et le moïsme), qui fait à chacun un devoir d'aider les autres et de servir la communauté, et le taoïsme, qui considère que la première obligation est de préserver sa nature et sa spontanéité, et de renoncer à tout poste qui irait à l'encontre de cette exigence.

13. Le sage serait-il celui qui s'éloigne de la foule et du monde pour préserver sa pureté et son intégrité ? C'est une explication du même ordre que celle du sage qui renonce à sa position. Par nature, les hommes convoitent richesses et honneurs ; ils désirent de hautes fonctions et d'importants postes. Lorsqu'ils y renoncent pour une vie de réclusion, c'est qu'ils vivent au mauvais moment et ne peuvent réaliser leurs aspirations. Si Changju et Jieni quittèrent le monde et se firent ermites[47], si Boyi et Wuling renoncèrent aux richesses et menèrent une vie humble[48], ce n'était certainement pas leur premier dessein.

14. Le sage serait-il celui qui vit de façon détachée et sans désirs, sans aucune ambition de carrière, et ne se consacrant qu'à la préservation de son corps et à l'entretien de sa nature ? Il s'agit là de disciples de Laozi[49]. Mais les taoïstes sont en fait une catégorie différente de celle des sages, qui pour leur part se soucient des autres et les aident lorsqu'ils sont en difficulté ; voilà pourquoi Confucius ne tenait pas en place, voilà pourquoi Mozi était constamment inquiet. Refuser de se mettre en avant et d'agir, contrairement à Confucius et à Mozi, et préférer se tenir en retrait, comme l'empereur Jaune et Laozi, ce n'est pas de la sagesse[50].

15. Doit-on considérer comme un sage l'homme juste prêt à parcourir mille lieues pour traiter maîtres, chefs et amis dans le respect des rites[51] ? Mais pour pouvoir se permettre cela, il faut de gros moyens et une solide santé ; celui qui manque de tout ne saurait assumer le coût de rites dispendieux, et celui qui est trop faible ne peut entreprendre de longs voyages. C'est bien

51. Wang Chong fait peut-être allusion ici à la mode des « comportements singuliers » (*Iduxing* 獨行), qui sera particulièrement importante au IIe siècle de notre ère, avec des personnages prêts à tout pour manifester leur fidélité à un parent, un maître ou un ami, ou tout simplement pour respecter la parole donnée.

無絕交；千乘之國, 同盟無廢贈, 財多故也。使穀食如水火, 雖貪悋之人, 越境而布施矣。故財少則正禮不能舉一, 有餘則妄施能於千。家貧無斗筲之儲者, 難責以交施矣。

舉擔千里之人, 材策越疆之士, 手足胼胝, 面目驪黑, 無傷感不任之疾, 筋力皮革必有與人異者矣。推此以況為君要證之吏, 身被疾痛而口無一辭者, 亦肌肉骨節堅彊之故也。堅彊則能隱事而立義, 軟弱則誣時而毀節。豫讓自賊, 妻不能識；貫高被箠, 身無完肉, 實體有不與人同者, 則其節行有不與人鈞者矣。

16. 以經明帶徒聚眾為賢乎？則夫經明, 儒者是也。儒者, 學之所為也。儒者, 學, 學, 儒矣。傳先師之業, 習口說以教, 無胸中之造, 思定然

52. Guan Gao (?-198 AEC) : ministre de Zhang Ao, roi de Zhao au début de la dynastie Han. Considérant que l'empereur Gaozu avait humilié Zhang Ao, Guan Gao tenta d'assassiner le souverain, ce contre l'avis de Zhang Ao. La tentative fut un échec, et Guan Gao fut torturé, mais il refusa de charger Zhang Ao, qui fut finalement libéré.

parce qu'ils en ont les moyens que les riches entretiennent sans faute leurs relations, proches et lointaines, et que les puissants n'oublient pas de combler leurs alliés de cadeaux. Lorsque grain et vivres sont aussi abondants que l'eau et le feu, les plus avares n'hésitent pas à franchir les frontières pour se montrer généreux. L'homme démuni n'est pas en mesure d'effectuer correctement le moindre rite ; alors que celui qui possède en abondance pourra en organiser des milliers, dépensant sans la moindre retenue. L'homme si pauvre qu'il n'a même pas un panier de riz en réserve ne peut être jugé en fonction de ce qu'il donne.

Et il faut une constitution inhabituelle et une peau épaisse pour parcourir mille lieues avec une palanche, pour aller par monts et par vaux, appuyé sur son bâton, les pieds et les mains abîmés par des durillons, le visage noirci par le soleil, sans jamais faiblir ni faillir ! De la même manière, ils doivent avoir la peau et les os particulièrement solides, ces officiers prêts à témoigner jusqu'au bout en faveur de leurs supérieurs, à subir les dernières tortures sans avouer quoi que ce soit ! Les forts resteront jusqu'au bout fidèles à leurs idéaux, sans jamais broncher ; les faibles trahiront leurs maîtres pour s'en tirer, oubliant tout sens de l'honneur. Yu Rang se défigura lui-même, de sorte que même son épouse ne le reconnut pas ; et Guan Gao subit une telle bastonnade qu'il ne lui restait plus le moindre morceau de chair intacte[52] : leur constitution était différente de celle des autres hommes, et c'est pour cette raison que leur comportement fut extraordinaire.

16. Le sage serait-il celui qui maîtrise les Classiques et compte des disciples par centaines ? Mais ceux qui maîtrisent les Classiques sont les lettrés, qui se définissent par l'étude de ces textes : être lettré, c'est étudier les Classiques ; étudier les Classiques, c'est être lettré. Or, ces lettrés se contentent de transmettre les doctrines qu'ils ont reçues de leurs maîtres, reprenant dans leurs enseignements ce qu'ils ont appris, sans la

否之論。郵人之過書, 門者之傳教也, 封完書不遺, 教審令不 (遺) 誤者, 則為善矣。(傳) 〔儒〕者傳學, 不妄一言, 先師古語, 到今具存, 雖帶徒百人以上, 位博士、文學, 郵人、門者之類也。

17. 以通覽古今, 祕隱傳記無所不記為賢乎 ? 是則 (傳) 〔儒〕者之次也。才高好事, 勤學不舍, 若專成之苗裔, 有世祖遺文, 得成其篇業, 觀覽諷誦。若典官文書, 若太史公及劉子政之徒, 有主領書記之職, 則有博覽通達之名矣。

18. 以權詐卓譎, 能將兵御眾為賢乎 ? 是〔則〕韓信之徒也。戰國獲其功, 稱為名將 ; 世平能無所施, 還入禍門矣。

高鳥死, 良弓藏, 狡兔得, 良犬烹。權詐之臣, 高鳥之弓, 狡兔之犬也。安平身無宜, 則弓藏而

53. Le texte est difficile ici ; les commentaires ont proposé plusieurs corrections textuelles, mais elles ne paraissent pas convaincantes.

54. Le Grand annaliste : rappelons qu'il s'agit de Sima Qian. Ce passage est intercalé dans une suite de portraits de personnages auxquels Wang Chong refuse la qualité de sages, ce qui suggère qu'il ne considère pas non plus comme sages ces grands érudits ; mais contrairement aux autres passages, la conclusion n'est pas explicite ; le ton du passage est laudatif, sans doute parce que Wang Chong lui-même se reconnaît dans ce type de savants.

moindre créativité, et incapables du moindre jugement sur ce qui est juste ou faux dans les Classiques. On loue le messager qui livre la lettre bien scellée, ou l'huissier qui transmet un ordre sans se tromper ; nos lettrés, même s'ils ont des centaines de disciples, même s'ils occupent des postes de docteurs ou d'érudits, sont en définitive du même acabit : ils transmettent des savoirs, sans en altérer le moindre mot, fidèles à leurs maîtres et aux anciennes doctrines, à l'attention de la postérité.

17. Le sage serait-il celui qui a lu extensivement les textes, anciens et modernes, et tout retenu des documents les plus obscurs, des Classiques et de leurs commentaires ? Il serait donc comparable aux lettrés dont on vient de parler, mais avec beaucoup plus de talent et de curiosité : assidu et constant dans ses études, s'inscrivant dans la lignée de ces savants accomplis qui recueillent les textes transmis de génération en génération et les reconstruisent en chapitres et paragraphes[53] ; lisant extensivement et sachant tout par cœur, à la façon des fonctionnaires chargés des livres et documents, comme le Grand annaliste ou Liu Xiang, auxquels on confia des responsabilités dans ce domaine, et qui se firent ainsi une réputation de grande érudition[54].

18. Le sage serait-il le stratège rusé et capable de mener une vaste armée ? Ce serait donc quelqu'un comme Han Xin. Mais il faut des guerres pour que des Han Xin puissent s'illustrer et se faire un nom comme grands généraux ; en temps de paix, leurs talents ne trouvent pas à s'exercer, et deviennent même pour eux source d'infortune.

On range le meilleur arc après qu'il a abattu l'oiseau le plus altier, on cuit le meilleur chien après qu'il a attrapé le lapin le plus rusé[55]. En temps de paix, notre général ne sert plus à

55. Cf. *Shiji*, 92, « Huaiyinhou liezhuan », où ces métaphores sont mises dans la bouche de Han Xin lui-même.

犬烹。安平之主，非棄臣而賤士，世所用助上者，非其宜也。向令韓信用權變之才，為若叔孫通之事，安得謀反誅死之禍哉？有功彊之權，無守平之智，曉將兵之計，不見已定之義，居平安之時，為反逆之謀，此其所以功滅國絕，不得名為賢也。

19.〔以〕辯於口，言甘辭巧為賢乎？則夫子貢之徒是也。子貢之辯勝顏淵，孔子序置於下。實才不能高，口辯機利，人決能稱之。夫(自)〔以〕文帝尚多虎圈嗇夫，少上林尉，張釋之稱周勃、張相如，文帝乃悟。夫辯於口，虎圈嗇夫之徒也，難以觀賢。

20. 以敏於筆，文墨(兩)〔雨〕集為賢乎？夫筆之與口，一實也，口出以為言，筆書以為文。口

56. Sur la hiérarchie que Confucius établit entre ces deux disciples, cf. *Lunyu*, 5.9 ; pour les qualités qu'il leur attribue, cf. 11.3.

57. Zhang Shizhi (IIe s. AEC) : célèbre ministre de la justice de l'empereur Wen. Zhou Bo (?-169 AEC) : stratège et homme politique du début des Han, particulièrement apprécié par l'empereur Gaozu ; sous le règne de l'empereur Wen, il fut injustement accusé de rébellion ; comme il était pâle orateur, il fut incapable de se disculper lui-même et dut compter sur d'autres pour être innocenté. Zhang Xiangru (?-164 AEC) : général et grand officier du début de la dynastie Han ; il est notamment connu pour avoir dénigré le penseur et fonctionnaire Jia Yi ; dans un premier temps apprécié par l'empereur Wen, celui-ci finit par le congédier ; cf. *Hanshu*, 50, « Zhang Feng Ji Zheng zhuan ».

rien, et il connaît le même sort que cet arc ou ce chien. Non pas que le souverain veuille s'en débarrasser ou le rabaisser une fois la paix venue, mais les talents qu'ils avaient mis à son service pendant la guerre n'ont plus d'usage. Si Han Xin avait été capable de s'adapter pour servir l'empereur à la manière d'un Shusun Tong, aurait-il connu l'infortune d'une exécution pour rébellion ? Il pouvait s'adapter aux exigences de la guerre, mais était dépourvu de cette intelligence qui contribue à préserver la paix ; il maîtrisait l'art de mener des soldats, mais ne voyait pas les devoirs qu'impose une situation stabilisée. Alors qu'il vivait désormais à une époque de paix, il fomenta une rébellion, avec pour résultat que ses mérites furent oubliés, et que sa lignée fut interrompue. On ne peut donc considérer Han Xin comme un sage.

19. Le sage serait-il l'homme doté d'une grande éloquence, capable de parler d'une façon habile et agréable ? Ce serait quelqu'un du genre de Zigong, qui pour ce qui est de l'éloquence l'emportait sur Yan Hui, mais dont Confucius considérait par ailleurs qu'il ne valait pas ce dernier[56]. Certaines personnes ne peuvent se prévaloir de grandes capacités, mais elles se montrent éloquentes au bon moment et se gagnent ainsi des louanges unanimes. L'empereur Wen admira la faconde du petit employé du parc aux tigres, et mésestima le beaucoup moins loquace intendant des chasses impériales ; il fallut que Zhang Shizhi invoque les exemples de Zhou Bo et de Zhang Xiangru pour que le souverain comprenne que l'éloquence n'est pas tout[57]. L'éloquence, comme celle de ce petit employé du parc aux tigres, n'est donc pas un critère pour reconnaître un sage.

20. Le sage serait-il celui qui écrit avec habileté et en abondance ? Mais facilité d'écriture et éloquence orale sont une seule et même chose ; on nomme paroles ce qui sort de la bouche, et écrits ce qui est produit par le pinceau, mais cela revient au même. Et de même que de beaux discours ne sont

辯, 才未必高, 然則筆敏, 知未必多也。

且筆用何為敏? 以敏於官曹事? 事之難者, 莫過於獄, 獄疑則有請讞。蓋世優者, 莫過張湯, 張湯文深, 在漢之朝, 不稱為賢。太史公序累, 以湯為酷, 酷非賢者之行。魯林中哭婦, 虎食其夫, 又食其子, 不能去者, 善政不苛, 吏不暴也。夫酷, 苛暴之黨也, 難以為賢。

21. 以敏於賦頌, 為弘麗之文為賢乎? 則夫司馬長卿、楊子雲是也。文麗而務巨, 言眇而趨深, 然而不能處定是非, 辯然否之實。雖文如錦繡, 深如河、漢, 民不覺知是非之分, 無益於彌為崇實之化。

58. Zhang Tang (?-116 AEC) : officier de justice sous le règne de l'empereur Wu.

59. Fonctionnaires implacables : fonctionnaires réputés pour leur sévérité, voire leur cruauté, mais aussi parfois pour leur courage et leur honnêteté ; certains s'inspirent explicitement du légisme. La biographie de Zhang Tang figure effectivement dans la biographie des fonctionnaires implacables du *Shiji* (chap. 122, « Kuli liezhuan »).

60. C'est Confucius lui-même qui aurait interrogé cette femme lorsqu'il traversait ces bois de Lu ; cf. *Liji*, « Tangong xia ».

61. Implicitement, cette femme oppose la sagesse des fonctionnaires de sa province à la cruauté des « fonctionnaires impitoyables » des provinces voisines ; ces provinces sont peut-être épargnées par les tigres, mais les

pas forcément la preuve d'un grand talent, une écriture habile n'est pas forcément une preuve d'intelligence.

Et d'ailleurs, à quoi bon un pinceau habile ? Cela sert-il lors de la rédaction de documents officiels ? Les plus délicats sont les cas juridiques, avec pour les plus douteux la nécessité de recourir aux autorités supérieures. Zhang Tang, capable de rédiger en s'en tenant strictement à la lettre de la loi, fut sans doute le meilleur dans le domaine[58], mais personne à la cour des Han ne le considéra comme un sage ; le Grand annaliste le classa d'ailleurs parmi les fonctionnaires implacables[59], dont on ne dira certainement pas qu'ils se comportent en sages. La femme de la forêt du pays de Lu se lamentait parce que des tigres avaient dévoré son mari et son fils, mais elle ne quitta pas pour autant sa province, parce que le gouvernement et les fonctionnaires n'y étaient pas trop durs[60] ; un fonctionnaire trop dur est un « fonctionnaire impitoyable », et donc on peut difficilement qualifier ce dernier de sage[61].

21. Le sage serait-il celui qui compose avec habileté et dans un style grandiose des poèmes descriptifs ou des éloges ? Il s'agirait donc d'hommes comme Sima Xiangru ou Yang Xiong. Mais leur style brillant et inspiré, leurs vers subtils, leur inspiration, ne se prêtent pas à la discussion du juste et le faux, à la séparation de la vérité et du mensonge ; ces auteurs ont beau produire des poèmes aussi splendides que du brocart, aussi profonds que les eaux de la Han ou du fleuve Jaune, ils n'ont en définitive aucune utilité dans l'éducation des gens, parce qu'ils ne les aident pas à faire la distinction entre ce qui est correct et ce qui ne l'est pas.

fonctionnaires y sont pires que des fauves – les fonctionnaires impitoyables ne sauraient donc être considérés comme sages. L'argumentation de Wang Chong dans ce paragraphe peut paraître un peu tortueuse, mais on comprend son argument : une belle rhétorique, orale ou écrite, n'est pas une garantie de moralité ou de sagesse.

22. 以清節自守, 不降志辱身為賢乎？是則避世離俗, 長沮、桀溺之類也。雖不離俗, 節與離世者鈞, 清其身而不輔其主, 守其節而不勞其民。

大賢之在世也, 時行則行, 時止則止, 銓可否之宜, 以制清濁之行。子貢讓而止善, 子路受而(觀)〔勸〕德。夫讓, 廉也；受則貪也。貪有益, 廉有損, 推行之節, 不得常清眇也。伯夷無可, 孔子謂之非。操違於聖, 難以為賢矣。

或問於孔子曰：「顏淵何人也？」曰：「仁人也, 丘不如也。」「子貢何人也？」曰：「辯人也, 丘弗如也。」「子路何人也？」曰：「勇人也, 丘弗如也。」客曰：「三子者皆賢於夫子, 而為夫子服役, 何也？」孔子曰：「丘能仁且忍, 辯且

62. Selon le droit du pays de Lu, une récompense officielle était prévue pour ceux qui parvenaient à racheter les gens du pays retenus comme esclaves à l'étranger. Zigong libéra un de ces esclaves, mais il déclina la récompense, et Confucius le critiqua, jugeant qu'il créait un précédent propre à décourager le rachat d'esclaves (cf. *Lüshi chunqiu*, 90, « Cha wei »). Décliner un salaire peut donc être immoral.

22. Le sage serait-il celui qui demeure intègre en toutes circonstances, qui jusqu'au bout demeure inflexible et fidèle à ses idéaux ? Il s'agirait d'hommes comme Changju ou Jieni, qui se tiennent à l'écart du monde et du vulgaire ; ou s'ils ne vont pas jusqu'à se retirer de la sorte, d'hommes qui font preuve de la même intégrité en refusant de se mettre au service d'un prince, en préservant leur intégrité sans se soucier du peuple.

Mais les grands sages restent dans le monde. Ils acceptent un poste lorsque l'époque le permet, et n'y renoncent que lorsqu'elle ne le permet plus ; ils apprécient la situation pour garder en toutes circonstances un comportement sans tache. Zigong déclina une gratification, et Confucius l'accusa de décourager les bonnes actions[62] ; Zilu accepta une récompense, et Confucius jugea au contraire qu'il les encourageait[63]. Décliner une récompense est en principe vertueux, alors que l'accepter relève de la convoitise ; mais la convoitise peut être profitable, tandis que le renoncement peut être nuisible, et une attitude de renoncement ne peut donc être jugée invariablement supérieure. Boyi refusa d'accepter une charge, et Confucius le critiqua : le comportement de Boyi ne plut pas à Confucius, et donc on peut difficilement le considérer comme un sage.

Quelqu'un demanda à Confucius quelle sorte d'homme était Yan Hui. Confucius répondit : « C'est un homme bienveillant, et je ne le vaux pas. » – « Et Zigong ? » – « C'est un homme qui sait parler, et je ne le vaux pas. » – « Et Zilu ? » – « C'est un homme intrépide, et je ne le vaux pas. » L'autre dit alors : « Mais si ces trois-là sont plus sages que vous, pourquoi vous servent-ils ? » Confucius répondit : « Je suis bienveillant, mais je sais être impitoyable ; je parle avec éloquence, mais je sais parler frustement ; je suis intrépide, mais je sais être prudent. Je n'échangerais pas les qualités de

63. Zilu ayant sauvé un plongeur de la mort, celui-ci lui offrit une vache, qu'il accepta ; Confucius le loua, indiquant qu'en acceptant cette récompense il encourageait la vertu ; cf. *Lüshi chunqiu*, 90, « Cha wei ».

詘，勇且怯。以三子之能，易丘之道，弗為也。」孔子知所設施之矣。有高才潔行，無知明以設施之，則與愚而無操者同一實也。

23. 夫如是，皆有非也。無一非者，可以為賢乎？是則鄉原之人也。孟子曰：「非之，無舉也；刺之，無刺也。同於流俗，合於污世，居之似忠信，行之似廉潔，眾皆說之，自以為是，而不可與入堯、舜之道。故孔子曰：『鄉原，德之賊也。』」似之而非者，孔子惡之。

24. 夫如是，何以知實賢？知賢竟何用？世人之檢，苟見才高能茂，有成功見效，則謂之賢。若此甚易，知賢何難？«書»曰：「知人則哲，惟帝難之。」據才高卓異者，則謂之賢耳，何難之有？然而難之，獨有難者之故也。夫虞舜不易知人，而世人自謂能知賢，誤也。

64. Ce dialogue se retrouve avec quelques différences dans plusieurs sources anciennes, ainsi le *Shuoyuan* (chap. 17, « Zayan »), le *Liezi* (chap. 4, « Zhongni ») ou le *Kongzi jiayu* (chap. 15, « Liu ben ») ; dans tous ces textes, c'est son disciple Zixia qui interroge Confucius de la sorte.

ces trois disciples avec ma manière d'être[64] ! » L'intelligence de Confucius, c'était de savoir s'adapter aux circonstances. Celui qui agit avec une moralité irréprochable, mais ne sait pas s'adapter aux circonstances, ne diffère guère de l'abruti incapable d'agir correctement.

23. Ainsi, tous ces types d'hommes ont leurs insuffisances ; ils ne sauraient donc être considérés comme des sages. Mais alors, le sage serait-il celui qu'on ne critique jamais, à l'instar de ces bigots de village ? Mais Mencius a dit : « On ne trouve chez eux rien à critiquer, on ne trouve chez eux rien à blâmer ; ils suivent le courant et s'adaptent à la saleté du monde ; leur conduite a les apparences de la loyauté et de l'honnêteté, et les gens les donnent invariablement en exemple. Mais leur morale n'a rien à voir avec celle de Yao et de Shun, d'où le jugement de Confucius : "Ces bien-pensants de village sont des voleurs de vertu !"[65] » Ils semblent vertueux mais ne le sont pas, d'où cette condamnation de Confucius.

24. Mais s'il en est ainsi, comment reconnaître les vrais sages ? Selon quels critères ? Les gens considèrent simplement comme sages ceux qui ont des compétences et obtiennent des résultats dans leurs entreprises. Quelle difficulté alors à reconnaître les sages ? Mais on peut lire dans le *Classique des documents* : « La sagacité, c'est de connaître les hommes, mais même pour le souverain c'est difficile[66] ! » Il suffirait d'avoir des compétences hors du commun pour être reconnu comme sage ? Si le *Classique des documents* juge difficile de reconnaître les sages, il doit bien y avoir une raison. Si Shun lui-même éprouvait du mal à les reconnaître, il est faux de prétendre qu'on peut le faire.

65. Cf. *Mengzi*, 7B, « Jin xin xia ».
66. Cf. *Shangshu*, « Gao Yao mo ».

25. 然則賢者竟不可知乎？曰：易知也。而稱難者，不見所以知之，則(難)〔雖〕聖人不易知也？及見所以知之，中才而察之。譬猶工匠之作器也，曉之則無難，不曉則無易。賢者易知於作器。世無別，故真賢集於俗士之間。俗士以辯惠之能，據官爵之尊，望顯盛之寵，遂專為賢之名。賢者還在閭巷之間，貧賤終老，被無驗之謗。

26. 若此，何時可知乎？然而必欲知之，觀善心也。夫賢者，才能未必高也而心明，智力未必多而舉是。何以觀心？必以言。有善心，則有善言。以言而察行，有善言則有善行矣。言行無非，治家親戚有倫，治國則尊卑有序。無善心者，白黑不分，善惡同倫，政治錯亂，法度失平。

67. C'est-à-dire qu'il respecte les préséances entre parents et enfants, aînés et cadets, maris et femmes, etc.

25. Est-il donc en définitive impossible de reconnaître les sages ? Je réponds qu'on peut en réalité facilement les reconnaître, que si l'on prétend le contraire, c'est simplement qu'on ignore les critères pour le faire, et que dès lors ce n'est pas facile, même pour un saint comme Shun ; mais que si on dispose des bons critères pour les reconnaître, alors même un talent médiocre en sera capable. On peut faire une comparaison avec la fabrication d'ustensiles : l'artisan qui sait comment faire ne rencontre aucune difficulté à les fabriquer, mais pour l'homme qui ne sait pas, c'est difficile. De fait, il est plus facile de reconnaître les sages que de fabriquer des ustensiles. Mais les gens manquent de critères pour les identifier, avec pour conséquence qu'ils confondent les sages avec ces vulgaires officiers qui s'appuient sur leur éloquence et leur habileté pour accaparer les plus hauts postes et les plus grandes faveurs, et qui finissent par être les seuls à se gagner la réputation de sages. Les véritables sages, pour leur part, restent cantonnés à leurs villages et ruelles, vivant chichement jusqu'à la fin de leurs jours, avec en plus la réputation d'être des incapables !

26. Mais alors, à quel moment reconnaît-on les sages ? Pour les reconnaître effectivement, il faut observer la bonté de leur cœur. En effet, si les sages ne manifestent pas forcément de grands talents, leur cœur est limpide ; et s'ils n'ont pas toujours une grande intelligence, ils se comportent toujours de façon juste. Mais comment observer leur cœur ? Il faut se baser sur leurs paroles : celui qui possède un cœur bon prononce des paroles bonnes. On confronte ensuite les paroles aux actes, les paroles bonnes devant s'accompagner d'actes bons. Le sage ne se trompe ni dans ses paroles ni dans ses actes, il gouverne sa famille et ses proches selon les hiérarchies naturelles[67], et l'État en respectant l'ordre entre supérieurs et inférieurs. Au contraire, celui dont le cœur n'est pas bon se montre incapable de distinguer le blanc du noir, il confond le bien et le mal, son gouvernement est confus et ses lois ne sont

故心善, 無不善也；心不善, 無能善。心善則能辯然否。然否之義定, 心善之效明, 雖貧賤困窮, 功不成而效不立, 猶為賢矣。

故治不謀功, 要所用者是；行不責效, 期所為者正。正、是審明, 則言不須繁, 事不須多。故曰：「言不務多, 務審所謂；行不務遠, 務審所由。」言得道理之心, 口雖訥不辯, 辯在胸臆之內矣。故人欲心辯, 不欲口辯。心辯則言醜而不違, 口辯則辭好而無成。

27. 孔子稱少正卯之惡曰：「言非而博, 順非而澤。」內非而外以才能飭之, 眾不能見, 則以為賢。夫內非外飭是, 世以為賢, 則夫內是外無以自表者, 眾亦以為不肖矣。

68. *Xunzi*, 31, « Aigong ».

pas équitables. Celui dont le cœur est bon agit correctement en toutes circonstances, celui dont le cœur n'est pas bon en est incapable ; celui dont le cœur est bon parvient à séparer le vrai du faux, et ce faisant il prouve clairement que son cœur est bon ; il a beau mener une vie humble et précaire, sans la moindre réussite, sans la moindre action d'éclat, il n'en est pas moins un sage.

Lorsqu'il gouverne, le sage ne vise pas le succès, mais la justice ; dans ses actes, il ne vise pas l'efficacité, mais la droiture. Lorsqu'il a fait la preuve évidente de sa justice et sa droiture, il n'a plus besoin de multiplier les paroles et les actes. D'où ces mots : « En parole, on ne doit pas viser la quantité, mais le message. Dans l'action, on ne doit pas être motivé par ses ambitions, mais par ses principes[68]. »

Le sage a beau bégayer et mal s'exprimer, si lorsqu'il parle il saisit l'essence des grands principes, il fait preuve de son éloquence intérieure ; c'est l'éloquence du cœur qu'on doit souhaiter, et non pas celle de la bouche. Lorsque le cœur est éloquent, les paroles ont beau être inélégantes, elles ne se trompent pas ; lorsque seule la bouche est éloquente, les paroles ont beau être belles, elles ne disent rien.

27. Confucius dénonça les vices de Shaozheng Mao : « Il raconte des mensonges avec habileté et les cultive en les embellissant[69]. » Les hommes de cette sorte sont foncièrement mauvais, mais comme ils ont suffisamment de talents pour paraître sous un jour favorable, les gens s'y laissent prendre et les considèrent comme des sages. Car on prend facilement pour sages ceux qui parviennent à cacher leurs fautes sous de beaux atours ; et à l'inverse on juge indignes ceux qui ont raison dans le fond mais ne le montrent pas.

69. Cf. *Xunzi*, 28, « You zuo ». Shaozheng Mao (?-500 AEC) : grand officier du pays de Lu ; selon une tradition tardive, lorsque Confucius devint ministre, il le fit exécuter.

是非亂而不治，聖人獨知之。人言行多若少正卯之類，賢者獨識之。世有是非錯繆之言，亦有審誤紛亂之事，決錯繆之言，定紛亂之事，唯賢聖之人為能任之。聖心明而不闇，賢心理而不亂。用明察非，非無不見；用理銓疑，疑無不定。

28. 與世殊指，雖言正是，眾不曉見。何則？沉溺俗言之日久，不能自還以從實也。是故正是之言，為眾所非；離俗之禮，為世所譏。

管子曰：「君子言堂滿堂，言室滿室。」怪此之言，何以得滿？如正是之言出，堂之人皆有正是之知，然后乃滿。如非正是，人之(乖)〔言〕刺異，安得為滿？夫歌曲妙者，和者則寡；言得實者，然者則鮮。和歌與聽言，同一實也。曲妙人不能盡和，言是人不能皆信。

魯文公逆祀，去者三人；定公順祀，畔者五人。

70. *Guanzi*, 1, « Mu min ». Le *Guanzi* : œuvre composite, traditionnellement attribuée à Guan Zhong (720 ?-645 ?), le célèbre penseur et homme politique du début de l'époque des Printemps et automnes.

Seul un saint comme Confucius est capable de distinguer le vrai et le faux lorsqu'ils se mélangent ainsi ; et il faut des sages pour reconnaître pour ce qu'ils sont des beaux parleurs remuants comme Shaozheng Mao. Seuls des saints ou des sages ont les moyens de faire la part des choses dans ces discours qui mélangent inextricablement le juste et le faux, dans ces affaires qui brouillent indistinctement la vérité et le mensonge. Le cœur du saint illumine, et rien ne reste dans l'ombre ; le cœur du sage impose son ordre, et rien ne reste dans le désordre ; avec une telle lumière, il n'est plus aucun mensonge qui n'apparaisse ; avec un tel ordre, il n'y a plus de place pour le doute.

28. Lorsqu'on n'a pas les mêmes ambitions que les gens, on a beau parler juste, ils ne veulent rien entendre. Pourquoi cela ? Parce qu'ils sont depuis trop longtemps les victimes de discours vulgaires et ne peuvent compter sur leurs seules forces pour retrouver la vérité : voilà pourquoi ils rejettent les discours justes, voilà pourquoi ils se moquent de rites qui vont contre leurs habitudes.

Selon le *Guanzi*, « qu'il parle chez lui ou à la cour, l'homme de bien fait salle comble[70] ». Voilà une idée discutable : comment le sage pourrait-il plaire à tout le monde ? Le discours de l'homme de bien a beau être juste, il faut encore que les gens en aient une bonne compréhension pour qu'il puisse faire salle comble ; si ce n'est pas le cas, il heurtera leurs habitudes : comment dans ces conditions ferait-il salle comble ? Peu de gens sont capables d'apprécier une musique difficile ; et peu de gens sont capables d'approuver un discours juste. Il s'agit d'une seule et même chose : de même que des auditeurs ne peuvent tous apprécier une musique difficile, ils ne peuvent être tous convaincus par un discours juste.

« Le duc Wen sacrifia à l'inverse de la préséance, et trois personnes s'en allèrent ; le duc Ding se conforma à la préséance,

貫於俗者,則謂禮為非。曉禮者寡,則知是者希。君子〔之〕言(之),堂室安能滿?

29. 夫人不謂之滿,世則不得見口談之實語;筆墨之餘跡,陳在簡筴之上,乃可得知。故孔子不王,作«春秋»以明意。案«春秋»虛文業,以知孔子能王之德。孔子,聖人也。有若孔子之業者,雖非孔子之才,斯亦賢者之實驗也。夫賢與聖同軌而殊名,賢可得定,則聖可得論也。

問〔曰〕:「周道不弊,孔子不作«春秋»。«春秋»之作,起周道弊也。如周道不弊,孔子不作者,未必無孔子之才,無所起也。夫如是,孔子之作«春秋»,未可以觀聖;有若孔子之業者,未可知賢也。」

71. Le duc Wen de Lu (r. 626-609) : selon le *Gongyang zhuan* (« Wengong », 2e année), il aurait placé la tablette funéraire de son père, le duc Xi (r. 659-627) au-dessus de celle du duc Min (r. 661-660), contrairement à l'ordre de préséance des générations. Le duc Ding (r. 509-495) : duc de Lu, descendant du précédent ; il fit remettre les tablettes dans le bon ordre de préséance, suscitant le mécontentement de certains de ses officiers qui s'étaient habitués à l'ordre inverse. Cf. *Gongyang zhuan*, « Dinggong », 8e année.

72. Le passage est difficile, notre traduction est conjecturale.

et cinq personnes se détournèrent[71]. » Ceux qui s'étaient laissé corrompre par le vulgaire en étaient arrivés à rejeter ce qui est pourtant prescrit par les rites. Et de même que seule une minorité comprend les rites, peu de gens reconnaissent un discours juste : comment l'homme de bien pourrait-il dans ces conditions faire toujours salle comble ?

29. Si le sage ne peut faire toujours salle comble, c'est parce que les gens peinent à saisir la vérité de simples paroles ; pour qu'ils comprennent, il faut les traces écrites laissées sur des lamelles de bois ou de bambou. Confucius, qui n'avait pu être roi, rédigea les *Printemps et automnes*, afin de clarifier sa pensée : il faut s'appuyer sur cette œuvre, composée en désespoir de cause, pour comprendre que Confucius avait la vertu pour régner. Confucius était un saint, et celui qui s'engage dans une entreprise d'écriture comparable fait la preuve qu'il est un sage, ce même s'il n'a pas les mêmes talents que lui ; car saints et sages, même s'ils ont des noms différents, suivent la même voie ; et c'est à partir de la définition de la sagesse que l'on peut débattre de la sainteté[72].

Question : « Sans le déclin des Zhou, Confucius n'aurait pas produit les *Printemps et automnes* ; c'est en effet ce déclin qui le motiva à composer cette œuvre. Sans ce déclin des Zhou, Confucius n'aurait donc pas produit les *Printemps et automnes* – non pas qu'il n'aurait pas eu les capacités de le faire, mais rien ne l'y aurait poussé. Mais s'il en est ainsi, le fait qu'il ait produit les *Printemps et automnes* n'est pas en tant que tel une preuve de sa sainteté ; et s'engager dans une entreprise d'écriture comparable n'est donc pas un critère pour reconnaître les sages[73]. »

73. À nouveau, le texte de ce passage est difficile ; ce que semble vouloir dire le contradicteur de Wang Chong, c'est qu'en rédigeant les *Printemps et automnes*, Confucius n'avait pas pour but de prouver sa sainteté, et que donc on ne doit pas interpréter son œuvre dans ce sens ; en conséquence, la production d'une œuvre écrite, même si dans l'esprit elle se rapproche de celle de Confucius, ne peut servir de critère pour décider de la sagesse d'un auteur.

曰：周道弊，孔子起而作之；文義褒貶是非，得道理之實，無非僻之誤，以故見孔子之賢，實也。夫無言，則察之以文；無文，則察之以言。設孔子不作，猶有遺言，言必有起，猶文之必有為也。觀文之是非，不顧作之所起。

世間為文者眾矣，是非不分，然否不定，桓君山論之，可謂得實矣。論文以察實，則君山漢之賢人也。陳平未仕，割肉閭里，分均若一，能為丞相之驗也。夫割肉與割文，同一實也。如君山得執漢平，用心與為論不殊指矣。孔子不王，素王之業，在於 « 春秋 »。然則桓君山〔不相〕，素丞相之跡，存於 « 新論 » 者也。

74. Wang Chong fait probablement allusion aux *Entretiens* laissés par les disciples de Confucius, qui consignent ses paroles, par opposition aux écrits qu'on avait coutume de lui attribuer à l'époque Han, comme les *Printemps et automnes*.

Ma réponse est la suivante : certes, c'est bien le déclin des Zhou qui incita Confucius à composer les *Printemps et automnes*. Mais dans cette œuvre, Confucius parvint à sanctionner les bons et les mauvais comportements, et à trouver la raison des choses sans jamais sombrer dans la partialité : qu'on puisse constater sa sagesse dans son œuvre, c'est un fait. Si Confucius n'avait rien dit[74], on aurait pu juger de sa sainteté à ses écrits ; et s'il n'avait rien écrit, on aurait pu juger de sa sainteté à ses paroles : s'il n'avait rien écrit, il aurait tout de même transmis ses paroles ; et tout comme ses écrits, ses paroles répondent à une motivation. On peut juger de la justesse d'une œuvre sans s'intéresser aux motivations de son auteur.

Notre époque compte une foule d'auteurs qui ne savent séparer le juste du faux, qui ne proposent aucune conclusion sur ce qui est vrai et ce qui ne l'est pas. Mais on peut dire que dans ses discussions sur tous ces sujets, Huan Tan parvint à la vérité, et que si on se base sur ses écrits pour savoir ce qu'il en est, alors on peut le considérer comme le sage de l'époque Han ! Avant que Chen Ping ne commence sa carrière, il tranchait de la viande dans son village[75] : ses coupes étaient parfaitement régulières, et par là il montrait qu'il avait l'étoffe d'un premier ministre. Car trancher de la viande ou trancher entre des textes, c'est une seule et même chose. Si Huan Tan avait eu le pouvoir de diriger la dynastie, il s'y serait évertué avec la même ambition que celle qu'il manifeste dans ses écrits. Confucius ne régna jamais, et c'est dans les *Printemps et automnes* qu'il prouve ses mérites de roi sans royaumes. Et ce sont ses *Nouveaux discours* qui montrent que Huan Tan aurait eu les compétences pour être premier ministre.

75. Chen Ping (?-178 AEC) : conseiller de Liu Bang, le fondateur de la dynastie Han, et ministre au début de cette dynastie ; d'origine humble, il était réputé pour distribuer la viande de façon équitable aux gens de son village.

正說篇第八十一

1. 儒者說五經, 多失其實。前儒不見本末, 空生虛說, 後儒信前師之言, 隨舊述故, 滑習辭語, 苟名一師之學, 趨為師教授, 及時蚤仕, 汲汲競進, 不暇留精用心, 考實根核。故虛說傳而不絕, 實事沒而不見。五經並失其實, « 尚書 »、« 春秋 » 事較易, 略正題目麤粗之說, 以照篇中微妙之文。

2. 說 « 尚書 » 者, 或以為本百兩篇, 後遭秦燔 « 詩 »、« 書 », 遺在者二十九篇。

1. Sur cet autodafé, cf. *supra*, 25.7. Le *Classique des documents* en vingt-neuf chapitres est l'édition en « nouvelle écriture » de ce texte, telle qu'elle fut reconstituée au début des Han. Sur les querelles sur les Classiques, cf. notre introduction.

Rectification des doctrines
(Traité 81, « Zheng shuo »)

1. Dans leur exégèse des Cinq Classiques, les lettrés pèchent souvent contre la vérité. Les anciens, qui ne comprenaient pas les tenants et aboutissants de ces textes, proposèrent des explications sans fondement. Les lettrés actuels reprennent ces vieilles leçons en les répétant mot pour mot ; à peine se sont-ils fait une réputation dans une tradition d'enseignement qu'ils se proclament maîtres à leur tour, pressés de l'enseigner à d'autres. Puis, soucieux surtout de trouver un poste, et d'être promus le plus rapidement possible, ils n'ont plus le temps de s'appliquer à l'étude de ces textes pour réfléchir à leur vérité profonde. Le résultat est que les explications erronées se propagent inlassablement et finissent par noyer la signification réelle de ces textes, à tel point que le vrai sens des Classiques se perd. Mais en ce qui concerne le *Classique des documents* et les *Printemps et automnes*, les faits sont en réalité assez faciles à établir ; je vais ici corriger quelques erreurs grossières en ce qui concerne la liste de leurs chapitres, afin de mieux comprendre la subtilité de ces textes.

2. Certains des exégètes du *Classique des documents* jugent qu'à l'origine cette œuvre comportait cent deux chapitres, dont il ne resterait plus que vingt-neuf suite à l'autodafé ayant frappé les Classiques sous les Qin[1].

夫言秦燔«詩»、«書»,是也;言本百兩篇者,妄也。蓋«尚書»本百篇,孔子以授也。

遭秦用李斯之議,燔燒五經,濟南伏生抱百篇藏於山中。孝景皇帝時,始存«尚書»。伏生已出山中,景帝遣晁錯往從受«尚書»二十餘篇。伏生老死,書殘不竟。晁錯傳於倪寬。至孝宣皇帝之時,河內女子發老屋,得逸«易»、«禮»、«尚書»各一篇,奏之。宣帝下示博士,然後«易»、«禮»、«尚書»各益一篇,而«尚書»二十九篇始定矣。

至孝景帝時,魯共王壞孔子教授堂以為殿,得百篇«尚書»於牆壁中。武帝使使者取視,莫能

2. Jinan : dans l'actuel Shandong.

3. Empereur Jing (r. 157-141) : en réalité, c'est sous le règne de son prédécesseur, l'empereur Wen (179-157), que furent établis les premiers postes de « docteurs des classiques » (*boshi* 博士).

4. Chao Cuo (200 ?-154) : conseiller et haut fonctionnaire du début des Han, célèbre pour son érudition.

5. Ni Kuan (?-103 AEC) : lettré et haut fonctionnaire durant le règne de l'empereur Wu des Han, spécialiste du *Classique des documents.*

6. Empereur Xuan (r. 74-49).

Si les Qin ont effectivement fait brûler les Classiques, il est faux de prétendre que le *Classique des documents* comportait à l'origine cent deux chapitres. Cette œuvre, telle qu'elle fut transmise par Confucius, comportait sans doute cent chapitres.

La dynastie Qin ayant suivi la proposition de Li Si de brûler les Classiques, ceux-ci furent brûlés, mais le lettré Fu Sheng, de Jinan[2], se réfugia dans les montagnes en emportant avec lui un *Classique des documents* en cent chapitres. À l'époque de l'empereur Jing, le *Classique des documents* commença à faire l'objet d'un enseignement officiel[3] ; Fu Sheng sortit alors de ses montagnes, et l'empereur lui envoya Chao Cuo[4], auquel Fu Sheng transmit un peu plus de vingt chapitres du Classique. Lorsque Fu Sheng mourut de vieillesse, le Classique n'était donc pas complet ; Chao Cuo transmit ce qu'il en avait reçu à Ni Kuan[5]. Sous le règne de l'empereur Xuan[6], une femme de la commanderie de Henei[7] découvrit en détruisant sa maison des chapitres perdus du *Classique des mutations*, du *Classique des rites* et du *Classique des documents* – un chapitre pour chacun de ces Classiques, qu'elle adressa à la cour. L'empereur Xuan les remit à ses docteurs pour examen, et ces chapitres vinrent compléter les éditions dont on disposait de ces trois Classiques ; c'est à partir de ce moment que fut établi le *Classique des documents* en vingt-neuf chapitres tel que nous le connaissons aujourd'hui.

Mais à l'époque de l'empereur Jing, le prince Gong de Lu, en faisant détruire l'ancienne école de Confucius pour construire un palais, trouva dans les murs un *Classique des documents* en cent chapitres[8]. L'empereur Wu envoya des fonctionnaires pour examiner ce texte, mais personne ne fut

7. Henei : commanderie dans l'actuel Henan.

8. Cf. aussi *supra*, 61.1. Selon le *Hanshu* (chap. 30, « Yi wen zhi »), cette version en « ancienne écriture » *(guwen)* du *Classique des documents* ne comportait pas cent chapitres, mais quarante-cinq, qui forment la base du *Shangshu* en cinquante-huit chapitres connu aujourd'hui.

讀者, 遂祕於中, 外不得見。至孝成皇帝時, 徵為古文 « 尚書 » 學。東 (海) 〔萊〕張霸案百篇之序, 空造百兩之篇, 獻之成帝。帝出祕百篇以校之, 皆不相應, 於是下霸於吏。吏白霸罪當至死。成帝高其才而不誅, 亦惜其文而不滅。故百兩之篇傳在世間者, 傳見之人則謂 « 尚書 » 本有百兩篇矣。

3. 或言秦燔 « 詩 »、« 書 » 者, 燔 « 詩經 » 之「書」也, 其經不燔焉。

夫 « 詩經 » 獨燔其詩。「書」, 五經之總名也。傳曰 :「男子不讀經, 則有博戲之心。」子路使子羔為費宰, 孔子曰 :「賊夫人之子。」子路曰 :「有民人焉, 有社稷焉, 何必讀書, 然後為學 ?」五經總名為書。

9. Wang Chong a déjà commenté cette histoire plus haut, cf. 61.1.

10. Généralement dans le *Lunheng*, l'expression *shi shu* 詩書 désigne les *Poèmes* (*shi*) et les *Documents* (*shu*), mais si l'on comprend bien le texte ici, certains lettrés Han l'interpréteraient dans le sens de « les livres (*shu*) sur les *Poèmes* (*shi*) ». Wang Chong juge pour sa part, comme le montre la suite du passage, que le mot *shu*, lorsqu'il ne désigne pas le *Classique des documents*, désigne les Classiques en général plutôt que des commentaires.

capable de le lire, et il le fit conserver dans le secret du palais impérial, invisible désormais pour tout regard extérieur. Sous le règne de l'empereur Cheng, un appel fut lancé pour recruter des spécialistes du *Classique des documents* en ancienne écriture. Zhang Ba, de Donglai, en se basant sur la préface de l'œuvre en cent chapitres, inventa de toutes pièces cent deux chapitres qu'il présenta au souverain ; à des fins de vérification, ce dernier ressortit l'exemplaire en cent chapitres conservé dans le secret de la cour, et il s'avéra que les deux versions ne correspondaient en rien. Zhang Ba fut déféré devant les fonctionnaires de la justice, qui jugèrent qu'il méritait la peine de mort ; mais l'empereur, qui faisait grand cas de son talent, n'appliqua pas la sentence ; appréciant son œuvre, il refusa de la détruire[9]. Cette version en cent deux chapitres circula désormais dans le monde, et ceux qui virent cette version dirent que le *Classique des documents* avait à l'origine cent deux chapitres.

3. Selon certains, lorsque les Qin firent brûler les *Poèmes* et les *Documents*, ils auraient fait brûler les livres sur les *Poèmes*, mais pas le *Classique des poèmes* en tant que tel[10].

Mais en réalité c'est bien le *Classique des poèmes* en tant que tel qui fut brûlé. Le mot « livres » désigne ici les Classiques en général. Les commentaires disent : « Lorsqu'un jeune homme ne lit pas les Classiques, il développe un esprit volage. » Et lorsque Zilu fit nommer Zigao intendant de Bi, Confucius dit : « C'est pervertir un fils de plus ! » Zilu dit : « Il pourra s'occuper là des paysans, de leurs fêtes et de leurs moissons. Après tout, le savoir ne se réduit pas à ce qu'on lit dans les livres[11]. » Le mot « livres » peut donc désigner les Classiques en général.

11. Cf. *Lunyu*, 11.25, trad. d'après P. Ryckmans, *op. cit.*, p. 63. Cf. *supra*, 27.6. Wang Chong semble utiliser ces deux citations pour montrer que dans certains contextes on peut utiliser de façon interchangeable les expressions *du jing* 讀經, « lire les Classiques » et *du shu* 讀書, « lire les livres ».

(傳)〔儒〕者不知秦燔書所起,故不審燔書之實。秦始皇三十四年,置酒咸陽宮,博士七十人前為壽。僕射周青臣進頌秦始皇。齊人淳于越進諫,以為始皇不封子弟,卒有田常、六卿之難,無以救也;譏青臣之頌,謂之為諛。秦始皇下其議丞相府,丞相斯以為越言不可用,因此謂諸生之言惑亂黔首,乃令史官盡燒五經,有敢藏(諸)〔« 詩 »〕書百家語者刑,唯博士官乃得有之。五經皆燔,非獨(諸)〔《詩》〕家之書也。(傳)〔儒〕者信之,見言「詩書」,則獨謂 «〔詩〕經 » (謂) 之書矣。

12. Six ministres : soit les grands officiers du pays de Jin qui y monopolisèrent le pouvoir, avec pour résultat l'affaiblissement de la maison des Jin et la partition de cet État en trois États indépendants, en 403 avant notre ère.

13. L'une des principales mesures prises par le Premier empereur fut de remplacer le système « féodal » de l'époque pré-impériale par une administration centralisée : au lieu des anciens duchés, principautés et royaumes, placés sous l'autorité de la maison royale des Zhou, la dynastie Qin mit en place un système de « commanderies » (*jun* 郡) directement administrées par le pouvoir central. Ce que suggère la critique de Chunyu Yue, c'est que le nouveau système allait priver le souverain de l'assistance des armées des vassaux en cas de besoin. En réalité, ce sont les vassaux eux-mêmes qui avaient été la principale menace pour les souverains Zhou et fini par causer la chute de la dynastie, ce qu'avait évidemment bien compris le Premier empereur.

Nos commentateurs ne comprennent pas les raisons pour lesquelles les Qin firent brûler les livres, et donc ne saisissent pas la réalité de cet autodafé. La trente-quatrième année de son règne, le Premier empereur des Qin organisa une réception en son palais de Xianyang, et soixante-dix docteurs vinrent lui souhaiter longue vie. Leur superviseur, Zhou Qingchen, s'avança pour faire l'éloge du souverain. Mais Chunyu Yue, de Qi, admonesta le Premier empereur, lui reprochant de ne pas donner de fiefs à ses fils et ses frères cadets, et de courir ainsi le risque de connaître des fléaux de l'espèce de Tian Chang ou des Six ministres[12], et sans le moindre recours pour en venir à bout[13] ; il critiqua l'éloge que venait de faire Zhou Qingchen, l'accusant de flatterie. L'empereur soumit la question au bureau du premier ministre, Li Si, qui qualifia les propos de Chunyu Yue de néfastes, et jugea les doctrines des lettrés propres à embrouiller le peuple. Il fut alors ordonné aux annalistes de brûler complètement les Cinq Classiques ; ceux qui oseraient garder en leur possession les *Poèmes* et les *Documents,* ainsi que les traités des penseurs, seraient punis de mort ; seuls les docteurs des Classiques auraient le droit de les conserver dans le cadre de leurs fonctions[14]. Les Cinq Classiques furent donc tous brûlés, et pas uniquement leurs commentaires. Mais les lettrés, parce que le décret parlait des « livres sur les *Poèmes*[15] », considérèrent que seuls les livres sur les *Poèmes* avaient été concernés, et non pas le Classique comme tel.

14. Wang Chong avait déjà décrit les circonstances de l'autodafé des livres plus haut (cf. 25.7), avec quelques différences de détail dans la présentation.

15. En comprenant *shi shu* (cf. note ci-dessus) comme signifiant « livres sur les *Poèmes* » au lieu de « *Poèmes* et *Documents* », ce que permet éventuellement la grammaire ; cette ambiguïté est intraduisible en français.

4. (傳)〔儒〕者或知«尚書»為秦所燔, 而謂二十九篇, 其遺脫不燒者也。

審若此言, «尚書» 二十九篇, 火之餘也。七十一篇為炭灰, 二十九篇獨遺邪 ? 夫伏生年老, 晁錯從之學時, 適得二十餘篇, 伏生死矣, 故二十九篇獨見, 七十一篇遺脫。遺脫者七十一篇, 反謂二十九篇遺脫矣。

5. 或說 «尚書» 二十九篇者, 法 (曰) 斗〔四〕七宿也。四七二十八篇, 其一 (曰)〔法〕斗矣, 故二十九。

夫«尚書»滅絕於秦, 其見在者二十九篇, 安得法乎 ? 宣帝之時, 得佚«尚書»及«易»、«禮»各一篇, «禮»、«易» 篇數亦始足, 焉得有法 ? 案百篇之 «序», 闕遺者七十一篇, 獨為二十九篇立法, 如何 ?

16. Ce nombre résulte donc du hasard.

4. D'autres commentateurs savent que le *Classique des documents* fut brûlé par les Qin, mais ils prétendent que les vingt-neuf chapitres qui nous ont été transmis seraient des chapitres qui auraient échappé à la destruction parce qu'ils avaient été perdus auparavant.

Selon cette interprétation, les vingt-neuf chapitres du *Classique des documents* auraient échappé aux flammes. Mais si soixante et onze chapitres furent réduits en cendres, comment expliquer que ces vingt-neuf autres échappèrent à la destruction ? Chao Cuo fut instruit du *Classique des documents* par Fu Sheng, mais ce dernier, déjà très âgé, ne put lui en transmettre qu'un peu plus d'une vingtaine avant de mourir ; c'est pourquoi seuls vingt-neuf chapitres réapparurent à ce moment, soixante et onze étant perdus. Ce sont ces soixante et onze chapitres qui ont été perdus, et non pas les vingt-neuf chapitres.

5. D'autres prétendent que les vingt-neuf chapitres du *Classique des documents* correspondent à la Grande Ourse et aux quatre séries des sept mansions célestes : les quatre fois sept mansions correspondent à vingt-huit chapitres, auxquels on ajoute un chapitre correspondant à la Grande Ourse, soit vingt-neuf chapitres en tout.

Mais ces vingt-neuf chapitres sont simplement ceux qui survécurent à la destruction du *Classique des documents* sous les Qin : comment donc leur nombre pourrait-il avoir une telle correspondance avec les mansions célestes[16] ? À l'époque de l'empereur Xuan, on retrouva un chapitre du *Classique des documents*, mais aussi un chapitre du *Classique des mutations* et un chapitre du *Classique des rites*, qui furent donc également complétés à ce moment : pourquoi n'observe-t-on une correspondance avec les mansions du ciel que dans le cas du *Classique des documents* ? Si l'on se réfère à la préface du *Classique des documents* en cent chapitres, il y manque soixante et onze chapitres : pourquoi la correspondance ne concernerait-elle que vingt-neuf chapitres ?

或說曰：「孔子更選二十九篇，二十九篇獨有法也。」蓋俗儒之說也，未必傳記之明也。

二十九篇殘而不足，有傳之者，因不足之數，立取法之說，失聖人之意，違古今之實。

夫經之有篇也，猶有章句也；有章句，猶有文字也。文字有意以立句，句有數以連章，章有體以成篇，篇則章句之大者也。謂篇有所法，是謂章句復有所法也。

« 詩經 » 舊時亦數千篇，孔子刪去復重，正而存三百〔五〕篇，猶二十九篇也。謂二十九篇有法，是謂三百五篇復有法也。

6. 或說 « 春秋 »〔十二公，法〕十二月也。« 春秋 » 十二公，猶 « 尚書 » 之百篇，百篇無所法，十

17. C'est-à-dire la façon dont le *Classique des documents* a été composé à l'origine, et la façon dont il a été reconstitué sous les Han.

18. Les *Printemps et automnes* couvrent les règnes des douze ducs du pays de Lu, de 722 à 481 AEC. L'organisation des *Printemps et automnes* répondrait donc à l'ordre céleste, ce qui conférerait une autorité particulière à ce Classique. Selon la théorie des correspondances, très en vogue durant la dynastie Han, on peut identifier toutes sortes de rapports (notamment numériques) entre le ciel et les hommes, rapports qui manifestent l'imbrication entre sphère céleste et sphère humaine, dans une vision de nature religieuse où le ciel sanctionne l'action humaine de son approbation ou de sa désapprobation.

D'autres prétendent que Confucius lui-même aurait choisi ces vingt-neuf chapitres, et ce serait pour cette raison qu'ils auraient un tel rapport de correspondance avec les mansions célestes. Il s'agit là de l'interprétation de lettrés vulgaires, qui n'est corroborée par rien de précis dans les textes.

Les vingt-neuf chapitres du *Classique des documents* représentent l'état incomplet du texte tel qu'il nous a été transmis, et se baser sur ce nombre pour proposer une théorie d'une correspondance avec les mansions célestes, c'est pécher contre la volonté de Confucius, et c'est contrevenir aux faits, à la fois ceux d'hier et ceux d'aujourd'hui[17].

Un Classique est composé d'un certain nombre de chapitres, et de la même façon il est composé d'un certain nombre de paragraphes et phrases ; et ces derniers sont à leur tour composés d'un certain nombre de mots : en fonction de leur sens, les mots forment des phrases, qui s'enchaînent en une certaine quantité pour former des paragraphes, qui à leur tour, en fonction d'une certaine structure, forment des chapitres. Les chapitres correspondent donc à une certaine quantité de paragraphes et de phrases, et si leur nombre obéissait à une correspondance avec les mansions du ciel, alors il devrait en être de même des paragraphes et des phrases.

Le *Classique des poèmes* comprenait à l'origine plusieurs milliers de poèmes, que Confucius, en écartant les doublons et répétitions, réduisit aux trois cent cinq que nous possédons aujourd'hui. Ceci ne diffère en rien des vingt-neuf chapitres du *Classique des documents*, et si l'on prétend que le nombre de ces chapitres entretient un rapport de correspondance avec le ciel, on devra dire qu'il en est de même pour les trois cents *Poèmes*.

6. Selon certains, les douze chapitres consacrés aux douze ducs de Lu dans les *Printemps et automnes* correspondraient aux douze mois de l'année[18]. Mais ces douze chapitres sont comparables aux cent chapitres du *Classique des documents* :

二公安得法？

說«春秋»者曰:「二百四十二年,人道浹,王道備,善善惡惡,撥亂世,反諸正,莫近於«春秋»。」若此者, 人道、王道適具足也。

三軍六師萬二千人, 足以陵敵伐寇, 橫行天下, 令行禁止, 未必有所法也。孔子作 « 春秋 », 紀魯十二公, 猶三軍之有六師也；士眾萬二千, 猶年有二百四十二也。六師萬二千人, 足以成軍；十二公二百四十二年, 足以立義。

說事者好神道恢義, 不肖以遭禍, 是故經傳篇數, 皆有所法。考實根本, 論其文義, 與彼賢者作書, (詩) 無以異也。故聖人作經, 賢者作書, 義

19. Wang Chong fait référence aux rituels de la dynastie Zhou, qui prescrivent notamment que les grands États doivent entretenir trois armées de 12 500 soldats chacune ; cf. *Zhouli*, « Xiaguan, Sima ».

20. Il s'agit de simples nombres, qui correspondent à une réalité.

dans ce dernier cas on ne peut trouver de correspondances avec le ciel, pourquoi y en aurait-il dans celui des douze chapitres des *Printemps et automnes* ?

Les exégètes des *Printemps et automnes* disent : « Les deux cent quarante-deux années couvertes par les *Printemps et automnes* concordent avec la voie humaine et parachèvent la voie royale ; pour ce qui est de louer ce qui est bon et de condamner ce qui est mauvais, de régler les désordres et de revenir à la droiture, rien ne s'approche des *Printemps et automnes*. » Selon cette explication, les *Printemps et automnes* exposeraient donc d'une façon exhaustive la voie humaine et la voie royale.

Les trois armées et les six corps de troupe comptent douze mille hommes[19], ce qui suffit pour l'emporter sur n'importe quel ennemi, pour dominer le monde et faire respecter la loi, cela indépendamment de toute correspondance entre le nombre des soldats et les douze mois de l'année. Les douze ducs du pays de Lu dont traite Confucius dans les *Printemps et automnes* ne diffèrent pas de ce point de vue des douze mille soldats de ces armées[20]. Et les douze mille soldats ne diffèrent en l'espèce en rien des deux cent quarante-deux années couvertes par les *Printemps et automnes*. Il faut douze mille hommes pour former une armée ; et il fallut le temps de douze règnes et deux cent quarante-deux années pour que Confucius puisse exposer ses principes[21].

Nos exégètes aiment forcer le sens des textes et avancer des explications magiques, et considèrent comme funeste de ne pas le faire ; et par conséquent ils interprètent forcément le nombre de chapitres des Classiques et de leurs commentaires selon des règles de correspondances. Mais si l'on revient au fond des choses et aux faits, sur le plan de l'argumentation,

21. Rappelons que sous les Han, on attribue la composition des *Printemps et automnes* à Confucius, qui y aurait déployé sa morale et sa conception du gouvernement grâce à un système souvent voilé d'éloges et de critiques des événements et personnages de la période.

窮禮竟, 文辭備足, 則為篇矣。其立篇也, 種類相從, 科條相附。殊種異類, 論說不同, 更別為篇。意異則文殊, 事改則篇更, 據事意作, 安得法象之義乎?

或說 « 春秋 » 二百四十二年者, 上壽九十, 中壽八十, 下壽七十, 孔子據中壽三世而作, 三八二十四, 故二百四十年也。又說為赤制之中數也。又說二百四十二年, 人道浹, 王道備。

夫據三世, 則浹備之說非; 言浹備之說為是, 則據三世之論誤。二者相伐, 而立其義, 聖人之意何定哉?

22. Ces trois âges se réfèrent à des longévités différentes selon les hommes ; le *Zhuangzi* (chap. 29, « Dao zhi »), parle par exemple de cent, quatre-vingts et soixante ans.

23. C'est-à-dire de la dynastie Han, associée selon certaines théories cosmologistes au feu et donc à la couleur rouge. Certains exégètes Han imaginèrent des correspondances entre la période couverte par le Classique et la longueur de dynastie Han, soit entre les deux cent quarante-deux ans couverts par les *Printemps et automnes* et la durée des Han antérieurs, ou entre les douze ducs des *Printemps et automnes* et les douze souverains qui se succèdent de l'empereur Gaozu à l'empereur Ping. La crise politique de la fin du Ier siècle avant notre ère, soit deux cents ans environ après la fondation de la dynastie, présage la fin d'un cycle, et apparaît ainsi comme annoncée par Confucius lui-même, qui aurait donc organisé les *Printemps et automnes* comme une sorte de prophétie à l'attention des exégètes Han.

24. La voie humaine : c'est-à-dire les règles morales régissant les relations humaines ; ou, par opposition à la « voie céleste », la politique mise en œuvre par le souverain pour s'accorder avec le ciel. La voie royale : les bonnes méthodes de gouvernement selon le confucianisme.

il n'y a pas de différence entre les Classiques et les autres œuvres. Que ce soit dans les Classiques des saints ou les commentaires des sages, la nécessité d'expliquer jusqu'au bout idées et principes moraux présuppose une certaine quantité de mots et de phrases, en fonction des raisonnements et des arguments qui s'enchaînent les uns les autres, et c'est cela qui décide du nombre de chapitres qui composent ces ouvrages. Des genres et discours différents commandent des chapitres différents, des idées dissemblables impliquent des textes dissemblables, et lorsque les faits rapportés varient, cela se reflète dans l'organisation des chapitres. On écrit en fonction de faits : pourquoi voir dans l'organisation des Classiques des correspondances avec le ciel ?

Certains prétendent que les deux cent quarante années des *Printemps et automnes* seraient à mettre en relation avec une longévité supérieure de quatre-vingt-dix ans, une longévité moyenne de quatre-vingts ans et une longévité inférieure de soixante-dix ans[22]. Confucius se serait basé sur trois âges moyens de quatre-vingts ans : en multipliant trois par huit on obtient vingt-quatre, d'où les deux cent quarante années des *Printemps et automnes*. Selon cette théorie, ces années correspondraient à la longueur de la période rouge[23]. Et ils affirment encore que ces deux cent quarante-deux années permettraient de propager partout la Voie humaine et de parachever la voie royale[24].

Mais si l'on suit la première explication par les trois âges, alors la seconde qui invoque la voie humaine et la voie royale est fausse ; et si la seconde est vraie, alors c'est la première qui est fausse[25]. Les deux explications se contredisent : quelle est donc en définitive la position de Confucius ?

25. Selon la première explication donnée dans le paragraphe précédent, les deux cent quarante ans correspondent à un cycle complet, de la fondation d'une dynastie à sa chute. Selon la deuxième explication, les deux cent quarante ans sont la période nécessaire pour mettre en place un ordre moral et politique parfait. Les deux explications sont donc incompatibles.

凡紀事言年月日者,詳悉重之也。«洪範» 五紀,歲、月、日、星。紀事之文,非法象之言也。

紀十二公享國之年,凡有二百四十二,凡此以立三世之說矣。實孔子紀十二公者,以為十二公事,適足以見王義邪?

據三世,三世之數,適得十二公而足也?如據十二公,則二百四十二年不為三世見也;如據三世,取三八之數,二百四十年而已,何必取「二」?說者又曰:「欲合隱公之元也。不取二年,隱公元年不載於經。」夫«春秋»自據三世之數而作,何用隱公元年之事為始?須隱公元年之事為始,是竟以備足為義,據三世之說不復用矣。(說)〔設〕隱公享國五十年,將盡紀元年以來邪?中斷以備三八之數也?如盡紀元年以來,

26. « Grand plan » : soit le chapitre « Hongfan » du *Classique des documents*, l'un des premiers textes de la Chine ancienne à faire un lien entre les cinq agents et le calendrier ; sous sa forme actuelle, le « Grand plan » date sans doute de l'époque des Royaumes combattants.

27. Le duc Yin (r. 722-712) : le premier des ducs de Lu dans les *Printemps et automnes*.

28. Un tel règne (cinquante ans au lieu de douze) aurait prolongé de trente-huit ans le nombre d'années couvertes par les *Printemps et automnes*,

De façon générale, lorsqu'on consigne les années, mois et jours des événements, c'est parce que cette précision souligne leur importance. Si le « Grand plan[26] » recourt aux cinq mesures du temps que sont les années, les mois, les jours, les astres et les repères sidéraux, c'est pour rapporter précisément les événements, et non pas en vertu d'une correspondance avec d'autres phénomènes.

Les *Printemps et automnes* consignèrent les années durant lesquelles les douze ducs régnèrent, et il se trouve qu'au total ces règnes font deux cent quarante-deux ans, nombre utilisé pour fonder cette théorie des trois âges. Mais en réalité, si Confucius rapporta les événements de ces douze règnes, n'est-ce pas simplement parce qu'il jugea que ces douze règnes suffisaient pour exprimer sa conception de la royauté ?

Si l'on suit la théorie des trois âges, les années de ces âges ne devraient-elles pas correspondre exactement au nombre des années des règnes des douze ducs ? Mais ces douze règnes font deux cent quarante-deux ans : on voit bien que ce nombre ne correspond pas aux trois âges. En multipliant quatre-vingts par trois, on obtient en effet exactement deux cent quarante ans : pourquoi les *Printemps et automnes* couvriraient-ils deux années de plus que les deux cent quarante ans des trois âges ? Les interprètes expliquent que ce serait pour intégrer le début du règne du duc Yin[27] : sans ces deux années supplémentaires, le Classique n'aurait pu couvrir les premières années de son règne. Mais si le nombre des années couvertes par les *Printemps et automnes* s'explique par cette théorie des trois âges, quelle nécessité à prendre en compte les événements du début du règne du duc Yin ? Si le Classique rapporte ces événements, c'est par volonté d'exhaustivité, et donc cela invalide la théorie des trois âges. Si le règne du duc Yin avait duré cinquante ans, n'aurait-on pas consigné toutes les années dès le début de son règne[28] ?

soit deux cent quatre-vingts ans au lieu de deux cent quarante-deux, et donc il aurait été difficile d'invoquer la théorie des trois âges pour expliquer une telle durée.

三八之數則中斷；如中斷以備三世之數，則隱公之元不合，何如？

且年與月日，小大異耳；其所紀載，同一實也。二百四十二年謂之據三世，二百四十二年中之日月必有數矣。年據三世，月日多少何據哉？

夫«春秋»之有年也，猶«尚書»之有章，章以首義，年以紀事。謂«春秋»之年有據，是謂«尚書»之章亦有據也。

7. 說«易»者皆謂伏羲作八卦，文王演為六十四。

夫聖王起，河出«圖»，洛出«書»。伏羲王，«河圖»從河水中出，«易»卦是也。禹之時，得

29. Soit le *Yijing* (Yi-*king*), le *Classique des mutations*, également connu sous le nom de *Zhouyi*, « Mutations des Zhou ».

30. Fuxi : divinité mythologique des origines, on lui attribue de nombreuses inventions, dont celle des hexagrammes.

31. Roi Wen : le fondateur de la dynastie Zhou aurait inventé les hexagrammes en combinant les trigrammes.

Aurait-on commencé au milieu pour respecter ce nombre de deux cent quarante ans ? Soit on rapporte toutes les années du règne du duc Yin, depuis le début, et alors la théorie des trois fois huit ne s'applique pas ; soit on coupe dans son règne pour coller à la théorie des trois âges, et alors on n'aurait pas dû intégrer les premières années de ce règne.

Notons par ailleurs qu'il n'y a guère de différences, en l'espèce, entre années, mois ou jours ; pour ce qui est de rapporter les événements, il s'agit de la même chose. Si l'on prétend que les deux cent quarante-deux ans correspondent aux trois âges, le nombre de mois et de jours de ces deux cent quarante-deux ans devrait aussi avoir un sens : si le nombre des années correspond aux trois âges, à quoi correspond le nombre de mois et de jours ?

La division des *Printemps et automnes* en années est comparable à la division du *Classique des documents* en paragraphes : les paragraphes du *Classique des documents* correspondent à des points importants, et les années des *Printemps et automnes* correspondent à des événements. Si l'on explique le nombre des années des *Printemps et automnes* par une correspondance, il faudrait faire de même pour le nombre des paragraphes du *Classique des documents*.

7. Les exégètes des *Mutations*[29] disent tous que Fuxi inventa les huit trigrammes[30], et que le roi Wen les développa pour former les soixante-quatre hexagrammes[31].

Lorsque les saints rois apparurent, le fleuve Jaune produisit le *Tableau du Fleuve* et la Luo produisit l'*Écrit de la Luo*[32]. Lorsque Fuxi devint roi, le *Tableau du Fleuve* sortit des eaux du fleuve Jaune, et ce tableau n'est autre que celui des huit

32. *Tableau du Fleuve* et Écrit de la Luo : documents apocryphes « apparus » sous les Han, censément d'origine ancienne, parfois attribués à Confucius lui-même, invoqués sous les Han à des fins de divination ou de légitimation politique ; cf. *Balance* 2011, p. xcv *sq*.

«洛書»,«書»從洛水中出,«洪範»九章是也。故伏羲以卦治天下,禹案«洪範»以治洪水。

古者烈山氏之王得«河圖»,夏后因之曰«連山»;(烈山)〔歸藏〕氏之王得«河圖»,殷人因之曰«歸藏»;伏羲氏之王得«河圖»,周人〔因之〕曰«周易»。其經卦〔皆八,其別〕皆六十四。文王、周公因彖十八章究六爻。

世之傳說«易»者,言伏羲作八卦;不實其本,則謂伏羲真作八卦也。伏羲得八卦,非「作」之;文王得成六十四,非「演」之也。演作之言,生於俗傳。苟信一文,使夫真是幾滅不存。既不知«易»之為«河圖»,又不知存於俗何家«易»也,或時«連山»、«歸藏»,或時«周易»。

33. « Neuf articles » (*jiu zhang* 九章) ou « Neuf catégories » (*jiu chou* 九疇) : les neuf règles ou méthodes de gouvernement énumérées dans le « Grand plan » du *Classique des documents* ; la tradition veut qu'elles aient été données par le ciel à Yu.

34. Le roi Lieshan (ou Lishan, Lianshan) : autre nom de Shennong, l'un des Trois augustes souverains, ancêtres mythiques civilisateurs aux origines de la culture chinoise ; on lui attribue l'invention de l'agriculture ; il est parfois confondu avec le souverain Yan (Yandi), l'empereur « flamboyant » ou « pourpre » considéré comme l'ancêtre de la race chinoise.

35. Guicang (ou Gui Cang) : souverain de la haute Antiquité chinoise.

trigrammes. Quant à l'*Écrit de la Luo*, il apparut à l'époque de Yu le Grand, sortant des eaux de la Luo, et cet écrit n'est autre que les Neuf articles du « Grand plan[33] ». Et ainsi Fuxi régla le monde au moyen des trigrammes, et Yu vint à bout des grandes inondations en se fondant sur le « Grand plan ».

Dans les temps anciens, le roi Lieshan[34] obtint le *Tableau du Fleuve*, que les souverains des Xia nommèrent « Mutations de Lianshan » ; le roi Guicang obtint aussi le *Tableau du Fleuve*, et les Yin le nommèrent « Mutations de Guicang[35] » ; et quand le roi Fuxi obtint à son tour le *Tableau du Fleuve*, les Zhou le nommèrent « Mutations des Zhou[36] ». Ces versions du Classique contiennent toutes les soixante-quatre hexagrammes. Le roi Wen et le duc de Zhou, s'appuyant sur les dix-huit jugements, expliquèrent complètement les six lignes des hexagrammes[37].

Nos spécialistes du *Classique des mutations* prétendent que Fuxi inventa les huit trigrammes ; ils estiment que Fuxi les inventa vraiment car ils oublient la réalité des origines. Fuxi obtint les huit trigrammes, il ne les inventa pas. De même, le roi Wen obtint les soixante-quatre hexagrammes, il ne les fabriqua pas lui-même. Ces explications sur la création des trigrammes et le développement des hexagrammes nous viennent de commentaires vulgaires des Classiques. Si on croit ce qu'ils disent, on passe à peu près complètement à côté de la vérité, d'une part parce que ces commentaires ne voient pas que le *Classique des mutations* n'est autre que le *Tableau du Fleuve* ; et d'autre part parce qu'ils ne s'accordent pas sur la version du Classique qui s'est transmise jusqu'à nous : certains jugeant qu'il s'agit des *Mutations* de Lianshan, d'autres de Guicang, d'autres encore des Zhou.

36. Si l'on en croit la tradition (cf. *Zhouli*, « Chunguan, Zongbo »), il aurait existé trois livres des *Mutations*, celui de Lianshan (Lieshan), celui de Guicang, et enfin les *Mutations des Zhou* (*Zhouyi*), le seul conservé aujourd'hui, plus connu en Occident sous le nom de *Classique des mutations.*

37. Les « Jugements » (*tuan* 彖) proposent un commentaire général pour chaque hexagramme ; la tradition en attribue la composition au roi Wen. « Les six lignes » : pour chaque hexagramme, le *Yijing* propose un commentaire ligne par ligne, attribué au duc de Zhou.

案 « 禮 » 夏、殷、周三家相損益之制, 較著不同。如以周家在後, 論今為 « 周易 », 則 « 禮 » 亦宜為 « 周禮 »。六典不與今 « 禮 » 相應, 今 « 禮 » 未必為周, 則亦疑今 « 易 » 未必為周也。

案左丘明之傳, 引周家以卦, 與今 « 易 » 相應, 殆 « 周易 » 也。

8. 說 « 禮 » 者, 皆知 « 禮 » 也, (為) « 禮 »〔為〕何家禮也 ? 孔子曰 :「殷因於夏禮, 所損益可知也。周因於殷禮, 所損益可知也。」由此言之, 夏、殷、周各自有禮。方今周禮邪 ? 夏、殷也 ? 謂之周禮, « 周禮 » 六典, 案今 « 禮經 » 不見六典。或時殷禮未絕, 而六典之 « 禮 » 不傳, 世因謂此為周禮也 ? 案周官之法, 不與今 « 禮 »

38. « Les six règlements » : soit les prescriptions concernant les six ministères dans le *Rituel des Zhou.*

39. Wang Chong fait sans doute allusion ici au *Yili* (« Cérémonial »), l'un des trois importants rituels du confucianisme Han.

40. C'est-à-dire le *Zuozhuan.*

En ce qui concerne les rituels, on constate des ajouts et des suppressions entre les dynasties Xia, Yin et Zhou, avec donc des différences évidentes d'une dynastie à l'autre. Si l'on considère que notre *Classique des mutations* doit être la version des Zhou parce que ceux-ci vinrent en dernier, alors on devra de la même façon conclure que notre *Classique des rites* est celui des Zhou. Or, les six règlements[38] du *Rituel des Zhou* ne correspondent pas à nos rituels[39], qui donc ne viennent pas nécessairement des Zhou ; et donc on peut également douter que notre *Classique des mutations* soit celui des Zhou.

Remarquons cependant que les citations des *Mutations* des Zhou que l'on trouve dans le commentaire aux *Printemps et automnes* de Zuoqiu Ming[40] correspondent au *Classique des mutations* tel qu'on le connaît aujourd'hui, et que donc celui-ci est sans doute la version des Zhou.

8. Les exégètes du *Classique des rites* connaissent tous ce rituel[41], mais savent-ils à quelle tradition il appartient ? Confucius a dit : « Les Yin ont hérité du rituel des Xia, et nous pouvons savoir ce qu'ils en ont retranché et ce qu'ils y ont ajouté. Les Zhou ont hérité du rituel des Yin, et nous pouvons savoir ce qu'ils en ont retranché et ce qu'ils y ont ajouté[42]. » On voit par là que les dynasties Xia, Yin et Zhou avaient chacune son propre rituel. Mais notre rituel est-il celui des Zhou ? Ou s'agit-il de celui des Xia ? De celui des Yin ? Certains jugent qu'il s'agit de celui des Zhou, mais remarquons qu'on ne trouve pas dans notre *Classique des rites* les six règlements du *Rituel des Zhou*. Peut-être le rituel des Yin ne fut-il pas perdu, contrairement à celui des six règlements, et les gens présentèrent-ils le rituel des Yin comme le rituel des Zhou ? Remarquons que le système des officiels du *Rituel des*

41. Le texte indique simplement « Rites », Wang Chong se réfère sans doute au *Yili* (« Cérémonial ») ici.

42. *Lunyu*, 2.23, trad. P. Ryckmans, *op. cit.*, p. 19.

相應, 然則 « 周禮 » 六典是也。其不傳, 猶古文 « 尚書 »、« 春秋左氏 » 不興矣。

9. 說 « 論 » 者, 皆知說文解語而已, 不知 « 論語 » 本幾何篇 ; 但〔知〕周以八寸為尺, 不知 « 論語 » 所獨一尺之意。

夫 « 論語 » 者, 弟子共紀孔子之言行, 敕記之時甚多, 數十百篇, 以八寸為尺, 紀之約省, 懷持之便也。以其遺非經, 傳文紀識恐忘, 故但以八寸尺, 不二尺四寸也。

漢興失亡。至武帝發取孔子壁中古文, 得二十一篇, 齊、魯 (二)、河間九篇, 三十篇。至昭帝

43. Les *Entretiens* de Confucius ayant sous les Han le statut de classique, ils auraient dû être rédigés sur des plaquettes de 2 pieds et 4 pouces. Sur le format des « livres » sous les Han, cf. *supra*, 16.1.

44. Littéralement : « plusieurs centaines de chapitres ».

45. Rappelons que Confucius (accompagné de ses disciples) voyagea beaucoup, allant de principauté en principauté pour tenter de convaincre un souverain de mettre en pratique ses idées.

46. Des versions des *Entretiens* furent sans doute brûlées lors de l'autodafé des livres de 213 AEC ou détruites lors des guerres civiles à la fin de la dynastie Qin. Au début des Han, on disposait cependant en tout cas de deux versions, celle du pays de Lu et celle du pays de Qi. Notre version actuelle est une synthèse entre ces versions, réalisée au Ier siècle AEC.

Zhou ne correspond pas à notre *Classique des Rites*, mais qu'il correspond bien aux six règlements du *Rituel Zhou*. Si ce rituel ne s'est pas transmis, on a un cas analogue au *Classique des Documents* en ancienne écriture ou au commentaire Zuo aux *Printemps et automnes*, *également perdus* avant la dynastie Han.

9. Les interprètes des *Entretiens* de Confucius se contentent d'en expliquer les caractères et les mots ; ils ne savent rien du nombre de chapitres que ce texte avait à l'origine. Ils n'ignorent pas que sous les Zhou un pied équivalait à huit pouces, mais ils ne comprennent pas pourquoi les *Entretiens* ont un format d'un pied seulement[43].

Dans les *Entretiens*, les disciples de Confucius rapportèrent collectivement les paroles et les actions de ce dernier. Comme ils eurent maintes occasions de consigner ses enseignements, il en résulta un texte de plusieurs centaines de passages[44], et s'ils choisirent un format de huit pouces, soit un pied, c'est parce qu'ils voulaient s'en tenir à l'essentiel et que ce format était pratique pour le transport[45]. Les disciples n'avaient pas pour intention de laisser à la postérité un classique, mais simplement de transmettre des informations dont ils craignaient qu'elles ne se perdent, et donc ils adoptèrent ce petit format au lieu du format de deux pieds et quatre pouces des Classiques.

Au début des Han, les *Entretiens* furent perdus[46]. Sous le règne de l'empereur Wu, on en découvrit un exemplaire dans les murs de la demeure de Confucius, en ancienne écriture et en vingt et un chapitres, auxquels s'ajoutèrent les neuf chapitres supplémentaires des versions de Qi, de Lu et de Hejian[47], soit

47. Si Wang Chong a raison d'insister sur le fait qu'il existait effectivement plusieurs versions des *Entretiens* durant la dynastie Han, sa présentation diffère cependant sur certains points de l'histoire du *Lunyu* telle qu'elle est communément reçue ; notamment, il semble le seul à suggérer que des parties importantes des *Entretiens* ont été perdues (cf. *infra*). Hejian : royaume de l'époque Han, dans l'actuel Hebei.

(女) 讀二十一篇。宣帝下太常博士, 時尚稱書難曉, 名之曰傳 ; 後更隸寫以傳誦。

初, 孔子孫孔安國以教魯人扶卿, 官至荊州刺史, 始曰 « 論語 »。今時稱 « 論語 » 二十篇, 又失齊、魯、河間九篇。本三十篇, 分布亡失 ; 或二十一篇。〔篇〕目或多或少, 文讚或是或誤。

說 « 論語 » 者, 但知以剝解之問, 以纖微之難, 不知存問本根篇數章目。溫故知新, 可以為師 ; 今不知古, 稱師如何?

48. Empereur Zhao (r. 87-74).

49. Le mot *zhuan* 傳, « commentaire », « texte », est vague, et notre traduction est conjecturale.

50. Écriture de chancellerie (*lishu* 隸書) : il s'agit du style d'écriture couramment utilisé durant la dynastie Han et qui annonce la « régulière » (*kaishu* 楷書) qui s'imposera dès le IIIe siècle comme le style standard d'écriture.

trente chapitres en tout. Sous le règne de l'empereur Zhao[48], on commença à étudier la version en vingt et un chapitres, et l'empereur Xuan la soumit pour examen aux docteurs dépendant du ministère des cérémonies qui, jugeant les caractères difficiles à comprendre, le qualifièrent de « texte ancien[49] ». Par la suite, afin d'en faciliter la transmission et la lecture, les *Entretiens* furent retranscrits en écriture de chancellerie[50].

Kong Anguo, un descendant de Confucius, s'était servi de ce texte pour instruire Fu Qing, de Lu, qui s'éleva dans la bureaucratie jusqu'au poste de censeur de la région de Jing[51] ; Fu Qing fut le premier à nommer ce texte *Entretiens*. Le texte qu'on appelle *Entretiens* aujourd'hui ne compte plus que vingt chapitres, les neuf chapitres supplémentaires trouvés à Qi, Lu et Hejian ayant été perdus. Des trente chapitres d'origine, un certain nombre se sont donc dispersés et perdus. Il existe aussi une version en vingt et un chapitres. On constate donc qu'il y a des différences dans le nombre de chapitres, avec également des caractères corrects ou incorrects selon les versions.

Mais nos exégètes méconnaissent complètement la question du nombre de chapitres et paragraphes conservés des *Entretiens*, ils se contentent de décortiquer les phrases en s'attachant à de menus détails. Seuls ceux qui se fondent sur le passé pour comprendre le présent peuvent prétendre au titre de maître : ces exégètes qui ignorent tout du passé le méritent-ils ?

51. Kong Anguo (IIe s. AEC) : descendant de Confucius à la douzième génération, docteur des classiques sous le règne de l'empereur Wu. Fu Qing (IIe s. AEC) : lettré et fonctionnaire, il joua un rôle dans la transmission des *Entretiens*. Jing : région correspondant pour l'essentiel aux actuelles provinces du Hubei et du Hunan ; sous les Han, l'empire était divisé en treize régions, comprenant plusieurs commanderies ou royaumes, placées sous le contrôle d'un censeur.

10. 孟子曰 :「王者之跡熄而 « 詩 » 亡, « 詩 » 亡然後 « 春秋 » 作。晉之 « 乘 », 楚之 « 檮杌 », 魯之 « 春秋 », 一也。」

若孟子之言, « 春秋 » 者, « 魯史記 » 之名, « 乘 » « 檮杌 » 同。孔子因舊故之名, 以號 « 春秋 »之經, 未必有奇說異意, 深美之據也。今俗儒說之 :「春者歲之始, 秋者其終也。« 春秋 » 之經, 可以奉始養終, 故號為 « 春秋 »。」

« 春秋 » 之經, 何以異 « 尚書 » ?〔說〕« 尚書 » 者, 以為上古帝王之書, 或以為上所為下所書, 授事相實而為名, 不依違作意以見奇。說 « 尚書 » 者得經之實, 說 « 春秋 » 者失聖之意矣。

52. Sur le modèle des poèmes du *Classique des poèmes*.

53. Selon la vision confucianiste, le déclin de l'histoire impose des textes de nature différente : les éloges du *Classique des poèmes*, dont certains refléteraient l'âge d'or du début de la dynastie Zhou ; et des critiques plus ou moins voilées dans des traités historiques comme les *Printemps et automnes*, censément composés par Confucius lui-même, comme reflet d'une période de division politique et de crise morale.

54. *Mengzi*, 4B, « Li Lou xia ». *Véhicule* : chroniques du pays de Jin à l'époque des Printemps et automnes, aujourd'hui perdues ; le titre suggère l'idée de « transporter » ou de « rapporter » (*jizai* 記載) les événements historiques. *Taowu* : chronique du pays de Chu à l'époque des Printemps et automnes ; le mot *taowu* renvoie à des créatures monstrueuses ou à des hommes malfaisants, et selon certains interprètes tardifs, ce mot aurait été choisi comme titre pour qualifier négativement l'histoire de Chu.

10. Mencius a dit : « Lorsqu'il n'y eut plus de hauts faits royaux à glorifier, on cessa de composer des poèmes[52] ; une fois qu'on eut cessé de composer des poèmes, on rédigea les *Printemps et automnes*[53]. Le *Véhicule* de Jin, le *Taowu* de Chu et les *Printemps et automnes* de Lu sont de même nature[54]. »

Si l'on en croit Mencius, les *Printemps et automnes* sont le nom des chroniques de Lu, de la même façon que le *Véhicule* et le *Taowu* sont les noms de celles de Jin et de Chu. Confucius reprit une appellation d'usage ancien pour nommer ce Classique ; il ne faut pas forcément chercher dans ce titre un sens caché ou une motivation profonde. Mais nos exégètes des *Printemps et automnes* écrivent : « Le printemps correspond au moment des semailles au début de l'année, l'automne correspond au moment des récoltes à la fin de l'année. Le Classique assiste le commencement et nourrit la fin, et c'est la raison pour laquelle Confucius l'appela *Printemps et automnes*. »

Mais en quoi ce Classique diffère-il de ce point de vue des *Documents suprêmes*[55]. Les exégètes des *Documents suprêmes* expliquent que ce classique fut intitulé ainsi parce qu'il est l'œuvre des souverains de la haute Antiquité, ou parce qu'il consiste en la notation par des inférieurs des actions de leurs supérieurs. Ils ne voient donc dans ce titre rien d'extraordinaire, et ils n'en proposent pas une interprétation au rebours du bon sens ; ils l'expliquent simplement en fonction des faits. Nos exégètes sont donc capables de s'en tenir aux faits pour ce qui concerne les *Documents suprêmes*, mais ils trahissent l'esprit de Confucius dans le cas des *Printemps et automnes*.

55. *Documents suprêmes* : dans ce contexte, nous traduisons ainsi le mot *Shangshu*, qui est l'autre nom courant du *Classique des documents* (*Shujing*). Le nom *Shangshu* 尚書 a donné lieu à plusieurs interprétations en Chine ancienne, et le présent passage du *Lunheng* est d'ailleurs l'une des sources sur la question. Le caractère *shang* 尚 est généralement considéré comme un synonyme de *shang* 上, avec plusieurs sens possibles : « éminent », « noble », ou encore « ancien » (au sens de *shanggu* 上古, c'est-à-dire concernant les souverains de la haute Antiquité). Les traductions possibles pour *Shangshu* seraient donc « Documents éminents », « Documents des supérieurs », ou encore « Documents antiques ».

«春秋左氏傳»:「桓公十有七年冬十月朔,日有食之,不書日,官失之也。」謂官失之言,蓋其實也。史官記事,若今時縣官之書矣,其年月尚大難失,日者微小易忘也。蓋紀以善惡為實,不以日月為意。若夫«公羊»、«穀梁»之傳,日月不具,輒為意使。(失)〔夫〕平常之事,有怪異之說;徑直之文,有曲折之義,非孔子之心。

夫«春秋»實及言〔冬〕夏,不言者,亦與不書日月,同一實也。

11. 唐、虞、夏、殷、周者,土地之名。堯以唐侯嗣位,舜從虞地得達,禹由夏而起,湯因殷而興、武王階周而伐,皆本所興昌之地,重本不忘

56. Soit en 695 AEC.
57. *Zuozhuan*, « Huangong », 17e année.
58. C'est-à-dire parce que ça n'est pas essentiel.
59. Tang : dans l'actuel Shanxi. Yu : dans l'actuel Shanxi. Xia : dans l'actuel Henan. Yin : dans l'actuel Henan. Zhou : dans l'actuel Shaanxi.

Selon le commentaire Zuo aux *Printemps et automnes*, « la dix-neuvième année du règne du duc Huan de Lu[56], en hiver, le premier jour du dixième mois, il y eut une éclipse de soleil ; le classique ne note pas le jour cyclique, ce qui est une omission des fonctionnaires responsables[57] ». Le commentaire a sans doute raison de voir une omission ici. Lorsque les chroniqueurs notaient les événements, ils se heurtaient aux mêmes difficultés que nos officiels qui consignent les faits et gestes de l'empereur : les années et les mois sont trop importants pour être oubliés, mais la date précise peut leur échapper. Le but des *Printemps et automnes* était de rendre compte des bonnes et mauvaises actions des souverains, et non pas de les dater avec précision. Les commentaires de Gongyang et de Guliang ne rapportent souvent pas les jours et les mois, et cela est sans doute volontaire. Voir de l'extraordinaire dans des choses aussi banales, déformer le sens de textes pourtant parfaitement clairs, voilà qui ne correspond pas à l'esprit de Confucius.

Les *Printemps et automnes* traitent également d'événements arrivés en hiver et en été, et si le titre omet de mentionner ces saisons, c'est pour la même raison que le texte omet parfois d'indiquer les mois et les jours[58].

11. Tang, Yu, Xia, Yin et Zhou sont des noms de lieux[59]. Yao hérita de son titre en tant que marquis de Tang ; Shun devint empereur à partir de son fief de Yu ; Yu prit son essor à Xia ; Tang s'élança à partir de Yin ; et le roi Wu attaqua à partir de Zhou[60] : dans tous les cas il s'agit des endroits qui lancèrent leurs succès, et ces souverains les prirent comme noms dynastiques parce qu'ils ne voulaient pas oublier leurs débuts ;

60. Il a déjà été question à plusieurs reprises de ces souverains dans les traités qui précèdent. Rappelons que Yao et Shun sont deux des principaux souverains mythiques de la haute Antiquité chinoise, et que Yu, Tang et le roi Wu sont les fondateurs des dynasties Xia, Shang (ou Yin) et Zhou, respectivement.

始, 故以為號, 若人之有姓矣。說 « 尚書 » 謂之有天下之代號唐、虞、夏、殷、周者, 功德之名, 盛隆之意也。

故唐之為言「蕩蕩」也, 虞者「樂」也, 夏者「大」也, 殷者「中」也, 周者「至」也。堯則蕩蕩民無能名 ; 舜則天下虞樂 ; 禹承二帝之業, 使道尚蕩蕩, 民無能名 ; 殷則道得中 ; 周武則功德無不至。

其立義美也, 其褒五家大矣, 然而違其正實, 失其初意。唐、虞、夏、殷、周, 猶秦之為秦, 漢之為漢。秦起於秦, 漢興於漢中, 故曰 (猶) 秦、漢。猶王莽從新都侯起, 故曰亡新。使秦、漢在經傳之上, 說者將復為秦、漢作道德之說矣。

61. Beaucoup de noms de famille chinois sont à l'origine effectivement des toponymes.

62. À l'origine, le mot « Qin » désigne des tribus ou une région du nord-ouest de la Chine (Gansu, Shaanxi). Quant au mot « Han », il renvoie à la rivière Han, qui prend sa naissance dans le Shaanxi et traverse le Hubei avant de se jeter dans le Yang-tsé.

il n'y a là rien qui diffère des noms de famille personnels[61]. Mais les interprètes du *Classique des documents* veulent que les noms de ces dynasties qui gouvernèrent le monde soient des appellations de prestige, visant à glorifier les mérites de leurs fondateurs.

Pour eux, « Tang » signifierait « immense », « Yu » signifierait « serein », « Xia » signifierait « grand », « Yin » signifierait « convenable », et « Zhou » signifierait « parfait » : Yao était si immense que les gens furent incapables de le nommer autrement ; grâce à Shun le monde connut la sérénité ; Yu continua dans la voie des deux précédents souverains, régnant de façon si éclatante que son peuple était à court de mots pour le qualifier ; les Yin mirent en place un gouvernement parfaitement convenable ; et le roi Wu des Zhou fit preuve de mérites parfaits.

Voilà de bien belles explications, qui exaltent la grandeur de ces Cinq souverains, mais qui ne correspondent pas à la réalité et au sens original de ces noms. Les noms Tang, Yu, Xia, Yin et Zhou ne diffèrent en fait en rien de ceux de la dynastie Qin et de la dynastie Han[62] : les Qin prirent leur essor à Qin, et les Han, dans la commanderie de Hanzhong[63], d'où les noms respectifs de ces deux dynasties. Et de la même façon, Wang Mang commença son essor comme marquis de Xindu[64], d'où le nom de Xin qu'il donna à sa dynastie déchue. S'il était question des Qin et des Han dans les Classiques et les textes anciens, nos exégètes auraient également proposé des interprétations moralisantes pour expliquer le nom de leurs dynasties.

63. Hanzhong : sur le cours moyen de la Han (dans l'actuel Shaanxi).

64. En 16 AEC, Wang Mang fut nommé marquis de Xindu, dans l'actuel Henan. Le mot « Xin » est parfois interprété comme signifiant « nouveau ».

12. 堯老求禪, 四嶽舉舜。堯曰 :「我其試哉 ! 」說 « 尚書 » 曰 :「試者, 用也 ; 我其用之為天子也。」文為天子也。

文又曰 :「女于時觀厥刑于二女。」觀者, 觀(爾)〔示〕虞舜於天下, 不謂堯自觀之也。若此者, 高大堯、舜, 以為聖人相見已審, 不須觀試, 精耀相炤, 曠然相信。

又曰 :「四門穆穆, 入于大麓, 烈風雷雨不迷。」言大麓, 三公之位也。居一公之位, 大總錄二公之事, 眾多並吉, 若疾風大雨。

65. Cf. *Shangshu*, « Yao dian ». Sur les chefs des quatre montagnes sacrées, cf. *supra*, 80.4.

66. Pour certains commentateurs de l'époque Han, l'idée d'une mise à l'épreuve de Shun par Yao est inacceptable, étant donné la sainteté de l'un et de l'autre : une telle mise à l'épreuve présupposerait en effet que Yao n'est pas assez clairvoyant pour reconnaître immédiatement la sainteté de Shun et/ou que Shun n'est pas assez saint pour être reconnu immédiatement comme tel.

12. Comme Yao, âgé, se cherchait un successeur, les chefs des quatre montagnes sacrées lui recommandèrent Shun. Yao dit : « Je vais le mettre à l'épreuve[65] ! » Les commentateurs du *Classique des documents* expliquent le texte ainsi : « Par "mettre à l'épreuve", Yao veut dire "employer" ; il veut dire qu'il va employer Shun comme Fils du ciel. » Le texte signifierait donc que Yao fit de Shun le Fils du ciel[66].

Le texte du Classique continue ainsi : « Je vais lui donner mes deux filles en mariage, afin d'observer son comportement à leur égard. » Pour ces commentateurs, « observer » signifie que Yao présenta Shun au monde, et non pas qu'il l'observa lui-même : leur but est d'exalter à la fois Yao et Shun, les saints étant capables de se reconnaître les uns les autres au premier regard, sans avoir besoin de se mettre à l'épreuve ; ils sont comme des feux qui s'éclairent mutuellement et ils se fient évidemment les uns aux autres.

Le *Classique des documents* dit encore : « Shun accueillit les princes de l'empire aux quatre portes de la capitale, et ils le traitèrent avec le plus grand respect. Il entra dans les grandes forêts et ne s'égara pas malgré des vents violents, du tonnerre et de la pluie[67]. » Les commentateurs jugent que les « grandes forêts » désigneraient les trois grands ministres[68] : selon eux, le classique voudrait dire que Shun occupa l'un de ces postes et supervisa les deux autres, et qu'il aurait parfaitement rempli sa tâche, comme un homme qui ne s'égare pas malgré des vents violents, du tonnerre et de la pluie.

67. *Shangshu*, « Shun dian ».

68. L'expression *da lu* 大麓 désigne étymologiquement une « grande forêt qui pousse au pied de montagnes », mais elle désigne aussi les fonctionnaires chargés de surveiller les parcs impériaux, et peut-être par extension de hauts fonctionnaires, voire les principaux ministres.

夫聖人才高，未必相知也。(聖)成事，舜難知佞，使皋陶陳知人之法。佞難知，聖亦難別。堯之才，猶舜之知也，舜知佞，堯知聖。堯聞舜賢，四嶽舉之，心知其奇，而未必知其能，故言：「我其試哉！」試之於職，妻以二女，觀其夫婦之法，職治脩而不廢，夫道正而不僻。復令(人)〔入〕〔大〕(庶)〔鹿〕之野而觀其聖，逢烈風疾雨，終不迷惑。堯乃知其聖，授以天下。

夫文言觀、試，觀試其才也。說家以為譬喻增飾，使事失正是，(誠)〔滅〕而不存；曲折失意，使偽說傳而不絕。

13. 造說之傳，失之久矣。後生精者，苟欲明經，不原實，而原之者，亦校古隨舊，重是之文，以為

Mais les saints ont beau avoir de grands talents, ils ne se reconnaissent pas forcément les uns les autres. Un exemple est Shun lui-même, qui éprouvait des difficultés à identifier les flatteurs, et demanda par conséquent à Gao Yao de lui exposer sa méthode pour connaître les gens : si Shun avait du mal à identifier les flatteurs, il devait éprouver les mêmes difficultés pour identifier les saints. La perspicacité de Yao était comparable à celle de Shun, et il ne reconnaissait pas mieux les saints que Shun ne reconnaissait les flatteurs. Yao avait été informé de la sagesse de Shun, qui lui avait d'ailleurs été recommandé par les chefs des quatre montagnes sacrées : il savait donc qu'il avait affaire à un homme d'exception, mais il ne comprenait pas forcément de quoi il était véritablement capable, et voilà pourquoi il demanda à le mettre à l'épreuve. Voulant le juger à la tâche, il lui donna ses deux filles en mariage, et observa la façon dont il réglait les relations entre époux et épouses ; il constata que Shun gérait ses affaires à la perfection et sans la moindre négligence, et qu'il se comportait avec droiture et équité. Lui ayant demandé de pénétrer dans les grandes forêts au pied des montagnes, il put vérifier la sainteté de cet homme qui ne s'égara pas malgré des pluies et des vents violents. Alors il comprit que Shun était un saint et qu'il pouvait lui céder l'empire.

Si le texte dit que Yao « observa » et « mit à l'épreuve » Shun, c'est donc bien qu'il l'observa et le mit à l'épreuve. Les commentateurs interprètent ces mots comme des métaphores ou des figures de style, mais ce faisant ils faussent les choses et ruinent le sens du classique, déformant la réalité et propageant des mensonges.

13. À cause de ces commentaires, cela fait bien longtemps que le sens des Classiques s'est perdu. Les meilleures de nos lettrés tentent bien d'expliquer tant bien que mal ces œuvres, mais ils ne remontent pas aux faits, ou s'ils le font, ils s'appuient sur d'anciens commentaires qu'ils se contentent de répéter,

說證。經之傳不可從,五經皆多失實之說。« 尚書 »、« 春秋 » 行事成文,較著可見,故頗獨論。

croyant y trouver des preuves de leurs interprétations. Mais on ne saurait obéir aveuglément aux commentaires, dont les explications pèchent en de multiples endroits. Cela vaut pour chacun des Cinq Classiques, et si nous avons insisté sur le *Classique des documents* et sur les *Printemps et automnes*, c'est parce que les erreurs les concernant sont particulièrement évidentes.

書解篇第八十二

1. 或曰：士之論高, 何必以文？

答曰：夫人有文質乃成。物有華而不實, 有實而不華者。«易»曰:「聖人之情見乎辭。」出口為言, 集札為文, 文辭施設, 實情敷烈。夫文德, 世服也。空書為文, 實行為德, 著之於衣為服。故曰：德彌盛者文彌縟, 德彌彰者 (人)〔文〕彌明。大人德擴其文炳, 小人德熾其文斑, 官尊而

1. « Style » : le début du traité discute de l'importance du *wen* 文, concept que nous avons déjà rencontré à plusieurs reprises (cf. le traité 61 ci-dessus) ; nous le traduisons ici par « style », mais selon les contextes il correspond plutôt à « signes », « écrit », « marques », « ornements », « culture » Du point de vue de Wang Chong et des anciens Chinois, il ne s'agit pas de polysémie, mais d'une même réalité qui se déploie sur différents plans : les constellations dans le ciel, les marques sur la peau des animaux, les décorations sur des vêtements, les caractères sur des tablettes d'écriture et l'ornementation d'un beau style manifestent tous une bonification par rapport à la substance brute (*zhi* 質), et cette bonification correspond fondamentalement à la différence entre nature et culture, cette dernière étant d'ailleurs également appelée *wen*.

Justification des œuvres des penseurs (Traité 82, « Shu jie »)

1. Certains se demandent : « Les lettrés doivent donner la priorité à l'argumentation : pourquoi devraient-ils se soucier de style[1] ? »

Ma réponse est que pour être complet un homme doit montrer à la fois du style et de la substance ; il ne saurait être comme ces plantes qui produisent des fleurs mais pas de fruits, ou au contraire des fruits mais pas de fleurs. Le *Classique des mutations* dit : « La nature du saint se manifeste dans ses mots[2]. » Ce qui sort de la bouche, ce sont des paroles ; notées sur tablettes, elles deviennent texte ; exposées avec style, leur sens paraît de façon éclatante. Un beau style a la même efficacité que l'ornement qui transforme un simple vêtement en costume rituel[3]. D'où les mots suivants : « Plus la vertu est splendide, plus le style est riche, plus la vertu est éclatante, plus le style est brillant[4]. » Le grand homme à l'ample vertu affiche

2. *Yijing*, « Xi ci xia ».

3. Les mots *wen*, *de* et même *fu* 服 sont difficiles à interpréter ici, et notre traduction est conjecturale.

4. Cf. Liu Xiang, *Shuoyuan*, 19, « Xiu wen », pour un énoncé proche.

文繁，德高而文積。華而睆者，大夫之簀，曾子寢疾，命元起易。由此言之，衣服以品賢，賢以文為差，愚傑不別，須文以立折。

非唯於人，物亦咸然。龍鱗有文，於蛇為神；鳳羽五色，於鳥為君；虎猛，毛蚡蜦；龜知，背負文。四者體不質，於物為聖賢。且夫山無林，則為土山；地無毛，則為瀉土；人無文，則為僕人。土山無麋鹿，瀉土無五穀，人無文德，不為聖賢。上天多文而后土多理，二氣協和，聖賢稟受，法象本類，故多文彩。瑞應符命，莫非文者。晉唐叔虞、魯成季友、惠公夫人號曰仲子，生而怪奇，文在其手。張良當貴，出與神會，老父授書，卒封

5. À nouveau, le texte est difficile ici, et notre traduction est conjecturale.

6. Zengzi : c'est-à-dire Zeng Shen, l'un des principaux disciples de Confucius. Zeng Yuan : le fils de Zeng Shen. À l'article de la mort, Zeng Shen reposait sur une natte richement décorée ; comme quelqu'un en fit la remarque, Zeng Shen ordonna à son fils de lui en donner une plus simple ; cf. *Liji*, « Tan Gong shang » et *Balance* 2011, p. 146.

7. Le texte paraît tronqué ici.

un style flamboyant, le roturier à l'ardente vertu affiche un style fleuri[5]. Des ornements chargés marquent un rang élevé, et un style riche marque la grande vertu. Les grands hommes aiment dormir sur des nattes somptueusement décorées, voilà pourquoi Zengzi, pourtant gravement malade, ordonna à Zeng Yuan de changer la sienne[6]. On le voit, tout comme le vêtement signale les différences de rang, le style permet de hiérarchiser les sages[7], et sans autre différence entre le sot et l'homme éminent, c'est le style qui permet de les distinguer.

Cela ne vaut pas seulement pour les hommes, mais aussi pour les animaux. Le dragon possède des écailles ornées, et il est le dieu des reptiles ; le phénix possède des ailes des cinq couleurs, et il est le seigneur des oiseaux ; le féroce tigre arbore des rayures sur son pelage ; la sage tortue arbore des motifs sur son dos : le corps de ces quatre animaux porte des ornements, et ils sont les plus nobles et les plus sages de tous. Une colline sans arbres n'est que terre nue, un champ sans végétation n'est que terre desséchée, et un homme sans style n'est qu'un rustre. Élans et cerfs évitent les collines dénudées, et les céréales ne poussent pas sur un sol desséché. Sans style, il n'y a pas de sage ou de saint. Le ciel suprême abonde en signes, la terre auguste abonde en lignes, et les sages, qui ont reçu harmonieusement leur *qi* de l'un et de l'autre, s'en inspirent pour produire des textes élégants. Les présages et autres signes favorables reposent eux aussi sur des signes : Tang Shuyu de Jin, Cheng Jiyou de Lu, ou encore Zhongzi, l'épouse du duc Hui de Lu, connurent tous une naissance magique, avec des caractères d'écriture inscrits dans la main[8].

8. Tang Shuyu (XIe s. AEC) : fils du roi Wu des Zhou, il serait né avec le caractère de son prénom (Yu) inscrit dans la main ; cf. *Zuozhuan*, « Zhaogong », 1re année. Cheng Jiyou (VIIe s. AEC) : fils cadet du duc Huan de Lu (r. 711-694), il serait né avec le caractère de son prénom (You) inscrit dans la main ; cf. *Zuozhuan*, « Zhaogong », 32e année. Zhongzi (VIIIe s. AEC) : fille du duc Wu de Song (r. 765-748), elle épousa le duc Hui de Lu (r. 768-723) ; elle serait née avec les mots « épouse [du duc] de Lu » inscrits dans la main ; cf. *Zuozhuan*, « Yingong », 1re année.

留侯。河神,故出圖;洛靈,故出書。竹帛所記怪奇之物,不出潢洿。物以文為表,人以文為基。(棘)〔革〕子(成)〔城〕欲彌文,子貢譏之。謂文不足奇者,子(成)〔城〕之徒也。

2. 著作者為文儒,說經者為世儒,二儒在世未知何者為優。

或曰:文儒不若世儒。世儒說聖人之經,解賢者之傳,義理廣博,無不實見,故在官常位;位最尊者為博士,門徒聚眾,招會千里,身雖死亡,學傳於後。文儒為華淫之說,於世無補,故無常官,弟子門徒不見一人,身死之後,莫有紹傳。此其所以不如世儒者也。

9. Cf. *Lunyu*, 12.8 : « Ji Zicheng : L'homme de bien est tel par nature, pourquoi lui faut-il aussi la culture ? Zigong : Vous êtes un homme de bien, mais vous avez parlé trop vite : "un mot lâché ne se rattrape pas, même en quadrige". La culture est tout aussi importante que la nature, de même que la nature n'est pas moins importante que la culture : "une fois le poil raclé, la peau d'un tigre ou d'un léopard ne vaut pas plus qu'une peau de chien ou de mouton" » (trad. A. Cheng, *op. cit.*, p. 979). Le mot *wen* est rendu par « culture » dans cette traduction, mais étant donné le contexte du passage du *Lunheng*, nous avons choisi de traduire par « ornements » dans notre texte. Répétons que le mot *wen* recoupe naturellement tous ces sens. Ji Zicheng (ve s. AEC) : grand officier du pays de Wei.

10. « Lettré-auteur » : littéralement, « lettré avec texte », « lettré qui écrit », c'est-à-dire le lettré qui produit des œuvres à part entière, et pas seulement des commentaires des classiques ; les exemples donnés plus bas montrent que Wang

Zhang Liang, qui devait connaître les honneurs, rencontra en chemin un esprit qui avait pris la forme d'un vieillard, qui lui remit un écrit, et il finit Marquis de Liu. Le fleuve Jaune est magique, et il donna son Tableau ; la Luo est merveilleuse, et elle produisit son Livre. Les créatures extraordinaires décrites dans les textes ne sortent pas de simples fosses. Des motifs sur le corps signalent les créatures extraordinaires, et un beau style manifeste le cœur de l'homme accompli. Ji Zicheng voulait renoncer aux ornements rituels, et Zigong le critiqua[9] : ne pas attacher d'importance au style, c'est penser comme Ji Zicheng.

2. Celui qui compose des textes est un lettré-auteur, celui qui se contente de commenter les Classiques est un lettré-dans-le-monde[10] : les gens ne savent pas lequel de ces deux types de lettrés l'emporte sur l'autre.

Certains jugent que les lettrés-auteurs ne valent pas les lettrés-dans-le-monde, qui commentent les Classiques de Confucius et expliquent les œuvres des sages, en s'attachant avec érudition à la structure des textes. Comme ils font en tout preuve de sens pratique, ils obtiennent des postes fixes dans l'administration ; les plus honorables d'entre eux deviennent docteurs des Classiques, avec de nombreux disciples qui viennent de très loin, attirés par leur réputation, de sorte que leurs enseignements se transmettent même après leur mort. Pour leur part, les lettrés-auteurs rédigent des traités emphatiques qui ne sont guère utilisables, et pour cette raison ils peinent à obtenir des postes ; ils se retrouvent sans le moindre disciple, et sans personne pour transmettre leurs enseignements après leur mort : voilà pourquoi on considère qu'ils ne valent pas les lettrés-dans-le-monde.

Chong songe aux penseurs (*zhuzi* 諸子) de l'époque pré-impériale et à ceux de la dynastie Han. « Lettré-dans-le-monde » : soit le lettré qui se contente de commenter les classiques en adaptant ses interprétations aux besoins de l'époque, souvent dans la tradition des classiques en « nouvelle écriture » (*jinwen*). Si l'on en croit le *Lunheng*, les lettrés-dans-le-monde, plus pragmatiques, réussissent mieux que des lettrés-auteurs dans la carrière officielle.

答曰：不然。夫世儒說聖情，〔文儒〕□□□，共起並驗，俱追聖人。事殊而務同，言異而義鈞。

何以謂之文儒之說無補於世？

世儒業易為，故世人學之多，非事可析第，故官廷設其位。文儒之業，卓絕不循，人寡其書，業雖不講，門雖無人，書文奇偉，世人亦傳。彼虛說，此實篇，折累二者，孰者為賢？

案古俊乂著作辭說，自用其業，自明於世。世儒當時雖尊，不遭文儒之書，其跡不傳。

周公制禮樂，名垂而不滅；孔子作«春秋»，聞傳而不絕。周公、孔子，難以論言。漢世文章之徒，陸賈、司馬遷、劉子政、楊子雲，其材能(若)

11. Le duc de Zhou, qui élabora les rites, et Confucius, qui rédigea les *Printemps et automnes*, furent donc des auteurs à part entière, et non pas de simples commentateurs ; on a donc tort de dévaloriser les lettrés-auteurs au profit des simples commentateurs, ou lettrés-dans-le monde.

Je ne suis pas d'accord. Dans leur traitement des saintes vérités, les lettrés-dans-le-monde et les lettrés-auteurs sont mus par les mêmes motivations et expériences, et tous se veulent les héritiers de Confucius. S'ils travaillent différemment, leur diligence est la même ; s'ils s'expriment différemment, leurs principes sont comparables.

Mais alors, pourquoi juge-t-on que les interprétations des lettrés-auteurs n'ont pas d'utilité concrète ?

Les enseignements des lettrés-dans-le-monde sont plus aisément praticables, et donc leurs contemporains sont nombreux à les suivre ; et parce qu'ils savent traiter avec ordre et hiérarchie les questions les plus triviales, l'administration et la cour ont des postes tout prêts pour eux. À l'inverse, les œuvres des lettrés-auteurs tranchent sur les habitudes et sont peu lues. Mais même si leurs enseignements sont moins suivis et s'ils ont moins de disciples, leurs écrits n'en sont pas moins remarquables, et on se les transmet tout de même de génération en génération. Les lettrés-dans-le-monde produisent des théories vides, alors que les lettrés-auteurs proposent des traités pleins de substance : s'il faut trancher, lesquels considérera-t-on comme sages ?

Remarquons que les anciens sages, dans leurs œuvres et interprétations, ne se reposèrent que sur leurs propres forces pour devenir célèbres, tandis que les lettrés-dans-le-monde ont beau être honorés de leur vivant, ils ne passent à la postérité que si des lettrés-auteurs les mentionnent dans leurs propres œuvres.

Le duc de Zhou élabora les rituels et la musique, et sa réputation s'est transmise jusqu'à nous ; Confucius composa les *Printemps et automnes*, et son œuvre nous est parvenue[11]. Mais peut-être est-il difficile de prendre pour exemples des hommes aussi exceptionnels. Durant notre dynastie Han, des lettrés comme Lu Jia, Sima Qian, Liu Xiang ou Yang Xiong ont fait preuve de talents également extraordinaires, et ils ne durent rien à autrui pour se faire une réputation. Mais pour ce qui est

奇, 其稱不由人。世傳 « 詩 » 家魯申公、« 書 » 家千乘歐陽、公孫, 不遭太史公, 世人不聞。夫以業自顯, 孰與須人乃顯 ? 夫能紀百人, 孰與廑能顯其名 ?

3. 或曰 : 著作者, 思慮間也, 未必材知出異人也。居不幽, 思不至。使著作之人, 總眾事之凡, 典國境之職, 汲汲忙忙, 或暇著作 ! 試使庸人積閑暇之思, 亦能成篇八十數。文王日昃不暇食, 周公一沐三握髮, 何暇優游為麗美之文於筆札 ? 孔子作 « 春秋 », 不用於周也 ; 司馬長卿不預公卿之事, 故能作 « 子虛 » 之賦 ; 楊子雲存中郎之官, 故能成 « 太玄經 », 就 « 法言 »。使孔子

12. Shen Pei (IIe s. AEC) : célèbre docteur des Classiques au IIe s. AEC, il est à l'origine de la tradition de Lu de l'exégèse du *Classique des poèmes*. Ouyang Sheng (IIe s. AEC) : lettré spécialiste du *Classique des documents* ; Wang Chong le désigne simplement ici par son nom de famille. Qiansheng : commanderie dans l'actuel Shandong. Gongsun : certains commentateurs jugent que la personne qui se cache derrière ce nom de famille serait le lettré Gongsun Hong (200 ?-121), mais il paraît difficile de réduire la notoriété de ce personnage, qui fut l'un des principaux avocats du confucianisme sous le règne de l'empereur Wu, à la seule entremise de Sima Qian ; Gongsun Hong fut d'ailleurs un spécialiste des *Printemps et automnes*, et non pas du *Classique des documents*.

13. Ce nombre de « quatre-vingts chapitres » renvoie vraisemblablement au *Lunheng*, qui compte 85 chapitres (sous la forme que nous lui connaissons

de Shen Pei de Lu, qui commenta les *Poèmes*, ou de Ouyang de Qiansheng et de Gongsun, qui expliquèrent le *Classique des documents*, personne n'aurait entendu parler d'eux si le Grand annaliste n'avait pas rapporté leurs noms[12]. Qu'est-ce qui est plus remarquable : se faire un nom par ses propres forces, ou avoir besoin d'autrui pour le faire ? Conserver la mémoire de cent hommes, ou n'illustrer que son propre nom ?

3. Selon certains, les lettrés-auteurs composent des textes parce qu'ils en ont le loisir, mais ils ne l'emportent pas forcément sur les autres pour ce qui est des talents ou de la sagesse ; sans le calme de leur retraite, leur réflexion resterait stérile. En effet, si on les accablait d'une multitude de tâches, si on leur confiait des charges à la cour, ils seraient bien trop affairés pour avoir encore le temps d'écrire. Que l'on donne suffisamment de loisirs à un homme médiocre pour qu'il puisse réfléchir à son aise, et il sera également capable de produire un livre en quatre-vingts chapitres[13] ! Le roi Wen était si occupé la journée durant qu'il n'avait pas le temps de manger, et le duc de Zhou ne pouvait se laver les cheveux sans être dérangé à plusieurs reprises par des visiteurs : comment ces souverains auraient-ils eu le temps de coucher de beaux textes sur des tablettes ? Si Confucius put écrire les *Printemps et automnes*, c'est parce qu'il n'avait pas trouvé d'emploi à la cour des Zhou ; et c'est parce que Sima Xiangru fut laissé à l'écart des ministères qu'il lui fut donné de composer « Le Descriptif du maître Vide » ; Yang Xiong ne fut que gentilhomme de palais, ce qui lui permit de rédiger son *Grand mystère*, ainsi que ses *Maîtres mots*[14]. Si Confucius avait été roi, il n'aurait

aujourd'hui). Il y a de toute façon une part d'autodéfense dans ce paragraphe. Wang Chong, qui se considère clairement comme un lettré-auteur, n'a guère connu de succès dans sa carrière officielle, et a donc probablement bénéficié de quelques loisirs pour rédiger son œuvre.

14. *Grand mystère* (*Taixuan*) : l'une des principales œuvres de Yang Xiong, inspirée du *Classique des mutations*.

得王, « 春秋 » 不作 ; 長卿、子雲為相, « 賦 »、« 玄 » 不工籍。

答曰 : 文王日昃不暇食, 此謂演 « 易 » 而益卦。周公一沐三握髮, 為周改法而制。周道不弊, 孔子不作, (休)〔非〕思慮間也, 周法闊疏, 不可因也。夫稟天地之文, 發於胸臆, 豈為間作(不)〔於〕暇日哉 ? 感偽起妄, 源流氣烝。管仲相桓公, 致於九合 ; 商鞅相孝公, 為秦開帝業, 然而二子之書, 篇章數十。長卿、子雲, 二子之倫也。俱感, 故才並 ; 才同, 故業鈞。皆士而各著, 不以思慮間也。問事彌多而見彌博, 官彌劇而識彌泥。居不幽則思不至, 思不至則筆不利。嚚頑之人有幽室之思, 雖無憂, 不能著一字。蓋人材有能, 無有不暇。有無材而不能思, 無有知而

15. « Instructions » : il s'agit à nouveau du mot *wen*, à comprendre ici comme désignant les rites et la culture.

16. C'est-à-dire qu'il ne pouvait pas faire autrement.

17. Il a déjà été question à plusieurs reprises de Guan Zhong et du duc Huan de Qi ci-dessus ; cf. par exemple 16.11.

18. Shang Yang (390-338) : important penseur de l'époque pré-impériale, d'inspiration légiste ; il convainquit le roi Xiao de Qin (r. 361-338) de mener des réformes qui firent du pays de Qin le plus puissant de l'époque et préparèrent l'unification impériale de 221.

pu rédiger les *Printemps et automnes* ; et si Sima Xiangru et Yang Xiong avaient été ministres, ils n'auraient pu composer le « Descriptif » et le *Mystère*.

Je réponds que si le roi Wen n'avait pas le temps de manger avant le soir, c'est parce qu'il élaborait les *Mutations* et développait les trigrammes ; que si le duc de Zhou était constamment dérangé lorsqu'il se lavait, c'est parce qu'il réformait les lois et les institutions. Confucius n'aurait pas rédigé les *Printemps et automnes* sans le délitement de la royauté Zhou ; il ne s'agit donc pas de la pensée d'un oisif, mais d'une réaction au dérèglement intolérable des institutions. Confucius développa en son for intérieur les instructions[15] reçues du ciel et de la terre : comment peut-on considérer son œuvre comme un simple loisir ? Il fut mû par les erreurs et errements de l'époque de façon nécessaire, à la façon d'une rivière qui ne peut que couler, ou de vapeur qui ne peut que s'élever vers le ciel[16]. Guan Zhong fut le chancelier du roi Huan, et il organisa pour lui neuf rencontres diplomatiques[17] ; Shang Yang fut le chancelier du duc Xiao, et il fut à l'origine de l'unification impériale pour les Qin[18] : cela n'empêcha pas ces deux personnages de produire de très nombreux traités. Sima Xiangru et Yang Xiong leur sont comparables : ils furent eux aussi poussés par les circonstances pour écrire, et comme ils étaient aussi talentueux qu'eux, leurs œuvres ne leur cèdent en rien. Tous composèrent leurs textes alors qu'ils occupaient des postes, et on ne peut expliquer leur pensée simplement par leurs loisirs. Si se poser de nombreuses questions ouvre l'esprit, occuper de nombreuses fonctions élargit les connaissances. On ne peut bien écrire sans réflexion, et la réflexion est impossible sans une certaine tranquillité ; mais un esprit borné aura beau jouir de la maison la plus tranquille et être libéré de tout souci, il sera incapable de produire le moindre texte. Ce qui compte, c'est le talent, ce n'est pas le fait de disposer ou non de loisirs. Des hommes incapables de réfléchir parce qu'ils manquent de compétences, cela existe ; mais on ne connaît pas le cas

不能著；有鴻材欲作而無起,〔無〕細知以 (問)〔閒〕而能記。蓋奇有無所因, 無有不能言；(兩) 有無所睹, 無不暇造作。

4. 或曰：凡作者精思已極, 居位不能領職。蓋人思有所倚著, 則精有所盡索。著作之人, 書言通奇, 其材已極, 其知已罷。案古作書者, 多位布散槃解；輔傾寧危, 非著作之人所能為也。夫有所偪, 有所泥, 則有所自, 篇章數百。呂不韋作 « 春秋 », 舉家徙蜀；淮南王作道書, 禍至滅族；韓非著治術, 身下秦獄。身且不全, 安能輔國？夫有長於彼, 安能不短於此？深於作文, 安能不淺於政治？

答曰：人有所優, 固有所劣；人有所工, 固有所拙。非劣也, 志意不為也；非拙也, 精誠不加

19. Ils écrivaient sans se soucier du bien public ou des circonstances de leur époque – que par ailleurs, selon Wang Chong, ils ne comprenaient d'ailleurs guère, comme en témoignent leurs infortunes.

20. Lü Buwei (291 ?-235) : marchand et politicien de Qin, c'est sous son patronage que furent compilés les *Printemps et automnes de monsieur Lü*, une sorte d'encyclopédie philosophique de nature syncrétique ; après avoir été premier ministre à Qin, il fut impliqué dans un scandale, démis de tous ses titres et fonctions, et banni à Shu (dans l'actuel Sichuan).

d'hommes doués qui seraient incapables d'écrire. Ce qu'on observe, ce sont de grands talents qui souhaiteraient écrire, mais qui peinent à se mettre à la tâche ; et non pas des esprits limités qui composent des textes simplement parce qu'ils en ont le temps. Les gens remarquables ne sont pas forcément motivés pour écrire, mais cela ne signifie pas qu'ils ne le pourraient pas ; ils ne donnent peut-être rien à lire, mais ce n'est pas forcément par manque de loisirs.

4. Certains estiment que ceux qui font œuvre de création y épuisent leur énergie, et que dès lors ils ne sont plus capables de remplir les obligations de charges officielles : c'est qu'on ne peut exercer sa pensée que dans une certaine direction, et qu'à force de solliciter dans tous les sens ses forces on finit par les épuiser. Celui qui écrit manifeste ses talents dans ses œuvres : c'est ainsi qu'il va jusqu'au bout de ses compétences et de son intelligence. Observons les anciens auteurs : la plupart d'entre eux se virent attribuer des postes peu exigeants, et ils auraient été bien incapables d'assumer des fonctions vitales pour le pays. S'ils se sentirent poussés à écrire, s'ils s'entêtèrent jusqu'à produire des traités par centaines, c'est pour des raisons personnelles[19]. Lü Buwei rédigea ses *Printemps et automnes*, mais toute sa famille fut exilée à Shu[20] ; le prince de Huainan rédigea un livre sur la Voie, mais son clan fut exterminé ; Han Fei composa des traités sur ses méthodes de gouvernement, mais il finit dans les geôles de Qin. Ces hommes qui se montrèrent incapables de se sauver eux-mêmes, comment auraient-ils pu servir leur pays ? Lorsqu'on a des points forts, on a forcément aussi des points faibles ! Celui qui excelle à l'écriture, comment pourrait-il ne pas faillir en politique ?

Ma réponse est la suivante : si un homme a des points forts, il a aussi nécessairement ses faiblesses ; s'il est compétent dans certains domaines, il est nécessairement incompétent dans d'autres. Ou alors il ne s'agit pas de faiblesses ou d'incompétence, simplement cet homme ne sera pas intéressé

也。志有所存, 顧不見泰山 ; 思有所至, (有) 身不暇徇也。稱干將之利, 刺則不能擊, 擊則不能刺, 非刃不利, 不能一 (旦)〔且〕二也。蛶彈雀則失 (鸛)〔鶚〕, 射鵲則失鴈 ; 方員畫不俱成, 左右視不並見, 人材有兩為, 不能成一。使干將寡刺而更擊, 蛶捨鵲而射鴈, 則下射無失矣。人委其篇章, 專為政治, 則子產、子賤之跡不足侔也。古作書者, 多立功不用也。

管仲、晏嬰, 功書並作 ; 商鞅、虞卿, 篇治俱為。高祖既得天下, 馬上之計未敗, 陸賈造 « 新語 », 高祖粗納采。呂氏橫逆, 劉氏將傾, 非陸賈

21. Yi : mythique archer de l'époque du roi Yao.

22. Zijian (521 ?-445) : c'est-à-dire Fu Zijian, l'un des disciples de Confucius ; il occupa d'importantes fonctions politiques ; cf. *supra*, 13.2.

23. Yu Qing (IIIe s. AEC) : homme d'État et historien, il connut le succès à la fois dans sa carrière et dans ses écrits.

24. « Par la force » : littéralement, « à cheval », c'est-à-dire en faisant la guerre.

par certaines entreprises, et il ne voudra pas leur consacrer la moindre énergie. Celui qui est absorbé par une affaire ne verra même plus le mont Tai qui se dresse devant lui ; celui qui se concentre sur une tâche ne peut se consacrer en même temps à une autre. On loue le tranchant de l'épée de Gan Jiang, mais elle ne peut percer et couper en même temps : non pas qu'elle manque de tranchant, mais elle saurait faire deux choses à la fois. Lorsque l'archer Yi tirait sur un moineau[21], il ne pouvait toucher en même temps un coucou, et lorsqu'il tirait sur une pie, il ne pouvait abattre en même temps une oie. On ne peut tracer à la fois un carré et un cercle, on ne peut regarder simultanément à gauche et à droite. L'homme le plus doué ne saurait réussir deux choses en même temps. Si un Gan Jiang s'appliquait à couper plutôt qu'à percer, si un Yi décidait d'abattre l'oie au lieu de la pie, ils réussiraient à tous les coups. Et de même, si certains lettrés délaissaient l'écriture pour se consacrer au gouvernement, ils y connaîtraient plus de succès qu'un Zichan ou qu'un Zijian[22]. Nombre d'auteurs anciens avaient les compétences pour réussir en politique, mais ils ne les mirent tout simplement pas à profit.

Cependant, Guan Zhong et Yan Ying s'employèrent à la fois au gouvernement et à l'écriture, et il en fut de même de Shang Yang et de Yu Qing[23]. Lorsque l'empereur Gaozu eut conquis le monde, il continua à gouverner par la force[24] ; alors Lu Jia rédigea ses *Nouveaux propos*, et l'empereur adopta l'essentiel de ses propositions. Et lorsque le clan des Lü fit preuve de brutalité et d'insoumission, menaçant le pouvoir des Liu, c'est grâce aux subterfuges du même Lu Jia que la maison impériale retrouva le calme[25]. L'homme de talent peut briller

25. À la mort de l'empereur Gaozu en 195 AEC, son épouse, l'impératrice Lü (241-180) s'arrogea de plus en plus de pouvoir et nomma ses proches à des postes importants, faisant craindre la possibilité d'un renversement par le clan Lü de la maison impériale des Liu ; Lu Jia participa à l'opposition au clan Lü, qui fut effectivement éliminé après la mort de l'impératrice en 180. Et c'est un fils de l'empereur Gaozu, Liu Heng, qui monta sur le trône (empereur Wen, r. 180-157).

之策,帝室不寧。蓋材知無不能,在所遭遇,遇亂則知立功,有起則以其材著書者也。

出口為言,著文為篇。古以言為功者多,以文為敗者希。呂不韋、淮南王以他為過,不以書有非;使客作書,不身自為,如不作書,猶蒙此章章之禍。人古今違屬,未必皆著作材知極也。鄒陽舉疏,免罪於梁;徐樂上書,身拜郎中。材能以其文為功於人,何嫌不能營衛其身?韓蚤信公子非,國不傾危。及非之死,李斯(如)〔妒〕奇,非以著作材極,不能復有為也。春物之傷,或死之也;殘物不傷,秋亦大長。假令非不死,秦未可

26. Le texte paraît corrompu, notre traduction est conjecturale. Le *Lüshi chunqiu* et le *Huainanzi* sont des œuvres collectives, réalisées sous le patronage de Lü Buwei d'une part, du prince Liu An d'autre part.

27. Zou Yang (IIe s. AEC) : lettré et conseiller du prince Wu de Liang, il fut victime de calomnies et condamné à mort ; pour se disculper, il adressa un long mémoire au prince qui, touché par ses arguments, le reprit à son service. Prince de Liang (184-144) : Liu Wu, frère cadet de l'empereur Jing.

28. Xu Yue (IIe s. AEC) : en 128, il adressa à l'empereur Wu un mémoire

dans tous les domaines, mais il doit arriver au bon moment ; qu'il rencontre des temps troublés, et il pourra mettre à profit son intelligence pour se distinguer ; ou si quelque chose l'y pousse, c'est dans l'écriture qu'il déploiera ses talents.

Les paroles sortent de la bouche ; couchées par écrit, elles donnent des traités. Dans les temps anciens, bien des hommes s'attirèrent certes des mérites grâce à leurs paroles, mais on ne peut dire que beaucoup d'auteurs eurent à souffrir de leurs écrits. Ce ne fut pas pour leurs livres que Lü Buwei et le roi de Huainan furent incriminés, mais pour d'autres raisons ; ils ne rédigèrent rien eux-mêmes, chargeant leurs protégés d'écrire à leur place, et cela ne les empêcha pas de subir une spectaculaire infortune[26]. Que ce soit dans l'Antiquité ou à notre époque, ceux qui connurent des circonstances contraires ne le doivent pas forcément à leurs œuvres écrites. Au contraire, c'est grâce à une lettre qu'il envoya au prince de Liang que Zou Yang fut gracié[27] ; et c'est grâce à un mémoire qu'il adressa à l'empereur que Xu Yue fut nommé gentilhomme de palais[28]. Ces hommes réussirent grâce à leurs talents littéraires à faire valoir leurs mérites : comment dès lors prétendre que de tels talents ne servent à rien pour se tirer d'affaire ? Le pays de Han n'aurait pas couru à sa perte s'il avait écouté Han Fei[29] ; et ce dernier mourut en raison de la jalousie de Li Si, et non pas parce que ses immenses talents littéraires le rendaient incapable d'agir par ailleurs. Certaines plantes abîmées meurent dès le printemps, mais d'autres, si elles ne subissent pas de nouveau dommage,

dans lequel il incitait le souverain à ne pas s'aliéner le soutien du peuple en s'engageant dans des entreprises trop coûteuses.

29. Le roi An de Han (r. 238-230) refusa d'écouter Han Fei et d'autres conseillers qui lui conseillaient de réformer sa politique ; en 230, le royaume de Qin attaqua le royaume de Han et mit fin à son existence. Notons que, contrairement à ce que Wang Chong suggère ici, il est douteux qu'un changement de politique ait pu permettre au royaume de Han de survivre, étant donné le contexte de l'époque et la montée en puissance de Qin.

知。故才人能令其行可尊,不能使人必法己;能令其言可行,不能使人必采取之矣。

5. 或曰:古今作書者非一,各穿鑿失經之實,(傳)違〔傳〕(聖)(人)〔之〕質,故謂之蕞殘,比之玉屑。故曰:「蕞殘滿車,不成為道;玉屑滿篋,不成為寶。」前人近聖,猶為蕞殘,況遠聖從後復重為者乎?其作必為妄,其言必不明,安可采用而施行?

答曰:聖人作其經,賢者造其傳,述作者之意,採聖人之志,故經須傳也。俱賢所為,何以獨謂經傳是,他書記非?彼見經傳,傳經之文,經須而

30. Han Fei, malgré ses premiers échecs, aurait pu être utile à la dynastie Qin s'il avait survécu ; cf. aussi *supra*, 61.4.

parviennent tout de même à maturité à l'automne ; si Han Fei n'était pas mort, qui sait ce qui serait advenu de la dynastie Qin[30] ? L'homme de talent a beau se comporter d'une façon honorable, il ne peut forcer les autres à le prendre pour modèle ; il a beau avoir des idées dignes d'être mises en pratique, mais il ne peut forcer les autres à les adopter[31].

5. Certains objectent que les auteurs, anciens ou modernes, utilisent chacun à sa façon les Classiques ; ils en extraient des choses différentes et passent ainsi à côté de leur vérité : leur entreprise est donc fragmentaire. On peut comparer leurs œuvres à la poussière qu'on récolte en forant le jade, et comme le dit le dicton : « On a beau accumuler des miettes en charretées, on n'en fera jamais des routes ; et on a beau amasser de la poudre de jade en panerées, on n'en fera jamais des objets précieux. » Les auteurs anciens, qui pourtant étaient proches dans le temps des saints d'autrefois, ne purent eux-mêmes que produire des miettes en s'en inspirant ; alors à plus forte raison nos auteurs, qui sont beaucoup plus éloignés des saints d'autrefois et ne peuvent que répéter ceux qui sont venus après eux ! Leurs œuvres sont forcément vaines, et leurs idées ne peuvent nous éclairer : que peut-on en garder ? En quoi sont-elles utilisables ?

Ma réponse est la suivante : les anciens saints composèrent les Classiques, puis les sages rédigèrent des commentaires, afin d'en expliquer le sens et en faire ressortir l'esprit ; et de fait, les Classiques ont besoin de ces commentaires. Mais pourquoi ne considérer comme justes que ces Classiques et leurs commentaires, et rejeter les autres œuvres des anciens sages ? On considère comme justes les Classiques et leurs com-

31. Le succès n'est pas un critère pour juger de la qualité d'une personne : l'échec de Han Fei et d'autres hommes de lettres ne signifie pas qu'ils n'auraient pas pu s'illustrer en politique et connaître une belle carrière officielle s'ils avaient eu plus de chance.

解, 故謂之是。他書與 (書)〔傳〕相違, 更造端緒, 故謂之非。若此者, 韙是於五經。使言非五經, 雖是不見聽。

使五經從孔門出, 到今 (常)〔尚〕(令人) 不缺滅, 謂之純壹, 信之可也。今五經遭亡秦之奢侈, 觸李斯之橫議, 燔燒禁防, 伏生之 (休)〔徒〕, 抱經深藏。漢興, 收五經, 經書缺滅而不明, 篇章棄散而不具。晁錯之輩, 各以私意分折文字, 師徒相因相授, 不知何者為是。

亡秦無道, 敗亂之也。秦雖無道, 不燔諸子, 諸子尺書, 文篇具在, 可觀讀以正說, 可采掇以示後人。後人復作, 猶前人之造也。夫俱鴻而知, 皆傳記所稱, 文義與經相薄, 何以獨謂文書失經之實? 由此言之, 經缺而不完, 書無佚本, 經有遺篇, 折累二者, 孰與蕞殘?

32. C'est-à-dire des Classiques.

33. Étant donné le statut des Classiques sous les Han et en Chine ancienne, ce jugement de Wang Chong relève de la lèse-majesté la plus scandaleuse.

mentaires, et en ce qui concerne ces derniers on les approuve parce qu'ils reprennent le texte des Classiques et qu'on en a besoin pour les comprendre. On rejette les autres œuvres, parce qu'elles s'écartent des commentaires et obéissent à leurs propres règles. Les Classiques sont donc l'unique critère de vérité, et on ignore toutes les œuvres qui s'en écartent, et ce même si elles disent la vérité.

Mais on pourrait se fier aux Classiques s'ils s'étaient transmis intacts, depuis leur composition par Confucius et ses disciples jusqu'à aujourd'hui. Or ces Classiques furent victimes des débordements de la dynastie déchue des Qin et des conseils pervers de Li Si ; on les brûla, on les interdit. Fu Sheng et ses pairs en dissimulèrent certes des exemplaires dans des caches obscures, qu'on retrouva après la fondation de la dynastie Han ; mais leur texte était corrompu et incompréhensible, et des chapitres manquaient. Chao Cuo et d'autres les disséquèrent, chacun à sa façon ; et maîtres et disciples se les transmirent de génération en génération, dans des versions dont on ne sait plus lesquelles sont les bonnes.

Mais si l'immorale dynastie Qin causa un immense tort aux Classiques, elle ne fit pas brûler les ouvrages des penseurs : les chapitres de ces ouvrages, rédigés sur des lamelles hautes d'un pied, nous sont donc tous parvenus ; et on peut s'y référer pour corriger les interprétations erronées des Classiques, ainsi que pour l'édification des générations actuelles. Car les créations des penseurs ne diffèrent pas de celles des anciens[32] : les unes comme les autres se distinguent par l'érudition et la sagesse, et font l'objet des mêmes louanges dans les autres textes. Mais alors, si les ouvrages des penseurs n'ont rien à envier aux Classiques, pourquoi leur reprocher de ne pas s'accorder avec eux ? En définitive, quelles sont les œuvres qui doivent être considérées comme les plus fragmentaires ? Les Classiques, avec leurs lacunes et leurs chapitres perdus, ou les traités complets des penseurs[33] ?

6. «易» 據事象, «詩» 采民以為篇, «樂» 須(不)〔民〕驩, «禮» 待民平。四經有據, 篇章乃成。«尚書»、«春秋», 采掇«史記»。«史記»(興)〔與〕〔書〕無異, (書) 以民、事一意。六經之作皆有據。由此言之, 書亦為本, 經亦為末, 末失事實, 本得道質, 折累二者, 孰為玉屑?

知屋漏者在宇下, 知政失者在草野, 知經誤者在諸子。諸子尺書, 文明實是。

說章句者, 終不求解扣明, 師師相傳, (初)〔仍〕為章句者, 非通覽之人也。

34. Elles traitent directement des hommes et des événements, sans l'intermédiaire d'autres textes.

35. Les racines (*ben*) et les ramifications (*mo*) : il s'agit de l'opposition entre ce qui vient avant et ce qui vient après, et entre le principal et l'accessoire. Il s'agit à nouveau d'un point de vue très audacieux.

6. Le *Classique des mutations* s'inspire des phénomènes naturels, le *Classique des poèmes* rassemble des chansons populaires, le *Classique de la musique* procède des émotions humaines, et le *Classique des rites* découle des aspirations du peuple à l'ordre. Les chapitres et textes de ces quatre Classiques ont donc tous été produits à partir de quelque chose. Quant au *Classique des documents* et aux *Printemps et automnes*, ils ont été compilés à partir des notations d'annalistes. Les œuvres des penseurs ne diffèrent pas sur ce plan des notations de ces annalistes, puisque comme ces dernières elles traitent directement des hommes et de leurs affaires[34]. La conclusion, c'est que les œuvres des annalistes et des penseurs sont les racines des Classiques, alors que ces derniers ne sont que des ramifications à partir de celles-ci ; les ramifications sont éloignées de la substance des choses, alors que les racines s'y ancrent directement[35]. Mais alors, qu'est-ce qui mérite le mieux la comparaison avec la poussière du jade : les ouvrages des penseurs, ou les Classiques eux-mêmes[36] ?

Il faut être sous un toit pour voir qu'il fuit, il faut battre la campagne pour juger d'une politique ; et pour identifier les erreurs des Classiques, il faut les œuvres des penseurs, qui dans leur format d'un pied exposent les choses clairement et correctement.

Nos exégètes qui se contentent de gloser les paragraphes et phrases des Classiques échouent en fin de compte à les critiquer et à en expliquer le sens. Ils ont beau se transmettre leurs leçons de maîtres en maîtres, ils ne produisent en définitive que des gloses, et ils ne méritent certainement pas d'être considérés comme de vrais érudits !

36. Les Classiques ne reflètent qu'indirectement la réalité des choses, puisqu'ils se fondent sur d'autres sources écrites, contrairement aux œuvres des historiens ou des penseurs, qui partent des faits eux-mêmes.

案書篇第八十三

1. 儒家之宗，孔子也；墨家之祖，墨翟也。且案儒道傳而墨法廢者，儒之道義可為，而墨之法議難從也。

何以驗之？墨家薄葬、右鬼，道乖相反違其實，宜以難從也。乖違如何？使鬼非死人之精也，右

1. Sur Mozi, ou Mo Di, cf. *supra*, 8.2.

2. Effectivement, en tant que mouvement organisé, le moïsme ne paraît pas avoir subsisté au-delà de l'époque des Royaumes combattants, et la doctrine de Mozi n'a eu qu'une influence limitée sous les Han – contrairement aux doctrines légiste, taoïste, et bien sûr confucianiste. Cela ne signifie pas que l'héritage du moïsme ait été complètement perdu. L'importance que l'idéologie impériale Han accorde au Ciel, à ses bienfaits et à ses punitions, peut être rapprochée des idées de Mozi, de même que nombre de croyances et pratiques populaires Han – en particulier la croyance dans les esprits, dont Wang Chong discute dans la suite du passage.

3. Le moïsme a souvent été contrasté avec le confucianisme, en particulier parce que ces deux courants de pensée correspondent à des strates sociales différentes : le moïsme paraît sur bien des points de doctrine une réponse plébéienne à la culture plus élitiste des lettrés. Les deux idées moïstes dont

Notes sur les œuvres des penseurs (Traité 83, « An shu »)

1. Confucius est l'ancêtre des lettrés, tout comme Mozi est celui des moïstes[1]. Mais la doctrine des lettrés s'est transmise jusqu'à nous, alors que celle des moïstes a été abandonnée, cela parce que les idées des lettrés ont une utilité pratique, ce qui n'est pas le cas de celles des moïstes[2].

Quelle preuve en donnerai-je ? Les moïstes prônent l'économie dans les funérailles tout en croyant aux revenants : leur doctrine est donc contradictoire, et en plus elle va à l'encontre des faits ; elle est donc difficile à mettre en œuvre[3]. En quoi est-elle contradictoire ? Pour avoir conscience de la vénération qu'on leur témoigne lors des funérailles, les revenants doivent

Wang Chong discute dans ce passage ont clairement une dimension populaire : alors que Confucius refuse de discuter des esprits ou des revenants, ceux-ci jouent un rôle important dans la religion populaire ; et les rituels funéraires complexes exigés par le ritualisme confucéen choquaient le petit peuple qui peinait à joindre les deux bouts. Si comme le souligne Wang Chong les idées moïstes peuvent donc paraître contradictoires, elles obéissent à une sorte de cohérence de classe. À noter que dans son traité en faveur de funérailles simples (« Bo zang », 67, non traduit dans ce recueil), dont ce passage est très proche, Wang Chong souligne que les confucianistes se contredisent également, puisqu'ils enterrent leurs morts avec faste alors qu'ils ne croient pas aux revenants ; les confucianistes ont évidemment leurs motifs, les funérailles étant l'un des principaux lieux de l'expression de la piété filiale, ce dont Wang Chong est d'ailleurs conscient.

之未可知。今墨家謂鬼審〔死〕人之精也，厚其精而薄其屍，此於其神厚而於其體薄也。薄厚不相勝，華實不相副，則怒而降禍，雖有其鬼，終以死恨。人情欲厚惡薄，神心猶然。用墨子之法，事鬼求福，福罕至而禍常來也。

以一況百，而墨家為法，皆若此類也。廢而不傳，蓋有以也。

2. « 春秋左氏傳 » 者，蓋出孔子壁中。孝武皇帝時，魯共王壞孔子教授堂以為宮，得佚 « 春秋 » 三十篇，« 左氏傳 » 也。公羊高、穀梁寘、胡母氏皆傳 « 春秋 »，各門異戶，獨左氏傳為近得實。何以驗之？« 禮記 » 造於孔子之堂，太史

4. Rappelons que, selon la vision dominante en Chine ancienne, les êtres sont formés de *qi*, c'est-à-dire ici de fluides matériels plus ou moins subtils : le *qi* grossier forme le corps, le *qi* subtil forme l'esprit, voire l'âme, et explique la vie elle-même. D'après certaines conceptions, à la mort, le *qi* subtil s'échappe du corps (du cadavre), et c'est lui qui expliquerait l'apparition de revenants ; Wang Chong discute beaucoup plus longuement de ces croyances dans d'autres traités, cf. en particulier le traité 62, « De la mort ».

5. Dans le traité « Textes perdus » ci-dessus (61.1), Wang Chong indique que c'est le Classique des *Printemps et automnes* lui-même (parmi d'autres textes), et non pas le commentaire Zuo à ce Classique (*Zuozhuan*), qui aurait été découvert dans le mur de l'ancienne maison de Confucius.

être les *qi* subtils des morts[4], et c'est effectivement ce que soutiennent les moïstes ; mais si ces derniers font grand cas de ceux-ci, ils négligent leur cadavre, ce qui revient à révérer l'esprit du défunt tout en négligeant son corps. Les moïstes ne se montrent donc pas cohérents dans leur manière de traiter les morts, et de la sorte ils ne peuvent que les fâcher et s'attirer des ennuis ; ils ont beau faire grand cas des revenants, ils ne peuvent par leur vision des funérailles que provoquer leur courroux. Car par nature toute personne aspire au respect, et il doit en être de même des revenants. Selon la doctrine moïste, on sert les revenants pour s'attirer des bienfaits, mais leurs pratiques entraînent le malheur bien plutôt que le bonheur.

Ce n'est là qu'un exemple parmi cent autres des faiblesses de la doctrine des moïstes ; elle est toujours de cet acabit, et on comprend donc pourquoi elle a été abandonnée.

2. Le commentaire Zuo aux *Printemps et automnes* a sans doute été découvert dans les murs de l'ancienne demeure de Confucius[5]. En effet, à l'époque de l'empereur Wu, le prince Gong de Lu ayant fait détruire l'école de Confucius pour y construire un palais[6], on en sortit une version des *Printemps et automnes* en trente chapitres, à savoir ce commentaire Zuo. Des commentaires aux *Printemps et automnes* furent proposés par Gongyang Gao, Guliang Zhi et Humu Zidu[7], constituant ainsi des écoles et des courants divergents, mais le commentaire Zuo est celui qui se montre le plus fidèle à la réalité des faits. La preuve en est que, contrairement à ces

6. Sur le prince Gong de Lu et cet événement, cf. *supra*, 61.1.

7. Rappelons qu'on attribue à Gongyang Gao et à Guliang Zhi les deux autres principaux commentaires aux *Printemps et automnes*, soit le commentaire Gongyang et le commentaire Guliang ; cf. *supra*, 16.10. Humu Zidu : lettré du Iᵉʳ siècle AEC, spécialiste du commentaire Gongyang.

公漢之通人也, 左氏之言與二書合, 公羊高、穀梁寘、胡母氏不相合。又諸家去孔子遠, 遠不如近, 聞不如見。

劉子政玩弄 « 左氏 », 童僕妻子皆呻吟之。

光武皇帝之時, 陳元、范 (叔)〔升〕上書連屬, 條事是非, « 左氏 » 遂立。范 (叔)〔升〕尋因罪罷。元、(叔)〔升〕天下極才, 講論是非, 有餘力矣。陳元言 (訥)〔納〕, 范 (叔)〔升〕章詘, « 左氏 » 得實, 明矣。言多怪, 頗與孔子不語怪力相違返也。« 呂氏春秋 » 亦如此焉。

8. Zuoqiu Ming, l'auteur présumé du commentaire Zuo, passe pour plus proche de Confucius que Gongyang Gao et Guliang Zhi, qui auraient été des disciples de seconde génération. Mais rappelons que tous ces personnages sont douteux, et que fondamentalement les commentaires qui leur sont attribués sont certainement plus tardifs : le commentaire Zuo date sans doute du IVe siècle, et les versions finales des commentaires Gongyang et Guliang datent sans doute du début de la dynastie Han – en particulier, c'est peut-être Humu Zidu qui met la dernière touche au commentaire Gongyang.

9. Pour cet amour de Liu Xiang pour le *Zuozhuan*, cf. Huan Tan, *Xin lun.*

10. Chen Yuan et Fan Sheng : il s'agit de deux lettrés du début du Ier siècle de notre ère, le premier associé à la tradition des textes en « ancienne écriture », le second à celle des textes en « nouvelle écriture » (*jinwen*) ; cf. *supra*, 61.1 ; cf. aussi notre introduction. D'une façon générale, les lettrés Han associés à la tradition *jinwen*, comme Fan Sheng ou Dong Zhongshu, soutiennent les commentaires Gongliang et Gongyang, alors que les lettrés *guwen* préfèrent le *Zuozhuan.*

commentaires, le commentaire Zuo s'accorde avec le *Mémoire sur les rites*, rédigés par les disciples eux-mêmes de Confucius, ainsi qu'avec l'œuvre du Grand annaliste Sima Qian, qui fut l'un des grands savants de la dynastie Han ; on peut ajouter que ces commentaires furent rédigés à une époque beaucoup plus éloignée de celle de Confucius que le commentaire Zuo, et que dans ce domaine, la proximité vaut mieux que l'éloignement, et la vue directe est préférable au simple ouï-dire[8].

Liu Xiang avait un faible pour le commentaire Zuo, au point que ses serviteurs, sa femme et ses enfants étaient tous capables de le réciter[9].

À l'époque de l'empereur Guangwu, Chen Yuan et Fan Sheng se disputèrent dans de multiples mémoires adressés à la cour quant aux mérites de ce commentaire, et finalement une chaire de docteur fut créée pour l'enseignement de ce texte[10]. Plus tard, Fan Sheng fut jugé coupable d'une faute et renvoyé[11]. Chen Yuan et Fan Sheng furent deux des lettrés les plus doués de l'époque, et ils consacrèrent beaucoup d'énergie à ce débat ; mais Chen Yuan l'emporta, et les mémoires de Fan Sheng furent rejetés, ce qui montre clairement la fiabilité du commentaire Zuo, alors que les autres commentaires[12] mentionnent des événements étranges, contredisant ainsi Confucius qui refusait de parler de prodiges ; il en est de même des *Printemps et automnes de Monsieur Lü*[13].

11. On voit mal le rapport entre cet événement et le reste du passage, qui paraît composé de façon très lâche.

12. On pourrait aussi lire : « le commentaire Zuo mentionne aussi des événements étranges », mais cela va contre l'esprit du passage.

13. *Printemps et automnes de Monsieur Lü* : soit le *Lüshi chunqiu*, sorte d'encyclopédie composée sous le patronage du marchand Lü Buwei vers 239 avant notre ère. Si le nom de cet ouvrage fait référence aux *Printemps et automnes* (*Chunqiu*), il ne s'agit certainement pas d'un commentaire de ce Classique, contrairement à ce que Wang Chong suggère ici. Par ailleurs, la formulation est ambiguë : Wang Chong rapproche-t-il le *Lüshi chunqiu* du commentaire Zuo, ou des autres commentaires aux *Printemps et automnes* ?

« 國語 », « 左氏 » 之外傳也, 左氏傳經, 辭語尚略, 故復選錄 « 國語 » 之辭以實。然則 « 左氏 »、« 國語 », 世儒之實書也。

3. 公孫龍著 « 堅白 » 之論, 析言剖辭, 務折曲之言, 無道理之較, 無益於治。齊有三鄒衍之書, 瀇洋無涯, 其文少驗, 多驚耳之言。案大才之人, 率多侈縱, 無實是之驗 ; 華虛誇誕, 無審察之實。商鞅相秦, 作 « 耕戰 » 之術, 管仲相齊, 造 « 輕重 » 之篇, 富民豐國, 彊主弱敵, (公賞罰) 與〔公孫龍、〕鄒衍之書〔不可〕並言, 而太史公兩紀, 世人疑惑, 不知所從。

14. Les *Discours des royaumes* : soit le *Guoyu*, parfois attribué à Zuoqiu Ming, l'auteur présumé du *Zuozhuan.* Le *Guoyu* est également appelé « Commentaire externe des *Printemps et automnes* » (*Chunqiu wai zhuan*), par opposition au *Zuozhuan*, également appelé « Commentaire interne des *Printemps et automnes* » (*Chunqiu nei zhuan*). La matière du *Guoyu* recouvre pour partie celle des *Printemps et automnes*, mais on peut difficilement considérer ce texte comme un commentaire de celles-ci ; et par ailleurs, l'attribution de cette œuvre à Zuoqiu Ming est douteuse.

15. Gongsun Long (env. 320-250) : représentant de l'école des penseurs sophistes, ou logiciens. Il est en particulier l'auteur d'un dialogue dans lequel un interlocuteur défend l'idée qu'un cheval blanc n'est pas un cheval. Dans le traité « Sur le blanc et le dur », Gongsun Long affirme qu'une pierre dure et blanche se compose de deux entités, une pierre dure et une pierre blanche.

Les *Discours des royaumes* peuvent être considérés comme le commentaire extérieur aux *Printemps et automnes* de Zuoqiu Ming[14], qui dans le commentaire Zuo se montre très concis, d'où la nécessité de le compléter avec certains passages des *Discours des royaumes*. Le commentaire Zuo et les *Discours des royaumes* sont clairement les sources les plus fiables pour nos lettrés.

3. Dans son traité « Sur le blanc et le dur », Gongsun Long dissèque les phrases et les mots, et s'attache à des formulations tordues[15] ; il s'agit là de discussions sans raison, et qui n'ont aucune utilité pour le gouvernement. Les trois Zou[16], du royaume de Qi, rédigèrent des ouvrages vastes et insondables, mais ne reposant sur rien, avec nombre d'histoires incroyables. Les meilleurs auteurs se plaisent à des théories aussi prolixes que creuses, sans la moindre preuve et sans le moindre lien avec la réalité. Au contraire, Shang Yang, le premier ministre de Qin, rédigea un « Des labours et de la guerre[17] », et Guan Zhong, le premier ministre de Qi, un « Du léger et du lourd[18] », soit des œuvres qui contribuèrent à enrichir le peuple et l'État, à renforcer le pouvoir de leur souverain et à affaiblir ses ennemis ; elles possèdent donc une valeur sans commune mesure avec celles de Gongsun Long et de Zou Yan, et pourtant le Grand annaliste leur accorde à toutes la même place : voilà qui ne peut que rendre perplexe.

16. Les trois Zou : soit Zou Ji, Zou Yan et Zou Shi. Zou Ji fut le premier ministre du royaume de Qi au IVe s. avant notre ère. Zou Yan, que nous avons déjà rencontré à plusieurs reprises (cf. par exemple *supra*, 31.2), et Zou Shi furent pour leur part des représentants de la théorie cosmologiste « du *yin*, du *yang* et des cinq agents », qui est l'une des cibles privilégiées de Wang Chong dans le *Lunheng*.

17. « Des labours et de la guerre » (« Geng zhan ») : il s'agit sans doute d'une allusion au chapitre 3 du *Shang Jun shu* de Shang Yang, « De l'agriculture et de la guerre » (« Nong zhan »).

18. « Du léger et du lourd » (« Qing zhong ») : il s'agit des traités économiques du *Guanzi*.

案張儀與蘇秦同時, 蘇秦之死, 儀固知之。儀知各審, 宜從儀言, 以定其實, 而說不明, 兩傳其文。東海 (張)〔馮〕商亦作列傳, 豈 « 蘇秦 » 商之所為邪 ? 何文相違甚也 ?

« 三代世表 » 言五帝三王皆黃帝子孫, 自黃帝轉相生, 不更稟氣於天。作 « 殷本紀 », 言契母簡狄浴於川, 遇玄鳥墜卵, 吞之, 遂生契焉。及 « 周本紀 », 言后稷之母姜嫄野出, 見大人跡, 履之, 則妊身, 生后稷焉。夫觀 « 世表 », 則契與后稷, 黃帝之子孫也 ; 讀 « 殷 »、« 周本紀 », 則玄

19. Zhang Yi (?-309 AEC) : premier ministre de Qin, il fut l'avocat d'alliances « horizontales » entre Qin et les royaumes de l'est de la Chine. Su Qin (380-284) : originaire du pays de Yan, il fut premier ministre de Qi, où il joua un double jeu en servant les intérêts de son pays natal ou ceux de son pays d'accueil, selon les cas ; il fut l'un des avocats de la théorie d'une alliance « verticale » contre le royaume de Qin (cf. aussi *supra*, 27.7). Selon la biographie de Su Qin dans le *Shiji* (chap. 69), il aurait été poignardé à Qi par des ministres rivaux ; mais selon la biographie de Zhang Yi, il aurait été exécuté à l'instigation de ce dernier, ce qui n'est pas compatible avec la date de sa mort. Wang Chong se trompe donc vraisemblablement en donnant sa préférence à cette dernière version, mais il met le doigt sur la confusion des *Mémoires historiques* en ce qui concerne Su Qin. Notons que la découverte de divers documents à Mawangdui en 1973 a permis d'éclairer sous un jour nouveau l'identité et le rôle de Su Qin dans cette période très complexe.

Zhang Yi et Su Qin furent contemporains, et Zhang Yi connut donc nécessairement les circonstances exactes de la mort de Su Qin[19] : le Grand annaliste aurait donc dû préférer sa version des faits pour fixer une fois pour toutes les choses de façon correcte, au lieu de les embrouiller en consignant deux versions contradictoires de ce décès. Serait-ce que le chapitre sur Su Qin aurait été rédigé par Feng Shang[20], de Donghai, qui composa aussi des biographies ? Sinon, comment expliquer de telles contradictions dans les *Mémoires historiques* ?

Selon le « Tableau généalogique des trois dynasties[21] », les Cinq empereurs et les Trois rois descendent tous de l'empereur Jaune : ils se seraient engendrés en ligne directe depuis ce souverain, et n'auraient donc pas reçu leur nature suite à une intervention céleste. Mais d'après la « Chronique du règne des Yin[22] », Xie serait né après que sa mère, Jiandi, eut avalé un œuf lâché par un oiseau noir, alors qu'elle se lavait au bord d'une rivière[23]. La « Chronique du règne des Zhou[24] » rapporte pour sa part que la mère de Houji, sortie dans la campagne, vit une empreinte de pas d'un géant et y marcha : c'est ensuite qu'elle se trouva enceinte et donna naissance à Houji[25]. Si l'on en croit le « Tableau généalogique », Xie et Houji furent les descendants de l'empereur Jaune, mais les « Chroniques » nous expliquent pour leur part leur naissance

20. Feng Shang (Iᵉʳ s. AEC) : selon le « Catalogue bibliographique » du *Hanshu* (chap. 30), il aurait rédigé une suite aux *Mémoires historiques*, et certaines parties du *Shiji* tel que nous le connaissons aujourd'hui pourraient être de sa main.

21. « Tableau généalogique des trois dynasties » : soit le chapitre 13 du *Shiji*, qui présente sous forme de tableau les souverains (mythiques ou historiques) de la Chine ancienne.

22. « Chronique du règne des Yin » : soit le chapitre 3 du *Shiji*, consacré à la dynastie Shang (ou Yin).

23. Xie : ancêtre mythique des Shang, il aurait vécu au IIIᵉ millénaire avant notre ère..

24. « Chronique du règne des Zhou » : soit le chapitre 4 du *Shiji*.

25. Houji : le Souverain Millet, cf. *supra*, 12.1.

鳥、大人之精氣也。二者不可兩傳, 而太史公兼紀不別。案帝王之妃, 不宜野出, 浴於川水。今言浴於川, 吞玄鳥之卵 ; 出於野, 履大人之跡, 違尊貴之節, 誤是非之言也。

4. « 新語 », 陸賈所造, 蓋董仲舒相被服焉, 皆言君臣政治得失, 言可采行, 事美足觀。鴻知所言, 參貳經傳, 雖古聖之言, 不能過增。陸賈之言, 未見遺闕 ; 而仲舒之言雩祭可以應天, 土龍可以致雨, 頗難曉也。夫致旱者以雩祭, 不夏郊之祀, 豈晉侯之過邪 ? 以政失道, 陰陽不和也。晉廢夏郊之祀, 晉侯寢疾, 用鄭子產之言, 祀夏郊而疾愈。如審雩不脩, 龍不治, 與晉同禍, 為

26. Cf. *Chunqiu fanlun*, 74, « Qiu yu ». Ces idées sont fondées sur la théorie des correspondances entre les genres, selon laquelle les choses de même espèce s'influencent mutuellement : le dragon étant associé à l'eau et aux nuages, il attire ceux-ci, d'où la pratique de disposer des dragons de terre en temps de sécheresse. Wang Chong consacre plusieurs traités à réfuter la théorie des correspondances, cf. en particulier le traité 45, « Du sacrifice pour faire venir la pluie ».

27. Le marquis de Jin : soit le marquis Ping de Jin (r. 557-532). Wang Chong discute plus longuement de cette histoire dans le traité 63 du *Lunheng*, où il la rejette catégoriquement.

28. Wang Chong fait ici allusion à la théorie de la « résonance entre le ciel et les hommes » (*tian ren gan ying* 天人感應), selon laquelle le ciel « réagit » à un mauvais gouvernement en provoquant des catastrophes, par exemple une sécheresse ; il paraît valider cette idée dans ce passage, sans doute à des

par le *qi* magique d'un oiseau noir ou d'un géant ! Ces versions ne peuvent être vraies toutes les deux, et pourtant le Grand annaliste les reprend sans discussion. Notons que l'épouse d'un souverain ne saurait sortir ainsi dans la campagne ou se laver dans une rivière, contrairement à ce que prétendent les « Chroniques » à propos de la mère de Xie d'une part, de celle de Houji d'autre part : ces histoires ne s'accordent donc pas avec les règles de conduite de la noblesse, et égarent le lecteur au mépris des faits.

4. Les *Nouveaux Propos* sont l'œuvre de Lu Jia, et Dong Zhongshu en a épousé les thèses ; leurs textes traitent des mérites et démérites des souverains et ministres en politique, et proposent des idées à la fois belles et praticables. Ce sont les productions d'immenses talents, qu'on peut mettre sur le même plan que les Classiques et leurs commentaires, et qui ne le cèdent en rien aux œuvres des sages de l'Antiquité. Mais si les idées de Lu Jia sont sans défauts, certaines des vues de Dong Zhongshu, comme celle selon laquelle les sacrifices pour la pluie auraient un effet sur le Ciel, ou cette autre selon laquelle des dragons de terre pourraient attirer la pluie, sont pour le moins difficiles à comprendre[26]. La sécheresse résulterait-elle de l'omission de ces sacrifices, un peu à la façon dont l'abandon des sacrifices aux Xia avait causé la maladie du marquis de Jin[27] ? Ou bien l'expliquera-t-on comme la conséquence d'une mauvaise politique, propre à nuire à l'harmonie du *yin* et du *yang*[28] ? Le pays de Jin avait délaissé les sacrifices aux Xia, et le marquis de Jin tomba gravement malade ; on suivit alors le conseil de Zichan, de Zheng, qui recommanda de reprendre ces sacrifices, et le marquis guérit[29]. Si la sécheresse s'explique à

fins rhétoriques, mais il la combat farouchement dans plusieurs traités du *Lunheng*, en particulier dans le traité 55, « De la résonance entre les genres ».

29. Selon Zichan, le pays de Jin étant le plus puissant des États, et le protecteur de la maison royale des Zhou, c'était à son souverain d'assumer la continuité des sacrifices de l'ancienne dynastie des Xia.

之再也。以政致旱，宜復以政。政虧，而復脩雩治龍，其何益哉？

« 春秋公羊氏 » 之說，亢陽之節，足以復政。陰陽相渾，旱湛相報，天道然也，何乃脩雩設龍乎？雩祀神喜哉？或雨至，亢陽不改，旱禍不除，變復之義，安所施哉？

且夫寒溫與旱湛同，俱政所致，其咎在人。獨為亢旱求福，不為寒溫求祐，未曉其故。如當復報寒溫，宜為雩、龍之事。

鴻材巨識，第兩疑焉。

5. 董仲舒著書，不稱子者，意殆自謂過諸子也。漢作書者多，司馬子長、楊子雲，河、漢也；

30. C'est-à-dire lorsque le souverain se comporte de façon trop brutale.

31. Wang Chong fait-il allusion au fait que le *Chunqiu fanlu*, que l'on attribue couramment à Dong Zhongshu, n'a pas le caractère *zi* 子, « penseur », « maître », dans son titre ? Mais si bien des noms d'œuvres de l'époque pré-impériale se terminent avec le caractère *zi* (*Mengzi*, *Laozi*, *Han Feizi*, etc.), la pratique est beaucoup plus rare sous les Han. Rappelons que les mots *zi* et *zhuzi* désignent les œuvres des penseurs, souvent par opposition aux Classiques (*jing*).

l'instar de la maladie du marquis, par l'omission des sacrifices, alors on comprend qu'il faille les reprendre ; mais si elle résulte d'une mauvaise politique, c'est par un changement de politique qu'il faut y répondre, car dans ce cas une reprise des sacrifices ne serait d'aucune utilité.

Selon le commentaire Gongyang aux *Printemps et automnes*, « lorsque le *yang* est en excès[30], il faut réformer la politique ». Lorsque le *yin* et le *yang* l'emportent l'un sur l'autre, sécheresse et déluges se succèdent, car ainsi le veut la nature des choses : à quoi serviraient donc des sacrifices et des dragons de terre ? Ces sacrifices visent-ils à réjouir les esprits ? Mais si, une fois la pluie revenue, le souverain ne tempère pas sa politique, on se retrouvera dans la même situation, puisque la vraie cause de la sécheresse n'aura pas été éradiquée : alors à quoi bon les sacrifices ?

Une mauvaise politique peut causer une canicule ou un froid extrême, ou une sécheresse ou des inondations, cela revient au même : les coupables, ce sont les hommes. On ne comprend donc pas pourquoi on invoque la grâce céleste dans le cas d'une sécheresse, mais pas lorsqu'il fait trop chaud ou trop froid ; et on devrait, pour remercier le retour de températures plus clémentes, organiser des sacrifices analogues à ceux que l'on effectue pour la pluie.

Pour un homme intelligent et cultivé, il y a vraiment matière à doute dans ces idées de Dong Zhongshu.

5. Dong Zhongshu n'utilise pas le mot « penseur » dans le titre de ses écrits, probablement parce qu'il s'estimait au-dessus des penseurs[31]. Quelle floraison d'auteurs sous les Han ! Sima Qian et Yang Xiong sont immenses comme le fleuve Jaune ou la Han, les autres sont comme la Jing ou la Wei[32]. Mais Sima

32. Le fleuve Jaune et la Han sont des voies d'eaux majeures, avec lesquelles la Jing et la Wei, pourtant importantes, ne peuvent se comparer. La Wei : elle traverse le Shaanxi avant de se jeter dans le fleuve Jaune. La Jing : autre rivière du Shaanxi, elle se jette dans la Wei.

其餘, 涇、渭也。然而子長少臆中之說, 子雲無世俗之論。仲舒說道術奇矣, 北方三家尚矣。

讖書云:「董仲舒, 亂我書。」蓋孔子言也。讀之者或為「亂我書」者, 煩亂孔子之書也 ; 或以為亂者, 理也, 理孔子之書也。共一「亂」字, 理之與亂, 相去甚遠。然而讀者用心不同, 不省本實, 故說誤也。夫言煩亂孔子之書, 才高之語也 ; 其言理孔子之書, 亦知奇之言也。出入聖人之門, 亂理孔子之書, 子長、子雲無此言焉。

世俗用心不實, 省事失情, 二語不定, 轉側不安。案仲舒之書, 不違儒家, 不 (及)〔反〕孔子。

33. Les *Mémoires historiques* étant un ouvrage de nature historique, ils ne se prêtent pas à la réflexion philosophique.

34. Le style de Yang Xiong est particulièrement abstrus, cf. sur ce sujet notre introduction.

35. Ce passage contredit le traité 78 du *Lunheng*, dans lequel Wang Chong nie la réalité de cette prophétie. « Retouchera » : le mot dont Wang Chong discute dans ce passage est *luan* 亂, qui possède effectivement des sens très différents. Le sens courant est « désordre », mais plus rarement, il peut signifier

Qian n'exprime que peu ses propres idées[33], et les sujets dont traite Yang Xiong ne sont guère accessibles au vulgaire[34]. La doctrine de Dong Zhongshu est remarquable, et sur ce plan il surpasse ces deux auteurs.

Les livres de prophéties disent : « Dong Zhongshu retouchera mes écrits », phrase qui remonte vraisemblablement à Confucius[35]. Selon certains interprètes, l'expression « retouchera mes écrits » annonçait le « désordre » que Dong Zhongshu allait mettre dans l'œuvre de Confucius ; d'autres au contraire prennent le mot « retoucher » dans le sens d'« arranger », la prophétie indiquant que Dong Zhongshu mettrait de l'ordre dans l'œuvre de Confucius. Il s'agit dans les deux cas du même mot, mais, entre « mettre de l'ordre » et « mettre du désordre », la différence est considérable ! Les interprètes ont leurs raisons pour interpréter cette prophétie dans un sens ou dans l'autre, mais ni les uns ni les autres ne s'attachent à la réalité, et en définitive tous se trompent. Dans un cas comme dans l'autre, le but est de célébrer l'importance ou le talent de Dong Zhongshu. Notons cependant que ni Sima Qian, ni Yang Xiong ne font allusion à des disciples de Confucius qui auraient mis de l'ordre ou du désordre dans ses écrits.

Nos lettrés vulgaires ne réfléchissent pas suffisamment et négligent les faits, voilà pourquoi, malgré leurs ruminations, ils ne parviennent pas à trancher entre ces deux interprétations. Remarquons tout d'abord que les traités de Dong Zhongshu ne contredisent pas la doctrine des lettrés[36], et ne s'opposent pas

« mettre de l'ordre » ; et dans la poésie, il désigne communément la partie conclusive d'une pièce. Cette polysémie est difficile à rendre en traduction, nous l'avons suggérée au moyen des mots « retoucher », « donner la touche finale », et « final ».

36. La doctrine des lettrés : Wang Chong utilise l'expression *rujia* 儒家, qui en chinois moderne correspond à peu près à notre mot « confucianisme » ; dans le contexte de la phrase, il est clair que le mot fait référence à des disciples de Confucius ; sur ce sujet, cf. notre introduction.

其言煩亂孔子之書者，非也；孔子之書不亂，其言理孔子之書者，亦非也。

孔子曰：「師摯之始，關雎之亂，洋洋乎盈耳哉！」亂者，(於)〔終〕孔子言也。孔子生周，始其本；仲舒在漢，終其末。班叔皮續《太史公書》，蓋其義也。賦頌篇下其有「亂曰」章，蓋其類也。孔子終論，定於仲舒之言。

其修雩治龍，必將有義，未可怪也。

6. 顏淵曰：「舜何人也？予何人也？」五帝三王，顏淵獨慕舜者，知己步騶有同也。知德所慕，默識所追，同一實也。

37. *Lunyu*, 8.15, traduction d'après P. Ryckmans, *op. cit.*, p. 47. Les « Orfraies » : nom de la première pièce du *Classique des poèmes*.

38. Sur l'historien Ban Biao, cf. *supra*, 61.7.

39. Si le passage n'est pas corrompu, ce jugement de Wang Chong, d'ailleurs bizarrement placé ici, contredit la position de Wang Chong dans le passage précédent, et ailleurs dans le *Lunheng*.

40. *Menggzi*, 3A, « Teng Wen gong shang ».

à Confucius ; on voit donc mal comment la prophétie aurait pu suggérer que Dong Zhongshu allait mettre du désordre dans son œuvre ! D'un autre côté, les écrits de Confucius ne sont pas « désordonnés », et Dong Zhongshu ne saurait y avoir « mis de l'ordre ».

Confucius a dit : « Quand Maître Zhi dirigeait la musique, quelle immense plénitude dans l'ouverture et dans la "touche finale" des "Orfraies"[37] ! » : comme dans cette parole de Confucius, le mot « retoucher » de la prophétie signifie « donner la touche finale ». Confucius vécut sous les Zhou et posa les fondements de la doctrine ; et sous les Han, Dong Zhongshu y mit la dernière touche et l'acheva, un peu à la manière dont Ban Biao continua l'œuvre du Grand annaliste[38]. Dans les hymnes et récitatifs, de la même manière, la dernière strophe est souvent introduite par le mot « final ». La prophétie annonce donc que Dong Zhongshu allait fixer le sens ultime de la doctrine de Confucius.

Quant aux sacrifices pour la pluie et aux dragons de terre, Dong Zhongshu doit avoir ses raisons pour s'en faire l'avocat, et il n'y a pas matière à s'en étonner[39].

6. Yan Yuan a dit : « Quelle sorte d'homme était Shun ? Quelle sorte d'homme suis-je[40] ? » Yan Yuan fit un éloge particulier de Shun, parmi les Cinq empereurs et les Trois rois, parce qu'il jugeait que lui-même était sur ses traces. On vénère ceux dont la sagesse et la vertu s'accordent avec nos propres principes[41].

41. Le passage est difficile, notre traduction est conjecturale. Ce paragraphe s'accorde mal avec la suite, dans lequel Wang Chong discute du penseur Huan Tan. Peut-être Wang Chong tire-t-il un parallèle entre l'admiration de Yan Yuan pour Shun, et celle que lui-même professe pour Huan Tan ? Mais ce pourrait aussi être un paragraphe sans lien avec le reste. Comme nous l'avons dit dans notre note introductive, ce traité est très lâchement organisé, et cela est encore plus vrai dans les derniers passages.

仲舒之言道德政治, 可嘉美也；質定世事, 論說世疑, 桓君山莫上也。故仲舒之文可及, 而君山之論難追也。

驥與眾馬絕跡, 或蹈驥哉。有馬於此, 足行千里, 終不名驥者, 與驥毛色異也。有人於此, 文偶仲舒, 論次君山, 終不同於二子者, 姓名殊也。故馬效千里, 不必驥騄；人期賢知, 不必孔、墨。何以驗之？君山之論難追也。

兩刃相割, 利鈍乃知；二論相訂, 是非乃見。是故韓非之 « 四難 », 桓寬之 « 鹽鐵 », 君山 « 新論 » 類也。

世人或疑, 言非是偽, 論者實之, 故難為也。卿決疑訟, 獄定嫌罪, 是非不決, 曲直不立, 世人必謂卿獄之吏才不任職。至於論, 不務全疑, 兩傳并紀, 不宜明處, 孰與剖破渾沌, 解決亂絲, 言

42. Dans ce passage, Wang Chong fait autant l'éloge de Huan Tan que de lui-même.

43. « Quatre critiques » : soit les traités 36 à 39 du *Han Feizi*, dont les titres comprennent tous le caractère *nan*, « critique ». Huan Kuan : lettré du début du Ier s. AEC, il rédigea les *Discussions sur le sel et le fer* (*Yan tie lun*), qui rend compte d'un débat organisé en 81 AEC sur la politique économique de l'État, en particulier à propos des monopoles sur le sel et le fer.

Les idées de Dong Zhongshu sur la morale et le gouvernement sont admirables, mais Huan Tan se montre insurpassable lorsqu'il s'agit d'établir la vérité des faits et trancher les questions difficiles. Voilà pourquoi on peut égaler les écrits de Dong Zhongshu, mais pas la pensée de Huan Tan.

Le pur-sang ne laisse pas les mêmes traces que les autres chevaux, mais certains parviennent tout de même à le suivre ; mais même s'ils sont rapides, on ne les considérera pas comme des pur-sang, parce qu'ils n'ont pas la même robe que le pur-sang. Et de la même façon, certains parviennent à écrire comme Dong Zhongshu, et à ne le céder qu'à Huan Tan pour ce qui est de la pensée, mais on ne les mettra jamais sur le même plan qu'eux, parce qu'ils n'ont pas le nom qu'il faut. Il n'est pas nécessaire d'être un pur-sang pour être un bon cheval, et lorsqu'une époque a besoin de sages, il n'est pas indispensable de se nommer Confucius ou Mencius pour faire l'affaire. La preuve, c'est Huan Tan lui-même, qui n'a pas le même nom que ces sages, mais dont la pensée est inégalable[42].

Pour savoir lequel de deux couteaux est le plus tranchant, il faut les essayer l'un contre l'autre ; pour savoir lequel de deux points de vue l'emporte, il faut les opposer l'un à l'autre. En confrontant les *Nouvelles discussions* de Huan Tan aux « Quatre Critiques » de Han Fei et aux *Discussions sur le sel et le fer* de Huan Kuan[43], on constate qu'elles leur sont tout à fait comparables pour ce qui est de la qualité.

Lorsque les gens se trompent et confondent le vrai et le faux, il n'est pas facile de trouver les bons arguments pour rétablir la vérité. Si un ministre ou un juge confronté à une affaire difficile ne parvient pas à établir clairement les faits, on conclura nécessairement que ses talents ne sont pas à la hauteur de sa charge. Lorsqu'il s'agit de discussion, lequel l'emporte : celui qui ne fait aucun effort pour lever les doutes, qui ne choisit pas entre des points de vue contradictoires, qui ne propose aucune conclusion définitive, ou au contraire celui

無不可知, 文無不可曉哉?

案孔子作 «春秋», 采毫毛之善, 貶纖介之惡。可褒, 則義以明其行善; 可貶, 則明其惡以譏其操。« 新論 » 之義, 與 « 春秋 » 會一也。

7. 夫俗好珍古不貴今, 謂今之文不如古書。夫古今一也, 才有高下, 言有是非, 不論善惡而徒貴古, 是謂古人賢今人也。案東番鄒伯奇、臨淮袁太伯、袁文術、會稽吳君高、周長生之輩, 位雖不至公卿, 誠能知之囊橐, 文雅之英雄也。觀伯奇之 « 元思 », 太伯之 « 易章句 », 文術之 « 咸銘 », 君高之 « 越紐錄 », 長生之 « 洞歷 », 劉子政、揚子雲不能過也。(善)〔蓋〕才有淺深, 無有古今; 文有偽真, 無有故新。廣陵陳子迴、顏方, 今尚書郎班固, 蘭臺令楊終、傅毅之徒, 雖無

44. Cf. *supra*, 28.8.

45. Zou Boqi, Yuan Taibo, Zhou Changsheng : auteurs contemporains de Wang Chong, leurs ouvrages sont aujourd'hui perdus. Yuan Wenshu (Yuan Kang), Wu Jungao (Wu Ping) : autres auteurs contemporains de Wang Chong, auteurs du *Yue jue shu*, une histoire non officielle des pays de Wu et de Yue.

qui tranche dans la confusion, qui débrouille les fils emmêlés, qui se montre aussi clair dans ses paroles que dans ses écrits ?

Le but de Confucius dans les *Printemps et automnes*, c'est de louer les plus petits mérites et de condamner les plus petites fautes[44] : le bon auteur exaltera donc les qualités de celui qui mérite des éloges, pour montrer que sa conduite est correcte ; et il dénoncera les insuffisances de celui qui mérite le blâme, pour se moquer de lui. Le but de Huan Tan dans les *Nouvelles discussions* correspond parfaitement avec celui de Confucius dans les *Printemps et automnes*.

7. Les gens aiment à révérer le passé et à dénigrer le présent, à prétendre que nos traités ne valent pas les livres des anciens. Pourtant, chaque époque produit de grands et de moins grands talents, des idées justes et des idées fausses, et de ce point de vue le passé et le présent ne diffèrent pas. Louer le passé sans faire de distinction entre les bons et les mauvais auteurs, cela revient à dire que les anciens l'emportaient sur nos contemporains pour ce qui est de la sagesse. Mais si des hommes de la sorte de Zou Boqi de Dongfan, de Yuan Taibo et Yuan Wenshu de Linhuai, de Wu Jungao et Zhou Changsheng de Kuaiji ne parvinrent pas à de très hauts postes au gouvernement, ils sont indéniablement de grands sages, et de véritables héros de l'écriture[45]. En effet, le *Yuan si* de Zou Boqi, le *Yi zhangju* de Yuan Taibo, *le Xianming* de Yuan Wenshu, le *Yue niu lu* de Wu Jungao, le *Dongli* de Zhou Changsheng[46] n'ont rien à envier aux œuvres de Liu Xiang et de Yang Xiong eux-mêmes. À toutes les époques, on trouve des talents plus ou moins grands ; et autrefois comme aujourd'hui, certaines œuvres disent la vérité, et d'autres non. Chen Zijiong et Yan Fang, de

46. À l'exception du *Yue niu lu*, qui est un autre nom du *Yue jue shu*, tous ces ouvrages sont aujourd'hui perdus.

篇章, 賦頌記奏, 文辭斐炳, 賦象屈原、賈生, 奏象唐林、谷永, 並比以觀好, 其美一也。當今未顯, 使在百世之後, 則子政、子雲之黨也。

韓非著書, 李斯采以言事 ; 楊子雲作 « 太玄 », 侯鋪子隨而宣之。非、斯同門, 雲、鋪共朝, 睹奇見益, 不為古今變心易意 ; 實事貪善, 不 (遠) 為 (術) 併肩以跡相輕, 好奇無已, 故奇名無窮。

8. 楊子雲反« 離騷 » 之經。非能盡反, 一篇文往往見非, 反而奪之。

9. « 六略 » 之錄, 萬三千篇, 雖不盡見, 指趣可知, 略借不合義者, 案而論之。

47. Chen Zijiong, Yan Feng : autres contemporains de Wang Chong. « L'actuel secrétaire Ban Gu » : Wang Chong fait sans doute référence ici au poste que l'historien occupa à la Terrasse des orchidées, sans doute après 72 de notre ère. Rappelons que la Terrasse des orchidées était l'une des bibliothèques impériales. Yang Zhong et Fu Yi, déjà rencontrés, sont des personnages contemporains de Wang Chong.

48. Sur le célèbre poète Qu Yuan, cf. *supra*, 16.7. Jia Yi (env. 200-169) : célèbre lettré et poète du début des Han, il s'illustra en particulier dans le poème descriptif de type *fu*. Tang Lin : lettré de la fin du Ier s. avant notre ère, actif encore sous Wang Mang ; il adressa plusieurs mémoires à la cour. Gu Yong : contemporain de Tang Lin, il adressa également des mémoires à la cour.

49. Wang Chong a quelque peu manqué de lucidité ici : parmi tous les auteurs contemporains qu'il cite dans ce passage, seul Ban Gu n'a pas été oublié.

50. Hou Puzi : c'est-à-dire Hou Ba, un disciple de Yang Xiong.

51. Le sens de cette phrase n'est pas clair. Le « Lisao », généralement attribué au poète Qu Yuan, est le premier des célèbres *Chants de Chu* (*Chuci*).

Guangling, l'actuel secrétaire Ban Gu, les clercs de la Terrasse des orchidées Yang Zhong et Fu Yi n'ont certes pas laissé de traités en parties et paragraphes, mais dans leurs poèmes, leurs éloges, leurs mémoires, leurs rapports, ils font preuve de grandes qualités d'écriture[47] : leurs poèmes rappellent ceux de Qu Yuan ou ceux de Jia Yi, leurs mémoires, ceux de Tang Lin ou ceux de Gu Yong[48], ils ne le cèdent vraiment en rien à ceux-ci pour ce qui est de la beauté du style. Ils n'ont pas leur renommée, mais dans cent générations on les mettra dans la même catégorie qu'un Liu Xiang ou qu'un Yang Xiong[49] !

Han Fei rédigea un traité que Li Si utilisa lorsqu'il fut aux affaires ; Yang Xiong écrivit son *Grand mystère*, que Hou Puzi fit connaître[50]. Li Si fut un condisciple de Han Fei, et Hou Puzi, un contemporain de Yang Xiong, mais ils surent saisir le caractère exceptionnel de leurs œuvres, et le profit qu'ils pouvaient en retirer : ils ne les dédaignèrent pas en raison de leur nouveauté, mais les louèrent pour ce qu'elles étaient ; ils ne les mésestimèrent pas parce qu'ils avaient coudoyé leurs auteurs, mais les admirèrent sans réserve, leur assurant ainsi une immense réputation.

8. Yang Xiong reprit le « Lisao », mais ne pouvant tout reprendre, il laissa de côté les passages problématiques[51].

9. Les « Six Catalogues » mentionnent treize mille chapitres[52]. Même si on ne peut pas tout lire, on peut se faire une idée du sens général de ces textes, et en choisir quelques passages problématiques pour les examiner et en discuter.

Yang Xiong, qui admirait ce poème, composa une « Reprise du Lisao » (« Fan Lisao »).

52. Les « Six catalogues » : soit les « Sept catalogues » (« Qi lüe »), réduits parfois à six parce que l'une des parties était une sorte de synthèse de l'ensemble ; il s'agit d'une vaste bibliographie, mentionnant près de 600 auteurs, compilée par Liu Xin à la fin du Ier siècle AEC. Les « Sept catalogues » sont aujourd'hui perdus, mais ils ont servi de base au catalogue bibliographique du *Hanshu* (chap. 30, « Yi wen zhi »).

對作篇第八十四

1. 或問曰 :「賢聖不空生, 必有以用其心。上自孔、墨之黨, 下至荀、孟之徒, 教訓必作垂文, 何也 ?」

對曰 : 聖人作經, (藝)〔賢〕者傳記, 匡濟薄俗, 驅民使之歸實誠也。案 « 六略 » 之書, 萬三千篇, 增善消惡, 割截橫拓, 驅役遊慢, 期便道善, 歸正道焉。孔子作 « 春秋 », 周民弊也, 故采求毫毛之善, 貶纖介之惡, 撥亂世, 反諸正, 人道浹, 王道備, 所以檢押靡薄之俗者, 悉具密致。夫防決不備, 有水溢之害 ; 網解不結, 有獸失之患。

Réponses aux critiques
(Traité 84, « Dui zuo »)

1. On me demande : « Saints et sages n'ont pas vécu en vain : depuis Confucius et Mozi, jusqu'à Mencius et Xunzi, ils ont jugé nécessaire de coucher leurs enseignements par écrit. Pourquoi cela ? »

Ma réponse est la suivante : si les saints ont composé leurs Classiques, et si les sages ont laissé leurs commentaires, c'est pour réformer les mœurs et admonester les gens afin de les ramener à la vérité. Les treize mille volumes mentionnés dans les « Six catalogues[1] » louent la vertu et condamnent le vice, ils tentent de freiner les impétueux et de stimuler les indolents, avec pour but de les inciter à la vertu et de les faire revenir dans le droit chemin. Si Confucius rédigea les *Printemps et automnes*, c'est parce que les sujets de la dynastie Zhou étaient corrompus : il y exalta le plus petit mérite et y condamna la moindre faute, avec pour but d'inciter les gens de ces temps troublés à retrouver la rectitude ; car c'est seulement lorsque la morale et le bon gouvernement sont exposés complètement, et qu'on rapporte fautes et bonnes actions sans en omettre aucune, qu'on peut corriger des mœurs dissolues. Une brèche non colmatée, et c'est l'inondation ; un filet non réparé, et la pêche est perdue !

1. Sur cette compilation bibliographique, cf. *supra*, 83.9.

是故周道不弊, 則民不文薄；民不文薄, « 春秋 » 不作。楊、墨之學不亂傳義, 則孟子之傳不造。韓國不小弱, 法度不壞廢, 則韓非之書不為。高祖不辨得天下, 馬上之計未轉, 則陸賈之 « 語 » 不奏。眾事不失實, 凡論不壞亂, 則桓譚之 « 論 » 不起。故夫賢聖之興文也, 起事不空為, 因因不妄作, 作有益於化, 化有補於正。故漢立蘭臺之官, 校審其書, 以考其言。

董仲舒作道術之書, 頗言災異、政治所失, 書成文具, 表在漢室, 主父偃嫉之, 誣奏其書。天子下仲舒於吏, 當謂之下愚, 仲舒當死, 天子赦

2. Les traditions : littéralement, la « civilisation », la « culture » (*wen* 文).

3. Yang Zhu : penseur de l'époque des Royaumes combattants ; son œuvre ne s'est pas transmise, et ses idées ne sont connues que par ses critiques, au premier rang desquels Mencius. Il aurait professé une forme d'égoïsme taoïsant, allant jusqu'à refuser de sacrifier un seul de ses cheveux pour sauver l'empire ; en cela sa pensée s'oppose à celle de Mozi, qui professe un altruisme universel. Mencius renvoie dos à dos ces deux penseurs, reprochant au premier son égoïsme et au second de ne pas établir de hiérarchie entre les devoirs qu'on doit à ses proches et ceux qu'on doit à des étrangers. Notons que Wang Chong critique Mozi ici, alors qu'il le présentait comme un sage dans le paragraphe précédent.

Si la voie des souverains Zhou ne s'était pas corrompue, le peuple n'aurait pas négligé les traditions[2] ; et si le peuple n'avait pas négligé les traditions, Confucius n'aurait pas eu à rédiger les *Printemps et automnes.* Si les doctrines de Mozi et de Yang Zhu n'avaient pas corrompu les mœurs, Mencius n'aurait pas écrit son œuvre[3]. Si le royaume de Han[4] ne s'était pas affaibli, laissant dépérir ses lois et institutions, Han Fei n'aurait pas laissé la sienne. Si l'empereur Gaozu n'avait pas prétendu gouverner l'empire qu'il venait de conquérir par la force, Lu Jia n'aurait pas eu à lui présenter ses *Propos.* Si les gens ne s'étaient pas détournés de la vérité, si des doctrines n'avaient pas semé le trouble dans les esprits, Huan Tan n'aurait pas eu à produire ses *Discussions.* Lorsque saints et sages se mettent à écrire, ce n'est pas pour rien : ils ont des raisons pour le faire ; ils veulent grâce à leurs textes réformer les mœurs et ainsi ramener les gens à la rectitude. Voilà également pourquoi fut établie la Terrasse des orchidées[5], où l'on étudie et fixe avec soin le texte de ces ouvrages.

Dong Zhongshu composa des traités techniques dans lesquels il expliquait que c'est une mauvaise politique qui entraînait calamités et signes prodigieux ; une fois ces traités terminés, il les présenta à la cour, mais par jalousie, Zhufu Yan adressa à la cour un mémoire dans lequel il attaquait Dong Zhongshu[6]. L'empereur déféra ce dernier devant les juges, qui jugèrent ses idées stupides et le condamnèrent à mort ; mais l'empereur le gracia[7]. Dong Zhongshu discuta dans ses traités de calamités et de signes prodigieux, et pourtant non seulement

4. Royaume de Han : État situé au centre de l'actuel Henan ; cet État n'a aucun lien avec la dynastie Han.

5. Terrasse des orchidées : l'une des bibliothèques impériales sous les Han, située dans l'enceinte du palais impérial à Chang'an.

6. Zhufu Yan (?-127 ? AEC) : haut fonctionnaire durant le règne de l'empereur Wu.

7. Cet événement date de 135 AEC. Selon la tradition, Dong Zhongshu parvint par la suite à convaincre l'empereur d'accepter le « confucianisme » comme idéologie officielle.

之。夫仲舒言災異之事, 孝武猶不罪而尊其身, 況所論無觸忌之言, 核道實之事, 收故實之語乎?

故夫賢人之在世也, 進則盡忠宣化, 以明朝廷; 退則稱論貶說, 以覺失俗。俗也不知還, 則立道輕為非; 論者不追救, 則迷亂不覺悟。

是故«論衡»之造也, 起眾書並失實, 虛妄之言勝真美也。故虛妄之語不黜, 則華文不見息; 華文放流, 則實事不見用。故«論衡»者、所以銓輕重之言, 立真偽之平。非苟調文飾辭, 為奇偉之觀也, 其本皆起人間有非, 故盡思極心, 以機世俗; 世俗之性, 好奇怪之語, 說虛妄之文。何則? 實事不能快意, 而華虛驚耳動心也。是故才能之士, 好談論者, 增益實事, 為美盛之語; 用筆墨者, 造生空文, 為虛妄之傳。聽者以為真然, 說而不舍; 覽者以為實事, 傳而不絕; 不絕, 則文載竹帛之上; 不舍, 則誤入賢者之耳。至或南面稱

8. C'est-à-dire sur les matériaux les plus nobles, ce qui leur confère du prestige.

l'empereur Wu refusa de le juger coupable, mais il l'honora ; alors à plus forte raison mes propres traités, qui n'abordent pas de sujets aussi tabous, qui au contraire se basent sur des faits avérés pour ne proposer que des idées solidement fondées !

Car telle est la mission du sage dans ce monde : lorsqu'il occupe un poste à la cour, il s'attache avec la plus grande loyauté à promouvoir la civilisation et il en fait rejaillir la gloire sur la dynastie ; mais lorsqu'il se retire, il s'attache à critiquer les idées en vogue, afin d'édifier les foules. Car les gens sont incapables de se réformer par eux-mêmes : il faut des sages pour rappeler les grands principes et dénoncer les erreurs ; et sans des lettrés pour réfléchir, les égarés ne pourront prendre conscience de leurs fautes.

Si donc j'ai composé ma *Balance des discours*, c'est que la majorité de nos livres écrivent n'importe quoi, au mépris des faits et de la réalité : si l'on ne dénonce pas leurs mensonges, ces livres séduiront de plus en plus largement, et la vérité sera définitivement perdue. Mes traités ont pour but de peser les idées qu'on trouve dans ces ouvrages, afin d'établir leur vérité ou leur fausseté ; je n'ai pas voulu séduire par des fioritures de style, ou présenter des histoires extraordinaires. Les erreurs à la mode : voilà ma seule motivation, et j'ai consacré toute mon énergie à dénoncer cette disposition du vulgaire à s'enticher de théories scabreuses et de traités mensongers. Comment expliquer cette disposition du vulgaire ? C'est que la vérité paraît peu satisfaisante en comparaison de ces fables bien tournées qui étonnent et séduisent. Voilà pourquoi on voit de beaux parleurs raconter avec talent de belles histoires, en grossissant les faits, puis les coucher sur du papier en les commentant d'une façon parfaitement vaine. Et leurs auditeurs de tenir leurs histoires pour vraies, et de les reprendre sans jamais se lasser ! Et leurs lecteurs de leur donner à leur tour du crédit, et de les transmettre indéfiniment. Le résultat est qu'on finit par reprendre ces histoires sur des lamelles de bambou ou des rouleaux de soie[8], et qu'elles finissent par tromper les hommes les plus capables

師, 賦姦偽之說；典城佩紫, 讀虛妄之書。明辨然否, 疾心傷之, 安能不論？孟子傷楊、墨之議大奪儒家之論, 引平直之說, 褒是抑非。世人以為好辯。孟子曰:「予豈好辯哉？予不得已！」

今吾不得已也。虛妄顯於真, 實誠亂於偽, 世人不悟, 是非不定, 紫朱雜廁, 瓦玉集糅, 以情言之, 豈吾心所能忍哉！衛駿乘者越職而呼車, 惻怛發心, 恐(土)〔上〕之危也；夫論說者閔世憂俗, 與衛駿乘者同一心矣。愁精神而幽魂魄, 動胸中之靜氣, 賊年損壽, 無益於性, 禍重於顏回, 違負黃、老之教, 非人所貪, 不得已, 故為«論衡»。

文露而旨直, 辭姦而情實。其«政務»言治民之道。«論衡»諸篇, 實俗間之凡人所能見, 與彼作者無以異也。若夫九«虛»、三«增»、«論

9. « La doctrine confucianiste » : littéralement, « la doctrine de l'école des lettrés » (*rujia zhi lun* 儒家之論) ; rappelons qu'il n'y a pas de mot correspondant à notre mot « confucianiste » en chinois classique.

10. Cf. *Mengzi*, 3B, « Teng Wen gong xia ».

11. Wei : pays au nord de l'actuel Henan. Cette histoire est rapportée dans le *Shuoyuan*, 11, « Shan shuo ».

12. C'est-à-dire du taoïsme, désigné ici par l'expression Huang-Lao ; cf. *supra*, 80.14.

eux-mêmes ; que certains vont jusqu'à s'arroger le titre de maîtres pour en proposer des commentaires absurdes ; et que les fonctionnaires de tous rangs se mettent à l'étude de leurs traités fantaisistes. Voilà qui afflige profondément l'homme capable de distinguer le vrai du faux : comment pourrait-il se taire ? Mencius, inquiet des attaques de Yang Zhu et de Mozi contre la doctrine confucianiste[9], s'en prit directement à leurs idées, dénonçant leurs erreurs et mettant en avant la vérité. Les gens le traitant d'ergoteur, il répondit : « Moi, un ergoteur ? Mais je ne puis faire autrement[10] ! »

Aujourd'hui, c'est moi qui ne puis faire autrement ! Le mensonge l'emporte sur la vérité, les faits sont oblitérés par l'artifice, et plus personne n'y voit clair ; lorsque je vois le rougeâtre contaminer la pure pourpre, ou la brique se mélanger au jade, l'émotion me gagne : comment pourrais-je le supporter ? Préoccupé par les mœurs de notre temps, je réagis comme ce suivant du pays de Wei qui, inquiet pour son maître et cédant à l'impulsion de son cœur, outrepassa ses fonctions pour maîtriser son attelage[11] ! Mon souci est tel qu'il contrarie mes fluides vitaux, qu'il oppresse mon âme, qu'il bouleverse la sérénité de mon esprit, menaçant mes années de vie, affectant ma nature profonde : c'est un plus grand mal que celui qui emporta Yan Hui, et une atteinte aux règles de vie de l'empereur Jaune et de Laozi[12] ! Voilà qui n'est tolérable pour personne, et voilà pourquoi j'ai rédigé ma *Balance des discours* : je ne pouvais tout simplement pas faire autrement !

J'ai écrit dans un style limpide et incisif, m'attachant à la réalité des choses. Mon « Des Affaires politiques[13] » discutait de l'art de gouverner, et les traités de ma *Balance des discours* n'en diffèrent en rien – simplement ils se veulent accessibles au vulgaire. Ainsi, les neuf traités sur les « Erreurs », les trois sur les « Exagérations », le « De la Mort », le « Des

13. « Des Affaires politiques » : il s'agit d'une œuvre aujourd'hui perdue de Wang Chong, ou peut-être de traités incorporés dans l'actuel *Lunheng*.

死 »、« 訂鬼 », 世俗所久惑, 人所不能覺也。

人君遭弊, 改教於上 ; 人臣 (愚)〔遇〕惑, 作論於下。〔下〕實得, 則上教從矣。冀悟迷惑之心, 使知虛實之分。實虛之分定, 而華偽之文滅 ; 華偽之文滅, 則純誠之化日以孳矣。

2. 或曰 : 聖人作, 賢者述, 以賢而作者, 非也 ; « 論衡 »、« 政務 », 可謂作者。

〔曰〕: 非 (曰) 作也, 亦非述也, 論也。論者、述之次也。五經之興, 可謂作矣。« 太史公書 »、劉子政 « 序 »、班叔皮傳, 可謂述矣。桓山君 « 新論 », 鄒伯奇 « 檢論 », 可謂論矣 ; 今觀 « 論衡 »、« 政務 », 桓、鄒之二論也, 非所謂作也。造端更為, 前始未有, 若倉頡作書、奚仲作

14. Soit, respectivement, les chapitres 16-24, 25-27, 62 et 65 du *Lunheng*.

15. Le simple sage doit se contenter de commenter (*shu* 述) les œuvres des anciens « saints » du passé, qui seuls ont eu la légitimité de « faire » (*zuo* 作), c'est-à-dire de produire de nouvelles choses, que ce soit les inventions qui sont aux sources de la culture chinoise comme l'agriculture, le char ou l'écriture (cf. *infra* dans le texte), ou les grands textes qui fondent la morale, et qui accéderont sous les Han au statut de « classiques ».

16. Wang Chong est donc accusé de s'arroger le droit des anciens saints, et de se voir aussi grand que Confucius lui-même.

Fantômes[14] » abordent des sujets qui troublent le vulgaire, et que plus personne ne comprend.

Lorsque le souverain se trompe, c'est en haut qu'il faut éduquer ; mais lorsque ce sont ses sujets qui sont dans l'erreur, c'est en bas qu'il faut convaincre ; une fois cela acquis, le haut de la hiérarchie suivra. Mon but, c'est d'éclairer les esprits égarés et les rendre capables de séparer le vrai du faux ; une fois cela fait, on pourra venir à bout de ces histoires trop belles pour être vraies ; une fois cela fait, on pourra enfin s'attacher à cultiver une bonne éducation.

2. Certains me font l'objection suivante : les saints créent, les sages commentent ; un simple sage ne devrait pas faire œuvre de création[15], or la *Balance des discours* et le « Des Affaires politiques » sont des créations[16].

Ma réponse est la suivante : mes œuvres ne sont ni des créations, ni des commentaires ; ce sont des discussions ; les discussions viennent après les commentaires. On peut dire que les Cinq Classiques sont des créations, tandis que les *Mémoires historiques* de Sima Qian, la *Compilation* de Liu Xiang, ou encore les Biographies de Ban Biao relèvent du commentaire[17]. Quant aux *Nouvelles discussions* de Huan Tan et aux *Observations* de Zou Boqi[18], elles doivent être considérées comme des discussions, et il en est de même de ma *Balance des discours* et de mon « Des Affaires politiques » : toutes ces œuvres sont des discussions, elles ne sauraient être considérées comme de la création. Ont par exemple fait œuvre de création, en produisant quelque chose qui n'existait pas avant eux, Cang Jie, l'inventeur de l'écriture[19], ou Xi Zhong,

17. « Compilation » : le titre complet est *Xin xu*, soit *Nouvelle compilation*. Les Biographies de Ban Biao : allusion aux biographies compilées par Ban Biao pour compléter les *Mémoires historiques* de Sima Qian, qui seront intégrés dans l'histoire dynastique des Han antérieurs, le *Hanshu*.

18. Zou Boqi (Ier s. EC) : contemporain de Wang Chong, son œuvre est perdue.

19. Cang Jie : historiographe du mythique empereur Jaune selon la tradition, il aurait inventé l'écriture.

車是也;«易»言伏羲作八卦,前是未有八卦,伏羲造之,故曰作也;文王圖八,自演為六十四,故曰衍。謂«論衡»之成,猶六十四卦,而又非也;六十四卦以狀衍增益,其卦溢,其數多。

今«論衡»就世俗之書,訂其真偽,辯其實虛,非造始更為,無本於前也。儒生就先師之說,詰而難之;文吏就獄卿之事,覆而考之,謂«論衡»為作,儒生、文吏謂作乎?

上書奏記,陳列便宜,皆欲輔政。今作書者,猶〔上〕書奏記,說發胸臆,文成手中,其實一也。夫上書謂之奏,奏記轉易其名謂之書。

建初孟年,中州頗歉,潁川、汝南民流四散。聖主憂懷,詔書數至。«論衡»之人,奏記郡守,

20. Xi Zhong : cet autre personnage légendaire aurait vécu durant la dynastie semi-historique des Xia.

21. Fuxi (ou Fu Xi) : héros mythique aux origines de la civilisation chinoise, il aurait découvert les trigrammes et les caractères d'écriture.

22. Rappelons qu'on obtient les 64 hexagrammes en combinant entre eux, par paires, les 8 trigrammes.

l'inventeur du char[20] ; ou encore Fuxi, qui selon le *Classique des mutations* élabora les huit trigrammes[21] : ces trigrammes n'existaient pas avant lui, et on peut donc dire qu'il fit œuvre de création en les inventant ; mais lorsque le roi Wen, sur la base de ces huit trigrammes, développa les soixante-quatre hexagrammes[22], on parle de « développement » et non pas de création. Il serait cependant faux de voir dans ma *Balance des discours* un développement du même type que les soixante-quatre hexagrammes : par rapport aux trigrammes, les hexagrammes ne sont en effet qu'une simple augmentation, de nature quantitative, à partir de formes préexistantes.

Ma *Balance des discours* examine les livres qui circulent dans ce monde, y séparant le vrai du faux, le réel du mensonge : il ne s'agit donc pas d'une œuvre de création qui n'aurait aucun lien avec la tradition. Ou alors, il faudra considérer comme de la création le travail de lettrés qui interrogent et critiquent les doctrines d'anciens maîtres, voire le réexamen par les fonctionnaires de vieilles décisions judiciaires !

Les mémoires et rapports adressés en haut lieu ont tous pour but de proposer des mesures utiles au gouvernement. Mes propres traités sont comparables : comme eux, ils procèdent d'idées qui tiennent à cœur, puisqu'on les couche par écrit ; on parle de « mémoires » ou de « rapports » lorsqu'on écrit à l'attention de la cour, mais on pourrait tout aussi bien les appeler « traités ».

Durant la première année de l'ère Jianchu[23], les récoltes dans la plaine centrale furent mauvaises, et les habitants de Yingchuan et de Runan migrèrent dans toutes les directions[24]. Notre saint empereur, très touché par leur sort, proclama plusieurs édits pour leur venir en aide. J'ai[25] dans le même

23. Soit en 76 EC ; l'ère Jianchu dura de 76 à 84, sous le règne de l'empereur Zhang (r. 75-88).

24. Yingchuan : commanderie dans l'actuel Henan. Runan : commanderie couvrant des régions de l'actuel Henan et de l'actuel Anhui.

25. « J'ai » : littéralement, « l'auteur de la *Balance des discours* ».

宜禁奢侈, 以備困乏。言不納用, 退題記草, 名曰 « 備乏 »。酒縻五穀, 生起盜賊, 沉湎飲酒, 盜賊不絕, 奏記郡守, 禁民酒 ; 退題記草, 名曰 « 禁酒 »。由此言之, 夫作書者, 上書奏記之文也 ; 記謂之造作, 上書 (上書) 奏記是作也 ?

晉之 « 乘 », 而楚之 « 檮杌 », 魯之 « 春秋 », 人事各不同也。« 易 » 之乾坤, « 春秋 » 之元, 楊氏之玄, 卜氣號不均也。由此言之, 唐林之奏, 谷永之章, « 論衡 »、« 政務 », 同一趨也。

漢家極筆墨之林, 書論之造, 漢家尤多。陽成子張作 « 樂 », 楊子雲造 « 玄 », 二經發於臺下, 讀於闕掖, 卓絕驚耳, 不述而作, 材疑聖人, 而漢

26. Ce texte est aujourd'hui perdu.

27. Ce texte est aujourd'hui perdu.

28. Ces chroniques historiques diffèrent parce qu'elles traitent de pays différents, mais cela ne les empêche pas d'appartenir au même genre. Sur ces anciennes annales, cf. *supra*, 81.10.

29. Littéralement, « du trigramme Qian et du trigramme Kun », qui renvoient, respectivement, au ciel et à la terre, ainsi qu'au *yang* et au *yin*, soit les deux principes dont toutes choses sont issues.

30. Toutes ces œuvres traitent des principes à l'origine de toutes choses, et plus spécifiquement du *qi* ultime, sous ses différentes formes.

31. Tang Lin (Tang Zigao, Ier s. EC) : homme politique actif sous le règne de l'usurpateur Wang Mang. Gu Yong (ou Gu Ziyun, ?-8 ? EC) : lettré et homme politique, il adressa de nombreux mémoires à la cour.

sens envoyé une supplique au préfet de la commanderie, dans laquelle je demandai d'interdire toute dépense inutile, afin de se prémunir contre les disettes. Cette supplique n'ayant pas été acceptée, je me suis retiré et lui ai donné le titre « Comment se prémunir contre les disettes[26] ». L'alcool impliquant un gaspillage de céréales pour sa production, ainsi que d'incessants vols et délits de la part de ceux qui s'y adonnent sans modération, j'ai rédigé une autre supplique au préfet, dans laquelle je demandai d'interdire l'alcool ; lorsque je me suis retiré, je l'ai intitulée « De l'interdiction de l'alcool[27] ». Cela montre bien que mes traités ne diffèrent en rien de mémoires adressés à des supérieurs, et si on veut considérer mes traités comme de la création, alors on devra considérer comme des créations ces mémoires ou rapports adressés en haut lieu.

Le *Véhicule* de Jin, le *Taowu* de Chu et les *Printemps et automnes* de Lu diffèrent quant aux faits qu'ils rapportent[28]. Le *Classique des mutations* parle du *yin* et du *yang*[29], les *Printemps et automnes* invoquent le « principe originel », et Yang Xiong met en avant le « Mystère », mais il ne s'agit que d'appellations diverses pour le même *qi*[30]. Et de la même façon, ma *Balance des discours* et mon « Des Affaires politiques » peuvent être rapprochés des mémoires adressés à la cour par un Tang Lin ou un Gu Yong[31].

La dynastie Han a vu la floraison de très nombreux auteurs, et leurs œuvres de création ont été particulièrement nombreuses. Le *De la Musique* de Yangcheng Zicheng[32], le *Mystère* de Yang Xiong, tous deux produits à la Terrasse des orchidées, furent lus dans les palais impériaux, frappant les esprits d'admiration ; il ne s'agissait pas de commentaires, mais bien de créations ; on les a comparées aux œuvres des saints de l'Antiquité, et personne à la cour ne leur en a fait le reproche. Alors à plus forte raison les minutieuses analyses

32. Yangcheng Zizhang (ou Yangcheng Zichang, Yangcheng Heng, Ier s. AEC) : personnage de la fin des Han antérieurs, historien et auteur d'un ouvrage sur la musique, aujourd'hui perdu.

朝不譏。況 « 論衡 » 細說微論, 解釋世俗之疑, 辯照是非之理, 使後進曉見然否之分, 恐其廢失, 著之簡牘, 祖經章句之說, 先師奇說之類也。其言伸繩, 彈割俗傳。俗傳蔽惑, 偽書放流, 賢通之人, 疾之無已。孔子曰 :「詩人疾之不能默, 丘疾之不能伏。」是以論也。玉亂於石, 人不能別 ; 或若楚之王尹以玉為石, 卒使卞和受刖足之誅。是反為非, 虛轉為實, 安能不言 ? 俗傳既過, 俗書又偽。若夫鄒衍謂今天下為一州, 四海之外有若天下者九州。« 淮南書 » 言共工與顓頊爭為天子, 不勝, 怒而觸不周之山, 使天柱折, 地維絕。堯時十日並出, 堯上射九日。魯陽戰而日暮, 援戈麾日, 日為卻還。世間書傳, 多若等類, 浮妄虛偽, 沒奪正是, 心濆涌, 筆手擾, 安能不論 ? 論則

33. Cf. *Yantie lun*, 20.
34. Cf. *supra*, 26.10.
35. Cf. *supra*, 31.2.
36. Sur cette légende, cf. *supra*, 31.1.
37. Cf. *supra*, 32.13.

de ma *Balance des discours*, qui lèvent les doutes des gens, qui mettent en lumière le juste et le faux, et qui permettront aux générations futures de distinguer entre vérité et mensonge ! Parce que je craignais que mes idées ne se perdent, je les ai couchées par écrit sur lamelles de bambou, mais mes textes ne diffèrent en fait en rien des gloses des exégètes des Classiques ou des diverses doctrines des anciens maîtres. Comme eux, je ne vise qu'à proposer des règles pour corriger les histoires en vogue, qui sèment le doute dans les esprits en se propageant dans des livres mensongers. Le sage qui y voit clair ne peut que s'indigner d'une telle situation, et voilà pourquoi Confucius a dit : « Indigné, le poète ne peut se taire ! Indigné, je ne puis garder le silence[33] ! » Voilà pourquoi j'ai rédigé mes propres traités. Le jade se mélange à la pierre, et les gens ne savent les séparer, à tel point que le fonctionnaire des jades lui-même confondit l'un et l'autre, et que Bian He fut condamné à être amputé[34] ! Comment se taire, lorsque le vrai est confondu avec le faux ? Que d'erreurs et d'inventions dans les textes en vogue ! Ainsi, pour Zou Yan, notre empire n'occuperait qu'un seul continent, et neuf autres qui lui seraient comparables se partageraient le monde au-delà des mers[35] ! Pour le *Livre de Huainan*, Gonggong, furieux d'avoir été défait par Zhuanxu lors de leur lutte pour le pouvoir, aurait brisé le pilier du ciel et les attaches de la terre[36]. Ou encore, à l'époque du souverain Yao, dix soleils seraient apparus simultanément, et il aurait dû en faire abattre neuf à coups de flèches[37]. Ou encore, le duc de Luyang aurait lors d'une bataille brandi sa lance en direction du soleil pour l'empêcher de se coucher et le faire remonter dans le ciel[38]. Nos livres à la mode regorgent d'histoires de ce genre, et face

38. Cette histoire est notamment rapportée par le *Huainanzi*, chap. 6, « Lan ming xun » et *Lunheng*, 19, « Gan xu pian ». Duc de Luyang (v. 500 AEC) : petit-fils du duc Ping de Chu (r. 528-516).

39. Sur Xu You, cf. *Shiji*, 61, « Boyi liezhuan » ; cf. aussi *supra*, 16.2.

考之以心,效之以事,浮虛之事,輒立證驗。若太史公之書,據許由不隱,燕太子丹不使日再中,讀見之者,莫不稱善。

« 政務 » 為郡國守相、縣邑令長陳通政事所當尚務,欲令全民立化,奉稱國恩。« 論衡 » 九 « 虛 »、三 « 增 »,所以使俗務實誠也 ; « 論死 »、« 訂鬼 »,所以使俗薄喪葬也。孔子徑庭麗級,被棺斂者不省 ; 劉子政上薄葬,奉送藏者不約 ; 光武皇帝草車茅馬,為明器者不姦。何世書俗言不載 ? 信死之語汶濁之也。今著 « 論死 » 及 « 死偽 » 之篇,明〔人〕死無知,不能為鬼,冀觀覽者將一曉解約葬,更為節儉 : 斯蓋 « 論衡 » 有益之驗也。言苟有益,雖作何害 ?

40. Sur cette histoire, cf. *Shiji*, 86, « Cike liezhuan ».

41. Ces traités correspondent aux chapitres 62 et 65 de nos éditions du *Lunheng*.

42. Les règles de l'étiquette prescrivaient de marcher lentement et dignement dans ce type de circonstances, mais Confucius se précipita, parce que les objets offerts en sacrifice étaient démesurés pour l'enterrement en question ; cf. *Lüshi chunqiu*, 10, « Gong ming » et *Lunheng*, 19, « Gan xu pian ».

43. Cf. *Hanshu*, 36, « Chu Yuanwang zhuan ».

44. Cf. *Hou Hanshu*, 2, « Guangwudi ji xia ».

à tant d'absurdités et d'inventions, comment ne pas s'insurger, comment ne pas prendre le pinceau ? Dans mes traités, je réfléchis et confronte toutes ces fables à la réalité, et parviens à établir les faits avec certitude. Le Grand annaliste fit de même dans les *Mémoires historiques*, par exemple lorsqu'il montra que Xu You ne se fit pas ermite[39], ou que Dan, le prince héritier de Yan, ne ramena pas le soleil au milieu du ciel[40] : le lecteur ne peut que louer de tels passages !

Dans mon « Des Affaires politiques », j'exposai, à l'intention des gouverneurs de commanderie, des chanceliers de principauté, des préfets et sous-préfets de district, les tâches auxquelles ils devaient s'atteler en priorité, avec pour but l'édification du peuple et par là même la glorification de la dynastie. Les neuf traités sur les erreurs et les trois traités sur les exagérations de la *Balance des discours* visent pour leur part à ramener le peuple à la vérité. Le « De la Mort » et le « Des Fantômes » veulent inciter à plus de mesure dans les funérailles[41]. Dans le même sens, Confucius se précipita vers le cercueil, parce que les objets funéraires accompagnant le défunt manquaient de simplicité[42] ; Liu Xiang adressa un mémoire à la cour dans lequel il réclamait plus de sobriété dans les funérailles, soulignant le manque de retenue dans les offrandes faites dans ces occasions[43] ; et l'empereur Guangwu, pour lutter contre les excès de luxe des objets funéraires, loua l'usage à cet effet de chars et de chevaux de paille[44]. Pourquoi les livres en vogue ne rapportent-ils jamais ces faits ? Parce que leurs auteurs sont embrouillés par toutes sortes de sornettes sur la mort. Dans mes traités sur la mort et les fantômes, afin précisément d'éclairer les lecteurs et les inciter à plus de tempérance lors des funérailles, je montre que le mort est dépourvu de conscience et ne peut se changer en fantôme : voilà la preuve que ma *Balance des discours* est véritablement utile. Et si mes traités sont utiles, qu'importe qu'ils soient des créations !

倉頡之書，世以紀事；奚仲之車，世以自載；伯余之衣，以辟寒暑；桀之瓦屋，以辟風雨。夫不論其利害，而徒譏其造作，是則倉頡之徒有非，«世本»十五家皆受責也。故夫有益也，雖作無害也。雖無害，何補？

古有命使采(爵)〔詩〕，欲觀風俗，知下情也。詩作民間，聖王可云「汝民也，何發作？」因罪其身，歿滅其詩乎？今已不然，故«詩»傳(亞)〔至〕今。«論衡»、«政務»，其猶詩也，冀望見采，而云有過。斯蓋«論衡»之書所以興也。且凡造作之過，意其言妄而謗誹也。«論衡»實事疾妄，«齊世»、«宣漢»、«恢國»、«驗符»、«盛褒»、«須頌»之言，無誹謗之辭，造作如此，可以免於罪矣。

45. Bo Yu : ministre de l'empereur Jaune et inventeur du vêtement selon la tradition ; cf. *Huainanzi*, 13, « Fan lun xun ».

46. Le *Livre des généalogies* : soit le *Shiben*, ou *Shiben bazhong*, ouvrage datant probablement de l'époque des Royaumes combattants, aujourd'hui perdu ; il traitait notamment des « inventeurs » de la Chine ancienne.

47. Le texte est sans doute corrompu ici, et notre traduction est conjecturale.

48. Le texte est difficile ici, et notre traduction est conjecturale. En ponctuant différemment, on pourrait aussi comprendre : « ce sont les erreurs [dans les livres] qui ont inspiré ma *Balance des discours* ».

Cang Jie inventa l'écriture, et celle-ci permet de consigner les faits par-delà les générations ; Xi Zhong inventa le char, qui depuis facilite les transports ; Bo Yu inventa le vêtement, qui nous prémunit contre le froid[45] ; et sous le règne du tyran Jie fut inventé le toit en briques, qui nous protège du vent et de la pluie. Si on critique des inventions parce qu'elles sont des créations, sans tenir compte de leur utilité, alors on devra blâmer Cang Jie et les autres pour leurs découvertes, et condamner de la même façon les quinze inventeurs mentionnés dans le *Livre des généalogies*[46] ! Si une chose est utile, peu importe qu'elle relève ou non de la création ; et si on ne peut lui reprocher de relever de la création, mais qu'elle ne sert à rien, à quoi bon[47] ?

Dans l'Antiquité, on ordonna de collecter les chansons auprès des gens, afin de se rendre compte de leurs mœurs et de leurs sentiments. Ces chansons étaient des créations, et pourtant les sages souverains ne reprochèrent pas à leurs sujets d'avoir osé quelque chose de nouveau, ils ne les punirent pas, et leurs chansons ne furent pas détruites ; c'est d'ailleurs bien parce qu'elles ne furent pas détruites que les *Poèmes* se sont transmis jusqu'à nous ! Ma *Balance des discours*, mon « Des Affaires politiques » sont comparables : puissent-ils être acceptés et éviter de la même manière la censure[48] ! Telle est la raison d'être de ma *Balance des discours*. Le problème de nombre de créations originales, c'est qu'elles pèchent par trop d'absurdités et de critiques contre le gouvernement. Mais le but de mon œuvre, c'est précisément la quête de la vérité et la dénonciation des erreurs ; et par ailleurs mes traités « De l'Égalité entre les âges », « Louanges aux Han », « Grandeur de la dynastie », « Signes démontrés », « Amples louanges », « Éloges nécessaires » sont exempts de toute critique[49] : une telle création ne mérite certainement pas d'être condamnée !

49. « Amples louanges » est peut-être un chapitre perdu du *Lunheng*. Les autres traités correspondent aux chapitres 56 à 60 de notre *Lunheng*, dans lesquels Wang Chong encense la dynastie Han.

自紀篇第八十五

1. 王充者, 會稽上虞人也, 字仲任。其先本魏郡元城一姓 (孫一)。幾世嘗從軍有功, 封會稽陽亭。一歲倉卒國絕, 因家焉, 以農桑為業。

世祖勇任氣, 卒咸不揆於人。歲凶, 橫道傷殺, 怨讎眾多。會世擾亂, 恐為怨讎所擒, 祖父汎舉家檐載, 就安會稽, 留錢唐縣, 以賈販為事。生子二人, 長曰蒙, 少曰誦, 誦即充父。祖世任氣, 至

1. Cette autobiographie est à la troisième personne, et le ton n'y est pas toujours modeste : on pourrait émettre quelques doutes quant à son authenticité ; la plupart des interprètes ne la remettent cependant pas en cause. Shangyu : nom de district dans l'actuel Zhejiang. Wei : commanderie correspondant à des parties des actuelles provinces du sud du Hebei et du nord du Henan. Yuancheng : dans l'actuel Hebei.

Autobiographie
(Traité 85, « Zi ji »)

1. Je suis originaire de Shangyu, dans la commanderie de Kuaiji ; mon prénom social est Zhongren. Mes ancêtres venaient de Yuancheng, dans la commanderie de Wei[1]. La famille[2] ayant fait preuve de quelques mérites à la guerre, elle fut récompensée par le fief de Yangting, dans la commanderie de Kuaiji. Mais une année, il y eut des troubles et le fief leur fut retiré ; ils restèrent dans la région, vivant d'agriculture et de sériciculture.

L'un de mes ancêtres, Wang Yong[3], était un impulsif qui traitait les gens au mépris de tous les principes ; lors d'une période de disette, il recourut à la violence pour survivre, blessant et tuant, et se faisant de nombreux ennemis. Craignant que ceux-ci ne profitent des désordres du temps pour se venger, mon grand-père, Wang Fan, déménagea toute la famille dans la commanderie de Kuaiji, s'installant dans la sous-préfecture de Qiantang et y vivant de petit commerce[4]. Il eut deux fils, Wang Meng, l'aîné, et Wang Song, le cadet,

2. Les commentateurs ne s'accordent pas sur l'interprétation du texte, sans doute corrompu ici ; selon certains, il faudrait comprendre « qu'une branche familiale s'appelait Sun ».

3. Ou bien : « l'un de mes ancêtres, un homme intrépide, était un impulsif... ».

4. Qiantang : lieu dans l'actuel Zhejiang.

蒙、誦滋甚, 故蒙、誦在錢唐, 勇勢淩人。末復與豪家丁伯等結怨, 舉家徙處上虞。

2. 建武三年, 充生。為小兒, 與儕倫遨戲, 不好狎侮; 儕倫好掩雀、捕蟬、戲錢、林熙, 充獨不肯, 誦奇之。六歲教書。恭愿仁順, 禮敬具備, 矜莊寂寥, 有臣人之志。父未嘗笞, 母未嘗非, 閭里未嘗讓。八歲出於書館, 書館小僮百人以上, 皆以過失袒謫, 或以書醜得鞭, 充書日進, 又無過失。手書既成, 辭師受 « 論語 »、« 尚書 », 日諷千字。經明德就, 謝師而專門, 援筆而眾奇, 所讀文書, 亦日博多。才高而不尚苟作, 口辯而不好談對, 非其人, 終日不言。其論說始若詭於眾, 極聽其終, 眾乃是之, 以筆著文, 亦如此焉; 操行事上, 亦如此焉。

5. La description peu complaisante que Wang Chong fait de ses ancêtres et de son propre père ne s'accorde pas avec les devoirs de la piété filiale, et cela lui sera reproché par la postérité.

6. C'est-à-dire en 27 EC. L'ère Jianwu, qui dura de 25 à 56, coïncide à un an près au règne du fondateur de la dynastie des Han postérieurs, l'empereur Guangwu (r. 25-57).

mon père, qui exacerbèrent encore le tempérament violent de la famille, rudoyant les gens de Qiantang et finissant par s'attirer l'inimitié des grands clans du lieu ; ils durent à nouveau s'en aller, s'établissant enfin à Shangyu[5].

2. Je naquis la troisième année de l'ère Jianwu[6]. Dès mon plus jeune âge, dans mes jeux avec mes camarades, je me comportais avec une certaine retenue ; je n'aimais pas, contrairement à eux, attraper des oiseaux ou des sauterelles, jouer avec des pièces de monnaie ou grimper aux arbres, ce qui étonnait mon père. Lorsque j'eus six ans, j'appris à écrire. Je me montrais respectueux et docile, poli en toutes circonstances, grave et tranquille, avec déjà un comportement d'adulte. Jamais mon père n'eut à me battre, ni ma mère, à me reprendre[7], et jamais les gens du village n'eurent à me réprimander. À huit ans, je commençai l'école ; il y avait là plus d'une centaine d'enfants, qui tous étaient régulièrement battus ou fouettés pour leurs fautes ou leur vilaine écriture ; moi, je faisais de constants progrès et ne commettais aucune faute. Lorsque j'eus maîtrisé l'écriture, je quittai l'école pour étudier auprès d'un maître les *Entretiens* de Confucius et le *Classique des documents*, dont j'apprenais chaque jour mille caractères par cœur. Une fois les Classiques assimilés et mon éducation morale acquise, je quittai mon maître et continuais seul mes études, me mettant à écrire, étonnant les gens par mes idées et lisant de plus en plus. J'avais des talents, mais je ne me laissais pas aller à la facilité ; et malgré une certaine éloquence, je n'aimais guère la discussion, et sauf avec des proches, je préférais me taire. Mes idées tranchaient avec celles des autres, mais on finissait par me donner raison, et il en était de même en ce qui concerne mes traités, dans mon comportement ou dans ma façon de servir mes supérieurs.

7. Selon la biographie de Wang Chong dans le *Livre des Han postérieurs* (*Hou Hanshu*, chap. 49), Wang Chong aurait été orphelin « jeune », mais sans autre précision d'âge ; cela ne contredit donc pas forcément ce passage.

3. 在縣位至掾功曹, 在都尉府位亦掾功曹, 在太守為列掾五官功曹行事, 入州為從事。不好徼名於世, 不為利害見將。常言人長, 希言人短, 專薦未達, 解已進者過。及所不善, 亦弗譽 ; 有過不解, 亦弗復陷。能釋人之大過, 亦悲夫人之細非。好自周, 不肯自彰, 勉以行操為基, 恥以材能為名。眾會乎坐, 不問不言 ; 賜見君將, 不及不對。在鄉里, 慕蘧伯玉之節 ; 在朝廷, 貪史子魚之行。見汙傷, 不肯自明 ; 位不進, 亦不懷恨。貧無一畝庇身, 志佚於王公 ; 賤無斗石之秩, 意若食萬鍾。得官不欣, 失位不恨。處逸樂而欲不放, 居貧苦而志不倦。淫讀古文, 甘聞異言, 世書俗說, 多所不安, 幽處獨居, 考論實虛。

8. Il s'agit d'un poste relevant de la « censure » de l'administration, c'est-à-dire l'évaluation des compétences des fonctionnaires.

9. Qu Boyu et Shi Ziyu (ou Shi Yu) étaient deux fonctionnaires du pays de Wei à l'époque des Printemps et automnes. Qu Boyu ne servait que des souverains vertueux, tandis que Shi Ziyu était prêt à servir les bons comme les mauvais souverains, tout en restant intègre ; cf. le commentaire à leur sujet de Confucius : « Quel homme intègre, ce Shi Yu ! Sous un bon gouvernement, il était droit comme une flèche. Sous un mauvais gouvernement, il

3. Au niveau du district, je finis par être nommé assistant au service du Bureau des mérites[8] ; puis j'occupai le même poste au niveau de la commanderie militaire, avec auprès du préfet la charge de l'administration des fonctionnaires ; j'eus également un poste auprès de l'inspecteur régional. Dans tous ces emplois, je ne cherchais pas à me faire une réputation ou à entretenir des relations pour mon profit personnel. Je préférais louer les qualités de mes collègues plutôt qu'insister sur leurs faiblesses, m'attachant à recommander les débutants et excusant les fautes des anciens. Je ne louais pas ceux qui ne le méritaient pas, mais je ne m'acharnais pas non plus sur ceux dont les fautes étaient indiscutables. Je savais pardonner les grosses erreurs, tout en regrettant les petites. Réservé de nature, je n'aimais pas me mettre en avant, m'efforçant à une conduite véritablement irréprochable, et répugnant à me faire un nom grâce à mes talents. Lors de réunions, ou quand on me faisait l'honneur d'une invitation en haut lieu, je ne parlais que si on m'interrogeait. Je m'inspirais de la conduite de Qu Boyu lorsque j'étais de retour dans mon village, et de celle de Shi Ziyu lorsque j'occupais un poste[9]. Je ne consentais pas à me justifier lorsque j'étais calomnié, et je n'éprouvais aucun ressentiment lorsqu'on me refusait une promotion. Pauvre et sans même un toit pour m'abriter, je me sentais plus libre qu'un prince ; humble et privé de tout émolument, je me sentais plus riche qu'un ministre. Je ne me réjouissais pas quand on m'offrait un poste, et ne m'affligeais pas quand je le perdais. Je ne me laissais pas griser par les succès, je ne me laissais pas décourager par les difficultés. Je lisais sans retenue les œuvres des anciens, appréciant les idées originales, tout en trouvant beaucoup à redire aux croyances en vogue à notre époque, et profitais de moments de retraite solitaire pour les étudier et y séparer le vrai du faux.

était droit comme une flèche. Quel homme de bien, ce Qu Boyu ! Sous un bon gouvernement, il déployait ses talents ; sous un mauvais gouvernement, il les repliait dans son cœur » (*Lunyu*, 15.7, trad. P. Ryckmans, *op. cit.* p. 85).

4. 充為人清重，遊必擇友，不好苟交。所友位雖微卑，年雖幼稚，行苟離俗，必與之友。好傑友雅徒，不氾結俗材。俗材因其微過，蜚條陷之，然終不自明，亦不非怨其人。

或曰：「有良材奇文，無罪見陷，胡不自陳？羊勝之徒，摩口膏舌；鄒陽自明，入獄復出。苟有全完之行，不宜為人所缺；既耐勉自伸，不宜為人所屈。」

答曰：不清不見塵，不高不見危，不廣不見削，不盈不見虧。士茲多口，為人所陷，蓋亦其宜。好進故自明，憎退故自陳。吾無好憎，故默無言。羊勝為讒，或使之也；鄒陽得免，或拔之也。孔子稱命，孟子言天，吉凶安危，不在於人。昔人見之，故歸之於命，委之於時，浩然恬忽，無所怨尤。福至不謂己所得，禍到不謂己所為。故時

10. Yang Sheng (?-148 AEC) : conseiller du prince de Liang au IIe siècle AEC. Zou Yang (?-120 AEC) : autre conseiller du prince de Liang. En raison des calomnies de Yang Sheng, Zou Yang fut jeté en prison ; il se disculpa dans un texte dans lequel il insistait sur le fait que, de tout temps, les hommes de bien suscitent la jalousie et sont l'objet de médisances. Le prince le fit libérer.

4. J'étais d'un naturel honnête et exigeant, choisissant avec soin mes amis et répugnant aux relations faciles. Si quelqu'un se démarquait du vulgaire, peu importe son âge ou son statut, je m'en faisais un ami. J'aimais la grandeur d'âme et l'élégance et ne fréquentais pas les gens médiocres. Lorsque ces derniers profitaient de mes plus petites erreurs pour m'attaquer dans des lettres anonymes, je ne cherchais pas à me disculper, et ne leur en tenais même pas rigueur.

Certains disent : pourquoi l'homme de talent injustement attaqué ne se défendrait-il pas ? En raison des calomnies de Yang Sheng et de ses pairs, Zou Yang fut jeté en prison ; il se défendit, et recouvra ainsi la liberté[10]. L'homme intègre ne saurait souffrir de voir sa réputation entachée ; il doit se défendre avec la plus grande vigueur et refuser de se laisser rabaisser.

Ma réponse est la suivante : on ne peut avilir que l'homme pur, on ne peut abaisser que celui qui est noble, on ne peut diminuer que celui qui est éminent, on ne peut prendre qu'à celui qui possède. Que le sage attire les critiques et la calomnie, c'est en définitive normal. Que se défendent ceux qui tiennent à leur carrière ; je n'y tenais pas, et donc j'ai gardé le silence. Si Yang Sheng calomnia Zou Yang, c'est que quelque chose le poussait à agir ainsi ; et si Zou Yang échappa à la prison, c'est que quelque chose le sauva : Confucius expliquait cela par la destinée, Mencius invoquait le ciel, qu'importe, il n'est pas du pouvoir des hommes de décider de leur bonheur ou de leur malheur. Les Anciens l'avaient bien compris, et ils s'en remettaient sereinement à la destinée ou aux circonstances, sans incriminer personne. Lorsqu'ils avaient de la chance, ils ne s'en attribuaient pas le mérite ; lorsqu'ils étaient frappés par l'infortune, ils ne se jugeaient pas coupables. Ils ne se réjouissaient pas à la moindre promotion, ils ne s'affligeaient pas à la moindre rétrogradation ; ils ne détestaient pas suffisamment l'échec pour y remédier,

進意不為豐, 時退志不為虧。不嫌虧以求盈, 不違險以趨平 ; 不鬻智以干祿, 不辭爵以弔名 ; 不貪進以自明, 不惡退以怨人。同安危而齊死生, 鈞吉凶而一敗成。遭十羊勝, 謂之無傷, 動歸於天, 故不自明。

5. 充性恬澹, 不貪富貴。為上所知, 拔擢越次, 不慕高官。不為上所知, 貶黜抑屈, 不恚下位。比為縣吏, 無所擇避。

或曰 : 「心難而行易, 好友同志, 仕不擇地, 濁操傷行, 世何效放 ? 」

答曰 : 可效放者, 莫過孔子。孔子之仕, 無所避矣 ; 為乘田、委吏, 無於邑之心 ; 為司空、相國, 無說豫之色。舜耕歷山, 若終不免 ; 及受堯

11. Sous les Han postérieurs, et surtout au IIe siècle, beaucoup de lettrés se font ermites, afin de convaincre la cour de leur désintéressement pour la carrière officielle – et ainsi se faire une bonne réputation et être sollicités pour des postes plus importants.

ils ne craignaient pas suffisamment la précarité pour s'en prémunir ; ils refusaient de faire étalage de leur savoir pour gagner un salaire, ils ne renonçaient pas à un titre pour se faire un nom[11] ; ils ne convoitaient pas des postes pour se mettre en avant, ils ne détestaient pas suffisamment l'échec pour en vouloir à autrui. Sécurité et précarité, vie et mort, chance et infortune, réussite et échec, tout revenait pour eux au même. Seraient-ils tombés sur dix calomniateurs comme Yang Sheng qu'ils n'en auraient pas été affectés : ils s'en seraient remis au ciel et auraient refusé de se disculper.

5. Étant d'un naturel désintéressé, je ne convoitais pas les richesses ou les honneurs. Lorsque mes talents étaient reconnus par mes supérieurs et que je connaissais un avancement rapide, je ne me réjouissais pas de mes hauts postes. Et lorsqu'on m'ignorait et que j'étais rétrogradé ou renvoyé, je ne m'affligeais pas d'être ainsi rabaissé, acceptant les plus humbles tâches au niveau de la sous-préfecture.

On me fait l'objection suivante : quel exemple donnez-vous au monde en vous comportant aussi légèrement, malgré des idéaux si élevés ? Comment pouvez-vous être aussi regardant en ce qui concerne le choix de vos amis, et être prêt à accepter n'importe quel emploi ?

À quoi je réponds : quel meilleur exemple y eut-il que Confucius ? Or ce dernier ne refusa aucun emploi : il ne s'affligea pas lorsqu'il en fut réduit à garder les troupeaux ou à de petites fonctions dans l'administration ; et il n'éclata pas de joie lorsqu'il fut nommé ministre des travaux publics ou chancelier[12]. Shun aurait pu travailler sa vie durant comme paysan dans les monts Li[13], mais lorsque Yao lui céda la royauté, il l'accepta comme si cet honneur lui était dû[14]. Ce qui

12. Sur les emplois occupés par Confucius, cf. sa biographie dans les *Mémoires historiques* de Sima Qian (*Shiji*, 47).

13. Monts Li : montagnes mal identifiées, peut-être dans l'actuel Shandong.

14. C'est-à-dire sans le moindre étonnement et sans la moindre joie.

禪, 若卒自得。憂德之不豐, 不患爵之不尊 ; 恥名之不白, 不惡位之不遷。垂棘與瓦同櫝, 明月與礫同囊, 苟有二寶之質, 不害為世所同。世能知善, 雖賤猶顯 ; 不能別白, 雖尊猶辱。處卑與尊齊操, 位賤與貴比德, 斯可矣。

俗性貪進忽退, 收成棄敗。充升擢在位之時, 眾人蟻附 ; 廢退窮居, 舊故叛去。志俗人之寡恩, 故閑居作 « 譏俗節義 » 十二篇。

6. 冀俗人觀書而自覺, 故直露其文, 集以俗言。或譴謂之淺。答曰 : 以聖典而示小 (雅)〔牙〕, 以雅言而說丘野, 不得所曉, 無不逆者。故蘇秦精說於趙, 而李兌不說 ; 商鞅以王說秦, 而

15. Lieu dans l'ancien pays de Jin, réputé pour la qualité de son jade.

16. « Critique des mœurs » : soit le *Ji su jie yi*, œuvre aujourd'hui perdue ; les quatre caractères *Ji su jie yi* pourraient aussi désigner deux traités distincts, le *Ji su*, « Critique des mœurs » et le *Jie yi*, « De la Morale ».

17. Su Qin : sur ce stratège militaire, cf. *supra*, 27.7. Li Dui : homme d'État au pouvoir au pays de Zhao au début du IIIe siècle AEC.

importait à ces saints, c'était de conserver intactes leur vertu et leur réputation ; ils ne s'affligeaient pas de l'humilité de leurs titres, ou de ne pas être promus à des fonctions importantes. Le jade de Chuiji[15] peut être conservé avec de simples tuiles, la pierre à l'éclat de lune peut être enfermée avec de vulgaires cailloux, sans que l'un ou l'autre ne perde sa véritable nature ou ne soit confondu avec une tuile et un caillou. Si une époque sait reconnaître les sages, ils seront exaltés quelle que soit l'humilité de leur condition ; et si elle ne les reconnaît pas, elle les méprisera même s'ils occupent les plus hautes fonctions. Pour le sage, ce qui importe, c'est de garder une conduite et une vertu inébranlables en toutes circonstances.

Par nature, les gens aspirent aux promotions et répugnent aux rétrogradations ; ils aiment ceux qui réussissent, et rejettent ceux qui échouent. Lorsque je fus promu à des postes prestigieux, on se pressait en foule autour de moi ; mais lorsque je me retrouvai pauvre et sans emploi, les plus vieux amis me tournèrent le dos. C'est d'ailleurs pour décrire l'ingratitude humaine que je profitai de moments de retraite pour rédiger les douze traités de ma « Critique des mœurs[16] ».

6. Espérant que le vulgaire puisse se réformer en lisant mes traités, je les ai rédigés dans un style clair et accessible, et certains m'en font le reproche, les jugeant trop simples. Mais si on s'adresse à des enfants en invoquant les Classiques, ou à des paysans avec des mots raffinés, ils n'y comprendront rien et se braqueront ! Les discours trop subtils de Su Qin déplurent à Li Dui[17], ministre de Zhao, et tant que Shang Yang allégua l'exemple des sages rois pour convaincre le duc Xiao de Qin, celui-ci ne fit aucun cas de ses arguments[18]. On aura

18. Duc Xiao de Qin : souverain du pays de Qin, il régna de 361 à 338. Le *Shiji* (chap. 68, « Shangjun lie zhuan ») rapporte que Shang Yang aurait invoqué le précédent de « sages rois » (*wang* 王) pour convaincre le duc, sans résultat ; il aurait alors adapté son discours à celui d'un « hégémons » (*ba* 霸), qui règne par la force et ne songe qu'à renforcer son pouvoir.

孝公不用。夫不得心意所欲，雖盡堯、舜之言，猶飲牛以酒，啖馬以脯也。故鴻麗深懿之言，關於大而不通於小。不得已而強聽，入胸者少。孔子失馬於野，野人閉不與；子貢妙稱而怒，馬圄諧說而懿。俗曉〔形〕露之言，勉以深鴻之文，猶和神仙之藥以治甂欬，制貂狐之裘以取薪菜也。且禮有所不俙，事有所不須。斷決知辜，不必臯陶；調和葵韭，不俟狄牙。閭巷之樂，不用«韶»、«武»；里母之祀，不待太牢。既有不須，而又不宜。牛刀割雞，舒戟采葵，鈇鉞裁箸，盆盎酌卮，大小失宜，善之者希。何以為辯？喻深以淺。何以為智？喻難以易。賢聖銓材之所宜，故文能為深淺之差。

19. Le *Huainanzi* (chap. 18, « Ren jian xun ») rapporte que le cheval de Confucius ayant mangé leur grain, des paysans l'auraient capturé ; Zigong, en bon disciple du maître, aurait tenté de les convaincre de rendre l'animal en leur tenant un beau discours, mais les paysans seraient restés sourds à ses arguments. Confucius aurait alors dépêché son cocher, qui leur aurait dit : « Vous ne labourez pas la mer de l'est, et je ne laboure pas la mer de l'ouest – comment mon cheval ne mangerait-il pas vos pousses ? » Amusés, les paysans auraient rendu le cheval.

20. Gao Yao : sur le mythique ministre de la justice du souverain Shun, cf. *supra*, 28.2 ; il était réputé pour sa perspicacité.

beau user de la rhétorique d'un Yao ou d'un Shun, si on fait fi des préférences de ses interlocuteurs, on n'obtiendra pas plus de résultats qu'en nourrissant une vache ou un cheval avec du vin et de la viande. Si des discours magnifiques et profonds peuvent toucher de grands esprits, ils ne sauraient convaincre de petites gens. Celui qu'on force à écouter ne retiendra pas grand-chose de ce qu'on lui dit. Les paysans qui avaient confisqué le cheval de Confucius furent irrités par les beaux discours de Zigong, mais l'humour de son cocher leur plut[19]. Le peuple ne comprend que des paroles simples, et lui imposer un style profond, c'est comme soigner un rhume avec un élixir d'immortels, ou ramasser du bois de chauffage vêtu d'une fourrure de zibeline ! Les politesses sont parfois inefficaces, la façon de faire varie selon les circonstances. Lorsqu'on connaît le coupable d'un crime, il n'est pas nécessaire de recourir à Gao Yao[20] ; et pour cuire un simple légume, à quoi bon déranger un Di Ya[21] ? On ne joue pas les hymnes royaux de Shun ou du roi Wu[22] dans les quartiers populaires, pas plus qu'on n'offre un sacrifice princier sur un autel de village. Agir de la sorte serait inutile, voire inconvenant. Personne ne prône l'usage d'un couperet à égorger les bœufs pour tuer un poulet, d'une hallebarde pour cueillir des oignons, d'une hache de guerre pour tailler des baguettes ou d'une jarre pour remplir une coupe de vin, car ce serait perdre le sens de la mesure. Qu'est-ce que l'éloquence ? C'est entraîner de profonds effets avec des moyens simples. Qu'est-ce que l'intelligence ? C'est expliquer simplement ce qui est difficile. Le sage sait évaluer les compétences de ses interlocuteurs et adapter la difficulté de ses écrits à leur niveau.

21. Di Ya (VIIe s. AEC) : ou Yi Ya, célèbre cuisinier de l'époque des Printemps et automnes ; selon la tradition, afin de s'attirer la faveur de son souverain, le duc Huan de Qi (r. 685-643), il lui aurait servi son propre fils en repas.

22. C'est-à-dire les très solennels « Hymne du couronnement de Shun » (*Shao*) et « Hymne de la conquête de Wu » (*Wu*) ; cf. *Lunyu*, 3.25, trad. P. Ryckmans, *op. cit.*, p. 24.

7. 充既疾俗情, 作 « 譏俗 » 之書 ; 又閔人君之政, 徒欲治人, 不得其宜, 不曉其務, 愁精苦思, 不睹所趨, 故作 « 政務 » 之書。又傷偽書俗文多不實誠, 故為 « 論衡 » 之書。夫賢聖歿而大義分, 蹉跎殊趨, 各自開門 ; 通人觀覽, 不能 (釘)〔訂〕(銓)〔詮〕。遙聞傳授, 筆寫耳取, 在百歲之前, 歷日彌久, 以為昔古之事, 所言近是, 信之入骨, 不可自解 ; 故作實論, 其文盛, 其辯爭, 浮華虛偽之語, 莫不 (澄)〔證〕定 ; 沒華虛之文, 存敦厖之朴 ; 撥流失之風, 反宓戲之俗。

8. 充書形露易觀, 或曰 :「口辯者其言深, 筆敏者其文沉。案經藝之文、賢聖之言, 鴻重優雅, 難卒曉睹 ; 世讀之者, 訓古乃下。蓋賢聖之材鴻, 故其文語與俗不通。玉隱石間, 珠匿魚腹,

23. « Des Affaires politiques » : traité de Wang Chong, aujourd'hui perdu ; cf. *supra*, 84.2.

7. Comme je réprouvais les usages du vulgaire, j'écrivis une « Critique des mœurs » ; et comme je compatissais au fait que nos gouvernants, malgré leur abnégation et leur application, peinaient à agir correctement et à trouver des solutions, je rédigeai à leur intention mon « Des Affaires politiques[23] ». Et enfin j'écrivis les traités de ma *Balance des discours* parce que je ne supportais pas de voir tous ces mensonges dans les textes en vogue aujourd'hui. Les sages ne sont plus, et leur pensée s'est morcelée en de multiples écoles qui avec le temps ont de plus en plus divergé, sans que les érudits capables d'embrasser la vérité dans sa totalité ne puissent corriger leurs idées[24]. Lorsque des doctrines fausses se transmettent depuis si longtemps de génération en génération, lorsqu'elles sont reprises oralement ou par écrit jour après jour depuis des centaines d'années, on finit par les considérer comme vraies et à y croire dur comme fer, ce en raison de leur ancienneté même, et on ne peut plus s'en défaire. Voilà pourquoi j'ai rédigé ma *Balance des discours*, avec son contenu si riche et sa rhétorique si combative : j'y corrige jusqu'à la dernière toutes ces belles histoires qui ne reposent sur rien, substituant à leurs élégances des mots simples et honnêtes, rejetant leurs tournures trompeuses pour revenir au style authentique de Fuxi.

8. Mes traités sont simples et accessibles, et d'aucuns m'en font le reproche : les discours du bon orateur doivent être profonds, et il en est de même des écrits du bon auteur. Prenons le texte des Classiques ou les enseignements des anciens sages : ils sont denses et élégants, et difficiles à comprendre à la première lecture ; les lecteurs d'aujourd'hui ont besoin de commentaires pour les appréhender. C'est qu'avec leur

24. L'idée que les différentes écoles de pensée (confucianisme, moïsme, taoïsme, etc.) ne saisissent qu'une partie de la vérité est courante sous les Han ; et plusieurs œuvres, par exemple le *Huainanzi*, tentent de faire la synthèse entre ces écoles, précisément pour retrouver la sagesse des anciens dans leur totalité.

非玉工珠師, 莫能采得。寶物以隱閉不見, 實語亦宜深沉難測。« 譏俗 » 之書, 欲悟俗人, 故形露其指, 為分別之文 ; « 論衡 » 之書, 何為復然？豈材有淺極, 不能為〔深〕覆？何文之察, 與彼經藝殊軌轍也？」

答曰 : 玉隱石間, 珠匿魚腹, 故為深覆。及玉色剖於石心, 珠光出於魚腹, 其猶隱乎？吾文未集於簡札之上, 藏於胸臆之中, 猶玉隱珠匿也。及出 (扶)〔形〕露, 猶玉剖珠出乎, 爛若天文之照, 順若地理之曉。

嫌疑隱微, 盡可 (名)〔明〕處。且 (名)〔明〕白, 事自定也。« 論衡 » 者, 論之平也。口則務在明言, 筆則務在露文。高士之文雅, 言無不可曉, 指無不可睹。觀讀之者, 曉然若盲之開目, 聆然若聾之通耳。三年盲子, 卒見父母, 不察察相識, 安肯說喜？道畔巨樹, 塹邊長溝, 所居昭察, 人莫不知 ; 使樹不巨而隱, 溝不長而匿, 以斯示

25. Ou : « discuter et peser ».

immense génie, les sages ne pouvaient s'exprimer comme le vulgaire. Pour trouver le jade perdu au milieu des pierres ou la perle cachée dans le ventre du poisson, il faut le talent du lapidaire ou du joaillier. Les matières précieuses se dérobent au regard, et de la même façon les doctrines vraies doivent se présenter dans un style profond et insondable. La « Critique des mœurs » avait pour but d'éclairer le peuple, d'où son style simple ; mais pourquoi avoir adopté le même style dans les traités de la *Balance des discours* ? Serait-ce que leur auteur soit si dénué de talent que son style soit si peu profond ? Comment peut-il différer à ce point du modèle des Classiques ?

Ma réponse est la suivante : certes, tant que le jade ou la perle sont cachés au milieu des pierres ou dans le ventre du poisson, on ne les voit pas. Mais une fois le jade arraché à la pierre, une fois la perle sortie du poisson, n'apparaissent-ils pas dans tout leur éclat ? Tant que je n'avais pas encore couché mes pensées par écrit, elles restaient cachées dans mon cœur, de la même façon que jade et perle étaient d'abord invisibles. Mais une fois mes pensées révélées, elles sont comme le jade ou la perle qui viennent à la lumière, elles brillent comme les étoiles dans le ciel, elles apparaissent avec la même netteté que les formes sur le sol.

Car on peut en définitive expliquer clairement ce qui paraissait douteux ou obscur. Les caractères *lun* et *heng* signifient « peser les discours[25] ». En parlant, on doit viser à être compris, et il en est de même lorsqu'on écrit. Les grands esprits écrivent avec style, mais chaque phrase doit être intelligible, et le message est toujours évident. Leurs lecteurs sont comme des aveugles ou des sourds qui retrouveraient la vue ou l'ouïe. Un enfant qui reverrait ses parents après trois ans de cécité se réjouirait-il s'il ne les reconnaissait pas avec sûreté ? Un arbre imposant au bord du chemin, un grand canal près d'une rivière : voilà qui peut servir de repères évidents et que personne ne saurait manquer ; mais

人，堯、舜猶惑。人面色部七十有餘，頰肌明潔，五色分別，隱微憂喜，皆可得察，占射之者，十不失一；使面黝而黑醜，垢重襲而覆部，占射之者，十而失九。

夫文由語也，或淺露分別，或深迂優雅，孰為辯者？故口言以明志，言恐滅遺，故著之文字。文字與言同趨，何為猶當隱閉指意？獄當嫌辜，卿決疑事，渾沌難曉，與彼分明可知，孰為良吏？夫口論以分明為公，筆辯以 (扶)〔形〕露為通，吏文以昭察為良；深覆典雅，指意難覩，唯賦頌耳。

經傳之文，賢聖之語，古今言殊，四方談異也；當言事時，非務難知，使指〔意〕閉隱也。後人不曉，世相離遠，此名曰語異，不名曰材鴻。淺文讀之難曉，名曰不巧，不名曰知明。秦始皇讀韓非之書，嘆曰：「猶獨不得此人同時」，其文可曉，故其事可思；如深鴻優雅，須師乃學，投之於

même un Yao ou un Shun se perdront si on leur donne des repères trop insignifiants ou trop dissimulés pour les guider ! Les physiognomonistes identifient plus de soixante-dix caractéristiques sur le visage, et si celui-ci est propre, si les nuances de son teint sont suffisamment nettes pour révéler les moindres émotions, ils tomberont à coup sûr juste dans leurs prévisions ; mais ils se tromperont neuf fois sur dix si ce visage est noirci, ou s'il est couvert de saleté.

Les écrits procèdent de la parole, et comme cette dernière ils peuvent être faciles à comprendre ou au contraire abstrus : lesquels sont-ils les plus susceptibles de convaincre ? La parole a pour but d'exprimer la pensée, et par crainte qu'elle ne se perde, nous la couchons par écrit. Parole et textes ont donc le même but, alors pourquoi devrions-nous masquer notre pensée lorsque nous écrivons ? Pour juger d'une affaire douteuse, pour administrer un cas problématique, préférera-t-on le fonctionnaire confus et incompréhensible, ou au contraire celui qu'on comprend parfaitement ? Que ce soit à l'oral ou à l'écrit, dans les réflexions des penseurs comme dans des actes de fonctionnaires, ce qui importe, c'est l'intelligibilité et une bonne communication ; laissons donc les figures de style et l'hermétisme à la poésie !

Les anciens Classiques et les paroles des sages ont été composés à des époques et dans des langues différentes de la nôtre ; au moment où ils ont été produits, leurs œuvres ne se voulaient pas difficiles ou incompréhensibles. Si par la suite on n'a plus compris, c'est en raison de l'éloignement des époques et des langues, et non pas parce que les anciens auraient été des génies. Lorsqu'on ne comprend pas un texte, on devrait le juger maladroit plutôt que brillant. Si après avoir lu l'ouvrage de Han Fei, le Premier empereur s'exclama : « Que n'ai-je pu vivre à la même époque que cet homme ! », c'est bien parce que Han Fei écrivait d'une façon claire, et donc propre à alimenter sa réflexion ; si Han Fei s'était exprimé d'une manière si obscure qu'il lui aurait fallu un interprète

地, 何嘆之有？夫筆著者, 欲其易曉而難為, 不貴難知而易造, 口論務解分而可聽, 不務深迂而難睹。孟子相賢, 以眸子明瞭者；察文, 以義可曉。

9. 充書違詭於俗。或難曰：「文貴夫順合眾心, 不違人意, 百人讀之莫譴, 千人聞之莫怪。故管子曰：「言室滿室, 言堂滿堂。』今殆說不與世同, 故文刺於俗, 不合於眾。」

答曰：論貴是而不務華, 事尚然而不高合。論說辯然否, 安得不譎常心、逆俗耳？眾心非而不從, 故喪黜其偽, 而存定其真。如當從眾順人心者, 循舊守雅, 諷習而已, 何辯之有？孔子侍坐於魯哀公, 公賜桃與黍, 孔子先食黍而〔後〕啖桃, 可謂得食序矣, 然左右皆掩口而笑, 貫俗之日久也。今吾實猶孔子之序食也, 俗人違之, 猶左右之掩口也。善雅歌, 於鄭為 (人)〔不〕悲；禮舞, 於趙為不好。堯、舜之典, 伍伯不肯觀；孔、墨

26. Cf. *supra*, 13.3 et *Mengzi*, 4A, « Li lou shang ».
27. Cf. *supra*, 80.28.

pour y comprendre quelque chose, le Premier empereur aurait jeté son œuvre au sol, et il n'aurait pas regretté de n'avoir pas connu son auteur ! Un bon auteur se donne du mal pour être compréhensible, il ne cherche pas par facilité à donner du fil à retordre à ses lecteurs, de la même façon qu'un bon orateur ne cultive pas l'hermétisme et s'efforce au contraire d'être intelligible pour son auditoire. Mencius pouvait identifier un sage à la clarté de la pupille de ses yeux[26] ; de même, on peut juger de la qualité d'un texte à sa clarté.

9. Mes livres vont contre les mœurs de notre temps, et certains me font un autre reproche : ce qui compte pour un bon auteur, c'est de se conformer aux idées du grand nombre et ne pas heurter les gens ; ainsi, on ne trouvera rien à redire à ses écrits ou à ses paroles et, pour reprendre les mots du *Guanzi*, « qu'il parle chez lui ou à la cour, que de monde pour l'écouter[27] ! ». Mais vos idées diffèrent de celles de notre époque, et en conséquence heurtent les gens et échouent à les convaincre.

Ma réponse est la suivante : dans ses discours, il faut privilégier la vérité, et non pas la beauté du style ; la conformité avec les faits, et non pas la complaisance à l'égard des gens. Comment l'homme qui débat du vrai et du faux ne déplairait-il pas au vulgaire ? C'est précisément parce que le vulgaire se trompe que cet homme ne s'accorde pas avec lui, c'est pour se tenir à la vérité qu'il dénonce ses inventions. Quelle place y aurait-il encore pour la réflexion s'il fallait suivre en tout l'opinion de la foule, ressasser les idées des anciens et reprendre leur style, et se contenter de les imiter ? Comme Confucius mangeait en compagnie du duc Lu[28], celui-ci lui offrit des pêches et du millet ; Confucius commença par le millet, puis il mangea les pêches, ce qui correspond aux priorités, mais les autres convives rirent sous cape, parce que depuis longtemps les

28. Il s'agit du duc Ai de Lu (r. 494-467).

之籍, 季、孟不肯讀。寧危之計, 黜於閭巷；撥世之言, 訾於品俗。有美味於斯, 俗人不嗜, 狄牙甘食；有寶玉於是, 俗人投之, 卞和佩服。孰是孰非？可信者誰？禮俗相背, 何事不然？魯文逆祀, 畔者(五)〔三〕人。蓋猶是之語, 高士不舍, 俗夫不好；(惑)〔感〕眾之書, 賢者欣頌, 愚者逃頓。

10. 充書不能純美。或曰：「口無擇言, 筆無擇文, 文必麗以好, 言必辯以巧。言瞭於耳, 則事味於心；文察於目, 則篇留於手。故辯言無不聽, 麗文無不寫。今新書既在論譬, 說俗為戾, 又不美好, 於觀不快。蓋師曠調音, 曲無不悲；狄牙

29. À l'époque de Confucius, la coutume était d'utiliser le millet pour frotter les pêches ; en mangeant d'abord le millet, Confucius voulait rappeler que le millet était la plus noble des céréales ; sur cette histoire, cf. *Han Feizi*, 33 (« Wai chu shuo zuo xia »).

30. Zheng : principauté de l'époque des Printemps et automnes, dans l'ouest de l'actuel Hebei ; la musique en vogue à Zheng était jugée corrompue, cf. *Lunyu*, 15.11, 17.18. Zhao : royaume de l'époque des Royaumes combattants, dans l'ouest du Hebei et le nord du Shanxi.

usages étaient autres[29]. Je suis comme Confucius qui mangea selon les règles, et les gens que je dérange sont semblables à ces convives qui se moquèrent de lui. L'élégante musique laissa indifférents les gens de Zheng, et les danses rituelles déplurent à ceux de Zhao[30]. Les cinq hégémons refusèrent de s'intéresser aux canons de Yao et de Shun, et les seigneurs Ji et Meng ne consentirent pas à lire les œuvres de Confucius et de Mozi[31]. Un plan vital pour l'État sera décrié par l'homme de la rue, et le discours le plus édifiant sera critiqué par le peuple. Un Di Ya se délectera de mets trop raffinés pour le vulgaire, et un Bian He considérera comme un trésor le jade rejeté de tous. Qui a raison ? Qui a tort ? Qui croire ? À quelle époque les rites n'ont-ils pas contredit les usages populaires ? Lorsque le duc Wen sacrifia au rebours de la préséance, trois personnes s'en allèrent[32]. Le discours vrai séduit l'homme de bien, mais déplaît au vulgaire ; et le sage loue le traité susceptible d'influencer les gens dans le bon sens[33], tandis que l'homme borné le rejette.

10. Mes traités ne sont pas rédigés dans un style parfait, et certains m'en font le reproche : dans ses discours comme dans ses écrits, il ne faut pas prêter le flanc à la critique, et donc un traité doit être bien écrit, et un discours, habilement construit. Car c'est seulement lorsque les mots plaisent à l'oreille qu'ils séduisent le cœur ; et c'est seulement lorsqu'un livre attire l'œil qu'il ne tombe pas des mains de son lecteur. On écoute jusqu'au bout le discours habile, on copie inlassablement le texte élégant. Mais pour ce qui est de ces nouveaux traités, non seulement leurs thèses et arguments heurtent le sens commun, mais leur style y est si peu élégant qu'on ne saurait

31. Les seigneurs Ji et Meng : membres de clans princiers à l'époque de Confucius, qui s'en prend à plusieurs reprises aux Ji ; cf. par exemple *Lunyu*, 3.1.

32. Et inversement, cinq personnes se détournèrent lorsque le duc Ding s'y conforma ; cf. *supra*, 80.28.

33. C'est nous qui proposons la correction dans le texte chinois.

和膳，肴無澹味。然則通人造書，文無瑕穢。« 呂氏 »、« 淮南 »，懸於市門，觀讀之者，無訾一言。今無二書之美，文雖眾盛，猶多譴毀。」

答曰：夫養實者不育華，調行者不飾辭。豐草多華英，茂林多枯枝。為文欲顯白其為，安能令文而無譴毀？救火拯溺，義不得好；辯論是非，言不得巧。入澤隨龜，不暇調足，深淵捕蛟，不暇定手。言姦辭簡，指趨妙遠；語甘文峭，務意淺小。稻穀千鍾，糠皮太半；閱錢滿億，穿決出萬。大羹必有澹味，至寶必有瑕穢；大簡必有(大)〔不〕好，良工必有不巧。然則辯言必有所屈，通文猶有所黜。言金由貴家起，文糞自賤室出；« 淮南 »、« 呂氏 » (文)〔之〕〔不〕無累

34. Sur ce célèbre musicien, cf. *supra*, 16.3.

35. Cf. *Shiji*, 85 (« Lü Buwei liezhuan »), et le *Quan Hou Han wen*, 13 (qui cite le *Xin lun* de Huan Tan).

les lire avec plaisir. Personne ne demeurait insensible aux airs si touchants de Maître Kuang[34], et n'importe qui avait l'eau à la bouche lorsque Di Ya faisait la cuisine. Le livre de l'érudit se doit d'être sans le moindre défaut. On suspendit à la porte des marchés les *Printemps et automnes de monsieur Lü* et le *Livre de Huainan*, et personne ne trouva à y corriger le moindre mot[35]. Mes traités n'ont pas leur élégance, et malgré leur nombre et leur profusion, ils ne manqueront pas de susciter beaucoup de critiques.

Ma réponse est la suivante : celui qui cultive des fruits n'attache pas d'importance à la fleur, et celui qui entreprend de corriger les mœurs laisse de côté les fioritures. On trouvera des fleurs fanées dans la plus belle prairie, et des branches sèches dans la forêt la plus luxuriante. Comment l'auteur qui se donne pour but d'être parfaitement intelligible ne prêterait-il pas le flanc à la critique ? Celui qui se précipite pour sauver une personne en danger ne se soucie pas des bonnes manières, et de même celui qui tente de séparer le vrai du faux ne s'embarrasse pas de formes. Le pêcheur qui plonge pour attraper une tortue ou un dragon d'eau n'a que faire de l'élégance de ses mouvements. Des mots simples et directs peuvent aller à l'essence des choses, alors qu'un style apprêté et grandiloquent reste à leur surface. Dans mille boisseaux de grain, il y a une bonne moitié de rebut ; et parmi des millions de pièces de monnaie, il y en a des milliers qui sont abîmées. Le bouillon de sacrifice est fade, la pierre la plus précieuse a des défauts. Il y a forcément des imperfections sur une tablette d'écriture, et le travail du meilleur artisan n'est pas sans reproche. Et de la même manière le discours le plus habile pèchera parfois, et le texte le plus abouti ne pourra complètement échapper à la critique. On révère comme de l'or le discours de l'homme de haute condition, on rejette comme du fumier celui qui vient du bas peuple : si personne ne trouva à critiquer au *Livre de Huainan* et aux *Printemps et automnes de monsieur Lü*, c'est précisément qu'ils avaient été produits dans de riches et nobles

害, 所由出者, 家富官貴也。夫貴, 故得懸於市, 富, 故有千金副。觀讀之者, 惶恐畏忌, 雖見乖不合, 焉敢譴一字?

11. 充書既成, 或稽合於古, 不類前人。或曰: 「謂之飾文偶辭, 或徑或迂, 或屈或舒。謂之論道, 實事委瑑, 文給甘酸, 諧於經不驗, 集於傳不合, 稽之子長不當, 內之子雲不入。文不與前相似, 安得名佳好、稱工巧?」

答曰: 飾貌以彊類者失形, 調辭以務似者失情。百夫之子, 不同父母, 殊類而生, 不必相似, 各以所稟, 自為佳好。文必有與合然后稱善, 是則代匠斲不傷手, 然后稱工巧也。文士之務, 各有所從, 或調辭以巧文, 或辯偽以實事。必謀慮有合, 文辭相襲, 是則五帝不異事, 三王不殊業

maisons – c'est parce que leurs auteurs étaient nobles qu'ils purent accrocher leurs œuvres sur les marchés, et c'est parce qu'ils étaient riches qu'ils purent promettre une telle récompense à ceux qui se seraient montrés capables de les améliorer. Ceux qui lurent trouvèrent peut-être des imperfections dans leurs œuvres, mais comment n'auraient-ils pas été trop effrayés pour oser en critiquer le moindre mot ?

11. Mes traités une fois achevés, on les a comparés avec les œuvres des anciens, pour remarquer qu'ils ne leur ressemblaient pas, d'où cet autre reproche : dira-t-on que la *Balance des discours* prise l'élégance et le parallélisme ? Mais le style en est très variable, direct ou tortueux, étriqué ou ample. Dira-t-on qu'elle est une réflexion sur les grands principes ? Mais alors pourquoi cette accumulation de détails, cette profusion sans ordre, qui tranche avec l'exemple des Classiques et des autres textes ? La *Balance des discours* ne s'accorde ni avec les écrits de Sima Qian, ni avec ceux de Yang Xiong. Comment faire l'éloge d'une œuvre qui rompt ainsi avec tout ce qui s'est fait dans le passé ?

Ma réponse est la suivante : embellir ses écrits et cultiver un style pour ressembler à autrui, c'est perdre son propre visage, c'est abandonner son propre caractère. Les enfants de familles différentes, n'ayant pas les mêmes parents, naissent avec une grande variété de formes et ne se ressemblent pas forcément ; ils ont leurs points forts, selon ce qu'ils ont reçu à la naissance. Si une œuvre devait ressembler aux autres pour mériter des louanges, alors on louera un artisan simplement parce qu'il se montre capable de couper du bois à la place d'un autre sans se blesser. Chaque auteur a ses priorités et ses préférences : l'un cherchera les effets de style, l'autre s'attachera à la vérité en séparant le vrai du faux. Vouloir se conformer à tout prix aux anciens pour ce qui est de la pensée ou du style, ce serait comme exiger des Cinq souverains ou des Trois rois qu'ils n'apportent rien de nouveau ! La beauté

也。美色不同面, 皆佳於目；悲音不共聲, 皆快於耳。酒醴異氣, 飲之皆醉；百穀殊味, 食之皆飽。謂文當與前合, 是謂舜眉當復八采, 禹目當復重瞳。

12. 充書文重。或曰：「文貴約而指通, 言尚省而 (趍)〔趣〕明。辯士之言要而達, 文人之辭寡而章。今所作新書, 出萬言, 繁不省, 則讀者不能盡；篇非一, 則傳者不能領。被躁人之名, 以多為不善。語約易言, 文重難得。玉少石多, 多者不為珍；龍少魚眾, 少者固為神。」

答曰：有是言也。蓋 (寡)〔實〕言無多；而華文無寡；為世用者, 百篇無害；不為用者, 一章無補。如皆為用, 則多者為上, 少者為下。累積千金, 比於一百, 孰為富者？蓋文多勝寡, 財富愈貧。世無一卷, 吾有百篇；人無一字, 吾有萬言,

36. Wang Chong discute longuement de la physiognomonie extraordinaire des sages du passé dans le chapitre 11 du *Lunheng*, « Gu xiang » ; cf. *Balance* 2011, p. 171 *sq*.

du visage peut prendre diverses formes, qui toutes séduisent le regard ; l'émotion de la musique peut s'incarner dans des mélodies différentes, qui toutes plaisent à l'oreille ; les alcools diffèrent les uns des autres pour ce qui est de la saveur, mais tous enivrent. Les diverses sortes de grain n'ont pas le même goût, mais toutes rassasient. Exiger d'être en tout conforme à ses prédécesseurs, c'est exiger de Shun qu'il ait eu comme Yao des sourcils de huit couleurs, ou de Yu qu'il ait eu comme Shun des pupilles doubles[36] !

12. Mon œuvre est longue, et on m'en fait le reproche : lorsqu'on écrit, il faut privilégier la concision et l'expression directe ; lorsqu'on parle, il faut s'en tenir à l'essentiel et à la clarté. Pour faire passer son message, le bon orateur ramasse ses propos ; pour être limpide, le bon auteur écrit avec sobriété. Mais ces nouveaux traités sont d'une longueur et d'une complexité propres à décourager le lecteur ; et ils sont si nombreux qu'il est difficile d'en saisir ce qu'il faut en retenir. Si leur auteur se voit reprocher son exaltation, c'est parce que le trop est l'ennemi du bien. Un discours bref est facile à suivre, alors qu'un texte trop long est difficile. On chérit le jade, beaucoup plus rare que le caillou, on s'émerveille devant le dragon, bien plus exceptionnel que le poisson.

Ma réponse est la suivante : certes. Mais si personne ne se plaint de la brièveté d'un texte trop fleuri, nul ne juge trop long un discours vrai ; cent traités profitables ne nuisent pas, alors qu'un seul paragraphe inutile est de trop. Si des traités servent à quelque chose, il vaut mieux en avoir plus que moins. Qui est le plus riche : celui qui possède mille pièces d'or, ou celui qui n'en a que cent ? Et de même qu'il vaut mieux être riche que pauvre, un grand nombre de traités l'emporte sur un petit nombre. Qui est le plus sage ? Moi, avec ma centaine de traités et mes milliers de phrases, ou vous qui n'avez pas produit le moindre chapitre, qui n'avez pas laissé le moindre mot ? On me reproche la longueur de mes écrits, mais sans rien dire sur

孰者為賢？今不曰所言非，而云泰多；不曰世不好善，而云不能領。斯蓋吾書所以不得省也。夫宅舍多，土地不得小；戶口眾，簿籍不得少。今失實之事多，華虛之語眾，指實定宜，辯爭之言，安得約徑？韓非之書，一條無異，篇以十第，文以萬數。夫形大，衣不得褊；事眾，文不得褊，事眾文饒，水大魚多。帝都穀多，王市肩磨。書雖文重，所論百種。按古太公望，近董仲舒，傳作書篇百有餘，吾書亦纔出百，而云泰多，蓋謂所以出者微，觀讀之者不能不譴呵也。河水沛沛，比夫眾川，孰者為大？蟲蠒重厚，稱其出絲，孰為多者？

13. 充仕數不耦，而徒著書自紀。或 (虧)〔戲〕曰：「所貴鴻材者，仕宦耦合，身容說納，

37. Rappelons qu'il s'agit de l'appellation honorifique de Lü Shang, premier ministre et stratège militaire du début de la dynastie Zhou ; le catalogue bibliographique du *Livre des Han* mentionne une œuvre portant son nom, le *Taigong*, en 230 chapitres (cf. *Hanshu*, 30).

leur vérité ; on ne me dit pas que les gens n'en veulent pas, mais qu'ils éprouvent des difficultés à les comprendre. Mais c'est précisément la raison pour laquelle je n'ai pas pu me montrer plus concis. Un terrain exigu ne saurait accueillir de vastes demeures ; et quelques registres ne suffisent pas pour recenser une population importante. Comment argumenter de façon concise, alors qu'il y a tant d'erreurs et d'affabulations ? Les livres de Han Fei peuvent se ramener à une idée, mais ses traités se comptent par dizaines et ses mots, par milliers. Un vêtement étriqué ne saurait couvrir un grand corps, et de même un texte bref ne saurait couvrir de nombreux sujets ; il faut beaucoup de texte pour traiter de nombreuses questions, de même qu'il faut beaucoup d'eau pour accommoder de nombreux poissons. La capitale regorge de grain, parce que les gens fréquentent en masse ses marchés. Mes traités sont certes longs, mais ils traitent d'un grand nombre de choses. Le Patriarche[37] autrefois et Dong Zhongshu plus près de nous ont laissé des centaines de chapitres, et ma *Balance des discours* compte elle aussi plus de cent traités[38] ; si on se permet de me reprocher d'être trop prolixe, c'est sans doute que ma position est plus humble que celle de ces auteurs. Qu'est-ce qui l'emporte : le fleuve Jaune avec ses eaux tumultueuses, ou une simple rivière ? Et qui ne préfère pas les lourds cocons, qui donneront plus de soie que les autres ?

13. J'ai connu bien des échecs dans ma carrière officielle, et j'ai donc dû me contenter d'exposer mes vues dans mes traités. Certains se moquent de moi : on juge la qualité d'un lettré à son avancement dans la carrière officielle, au crédit qu'on accorde en haut lieu à ses idées, aux postes que lui

38. Le *Lunheng* tel qu'il nous est parvenu compte 85 chapitres (dont l'un connu uniquement par son titre) ; mais Wang Chong se réfère probablement à la totalité de ses traités ici, soit ceux du *Lunheng* et ceux de ses autres œuvres, aujourd'hui perdues.

事得功立, 故為高也。今吾子涉世落魄, 仕數黜斥, 材未練於事, 力未盡於職, 故徒幽思屬文, 著記美言, 何補於身? 眾多欲以何趍乎?」

答曰：材鴻莫過孔子, 孔子才不容, 斥逐, 伐樹, 接淅, 見圍, 削迹, 困餓陳、蔡, 門徒菜色。今吾材不逮孔子, 不偶之厄, 未與之等, 偏可輕乎? 且達者未必知, 窮者未必愚。遇者則得, 不遇失之。故夫命厚祿善, 庸人尊顯; 命薄祿惡, 奇俊落魄。必以偶合稱材量德, 則夫專城食土者, 材賢孔、墨。身貴而名賤, 則居潔而行墨, 食千鍾之祿, 無一長之德, 乃可戲也。若夫德高而名白, 官卑而祿泊, 非才能之過, 未足以為累也。士願與憲共廬, 不慕與賜同衡; 樂與夷俱旅, 不貪與蹠比迹。高士所貴, 不與俗均, 故其名稱不與世

mérite sa bonne politique. Mais vous, vous n'avez connu que des déconvenues dans vos entreprises, et vous avez été à plusieurs reprises congédié ; vous n'avez pu mettre vos talents à l'épreuve de la politique, vous n'avez pu consacrer vos forces à des tâches dans l'administration. Tous ces traités auxquels vous avez tant réfléchi, tous ces textes et ces belles paroles, à quoi vous ont-ils servi ? À quoi bon toute cette éloquence ?

Personne ne surpassa Confucius pour ce qui est du talent, et pourtant ceux-ci ne furent pas non plus reconnus : on le congédia, on le chassa, on coupa l'arbre qui l'avait abrité, on interrompit son repas, on l'encercla, on effaça ses traces, on l'accula à la famine entre Chen et Cai, et ses disciples étaient blêmes à force de privations[39] ! Je n'ai pas les mêmes mérites que Confucius et mes déboires ne peuvent se comparer aux siens : alors pourquoi me faire cette critique ? Ce ne sont pas forcément les plus intelligents qui réussissent, et ce ne sont pas forcément les plus idiots qui échouent. Que l'on tombe au bon moment, et la réussite est assurée ; mais si le moment n'est pas propice, alors on n'arrivera à rien. L'homme le plus médiocre connaîtra les honneurs si sa destinée le veut ainsi ; le talent le plus éminent ne rencontrera que des échecs s'il a hérité d'une mauvaise fortune. Si le seul critère pour juger du talent et de la vertu était la réussite d'une carrière, alors il faudrait placer le plus petit préfet ou le simple hobereau de campagne au-dessus de Confucius et de Mozi. On devrait bien plutôt se moquer de ces nobles à la mauvaise renommée, ou de ces hauts fonctionnaires qui se comportent de façon indigne, et qui touchent des salaires indécents alors qu'ils n'ont pas le moindre mérite. Si certains, malgré leur vertu et une réputation sans tache, stagnent au bas de la hiérarchie et ne perçoivent qu'un salaire de misère, ce n'est pas forcément

39. Pour les déboires de Confucius durant ses nombreuses tribulations, cf. la biographie qui lui est consacrée dans les *Mémoires historiques* de Sima Qian (chap. 47, « Kongzi shijia »).

同。身與草木俱朽, 聲與日月並彰, 行與孔子比窮, 文與楊雄為雙, 吾榮之。身通而知困, 官大而德細, 於彼為榮, 於我為累。偶合容說, 身尊體佚, 百載之後, 與物俱歿, 名不流於一嗣, 文不遺於一札, 官雖傾倉, 文德不豐, 非吾所臧。德汪濊而淵懿, 知滂沛而盈溢, 筆瀧漉而雨集, 言溶瀶而泉出, 富材羨知, 貴行尊志, 體列於一世, 名傳於千載, 乃吾所謂異也。

14. 充細族孤門, 或啁之曰 :「宗祖無淑懿之基, 文墨無篇籍之遺, 雖著鴻麗之論, 無所稟階, 終不為高。夫氣無漸而卒至曰變, 物無類而妄生曰異, 不常有而忽見曰妖, 詭於眾而突出曰怪。吾子何祖 ? 其先不載。況未嘗履墨涂, 出儒門, 吐

40. Nous avons déjà rencontré à plusieurs reprises ces deux disciples de Confucius. Les deux avaient leurs qualités, mais Confucius égratigne à l'occasion l'ambitieux Zigong ; cf. par exemple *Lunyu*, 5.12.

parce qu'ils manquent de compétences, et ils ne méritent pas qu'on les accable. L'homme de bien partagerait sa chambre ou son char avec Zisi plutôt qu'avec Zigong[40], et il voyagerait avec Boyi plutôt qu'avec le brigand Zhi ; il n'a pas les mêmes valeurs que l'homme vulgaire, et pour cette raison il jouit d'une autre renommée que lui. Peu importe la précarité de mon existence : une réputation aussi brillante que le soleil ou la lune, un comportement aussi exigeant que celui de Confucius, les talents d'écriture d'un Yang Xiong – voilà ce que je vénère ! Vous admirez les promotions rapides, même si elles ne sanctionnent pas la moindre sagesse, et les hauts postes, bien qu'ils ne s'accompagnent d'aucune vertu : pour ma part, je ne veux rien en savoir ! Dans cent ans, il ne restera rien de cette réussite sociale, du crédit dont ces personnages jouissent en haut lieu, de leur statut et de leurs avantages ; leur nom aura été oublié, et ils n'auront pas laissé le plus petit écrit à la postérité. De riches prébendes, mais une pauvre vertu, voilà qui ne saurait m'intéresser. Ce que je chéris, c'est la vertu à profusion et la sagesse à foison, le pinceau prolifique et l'éloquence intarissable, les talents en abondance et l'intelligence incomparable, une conduite noble et des idéaux élevés, le caractère qui tranche sur le commun et la réputation qui se transmet à jamais !

14. Je viens d'une humble famille, et certains se moquent : celui dont les ancêtres ne se sont distingués en rien, et n'ont pas laissé le moindre livre, aura beau produire une œuvre imposante, elle ne reposera sur aucune tradition, et en définitive elle ne pourra pas atteindre à l'excellence. Car du *qi* accumulé d'un coup, c'est un miracle ; de la croissance à partir de rien, c'est un prodige ; une chose qui apparaît au mépris de toute règle, c'est une anomalie ; et des idées étranges qui surgissent soudainement, c'est une bizarrerie. Quelle sorte de gens étaient vos ancêtres ? Il n'y en a aucune trace dans les sources historiques. Et de plus vous crachez des phrases

論數千萬言, 宜為妖變, 安得寶斯文而多賢？」

答曰：鳥無世鳳皇, 獸無種麒麟, 人無祖聖賢, 物無常嘉珍。才高見屈, 遭時而然。士貴故孤興, 物貴故獨產。文孰常在有以放賢, 是則 (澧)〔醴〕泉有故源, 而嘉禾有舊根也。屈奇之士見, 倜儻之辭生, 度不與俗協, 庸 (角)〔甬〕不能程。是故罕發之迹, 記於牒籍；希出之物, 勒於鼎銘。五帝不一世而起, 伊、望不同家而出；千里殊跡, 百載異發。士貴雅材而慎興, 不因高據以顯達。母 (驪)〔犂〕犢騂, 無害犧牲；祖濁裔清, 不牓奇人。鯀惡禹聖, 叟頑舜神。伯牛寢疾, 仲弓潔全。顏路庸固, 回傑超倫。孔、墨祖愚, 丘、翟聖賢。楊家不通, 卓有子雲；桓氏稽可, 遹出君山, 更稟於元, 故能著文。

41. Allusion possible aux neuf tripodes, cf. *supra*, 26.14.

42. Yi Yin : mythique conseiller du roi Tang, fondateur de la dynastie des Shang.

43. Gusou : le père de Shun l'aurait maltraité durant sa jeunesse.

44. Ran Yong (ici appelé par son prénom social, Zhonggong) : disciple de Confucius, du même clan que Ran Boniu.

et des mots par milliers, mais sans avoir jamais été à l'école de Mozi ou de Confucius : voilà qui relève du prodige ! Et vous voudriez qu'on chérisse votre œuvre comme un trésor ?

À quoi je réponds ceci : les phénix ne s'engendrent pas de génération en génération, les licornes ne naissent pas les unes des autres, les sages ne descendent pas d'autres sages, et le rare ne procède pas du rare. Lorsqu'un grand talent est rabaissé, c'est en raison de circonstances contraires. L'homme supérieur est solitaire, la chose précieuse est unique. Juger que pour être réussie une œuvre doit forcément imiter les anciens, c'est comme croire qu'une eau magique puisse couler d'une source ordinaire, ou qu'un épi de bon augure puisse pousser sur une vieille racine. Le talent éminent et l'œuvre à nulle autre pareille tranchent tant sur le commun qu'ils échappent à toute appréciation. Voilà pourquoi ce sont les plus grands exploits que l'on consigne sur des lamelles de bambou, et ce sont les créatures les plus extraordinaires que l'on grave dans le bronze[41]. Les Cinq souverains ne sont pas apparus en même temps, Yi Yin[42] et le Patriarche ne sont pas nés dans la même famille ; les événements extraordinaires se produisent dans des lieux ou à des moments très éloignés. Le sage juge des gens à leurs talents et à leur intégrité, et ne les encense pas simplement parce qu'ils sont de noble extraction. Un veau à la peau fauve n'est pas jugé indigne du sacrifice parce que sa mère a un pelage bigarré ; un homme peut sortir du lot et être intègre même s'il a des ancêtres corrompus. Le sage Yu fut engendré par le misérable Gun, et le divin Shun fut engendré par Gusou[43]. Ran Boniu devait garder le lit à cause de la maladie, mais Ran Yong était en parfaite santé[44]. Yan Lu était médiocre, mais Yan Hui fut le premier des disciples de Confucius. Confucius et Mozi furent des sages, alors que leurs ancêtres étaient stupides. L'éminent Yang Xiong et le brillant Huan Tan virent le jour dans des familles sans distinction, et s'ils purent rédiger leurs œuvres, c'est tout simplement qu'ils avaient reçu un bon *qi* originel.

15. 充以元和三年徙家辟〔難〕, 詣楊州部丹陽、九江、廬江。後入為治中, 材小任大, 職在刺割, 筆札之思, 歷年寢廢。章和二年, 罷州家居, 年漸七十, 時可懸輿。仕路隔絕, 志窮無如, 事有否然, 身有利害。

髮白齒落, 日月踰邁。儔倫彌索, 鮮所恃賴。貧無供養, 志不娛快。曆數冉冉, 庚辛域際, 雖懼終徂, 愚猶沛沛, 乃作 « 養性 » 之書凡十六篇。養氣自守, 適食 (則)〔節〕酒, 閉明塞聰, 愛精自保, 適輔服藥引導, 庶冀性命可延, 斯須不老。既晚無還, 垂書示後。惟人性命, 長短有期, 人亦蟲物, 生死一時。年歷但記, 孰使留之 ? 猶入黃泉, 消為土灰。(上自黃、唐, 下臻秦、漢而來, 折

45. Soit en 86 EC ; l'ère Yuanhe dura de 84 à 87, sous le règne de l'empereur Zhang.

46. Yangzhou : l'une des treize régions de l'époque Han, correspondant à tout ou partie des actuelles provinces du Zhejiang, du Fujian, du Jiangxi, de l'Anhui et du Jiangsu. Les régions recoupaient les commanderies dont l'administration était supervisée par un même inspecteur. Les commanderies de Danyang, de Jiujiang et de Lujiang correspondaient à des régions de l'actuel Anhui.

15. La troisième année de l'ère Yuanhe[45], pour échapper à des difficultés, je déménageai avec ma famille pour prendre des postes à Danyang, Jiujiang et Lujiang, dans la préfecture de Yangzhou[46]. Je fus ensuite nommé assistant de l'inspecteur régional, avec la charge du contrôle des fonctionnaires, tâche lourde qui, étant donné mes talents limités, ne me laissa aucun loisir pour continuer à travailler à mes livres. La deuxième année de l'ère Zhanghe[47], je renonçai à mon poste pour rentrer chez moi : j'allais sur mes soixante-dix ans, et il était temps de me retirer. J'ai connu une carrière plusieurs fois interrompue, qui ne m'a guère permis de réaliser mes aspirations ; ainsi vont les choses, on a parfois de la chance, et parfois pas.

Mes cheveux grisonnent et mes dents tombent, à mesure que les mois défilent. Les vieux amis disparaissent, et ceux sur qui je puis compter sont de plus en plus rares. Pauvre et sans ressources, je ne suis guère heureux. Le temps passe lentement, et dans ces années *geng* et *xin*[48], malgré la crainte de la fin, j'ai encore eu l'énergie de rédiger un « De l'Entretien de la vie » en seize chapitres. Je nourris mes énergies et m'économise, je veille à ce que je mange et à ce que je bois, je me referme sur moi-même. Je préserve mes fluides subtils, je prends quelques médicaments et fais de la gymnastique pour me maintenir, espérant faire durer un peu mon lot de vie et retarder un peu la vieillesse. Mais on ne peut recouvrer la jeunesse, et seuls mes livres passeront à la postérité. La durée

47. Soit en 88 EC ; l'ère Zhanghe correspond aux deux dernières années du règne de l'empereur Zhang.

48. Wang Chong se réfère sans doute ici, de façon abrégée, aux années *gengyin* et *xinmao* (90-91 EC), selon le système de comptage sexagésimal des années. Sur ces chiffres, cf. *Balance*, 2011, préface p. cxxx *sq.*

裒以聖道, 析理於通材, 如衡之平, 如鑑之開, 幼老生死古今, 罔不詳該。) 命以不延, 吁嘆悲哉!

de la vie est déterminée, et l'homme naît et meurt quand son moment est venu, comme les autres créatures. À qui laisserai-je les textes que j'ai écrits durant toutes ces années ? Bientôt je gagnerai les Sources jaunes[49], et peu à peu je me transformerai en poussière[50]. Hélas, la vie ne dure pas !

49. Sources jaunes : le séjour souterrain des morts, mieux connu en Occident sous son avatar japonais *yomi*.

50. Nous suivons les commentateurs ici, qui proposent de supprimer une longue phrase qui paraît une interpolation.

Bibliographie

Le *Lunheng* : éditions utilisées

Edition de référence :

Huang, Hui 黃暉 (éd), Liu Pansui 劉盼遂 (éd.), *Lunheng jiaoshi* 論衡校釋. Pékin, Zhonghua shuju, 1990 (4 vol.).

Lunheng zhushi 論衡註釋 (édition de l'université de Pékin). Pékin, Zhonghua shuju, 1976.

Xiao, Dengfu (Hsiao Teng-fu) 蕭登福 (éd.), *Xin bian Lunheng* 新編論衡. Taibei, Taiwan guji chuban gongsi, 2000 (3 vol.).

Yang, Baozhong 楊寶忠 *(éd.), Lunheng jiaojian* 論衡校箋. Shijiazhuang, Hebei jiaoyu chubanshe, 1999.

Yuan, Huazhong 袁华忠 et Fang, Jiachang 方家常 (éds.), *Lunheng quan yi* 论衡全译. Guiyang, Guizhou renmin chubanshe, 1993 (3 vol.).

Le *Lunheng* : traductions en langues occidentales

Forke, Alfred (tr.), *Lun-hêng, Wang Ch'ung's Essays* [1907-1911]. New York, Paragon Book Gallery, 1962 (2 vol.). [Traduction intégrale]

Kalinowski, Marc (trad.), *Balance des discours : Destin, providence et divination*. Paris, Les Belles Lettres, 2011. [Traduction de 25 traités du *Lunheng*.]

Zufferey, Nicolas (trad.), *Discussions critiques*. Paris, Gallimard, Connaissance de l'Orient, 1997. [Traduction de 14 traités du *Lunheng*.]

Wang Chong et le *Lunheng* : études en langues occidentales

Birdwhistell, Anne D., "Chuang Tzu and Wang Ch'ung: On the Relationship of Words, Thought, and Knowledge." In *Journal of Chinese Studies,* 1.2 (1984), pp. 157-170.

Chalier, Agnès, *Des Idées critiques dans la Chine ancienne*. Paris, L'Harmattan, 1999.

Chan, Wing-Tsit, "The Naturalism of Wang Ch'ung." In *A Source Book in Chinese Philosophy,* Princeton, Princeton University Press, 1963, pp. 292-304.

Chang, Chih-lien, "Wang Chong as a Critic." In *Cina,* 15 (1979), pp. 11-26.

Chey, Jocelyn V., "Wang Ch'ung on Dragons: 'Science' in the Han Dynasty". In *Essays in Chinese Studies, Presented to Professor Lo Hsiang-Lin*, Hong Kong, University of Hong Kong, 1970, pp. 349-359.

Emmerich, Reinhard, "Wang Chong's Praises for the Han Dynasty." In *Monumenta Serica,* 56 (2008), pp. 117-148.

Gentz, Joachim, "Wang Chongs (27-ca.100) Divinationskritik." In *Cahiers du Centre Gustave Glotz,* 16 (2005), pp. 259-274.

Hsiao, Kung-chuan, "From the *Lü-shih Ch'un-ch'iu* to Wang Ch'ung's *Lun Heng*. In *History of Chinese Political Thought, Vol. 1: From the Beginnings to the Sixth Century A.D.,* Princeton, Princeton University Press, 1979, pp. 549-601.

Leslie, Daniel, « Les Théories de Wang Chong sur la causalité ». In *Mélanges de sinologie offerts à Monsieur Paul Demiéville*, vol. II, Paris, Presses Universitaires de France, 1974, pp. 179-186.

Pokora, Timoteus, "Two Recently Commented Editions of the *Lun-heng*." In *Archiv orientální*, 34 (1966), pp. 593-601.

Pokora, Timoteus, "The Works of Wang Ch'ung." In *Archiv orientální*, 36 (1968), pp. 122-134.

Puett, Michael, "Listening to the Sages; Divination, Omens, and the Rhetoric of Antiquity in Wang Chong's *Lunheng*." In *Oriens Extremus*, 45 (2005-2006), pp. 271-281.

Tabery, Thomas, "Von der Hermeneutik zur Politik: Das Idealbild des Gelehrten im *Lunheng* des Wang Chong." In *Zeitschrift der Deutschen Morgenländischen Gesellschaft,* 156.1 (2006), pp. 151-178.

Zufferey, Nicolas, « Quelques questions à propos de la biographie de Wang Chong (27-97 ?) ». In *Journal asiatique*, 282 (1994), pp. 165-200.

Zufferey, Nicolas, « Pourquoi Wang Chong critique-t-il Confucius ? ». In *Études chinoises*, 14 (1995), pp. 25-51.

Zufferey, Nicolas, *Wang Chong (27-97 ?). Connaissance, politique et vérité en Chine ancienne*. Berne, Peter Lang, 1995.

Principales sources anciennes citées ou mentionnées par Wang Chong

Dans les 20 traités proposés dans ce recueil, Wang cite, mentionne ou utilise comme source vraisemblable les anciennes œuvres suivantes :

Shijing 詩經 (*Classique des poèmes*)
Shangshu 尚書 ou *Shujing* 書經 (*Classique des documents*)
Chunqiu 春秋 (*Printemps et automnes*)
 Gongyang zhuan 公羊傳 (Commentaire Gongyang)
 Guliang zhuan 穀梁傳 (Commentaire Guliang)
 Zuozhuan 左傳 (Commentaire Zuo)
Yijing 易經 ou *Zhouyi* 周易 (*Classique des mutations*)
Lijing 禮經 (Classique des rites), « San li » :
 Yili 儀禮 (*Cérémonial*)

Liji 禮記, *Da Dai liji* 大戴禮記 (*Mémoire sur les rites*)
Zhouli 周禮 (*Rituel des Zhou*)

Lunyu 論語 (*Entretiens de Confucius*)
Mengzi 孟子
Xunzi 荀子

Mozi 墨子
Laozi 老子
Zhuangzi 莊子
Guanzi 管子
Han Feizi 韓非子

Chuci 楚辭 (*Chants de Chu*)

Zhanguo ce 戰國策 (*Stratagèmes de Royaumes combattants*)
Guoyu 國語 (*Discours des royaumes*)
Yanzi chunqiu 燕子春秋 (*Printemps et automnes de Yanzi*)
Wu Yue chunqiu 吳越春秋 (*Printemps et automnes de Wu et de Yue*)
Lüshi chunqiu 呂氏春秋 (*Printemps et automnes de Monsieur Lü*)

Lu Jia 陸賈, *Xinyu* 新語 (*Nouveaux propos*)
Hanshi waizhuan 韓詩外傳
Dong Zhongshu 董仲舒 (?), *Chunqiu fanlu* 春秋繁露

Huainanzi 淮南子
Shanhaijing 山海經 (*Classique des montagnes et des mers*)

Sima Qian 司馬遷, *Shiji* 史記 (*Mémoires historiques*)
Huan Kuan 桓寬, *Yan tie lun* 鹽鐵輪 (*Discussion sur le sel et le fer*)

Liu Xiang 劉向, *Shuoyuan* 說苑 (*Jardin des histoires*)

Liu Xiang 劉向, *Xin xu* (*Nouvelle compilation*)
Yang Xiong 揚雄, *Fayan* 法言 (*Maîtres mots*)
Yang Xiong 揚雄, *Taixuan* 太玄 (*Grand mystère*)
Huan Tan 桓譚, *Xinlun* 新論 (*Nouvelles discussions*)

Autre sources anciennes utilisées pour la traduction

Zhoubi suanjing 周髀算經 (*Livre de calcul du gnomon des Zhou*)
Ban Gu 班固, *Hanshu* 漢書 (*Livre des Han* ou *Histoire des Han antérieurs*)
Fan Ye 范曄, *Hou Hanshu* 後漢書 (*Livre des Han postérieurs* ou *Histoire des Han postérieurs*)
Liezi 列子

Éditions et traductions de sources anciennes

Chinese Text Project [https://ctext.org/]

[*Chunqiu*] Couvreur, Séraphin (trad.), *La chronique de la principauté de Lu*. Paris, Cathasia-France, Textes de la Chine, 1951.

[*Chunqiu*] Du, Yu (ed.) 杜預集解, *Chunqiu jing zhuan ji jie* 春秋經傳集解. Shanghai, Shanghai guji chubanshe, 1988 (4 vol.).

[*Chunqiu fanlu*] Gassmann, Robert (tr.), *Ch'un-ch'iu Fan-lu – Üppiger Tau des Frühling-und-Herbst-Klassikers*. Bern, Peter Lang, 1988.

[*Chunqiu fanlu*] Lai, Yanyuan (ed.) 賴炎元註譯, *Chunqiu fanlu jin zhu jin yi* 春秋繁露今註今譯. Taibei, Taiwan shangwu yinshuguan, 1984.

[Han Feizi] Levi, Jean (trad.), *Han-Fei-tse ou Le Tao du prince*. Paris, Seuil, Points Sagesses, 1999.

[*Han shi wai zhuan*] Lai, Yanyuan (ed.) 賴炎元註譯, *Han shi wai zhuan jin zhu jin yi* 韓詩外傳今註今譯. Taibei, Taiwan shangwu yinshuguan, 1986.

[*Hanshu*] 漢書. Beijing, Zhonghua shuju, 1983 (12 vol.).

[*Hanshu*] Dubs, Homer H. (tr.), *The History of the Former Han Dynasty by Pan Ku*. Baltimore, Waverly press (3 vol.), 1938–1955.

Huan, Kuan, Levi, Jean (trad.), *La dispute du sel et du fer*. Paris, Les Belles Lettres, Bibliothèque chinoise, 2010.

[*Huainanzi*] Liu, Wendian (éd.) 劉文典撰, *Huainan honglie ji jie* 淮南鴻烈集解. Beijing, Zhonghua shuju, 1989 (2 vol.).

[*Huainanzi*] Le Blanc, Charles et Mathieu, Rémi (éds.), *Philosophes taoïstes II : Huainanzi*. Paris, Gallimard, La Pléiade, 2003.

Jia Yi 賈誼, *Xin shu* 新書. Taibei, Taiwan zhonghua shuju, 1983.

Legge, James (tr.), *The Chinese Classics*. Hong Kong, Hong Kong University Press, 1960 (5 vol.).

[*Liji*] Couvreur, Séraphin (trad.), *Mémoires sur les bienséances et les cérémonies*, Paris, Cathasia-France, Textes de la Chine, 1950.

[*Liji*] Wang, Meng'ou (éd.) 王夢鷗註譯, *Liji jin zhu jin yi* 禮記今註今譯. Tianjin, Tianjin guji chubanshe, 1988 (2 vol.).

Liu, Xiang 劉向, Lu, Yuanjun (éd.) 盧元駿註譯, *Shuoyuan jin zhu jin yi* 說苑今註今譯. Tianjin, Tianjin guji chubanshe, 1988.

Lu, Jia 陸賈, Wang, Liqi (éd.) 王利器校注, *Xin yu jiaozhu* 新語校注. Beijing, Zhonghua shuju, 1986.

[*Lunyu*] Cheng, Anne (trad.), *Entretiens de Confucius*. Paris, Seuil, Points Sagesse, 1981.

[*Lunyu*] Ryckmans, Pierre (trad.), *Les Entretiens de Confucius*. Paris, Gallimard, 1987.

[*Lunyu*] Yang, Bojun (éd.) 楊伯峻譯注, *Lunyu yi zhu* 論語譯注. Beijing, Zhonghua shuju, 1988.

[*Lüshi chunqiu*] Kamenarović, Ivan (trad.), *Printemps et automnes de Lü Buwei*. Paris, Cerf, 1998.

[*Mengzi*] Lau, D.C. (tr.), *Mencius*. Harmondsworth, Penguin, 1983.

[*Mengzi*] Le Blanc, Claude et Matthieu, Rémy (éd.), *Philosophes confucianistes*. Paris, Gallimard, Pléiade, 2009.

[*Mengzi*] Yang, Bojun (éd.) 楊伯峻譯注, *Mengzi yi zhu* 孟子譯注. Beijing, Zhonghua shuju, 1984 (2 vol.).

[*Mozi*] Johnston, I. (tr.), *The Mozi. A Complete Translation*, Hong Kong, Chinese University Press, 2010.

[*Shanhaijing*] Fracasso, Ricardo (tr.), *Libro dei monti e dei mari (Shanhai jing). Cosmografa e mitologia nella Cina antiqua*, Venise, Saggi Marsilio, 1996.

[*Shanhaijing*] Yuan, Ke (ed.) 袁珂校譯, *Shanhaijing jiaoyi* 山海經校譯. Shanghai, Shanghai guji chubanshe, 1985.

[*Shangshu*] Couvreur, Séraphin (trad.), *Les Annales de la Chine*. Paris, Cathasia-France, Textes de la Chine, 1950.

[*Shangshu*] Qu, Wanli (éd.) 屈萬里註譯, *Shangshu jin zhu jin yi* 尚書今註今譯. Taibei, Taiwan shangwu yinshuguan, 1988.

Shijing 詩經. Shanghai, Shanghai guji chubanshe, 1987.

[*Shijing*] Couvreur, Séraphin (trad.), *Cheu King*. Taichung, Kuangchi Press, 1967.

Sima Qian, Chavannes, Edouard (trad.), *Les Mémoires historiques de Se-ma Ts'ien*. Paris, Adrien-Maisonneuve, 1967-1969 (6 vol.)

Sima, Qian, Pimpaneau, Jacques (trad.), *Vies de Chinois illustres*. Paris, You-Feng, 2009.

[*Xunzi*] Kamenarović, Ivan P. (trad.), Xun Zi. Paris, Cerf, 1987.

[*Xunzi*] Knoblock, John (tr.), *Xunzi*. Stanford, Stanford University Press, 1988–1994 (3 vol.)

[*Xunzi*] Le Blanc, Charles et R., Mathieu (éds.), *Philosophes confucianistes*, Paris, Gallimard, Pléiade, 2009.

[*Xunzi*] Wang, Xianqian (éd.), 王先謙撰, *Xunzi ji jie* 荀子集解. Beijing, Zhonghua shuju, 1988 (2 vol.).

Yang Xiong, L'Haridon, Béatrice (trad.), *Maîtres mots. Le Fayan de Yang Xiong*. Paris, Les Belles Lettres, Bibliothèque chinoise, 2010.

[*Yijing*] Wilhelm, Richard (tr.), rendered into English by Cary F. Baynes, *The I Ching or Book of Changes*. Princeton, Princeton University Press, 1967.

[*Yijing*] Wilhelm, Richard et E., Perrot (trad.), *Yi-King. Le Livre des transformations*. Paris, Librairie de Médicis, 1973.

[*Yijing*] Sun, Xingyan (éd.) 孫星衍著, Zhouyi ji jie 周易集解. Shanghai, Shanghai shudian, 1988 (2 vol.).

[*Zhouli*] Sun, Yirang (éd.) 孫詒讓撰, *Zhouli zheng yi* 周禮正義. Beijing, Zhonghua shuju, 1987 (14 vol.).

[*Zhuangzi*] Chen, Guying (éd.) 陳鼓應注譯, *Zhuangzi jin zhu jin yi* 莊子今注今譯. Beijing, Zhonghua shuju, 1985.

[*Zhuangzi*] Levi, Jean (trad.), *Les Œuvres de Maître Tchouang*. Paris, L'Encyclopédie des nuisances, 2006.

[*Zuozhuan*] Couvreur, Séraphin (trad.), *La chronique de la principauté de Lu.* Paris, Cathasia-France, Textes de la Chine, 1951.

Sources secondaires, études, outils

Arbuckle, Gary, "The Gongyang School and Wang Mang". In *Monumenta Serica*, 42 (1994), pp. 127-150.

Arbuckle, Gary,"A Note on the authenticity of the *Chunqiu fanlu*". In *T'oung Pao*, 75 (1989), pp. 226-234.

Bielenstein, Hans, *The Bureaucracy of Han Times.* Cambridge, Cambridge University Press, 1980.

Bujard, Marianne, « La Vie de Dong Zhongshu : énigmes et hypothèses ». In *Journal asiatique*, 280.1-2 (1992), pp. 145-217.

Cheng, Anne, *Étude sur le confucianisme Han. L'élaboration d'une tradition exégétique sur les Classiques*. Paris, Collège de France, Mémoires de l'Institut des hautes études chinoises, 1985.

Cheng, Anne, *Histoire de la pensée chinoise*, Paris, Seuil, 1997.

Cheng, Anne, "What Did it Mean to Be a *Ru* in Han Times?" In *Asia Major*, III, 14.2 (2001), pp. 101-118.

Cullen, Christopher, *Astronomy and Mathematics in Ancient China: The Zhou bi suan jing*. Cambridge, Cambridge University Press, 1996.

De Crespigny, Rafe, *A Biographical Dictionary of Later Han to the Three Kingdoms (23-220 AD)*. Leiden, Brill, 2007.

Eno, Robert, *The Confucian Creation of Heaven: Philosophy and the defense of ritual mastery*. Albany, State University of New York Press, 1990.

Jullien, François, *Procès et création*. Paris, Seuil, 1989.

Kalinowski, Marc, « Astrologie calendaire et calcul de position dans la Chine ancienne ». In *Extrême-Orient, Extrême-Occident*, 18 (1996), pp. 71-113.

Kalinowski, Marc, « Le Calcul du rayon céleste dans la cosmographie chinoise ». In *Revue d'histoire des sciences*, 43.1 (1990), pp. 5-34.

Kalinowski, Marc, *Cosmologie et divination dans la Chine ancienne. Le Compendium des cinq agents (*Wuxing dayi, *VIe siècle)*. Paris, École française d'Extrême-Orient, 1991.

Kroll, J.L., "Disputation in ancient Chinese culture". In *Early China*, 11-12 (1985), pp. 118-145.

Loewe, Michael, *A Biographical Dictionary of the Qin, Former Han and Xin Periods (221 BC – AD 24),* Leiden, Brill, 2000.

Loewe, Michael, "The Cult of the Dragon and the Invocation for Rain". In *Chinese Ideas about Nature and Society – Studies in Honour of Derk Bodde*, ed. by Charles Le Blanc and Susan Blader, Hong Kong, Hong Kong University Press, 1987, pp. 195-213.

Loewe, Michael, *Divination, Mythology and Monarchy in Han China*. Cambridge, Cambridge University Press, 1994.

Loewe, Michael, *Early Chinese Texts. A Bibliographical Guide*. Berkeley, Early China Special Monograph Series n° 2, 1993.

Loewe, Michael, "The Former Han Dynasty". In *The Cambridge History of China, Vol. 1, The Ch'in and Han Empires (221 B.C. – A.D. 220)*. Cambridge, Cambridge University Press, 1986, pp. 103-222.

Loewe, Michael, *The Men Who Governed Han China. A Companion to a Biographical Dictionary of the Qin, Former Han and Xin Periods*. Leiden, Brill, 2004.

Maspero, Henri, « L'Astronomie chinoise avant les Han ». In *T'oung Pao,* 26.4-5 (1929), pp. 267-356.

Maspero, Henri, « Les Instruments de mesure et d'observation utilisés par les astronomes chinois ». In *Mélanges chinois et bouddhiques,* 6 (1939), pp. 187-356.

Needham, Josepth, *Science and Civilisation in China, vol. 3, Mathematics and the Sciences of the Heavens and the Earth.* Cambridge, Cambridge University Press, 1959.

Nylan, Michael, "The *chin wen/gu wen* (New Text/Old Text) Controversy in Han Times." In *T'oung Pao*, 80.1-3 (1994), pp. 83-145.

Nylan, Michael, "Han Classicists Writing in Dialogue about their own Tradition." In *Philosophy East & West*, 47.2 (1997), pp. 133-188.

Nylan, Michael, "A Problematic Model: The Han 'Orthodox Synthesis' Then and Now." In Kai-Wing Chow, On-cho Ng et J. Henderson (eds.), *Imagining Boundaries: Changing Confucian Doctrines, Texts and Hermeneutics,* Albany, State University of New York Press, 1999, pp. 17-56.

Nylan, Michael, *The Five "Confucian" Classics*. New Haven, Yale University Press, 2001.

Petersen, Jens O., "Which Books did the First Emperor of Ch'in Burn? On the Meaning of *Pai chia* in Early Chinese Sources". In *Monumenta Serica*, 43 (1995), pp. 1-52.

Pirazzoli-T'Serstevens, Michèle, *La Chine des Han*. Fribourg, Office du Livre, 1982.

Puett, Michael, "Following the Commands of Heaven. The Notion of *Ming* in Early China." In C. Lupke (ed.), *The*

Magnitude of Ming: Command, Allotment and Fate in Chinese Culture, Honolulu, University of Hawaii Press, 2005, pp. 49-69.

Queen, Sarah, *From Chronicle to Canon: The Hermeneutics of the* Spring and Autumn, *According to Tung Chung-shu*. Cambridge, Cambridge University Press, 1996.

Sun, Xiaochun et J. Kistemaker, *The Chinese Sky under the Han. Constellating Stars and Society*. Brill, Leiden, 1997.

Teboul, Michel, *Les premières théories planétaires chinoises*. Paris, Collège de France, Mémoires de l'Institut des hautes études chinoises, 1983.

Twitchett, Denis C. and Loewe Michael (eds.), *The Cambridge History of China. Volume I : The Ch'in and Han Empires (221 B.C. – A.D. 220)*. Cambridge, Cambridge University Press, 1986.

Van Ess, Hans, "The Apocryphal texts of the Han dynasty and the Old Text / New Text controversy". In *T'oung Pao*, 85 (1999), pp. 29-64.

Van Ess, Hans, "The Old Text / New Text Controversy: Has the 20th Century Got it Wrong?". In *T'oung Pao*, 80 (1994), pp. 146-170.

Van Ess, Hans, *Politik und Gelehrsamkeit in der Zeit der Han: Die Alttext /Neutext-Kontroverse*. Wiesbaden, Harrassowitz Verlag, 1993.

Xu, Fuguan 徐復觀, *Liang Han sixiang shi* 兩漢思想史. Taibei, Taiwan shangwu yinshuguan, 1989 (3 vol.).

Zufferey, Nicolas, « Érudits et lettrés au début de la dynastie des Han ». In *Asiatische Studien/Etudes asiatiques*, 52-3 (1998), pp. 915-965.

Zufferey, Nicolas, *To the Origins of Confucianism. The* Ru *in pre-Qin times and during the early Han,* Berne, Peter Lang, 2003.

Zufferey, Nicolas, « Le Premier Empereur et les lettrés: l'exécution de 212 av. J.-C. ». In *Études Chinoises*, 16.1 (1997), pp. 59-100.

Index des noms de personnes

Index des matières

Table des matières

BALANCE DES DISCOURS

Ce volume,
le trentième de la collection
« Bibliothèque Chinoise »,
publié aux Éditions Les Belles Lettres,
a été achevé d'imprimer en novembre 2019
sur les presses de
l'imprimerie SEPEC,
01960 Péronnas

Dépôt légal : décembre 2019
N° d'édition : 9488
N° d'impression : 05425191101

IMPRIM'VERT®